時兆文化

那 些 將 改 變 你 未 來 的 大 事

善惡之爭

THE
GREAT
CONTROVERSY

懷愛倫 著

Ellen G. White

序言

致　親愛的讀者

　　這本書出版的目的不是為了告訴我們這世上有罪惡、憂患和苦難；對於這些，我們早就了然於心。同時，這本書的出版也不是為了告訴我們，在光明與黑暗、罪惡與正義、對與錯、生與死之間，存在著立場分明、不可妥協的爭戰。在我們的內心深處，我們對此亦心知肚明，也知道在這場爭戰裡，每個人都參與其中，甚至扮演了舉足輕重的角色。

　　但有些時候，我們每個人對於這場大爭戰都不免燃起更進一步了解的渴望。這場爭戰最初是如何開始的？它是否自始至終都存在於我們的世界？在它極其複雜的各個面向裡，又有哪些要素參與其中？它與我個人的關係為何？我的責任又是什麼？我發現自己在這個世上很多時候身不由己；而這對個人來說究竟意謂著邪惡還是善良呢？

　　這場爭戰涉及了哪些重大原則？它會持續多久？結局又將如何？我們的地球會像某些科學家說的，不斷地向下沉沒，直至一個沒有陽光、寒冷至極、夜晚也永無休止的深處嗎？或者我們的世界其實有著更美好的未來？

接下來的問題更貼近我們每一個人：我自己內心的鬥爭——內在的私心和流出的愛心兩者之間的衝突，將如何在善的一方戰勝時獲得解決，並永遠平息？聖經上怎麼說？關於這個從古至今重要性始終不輟的問題，上帝對我們有何教導與吩咐？

親愛的讀者，本書的目的正是為了幫助所有陷入困境、心中感到不安的人；並為前面敘述的問題尋找正確的解決之道。它是由一個曾親自領會並發現上帝之良善的作者撰寫。她透過與上帝交通並研讀祂的話語，了解到主的奧祕與敬畏祂的人同在，而祂也將向他們顯明祂的約。

作者將過去20幾個世紀以來，人類史上各樣重要且具體的教訓在我們眼前攤開，這其中包括全宇宙的生靈，為的是使我們更加明白這場至關重要的善惡之爭及其原理。

這本書以上帝的選民之城——耶路撒冷，在歷史上無人不知的悲哀結局揭開序幕，此事發生在她拒絕了那從髑髏地之人所賜的拯救之後。此後沿著萬國及世代更迭的大道一路延伸，書中向我們指出各種不容遺忘的歷史畫面：第一世紀時上帝兒女遭受的迫害；祂的教會後來大規模的背道；讓全世界為之覺醒的宗教改革——善惡之爭的一些重要原則在其中亦有清楚表述；因背離正當原則承受慘痛教訓的法國；聖經的復興和高舉，以及此舉所帶來的恩惠和對救靈的影響；末世時的宗教覺醒；上帝聖言之光輝泉源的啟封——其中奇妙的亮光和知識，足堪應對每一場伺機而動的黑暗思潮。

這場近在咫尺、迫在眉睫的爭戰，及其關乎的重要原則，使任何涉身其中的人都無法保持中立，它的闡述簡單、清晰而強烈。最後，我們將看見——那長存且榮耀無比的善勝過了邪惡，對勝過了錯，光明戰勝了黑暗，歡樂戰勝了悲傷，希望戰勝了絕望，榮耀戰勝了恥辱，生命戰勝了死亡，長久忍耐的愛勝過充滿苦毒、報復的恨。

這部經典之作自初版 (1888年) 起，其後經過作者的修訂版 (1911年) 迄今，已在世界各地擁有許多版本和譯本。讀者會發現作者以坦誠、毫無保留的口吻直指錯處，並根據上帝無誤的話語提出根本解決之道。儘管過去數十年世界滄海桑田，社會及宗教世界經歷了無數的變遷，本書所呈現的未來遠景和重要趨勢，放在今天依然緊扣時代脈動並倍受關注。

本書先前的數個版本已帶領了許多人認識那位真牧羊人；出版者祈願現今這一版本也將結出更豐盛、永恆的成果。

基督復臨安息日會
懷愛倫著作託管委員會 謹識

編者的話

　　世紀末的地球為何多災多難？人類的前途會是一片光明，還是遍地黑暗？即使是沒有特定宗教信仰的人，也能感受到我們的世界正朝著某種全球性的事件或模式前進。多數人對地球前景並不樂觀，認為世界最後將因人類的貪慾私念而相互爭奪，進而飽受戰爭蹂躪，以至文明可能自我毀滅，或者耗盡自然資源。許多宗教則相信這世界最終會有一個神聖的大行動來戰勝邪惡。但對於基督徒而言，我們相信這個全球性的事件將是基督的第二次降臨，屆時上帝將伸出慈愛與公義之手，令罪惡止息。

　　您手中的這一本《善惡之爭》，乃是復臨教會先驅與知名宗教作家懷愛倫從1888至1911年間，歷經三次重要改寫、編纂後所呈現的經典鉅著；原著共約四十萬字，迄今已有超過一百年的歷史，所發行之各國不同語文譯本更多達近百種，讀者遍及世界各地。至於中文版《善惡之爭》，初版於1950年代首次發行，彼時正是韓、越戰爆發之際，當年的編輯眼見連年烽火，不免在原序中作「……世人對戰爭雖表憎惡而喜愛和平，但戰爭仍此起彼伏，連綿無已」等感慨之語。然而對照逾六十年後的現今世界局勢，無論是近年來肆虐全球、造成無數寶貴生命喪失的新冠疫情，或是俄烏之戰引發的國際動盪和糾紛，世人長久渴望的平靜安穩、歲月靜好又何曾真正實現？

　　《善惡之爭》的主旨在幫助讀者了解全球歷史進程背後的成因；它揭示人類的苦難和罪的起源，以聖經為基礎解釋歷史。許多歷代重大事件都有其對應的聖經預言，通讀一遍將開啟讀者的眼光，使我們有機會瞥見未來，其必將成為讀者難忘的體驗。雖然《善惡之爭》有三分之二的內容與過去事件有關，但最後的三分之一涵蓋了與聖經預言相關的未來事件。儘管地球舉步維艱，天災人禍頻仍，書裡的信息仍鼓勵我們：到了末世，必要定睛在上帝身上。

　　為了讓福音在末世儘速傳遍天下，基督復臨安息日會全球總會出版事工部於2022年發表「善惡之爭2.0」佈道計畫 (The Great Controversy Project 2.0) *，選擇自2023至2024年，以這部懷氏之不朽經典作為全球主要佈道書。今日讀者或許是從親朋好友、甚至未曾相識的教友手中獲得此書，這是出自復臨教會的許多地方教會、機構單位、或是教友個人作為禮物所提供的。誠如懷愛倫對此書所寄予之厚望：「《善惡之爭》勝過金銀，……書中有關地球歷史結束情景之綱領，乃是為真理作強而有力的見證。我十分切望見到本書的銷路比我所寫過的任何其他的書銷路更廣；因為在《善惡之爭》這一本書中，提到那給世人的最後警告信息，比我其他任何一本書所提到的更加顯著。」(懷愛倫，《文字佈道指南》，第二十章〈含有信息的大書〉，第11段)

時兆出版社歷來秉持之使命，是以文字為媒介向這世代傳揚希望的福音，祈願藉由分享耶穌基督的好消息和祂的復臨，來振奮並裝備每個人，為即將到來的世界做好準備。因此2023年中文版《善惡之爭》的製作，乃是在參照舊有版本之同時，以2022年新英文版為基礎重新編整。無論是目錄或附錄，改教史著名人物或影響歷史之重大事件，均參考原文及教會歷史書籍作出必要修正。此外更在附錄增添翻譯名詞對照表及重要人物／事件簡表，供舊雨新知參考，期嘉惠讀者更輕鬆掌握本書之脈絡與重要信息。

祈願閱讀本書能幫助讀者牢記：「我們並有先知更確的預言，如同燈照在暗處。」(**彼得後書1：19**)今生的大小事都將引向耶穌再來的那一日，那時祂將使一切都更新，重現最初的美好；即使人類世界看似分崩離析，我們也不必感到失望無助，因為本書將使我們看見、擁有並見證在耶穌裡的盼望。

時兆編輯部　謹識
2023年元月

---

* 欲知「善惡之爭2.0」佈道計畫，
　請瀏覽https://greatcontroversyproject.org/

編者的話

目錄

目錄

導言

在罪惡尚未進入世界之前，亞當能享有與造物主直接的交往；可是，自從人類因犯罪而與上帝隔絕之後，他們就失去了這種無上的權利。雖然如此，藉著救贖計畫已經開闢了一條途徑，使地上的人仍能與天上產生連結。上帝藉著祂的靈與人交往，並藉著啟示祂所揀選之僕人，將神聖的光分賜與世人。「因為預言從來沒有出於人意的，乃是人被聖靈感動，說出上帝的話來。」(彼後1:21)

在人類歷史起初的2500年間，並沒有寫成的啟示。那些曾受上帝訓誨的人用口授的方法教導人，父傳給子，代代流傳下來。至於寫成書卷的經典，則始自摩西的時代。那時已將靈感的啟示彙訂成冊。這工作一直延續了1600年之久——從〈創世記〉律法書的作者摩西起，直到書寫福音最崇高之真理的約翰為止。

聖經指明為上帝所著，然而卻是藉人手寫成的；而各書卷中不同的筆調，也表現了作者的不同性格。聖經中的真理固然「都是上帝所默示的」(提後3:16)，但卻是用人的言語表達出來。那位無窮者曾藉著祂的聖靈，光照祂眾僕人的心思意念。祂曾使他們看見異象和異夢，表號和象徵，真理因此得到啟示，然後用人類的語言將其思想表達出來。

十條誡命是上帝親口頒佈，親手書寫的；它完全是神的作品，而並非人的作品。可是聖經全書乃是用人的語言表達上帝所賜的真理，這就顯明了神與人的聯合。這一聯合也存在那位既為上帝之子，同時

1

也是「人子」基督的特質上。這樣,「道成了肉身,住在我們中間」(約1:14) 這一句話,在基督固然是真實的,在聖經也是如此。

寫作聖經的人生存於不同時代,他們的身分職業有別,智力和屬靈的天賦也各異,所以聖經各卷的文體有著很大的區別,而所彰顯之主題的性質也各有不同。這些不同的作者因使用了不同的表達形式,故往往對於同一個真理,一個人或比另一個人表達的更為明確。所以一個題目經由幾個作者從不同的角度和關聯性去發揮,對於一般膚淺、不求甚解或有成見的讀者,或許看來有自相矛盾之處;但對一個審慎、敬畏上帝並有清晰眼光的讀者而言,卻能看出其中的相符之處。

真理既經由不同的作者發揮,就可以有多方面的表現。一個作者對於一個題目的某一方面受到較深的印象,他就能掌握那與自己經驗或理解力和領悟力相符的幾個要點,另一個人則掌握另一方面;於是每一個人都在聖靈的引導之下,將自己心中所受到的、最深刻的印象寫出來——各人對真理寫出不同的面向,而全部卻呈現出完美的和諧。這樣,所顯示的許多真理就能聯合成為一個完美的整體,並能切合處境和經驗不同之人的需要。

上帝樂意以人為媒介,將祂的真理傳給世人;祂也親自藉著祂的聖靈,使人有資格和能力來擔任這一工作。祂引導人的思想選擇所當說和所當寫的。真理的財寶雖是放在瓦器裡,但它畢竟是從天上來的;所作的見證雖然是用世人不見得完美的語言表達,但它終歸是上帝的見證;而且上帝每一個順服、有信心的兒女,都可以在其中看出神聖能力的光榮,滿有恩典和真理。

上帝已經在祂的聖言中,將有關救恩必需的知識交給人。人應當接受聖經為具有權威而毫無錯誤之上帝旨意的啟示。它是品格的標準,真道的啟示者,和經驗的試金石。因為「聖經都是上帝所默示的,於教訓、督責、使人歸正、教導人學義都是有益的,叫屬上帝的人得以完全,預備行各樣的善事。」(提後3:16、17)

　　上帝雖已藉著聖經將祂的旨意啟示給人，但這並不是說聖靈持續的同在與引導就不再需要了。反之，我們的救主還應許賜下聖靈向祂的僕人解釋聖經，繼而啟發並應用聖經中的教導。再者，聖經既是上帝的靈所默示的，則聖靈的教導就絕不至於與聖經的教導相牴觸。

　　聖靈的賜予，絕不是、也永遠不會取聖經而代之；因為聖經明說上帝的聖言乃是測試一切教導與經驗的標準。使徒約翰說：「一切的靈，你們不可都信，總要試驗那些靈是出於上帝的不是，因為世上有許多假先知已經出來了。」(約壹4：1)以賽亞說：「人當以訓誨和法度為標準；他們所說的，若不與此相符，必不得見晨光。」(賽8：20)

　　現在有一等人說自己有聖靈的光照，就認為自己不再需要聖經的指示，這一等人的錯誤使聖靈的工作受到極大的侮辱。他們受自己的幻想所制，就認為那是上帝對他們心靈所講的話。其實這控制他們的並不是上帝的靈。這種順著個人觀感而忽略聖經的風氣，只能導致混亂、欺騙和敗壞。它只能促進那惡者的計謀。聖靈的工作對基督的教會是至關重要的，所以撒但想利用極端主義者和狂熱派來藐視聖靈的工作，並使上帝的子民忽略我們的主所親自賜下的能力之源。

　　根據上帝的話，祂的靈要在傳福音的時期中，自始至終持續不斷的工作。即使在新舊約聖經的著作期間，聖靈在啟示聖經正典的工作之外，也未曾停止將真理的亮光啟示給其他人。聖經本身也記載人們如何透過聖靈警告、責備、勸戒，並學習一些並不涉及聖經著作本身的事，並且提到某些時代的先知，沒有將他們所講的話記錄下來。照樣，在全部聖經寫成之後，聖靈還要繼續工作、光照、忠告，並安慰上帝的兒女。

　　耶穌曾應許門徒說：「保惠師，就是父因我的名所要差來的聖靈，祂要將一切的事指教你們，並且要叫你們想起我對你們所說的一切話。」、「只等真理的聖靈來了，祂要引導你們明白一切的真理；因為祂不是憑自己說的，乃是把祂所聽見的都說出來，並要把將來的事告訴

3

你們。」(約14：26；16：13) 聖經明確地教導這些應許絕不是限於使徒時代的，乃是要延伸到各時代的基督教會。救主向跟從祂的人保證，說：「我就常與你們同在，直到世界的末了。」(太28：20) 而且保羅也說過，聖靈在教會中的恩賜和顯現，乃是「為要成全聖徒，各盡其職，建立基督的身體，直等到我們眾人在真道上同歸於一，認識上帝的兒子，得以長大成人，滿有基督長成的身量」(弗4：12、13)。

保羅曾為以弗所的信徒祈禱說：「求我們主耶穌基督的上帝，榮耀的父，將那賜人智慧和啟示的靈賞給你們，使你們真知道祂，並且照明你們心中的眼睛，使你們知道祂的恩召有何等指望，祂在聖徒中得的基業有何等豐盛的榮耀；並知道祂向我們這信的人所顯的能力是何等浩大。」(弗1：17-19) 保羅為以弗所教會所求的，乃是上帝聖靈的恩賜，為要光照他們的悟性，並向他們的心思啟明上帝聖言的奧祕。

聖靈在五旬節作奇妙的顯現之後，彼得就勸告眾人要悔改，奉基督的名受洗，使他們的罪得赦；並說：「你們……就必領受所賜的聖靈；因為這應許是給你們和你們的兒女，並一切在遠方的人，就是主——我們上帝所召來的。」(徒2：38、39)

主曾藉著先知約珥應許，在上帝大日之景象出現時，必有祂聖靈特別的顯現 (見珥2：28)。這個預言在五旬節聖靈沛降時已得到初步的應驗；可是這應許充分的實現乃是要在福音的工作結束，上帝的恩典最後彰顯之時。

善與惡之間的大戰，將要愈演愈烈，直到末日。在每一個時代，撒但的怒氣不住的向基督的教會發作；所以上帝將恩典和聖靈賜給祂的百姓，堅固他們，使他們有力量抵抗那惡者的勢力。在基督的使徒們奉命往普天下傳福音、並將這福音為後代之人寫成書時，他們曾經得蒙聖靈特別的光照。但當教會臨近她最後蒙拯救的日子，撒但要盡更大的力量作工。他「知道自己的時候不多，就氣忿忿地下到你們那裡去了」(啟12：12)。他要「行各樣的異能神蹟，和一切虛假的奇事」(帖後

2：9)。那一度在上帝眾天使之中居最高地位的主謀者，竭其全力進行欺騙和毀壞的工作已有六千年之久。他要用歷代以來修煉的伎倆和詭詐，以及所養成的極端殘酷，於最後的大戰爭中，全數加諸在上帝的子民身上。在這危險的時候，跟從基督的人要擔起向全世界傳揚救主復臨之警告的責任，一班人要預備好在祂降臨時得以「沒有玷污，無可指摘」(彼後3：14) 地站立在祂面前。今日我們對上帝的恩典和能力所需要的補給，並不少於使徒時代教會所需要的。

於聖經中寫出上述話語的作者曾蒙聖靈的光照，得以看到善與惡之間長期戰爭的種種情景；而我也曾多次蒙主准許，得以目睹生命之君——我們救恩的創始者基督，與那邪惡之君——罪惡的創始者、即第一個違犯上帝律法的撒但——彼此之間歷代以來的大戰爭。撒但對基督的仇恨，一向是在跟從祂的人身上表現出來。在過往的歷史中，我們可以看出撒但是一貫地恨惡上帝律法的原則，一貫的採用欺騙策略，給邪道披上真理的外衣，拿人的律法來代替上帝的誡命；令人敬拜受造之物，而不敬拜那創造萬物的主。撒但曾竭力對上帝的品格進行誣衊，令人對造物主懷著錯誤的觀念，以致不但不敬愛祂，反而懼怕並且恨惡祂；撒但又不住地企圖廢除上帝的律法，令人以為自己已不受它條款的限制；同時，凡是膽敢抗拒他誘惑的人，他就加以迫害。以上種種情況都可以在眾先祖、先知、使徒、殉道者和宗教改革家的歷史上看出來。

在最後的大戰爭中，撒但所要使用的策略和表現的精神，以及他企圖達成的目的，與先前的各世代一樣。所以歷史必要重演，不過那未來的爭戰異常劇烈，是這世界上前所未見的。撒但的欺騙要更加狡猾，他發動攻擊的意志將更加堅決。倘若可行，他要把選民都迷惑了 (見可13：22)。

上帝的靈既將聖經中的偉大真理向我指明，並將過去和未來的種種景象顯給我看，就吩咐我將啟示我的事告訴眾人，要我循著歷代善惡戰爭的史蹟敘述出來，藉以顯明那即將臨近之未來戰爭的真相。

為了達到這一目的，我選了一些教會歷史的史書，將這些大事加以連貫，以便說明一些重大且不斷被試驗的真理在不同時代如何逐步發展，怎樣傳給世人，因而激起撒但和貪愛世俗的教會仇視這些真理，就是由那些「雖至於死，也不愛惜性命」(啟12：11)之人的見證保存下來的。

在這些史實中，我們可以看出未來戰爭的先兆。根據聖經的記載和聖靈的光照，我們可以看穿那惡者的陰謀，並看出凡要在主降臨時顯為「沒有瑕疵的」人必須避免的危險。

過去標明教會改革進展的大事乃是前代的史實，是為一班改正教人士所公認的，也是沒有人能反駁的事實。本書限於篇幅，只得將歷史作簡略的敘述，將所有的史實盡量濃縮，凡讀者對其題目得到正確的概念；或有作者已將某些細節作了合適的總括，我就引述他們的話；但在所節錄的話中，有些並沒有註明來源，是因為我的引用並不是作為權威性的根據，只是因為這些話能夠有力且適當地表達某一個主題。在敘述我的時代那些進行宗教改革者的經歷和見解時，我照樣引用了他們出版的作品。

本書無意著墨在從前艱難時期所衍生出的新道理，乃是要從歷史中找出一些直接與那將要臨到之大事有關的事實和原則。可是，我們既把過去的歷史看為光明與黑暗全部戰爭史中的一個階段，就能在這些史實上看出新的意義來；藉此也可以把未來的事看得更加清楚，並為一些像過去改革家一樣蒙召，即使不顧喪失地上一切利益的風險，也要去「為上帝的道，且為耶穌作見證」的人照亮前程。

本書的內容旨在敘述真理與邪道之間大戰爭的經過，暴露撒但的詭計，並提供抵擋他的有效方法；對罪惡存在的大問題予以充分的解答，說明罪惡的起源和罪最後的解決之道，以便完全顯現上帝在對待受造之物時，所用的一切公正和慈愛的方法，證明上帝律法的聖潔和不變的本質。作者懇切祈求上帝，使讀者諸君因本書的影響，得以脫離

黑暗的權勢,「與眾聖徒在光明中同得基業。」(西1:12) 願頌讚歸於那愛我們並為我們捨己的主!

作者　懷愛倫謹識

第一章

耶路撒冷的毀滅

「耶穌快到耶路撒冷，看見城，就為它哀哭，說：『巴不得你在這日子知道關係你平安的事；無奈這事現在是隱藏的，叫你的眼看不出來。因為日子將到，你的仇敵必築起土壘，周圍環繞你，四面困住你，並要掃滅你和你裡頭的兒女，連一塊石頭也不留在石頭上，因你不知道眷顧你的時候。』」(路19：41-44)

耶穌從橄欖山頂眺望耶路撒冷，一片美麗昇平的景象在祂面前展開。那時正逢逾越節，雅各的子孫們紛紛從各地前來慶祝這重要的國家節日。在花園內，在葡萄園中，以及碧綠的山坡上，都支搭著前來朝聖者的帳幕。在周圍的幾個山上，巍立著堂皇的宮殿，及守護以色列國首都的堅厚堡壘。錫安的女子似乎是在自豪地說：「我坐了皇后的位，……絕不至於悲哀」，又顯出可愛的樣子，自以為邀得天上的恩寵，正如古時皇家樂隊所唱的歌詞：「錫安山——大君王的城，在北面居高華美，為全地所喜悅。」(詩48：2) 在這裡可完全看到那莊嚴偉大的聖殿。夕陽餘輝照耀著聖殿的大理石牆，耀眼如白雪，還有那黃金的門樓和尖閣，也反射出萬丈金光。那代表「稱為全美的」，是猶太民族的驕傲。當以色列子民注視這一幅景象時，有誰不感到欣慰讚歎呢？但這時耶穌心中的感想則迥然不同。當祂「快到耶路撒冷，看見城，就為它哀哭」(路19：41)，在這人聲鼎沸，慶祝祂凱旋進城，揮舞著棕樹枝，讚美歌聲此起彼落，萬口同聲擁護祂為王的時候，這位救世主的心卻

被突然的、神祕的憂愁所擊潰。祂是上帝的兒子,是向以色列人所應許的那一位,祂的權力曾勝過死亡,並從墳墓中召出死亡的俘虜,可祂這時卻哀哭了,而且祂的憂傷不是普通的憂傷,而是一種激動的、抑制不住的痛苦。

祂雖然深知自己將面臨什麼樣的遭遇,但祂這一場哀哭卻不是為了自己。此刻,客西馬尼園就在眼前,那裡是祂將要受苦的地方。祂也看見了羊門,就是歷代以來一切被獻的祭牲所經過的門,這門也將要為祂而開,到時,祂必須「像羊羔被牽到宰殺之地」(賽53:7),而離那裡不遠之處便是髑髏地,就是十字架的刑場。當基督把自己獻上為贖罪祭之時,必有大黑暗的恐怖籠罩在祂所必經的路上。然而在這歡樂的時刻,那占據祂使祂心中憂愁的並不是祂想到的這些情景,也不是因為祂預知自己將遭受非人的酷刑,而使祂那無私的精神蒙上陰影;祂乃是為耶路撒冷城內成千上萬將要遭劫的人民哀哭——因為祂來並且要賜福拯救的人們竟盲目無知,不肯悔改。

上帝一千多年來對祂選民特別眷顧與保護的歷史,這時全展開在耶穌面前了。那裡有摩利亞山,那由應許而生的兒子曾在該處被捆綁在壇上,成了一個不抵抗的犧牲者——作為上帝聖子被獻的表號(見創22:9;16-18)。在那裡,上帝與有信心之人的父堅定了賜福的約,就是彌賽亞降生的光榮應許。在那裡,有獻祭的火焰,從阿珥楠的禾場上升到天庭,阻擋了行毀滅之天使的刀(見代上21章)——這就是救主犧牲為罪人作中保的一個適當表號。耶路撒冷曾為上帝所重視,超過地上一切的城邑。「因為耶和華揀選了錫安,願意當作自己的居所」(詩132:13);在那裡有歷代聖先知發出的警告。那裡有祭司擺動他們的香爐;煙雲繚繞,與會眾的祈禱一同升到上帝的面前;那裡天天有人獻上被殺之羔羊的血,預指上帝的羔羊。耶和華曾在同一處,親自在施恩座上的榮耀雲彩中顯現。那裡有連接天與地的神祕梯子豎立(見創28:12;約1:51)——在梯子上,有上帝的使者上去下來,這梯子也向世人顯明那通往至聖所的道路。以色列國如能對上天保持忠順之心,耶路撒冷城

就必堅立直到永遠，為上帝所特選的 (見耶17：21-25)。然而這蒙眷愛之子民所有的歷史，卻是一部倒退與悖逆的紀錄。他們抗拒了上天的恩典，濫用了自己的特權，並輕看了自己的機會。

以色列人雖曾「嬉笑上帝的使者，藐視祂的言語，譏誚祂的先知」(代下36：16)，但祂仍然親自向他們顯現，「是有憐憫有恩典的上帝，不輕易發怒，並有豐盛的慈愛和誠實。」(出34：6) 他們雖然屢次拒絕祂，祂卻仍然發出憐憫的懇請。上帝的愛勝於父親疼愛兒子的愛，祂「因為愛惜自己的民和祂的居所，從早起來差遣使者去警戒他們」(代下36：15)。及至勸告、懇求和責備全歸無效之後，祂便把天庭最好的恩典送給他們；不！應該說：上帝把天庭的一切都傾盡在這一份禮物中。

上帝的兒子親自奉差遣來到這個頑梗悖逆的城邑，發出懇切的勸告。昔日那位將被喻為上好葡萄樹的以色列子民從埃及領出來的，就是基督 (見詩80：8)。祂親手在它面前驅逐了那裡的異邦人。祂曾經把它栽植在「肥美的山岡上」，周圍圈上籬笆，小心地守護著它，又差遣僕人去培植它。祂曾揚聲問：「我為我葡萄園所做之外，還有什麼可做的呢？」雖然如此，但到了祂「指望結好葡萄」的時候，它「倒結了野葡萄」(見賽5：1-4)。然而祂仍舊對它抱著豐收的希望，親自來到祂的葡萄園中，以為這樣或許可以挽救它免遭毀滅。祂把葡萄樹周圍掘鬆，又加以修剪栽培。祂不息不倦地努力要挽救自己所種植的葡萄樹。

這位光明榮耀的主在祂的子民中間出入三年之久。「祂周流四方，行善事，醫好凡被魔鬼壓制的人」(徒10：38)，安慰傷心的人，叫受壓制的得自由，使瞎眼的得看見，瘸腿的能行走，耳聾的能聽見，長大痲瘋的得潔淨，死了的人復活，並傳福音給貧窮的人 (見路4：18；太11：5)。祂向各階層的人發出同樣的慈聲：「凡勞苦擔重擔的人可以到我這裡來，我就使你們得安息。」(太11：28)

雖然祂所得的報答是以惡報善，以恨報愛 (見詩109：5)，但祂還是堅決執行祂慈悲的使命。凡向祂求恩的人，祂從來不曾拒絕。祂是一個

無家可歸的人，日日忍受著辱罵與貧困；祂活著是要服務窮苦的人，減輕他們的愁苦，請求他們接受生命的恩賜。這慈悲的波濤既被頑固的心所抗拒，就以更強烈的浪潮，難以言喻的憐愛，再次湧流回來。但以色列人已經離棄了他們最好的朋友與唯一的援助者。祂那出於愛心的勸勉被人藐視，祂的忠言遭人拒絕，祂的警告受人譏誚。

希望與赦罪的時辰就要過去；上帝容忍已久的忿怒之杯就要滿溢了。那歷代以來背道與叛逆所積累的兇惡烏雲，就要傾降在這犯罪作惡的子民頭上；而那唯一能救他們脫離厄運的主，卻被他們輕視、侮辱、拒絕，並且就要被釘在十字架上了。及至基督被掛在髑髏地十字架上的時候，以色列國蒙上帝恩眷與賜福的時日也就滿了。就算只有一個人的靈命失落，也被視為莫大的不幸，因為一個人的性命比全世界的財寶還要貴重得多；何況當基督看到耶路撒冷時，全城與全國的厄運都呈現在祂面前，而這座城，這個國，曾一度蒙上帝揀選作為祂特別的產業。

先知們曾為以色列的背道以及他們的罪所招致的悲慘和荒涼而哀哭。耶利米巴不得自己的雙眼能成為淚的泉源，以便為他百姓中被殺的人晝夜哭泣，因為耶和華的群眾被擄去了 (見耶9：1；13：17)。但祂 (基督) 的慧眼不只見到數年的事，也見到歷代以來的事，祂所感受到的是何等的憂傷啊！祂看到那行毀滅的天使拔出刀來，要攻擊這久已成為耶和華居所的城邑。從橄欖山上，就是日後羅馬將軍提多 (Titus) 及其軍隊所要駐紮的地方，祂望向山谷對面的神聖殿宇和迴廊，在祂淚眼朦朧的觀察下，有悽慘的情景出現，城的四周都被敵軍包圍了。祂聽到軍隊出動的步伐聲，也聽到城被圍困時婦孺的啼飢聲；祂看到神聖而美麗的殿宇、宮院與樓閣，都付諸一炬，凡他們所站之處盡都化為廢墟。

祂又展望到未來的日子，只見這與自己立過約的子民分散到各地，「像荒涼海岸上的破船一樣。」祂看出他們今生所要遭受的報應，不過是他們在最後的審判大日之時，所要喝下的忿怒之杯的第一口苦汁而已。祂神聖的憐憫及熱切的情感，發出了悲哀的歎息，說：「耶路撒冷啊，耶路撒冷啊，你常殺害先知，又用石頭打死那奉差遣到你這裡

來的人。我多次願意聚集你的兒女，好像母雞把小雞聚集在翅膀底下，只是你們不願意。」(太23：37) 唉，你這特蒙眷愛超過萬國的子民啊，巴不得你能知道自己蒙眷顧的日子，和有關你平安的事！我已經阻止那執行賞罰的天使，我已經呼召你們悔改，但是依然無效。你們所反對、拒絕的，不只是僕人、代表和先知，而是以色列的聖者——你們的救贖主。如果你們遭到毀滅，那是咎由自取，因為「你們不肯到我這裡來得生命」(約5：40)。

基督從耶路撒冷看見了一個象徵，其中有這世界因不信和叛逆而變得剛硬，並急於遭受上帝審判的情景。墮落的人類所遭遇的禍患，壓在主的心上，迫使祂口中發出極為慘痛的呼喊。在人類的痛苦與血淚之中，祂看到罪惡的悲慘歷史；祂的心因地上受苦受難之人而生出無限憐憫，祂渴望拯救他們每一個人。然而這時連祂的手也無法挽回人類禍患的狂瀾，因為只有少數人才來尋求這位唯一的援助之源。祂極願捨棄自己的生命，將救恩帶給他們，但是很少有人肯來到祂面前，以便得到生命。

天上的大君落淚了！無窮上帝的聖子心中憂傷，因悲痛而垂首！這一幕讓整個天庭滿是詫異。這情景向我們說明罪的極度兇惡，使我們看出拯救罪人脫離干犯上帝律法的後果是多麼艱難，甚至連有無窮能力的主也感到棘手。耶穌展望到末世，看到世人落入了一種欺騙，正像那造成耶路撒冷毀滅的欺騙一樣。猶太人所犯的大罪，就是拒絕基督。今日基督教界所犯的大罪，就是拒絕上帝的律法，這律法乃是祂天上與地上之政權的基礎。耶和華的誡命將要受人輕視，被人廢棄。千萬人雖然受了罪惡的捆綁，作了撒但的奴僕，注定要受第二次死亡的痛苦，但在蒙眷顧的日子中，他們竟不肯聽從真理的道。這種盲目真是可怕！這種執迷不悟真讓人不可思議！

在逾越節的前兩天，基督最後一次離開聖殿並痛斥猶太領袖的虛偽之後，祂再度與門徒出去並來到橄欖山上，與他們一同坐在綠草如茵的斜坡上，眺望著耶路撒冷城。祂再注視著城牆、城樓和宮殿。祂再度

看到那耀目的輝煌聖殿，這殿像是聖山上一頂極為光榮的美麗冠冕。

在一千年前，詩人曾頌揚上帝眷愛以色列人，以他們的聖殿為自己的居所，說：「在撒冷有祂的帳幕；在錫安有祂的居所。」(詩76：2) 祂「卻揀選猶大支派——祂所喜愛的錫安山；蓋造祂的聖所，好像高峰」(詩78：68、69)，這第一座聖殿是在以色列最強盛的時代建造的。大衛王曾為這工程收集巨額的材料寶物，而且建造聖殿的樣式，乃是受神聖的啟示而得的 (見代上28：12，19)。以色列國極睿智的王所羅門完成了這項工程。這聖殿當時是世人見過最宏偉的建築，但上帝卻藉著先知哈該預言到第二個聖殿說：「這殿後來的榮耀必大過先前的榮耀。」、「我必震動萬國；萬國的珍寶必都運來，我就使這殿滿了榮耀。這是萬軍之耶和華說的。」(該2：9，7)

及至尼布甲尼撒毀滅聖殿之後，在基督降生前五百多年，聖殿因那些原來終身被擄卻又回歸荒廢故土的人得以重新建造 (亦稱「第二聖殿」)。在這些人中，有許多是曾見過所羅門聖殿 (即「第一聖殿」) 之榮耀的老年人，他們在這重新建立，卻遠遜於昔日建築的新基前痛哭流涕 (見拉3：12)。先知曾生動地描寫當時普遍人的傷感，說：「你們中間存留的，有誰見過這殿從前的榮耀呢？現在你們看著如何？豈不在眼中看如無有嗎？」(該2：3) 隨即有應許給他們說，這殿後來榮耀必大過先前的榮耀。

但這第二次重建的聖殿，確實比不上第一聖殿那般壯麗，也沒有什麼可見的象徵能證明上帝的臨格以顯示其神聖，如同從前的第一聖殿一樣。在落成奉獻典禮中沒有什麼超自然能力的顯現，沒有看到榮耀的雲彩充滿這新建的聖殿，也沒有火從天降下，焚燒壇上的祭牲。在至聖所內沒有基路伯中間那象徵上帝同在的榮光，也沒有約櫃、施恩座和法版，天上更沒有發出聲音來，使求問的祭司能知道耶和華的聖旨。

幾世紀以來，猶太人曾盡力想要證明上帝藉哈該所發的應許是怎樣應驗，但也是枉然；他們的驕傲與不信蒙蔽了他們的心，以致不明白

先知話語的真意。這第二次建造的聖殿雖然沒有耶和華榮耀之雲彩降臨的光榮，卻有上帝完整之神性所同在的主——就是那位藉著肉身顯現的上帝親自蒞臨。當拿撒勒人耶穌在聖殿的院宇中教導百姓並醫治病人時，真可以說是「萬國所羨慕的」蒞臨祂的殿中了。在基督親臨聖殿的這件事上——也只有在這一件事上，可以說第二聖殿比第一聖殿更有榮耀。但以色列人卻把上天所賜的恩典棄絕了。那一天，當這一位謙恭的教師走出聖殿的金門時，那榮耀便永遠離開這殿了。救主所說「你們的家成為荒場留給你們」的話，當時就已應驗 (太23：38)。

門徒聽見基督預言聖殿將要遭毀滅，便充滿了恐懼和詫異，並渴望更充分地明白祂說這話的意義。過去猶太人為提升聖殿的光榮，曾費了許多財力、勞力、技術和四十餘年的光陰。大希律曾把羅馬人的財物與猶太人的珍寶都耗費在這個工程上，甚至羅馬皇帝也曾贈送禮物加添聖殿的光榮。為達到此目的，他們將大得幾乎令人難以置信的巨大大理石從羅馬運來，作為修建聖殿的部分材料；門徒曾指著這些石頭來呼求主，說：「夫子，請看，這是何等的石頭！何等的殿宇！」(可13：1)

對於這些話，耶穌做了一個嚴肅而驚人的回答，說：「我實在告訴你們，將來在這裡沒有一塊石頭留在石頭上，不被拆毀了。」(太24：2)

從耶路撒冷遭毀滅的事上，門徒聯想到的是基督親自帶著屬世的威榮降臨，登上世界大帝國的寶座，刑罰那些頑梗的猶太人，並折斷羅馬帝國的軛。主曾告訴他們祂要再一次降臨。所以他們一聽到耶路撒冷所要遭受的刑罰就想到主的降臨；故此當他們圍著救主一同坐在橄欖山上時，便問祂說：「什麼時候有這些事？祢降臨和世界的末了有什麼預兆呢？」(太24：3)

未來的事已經慈憐地向門徒隱蔽了。若門徒當時充分明白這兩件可怕的事——救贖主的受難受死和聖城聖殿的毀滅，他們必會被恐懼所擊倒。基督只向他們提及末日之前大事的概略。祂的話在當時還不能充分了解，但是當祂的百姓需要其中的指示時，這些話的意義就會

顯明了。祂所說的預言具有雙重意義：一方面是預示耶路撒冷的毀滅，同時也預指末後大日的慘劇。

耶穌向側耳傾聽的門徒講述那將要臨到悖逆之以色列人的刑罰，尤其是那因他們拒絕彌賽亞並把祂釘十字架而將要臨到的報應。在這可怕的事件頂點未發生之前，必有一些清楚的預兆出現。而那可怕的時辰將要突然並迅速的來到。因此救主警告祂的門徒說：「你們看見先知但以理所說的『那行毀壞可憎的』站在聖地 (讀這經的人須要會意)。那時，在猶太的，應當逃到山上。」(太24：15、16；⑱路21：20、21) 當時，耶路撒冷的城內和近郊地帶是猶太人所尊奉的聖地，所以當羅馬人帶有偶像的軍旗豎立在城外的聖地時，基督的門徒就應當逃跑，以求安全。當這警告的預兆出現時，凡能逃跑的就不要再耽延。在猶太全地的人，也要像耶路撒冷城中的人一樣，應當立時遵照那信號的警告而逃命。凡在房上的，絕不要下來進到屋裡搶救他最寶貴的財物。凡在田間或葡萄園中做工的人，也絕不可跑回家去拿因天熱而脫下的外衣。他們切不可躊躇片刻，免得被捲入這場全體毀滅的漩渦中。

在希律王的統治之下，耶路撒冷不但大為美化了，而且還建造了城樓、城牆和堡壘，再加上這城坐落於有利的地勢，使它看起來固若金湯，牢不可破。這時若有人公開預言這城將要遭受毀滅，那簡直就像在挪亞時代一樣會被人譏笑為癡人說夢。但基督卻說：「天地要廢去，我的話卻不能廢去。」(太24：35) 耶路撒冷因為罪的緣故，已經是上帝忿怒的對象，又因它頑梗不信，所以它的厄運是注定的。

上帝曾藉著先知彌迦宣告說：「雅各家的首領、以色列家的官長啊，當聽我的話！你們厭惡公平，在一切事上屈枉正直；以人血建立錫安，以罪孽建造耶路撒冷。首領為賄賂行審判；祭司為雇價施訓誨；先知為銀錢行占卜。他們卻倚賴耶和華，說：耶和華不是在我們中間嗎？災禍必不臨到我們。」(彌3：9-11)

這些話忠實地描寫到耶路撒冷居民的腐敗和自以為義的情形。

他們一面自稱嚴格遵守上帝律法的條例，一面卻干犯了全部律法的原則。他們恨惡基督，因為祂的純正與聖潔顯明他們的不義；他們譴責祂，並把自己犯罪作惡所招來的一切困苦煩惱，都歸咎於祂，以祂為禍首。他們雖然明知祂是無辜的，但他們卻說，為了全國人民的安全，必須把祂處死。猶太人的領袖也說：「若這樣由著祂，人人都要信祂，羅馬人也要來奪我們的地土和我們的百姓。」(約11：48) 他們以為如果犧牲了基督，他們也許可以再度成為一個強盛而統一的民族。他們這樣推論之後，便都同意照著大祭司的決定而行，寧可讓一個人死，免得通國遭到滅亡。

如此，猶太的領袖們便「以人血建立錫安，以罪孽建造耶路撒冷」。可是他們雖然因救主指責他們的罪而把祂殺了，他們還以自己所行的為義，甚至看自己是上帝所寵愛的子民，並期望上帝來拯救他們脫離仇敵的手。因此先知便接著說：「所以因你們的緣故，錫安必被耕種像一塊田，耶路撒冷必變為亂堆；這殿的山必像叢林的高處。」(彌3：12)

在基督親自宣佈耶路撒冷的厄運之後，主延遲了祂對這城和國所降的刑罰約有四十年之久。上帝對於拒絕祂福音又殺害祂聖子的人所顯出的耐心，真令人驚奇。那不結果子之樹的比喻，足以顯明上帝怎樣對待猶太國。命令已經發出了，「把它砍了吧，何必白佔地土呢？」(路13：7) 但上帝神聖的慈悲仍寬容它一段短暫的時期。在猶太人中，還有許多未曾認識基督之品德與工作的人，仍有後一代的兒童還沒有機會接受他們父母所棄絕的真光，因此上帝便藉著眾使徒和他們同工傳道的工作，使真光照亮他們；讓他們看出先知的預言怎樣應驗：不但是基督的降生與生活，就連祂的死與復活，也都已應驗了預言。兒女雖然沒有因為父母的罪而被判刑，但是在他們明白了那賜給他們父母的全部真光之後，仍再度拒絕那額外給他們的真光，他們就要與他們父母的罪有分，而自己也就惡貫滿盈了。

上帝對耶路撒冷城的忍耐，只有更加印證猶太人的頑固剛硬。他們既恨惡並殘害了耶穌的門徒，就是拒絕了最後的恩典。因此，上帝便

撤回祂所給予他們的保護,並收回那遏制撒但和他使者的能力,把全國交給了他們所揀選的首領去管理。全國人民既然棄絕了那原本可以幫助他們克服自己邪念的基督之恩,如今邪念就佔了上風,勝過了他們。撒但鼓動人們心中最狂躁、卑鄙的情慾。那時人不再講情理,因他們已失去了理性——被情感與盲目的狂怒所支配。他們變成如鬼魔般殘酷;在家中、在國內、在富貴貧賤的各階層中,都充滿猜疑、嫉妒、仇恨、紛爭、叛逆、兇殺。無論何處都沒有平安;朋友親屬彼此出賣,父母殺兒女,兒女害父母,連民間的官長也無自制之能,放蕩不羈的情慾使他們橫行霸道,無法無天。猶太人曾憑著假見證把上帝無辜的兒子定了死罪,此時,他們自己的性命也因虛假的控告而得不到保障。在他們的行動上,他們早已聲明:「不要在我們面前再提說以色列的聖者。」(賽30:11) 這時他們的願望真的實現了,再也沒有敬畏上帝的心可攔阻他們。撒但已在領導著全國,國內政治宗教的最高權力,都已在他的支配之下。

彼此對立的各黨派領袖有時會聯合起來搶奪並折磨可憐的受害者,但過後他們彼此又以武力相向,互相殘殺,連聖殿的神聖性也不足以遏制他們的殘酷與兇狠。有許多前來敬拜的人都在祭壇之前被殺害,聖所便被屍體所玷污了。但在盲目與褻瀆的狂妄之下,這些殘殺兇惡之事的煽動者竟公然宣告說,耶路撒冷沒有被毀滅的危險,因為這城乃是上帝自己的城。為了鞏固自己的權力,他們在羅馬軍隊包圍聖殿的時候,還賄賂假先知勸告百姓要等待從上帝而來的拯救。直到最後一天,群眾還堅信至聖者必要親自干預,擊敗他們的敵人。但是以色列已經棄絕了上帝的保護,現今再也得不到保障了。哀哉,耶路撒冷!不但內鬨分裂,彼此殘殺,血染市街,同時還有敵軍攻陷她的堡壘,殺死她的戰士!

基督所說關乎耶路撒冷毀滅的預言,字字都應驗了。猶太人真切地體驗到祂所警告的真理:「你們用什麼量器量給人,也必用什麼量器量給你們。」(太7:2)

當時有許多的時兆與奇事出現，預指災禍與刑罰的來到。在深更半夜時，有一道奇異的光芒照射在聖殿與祭壇之上。在夕陽落山的雲端上，出現了戰車戰士聚集備戰的幻象。夜間在聖所中供職的祭司們，因神祕的響聲而震驚；大地震動，隨後聽見群眾的呼喊：「我們快逃開吧！」巨大的東城門原本是極為沉重的，需要二十個人才能把它關上，還有巨大的鐵閂把它穩穩地繫在堅固的基石中，但在半夜的時候，竟然因看不見的人手而自行打開了。[1]

有一個人在耶路撒冷城的街上走來走去，宣告那將要臨到這城的災禍，一直傳了七年之久。他日以繼夜地狂呼悲歌：「東方之聲啊！西方之聲啊！攻擊聖城聖殿之聲；攻擊新郎和新婦之聲啊！攻擊全民之聲啊！」這個怪人曾被捕入獄，遭受鞭打，但他的口中卻不發怨言。他對於所受之羞辱和虐待的回答只是：「禍哉，耶路撒冷！禍哉，其中的居民！」他警告的呼聲沒有停止，直到他在自己所預言的災禍中被殺的那日。

在耶路撒冷的毀滅中，沒有一個基督徒遭害。基督早已向祂的門徒發出警告，所以凡相信祂話的人，都警醒等候應許的兆頭。耶穌說：「你們看見耶路撒冷被兵圍困，就可知道它成荒場的日子近了。那時，在猶太的應當逃到山上；在城裡的應當出來。」（路21：20、21）在塞斯提伍斯（Cestius）統率羅馬軍兵圍城後，就在有利於即刻進攻之時，羅馬的將軍竟毫無理由地下令軍隊撤退。其實這是上帝慈悲的安排，指示祂子民逃脫的良機。主所應許的兆頭已經向那些等待的基督徒顯現了，現在正是給一切聽從救主警告之人的一個機會。上帝掌握了當時的局面，使猶太人和羅馬人都不能攔阻基督徒的逃亡。在塞斯提伍斯撤兵時，猶太人正聚集在城裡守住棚節，因此全地的基督徒儘可以逃走而不受阻擾。他們趕緊逃到一個安全的地方，就是約但河外比利亞地的佩拉城（The City of Pella）。

猶太的軍隊追擊了塞斯提伍斯和他撤退的軍隊，並在他們軍隊後方猛烈的攻擊，幾乎要把他們完全消滅。羅馬人好不容易才得以成功的

撤退，而猶太人幾乎毫無損失地押著戰利品凱旋回耶路撒冷。然而這次表面上的勝利只帶來不幸的後果。這場勝利鼓舞著他們更頑固地抵抗羅馬人，終於使那無可形容的災禍迅速地臨到這注定遭劫的城邑。

當提多再度包圍耶路撒冷城時，該城所遭受的災難極其悲慘。那時正當逾越節，有數百萬的猶太人聚集在耶路撒冷城內。他們的糧食若是妥善保藏，原可供應城中居民數年之用，但城內對立的黨派在嫉妒紛爭之下，早已把存糧破壞蹧蹋了；現在，饑荒的種種慘劇一一上演。一升小麥售價一他連得。饑荒的災情極其慘重，以致人們啃食自己的皮帶、鞋履和盾牌上的皮革。有許多人在夜間偷偷去城外採取野草，但有不少人被敵軍捉去以酷刑處死；即使有人能安然回來，他們冒極大危險所得的那一點東西卻往往又被人搶奪。當時有權勢之人使用嚴刑拷打，迫使困疲欲死的平民交出他們所藏的最後一點食物。而且這樣的慘事往往是少數衣食溫飽的人所為，意在囤積以備後用。

千萬人因饑荒和瘟疫而死亡。人的情感似乎泯滅無存。丈夫搶妻子的，妻子搶丈夫的。兒女從他們年老的父母口中搶奪食物。先知所問「婦人焉能忘記她吃奶的嬰孩？」(賽49：15) 已然在這遭劫的城內得到了答案：「慈心的婦人，當我眾民被毀滅的時候，親手煮自己的兒女作為食物。」(哀4：10) 再者，1400年前先知所預言的警告也應驗了：「你們中間，柔弱嬌嫩的婦人，是因嬌嫩柔弱不肯把腳踏地的，必惡眼看她懷中的丈夫……與她所要生的兒女，她因缺乏一切就要在你受仇敵圍困窘迫的城中將他們暗暗地吃了。」(申28：56、57)

羅馬的軍長想方設法用恐怖的手段恐嚇猶太人，迫使他們投降。他們把那些倔強的俘虜拉出來嚴刑拷打，隨後又把他們釘在十字架上，豎立在城下。每天有好幾百人受到這樣的處刑，而且這嚴酷的慘事一直持續下去，直到約沙法谷及髑髏地到處都豎滿了十字架，甚至多到連人也沒有空間可以走動。這就悲慘地應了猶太人在彼拉多審判臺前所說的可怕誓言：「祂的血歸到我們和我們的子孫身上。」(太27：25)

　　提多本來很願意結束這場可怕的慘劇，使耶路撒冷城免於遭受全面的毀滅。當他看到滿山滿谷堆積的屍首時，他心裡充滿了顫慄。他從橄欖山頂上遙望著那壯麗的聖殿，不禁深深著迷，於是便發出命令，不許他的部下動聖殿的一塊石頭。在他試圖攻入這座堅固城邑之前，他曾向猶太的首領們發出極為懇切的勸告，叫他們不要逼他在聖地內殺人流血。如果他們肯出城到另一個地方交鋒，羅馬人就不會侵犯聖殿的神聖。約瑟夫斯 (Josephus，羅馬軍團顧問) 也曾親自發出一個極為動人的請求，勸他們投降，以便救自己的性命、城邑和敬拜之所。但他們卻以苦毒的咒罵回答他。當最後一個調停人站在他們面前發出懇勸時，他們竟用鏢鎗刺向他。猶太人已經拒絕了上帝兒子的請求，所以這時的勸諫與忠告只有使他們更加固執，頑抗到底。提多為保全聖殿所做的努力終歸徒然；那位比他更偉大的主早已聲明，在那裡必沒有一塊石頭留在石頭上。

　　猶太領袖們的盲目固執，以及圍城之中所有可憎的罪惡，煽起了羅馬人的憎惡與憤怒，最後提多便決定猛攻聖殿，將它佔領。雖然如此，他還是定了主意，無論如何都要儘量保護聖殿免遭毀滅。然而他的命令竟被漠視了。在他夜裡回到營帳休息之時，猶太人從聖殿中突然衝出，襲擊外面的陣地。激戰之中，有個士兵將一根火把丟進了聖殿廊前的一扇門內，於是聖所四圍的香柏木廂房立刻著火了。後來提多趕到那裡，有許多的軍長和士兵跟著他，他命令士兵去救火，但他們置若罔聞。這些兵丁在憤怒之下，紛紛將火把丟進那與聖殿相連的房間內，然後他們用刀劍殺戮了許多在聖殿中避難的猶太人。從聖殿的台階上，鮮血像河水一樣流了下來。成千上萬的猶太人被殺。人們聽見一陣陣的喊叫聲，比交戰殺伐的聲音更為響亮，呼喊說：「以迦博！」——意思是：「榮耀離開以色列了！」

　　「提多知道已無法制止士兵的狂怒，便和手下的幾個官兵進入聖殿，觀看這神聖建築的內部。殿中的輝煌景色使他們驚訝不已。這時火焰還沒有燒進聖所，於是他便做了最後的努力，要挽救這殿。他一躍而

出，再次吩咐士兵防止大火的蔓延。百夫長力勃拉利(Liberalis)還用指揮杖想迫使他們服從，但即使是象徵皇帝權威的指揮杖，也阻止不了士兵們對猶太人強烈的恨意和殺紅了眼的激戰，以及因掠奪而失控的貪念。士兵看見周圍每一樣物件都發出金光，在熊熊烈火中光耀奪目；他們認為聖殿內必定藏有無數的財寶。有一個士兵趁人不備，把一個燒著的火把塞進殿門的樞紐裡；全部建築在一剎那間便燃燒起來了。濃煙和烈火迫使那幾個軍官退出聖殿，於是這座壯麗高大的建築物，只好任其遭劫了。

「這場大災在羅馬人看來，是一件駭人聽聞的慘事；而在猶太人看來又是怎樣呢？聖城坐落的整個山頭，像一座火山一樣四面著火。房屋轟然一聲，一座一座地倒塌了，被捲入烈火吞沒殆盡。香柏木的屋頂成了一片火海，鍍金的尖閣看上去好像燒紅的大鐵錐一樣，城樓上的火焰與煙雲直升天空。鄰近的山頭被照映得通紅，藏身於黑暗中的人群恐懼焦急地注視著這一場浩劫的過程；在上城(譯者按：耶路撒冷分上下2城)的城牆上與高處站著許多人，有些人因絕望的痛苦而臉色蒼白，有些人則因為有仇難報而面露怒容。羅馬士兵奔跑的吶喊聲，叛亂者倒在烈火中呼叫的哀鳴聲，大火焚燒的怒吼聲，和樑柱倒塌的轟隆聲，全都混成一片。群山迴響著站在山頂上之人所發出的尖銳嚎叫聲，整個城牆上都響起了哭泣與號咷的聲音；飢餓垂死的人們鼓起殘餘的一點力量，發出痛苦絕望的哀鳴。

「城內的殺戮比外面所見到的景象更為慘烈。不分男女老少、叛徒、祭司、以及頑抗的和求情的，都一律在這場肆意妄為的大屠殺中倒下。被殺之人的數目，遠超過殺人者的數目。軍兵只好在死人堆裡爬上爬下，進行殺戮。」[2]

聖殿被焚毀之後，不久全城就落入羅馬人之手。猶太的領袖們放棄了他們那些牢不可破的堡壘，提多將軍進去佔領的時候，發現堡壘上空無一人。他驚異地望著這些防禦工事之後，便宣稱這是上帝將城交在他手中，因為如此雄偉的堡壘，原非任何猛烈的武器所能攻陷。聖

城和聖殿都被夷為平地，連根基也被挖出來；至於聖所坐落的地基，也「被耕種像一塊田」(耶26:18) 一樣。自從耶路撒冷被圍困直到這場大屠殺為止，死亡的人數超過百萬；殘留下來的倖存者有的被當作俘擄帶走，有的被賣為奴，有的被帶到羅馬作為勝利者凱旋榮歸炫耀的戰利品，也有的人被帶到圓形競技場內的野獸群中，此外還有一些人則分散在世界各地，成為無家可歸的流浪者。

猶太人已經為自己鑄了鐐銬，並為自己盛滿了忿怒之杯。這全國所遭遇的毀滅，以及此後在困苦流離中所受的一切禍患，都不過是他們親手種下的果而已。先知說：「以色列啊…… 自取敗壞。」、「…… 你是因自己的罪孽跌倒了。」(何13:9;14:1) 他們所受的災難，往往被人視為是上帝直接判決的刑罰。那個大欺騙者正在利用人的看法，來掩飾他自己動的手腳。猶太人因為頑固而拒絕了上帝的慈愛與恩典，所以上帝就撤回祂保護的手，撒但便可任意的管理他們了。在耶路撒冷遭受毀滅的巨大浩劫中，就可見撒但在那些服從他管理之人身上所採取的毒辣手段。

我們因為享受所賜的平安與保護，真不知欠了基督多少的債！那使人類不致完全屈服於撒但權下的，乃是上帝約束撒但的能力。上帝的慈悲與忍耐常遏制惡者殘忍惡毒的權勢，這是悖逆與忘恩之徒應感激上帝的地方。但是人一旦越過了上帝忍耐的限度，祂就要把約束的能力撤回。上帝並不以執行審判者的姿態看待罪人，祂只是讓那些拒絕祂恩典的人咎由自取。人每次拒絕一線光明，輕視或忽略一道警告，放縱一次情慾，干犯上帝的一條律法，就是撒下了一粒種子，日後就必自食其果。上帝的靈若是一直被罪人拒絕，最後也只好收回；此後這人就再沒有能力控制自己心中的邪情惡慾，也沒有保障可以使他脫離撒但的兇惡與仇恨了。對於一切輕忽上帝恩典的邀請，並抗拒上帝慈悲懇勸的人，耶路撒冷的毀滅乃是一個可畏而嚴肅的警告。再沒有什麼能比這個警告更確切地說明上帝對罪惡的憎恨，以及有罪之人必受的刑罰了。

　　救主所說有關耶路撒冷遭受刑罰的預言，將要應驗在另一件事上；對於這件事，耶路撒冷的淒涼荒廢只能算是一個隱晦的預表。從這蒙揀選之城的厄運上，我們可以看出這個拒絕上帝恩典並踐踏祂律法的世界必遭受的滅亡。大地在這犯罪作惡的數千年中，證明了人類不幸的紀錄是幽暗的，人心在思考中厭倦，思想也疲憊了。拒絕上天權威的結果是可怕的，但在那有關將來的啟示中，出現了一幕比這更為黑暗的景象。這以往的紀錄——動亂、相爭、革命，「戰士在亂殺之間所穿戴的盔甲，並那滾在血中的衣服，……」(賽9：5) 等等，若與上帝約束之靈從罪人身上全部撤回，不再抑制人類的情慾和撒但忿怒之時的恐怖狀態相比，那真算不得什麼了！到那時，世人就要看到從未見過的事，就是撒但統治的最後結果。

　　但在那日子，正如耶路撒冷遭毀滅的時候一樣，上帝的子民，就是一切「在生命冊上記名的」(賽4：4) 必蒙拯救。基督已經宣佈祂將要二度降臨，召集祂忠心的百姓；那時「地上的萬族都要哀哭。他們要看見人子，有能力，有大榮耀，駕著天上的雲降臨。祂要差遣使者，用號筒的大聲，將祂的選民，從四方，從天這邊到天那邊，都招聚了來」(太24：30、31)。那些不順從福音的人，要被祂口中的氣滅絕，並被祂降臨的榮光所廢 (見帖後2：8)。像古時的以色列人一樣，惡人要自取滅亡；他們要因自己的罪孽絆倒。他們因罪惡的生活，使自己與上帝不能相容，他們的天性因罪惡而極其卑劣，以至上帝榮耀的顯現對他們竟成了毀滅的烈火。

　　但願人人警醒，免得疏忽基督給予他們的教訓。他曾警告門徒說，耶路撒冷城要遭毀滅，又給了他們一個預兆，使他們知道毀滅何時臨近，以便能逃命；照樣，祂已經警告世人有關最後毀滅的日子，又給了他們許多兆頭，使一切願意的人都可以知道毀滅的臨近，逃避那要來的忿怒。耶穌宣告說：「日、月、星辰要顯出異兆，地上的邦國也有困苦。」(路21：25；太24：29；可13：24-26；啟6：12-17) 凡看到祂復臨的各種預兆的人，「該知道人子近了，正在門口了。」(太24：33) 祂向世人發出忠

告說「所以，你們要警醒」(可13：35)，凡注意這警告的人，就不至被丟在黑暗之中，那日子也不至出其不意地臨到他們。但對於那些不警醒的人，「主的日子來到，好像夜間的賊一樣。」(帖前5：2)

今日世人不相信那向現代所發出的警告，正如昔日猶太人不接受救主論到耶路撒冷所說的警告一樣。無論如何，上帝的大日早晚終必在惡人不知不覺之時臨到。當人的生活照常進行，人專心於享樂、營業、經商與積攢錢財時，當宗教領袖正在誇大世界的進步與文明，而眾人醉生夢死、處於一種虛偽之安全感中時，——那時，正如半夜裡的盜賊潛入沒有防備的居所一樣，突然的毀滅必要臨到一切不警醒與不敬虔的人，「他們絕不能逃脫。」(帖前5：3)

註①：米爾曼 (Milman)，《希伯來人的歷史》(History of the Jews)，卷13。
註②：同上，卷16。

第二章
初世紀的逼迫

當耶穌將耶路撒冷的厄運和祂第二次降臨的景象啟示門徒時，祂也預言了從祂被接離開，直到祂帶著權柄和榮耀再來拯救他們的這段時期，祂的百姓必將經歷的事。在橄欖山上，救主見到了那將要發生在使徒時代教會的暴行；祂的慧眼也看出了跟從祂的人在未來的黑暗和逼迫時期中，要遭受兇狠劇烈的迫害。祂用幾句意義深長的簡潔話語，預言了這世界的掌權者將如何對待上帝的教會 (見太24：9，21、22)。基督的門徒必須踏上他們的主所走過的同一條遭受屈辱、誣衊和痛苦的道路。那向世界的救贖主傾洩的仇恨，也要向凡信祂之名的人發出。

早期教會的歷史證實了救主的話。地上和陰間的當權者都聯合起來攻擊跟隨基督的人，藉以攻擊基督。異教已預見若是福音獲得勝利，則她的廟宇和神壇勢必剷除淨盡，故此，她集合了她全部的勢力來摧毀基督教。於是逼迫的火燄點燃了。基督徒的財產被奪去，並從自己家中被人趕出。他們「忍受大爭戰的各樣苦難」(來10：32)，他們「忍受戲弄、鞭打、捆鎖、監禁」(來11：36)。無數人用自己的血印證了自己所做的見證，貴族和奴隸、富戶和窮人、智者和愚夫，一律都遭受無情地殺害。

這些逼迫大約是在羅馬皇帝尼祿 (Nero) 統治、保羅殉難時便開始，其猛烈程度時強時弱地延續了兩百多年。基督徒被誣告干犯了一些最嚴重的罪，並遭指控為饑荒、瘟疫、地震等大災難的禍根。當他們

成了群眾仇恨和猜疑的對象時，有許多人為了財利，就以告密的手段出賣無辜的人們。他們被定為叛國的匪徒、宗教的死敵和社會的毒害。無數人被拋給競技場上的野獸或被活活燒死，有的被釘在十字架上，有的則被迫披上了獸皮並推入場中任惡犬撕裂。他們的刑罰常被當作公共節日的娛樂節目。廣大的人群聚集觀看取樂，以大笑和喝采來嘲弄他們慘痛的死亡。

跟隨基督的人不論在何處藏身，總是像野獸般被人追捕，以致他們不得不藏身在荒涼偏僻之地「受窮乏、患難、苦害，在曠野、山嶺、山洞、地穴，飄流無定，本是世界不配有的人」(來11：37、38)。千萬人住在墓穴中，他們在羅馬城外的山腳下，在泥土和巖石中挖了深長的地道，這些黑暗且精巧的地道網絡一直伸展到城外數英里之遙。跟隨基督的人把他們的死人葬在這些地下的隱蔽處；當他們因受人猜忌而失去人權時，這裡也成了他們的棲身之所。當那賜生命的主喚醒一切打過美好之仗的人時，許多為基督殉道的人，將要從這些幽暗的深穴中出來。

在最凶暴的逼迫之下，這些為耶穌作見證的人保持了他們信仰的純潔。他們雖然失去了生活上的各種舒適，終日不見陽光，居住在黑暗卻安全的地底下，但他們從不發怨言。他們以信心、忍耐和希望的話語彼此勉勵來共度貧困和苦難。他們雖然失去世上所有的享受，但這並不能使他們放棄對基督的信仰。患難和逼迫不過是使他們更接近安息和獎賞的步驟而已。

許多人正像古時上帝的僕人們一樣，「忍受嚴刑，不肯苟且得釋放，為要得著更美的復活。」(來11：35) 這使他們回想起主的話，在他們為基督的緣故受逼迫時，應該格外歡喜快樂，因為他們在天國的賞賜是大的，因為在他們以前的先知，人也是這樣逼迫他們。他們因自己配為真理受苦而欣喜，於是他們的凱歌從猛烈的火燄中上達於天。他們憑著信心，仰望基督和眾天使站在天城的城牆上，以深切的關懷注視著他們，並對他們堅定的意志予以讚賞。隨後有聲音從上帝的寶座那裡傳到他們耳中說：「你務要至死忠心，我就賜給你那生命的冠冕。」(啟2：10)

撒但雖然用暴力來摧毀基督的教會，但他一切的努力都是徒然的。當這些忠心高舉真理旗幟的勇士在他們的崗位上光榮犧牲時，耶穌的門徒以身殉道的大爭戰並未就此停止。他們藉著失敗獲得勝利。上帝的工人雖被殺害，祂的聖工卻穩步前進。福音繼續傳開，信徒的數目也不斷地增多。它深入了最難進入的地區，甚至傳到羅馬的御營中。有一個基督徒向一些推動逼迫的異教官長申辯說，你們可以「殺死我們，殘害我們，判處我們。……你們的不公道正足以證明我們的無罪。……你們的殘暴，並不能使你們成功」。這種逼迫反成了更有力的邀請，使人們信服他們的信仰。「我們被殺的越多，我們的人數就越多；基督徒的血乃是福音的種子。」[1]

千萬人被監禁、殺害，可是另有人起來遞補他們的空缺。而那些為信仰殉道之人已獲基督的保證，也是祂所認定的得勝者。他們已打了美好的仗，當基督再來時，他們將要接受榮耀的冠冕。基督徒所忍受的苦難使他們彼此更為接近，並且更加親近他們的救贖主。他們生活的榜樣和臨死前的見證時常為真理做了申辯；而且最出乎意料的是，竟有撒但的臣僕也離開了他的行列而投身於基督的旗幟之下。

於是撒但制定了新的計畫，將自己的旗幟豎立在基督的教會中，藉此更有效地對付上帝的政權。若是基督的門徒能被誘惑，因而招致上帝的不悅，那麼他們的力量、剛毅和堅定必會衰退，使其不費吹灰之力便能成為他的囊中之物。

這位大仇敵此時企圖藉著欺騙的手段，來達到他用武力所未能達到的目的。於是逼迫停止了，取而代之的是暫時的興旺和屬世尊榮的危險誘惑。拜偶像者接受了基督信仰的一部分，但拒絕其他主要的真理。他們自稱接受耶穌是上帝的兒子，並相信祂的死和復活；可是他們並不自覺有罪，也不認為有悔改或心靈更新的必要。他們既然做了一些讓步，就建議基督徒也應有所退讓，以便人人都可以在信仰基督的大原則上團結起來。

　　於是教會便處於極為可怕的危險之中；與此對比，遭受監禁、刑罰、火刑和刀劍倒是比較有福氣。有一些基督徒堅定不移，宣稱他們絕不能妥協。其他的人則贊成放棄或修改他們信仰的某些部分，還與那些接受基督教一部分信仰的人聯合起來，並宣稱這樣做或許能使他們澈底悔改。這是忠心跟隨基督之人身心最痛苦的時期。撒但披著偽基督教的外衣鑽進了教會，為要敗壞他們的信仰，並使他們的心意轉離真理之道。

　　最後，大多數的基督徒同意降低他們的標準，於是基督教和異教團結起來了。敬拜偶像者雖然口頭悔改並加入了教會，但他們並沒有放棄拜偶像的習慣，只不過把他們跪拜的對象改換為耶穌，甚至是馬利亞或聖徒的像。拜偶像的邪惡影響進入教會之後，就持續產生毒害的作用。錯誤的教義，迷信的禮節，拜偶像的儀式，與教會的信仰和崇拜混在一處。基督的門徒既與拜偶像者聯合，基督教就漸漸腐化了，而教會也就失去她的純潔和力量。縱然如此，仍有一些人沒有因這些誘惑而步入歧途，他們依舊堅持效忠真理的創始者，單單敬拜上帝。

　　在自稱跟隨基督的人之中，向來就有兩種人。一種人研究救主的生活，並誠懇的設法改正自己的缺點，以求符合基督的榜樣；而另一種人則迴避那直白、實際、足以暴露他們錯誤的真理。即使教會處於最良好的景況，內部的成員也並非完全是真實、純潔和忠誠的。我們的救主固然教導我們不可讓故意放縱罪惡的人加入教會，但同時祂也接近那些品性不良的人，並以自己的教訓和榜樣幫助他們，使他們有機會看清楚他們的錯誤，並加以改正。在十二使徒中有一個是叛徒；猶大之所以被接納，並不是因為他性格上有缺陷，而是因為主不顧他的缺點。他與門徒同列是為了要讓他透過基督的指導和榜樣，明白什麼是基督徒的品格，並藉此看出自己的錯誤以至於悔改，然後藉上帝恩典的幫助，「因順從真理」而潔淨自己的心。主雖然如此慈愛地讓真光照在他身上，可是他卻沒有行在光中。他因放縱罪性，就招來撒但的試探，他那邪惡的性格佔據了主導的地位，他的思想隨從了幽暗權勢的操縱。當

他因過錯受到責備時便發怒，以至犯下出賣他主人的可怕罪行。凡自稱敬虔而心懷罪惡的人，必要同樣地恨惡那些責備他們罪行而打攪他們安寧的人。他們遇有適當的機會，就要像猶大一樣，出賣那些為了他們的益處而責備他們的人。

使徒們曾在教會中遇到一些有敬虔外貌而內心卻懷藏罪孽的人。亞拿尼亞與撒非喇行了欺騙的事，假裝為上帝獻上所有的奉獻，卻貪婪地為自己保留一份。真理的靈向使徒們揭露了這些偽善者的真面目，於是上帝的刑罰便把這可憎的污點從教會中清除。基督那能鑑察人心的靈明確地表現在教會當中，使那些偽善和行惡的人大為恐懼，使他們無法與那些在習性和品性上經常代表基督的人長久共處。當試煉和逼迫臨到祂的信徒時，只有那些甘心為真理撇棄一切的人才願意作祂的門徒。因此，只要逼迫延續不斷，教會相對的就能保持純潔。可是當逼迫停止時，教會立刻增加了許多不真誠和不敬虔的信徒，這種方式為撒但打開了方便之門，使他得到立足之地。

然而，光明之君和黑暗之君是勢不兩立的，他們雙方之間的跟從者也互不相合。當基督徒同意與那些從異教中出來、卻沒有澈底悔改的人聯合時，他們就是走上了一條離真理越來越遠的道路。撒但見到自己欺騙了這麼多跟隨基督的人，便大為欣喜。於是他將力量完全用在這些人身上，促使他們去逼迫那些仍然效忠上帝的人。沒有人能像那些曾一度化身為捍衛者那般清楚地知道要如何對付真正的基督教信仰；於是這些叛道的基督徒便與那些半異教徒聯合起來攻擊基督教教義中最重要的特點。

當這些披著宗教外衣的人進入教會並施行欺騙和可憎之事時，那些忠心堅決抵抗這些事的人，都義無反顧地與之抗衡。那時的聖經已不被公認為信仰的標準，而宗教自由的教義亦被斥為異端，凡擁護宗教自由的人，反而遭到了恨惡並遭人排斥。

經過長期劇烈的爭執之後，少數忠實的信徒認為，如果這叛道的

教會不肯放棄虛偽和拜偶像的罪，他們就決意和她斷絕一切關係。他們看出如果他們要聽從上帝，則這種決裂是無法避免的。他們不敢容忍任何對靈性有致命之害的謬道，也不敢留下一個足以危及世代子孫之信仰的榜樣。為求和平與團結，只要不阻擋他們對上帝忠貞，他們盡可讓步，但是他們認為如果必須犧牲真理的原則來換取和平，其代價太高。如果為求團結而必須犧牲真理和正義，那就決裂吧！即使引起戰爭也在所不惜。

若是像這種激勵聖徒有堅固靈魂的原則，能夠重振現代自稱為上帝子民之人的心，就會對教會和世界產生良好的影響。可是現今一般人對基督教的基本教義所表現的冷淡令人震驚。越來越多人認為教義問題始終不是至關重要的。這種退化的現象正在加強撒但黨羽的勢力，以致多年來那群忠實信徒冒著性命的危險所抵制並揭露的虛假理論和陰毒欺騙，此時反倒被千萬自稱為基督徒的人所擁護。

早期的基督徒確實是一群特殊的人。他們無可指責的操行和毫不動搖的信仰，乃是一種不斷使罪人感覺不安的譴責。他們人數雖少，又沒有財富、地位或尊號，可是不論在什麼地方，只要他們的品格和教導為人所共知，作惡的人就必戰兢恐懼。因此，他們被惡人恨惡，正如亞伯被不敬虔的該隱恨惡一樣。而那些為了想要擺脫聖靈約束而殺害上帝子民的人，與該隱殺死亞伯的原因如出一轍。猶太人拒絕並釘死救主，也正是為此緣故。因為祂性格的純潔、聖善，對比於他們的自私和腐化乃是一種反覆不停的斥責。從基督的時代直到如今，那些喜愛罪惡並順行而為的人，時時對祂忠心的門徒抱持仇恨和反對。

既是這樣，福音怎能稱為和平的信息呢？當以賽亞預言彌賽亞的降生時，他稱祂為「和平的君」。當天使向牧羊人宣告基督的降生時，他們在伯利恆的平原上歌頌說：「在至高之處榮耀歸與上帝！在地上平安歸與祂所喜悅的人！」(路2:14)可是基督曾說：「我來並不是叫地上太平，乃是叫地上動刀兵。」(太10:34)基督的這一句話好像與前一句預言性的聲明有所矛盾。其實我們如能正確地了解這兩句話的意思，便可

以看出它們是完全一致的。福音確實是一個和平的信息；基督的道理若為眾人所接受、遵守，那麼和平、融洽與幸福必要洋溢於全世界。基督的宗教能使一切接受其教導的人團結起來，如同弟兄般親熱。耶穌的使命就是使人與上帝和好，藉此使人與人之間也彼此和好。然而世界大部分還屈服在基督的死敵——撒但的控制之下。福音既帶給他們一種與他們的習慣和慾望完全不同的生活原則，他們就想反抗。他們恨惡那足以暴露並指責他們罪行的純潔生活，所以他們想逼迫並消滅那些勸服他們要有正直和聖潔之生活的人。正因這個緣故——因高舉真理福音必會激起人的仇恨和反對，所以福音又稱為「刀兵」。

容許義人在惡人手中遭受逼迫的奧祕神旨，常使信心薄弱的人感到大惑不解。因為上帝往往讓極卑鄙的人順利亨通，而極良善和極純潔的人，倒為惡人的殘暴勢力所苦害，所以有些人就想放棄他們對上帝的信仰了。他們疑問說，「一位公正、仁慈而有無窮能力的上帝，怎能容忍這種不公正的行動和壓迫呢？」這是我們不必過問的事。對於上帝的慈愛，祂已經給了我們充分的憑據，我們不應該因無法了解祂的作為和美意而懷疑祂的良善。救主曾預先看到門徒在患難和黑暗時期中所產生的疑慮，所以祂對他們說：「你們要記念我從前對你們所說的話：『僕人不能大於主人。』他們若逼迫了我，也要逼迫你們。」(約15：20) 耶穌為我們所受的苦，比任何跟隨祂的人在惡人殘暴之下所受的苦要慘重多了。凡蒙召為道受苦而殉難的人，無非是在追隨上帝愛子的腳蹤而已。

「主所應許的尚未成就，……其實不是耽延」(彼後3：9)，祂並不忘記或疏忽祂的兒女；祂讓惡人暴露他們的真面目，是叫一切願意遵行祂旨意的人，對於這些人不再存任何幻想。再者，義人被置於苦難的爐火中，乃是要熬煉他們，使他們純潔，叫別人因他們的榜樣而看出這信仰和敬虔是真實的；同時，他們言行一致的作風，也要定那不敬虔和不信之人的罪。

上帝讓惡人興盛，並顯露他們對於祂的仇恨，乃是要在他們惡貫

滿盈而被毀滅時，人人都可看出上帝的公義和慈愛。祂報復之日已迫近了，那時凡違犯祂律法並壓迫祂百姓的人，將要得到他們行為的報應。那時，惡人加諸於上帝忠心子民的每件殘暴不公的行為，都將受到懲罰，如同這些事是他們行在基督身上一樣。

　　另有一個更重要的問題是今日的教會所當注意的。使徒保羅宣稱：「凡立志在基督耶穌裡敬虔度日的也都要受逼迫。」(提後3：12) 但是現在為什麼逼迫似乎異常的緩和平靜呢？唯一的原因就是，教會已經效法了世界的標準，所以不會引起對立。今日流行的宗教已經失去了基督及使徒時代信仰特有的純潔和神聖。基督教之所以能博得群眾的喜愛，乃是因為它向罪惡妥協的精神，它對聖經偉大真理的漠不關心，以及它缺乏真正的敬虔。只要恢復早期教會的信心和能力，逼迫的風雲必將再起，逼迫的火燄也必復燃。

註①：特土良，《護教篇》，第50段。

第三章
靈性黑暗的時代

使徒保羅在〈帖撒羅尼迦後書〉中曾預言日後的大背道，其結果就是羅馬教皇權力 (papal power) 的建立。他說，在基督復臨之前，「必有離道反教的事，並有那大罪人，就是沉淪之子，顯露出來。他是抵擋主，高抬自己，超過一切稱為神的和一切受人敬拜的，甚至坐在上帝的殿裡，自稱是上帝。」使徒保羅接著進一步警告他的弟兄們說：「那不法的隱意已經發動。」(帖後2：3、4，7) 在早期時代，他已經看到種種異端邪道滲入教會，為教皇權 (papacy) 的發展預備了道路。

這「不法的隱意」起初是在暗中默默地發動的，及至它勢力日增，深得人心之後，它便逐漸公開地進行那欺騙和褻瀆的工作。異教的風俗習慣大都是在人不知不覺之中潛入基督教會的。教會在異教徒手中遭受劇烈的逼迫，曾一度抑制了妥協和屈從的風氣。然而，當逼迫停止時，基督教傳進了王宮貴族中後，教會便失去了基督與使徒們謙卑儉樸的精神，效法異教僧人和官僚的傲慢與虛榮，廢除了上帝的律法，並以人為的理論和傳統 (traditions，在聖經中亦稱「遺傳」，如可7：3，5，8，9，13) 取而代之。在第四世紀初葉，君士坦丁 (Constantine) 皇帝表面上的悔改信教使教會大為興奮，同時屬世的精神也披上了公義的外衣，步入教會之內。從此以後，腐化的影響便迅速蔓延了。異教雖在表面上銷聲匿跡，但實際上她卻勝利了；她的意志控制了教會，她的教義、儀式和迷信，全都被納入到那些自稱為基督徒的信仰與敬拜之中。

異教與基督教的妥協，終於產生了預言所預示的、那抵擋主且高抬自己超過上帝的「大罪人」。這龐大的虛偽宗教制度，乃是撒但權勢的傑作，是他為自己登上寶座，按己意統治世人所做一切努力的結晶。

撒但曾一度想與基督妥協。在上帝的兒子受試探的曠野中，撒但曾來到祂面前，將天下萬國和萬國的榮華指給祂看，並表示願將這一切交在祂手中，只要祂承認幽暗世界之君的無上權力。基督卻斥責那狂妄僭越的試探者，並迫使他離開。然而撒但現今用同樣的伎倆試探人類的時候，他卻獲得了極大的效果。為要取得世俗的利益及榮譽，教會受引誘去尋求世上權貴之人的幫助與支持。她既然這樣拒絕了基督，就進一步受誘惑去效忠撒但的代表——羅馬主教 (bishop of Rome)。

羅馬教 (Romanism) 的主要教義之一，就是聲稱教皇是普天下基督教會看得見的元首，並具有至高無上的威權，可以管理世界各地的主教和教牧人員。不只如此，它還聲稱教皇已擁有上帝的尊號，他也被稱為「主上帝教皇」，並宣稱他是絕對無誤的，要眾人都向他敬拜 (見附錄第1頁「頭銜」和「無誤論」)。撒但在曠野的試探中所做的同樣主張，他今日仍藉著羅馬教會 (Church of Rome) 貫徹到底，並且竟有許多人欣然向他敬拜。

然而，凡敬畏上帝的人必能對付這個膽大包天的僭越者，正如基督對付那奸猾的仇敵說：「當拜主——你的上帝，單要事奉祂。」(路4:8) 上帝在祂的聖言中，從來沒有暗示祂已委派任何人擔任教會的元首。以教皇為至尊至上的教義，乃是與聖經的教導直接衝突的。教皇除非用巧取豪奪的手段，否則他絕不會擁有權力來統治基督的教會。

羅馬教徒堅持反對基督教徒，並誣告他們是信異端的，說他們故意脫離真教會。但這些誣告正應該套用在他們自己身上。那拋下基督的軍旗，並離棄了那「從前一次交付聖徒的真道」(猶3) 之人，正是他們。

撒但深知聖經能使人洞悉他的騙術，抗拒他的權力，就連世界的救贖主也曾運用聖經來抵擋他的襲擊。他每一次的進襲，基督都以永生真理的盾牌回應，說：「經上記著說。」祂對付仇敵的每一提議總是

運用聖經中的智慧和能力。因此，撒但為要維持他統治人類的權力並建立篡位者教皇的威權，他就必須使人們不明白聖經。聖經是高舉上帝的，必須把智慧有限的世人置於其應有的地位；故此，撒但必須把聖經中神聖的真理加以隱藏且禁止。這就是羅馬教會所採用的理論。數百年來，她禁止聖經的發行，禁止人閱讀聖經，也不准人們在家裡藏有聖經，只讓他們聽取一群神父和主教們無原則地曲解聖經的教導，來支持自己的虛偽。在這種情形之下，教皇便幾乎被公認為上帝在地上的代理人，並賦有統治教會與國家的權威了。

撒但既把辨識錯誤的檢測工具除去，就可憑己意任意妄為了。先知的預言說過，羅馬教皇必「想改變節期和律法」(但7：25)，而撒但也毫不猶豫地實行了。為使更多的教徒在表面上信奉基督，便製作一些神像來代替他們所敬拜的偶像；於是敬拜偶像和聖物的風氣，便漸漸的潛入了基督教的敬拜中。在一次宗教會議（見附錄第2頁「圖像敬拜」）上，最終確立了這種偶像崇拜的制度。[1]為鞏固這種褻瀆的風俗，羅馬教竟擅自從上帝的律法中，刪掉那禁止人敬拜偶像的第二條誡命，並把第十條誡命分作兩條，以補足十條的數目。

向異教讓步的意念，打開了一條門路，使人更進一步輕視上天的威權。撒但企圖利用教會中不敬虔的領袖們來竄改第四條誡命，想要廢除古傳的安息日，就是上帝所分別為聖並賜福的日子（見創2：2、3），而高舉異邦人所遵守的「可敬之太陽日」來代替它。這種更改最初並不是公開進行的。在第一世紀，所有的基督徒都是遵守真安息日的。他們熱切關注上帝的尊榮，並相信祂的律法是永不改變的，所以他們熱心維護每一條律法的神聖性，但撒但卻極其狡猾地利用自己的代理人來達成他的目的。為了吸引人注意星期日，他定下這一日作為紀念基督復活的節期，並在這日他們舉行宗教禮拜。然而那時它被認定是娛樂的日子，而安息日則仍被遵守為聖日。

撒但為了把預定要完成的計畫做最好的準備，早在基督降世之前就引誘猶太人為安息日設立許多嚴格的條例，使遵守安息日的事成為

重擔。這時，他又利用自己傳給人的這種錯誤見解，使人輕看安息日，說它是猶太人的制度。他一面使基督徒遵守星期日為歡樂的節日，一面使他們定安息日為禁食、悲苦和憂愁的日子，來表示他們對猶太教的仇恨。

在第四世紀初期，君士坦丁皇帝發出諭令，將星期日定為全羅馬帝國的公共節期（見附錄第3頁「君士坦丁的星期日法令」）。因那時他的異教臣民都是敬奉太陽日的，而且一般基督徒也很尊重這一天，所以皇帝的政策其主要目的是為了解除異教與基督教之間的利害衝突。而主教們也因自己的野心及對權力的渴望，極力要求國王實行這個政策，他們以為若基督徒與異教徒都能同守這一日，就可以促使異教徒在名義上接受基督教義，如此，教會的權力與榮耀便大大增加了。那時，雖然有許多敬畏上帝的基督徒漸漸被引誘去承認星期日為聖日，但他們一面還是承認真安息日為耶和華的聖日，並依照第四條誡命去遵守。

這時那大欺騙者尚未完全成功，他堅決要將基督教界置於自己的魔下，並利用他的代表，就是那自稱為基督代表的傲慢教皇去行使他的權力。撒但利用那些半悔改的異教徒，野心勃勃的主教，和貪愛世俗的信徒去達成自己的目的。各地時常舉行宗教大會，從世界各地召集教會的主要人物前來參加。幾乎每一次會議都把上帝所制定的安息日貶抑一點，同時把星期日相對地提高一些。因此，這異教徒的節日終於被尊為一種神聖的制度，而聖經的安息日卻被稱為猶太教的遺產，而且凡遵守的人都要受咒詛。

這大背道者在高抬自己「超過一切稱為神的和一切受人敬拜的」事上（帖後2：4）已經成功了。在上帝的誡命之中，只有一條是向全人類明確的指出真實的永生上帝，而他竟敢把它更改了。第四條誡命顯明上帝是創造天地的主，如此就把祂與一切假神分別出來。第七日之所以被分別為聖，作為世人休息的日子，乃是為要記念上帝創造之工。設立安息日的原意，是要在人的心中時常記念永生上帝為他們生命的根源，和尊崇所敬拜的對象。撒但竭力鼓動人不忠於上帝，不順從祂的律

法；因此他便特別致力於攻擊那指明上帝為創造主的誡命。

現今的基督教徒聲稱，基督既在星期日復活，就使這日成為基督教的安息日。然而這種說法卻沒有聖經的根據。基督和祂的門徒並沒有如此尊敬這天。以星期日為基督教聖日的制度，乃是源自那「不法的隱意」(帖後2：7)，而這個勢力在保羅時代就已經發動了。請問，上帝在何時何地曾承認過這個羅馬教的產物呢？有什麼有力的理由可以支持這種聖經所不認可的變更呢？

在第六世紀，羅馬教已經強盛地建立。她權力的寶座安置在羅馬帝國的首都，羅馬主教被稱為全教會的元首。羅馬教已承接了異教的體系。「那龍」已「將自己的能力、座位，和大權柄都給了」那獸(啟13：2)。在〈但以理書〉和〈啟示錄〉中，預言教皇施行逼迫的1260年從此就開始了(見但7：25；啟13：5-7；見附錄第3頁「預言的日期」)。基督徒必被迫選擇，到底是要放棄自己的忠貞去接受羅馬教的儀文與敬拜，或是要在牢獄中受折磨，在拷問臺、火刑柱上，或在劊子手的斧下捨生呢？那穌以下的話此時便應驗了：「連你們的父母、弟兄、親族、朋友也要把你們交官；你們也有被他們害死的。你們要為我的名被眾人恨惡。」(路21：16、17)忠心的信徒遭受了前所未有的兇殘逼迫，以致當時整個世界成了一個廣大的戰場。基督的教會必須在窮鄉僻壤與人跡罕至之處避難數百年之久。這就是先知所預言的情形：「婦人就逃到曠野，在那裡有上帝給她預備的地方，使她被養活一千二百六十天。」(啟12：6)

羅馬教開始掌權時，也就是黑暗時代的開始。她的勢力越強大，黑暗也就越深。人們真實的信仰基礎便從基督轉移到羅馬教皇的身上了。一般人為要求得赦免和永久的救恩，就不再信賴上帝的兒子，反倒以仰望教皇和他權威的代表人——神父與主教而代之。他們受教說，教皇是他們地上的中保，若不藉著他，無人能到上帝面前；而且對他們來說，他代表上帝，所以人人必須對他絕對服從。人若偏離了他的命令，就足以使最嚴厲的刑罰臨到自己的身上和靈魂。因此，眾人的心便遠離上帝，轉向容易犯錯、荒謬而殘暴的人，更是轉向那藉著這些人行使

他權力的幽暗之君了。罪惡竟披上了一件聖潔的外衣。每當聖經被禁止傳揚，而人自稱為至高至上的時候，其結果總不外乎犯下詭詐、欺騙和卑鄙的罪。人的律法和傳統既被高舉，那麼，廢棄上帝律法所導致的敗壞就必出現。

那時就是基督的教會真正遭遇危難的日子。忠心高舉真理旗幟的人實在是寥寥無幾。雖然一直有人在為真理做見證，但是當異端與迷信完全占上風時，真宗教似乎就要從地上滅絕了。福音的真光被忽視，而形式的宗教卻越加增多，使眾人被宗教的種種嚴格規則所壓迫。

他們被教導不但要仰望教皇為罪人的中保，同時也要靠自己的行為贖罪。長途跋涉去朝拜聖地，刻苦修行，敬拜聖物，以及建造教堂、神龕、祭壇，並捐獻巨款給教會——這些事，以及諸如此類的行為，是要用來平息上帝的怒氣，或獲得祂的恩寵。他們把上帝看作凡人一樣，以為祂會因瑣事而震怒，並可用禮物或苦行來與之和解。

當時，雖然社會上充斥著許多罪惡，甚至在羅馬教會的領袖之間也是如此，但這個教會的勢力似乎仍然在不斷地壯大著。大約在第八世紀末，羅馬教徒發表了主張說，在早期教會中，羅馬主教本就擁有他們現在所有的屬靈權力。為證實這個主張，他們必須採取一些手段來展現其權威，於是「說謊之人的父」也就自然而然地為他們想出辦法來。修士們偽造了許多古代的文書，以致於那些在議會上從未聽說過的法令此時就忽然出現了，並用來引證教皇的至上權威是從最早的時期就流傳下來的。於是這個已經拒絕真理的教會，便飢不擇食地接受了這些欺騙（見附錄第4頁「偽造的教令」）。

那在真實的根基上（見林前3：10、11）建造信仰的少數忠實信徒，因受到異端邪說的謬論阻礙，以致他們感到困惑而無法進行。他們正像尼希米時代修造耶路撒冷城牆的工人一樣，有人說：「灰土尚多，扛抬的人力氣已經衰敗，所以我們不能建造城牆。」（尼4：10）有一些本來是忠心的建造者，因不斷地要抵抗那些逼迫、欺詐、罪惡，以及撒但想方

設法攔阻他們前進的種種障礙，就感到疲憊灰心了。於是為了尋求和睦並保全自身的生命財產，他們便離開了真實的根基。至於其他不受仇敵的反對而喪志的人，卻毫無懼怕地宣告說：「不要怕他們！當記念主是大而可畏的。」(尼4：14) 於是他們像古時造城的工人一樣，各人都在腰間佩劍，仍舊進行工作 (見弗6：17)。

在每一個時代中，上帝的仇敵都被這歷年不變的敵意以及反對真理的精神所鼓動，同時祂的僕人也必須具有這同樣的嚴密、警戒和堅守忠誠的精神。基督向早期的使徒所說的話，也可以應用在祂一切的信徒身上，直到末時：「我對你們所說的話，也是對眾人說：要警醒！」(可13：37)

黑暗似乎越來越深沉，拜偶像之風也越來越普遍；信徒們竟在偶像面前點燃燈燭，向它祈禱。最荒誕、迷信的習俗和禮節，風行各地。人們的思想完全被迷信所支配，甚至幾乎已失去了理性。神父和主教們全都貪愛宴樂、縱情色慾、沉醉於敗壞之事，而仰賴他們為導師的一般民眾，自然也都全沉淪於愚妄和罪惡之中了。

在第十一世紀，教皇貴格利七世 (Gregory VII，又譯「額我略七世」、「葛利果七世」等) 宣佈教會是完全的，這是教皇更進一步的僭越舉動。在他所宣佈的公告中，有一條聲明說根據聖經的教訓，教會從無錯誤，而且永遠也不會有錯，但當時他並沒有提出聖經的證據。這個傲慢的教皇接著又主張自己有黜廢君王之權，並聲稱他所宣佈的每一個判決，任何人都不得更改，而他自己卻有權推翻別人的決議 (見附錄第6頁「希爾德布蘭德教諭」)。

在教皇對待德國皇帝亨利四世 (Henry IV) 的事上，我們可以看到一個明顯的例子，說明這自稱絕無錯誤的強橫作風。當時，亨利四世擅敢冒犯教皇的威權，教皇便宣佈開除他的教籍，廢了他的王位，同時還鼓動亨利四世手下的公侯造反，他們就背棄並恫嚇他，使他不得不向教皇求和。他攜同王后和一個忠心的僕人，在隆冬嚴寒的時節，攀越阿爾

卑斯高山，以便能到教皇面前卑躬服罪。當他來到了教皇貴格利駐足停留的城堡時，便把衛兵留在城外，進入宮殿的外院。在冬日嚴寒之下，他摘帽赤腳、衣衫單薄的站在那裡等候教皇的召見。直到他禁食認罪三日之久，才蒙教皇予以赦免。不單如此，他還必須等候教皇正式下令許可後，才能恢復王位，行使王權。貴格利因這次的勝利非常得意，並誇口說他的職責乃是要打垮君王的驕橫。

教皇這種傲慢至極、目空一切的作風，與基督的柔和謙卑相較，真是何等顯著的對比啊！基督形容自己是站在人的心門之前，請求人讓祂進去，以便帶來赦免與平安。祂曾教導自己的門徒說：「誰願為首，就必作你們的僕人。」(太20：27)

幾世紀過去，從羅馬所傳出來的錯誤教義越來越多。在羅馬教會尚未成立之前，異教哲學家的學說就已經受教會重視，並在教會中發生了影響。許多自稱是悔改信主的人仍然固守著異教的學說，不但自己繼續研究，也鼓勵別人去研究，以便藉之擴大他們在異教徒中的感化工作。因此許多嚴重的錯誤異端，便混入基督教的信仰之中。其中最明顯的就是靈魂不死和死人仍有知覺的信仰。這種教義奠定了羅馬教建立聖徒為人代求，和崇拜貞女馬利亞教條的根基。從此也構成了終身不悔改之人要永遠受苦的異端邪說，這邪說很早就已成為羅馬教信條之一了。

這為異教的另一個謬論開了門路，就是羅馬教會稱之為「煉獄」的道理，用來恐嚇許多輕信之人與迷信之徒。這種異端宣稱確實存在一個執行酷刑的地方，凡沒有受到永入地獄咒詛的靈魂，要在煉獄裡為自己的罪受罰，及至罪惡的污穢被煉淨之後，他們便可以升入天堂（見附錄第6頁「煉獄」）。

羅馬教會為了從信徒的恐懼心理和罪惡生活中謀利，於是又虛構了一種荒誕不經之說，就是她所提倡的特赦之道。她應許說，凡參加教皇軍役的，去擴張他在世上之領土，懲罰他的敵人，消滅那些反對他屬

靈之至上權威的人，他們過去、現在以及將來的罪，都可以全部獲得赦免，並且能從痛苦和刑罰中得到解脫。她又教導人說，藉著捐款給教會，他們也能脫離罪得自由，甚至可以釋放那些在煉獄火燄中已故親友之受苦的靈魂。這些方法使羅馬教廷賺得金銀滿庫，足供那些冒稱「沒有枕頭的地方」之主的代表盡情地奢侈揮霍，放蕩邪淫(見附錄第7頁「贖罪券」)。

這時，聖經上的聖餐禮節已被拜偶像式的彌撒祭代替了。羅馬教的神父們竟偽稱他們能藉著他們那種無意義的畫符念咒，把普通的酒和餅變成基督的真肉和真血。[2]他們懷著褻瀆僭越的心，公然宣稱自己有創造萬物主上帝的權能。他們甚至用死刑來威脅一切基督徒，要他們承認這種可憎的、侮辱上天的異端。成千上萬拒絕這種教條的人，都被處火刑焚死(見附錄第7頁「彌撒」)。

在第十三世紀，羅馬教成立了最殘酷的機構，就是宗教裁判所。那時黑暗的魔君和羅馬教的領袖們密切合作了。在他們的祕密會議中，有撒但和他的使者控制著惡人的思想；同時也有上帝看不見的天使在場，將他們罪惡的命令留下可怕的紀錄，並把他們罪惡的歷史寫了下來；這些紀錄，就是在人看來，也是殘忍不堪的。這「大巴比倫」已經「喝醉了聖徒的血」，千萬殉道者血肉狼藉的遺骸向上帝呼求，求祂追討這背叛勢力的罪。

羅馬教皇已然成為了全世界的獨裁統治者，各國的帝王都俯首帖耳，唯命是從。眾人的命運，不論今生或來世，似乎都在他的掌握之中。數百年來，羅馬教的教義已被廣泛而絕對地接受，她的儀式和規定已被恭謹地奉行，她的節期也被普遍地遵守，她的神父和修士們為人所尊敬，並領受人的慷慨支持。當時羅馬教會所得的尊榮、威嚴和權力，可以說是史上前所未有的。

「羅馬教廷的勢力如日中天之際，世界卻陷入漆黑的半夜。」[3]不但是一般人民幾乎都不知道有聖經存在，就連神父們也是如此。羅馬教

的領袖們正像古時的法利賽人一樣，恨惡那顯出他們罪惡的真光。上帝的律法本是公義的標準，這時既被廢除，他們就能橫行無忌，盡情作惡。各種欺詐、貪慾、淫蕩的行為，到處風行。人們只要有名有利，就無所不為。教皇和主教們的宮廷成了極荒淫邪惡的場所。有些教皇和主教的罪惡是那麼可憎，有些教皇犯下令人厭惡的罪行，以致連世俗的官吏也將他們視為邪惡到無法容忍的怪物，想方設法要罷免他們。歐洲各國在學問、藝術和文化方面有好幾百年是毫無進步的，道德和智力上的麻痺狀態臨到了當時的基督教界。

　　處於羅馬教權勢之下的世界狀況，正好應驗了先知何西阿的預言：「我的民因無知識而滅亡。你棄掉知識，我也必棄掉你，……你既忘了你上帝的律法，我也必忘記你的兒女。」、「因這地上無誠實，無良善，無人認識上帝。但起假誓，不踐前言，殺害，偷盜，姦淫，行強暴，殺人流血，接連不斷。」(何4:6,1、2) 這一切都是因廢棄聖經而產生的後果。

註①：第二次尼西亞公會議，主後787年。
註②：樞機主教懷斯曼 (Cardinal Wiseman)，〈自聖經證明：聖餐中我們的主耶穌基督的聖體與寶血之真實性〉，《演講集》8，第3部分，第26段。
註③：詹姆斯·艾肯·懷利 (James Aitken Wylie)，《新教史》，第1冊，第4章。

第四章
瓦勒度派

　　在羅馬教掌權的漫長時期中，全世界都陷入了黑暗，可是真理的光芒並不會全然消滅。每一個時代都有上帝的見證人，他們篤信基督為上帝與人類之間的唯一中保，他們以聖經為人生的唯一準則，他們也遵守安息日為聖日。後世之人永遠無法明瞭這些人對全世界做出了多大的貢獻。當時人們誣告他們是異端分子，攻擊他們的動機，並破壞他們的名譽，他們的作品被禁止發行，或被誹謗和竄改，但他們並不動搖，卻在世世代代保持自己信仰的純潔，作為傳給後代的神聖基業。

　　在羅馬教會掌權的黑暗時期之中，上帝百姓的經歷在天上已有紀錄，可是在世人的歷史文獻中卻少有記載。他們的遺蹟不多，而且所有關於他們的紀錄幾乎是那些逼迫他們的人所提出的指控。羅馬教會的政策是要將一切反抗她教義和命令之人的痕跡全部抹殺。凡她斷定屬於異端的人物或作品，她都企圖毀滅淨盡。無論貧富貴賤，只要有人表示懷疑，或膽敢質問教皇所頒佈的教條，這人就有喪失性命的危險。羅馬教會也曾設法毀掉一切有關她虐待反對之人的紀錄。羅馬教會的議會曾通過議案，下令將所有包含此類紀錄的書籍和作品都焚毀。在尚未發明印刷術之前本來就沒有多少書籍留存於世，而所有的書本也不容易保藏，所以羅馬教會的毒計是不難實施的。

　　凡在羅馬教會管理範圍之內的教會，沒有一個能長久享受信仰自由。羅馬教廷大權在握之後，便伸手壓迫一切不承認她威權的教會，於

是眾教會便一個一個地向她低頭了。

在大不列顛群島，初期基督教很早就奠定了基礎。不列顛人在第一世紀時期所接受的福音，這時還沒有受到羅馬教會叛道的腐化影響。那些來自信奉邪教的皇帝所加諸的逼迫，甚至伸展到遙遠的地區，而這是不列顛各教會從羅馬得到的唯一「恩賜」。許多英格蘭的基督徒因逼迫而逃到蘇格蘭去，然後從那裡將福音傳到愛爾蘭，這些地方的人民有許多是歡喜領受福音的。

及至撒克遜人 (Saxons) 侵入不列顛，邪教就得了統治權。征服此地的撒克遜人不屑領受這群奴隸的教導，於是基督徒被迫退隱到山野之間。雖然如此，那一時隱蔽的真光仍然沒有熄滅。過了一個世紀之後，它便在蘇格蘭照耀，並且所映射的光芒一直照到遠方之地。愛爾蘭出了以敬虔聞名的科倫巴 (Columba，另譯「聖高隆」) 和他的同工們；他們將四散的信徒聚集到一個名叫愛奧那 (Iona) 的小島上，他們就以這個偏僻的島嶼為向外佈道的中心。這些傳道人中有一位是遵守聖經中安息日的，他便將這真理介紹給這些人。他們在愛奧那島成立了一所學校，並從這裡派出宣教士，不但到了蘇格蘭和英格蘭，而且也到了德國、瑞士，甚至義大利半島。

羅馬教廷早已注意到不列顛，而且決心要將這地帶歸到自己的權下。在第六世紀，她的宣教士便著手教化英國的撒克遜異教徒。羅馬教的宣教士受到這些驕傲的蠻族善意的接待，而且其中成千的人宣稱信服了羅馬教。及至傳教的工作進展到相當程度之後，羅馬教的領導人和他們的信徒便遇到了初期教會的基督徒。兩者相形之下，顯然有些不同。這些基督徒無論是在品格、道理和舉止上都是淳樸、謙卑的風格，非常符合聖經的形象，而羅馬教徒卻顯出教皇制度下，那種迷信、奢華和傲慢的作風。羅馬教的特使飭令這些基督教會承認教皇的至高權威，但不列顛的信徒則委婉地回答說，他們固然要以愛心對待眾人，可是教皇無權在教會中居至高的地位，所以他們能做到的順服，也只能像順服每一個跟從基督的人一樣。羅馬教屢次想方設法使這些人歸

順羅馬；可是這些謙卑的基督徒對羅馬特使的傲慢作風顯然感到驚異，並堅決地答覆他們說，除了基督，我們不承認任何人為師為尊。於是羅馬教的真面目就顯露出來了。羅馬教的特使威脅他們說：「你們若不願接待那帶和平給你的弟兄，你們便要迎見與你們作戰的敵人。你們若不同我們聯合起來去向撒克遜人指明生命之道，你們便要遭到他們致命的攻擊了。」[1]這並不是虛言恐嚇，這些為聖經信仰作見證的人遭到了戰爭、陰謀和欺騙的摧殘，直到不列顛的各基督教會不是遭到毀滅，就是被脅迫服從教皇的權威為止。

在羅馬教勢力範圍以外的地區，有許多基督徒的團體幾乎從未受到羅馬教的腐化達數世紀之久。可是他們被異教所包圍，並在年復一年的侵蝕之中，總不免受謬道的影響；雖然如此，他們仍以聖經為信仰的唯一準則，並持守其中的許多真理。這些基督徒篤信上帝律法的不變性，並遵守第四條誡命的安息日。保持這種信仰和習慣的教會，多數是在中非洲以及亞洲的亞美尼亞人 (Armenians)。

在抗拒羅馬教皇勢力的人群中，瓦勒度派 (Waldenses，又名Vaudois，另譯韋爾多派) 可算是居於領先地位的。教皇設立寶座之處，恰好也就是他腐化之影響和虛假教義受到最頑強抵抗的地方。瓦勒度派住在義大利北部的皮埃蒙特省 (Piedmont)，這一帶的教會堅持獨立數百年之久，可是過了多年，羅馬教終於強逼他們歸順。他們對羅馬的暴政抵抗無效之後，這些教會領袖們迫不得已，最後承認了這個似乎全世界都服從的至尊之權。雖然如此，還有少數人堅絕不承認教皇或主教們的權力。他們決心效忠上帝，並保持自己信仰的純潔和淳樸。於是這兩者之間分裂了。凡要保持古代傳統之信仰的人就退出；其中有些人離開了原本居住的阿爾卑斯山地帶，到國外高舉真理的旗幟；還有一些人退到偏僻的山谷裡和高山上，在那裡保持他們敬拜上帝的自由。

瓦勒度派信徒 (Waldensian Christians) 多年所持守和宣講的信仰，與羅馬教會所散佈的虛假道理相較之下顯然不同。他們的宗教信仰乃是根據聖經，屬於基督教真正的系統。但這些住在如此偏僻的山區、又必

須每日在果園和牧場上操作的卑微農民，他們之所以能在背道教會的邪說之外找到截然不同的真理，並不是憑著自己的能力，他們所領受的也不是新的信仰，而是從他們先祖傳承下來的遺產。他們乃是為使徒時代的信仰，就是「從前一次交付聖徒的真道」(猶3)而竭力爭辯。真正的基督教會乃是「在曠野中的教會」，而不是那設寶座於世界偉大首都的驕傲教廷；這教會是寶貴真理的守護者，是受上帝託付要傳給世人的。

真教會和羅馬教分裂的主要原因，乃是羅馬教對聖經中安息日的仇恨。正如預言所說，羅馬教的權勢要將真理拋在地上，把上帝的律法踐踏於塵埃中，並高舉人的傳統和習俗。凡受教皇管理的教會很早就被迫尊星期日為聖日。在當時的謬論和迷信的氛圍之中，許多人都陷入困惑之中，以致連上帝的真信徒們都一面遵守真安息日，同時也在星期日停工。可是，這仍然不能使羅馬教的首領們滿意。他們不但要人遵守星期日，還要人干犯安息日，並用最尖銳的話斥責一切膽敢尊崇安息日的人。人若想要服從上帝的律法而不受迫害，只有逃出羅馬教的勢力範圍之外 (見附錄第8頁「瓦勒度派的安息日」)。

瓦勒度派是歐洲最早翻譯聖經的一群人之一 (見附錄第8頁「瓦勒度派的聖經」)。在宗教改革運動之前數百年，他們就已經有了自己語言的聖經手稿。他們握有最純潔的真理，為此，他們成為羅馬教仇恨和逼迫的對象。他們聲稱，羅馬教會乃是〈啟示錄〉中叛教的「巴比倫」，於是他們冒著性命的危險挺身抗拒她的腐化影響。在長期逼迫的壓力之下，有些人在信仰上難免做了妥協，並逐漸放棄他們獨特的信仰原則；可是總有一些人堅持了真理。在漫長的黑暗和叛教時期中，有一群瓦勒度派信徒拒絕接受羅馬教的至高權力，拒絕敬拜偶像而遵守真安息日。在反對勢力最猛烈的摧殘之下，他們保持了自己的信仰。他們雖遭刀槍的殺戮和火刑的焚燒，仍為上帝的真理和祂的尊榮屹立不搖。

崇山峻嶺的天然屏障——即受逼迫者歷代的避難所——成了瓦勒度派的藏身之地。在這裡，真理的火炬在中世紀的黑暗時代得以長明不滅。在這裡，真理的見證人保持了亙古不變的信仰，竟達一千年之久。

在歐洲的山地裡，上帝曾為祂的百姓預備一個雄壯巍峨的避難所，與交付給他們的偉大真理相稱。對那些忠心的逃亡者而言，這些山寨正象徵著耶和華不變的公義。他們將雄偉的山峰指給自己的兒女看，藉此向他們述說那不曾改變、影兒也不曾轉動的上帝；祂的言語句句堅定，有如永世的山嶺。上帝以大能束腰，用力量安定諸山，所以除了全能者的膀臂以外，無人能使諸山挪移。祂照樣堅定祂的律法，作為祂在天上和地上政權的基礎。人的手或許能加害於同胞，甚至殺死他們，可是他們若妄想更改耶和華的一條律法，或抹煞祂對遵守祂旨意之人所發的一句應許，還不如把眾山群嶺連根拔起丟在海裡。照樣，上帝的僕人在忠實遵守祂的律法方面，也應當像永不挪移的山嶺那樣堅定。

環繞瓦勒度派居所的山嶺，經常向他們見證上帝創造的大能，並向他們保證上帝的眷顧和保護。久而久之，這些在地上作客旅的聖徒，對耶和華與他們同在的沉默象徵遂起了愛慕之感。他們沒有因命運艱苦而發怨言，他們在孤寂的深山中也不覺得寂寞。他們反倒因上帝為他們預備了躲避世人憤怒和殘酷的避難所而感謝祂。他們常為擁有崇拜祂的自由而歡喜。他們遭到仇敵追逐時，山崗的鐵壁往往成了他們穩固的保障。他們在叢山危崖和絕壁之間歌頌上帝，連羅馬教皇的軍隊也無法使他們感恩的歌聲止息。

那些基督徒的虔誠是純潔、淳樸且熱烈的。他們重視真理過於房屋、地產、親戚、朋友，甚至過於自己的性命。他們認真地設法將這些真理銘刻在他們兒女的心中。他們的青年人很早就受聖經的訓誨，學習尊重上帝的律法。那時聖經抄本極少，故此他們將其中寶貴的訓言背誦純熟。許多人能背誦新舊約中的大部分經文。他們把有關上帝的事，與自然界的優雅景緻，以及日常生活中所領受的恩惠都聯繫起來。他們教導孩子們要感謝上帝，以祂為一切福惠和舒適的賜予者。

作父母的雖是柔和而富有感情的，但也沒有因溺愛自己的兒女而讓他們放縱私慾。他們看出兒女的前途是一個受考驗和艱難的人生，也許還不免為道殉身。所以兒女從小就學習過著清苦的日子，一方面

受長輩的管教，同時也要養成獨立的思想，學習採取獨立的行動。他們很早就學習擔負責任，謹慎自己的言語，並明白保守緘默的智慧。一句輕率的話讓敵人聽見了，不但危害到說話者本人，也會牽涉到成千成百弟兄們的性命，因為真理的仇敵對一切膽敢爭取宗教自由的人，都如同豺狼捕捉獵物一樣的兇狠。

瓦勒度派曾為真理而犧牲屬世的成功，並恆切忍耐地為口腹而勞碌。他們將山間每一塊可耕之地都加以改良，並設法使山谷和山坡上的貧瘠之地增加出產。兒女們所承受的唯一遺產，乃是艱苦生活的實際教育，而節約和嚴肅的克己乃是這教育中的功課之一。他們領受的教育是，上帝指定的人生是一種有規律的人生，而且他們的生活需要只能透過個人的勞動、計畫、關懷和信心，才能獲得供應。其過程固然辛苦疲勞，在實際上卻是有益的，而且這正是人類在墮落狀態下需要的，且是上帝為訓練並造就世人所設立的學校。青年雖然要受辛勞艱苦的磨練，但他們並沒有疏忽學識方面的培養。他們受教知道所有的才能都是屬於上帝的，而且都是為著祂的聖工而受培養與造就。

瓦勒度派的教會在純潔和淳樸上，與使徒時代的教會相仿。他們不承認教皇和主教們為至上，而單以聖經為至高絕對的權威。他們的牧師不像羅馬教會那些趾高氣揚的神父們，而是效法他們的主「不是要受人的服事，乃是要服事人」。他們餵養了上帝的羊群，並且將他們領到青草地上，和祂聖言的生命之泉。這群人聚會的場所與世人驕奢的建築相差甚遠，他們不在壯觀華麗的教堂裡，而是在高山的蔭下、阿爾卑斯的山谷裡聚集禮拜，而且每當遇險的時候，他們就可以在巖石的避難所裡聆聽基督的僕人講解真理之道。作牧人的不但要宣傳福音，也要拜訪病人、教育兒童、勸戒有過失的，並在弟兄之間調解糾紛，增進友愛。在太平的日子，他們靠信徒樂意奉獻維持生活，但每人也會學一種手藝，在必要時可像製造帳棚的保羅一樣，維持自己的生活。

青年人從牧師們領受教育。他們雖然也注重普通學識，但聖經卻是他們的主要科目。他們將〈馬太福音〉和〈約翰福音〉，以及許多新約

書信背誦出來。他們也做抄寫聖經的工作。有些手稿包括了整本聖經，有些是簡短的精選；凡能講解聖經的人，往往在這些篇幅上加上簡略的註解。那些為了要抬舉自己高過上帝的人想埋沒的真理珍寶，就這樣被彰顯出來了。

瓦勒度派有時藏在又深又黑的山洞裡，在火炬的光照下，恆切不倦、一節一節、一章一章地，把聖經抄寫下來。這工作一直持續進行，及至上帝的聖旨像精金一樣照耀出來，而且唯有那些親身擔任這工作的人，才能體會到聖經的話是如何因他們所受的熬煉更顯為光明、清晰、有力。在這些忠心工作者的四圍有天上來的使者環繞著。

撒但曾促使羅馬教的神父和主教們把真理葬在邪道、異端和迷信之中；可是它卻以最奇妙的方法，在整個黑暗時期中得蒙保守，不受邪道的沾染。因為它是上帝的印證，而不是人的手跡。世人曾不倦地設法模糊聖經中簡明的意義，並使其中的見證自相矛盾，但上帝的道像浮在洪水洶湧波濤之上的方舟一樣，勝過了那想要毀滅它的每一次風暴。金銀的礦床總是埋在地下深處的，須經鑽探挖掘才能找到珍藏起來的寶藏；照樣，聖經中有許多真理的寶藏，只向誠懇、謙虛、祈禱的尋求者顯明出來。上帝的旨意乃是要聖經作為全人類的課本，作為兒童、青年和壯年終身學習的資料。祂將自己的話賜給人，乃是為了將祂自己彰顯出來。我們在其中所發現的每一條新真理，都是對這偉大之作者的品格做全新的啟示。上帝命定人類要藉著查考的方法，與創造主發生更親切的關係，並完全了解祂的旨意。聖經就是上帝和人類之間的交通媒介。

瓦勒度派固然認為敬畏耶和華就是智慧的開端，但他們並沒有忽視與世界接觸的重要，對人情世故和積極生活的智識，以便擴大自己的眼界，操練自己的辨識力。有一些青年從山間的學校裡被派到法國和義大利的學府中，他們在這些地方可以找到深造的機會，比家鄉有更廣大的學習、思想和觀察的範圍。被派去的青年難免會受到試探，他們親眼看到邪惡的事，親身遇到撒但狡猾的差役，用最陰險的異端和

最惡毒的欺騙向他們攻擊，但他們從小所受的教育對這一切已經為他們做了準備。

在這些青年人所讀的學校中，他們不會輕信任何人。他們將自己最珍貴的寶物——抄本聖經，縫在自己的衣服裡。他們將這些經年累月、辛辛苦苦抄來的篇幅，經常帶在身邊，只要一遇到良好的機會、又不會引起別人的懷疑時，就謹慎地將一篇放在那些似乎願打開心門接受真理之人容易看見的地方。瓦勒度派的青年人在母親膝下受訓時，就以這工作為目的，他們明白自己工作的意義，並且忠心地完成他們的任務。在這些著名的學府裡有人接受了這真實的信仰，而且全校往往都受到這真理原則的影響；但就算羅馬教的首領們仔細調查，也無法找出他們所謂腐化之異端的來源。

基督的精神就是傳道的精神。一顆重生之心最初受到的激勵，就是想要帶領別人來到救主面前。這也就是瓦勒度派的精神。他們覺得上帝向他們所求的，不單是在自己教會中保守真理的純潔，他們還有重大的責任，就是讓真理的光照耀那些住在黑暗裡的人，他們要用上帝聖道的力量掙斷羅馬教所加在人心靈上的鎖鍊。所以瓦勒度派的傳道人都要在國外佈道的工作上受訓練，每一個有志傳道的青年，必須先出去得佈道的經驗。他們必須在國外佈道區至少服務三年，才可以在本鄉擔任牧養教會的工作。這種服務要求他們要克己犧牲，在那艱苦的時期中，這種體驗正是牧師生活的入門。凡接受牧師聖職的青年，他們的前途並沒有屬世的財富和光榮，而是一個辛勞和危險的生活，最後可能還要為道殉身。出去佈道的人是兩個兩個地出發，正像耶穌差派使徒的方式一樣。通常都會讓一個青年人搭配一個年紀較大且有閱歷的人。年青人要接受年長同伴的指導，而那年長的要負責年青人的訓練，年青人也必須聽從長者的訓誨。二人不會一直在一起，但會常常相聚祈禱、商議，藉此堅強彼此的信仰。

這些傳道人若透露出自己的任務，就等於注定會失敗，所以他們不得不小心翼翼地隱藏自己的真面目。每一個傳道人都已學會一種

手藝或技術，使他們可以在普通職業的掩護之下進行工作。大多數人通常是做商人或小販。「他們帶著綢緞、珠寶和一些當時不易購買的貨物；這樣，許多不歡迎他們來傳道的地方，倒要歡迎他們來作買賣了。」[2]在他們經商時，他們不斷地祈禱上帝賜予智慧，以便將那比金銀寶石更貴重的真理介紹給人。他們身邊藏著手抄聖經，有的是完整的，有的是散篇的；只要遇到適當的機會，他們就會請顧客們留意這些抄本的話語。而當他們成功引起人讀經的興趣時，他們就歡喜地將幾篇經文留給那些渴望領受的人。

這些傳道士的工作始於他們的山腳下的平原或山谷裡，然後又一直擴展到了遠方。他們效學他們的主赤著雙腳、穿著粗糙布衣，走遍各大都市，深入遙遠之地。他們到處散播寶貴的真理種子。凡他們經過的地方，就有新的教會成立，也有殉道者的血為真理作了見證。這些忠實之人所辛勞而獲的無數靈魂，都必會在上帝的大日之中全都顯現出來。上帝的道隱密無聲地打入了當時的基督教世界，並且到處有人開門歡迎，滿心接受。

在瓦勒度派看來，聖經不僅記載上帝在古時如何對待世人，以及如今世人有什麼責任和義務，也啟示將來聖徒所要面臨的危險和承受的榮耀。他們相信萬物的結局已經不遠了；於是在他們流淚祈禱研究聖經時，他們便對其中寶貴的訓言，以及要將其中救人的真理傳給別人的責任，受到更深刻的印象。他們看出救恩的計畫在聖經中清楚地啟示了，並且他們因信耶穌而得了安慰、盼望和平安。真理的光既照亮了他們的悟性，並鼓舞了他們的內心，他們就渴望將這光照耀那些陷在羅馬教謬論之黑暗的人。

他們看出來，在教皇和神父們的指引之下，許多人徒勞地藉著折磨自己的身體，企圖使他們靈魂的罪得蒙赦免。羅馬教既教導他們要靠自己的善行來救自己，他們就不住地注意自己，且不斷地想起自己的罪，看見自己將要受到上帝忿怒的責罰。他們苦待自己的身心，卻依然得不到平安。那些有良心的人都是這樣被羅馬教的教條所束縛。成

千的人離開了親戚朋友,在修道院的密室裡消磨一生的光陰。成千的人想透過反覆的禁食和殘酷的鞭傷、徹夜警醒的祈禱、到黑暗小室裡躺臥在冰冷潮濕的石地上苦待自己好幾小時、長途跋涉的旅行、以及自卑的苦修和可怕的酷刑,以求得良心的平安。許多人因受罪愆的壓迫,又懼怕上帝報應的忿怒,就經常地在痛苦之中折磨自己,直到身體無法再支撐下去,他們仍得不到一線光明,便與世長辭了。

瓦勒度派渴望將生命的糧擘給這些因缺乏靈糧而將要淪亡的人,也渴望將上帝應許中所含平安的信息向他們說明,並向他們指出基督是唯一得救的希望。他們認為在人干犯了上帝的律法之後,還想要以善行贖回自己的罪,乃是一種虛假的教義。人若想倚靠自己的功勞,就必看不見基督無限的愛。耶穌之所以為人類犧牲生命,乃是因為墮落的人類已無法行出得蒙上帝喜悅的事。基督徒信仰的基礎乃是那被釘而又復活之救主的功勞。人的心靈對基督的依賴以及與祂的關係,必須要像肢體與身體,或像樹枝和樹幹那樣真實、密切。

教皇和神父們的教訓已經使人將上帝——甚至於基督的品性,視為嚴酷、陰沉和可怕的。他們把救主形容為完全不會同情墮落的人類,甚至必須請神父和死了的聖徒們來為人代求。所以那些因上帝的話而蒙光照的瓦勒度派渴望將他們慈悲、愛憐的救主指示給那些人看,說明救主正在向他們伸手,請他們帶著一切罪惡、憂慮和疲勞來到祂面前。撒但曾在人面前堆積許多障礙物,使人看不見上帝的應許,不能直接來到上帝面前承認罪惡以獲得赦免與平安;瓦勒度派渴望將這些障礙物掃除淨盡。

瓦勒度派的傳道人都會誠摯地將福音的寶貴真理向每一個尋求真理的人解明。他會謹慎地將那仔細抄寫的聖經抄本拿出來。他最大的喜樂,就是將希望傳給有良知、心靈被罪惡摧殘,只相信這位上帝能刑罰罪惡,並等待祂施行審判的人。他常常帶著戰戰兢兢的口吻和滿眶的熱淚,雙膝跪下,向他的弟兄們說明寶貴的應許和罪人的唯一希望。真理的光就這樣照入許多黑暗的心裡,將悲愁的烏雲驅散,使「公義的

日頭」帶著醫治之能射入人心。他常常要將某一段聖經重複誦讀，因為聆聽的人都會要求再聽一遍，似乎是要確定自己沒有聽錯。他們特別喜歡重複背誦：「祂兒子耶穌的血也洗淨我們一切的罪。」、「摩西在曠野怎樣舉蛇，人子也必照樣被舉起來，叫一切信祂的都得永生。」(約壹1：7；約3：14、15)

許多人看穿了羅馬教的虛偽教義，他們看出倚靠人或天使為罪人代求根本是徒勞無功的。真光照入他們心裡之後，他們就歡喜感歎道：「基督是我的祭司，祂的血是我的祭物，祂的壇就是我認罪的地方。」他們全心投靠在耶穌的功勞之下，反覆地說：「人非有信，就不能得上帝的喜悅」、「因為在天下人間，沒有賜下別的名，我們可以靠著得救。」(來11：6；徒4：12)

這些顛沛流離，備嘗憂患的聽眾，似乎難以領會救主這麼大的愛。福音所帶給他們的安慰是那麼廣大，所得的光照是那麼充足，他們似乎被提到天上了。他們以信心的手握住基督的手；他們的腳在「萬古的磐石」上也立穩了。懼怕死亡的心全然消除了，只要能尊榮他們救贖主的名，他們都樂意忍受被監禁或被焚燒的苦難。

上帝的道就是這樣在祕密的地方被拿出來誦讀，有時只讀給一個人聽，有時讀給一小群渴慕亮光和真理的人聽。他們經常整夜這樣做。聽眾發出深切的驚美和讚嘆，以致讀經者常要停下來，讓聽眾的理解力能領會救恩的信息。他們常問道：「上帝真的肯悅納我的奉獻嗎？祂肯向我露出笑容嗎？祂肯饒恕我嗎？」於是有聖經的話讀出來說：「凡勞苦擔重擔的人可以到我這裡來，我就使你們得安息。」(太11：28)

他們以信心握住了這應許並歡喜地說：「不必再做長途的旅行，不必再痛苦地走到聖地去立功。我能帶著我一切的罪惡和污穢來到耶穌面前，而祂必不拒絕悔罪的祈禱：『你的罪赦了』，我的罪——我一切的罪竟都蒙赦免了！」

這時有神聖喜樂的熱情湧入人心，他們以頌讚和感謝稱耶穌的名

為大。那些人快樂地回到家裡將恩光分散給人，並向別人盡情講述他們的新體驗；他們向人說，他們已經找到了那又真又活的路。聖經的話擁有一股神奇和莊嚴的能力，能直接向渴慕真理之人的心說話。這是上帝的聲音，凡聽見的人都深信不疑。

工作完成之後，真理的使者便又繼續往前行，但他謙虛的風度和那種懇摯、認真、敦厚的熱忱，留給人深刻的印象並時常談論。聽他講道的人通常都不會問他從哪裡來、要往哪裡去，因為他們大受震懾；他們起初先感到驚奇，後來轉為感恩和喜樂，以致忽略了這些問題。及至他們邀請他到他們家裡去的時候，他答覆說，他必須拜訪其他的迷羊。於是他們互相議論說，這會不會是一位天使？

他們通常不會再次見到這位真理的使者，因為他已去往別處；或許他已在某個偏僻的地窖裡被監禁一生，或許他已在為真理作見證的地方成了一堆白骨，然而他所留下來的遺訓是不能被人磨滅的，這些訓言在人心中繼續動工著，而其美好的結果，則必須到審判的日子才能充分顯明。

瓦勒度派的傳道士們向撒但的黑暗國度進攻，這使黑暗的權勢大為警惕。邪惡之君注意著聖徒推進真理的每一次努力，於是他就激起他爪牙的恐懼。羅馬教的首領們看出這些謙卑的行走佈道士對於羅馬教的威脅。如果任由真理之光繼續光照，勢必會驅散那籠罩在眾人身上如烏雲般的謬論，如此一來，人們的心必轉向上帝，最後就會破壞羅馬天主教的權威。

這些人既保有古代使徒教會的信仰，他們的存在就不住地證明羅馬教的叛道，因而激起了他們最惡毒的仇恨和逼迫。瓦勒度派不肯把聖經交出來，這也是羅馬教所不能容忍的罪障。她決心將他們從地上完全消滅，於是展開了可怕的討伐戰役，要殺害住在山間的上帝子民。宗教裁判所的審判員於是發起緝捕行動，一幕幕如同無辜的亞伯被嗜殺的該隱所殺害的悲劇，在此時不斷重演。

　　瓦勒度派信徒肥沃的田地屢次被敵人蹂躪，他們的房屋和會堂遭人焚燬，以致這群純樸勤勞之人所建立的良田和家園盡都變成荒蕪。正如猛獸嘗了鮮血之後，其獸性就越加兇猛一樣，當羅馬教的審判員看到他們所害之人的痛苦時，就更加興奮。他們進入山野，追殺這些為純正信仰作見證的人，並在他們藏身的山谷、森林和巖石穴裡剿滅他們。

　　沒有人能找出這一群不受律法保護的人在品行上有何污點，就連他們的仇敵都說他們是一群和平、安分、虔敬的人。他們被控訴的大罪乃是不肯照著教皇的意思敬拜上帝。為了這一宗罪，人和魔鬼所想到的一切侮辱、痛苦和酷刑，在他們身上都做盡了。

　　羅馬教廷既決定要消滅這一個他們所恨惡的宗派，教皇便發出一道諭旨，判定他們是叛教徒，並任憑眾人殺害他們（見附錄第9頁「反對瓦勒度派的敕令」）。他沒有說他們是遊手好閒、不誠實或不守秩序的人，而是說他們假裝是敬虔至善的，以致「引誘了真羊圈裡的羊」。因此教皇下令：「那一派惡毒可憎的敗類如果不肯放棄自己的異端，就要拿他們當毒蛇一樣地予以消滅。」[3]這傲慢的教皇說這話時，可曾想到將來有一天還要把它句句據實以告嗎？他可知道這些話都已記錄在天上的冊子裡，並要他在審判的時候作出交代嗎？耶穌說：「我實在告訴你們，這些事你們既做在我這弟兄中一個最小的身上，就是做在我身上了。」（太25：40）

　　教皇的這一道敕令吩咐教會的全體教友參加反異端的討伐運動。為要給人可觀的獎勵，他宣佈凡參加這運動的，「得以免去教會加在他們身上一切普通的和個別的刑罰；可以不守誓約；凡他們非法得來的財產，可以算為合法的；凡能殺死一個叛教徒的，可以免去一切的罪愆。這一道敕令也對一切有利於瓦勒度派的契約一概宣佈無效，並吩咐瓦勒度派所僱用的僕人要離棄他們，又禁止任何人幫助他們，最後准許眾人奪取他們的財產。」[4]這個文獻清楚地說明幕後的主謀者是誰，他所發出的音調是龍的怒吼，而不是基督的口吻。

　　羅馬教的領袖們不肯使自己的品格符合上帝律法的偉大標準，卻按自己的意思另立一個標準，並勉強眾人服從，而他給出的唯一理由卻是羅馬教廷如此決定，於是最可怕的慘劇上演了。腐敗而傲慢的神父和教皇執行了撒但派他們去作的工，他們的本性毫無一絲憐憫。從前煽動人釘死基督、殺害使徒，並煽動嗜殺的尼祿皇帝去殺害當時代聖徒的惡魔，這時又在發動人去除滅上帝所喜悅的人了。

　　那些敬畏上帝的子民在逼迫之下所表現的忍耐和堅定，足以使他們的救贖主增光。他們雖然受到討伐的襲擊和殘忍的屠殺，但他們仍不住地派遣他們的傳教士去傳播寶貴的真理。他們被追殺以致於死，但他們的血澆灌了所撒的種子，這種子也結出果實來。在馬丁·路德 (Martin Luther) 出世數百年之前，瓦勒度派信徒就這樣為上帝作見證。他們散居各地，傳播宗教改革的種子，到了威克里夫 (Wycliffe) 的時代，改革運動就開始了，來到路德的時代則發揚光大，並將要繼續發展下去，直到末日。推進這偉大運動的人，都是那些甘心「為上帝的道，並為給耶穌作的見證」(啟1：9) 忍受一切痛苦的人。

註①：吉恩-亨利·梅爾·多貝涅 (Jean-Henri Merle d'Aubigné)，《十六世紀宗教改革運動史》，第17冊，第2章。
註②：懷利，《新教史》，第1冊，第7章。
註③～④：同上，第16冊，第1章。

第五章
約翰・威克里夫

在宗教改革成功之前，所存有的聖經冊數極少，但上帝並沒有讓人將祂的話完全毀滅，其中的真理也不會永遠埋沒。從前上帝能打開監獄的鐵門解救祂的僕人，祂也能輕易地將那束縛生命之道的鎖鍊解開。在歐洲各國都有人受上帝的靈感動去尋求真理，如同尋找埋藏的財寶。上帝先引導他們注意聖經，於是他們便以熱切的心情研究其中的聖言，他們願意付出任何代價來接受真光。他們雖然未能洞悉其中一切的教導，但有許多已埋沒多年的真理卻被他們發現了。於是他們以天國使者的身分站出來，掙斷謬道和迷信的枷鎖，並號召那些久受奴役的人起來爭取自由。

這時，除了瓦勒度派已將聖經譯成自己的方言之外，上帝的話(聖經)在其他地區仍只有受過正式教育的人才能明白其中文字，可是時候已到，必須把聖經翻譯出來，使各地人民都能有自己方言的聖經。因為世界的午夜已過，黑暗的時辰漸漸消逝，各地已出現了清晨的曙光。

在第十四世紀有所謂「宗教改革的晨星」在英國出現。約翰・威克里夫 (John Wycliffe，以下各章簡稱「威克里夫」；㊟附錄第9頁「威克里夫」) 乃是宗教改革運動的先鋒，不單是為英國，也是為整個基督教界。他向羅馬教廷所提出的嚴重抗議將要響徹世世代代。那一次的抗議開啟了長期的抗戰，其結果使許多人、教會和國家，都得到自由。

　　威克里夫曾受過通才的博雅教育；在他看來，敬畏耶和華是智慧的開端。他在大學裡過著極虔誠的生活，並以才高識廣聞名。他渴慕一切的知識，所以努力攻讀各科的學術。他精通經院 (士林) 哲學 (Scholastic philosophy)，教會規條和國家律法，尤其是他本國的律法。早年的教育在他日後的工作上顯然助益甚大。他對當時的思辨哲學非常熟悉，因此有能力揭露它的錯誤；他對國家和教會法令研究透澈，因此對爭取政治和宗教自由的行動上就有了準備。他一方面能運用聖經的武器，同時也受了學校的訓練，並熟悉一般學者所用的策略。他卓越的天才和淵博的學問使敵人和友人都尊敬他。他的支持者見他站在國家傑出人士的前列，也引以為慰；他的敵人因未能找到這改革運動的無知和弱點，也就無從嘲笑這位改革者了。

　　威克里夫在大學讀書時就已開始研究聖經。那時期只有古文的聖經，所以唯有學者才能找到這真理的源頭，至於一般未受教育的人卻無從尋找。威克里夫日後進行宗教改革的工作，在此時已經有了鋪陳。在他以前已有不少學者研究過聖經，並找到其中所啟示、有關上帝白白賜下救恩的偉大真理。他們在教學時也曾將這真理的知識傳開，並引領別人去研究這活潑的聖言。

　　威克里夫一注意到聖經，便認真著手研究；他過去怎樣鑽研其他的學科，現在也照樣研究聖經。從前他感覺自己有一種極大的需要，是他的學問和教會的教義不能滿足的。如今他在聖經裡找到了過去所無法找到的真理。在聖經中，他看明上帝所啟示的救贖計畫，並看明基督為人類的中保。於是他獻身為基督服務，決心要宣傳他所發現的真理。

　　在工作開始的時候，威克里夫並沒有預料這工作將要發展到什麼地步；像後起的改革家一樣，威克里夫原本無意與羅馬教廷對立，可是一個效忠真理的人，終究不得不與謬論發生衝突。他看出了教皇權的錯謬，於是更熱切地傳講聖經的教導。他既看出羅馬教廷已經離棄了上帝的真道，隨從了人的傳統，就毫無忌憚地控告神父們，說他們已將聖經置之度外了，並且還要求他們把聖經交還給廣大人民，讓聖經恢復它在

教會中的權威。威克里夫是一個誠懇能幹的教師，也是一個富有口才的傳道人。他在日常生活上實踐他所傳講的真理。他對於聖經的知識、辯證的能力和生活的純正，以及他那不屈不撓的勇氣和正直，博得一般人的尊敬和信任。多數民眾在看清了羅馬教中普遍存在的罪惡時，就非常不滿，並公開歡迎威克里夫所闡明的真理；然而，當羅馬教的領袖們看到這一個改革家發揮了比他們更大的影響力時，就極其惱恨。

威克里夫善於辨別錯謬的道理，並大膽抨擊羅馬教廷所認可的許多惡習。在他擔任英國國王的牧師時，曾大膽地反對教皇命令英國國王納貢的事，並指出教皇如此作威作福、干涉國家君王，根本是悖乎情理，更不合乎啟示。這時教皇索取貢物之事已經引起普遍的反感，所以威克里夫的言論在英國一般領袖的思想中起了很大的作用。於是英國國王便和貴族聯合起來否定教皇自取的政治權威，抗拒納貢。於是，教皇原本在英國所享有的至上權威便受了一次嚴重的打擊。

改革家進行持久而堅決作戰的另一個對象，乃是當時的托缽修會修士 (mendicant friars) 制度。這些羅馬教的修士們已遍及英國，到處皆是；他們成了國家的大害，使國家無法富強起來。工業、教育和社會風氣都受到這制度的惡劣影響。修士們閒遊乞食的生活不但大大地耗損人民的資財，也使人輕看勞動，一般年青人更因此而腐化敗壞。修士們常勸年青人進入修道院，終身修行；他們不但沒有得到父母的同意，甚至還不讓父母知道，或是背著父母的命令。羅馬教的一位神父強調修行高過孝敬父母的義務，說：「即或你的父親躺在門前痛哭流涕，抑或你的母親把生養你的身體和乳養你的胸懷給你看，你務要將他們一併踐踏於腳下，勇往直前，到基督那裡去！」路德痛批其為「狼心狗肺般的殘酷，絕非基督徒和人道所能容忍」[1]，但羅馬教的修士們卻藉此風氣促使兒女的心硬如鐵石，違背父母。羅馬教廷的領袖們用這種方法使上帝的誡命因他們的傳統而失效，正像古時的法利賽人一樣。許多家庭因而離散，許多父母失去了兒女的敬愛。

連許多大學生也都受到修士們的欺騙而加入他們的組織。後來有

許多人眼見這樣的行為等於是斷送自己的人生，並使父母倍嘗憂患，就懊悔不已，可是既入了羅網，就無法掙脫。許多父母為防範修士們的影響，就不肯將自己的兒子送到大學裡去。因此，各大學術重鎮的學生數目顯著下降，以致教育不振，文化普遍地低落了。

教皇賦予修士們有聆聽罪人告解和赦免罪惡的權力，然而從此弊端百出。修士們一心只想增加自己的收入，所以將赦罪的恩典變為商品出賣，於是各式各樣的罪犯皆來他們那裡告解，結果整個社會變得罪惡猖獗、無法無天。貧窮和患病的人無人照顧，而那應該用來解救他們痛苦的捐獻，全都送給了那些用威脅手段向人民勒索錢財的修士們，凡不慷慨奉獻的人，就被他們痛斥為不敬虔的分子。修士們雖然外表裝出貧窮的樣子，事實上他們的財富與日俱增，而且他們住在壯麗的修道院，吃著山珍海味，這些奢華都與國家日益貧困的經濟有明顯的差距。修士們每日過著奢侈宴樂的生活，同時派出無知的小人到民間去替他們作工；這些人只會講一些荒誕不經的傳說和詼諧的故事愚弄人民，使他們更徹底的淪為修士們的奴才。修士們就這樣將廣大的人民蒙蔽在迷信之中，教導他們相信所有的宗教義務只在於承認教皇為至上權威，敬拜古代聖徒，並餽贈禮物給修士們；人只要照此殷勤去做，就可以確保在天上有他的位置了！

許多敬虔的學者曾設法改良這種修道院的制度，卻始終是徒勞無功、束手無策，但威克里夫卻有更清晰的眼光，要將這罪惡的制度連根拔起。他聲稱，修道院制度本身就是錯誤的，必須廢止。於是眾人漸漸開始議論並詢問起來。當修士們走遍全國出售教皇的贖罪券時，許多人就開始懷疑，罪的赦免究竟能否用金錢購買？眾人也提出疑問說，與其向羅馬教皇求赦，還不如向上帝求赦（☞附錄第9頁「教皇的詔書」）。也有不少人看見貪得無厭的修士們肆無忌憚地勒索財物，就大大不安。他們說：「這些羅馬教廷的修士和神父們成了蠶食鯨吞我們國家的毒瘤。唯願上帝救我們脫離這些人，若不然，全國人民只有死路一條了。」[2]修士們為掩飾自己的貪心，聲稱自己是在跟隨救主的榜樣，狡辯

表示耶穌和他的門徒曾倚賴百姓所贈送的財物維生。這種說法對修士們自己反倒不利，因為許多人聽了這話之後，為要一探究竟，就自己去查考聖經，而這樣的結果恰巧正是羅馬教廷最不願看到的。許多人的思想轉向了真理的源頭，而這真理的源頭正是羅馬教廷所要埋沒的。

這時威克里夫開始寫作一些反對修士制度的傳單，他主要的目的不是想和他們進行爭辯，乃是要使眾人注意聖經的教導和啟示聖經的上帝。他聲稱，教皇所有赦罪或開除教籍的權柄並不比普通的神父大，而且除非一個人先招致上帝的定罪，則開除教籍之舉是不能成立的。威克里夫用這種最有效的方法來推翻教皇所建構的、屬靈又屬世之龐大組織；在這種組織裡有千千萬萬的人在身體和心靈受到捆綁。

後來威克里夫又被召去代表英國政府抗辯羅馬教廷的侵略政策。他受任為英國大使，在荷蘭與教皇的使節會商達兩年之久。他在那裡接觸了從法國、義大利和西班牙來的宗教人士，得有機會觀察羅馬教廷的內幕，看到許多在英國不為人知的事。這種經歷對他晚年的工作有很大的幫助。他在這些教廷的代表身上看到羅馬教的真實性質和行動目的。他回國後，便更公開迫切地重述他往年所傳的教訓，說明羅馬教廷所拜的偶像，不外乎是貪婪、驕傲和欺詐。

他在他的一張傳單上指控教皇和教皇的徵收員說：「他們每年將窮人維生的金錢和國庫中成千的馬克 (當時的貨幣)，用來維持他們的宗教禮節和所謂屬靈的活動，這一切無非是一種可咒詛的買賣，他們還妄想全世界都認同他們這樣的行為。即使我國境內有一座黃金堆成的高山，並且只允許這驕縱世故的神父徵收員來挖取，我敢說在相當時期內，這座山也必會給他挖空；他不住地把我國的財富往外運送，留給我們的只有上帝因這種買賣而降下的咒詛。」[3]

威克里夫回國之後，英國國王派他在洛特勿 (Lutterworth) 教區傳道。這樣的安排至少能說明國王並沒有反對他直爽的言論。威克里夫不但影響了全國人民的信仰，而且也影響了法庭的行為。

　　不久之後，教皇便向威克里夫大發雷霆，一連下了三道詔書送到英國——第一道給他所屬的大學，一道給國王，一道給英國的主教，每一道詔書都吩咐他們採取有效的措施來堵住這位教師宣講異端的口（見附錄第9頁「教皇的詔書」）[4]。在指令未到達之前，在英國的羅馬教主教們曾傳喚威克里夫去受審，但當時有兩位國內最有勢力的王侯陪他到公庭上，同時有許多民眾將法庭包圍，並衝進裡面，以致審問威克里夫的人甚是恐慌，當即宣布延期開庭，威克里夫就平安地回去了。當時年紀老邁的國王愛德華三世 (Edward III) 常受主教們的慫恿，要他加害於威克里夫，但沒過多久這位國王死了之後，就由一位先前擁護過威克里夫的人繼承王位。

　　及至教皇的詔書傳遍全英國，獨斷下旨逮捕並監禁異教徒威克里夫，此番手段的下一站無疑就是走向火刑柱了。根據當時的形勢看來，威克里夫注定要成為羅馬教廷的囊中之物。可是古時向人說「不要懼怕，我是你的盾牌」(創15:1) 的上帝，這時再度伸手保護了祂的僕人。死亡沒有臨到威克里夫，反而臨到那下令要消滅他的教皇。貴格利十一世 (Gregory XI) 死了，於是那些聚集預備審判威克里夫的主教們也解散了。

　　上帝的智慧更進一步地為宗教改革運動預備了道路。教皇貴格利十一世死後，接著就有兩個教皇出來爭奪教權 (指烏爾巴諾六世和克萊孟七世之爭端)。於是有兩個相互敵對的勢力，各說自己是絕無錯誤的，各說自己是眾人所必須跟從的 (見附錄第1頁「頭銜」及第9頁「教皇的詔書」)。他們各自號召忠實的信徒來幫助自己攻擊對方，並用最可怕的咒詛互相威脅，用天國的賞賜獎勵自己的支持者。這件事大大地減弱了羅馬教的聲勢。兩個敵對的派系在互相攻擊之後已自顧不暇，於是威克里夫得到了短暫的安寧。兩個教皇之間的咒詛和控訴滿天飛，他們的糾紛還釀成了許多血腥的事件。教會內部烏煙瘴氣，罪惡與醜聞不斷。這時，改革家威克里夫則在自己洛特勿教區幽靜之所殷勤地勸人不要再信靠那兩個互相爭奪的教皇，而應當仰望和平之君——耶穌。

　　這一次的大分裂以及衍生出的勾心鬥角、黑暗腐敗之事，使眾人看出羅馬教的真相，藉此為宗教改革鋪平了道路。威克里夫寫了一份傳單，題目是：「兩個教皇的分裂」。他叫眾人仔細想想，這兩個教皇都互相控告對方是敵基督者，而他們兩人所說的話有可能都是真的。他說：「上帝現在不再容許惡魔附在一個教皇身上，所以把他分成兩個，叫人奉基督的名可以更容易地勝過他們。」[5]

　　威克里夫效法他的主耶穌，將福音傳給貧窮的人。他在洛特勿教區的窮人家中將真光傳開，但還不以此自滿，卻決心將這光傳到英國的每一角落。為達到這目的，他組織了一群傳道人。他們是純樸、虔誠且熱愛真理的人，他們喜愛將真理傳開，過於喜愛一切。他們走遍全國，在各市場，大都市的街道上和農村中教導人。他們找到年老、患病、貧窮之人，將上帝恩惠的喜信講給他們聽。

　　威克里夫曾任牛津大學神學教授，常在大學的禮堂中講道。他忠心地將真理傳講給他門下的學生，以致他們稱他為「福音博士」。然而他一生最偉大的工作，乃是將聖經譯成英文。在一篇名為《聖經的真理及其意義》(On the Truth and Meaning of the Scripture) 的文章中，他表達了翻譯聖經的決心，要使英國的每個人民都能用自己的語文來閱讀上帝奇妙的作為。

　　可是威克里夫的工作突然中止了。他雖然還不滿六十歲，但因不住地工作、研究，又加上敵人的攻擊，終致精疲力盡、積勞成疾。他的病勢極為沉重，修士們聞之大為慶幸。他們認為他現在一定會為他過去危害教會的行為感到懊悔，於是趕到他的病房去聽他懺悔。四個修士團各派代表一人，會同四位政府官員來到威克里夫的榻前，以為他快要斷氣了。他們對他說：「死亡快要臨到你了，務要覺悟自己的錯誤，並當著我們，將你破壞我們的言論全部收回。」這位改革家靜靜地聽他們說話之後，便請照顧他的人扶他坐起，隨後定睛望著那些等待他反悔的人，並用那常使他們感到戰慄卻堅定有力的聲音向他們說：「我是不會死的，卻要活下去，再控訴修士們的罪惡。」[6]修士們驚訝羞

愧地狼狽而去。

威克里夫的話果然實現了，他從病榻上起來之後，終於將最有利於反抗羅馬教廷的武器交在他的同胞手裡——把聖經交給他們，這聖經就是上帝命定為解救、光照世人，並將福音傳給他們的媒介。為完成這一工作，威克里夫必須先克服許多極大的障礙。那時他年老多病，知道自己最多只有幾年的時間工作，也看出他必遭受的反對，但他想起上帝的應許，就剛強壯膽無所畏懼地向前邁進。好在他的智力強健，經驗豐富，上帝過去保護並鍛鍊他，也正是為這一項重大的工作。於是正當舉世騷亂不安之際，威克里夫在洛特勿教區卻不顧外面的風風雨雨，專心致力於他被揀選從事的工作。

他最後大功告成——第一本英文聖經譯本問世了！上帝的聖言終於向英國展開。這時不管是監獄或是火刑，這位改革家都已無所懼怕。因為他已將永不熄滅的火光交給英國人民，藉此他已打斷迷信與罪惡的捆鎖，解救並提高他本國的聲望。在這一點上，他所成就的比任何戰場上的勝利還多。

那時印刷術尚未發明，所以要發行聖經，必須用手抄的方法慢慢抄寫。那時眾人對聖經極其羨慕，雖然有許多人自願從事抄寫，但仍供不應求。富有的人都想購買整本聖經，其他人只能買到一部分，更多則是幾家人聯合購買一本。這樣，威克里夫的聖經很快就在民間銷售出去。

威克里夫憑公理說話，使眾人從盲目服從教皇的教義之中覺醒。他宣講了日後新教 (Protestantism，亦稱改正教) 特有的教義，就是因信基督而得救，以及唯有聖經真理是絕對的權威。他所派出去的傳道人將聖經和他的作品普及各處，以致接受這新信仰的人幾乎達到英國人數的一半。

聖經的出現使教會當局大受挫敗。他們現在面對的勢力比威克里夫個人還要大的多——這個勢力是他們的武器所無法抵抗的。這時英

國還沒有律法禁止聖經，因為這時聖經還沒有譯成民間通行的方言。後來禁止聖經的律法終於制定並嚴厲地執行了。但在未頒佈之前，神父們雖然設法反對，聖經仍能有發行的機會。

過不久，羅馬教的首領們又設法要堵住威克里夫的口。他先後受審三次，但每次敵人都無法得逞。首先羅馬的一個主教會議宣佈威克里夫的作品是異端，隨後又贏得了當時年輕國王理查二世（Richard II）的支持，使他頒佈御旨，監禁一切信從威克里夫教義的人。

威克里夫立即上訴於英國國會；他毫無畏懼地當著眾議員控告羅馬教廷，並要求羅馬教對通過的諸多弊端進行改革。他有力地抨擊羅馬教廷僭越權限和腐化敗壞的行為。他的敵人當場驚惶失措，無法應對。當初他的許多朋友和支持者曾被迫服從，所以教會當局確信這個年老、孤獨又沒什麼友人的威克里夫，必會向國王和教皇的雙重權威低頭，結果反倒是羅馬教的首領們慘遭挫敗。英國國會聽了威克里夫動人的申訴，便廢止了那一道逼迫改正教的御旨，威克里夫也恢復了自由。

威克里夫第三次受審，是在全國教會最高權威的教會審判處前。這機構對任何「異端」都不容情。這次羅馬教廷自以為必能得勝，而改革家的工作也必然停止。如果他們真的達到了目的，威克里夫就必定被迫放棄自己的教義，否則就必從審判廳裡被帶到火刑場去。

可是威克里夫沒有收回他的言論，不肯作一個口是心非的人。他勇敢地堅持自己的教導，並反駁敵人的控告。他自己和自己的地位，以及當時的場合，把聽眾帶到上帝的審判台前，並把他們那似是而非的理論，和欺騙人的虛言放在真理的天秤上衡量。那時在場的眾人感覺到聖靈的能力，上帝的力量使眾人像是釘在原處一樣無法動彈。威克里夫的話像上帝的利箭一般穿透他們的心，他將人扣在他身上的叛教罪名反而有力地加在他們頭上。他質問他們說：「你們怎敢散布你們錯謬的道理？怎敢拿上帝的恩典作為生財之道？」

最後他說：「你們所反抗的對象是誰呢？是一個行將就木的老人嗎？不是，你們所抗拒的乃是真理，這真理比你們強，而且終必戰勝你們！」[7]威克里夫說了這話，便退出會場，也沒有人敢阻止他。

威克里夫的工作行將結束，他多年高舉的真理旗幟，這時快要從他手裡落下來了，但他還要再為福音做一次見證。他將要在真理悖謬的中心堡壘將真理傳開。威克里夫竟被傳喚到羅馬教皇的審判案前受審，這個機構曾多次流聖徒的血。他對於在羅馬必遭遇的危險是可以預料的，但他決心去受審。無奈他的身體忽然癱瘓，無法啟程前往。他雖然不能在羅馬親口發言，但他仍然可以用書信發表意見。他決心這樣做。他從洛特勿教區寫了一封信給教皇。其中的語氣是很恭敬的，表現了基督的精神，但同時也對羅馬教廷的奢華和驕傲的作風，予以沉痛的指責。

威克里夫寫道：「我極歡喜向人人宣講我的信仰，更喜歡向羅馬的主教這樣做。我認為我這信仰是健全真實的，我想羅馬主教也必欣然贊同，如若不然，我希望他能糾正我。

「第一、我認為基督的福音乃是上帝律法的全部，……教皇既是基督在地上的代理人，我認為他就比別人更有責任遵守福音的律法，因為基督門徒的偉大，並不在於屬世的尊榮，乃是在於生活和行動遵循基督的榜樣。……基督在世上生活時，祂是最貧窮的人，祂曾推辭並拒絕一切屬世的權柄和尊榮。

「除非教皇或任何古代聖賢是效法主耶穌基督的，否則任何忠心的信徒都不該效學他們，因為彼得和西庇太的兒子曾貪圖屬世的虛榮而偏離基督的腳步。在這一點上他們確實做錯了，所以信徒不可效學他們的這些錯誤。

「教皇應該將一切屬世的權威和地位讓給屬世的政權，並勸他手下的全體修士們也要如此，基督是這樣勸我們，更藉著祂的使徒勸我們。所以我若在這幾點上說錯了，我就甘願被糾正，如果必須受死刑也

是可以的；如果我可以照自己的意思行，我定要親身晉謁羅馬主教，可是主對我另有指示，並教導我要聽從上帝，而不聽從人。」

最後他說：「我們要祈禱上帝，求祂像古時一樣感動我們的教皇烏爾巴諾六世 (Urban VI)，使他和他的神父們在生活和行動上效法主耶穌基督；並有效地教導眾人，使他們也能忠心地在這事上效法他們。」[8]

威克里夫如此將基督的謙卑和虛己向教皇和他的樞機主教們說明，並將他們和他們想代表的主之間的差別，指明給他們自己和全世界看。

威克里夫以為他最終會因自己的忠貞而殉道，國王、教皇和主教們都聯合起來要除滅他，所以看上去再過幾個月，他就要受火刑了。可是他並不為此而沮喪。他對人說：「你們何必說要在遠處尋找殉道者的冠冕呢？只要傳福音給傲慢的主教們聽，殉道的命運就必發生在你們的身上。什麼！我要為苟延性命而保持緘默嗎？……絕對不可！任由他們殺我吧！我正等著他們呢！」[9]

然而上帝的膀臂依然護衛著祂的僕人。上帝不認可這個一生冒著性命危險、為真理勇敢辯護的人倒在敵人的刀下。威克里夫從未想過要保護自己，但有主作他的保護者；而現在正當他的敵人認為他們的獵物唾手可得之時，上帝卻使他們永遠無法加害於他。當威克里夫在洛特勿的教堂中正準備擘餅主領聖餐時，他突然癱瘓，一病不起。

威克里夫的工作是上帝所安排的。上帝曾將真理的道放在他的口中，並派天使保護他，使他的話可以達到眾人的耳中。上帝保守了他的性命，並延長了他工作的時期，直到他為宗教改革的工作奠定了基礎為止。

威克里夫出身於中古黑暗時代之中。在他之前並沒有改革家可作為他效法的對象。上帝興起他就像興起施洗約翰一樣，有特別的任務要完成，並成為一個新紀元的先鋒。雖然如此，他所傳之真理系統的統

一和完全,是百年以後的改革家都無法超越、也未能趕得上他的。他所立的根基是那麼寬且深,其結構又是那麼穩固而真實,以致後起的人不需要重新架構。

威克里夫所發起的偉大運動,終於解放了人的良心和理智,並使多年經受羅馬教廷轄制的許多國家也得到解放,而這一運動的起源乃是聖經。聖經是恩惠河流的源頭,此河如同生命的江河,從十四世紀一直流傳到現代。威克里夫篤信聖經為上帝旨意的啟示,也是信心和行為的全備標準。他所受的教育,曾令他相信羅馬教會是神聖又絕對的權威,並毫無疑問地去敬畏、接受這千古不變的教義和習慣,可是威克里夫最後轉離了這一切,聽從了上帝的聖言。這就是他勸告眾人所要承認的權威。他聲稱那唯一的真權威,不是教會藉教皇的口所說的,乃是上帝在聖經中所講的話。他不但教導人聖經是上帝旨意的全備啟示,也教導人聖靈乃是解釋聖經唯一的權威,每一個人必須研究其中的教導來了解自己的義務。如此,他便使眾人的思想從教皇和羅馬教會轉向上帝的話語。

威克里夫是最偉大的宗教改革家之一。他淵博的學識,清新的思想,以及堅持真理的毅力和為真理辯護的勇氣,是後起之人很少能與之相比的。這一位改革家先鋒的特點在於他生活上的廉潔,研究和工作上的殷勤,不受腐蝕的正直,基督化的愛,以及服務上的忠心。鑑於當代社會的黑暗和道德的敗壞,這些優點就更顯得難能可貴了。

威克里夫的人格,證明了聖經的教育並其改造人心的能力。他能有這般成就,完全是因為聖經的原因。當人努力探討上帝所啟示的偉大真理時,就能使各種能力都得著新的力量。這種操練能擴展心智,增強理解力,並且有成熟的判斷力。聖經的研究能提高人的每一種思想、情感和願望,這是任何其他的學科所做不到的。它能使人有堅穩的志向、忍耐、勇氣和毅力,能鍛鍊人的品格,使心靈成聖。人若恭敬地認真研究聖經,使自己的思想接觸無限的思想,就能成為這世上最強大、最有智慧、最具有高尚原則的人,而這樣的人絕非屬世哲學的訓練

所能栽培出來。詩人說：「祢的言語一解開就發出亮光，使愚人通達。」
（詩119：130）

　　威克里夫的教義繼續流傳了一段時期之後，人們便稱呼他的門人
為「威克里夫派」(Wycliffites) 或「羅拉德派」(Lollards)。他們不但走遍英
國，也帶著福音的知識走遍外國。他們的教師雖已去世，但這些傳道人
反而比以前更加殷勤作工，也有成群的人蜂擁而來要聽他們的教導。
有些貴族，甚至是王后，也在悔改歸主的行列中。許多地方民眾的生
活有了明顯的轉變，許多教堂也取消了羅馬教為敬拜而陳設的偶像。
可是過了不久，逼迫教會的風暴就向一切勇敢接受聖經為指導的人襲
來。英國國王為要得到羅馬教廷的支持來鞏固自己的勢力，就毫不猶
豫地犧牲了國內的宗教改革者。他下令取締他們，定他們受火刑；這是
英國有史以來首次的逼迫，至此之後，殉道事件接連發生。真理的辯護
人既不能受法律的保護，又被敵人所迫害，只能向萬軍之主上訴呼求。
他們雖被斥為教會的死敵和國家的叛徒並遭人追殺，卻能繼續祕密傳
道，儘可能在窮苦人家借宿，甚至經常躲在山洞和石穴裡。

　　逼迫雖然劇烈，但教徒仍不斷地向當時普遍存在的腐敗信仰提出
冷靜、虔誠、誠摯和忍耐的抗議。當代的基督徒對真理雖然只有局部的
認識，可是他們熱愛上帝的道，並樂於遵行，所以也忍耐地為真理受
苦。其中有許多人像使徒時代的門徒一樣，為基督的緣故犧牲了他們
屬世的財產。凡能繼續住在自己家中的人，便樂意地收容被驅逐的弟
兄；及至他們自己也被驅逐時，便甘心接受流浪者的命運。的確，有成
千上萬的人因逼迫者的狂暴而恐懼，並為了得到釋放而放棄了信仰，
披著懺悔者的長袍從監獄裡出來，遊行示眾。然而，堅持信仰的人也
不在少數──其中有窮人也有貴族，他們在地窟裡，列在所謂「羅拉德
派」之中；在苦刑和火焰中，勇敢地為真理作見證。他們都因配得「和
祂一同受苦」而歡喜。

　　由於羅馬教的首領們未能在威克里夫活著的時候得逞，所以在他
死了之後，他們的仇恨無處宣洩，於是便在他去世後四十年，羅馬教藉

由康士坦斯大公會議 (Council of Constance) 通過議案，將威克里夫的遺骸掘出來，當眾焚燒，然後將骨灰拋在附近的河濱裡。一位古代的作家寫道：「這個河濱將他的骨灰送入雅芳河 (Avon)，從雅芳河流入塞文河 (Severn)，再從塞文河流入諸海峽，最後湧入大洋之中。如此威克里夫的骨灰就象徵他的教義，現在已經散布到全世界了。」[10]他的敵人這樣向他洩憤，可是卻萬萬沒有想到他們這種惡毒的行為反倒成就了深遠的意義。後來波希米亞 (Bohemia) 的揚·胡斯 (John Huss，又譯約翰·胡斯，以下各章簡稱胡斯) 也是因為看了威克里夫的作品，而放棄了羅馬教的許多謬道，並著手改革的工作。如此，真理的種子就得以散布在兩個相隔甚遠的國家。這工作從波希米亞又推展到別的國家，使許多人的思想轉向那久被遺忘的聖經。可見為宗教改革 (Great Reformation) 大運動鋪平道路的，乃是神聖的手。

註①：巴納斯·西爾斯，《路德生平》，第70，69頁。
註②：多貝涅，《十六世紀宗教改革運動史》，第17冊，第7章。
註③：約翰·路易斯，《約翰·威克里夫的苦難與生平》，37頁。
註④：奧古斯特·尼安德，《基督宗教與教會史》第6時期，第2篇，第1部分，第8段。
註⑤：R. 佛漢，《約翰·威克里夫的生平與主張》，卷2，第6頁。
註⑥：同註②。
註⑦：懷利，《新教史》，第2冊，第13章。
註⑧：約翰·福克斯，《教會的行傳與見證》，卷3，第49、50頁。
註⑨：多貝涅，《十六世紀宗教改革運動史》，第17冊，第8章。
註⑩：湯馬斯·富勒，《不列顛教會史》，卷4，第2篇，第54段。

第六章
胡斯和耶柔米

　　早在第九世紀時，福音就已傳到了波希米亞，那時聖經早已譯成通行的方言，禮拜聚會也用普通的語言。可是教皇的勢力漸漸增強，上帝的話就被埋沒了。教皇貴格利七世既將自身的權力凌駕諸王之上，便更肆無忌憚的奴役各地人民，於是他頒布旨意，禁止用波希米亞語舉行禮拜。教皇聲稱，「全能者樂意叫人用一種聽不懂的語言舉行禮拜。正因人們沒有遵守這個法則，才發生了許多的弊病和異端。」[1]羅馬教廷用這種方法消滅聖經的光輝，使人民陷於黑暗之中。然而，為要保守祂的教會，上帝早已另有安排。有許多瓦勒度派和阿爾比派 (Albigenses，另譯卡特里派) 信徒於此時因逼迫而被迫離開法國和義大利的家鄉，來到波希米亞。這些人雖然不敢公開傳道，但他們卻熱心地祕密工作。純正的信仰就這樣一世紀又一世紀地保留下來。

　　在胡斯以前，波希米亞境內曾有多人起來，公然指責教會的腐敗和社會的荒淫。他們的工作引起了大眾的注意，羅馬教廷因而心生警惕，於是便發起鎮壓信從福音者的行動。這些信徒被迫在森林和山野中舉行禮拜，教皇便派兵去剿滅他們，其中有許多人被殺害。再過不久，教會宣布凡離棄羅馬教禮拜儀式的人都必須受火刑。許多基督徒雖然犧牲了性命，他們卻指望自己所信的真理贏得最後的勝利。在那些宣講「唯有相信釘十字架的救主才有救恩」的人中，有人在殉道的時候說：「真理死敵的權威現在固然能戰勝我們，可是這絕不是永久的；

將來從平民中必有一個手無寸鐵、沒有權威的人，起來與他們對抗，他們也不能勝過他。」²此時離路德的時代雖然尚遠，但已有人站出來，而他反抗羅馬教廷的見證將撼動各國。

胡斯出身卑微，早年喪父。他敬虔的母親認為教育和敬畏上帝的心，乃是最寶貴的基業，所以她設法為兒子爭取這個權益。胡斯先是在公立學校讀書，後來考進布拉格 (Prague) 的大學，並錄取為資助生，由他的母親陪同前往布拉格。她不但是一位寡婦，而且貧窮，所以沒有什麼屬世的財物可以送給她的孩子，可是在進城之前，她和孩子一同跪下祈禱，為他祈求天父的厚恩。當時這位母親萬萬也沒想到她所獻上的祈禱將如何得蒙應允。

在大學裡，胡斯好學不倦，進步極快，同時他也因純正的人格和溫和近人的風度，博得大眾的尊敬。那時他是羅馬教會的忠實信徒，經常熱心尋求羅馬教自稱有權賜下的福分。在某次大節期時，他在一個神父面前認罪之後，便從自己囊中捐出僅存的幾文錢，隨即又參加遊行，藉此期望能在所應許的大赦上有分。大學畢業後，胡斯獻身為神父，很快就聲名鵲起，不久便進入了國王的宮廷。當時，他也在母校任教，後來作了校長。幾年後，這位品格謙卑的學者不但成了國人的光榮，而他的名聲也傳遍了整個歐洲。

然而胡斯都是在另一個地方開始改革工作的。他作了神父數年之後，被委任作布拉格城內伯利恆堂的傳教士。該堂的創辦者曾竭力主張用民間流行的方言宣講聖經。這種常例雖為羅馬教廷反對，但在波希米亞境內始終沒有完全停止。當時極少人認識聖經，而且社會各階層中普遍存在著極腐敗的現象。胡斯毫不留情地斥責這些罪惡，用聖經的話來加強他所宣傳真實和純正的道理。

這時布拉格的一位市民耶柔米 (Jerome of Prague)，從英國帶了威克里夫的一些作品回來，這位耶柔米就是後來與胡斯密切合作的人。當時的英國皇后是波希米亞的公主，她信從了威克里夫的教導而悔改

信主，透過她的影響力，使改革家威克里夫的作品得以在她的祖國波希米亞廣泛流傳。胡斯讀了這些作品後深感興趣，他相信作者必定是一位真誠的基督徒，他大致上也贊同威克里夫所提倡的改革。胡斯這時已不知不覺中走上一條必將使他與羅馬教廷決裂的道路。

此時，有兩個學者從英國來到布拉格，他們領受了真光之後，就來到這遙遠的地方宣傳福音。他們一開始就公開抨擊教皇的至上權威，但很快就受到當局的制裁；他們不願就此放棄自己的宗旨，於是改變了工作方式。他們既是傳道人，又是藝術家，於是便運用他們的才能。他們找到一個公共場所，在那裡畫了兩幅圖畫；一幅畫著基督進入耶路撒冷，「是溫柔的，又騎著驢」(太21：5)，在後面有門徒，穿著舊衣服，赤著腳跟從祂，而另一幅則是描繪教皇巡行圖——教皇身穿華衣，頭戴三層冠冕，騎著一匹裝飾富麗的馬，前面有人吹著號筒開道，後面有許多威風凜凜的樞機主教和教長相隨。

這兩幅意味深長的畫像吸引了各個階層之人的注意。成群的人看了又看，而且都明白其中的意義。許多人看到主基督的謙卑自虛，和自稱是基督僕人之教皇的驕傲自大，不得不因其中的差別而深受震撼。此舉在布拉格引發轟動，以致那兩位外人不得不為自己的安全而離開，但他們所留下的教導卻沒有被人忘記。那兩幅圖畫在胡斯心中留下了深刻的印象，使他更殷切地研究聖經和威克里夫的作品。這時他雖然還無法接受威克里夫所提倡的全部改革方案，但他對教廷的真面目卻有了更清楚的認識，於是他更熱切地斥責教廷的驕傲、野心和腐敗。

這事引起的風波吹進了布拉格大學，造成上百位德國學生自動退學，這個契機使真光從波希米亞傳到了德國。在這群學生當中，有許多人曾從胡斯那裡得著有關聖經的知識，所以他們回國之後，就在祖國將福音傳開了。

布拉格改革運動的浪潮傳到羅馬後，胡斯不久就被傳喚去見教皇。他若遵命前往則難免一死，於是波希米亞的國王和王后、布拉格大

學、貴族人士和政府人員聯名請求教皇准許胡斯留在布拉格，並另派代表去羅馬。教皇非但不允准，反而繼續進行審問並對胡斯予以譴責，又向布拉格全城發布了褫奪教權的禁令 (interdict)。

在那個時代，教皇無論向哪一地區宣布禁令，就必引起廣大的驚慌，而執行此令所做的儀式，也足以使民眾大感恐懼，因為一般人都相信教皇乃是上帝的代表，並且握有天國和地獄的鑰匙，無論是在屬世或屬靈的事上，都有權柄懲罰人。他們相信一個地區既受教皇發出禁令，該地居民就不可能進入天國了，而且在那裡死了的人，除非教皇取消禁令，否則一概無法升天。為要充分顯明這種可怕的災禍，一切宗教聚會都禁止了，教堂也關閉了。婚禮只能在教堂外院舉行，而死人不得葬在教會的墳地，也沒有神父來主持喪禮，所以死人只得葬在山溝或野地裡。羅馬教廷想用這種足以恫嚇人心的手段來控制他們的良心。

於是布拉格全城大大騷動。許多人斥責胡斯是他們的禍源，並聲稱一定要把他交給羅馬教廷嚴懲。為平息這次風波，胡斯不得已暫時回到他自己的家鄉。他寫信給留在城裡的朋友說：「我為了避免讓惡人自取永久的咒詛，也為了不讓敬虔的人遭受患難和逼迫，便依照耶穌基督的教導和榜樣，從你們中間退避出來。我隱退的另一個原因是，如果我繼續留在城裡，那些不虔誠的神父們就一直不許人在你們中間傳道。我離開你們，並不是為要否認神聖的真理，只要有上帝的幫助，我甘願為真理犧牲生命。」[3]胡斯沒有停止工作，而是周遊鄉間，為渴慕之人講道。如此，教皇為鎮壓福音而採取的措施，反而使福音更加廣傳了。「我們凡事不能敵擋真理，只能扶助真理。」(林後13：8)

「在這一段改教經歷中，胡斯在思想上所經過的一番痛苦掙扎是可想而知的。教會雖然向他大發雷霆，想要把他制伏，他卻仍未否定教會的權威。在他看來，羅馬教還是基督的新婦，教皇也還是上帝的代表和代理人。胡斯所反對的乃是權威的濫用，而不是這原則的本身。因此，他以理智所了解的事實和他原有信仰的信條之間起了劇烈的抗爭。他既相信教會的權威是正確且是絕對無誤的，那麼他為什麼又不

得不抗拒這權威呢？他看出若是服從，就必犯罪，可是所服從的既是絕無錯誤的教廷，又何至有這種結果呢？這是他無法解決的問題，又是時時刻刻叫他極其苦惱的疑問。他所能想出最合理的解釋，乃是當時的教廷重蹈了救主時代猶太首長們的覆轍，以致教會的神父們已經腐化了，並濫用合法的教權去進行不合法的事。於是他為自己定了一個原則，也教導別人這樣做，那就是聖經的訓言透過人的理性，必須作為良心的準則；換句話說，那唯一絕無錯誤的嚮導乃是上帝在聖經中所講的話，而不是教會藉著神父們所講的話。」**4**

布拉格的緊張氣氛漸漸緩和下來，於是胡斯回到伯利恆堂，以加倍的熱心和勇敢傳講上帝的道。他的敵人雖然非常活躍又有勢力，但王后和許多貴族都是他的朋友，而且民間也有許多人擁護他。許多人見證了他純正又高尚的教義和廉潔的生活，再看到羅馬神父們所傳的腐敗教義和他們貪婪淫蕩的作風，就覺得與胡斯站在同一條陣線上是件光榮的事。

以前的胡斯是孤軍奮戰的，但如今，那位從前就在英國接受威克里夫教導的耶柔米來參加改革工作，從此二人同生共死，並肩而行。耶柔米有足以博得眾人景仰的聰明，在口才和學識方面，尤具出眾，但在德行和意志堅強方面，胡斯則較為偉大。他那穩重的判斷力足以抑制耶柔米易受衝動的感情，而耶柔米也看出胡斯的高貴品格，故能虛心接受他的勸告。在二人通力合作之下，改教工作就更迅速地展開了。

上帝使大量的真光照耀在這兩位蒙揀選的人心中，又將羅馬教的許多錯謬道理向他們顯明，但他們並沒有領受到上帝所要賜給世人的全部真光。上帝要藉祂的僕人帶領世人脫離羅馬教的黑暗，但他們必須遭遇許多巨大的障礙，所以上帝根據他們所能領受的程度，逐步引領他們。他們不能一次領受全部真光。他們好像長久住在黑暗中的人，如果突然見到正午的陽光，反而閉眼不敢看了。因此，上帝根據眾人所能領受的，將真光一點一點地啟示給改革運動的領袖們。從一世紀到另一世紀，必有忠心的工作者相繼興起，在改革的路上更進一步地領

導眾人。

這時羅馬教的分裂形勢持續擴大,及至演變成有三位教皇同時爭奪這至尊權位,他們的爭執使得整個基督教界充滿了罪惡和擾亂。他們彼此咒罵不以為足,後來還訴諸武力,各個招兵買馬備戰。但他們必須先設法籌措軍費;為達此目的,他們出賣教會的禮物、職位和福惠(見附錄第7頁「贖罪券」)。神父們也跟著上級的領導,學習採用賄賂和武力打倒自己的對頭,來鞏固自己的地位。胡斯則放膽地痛斥這些人披著宗教外衣進行的罪惡行為,民眾也公開控訴羅馬教的首領們是基督教界一切痛苦的禍根。

布拉格城看似又要再度爆發血腥的戰爭。正如古時一樣,上帝的僕人被斥為「使以色列遭災的」(王上18:17),於是全城再度受到教皇的禁令,胡斯只得退避到本鄉去。他在伯利恆堂忠心傳道的工作就此結束了。此後,在他為真理殉身之前,他將要在更廣大的場合向全世界的基督教徒作見證。

為了解決當時擾亂歐洲全地的禍害,在康士坦斯召開了一次宗教會議。這會議是按西吉斯蒙德皇帝(Sigismund)的要求召開的,並由三個互相敵對之教皇當中的一位——約翰廿三世(John XXIII)為會議召集人。其實教皇約翰本人是最不想舉行這次會議的人,因為他自己的人格和作風,即或根據當時修士們低下的道德標準來說,也是經不起考驗的。但無論如何,他不敢違抗西吉斯蒙德皇帝的旨意(見附錄第9頁「康士坦斯大公會議」)。

會議的主旨乃在解決教會分裂的問題並根除異端,所以其他兩個教皇和宣傳新教義的主要人物胡斯皆被傳喚出席。兩個教皇為求自身的安全,並未親自出席,而是委派代表參加。教皇約翰雖然表面上是會議的召集人,卻也有不少顧慮,他一方面害怕皇帝會藉機罷免他的權位,一方面又怕有人會追討他玷辱教皇位分的種種惡行,以及他為了教皇寶座所犯的罪案。然而在他進入康士坦斯的時候,他依然大張聲

勢,耀武揚威,在侍從的人中有最高級別的修士和大批臣僕。全城的神父和長官合同成群的市民都出去歡迎他。在他的頭上有黃金的華蓋,由四位首長高舉著。在前面還抬著「聖體」(彌撒祭使用的餅),樞機主教們和貴族們的服裝也令人望而生畏。

此時,另有一位旅客也走近了康士坦斯。胡斯知道他面臨著危險的威脅。他和朋友的分離,就像是永別一樣;他在路上行走時,也感覺是向著火刑柱走去。他雖然持有波希米亞王和西吉斯蒙德皇帝所發的安全通行證,但他依然準備赴死。

他寫信給在布拉格的友人說:「弟兄們,……我攜有國王所發給我的安全通行證去應付我的許多死敵。……我完全相信一位全能的上帝和我的救主;我深信祂必垂聽你們的誠懇祈禱,將祂的聰明智慧賜給我,使我有口才能抵擋他們,並且祂必賜給我聖靈,保守我站穩真理的立場,使我能勇敢地忍受試探、監禁,如果必要的話,就是死在酷刑之下也可以。耶穌基督既為祂所愛的人受苦,留下榜樣,使我們也要忍受一切痛苦以至得救,這又何足為奇呢?祂是上帝,我們是祂所造的;祂是主,我們是祂的僕人;祂是全世界的主宰,我們是卑微必死的世人,——雖然如此,祂還要受苦!所以我們為什麼不也受苦呢?尤其是當我們受苦難時,就是潔淨了我們。所以親愛的,如果我的死能為基督增光,你們就求主讓死亡速速臨到我,並求祂在我的一切患難中用恆久不變的精神支持我。但如果我回到你們中間是更有益處的話,那麼我們求上帝使我回來時不帶有任何罪跡,——就是說,我不會廢除福音真理的一點一劃,以便給我的弟兄留下好榜樣。或許你們不能在布拉格再見我的面,但如果全能的上帝樂意叫我回到你們那裡,那麼我們務要以更堅固的心,在認識並熱愛祂律法的事上向前進。」[5]

胡斯又寫一封信給一個悔改成為福音信徒的神父,在信中胡斯謙虛地提到自己的過失,自責說:「我曾經喜愛穿華麗的衣服,並在虛無荒唐的事上浪費時間。」隨後,他補充了以下動人的勸告:「願上帝的榮耀和罪人得救的事充滿你的思想,你不要追求名譽、地位和財產。不

可裝飾自己的房屋過於修養心靈；務要專心建造屬靈的房屋。要以虔誠和虛心對待窮人，不可在吃喝宴樂上耗費貲財。如果你不悔過而戒除浮華之事，我怕你會受嚴厲的責罰，像我一樣。……你很熟悉我的教訓，因為你從小就受我的教育，所以我無需多寫。然而，我憑著主的憐憫囑咐你，不可在你見我陷入虛無的事上效法我。」在信封上他寫著：「朋友，請你不要拆開這封信，直到你確知我已經死了。」[6]

胡斯沿途到處都能看見傳播他教訓的跡象，以及人們接受他的教導。各地人民蜂擁而至歡迎他，而且某些城鎮的首長竟在街道上護送他。

胡斯初到康士坦斯時仍享有完全的自由。除了皇帝的保護令之外，教皇還向他提出保護的諾言。但沒過多久，這些屢次鄭重提出的保證就遭到駁回，教皇和樞機主教團下令逮捕這位改教者，把他囚禁在令人作嘔的地窖裡，後來他又被關在萊茵河對岸的堅固堡壘裡。不過，教皇並不會因這不顧信義的手段而得到好處，因為他在不久後也被關進了同一個牢獄裡。[7]會議證實了他除了謀殺、販賣聖職和姦淫等「不堪述說的罪」之外，還犯了其他極卑鄙無恥的罪。這是會議所宣布的，於是他被免職並被囚入獄。至於其他兩個敵對的教皇，他們也被罷免，會議另選立了一個新的教皇。

前一個教皇所有的罪行雖然遠比胡斯控告神父們的罪行更為卑鄙，而且胡斯還要求教會在這些事上進行改革，但那免除教皇職分的同一個會議卻轉而加害這位改教者。胡斯的監禁在波希米亞引起了公憤。大有權勢的貴族對此暴行向會議提出嚴正的抗議。當時皇帝也不認可人違犯他所發的保護令，所以也反對會議對於這位改教者所採取的手段，可是胡斯的敵人心地狠毒，意志堅決。他們用種種方法誘發皇帝的偏見、恐懼和對教會的熱心。他們花言巧語、強詞奪理地證明「叛教徒或是有叛教行為的嫌疑犯，雖有皇帝或君王所發的保護令，也不應向他們守信。」[8]這樣，他們就如願得逞了。

胡斯因疾病和監禁而身體衰弱；他所住的地窖既潮濕又瘴氣滿布，致使他生了一場大病，幾乎失去性命，後來他又被帶到議會去。他全身帶著鎖鍊，立在那曾經發誓保護他的皇帝面前。在那一次長久的審訊中，他穩重地堅持了真理，並在許多國家和教會領袖面前，對教廷的腐敗罪行提出了嚴正而忠實的抗議。及至他必須思考是要收回他的言論，或是受死刑的時候，他就決定為道殉身。

上帝的恩典支持了胡斯。在未宣判之前的幾週內，上天的平安充滿了他的心。他寫信給朋友說：「我在牢獄裡手上帶著鎖鍊寫這一封信。明天大概就要宣判死刑了。……將來我們靠著耶穌基督的幫助能在來世甜美的安樂中再次會面時，你就必知道上帝曾經如何憐憫了我，並在我的試煉和考驗中用祂的大能支持了我。」[9]

胡斯在地窖的黑暗環境中展望真理信仰的最後勝利。他在夢中回到他從前在布拉格講道的會堂裡，看見教皇和他的主教們在那裡塗抹他在會堂牆上所畫的基督像。「這一個異夢令他非常不安，可是翌日他又看見有許多藝術家將基督的像重新畫到牆上去，而且畫得更多，色彩更為美麗。有很多的觀眾圍繞著這些藝術家，及至他們畫完了，便說道：『現在讓教皇和主教們來吧！他們再不能塗掉這些畫像了。』」這位改教者講述這夢以後，就做結論說：「我認為這是必然的，基督的像是永遠不能抹殺的。他們想要毀掉它，但將來必有比我更能幹的傳道人把這像描繪在眾人的心裡。」[10]

胡斯最後一次被帶到議會前，那次是個極具規模、聲勢浩大的集會——有皇帝、王侯、貴族代表、樞機主教、主教、神父和當日旁聽的廣大群眾。從基督教世界的每一角落，都有人來觀看這第一個長期為信仰自由而戰並行將犧牲的勇士。

這次會議吩咐胡斯做最後的決定，他表示不肯否定自己的言論，隨即定眼望著那不顧羞恥違犯自己詔令的皇帝說：「我是經過在場皇帝公開的保護承諾而自願出席這次議會。」[11]西吉斯蒙德皇帝在眾目睽

睽之下面紅耳赤、羞慚萬分。

罪狀既已宣判，侮辱的方式便開始了。起先由主教們拿神父的禮服穿在囚犯身上，正穿的時候，胡斯說：「我們的主耶穌基督被希律王送到彼拉多面前時，人用白袍（根據聖經應為朱／紫紅色袍子）給祂穿上，侮辱祂。」[12]當害他的人再度逼他收回自己言論時，他便面向群眾說：「如果收回，我將有何面目望天呢？又怎能見那些聽過我傳講純正福音的人們呢？不，我重視他們得救的問題過於這副已經定了死刑的身體。」隨後主教們將禮服一件一件地從他身上剝下來，每剝一件，就咒詛一次。最後他們「給他戴上一頂紙糊的尖帽，在上面畫著可怕的妖精鬼怪，並在前面寫著『叛教罪魁』。胡斯說：『耶穌啊，我為祢的緣故戴這可恥的冠冕是極快樂的，因為祢曾為我戴荊棘的冠冕。』」

他穿戴完畢之後，「主教們便對他說，『我們現在將你的靈魂交給魔鬼，』胡斯則仰首向天說，『主耶穌啊，我將我的靈魂交在祢手裡，因為祢已經救贖了我。』」[13]

於是他們將他交給政府當局，把他押送至刑場。無數的群眾跟在後面，其中有數百個武裝人員，還有穿著華服的神父主教們和康士坦斯的居民。當胡斯被綁在火刑柱上即將點火的時候，他們再度勸這位殉道者必須否定自己的謬論，以救自己的性命。他回答說：「要我否定什麼謬論啊！我不知道自己講過什麼謬論。我請求上帝見證，我所寫和所講的，完全是以搶救生靈脫離罪惡和滅亡為目的，所以我極樂意用自己的血來堅定我寫作和傳講的真理。」[14]當火焰在四面燃起時，他便開始唱起一首詩歌，名為《大衛的子孫耶穌啊，可憐我吧！》他一直唱著，直到歌聲永遠止息。

連他的敵人都被他的英雄般的舉止所感動。一位熱心的羅馬教首領在描述胡斯和不久後同樣殉命的耶柔米蒙難的情形時說：「二人臨終時都非常鎮靜。他們準備受火刑，好像是預備赴婚姻筵席一樣。他們沒有因痛苦發出一聲哀嚎。當火焰上升時，他們卻開始唱詩，而且烈火

似乎難以止住他們的歌聲。」[15]

　　胡斯的身體燒盡之後，他們便將他的骨灰連同灰下的塵土一齊拋入萊茵河中，使其流入海洋。逼迫胡斯的人妄想這樣做就能將他所傳的真理連根都拔去，卻做夢也沒想到，那天流入海洋的骨灰要像種子一樣，散布到世界各國，而且將要在他們所不知道的地方結出豐盛的果子，就是許多為真理作見證的人。那天在康士坦斯議會廳裡發言的聲音將要響到永遠。胡斯固然已經不在了，可是他殉身所見證的道卻永不消滅。他忠誠堅貞的榜樣將要鼓勵許多的人，冒酷刑和死亡堅持真理、一步也不退讓。他的死刑已經向全世界說明了羅馬教廷不守信用的殘酷，所以事實上，真理的敵人在無意間推進了他們一直想要催毀的運動。

　　此後康士坦斯將要再豎起火刑柱，因有另一個見證人的血要為真理作見證。耶柔米向胡斯辭別的時候曾勉勵他務要剛強穩固，並說，如果胡斯遇到危險，他必定親自趕去相助，所以這位忠實的門徒，一聽到這位改教者被監禁，就立即準備履行他的諾言。他沒有得到通行保護令，只帶著一個人為旅伴，便向康士坦斯出發了。他一到那裡，就發覺自己在營救胡斯的事毫無辦法，只是徒增危險而已，於是他逃出了那地方。然而他在中途被逮捕了，並銬上鎖鍊，由一隊士兵押到康士坦斯。在他第一次站在議會中想向控告他的人為自己辯護時，會眾喊叫說：「燒死他，燒死他！」[16]他們將他關在牢獄裡，用鎖鍊把他鎖住，使他保持一種不自然的姿勢，使他痛苦萬分。他所吃的食物只有麵包和清水。過了幾個月，耶柔米因監禁的痛苦，得了很嚴重的病，幾乎喪命。他的仇敵怕他死去，就減輕了他的痛苦，此後他繼續被監禁達一年之久。

　　胡斯殉道的結果，並不如羅馬教會所預期。皇帝所發的保護令被公然毀棄引起了普遍的公憤，於是議會決定不對耶柔米施以火刑，而是盡力設法使他放棄自己的信仰。他們把他帶到會場上，吩咐他放棄他的信仰，否則必受死刑。其實他所受的這些痛苦，如果在最初被監禁

時就殺死他，倒是善待他了；如今衰弱的病體，監牢裡的嚴酷，以及煎熬與焦慮的摧殘，加上與朋友的隔離，再想起胡斯的死亡，他灰心極了。種種的壓迫使他一時之間向議會屈服，表示願意依從議會的決定。他起誓順服羅馬教的信條，並接受議會究責威克里夫和胡斯之教義的議案，只是聲明對他們所講的「神聖真理」仍然相信。[17]

耶柔米想用這種權宜之計抑制良心的責備而苟活。可是在他回到寂寞的牢獄之後，他便更清楚地認識到自己所做之事的真相。他想起胡斯的勇敢和忠誠，再想起自己是如何否認了真理；他也想起自己起誓要服事的主，是如何為他的緣故忍受了十字架的死。在他屈服之前，身體雖受痛苦，但在心靈上仍因確知得蒙上帝的喜悅而得著安慰；如今悔恨和懷疑使他在精神上遭受極大的痛苦。他也知道，如果與羅馬教廷妥協到底，他勢必要做出更多的讓步，而他所走的路只能以徹底的背道告終。於是他下了決心，不再為免除暫時的痛苦而否認他的主。

不久後他又被帶到議會前。他第一次的屈服未能使審問他的人滿意。胡斯的死激起了他們嗜殺的渴望，叫囂者要殘殺下一個人。耶柔米若想苟全性命，就必須毫不保留地放棄真理，但他已決意辯明自己的信仰，並跟隨他殉道的弟兄到火刑場去。

這次耶柔米否定了他第一次的反悔，並以將死之人的身分要求能有為自己辯護的機會。主教們害怕他的話會產生極大的影響，就限制他只能對控告的罪狀表示承認或否認。耶柔米對這種殘酷和不公正的待遇提出了抗議說：「你們把我關禁在污穢、骯髒、惡臭可怕的牢獄中，也不給我一樣需用的東西，已有三百四十天了；然後你們才把我帶出來，並依著我仇敵的意思，不肯聽我為自己辯護。……如果你們真是智慧人，又是世界的光，那麼務要謹慎，免得你們違背正義。至於我本身，只不過是一個軟弱而必死的人；我的性命無關緊要，但我現在勸你們不可下不公正的判決，這是為了你們，而不是為我自己著想。」[18]

大會終於准了耶柔米的要求，於是他當著眾人跪下祈禱，求聖靈

指引他的思想和言語，叫他不要說出與真理相悖或不與救主相稱的話。上帝向初代的門徒所發的應許，那天在耶柔米身上實現了。那應許說：「你們要為我的緣故被送到諸侯君王面前，……你們被交的時候，不要思慮怎樣說話，或說什麼話。到那時候，必賜給你們當說的話；因為不是你們自己說的，乃是你們父的靈在你們裡頭說的。」(太10：18-20)

結果耶柔米的話引起了大眾的驚奇和佩服，連他的仇敵也不得不希奇。他被囚在地窖裡已有一年之久，他不但不能看書，連其他的東西也都看不見，同時還不斷地承受肉體上的痛苦和思想上的焦慮。然而，他這次所提出的理由是那麼清晰有力，就好像是他在牢獄中有過良好的機會進行研究一樣。他使聽眾想起古時被不公正的法官所定為有罪的許多義人。幾乎在每一代都有一些人想要為同胞造福，卻被眾人所誣告、唾棄，但過了許久才發現這些人是配得尊敬的。連基督耶穌也曾被不公正的議會判為不法之人。

耶柔米前次反悔時，曾贊同判定胡斯為有罪的判決，但現在他聲明懺悔了，並為胡斯的無罪和聖潔作了見證。他說道：「我從小就認識他。他是一位再傑出、再好不過的人，既公正又聖潔。他雖然無罪，卻仍被定罪。……如今我也準備要死，我絕不因我敵人和作假見證之人準備加在我身上的痛苦而畏縮。有一天，他們終要為他們欺騙的行為向那不能受欺騙的上帝交代。」[19]

耶柔米又為他自己一度否認真理的罪行痛恨自責說：「我從少年直到如今所犯的罪行中，後來沒有一個罪債像現在一樣如此沉重地壓在我的心頭，令我懺悔萬分，只因我在這死牢中，屈服承認所有指向威里克里夫和我的良師益友——聖賢胡斯的控訴。是的，我從心中認罪，並痛悔當初因怕死而可恥地退縮，並否定了他們的教義。所以我現在懇求……全能的上帝饒恕我一切的罪，特別是這一個最可惡的罪。」於是耶柔米指著審判他的法官肯定地說：「你們定了威克里夫和胡斯的罪，不是因為他們破壞了教會的教義，乃是因為他們譴責了神職人員們許多不名譽的事——他們的奢侈和驕傲，以及主教和神父們的一切

罪行。威克里夫和胡斯二人所傳講的事實是無可駁斥的，所以我同他們一樣相信，並宣明這些事實。」

講到這裡，耶柔米的話被人打斷了。主教們大為震怒，喊叫說：「我們還需要什麼證據呢？大家都親眼看見，他是最頑固的叛教徒！」

耶柔米很堅定地說：「什麼！你們以為我怕死嗎？你們把我關在比死還可怕的地窖裡已有一年之久。你們對待我比對待土耳其人、猶太人或異教徒，更加慘無人道，以致我的皮肉竟生生地在我骨上腐爛了。雖然如此，我不怨天尤人，因為哀哭只會磨損人的心志；但我不得不因你們這樣野蠻地虐待一個基督徒而震驚。」[20]

說到這裡，會場上又爆發了一陣的狂怒，他們就把耶柔米匆匆押回牢獄裡。然而，會場中有一些人因耶柔米的話受了深刻的印象，所以他們想設法營救他。於是教會的權貴們去探訪他，勸他務要服從議會。他們向他提出最動心的利誘，來獎勵他放棄反對羅馬教的立場。但耶柔米像他的主一樣，在以全世界的榮華富貴誘惑祂的時候，依然屹立不搖。

他說：「你們用聖經的話證明我有錯，我就一定放棄這錯誤。」

誘惑他的人回答說：「聖經，難道一切的問題都用聖經來批判嗎？若不是先經由教會來解釋聖經，誰能明白其中的話呢？」

耶柔米回答說：「難道人的傳統比我們救主的福音更加可信嗎？連保羅都沒有叫讀他書信的人去聽從人的傳統，卻勸人查考聖經。」

於是那人回答他說：「叛教徒，我真後悔花這麼多工夫來勸你。我看你是受了魔鬼的慫恿。」[21]

不久，死刑判決了。他們把他帶到先前胡斯受刑的地方。他走向刑場時，一路歌唱著，臉上發出喜樂和平安的光彩；他仰望著基督，所以死亡在他身上失去了恐怖的力量。及至執行死刑的人到他背後點燃

木柴時，耶柔米喊叫說：「到前面來吧！當著我的面把火點起來。假使我懼怕的話，我早就不會到這裡來了。」

他最後的幾句話是在火焰燒起來時的祈禱：「主全能的父啊，可憐我，饒恕我的罪吧！知道我一直是熱愛祢的真理的。」²²於是他的聲音止息了，但他的嘴唇繼續默禱。及至焚燼，他們便像對待胡斯一樣，將耶柔米的骨灰和灰下的塵土收拾起來，丟在萊茵河裡。

上帝的兩位忠心擎光者就這樣犧牲了，可是他們所宣講的真理光輝是永遠存在的，他們英雄般的典範必永垂不朽。人若妄想阻止那正在破曉的新紀元，倒不如設法叫太陽倒退一度！

胡斯的殉難在波希米亞全境引起普遍的憤慨和震撼。全國的人民都認為他是因神父們的陰毒和皇帝的奸詐而犧牲的。他們公認他是真理的忠心教師，並控告害死他的議會犯了殺人的罪。於是胡斯的教導比從前更引起了許多人的注意。威克里夫的作品早因教皇的命令而被焚燒了，但還有一些倖免而留存下來的作品，則被人從祕藏的地方取出來，與聖經一同研究，許多人只有聖經的一小部分，但也接受了這改正教的信仰。

謀害胡斯的人並沒有坐視他工作的勝利。教皇和皇帝同心合力地下手要消滅這運動，於是西吉斯蒙德的軍隊便向波希米亞發動進攻。

但上帝興起了一個救星；揚‧傑式卡 (John Zizka) 是當時最英明的將領，雖在戰爭開始之後便雙目失明，但依然率領波希米亞人作戰。他們篤信自己的立場是正義的，必蒙上帝的幫助，所以屢次抵禦最強大的敵軍。皇帝多次失敗，屢次重整旗鼓，捲土重來，但每次都狼狽敗退。波希米亞的軍隊——俗稱「胡斯軍」——作戰奮不顧身，視死如歸，無人能敵。但戰爭開始之後沒過幾年，勇敢的傑式卡死了，取代他的人是普羅科普 (Procopius)；他的勇敢和幹練不亞於傑式卡，而且在領導能力上表現得比傑式卡更出色。

敵軍既知盲戰士死了，就認為這是一個反敗為勝的良機。於是教皇宣布對胡斯派發動十字軍戰役，一支龐大的軍隊再次向波希米亞進攻，但結果又是慘敗。此後又發動一次十字軍征討。他在所統治的國家中徵集大量的軍火、軍餉和兵力，大批群眾湧向教皇的旗幟之下，確信胡斯派的叛徒這次必會被消滅。於是這隻浩浩蕩蕩的大軍懷著必勝的信心越過波希米亞的邊界。民眾起而抵抗。兩軍終於在只有一水之隔的距離相遇對望。「十字軍陣營的兵力遠為強盛，但他們並沒有渡河與對方交鋒，而是靜靜地站在河邊觀望著對岸的胡斯軍。」[23]這時十字軍中突然出現一股神祕的恐怖氣氛。他們還沒有攻打，就開始瓦解四散了，他們似乎是被一種看不見的勢力所驅散。於是胡斯軍起來追擊，殺戮了許多敵人，擄獲大批物資，結果這次戰役非但沒有使波希米亞人受到絲毫損失，反而增添了他們的財富。

過了幾年，在新教皇的領導之下，又再次整裝十字軍征戰。像前一次一樣，由教廷所統治的歐洲各國供給了兵力和財力，並且他們所提供給參戰人士的利益非常誘人。凡參加這次戰役的人，不論其罪狀多麼嚴重，必蒙全然寬赦。凡在這次戰役中喪命的，必能立即升天享受豐厚的賞賜，而那些倖免於死的人，則必在戰場上獲得光榮與財富。於是大軍再次徵集齊備越過疆界，入侵波希米亞。這次胡斯軍在他們面前撤退，引他們深入境內，使之以為勝利已經屬於他們了。最後，普羅科普的軍隊停止後退，轉向敵人正式反擊。十字軍這時才發覺自己的錯誤，便守在自己的營地裡等待應戰。隨著胡斯軍隊進攻的聲音響起，十字軍的陣營都還沒見到軍隊就已大為恐慌。王侯、將領和士兵們，都棄甲曳兵，狼狽奔逃。當時率領大軍的是教皇特使，他試圖下令重整旗鼓，但大勢已去，無可挽回。縱使他盡了最大的努力，自己最後也不得不隨著士兵逃亡。於是十字軍一敗塗地，而且又有一批戰利品落到勝利者的手中。

因此，由歐洲最強盛的國家所派遣的大軍，包括上萬個驍勇善戰、訓練有素、裝備精良的武裝部隊，竟在當時還是個弱小國家的守

衛軍面前第二次不戰而敗。這實在是上帝能力的顯現，侵略軍被一種超自然的恐怖所震動。那使法老的全軍在紅海傾覆，使米甸的大軍在基甸和他的三百精兵面前奔逃，並在一夜之間擊潰高傲之亞述王的上帝，這時再次伸手摧毀壓迫者的勢力。「他們在無可懼怕之處就大大害怕，因為上帝把那安營攻擊你之人的骨頭散開了。你使他們蒙羞，因為上帝棄絕了他們。」(詩53：5)

羅馬教廷的首領們眼見武力的進攻無望之後，便訴諸於狡詐的外交手段。雙方雖然達成了協議，敵人在表面上容許波希米亞人可享受宗教自由，但實際上卻把他們出賣給羅馬教。起先波希米亞曾提出四個和平條件：自由宣講聖經；在舉行聖餐時，全體信徒有權利領受杯和餅，並在禮拜時用通行的方言；擔任聖職的人不得兼任政治職務；遇有刑事案件，擔任聖職的人應與庶民同受法院的審判。羅馬教廷最後「同意接受胡斯派的四個條件，但同時聲明解釋這些條件的權利歸於議會——就是教皇和皇帝」。[24]雙方根據這四個條件簽訂了合約，於是羅馬教用武力所不能獲取的勝利，卻藉由虛偽和欺詐的手段得到，因為她能照她解釋聖經的一貫作風去按自己的心意解釋合約的條款，並任意歪曲來達到自己的目的。

波希米亞國內有許多人看穿這個協議實際上是出賣他們的自由，就不贊同，於是他們內部起了爭執和分裂，甚至發生殺人流血的事。在這次內亂中，英勇的普羅科普犧牲了，於是波希米亞的自由也就此斷送。

出賣胡斯和耶柔米的西吉斯蒙德皇帝作了波希米亞王，他不顧自己發誓保護波希米亞人自由權的諾言，恢復教皇的勢力。他如此效忠羅馬，其實到最後也沒有得到什麼好處。這二十年來他過得異常艱辛。由於長期無謂的戰爭，他的兵力耗損殆盡，他的國庫也被掏空。他作了波希米亞王僅僅一年之後，便與世長辭，留下一個岌岌可危、內戰將起的國家，和一個遺臭萬年的罵名。

騷動、紛爭和流血的事相繼發生。外國的軍隊再度入侵波希米亞境內，而國內的分裂情勢繼續擾亂全境。凡忠心順服福音的人都遭到了血腥的逼迫。

有一些信徒在與羅馬教廷訂立合約之後，便信從了它的錯謬道理，但那些固守真道的人卻團結在一起，並組成一個獨立的教會，取名為「合一兄弟會」(United Brethren)。他們為此受到各界的咒罵，但他們仍堅定不移。他們被迫退到森林和山洞裡去避難，在那裡聚集誦讀聖經，一同敬拜上帝。

他們透過祕密派遣使者到各國去，使人得知「到處都有被孤立的真理教徒，這一城幾個，那一城幾個，而且這些都是和他們一樣，是被眾人逼迫的對象。他們也得到消息，在阿爾卑斯山中有一個古老的教會，以聖經為信仰的基礎，並抗議羅馬拜偶像的種種腐敗現象。」[25]他們聽到這個消息大為欣喜，於是就開始與瓦勒度派信徒取得聯絡。

波希米亞的聖徒堅守著福音，忍耐地度過逼迫的黑暗，就是在最黑暗的時候，他們的眼目仍展望到將來，如同守夜者等候天亮。「他們生在邪惡的時代中，但……他們沒有忘記胡斯的話，後來又被耶柔米所重述，就是天亮之前必須再等一百年。胡斯派的信徒，對於這句預言的重視，有如古時在埃及地被奴役的以色列人重視約瑟的遺囑：『我要死了，但上帝必定看顧你們，領你們從這地上去。』」[26]「十五世紀末，弟兄會的教會逐漸增多。他們雖然常受磨難，但比較起來還算平安。及至十六世紀初，他們在波希米亞和摩拉維亞 (Moravia) 所成立的教會共有二百之多。」[27]「可見那能倖免於火柱和刀劍之害的餘民不在少數，他們終於得見胡斯所預言的、那新時代的破曉。」[28]

註①～②：懷利，《新教史》，第3冊，第1章。
註③：博納喬斯，《改教運動前的改革者》，卷1，第87 頁。
註④：懷利，《新教史》，第3冊，第2章。
註⑤：博納喬斯，《改教運動前的改革者》，卷1，第147、148頁。
註⑥：同上，卷1，第148、149頁。
註⑦：同上，卷1，第247頁。
註⑧：雅克·蘭凡，《大公會議之會議史》卷1，第516頁。
註⑨：博納喬斯，《改教運動前的改革者》，卷2，第67頁。
註⑩：多貝涅，《十六世紀宗教改革運動史》，第1冊，第6章。
註⑪：博納喬斯，《改教運動前的改革者》，卷2，第84頁。
註⑫：同上，卷2，第86頁。
註⑬～⑮：懷利，《新教史》，第3冊，第7章。
註⑯：博納喬斯，《改教運動前的改革者》，卷1，第234頁。
註⑰：同上，卷2，第141頁。
註⑱：同上，卷2，第146、147頁。
註⑲：博納喬斯，《改教運動前的改革者》，卷2，第151頁。
註⑳：同上，卷2，第151–153頁。
註㉑：懷利，《新教史》，第3冊，第10章。
註㉒：博納喬斯，《改教運動前的改革者》，卷2，第168頁。
註㉓：懷利，《新教史》，第3冊，第17章。
註㉔：同上，第18章。
註㉕～㉖：同上，第19章。
註㉗：以斯拉·霍爾·吉勒特，《揚·胡斯的生平與時代》，卷2，第570頁。
註㉘：同註㉕～㉖。

第七章
路德與羅馬的決裂

在一切蒙召引領教會脫離教皇制度的黑暗、走向更純潔之信仰的人之中，路德是站在最前頭的。他是一個火熱、殷切、忠實的人，除了上帝之外，他別無畏懼；除了聖經之外，他不承認任何其他標準為宗教信仰的基礎。路德確實是當時代所需要的人物；藉著他，上帝在改革教會和光照世界的事上，成就了一番偉大的工作。

路德像其他的福音先鋒一樣出身於窮苦人家。他的童年是在德國一個平凡的鄉民家裡度過的。他的父親每日在礦坑裡做苦工以供給路德的教育費。父親原要他作一個律師，但上帝的旨意是要使他成為一個建築師，為祂建造一座聖殿，而這殿要經過許多世紀的建造才能完成。艱苦、窮困和嚴格的鍛鍊，乃是那無窮智慧之主為路德所預備的學校，這一切將要給他一種必要的準備，使他能勝任一生的使命。

路德的父親有堅強活潑的心志、雄偉的魄力和誠實、果斷、豪爽的天性。他只知忠於人生的本分，從來不考慮後果如何。他那高超的見識使他不信任當時代的修道院制度，所以當路德沒有得到父親的同意就進入修道院時，他父親便大大不悅，一直到兩年後，父子間的感情才得以恢復，但他父親的意見並沒有改變。

路德的父母非常關心兒女的教育和訓練。他們致力教導兒女關於認識上帝的知識和基督徒道德的實踐。他時常聽見父親為他祈禱，要他

記念主的名，並有機會能協助推展祂的真理。父母殷切地利用他們辛勞生活所能給他們的一點機會，來追求道德和文化方面的造就。他們認真而恆切地預備他們的兒女過一種虔誠而有用的生活，有時他們的堅忍和毅力會使他們變得過於嚴格。雖然這位改革家覺得父母在某些方面是錯的，但他認為在他們管教兒女的方法上，優點還是比缺點多。

路德很小就入學，他在學校裡屢受虐待，甚至挨打。那時他的父母非常窮困，甚至他從家裡走到鄰近的村鎮上學的時候，還必須挨家挨戶地獻唱，只為了換來一口飯吃，並且時常挨餓。再者，當時宗教界所流行的迷信觀念使他心中充滿恐懼。他往往在夜間心情沉重地睡去，戰戰兢兢地眺望著黑暗的未來。他不知道上帝是一位慈愛的天父，只知道祂是一個嚴厲、無情的審判者，一個殘酷的暴君，他為此恐懼不已。

路德雖然受到如此繁多而沉重的折磨，但他仍毅然向前邁進，為要追求那吸引著他的道德和文化的崇高標準。他渴求知識；他那認真而實際的性格使他喜愛真實和有益之事，而輕看虛浮和膚淺的事。

他十八歲進入埃爾福特大學 (University of Erturt) 就讀，那時他的家境已經好轉，前途也比早年更光明。他的父母經過多年的勤儉生活，已經有了一點積蓄，所以能供給他所需要的費用。他也結交了幾位睿智正直的朋友，這多少消除了他在早期教育留下的負面影響。他在大學裡專心研讀最好的作品，並殷勤地將其中最有價值的思想存記在心，把智者的智慧化成自己的。他在早年的教育受到教師嚴厲的管教，那時的他已經展露出過人的才能，如今他受到了更好的薰陶，於是他的智慧與才能得到更加迅速的發展。他具有強大的記憶力、活潑的想像力和敏銳的理解力，再加上孜孜不倦的研究，讓他很快地就在同學之間名列前茅，脫穎而出。智力的鍛鍊使他的理解成熟、思想活潑，辨識能力增強，為他一生的奮鬥做了準備。

路德有敬畏耶和華的心，這足以使他心志堅強，並在上帝面前深切自卑。他一直感覺到自己需要上帝的幫助，所以在每一天的開始，他

總要先做禱告，同時他心中不住地祈求上天的引領和幫助。他常說：
「做好禱告，就是做好研究的先決條件。」[1]

　　有一天路德在大學的圖書館裡翻閱圖書，偶然發現了一本拉丁文
的聖經。這本書是他從未見過的。他根本不曉得有這樣的一本書存在。
他雖然在禮拜聚會時聽過領會的人朗誦福音書和新約書信中的幾段
話，但他以為這幾段話就是聖經的全部內容了。這時是他生平第一次
看到一部完整的聖經。他心中百感交集，恭敬而驚奇地逐頁翻閱。他
思潮起伏、情緒澎湃地親自閱讀生命之道，他一面讀一面感歎道：「唯
願上帝賜給我這樣一本書是專屬於我自己的！」[2]有天上的使者在他身
邊，並有從上帝寶座那裡來的光亮，照明真理的寶藏。他向來不敢得罪
上帝，但現在他卻對於自己罪人的身分，有了一種前所未有的認識。

　　由於他誠心要擺脫罪擔並與上帝和好，他最終進入了修道院，打
算終身做修士。他必須在修道院裡從事最卑微的苦工，並挨家乞討。在
他這種年紀的年青人都渴望受到尊重和欣賞，所以這種卑微的工作使
他在精神上承受相當大的痛苦，但他耐心地忍受了這種屈辱，並相信
他之所以必須忍受這一切，乃是因自己的罪惡之故。

　　路德將每日勞作之外所剩餘的光陰都用來學習，甚至到了廢寢忘
食的地步。他最喜愛研讀的書就是聖經。他在修院裡看到了一本被鍊
子鎖在牆上的聖經，於是他時常到那裡去閱讀。當他深深感到罪的沉
重時，他便設法靠自己的行為得到赦免與平安，所以他過著一種非常
嚴格的生活，企圖藉著禁食、徹夜的祈禱，和肉體上的鞭傷來抑制人性
的罪惡。雖然他甘願靠付出一切的犧牲，以期得到心靈的純潔並得蒙
上帝的悅納，但這種罪惡不是靠修院的生活就能解決的。許久之後他
回憶道：「那時我確實是一個虔誠的修士。我嚴格地遵守所屬修會的一
切規則。如果一個修士真能靠自己的修行進入天國的話，那麼我必定
是可以進去的。……如果我一直繼續苦修，很可能連性命都會斷送。」[3]
由於他這種刻苦的鍛鍊，他的體力衰弱了，甚至時常暈倒，並從此落下
病根。然而，即使這樣努力苦修，他那痛苦的心靈始終沒有得到平安，

最後還被逼到了絕望的邊緣。

在路德看來一切都沒有希望的時候，上帝興起了一個朋友來幫助他。虔誠的斯道皮茨 (Staupitz) 把上帝的道向他講明，勸他不要只看自己，也不要一直想著那違犯上帝律法導致的刑罰，只要仰望赦免他罪愆的救主耶穌。「不要為自己的罪而加害己身，只要把自己完全交在救贖主的懷抱裡。要信靠祂，信靠祂生平的義，信靠祂藉捨命而成就的救贖。……要聽從上帝的兒子。祂為使你得到上帝的恩眷而道成了肉身。」「你要愛那先愛你的主。」[4]這位仁慈的使者斯道皮茨向他說了這些話，他的話在路德心中留下了深刻的印象。路德與自己思想中根深蒂固的錯謬信仰經歷多次掙扎後，終於掌握到真理，他不安的心靈也得到了平安。

路德被按立為神父，後來威登堡大學 (University of Wittenberg) 聘他擔任教授，他就離開了修道院。在大學裡，他專心研究原文聖經；他開始講授聖經，將詩篇、福音書和新約書信講給成群歡喜傾聽的人。於是斯道皮茨鼓勵他到禮拜堂講道，路德卻躊躇不前，自覺不配奉基督的名向人宣講上帝的話。經過了一段時期的思想掙扎，他終於答應了朋友的懇求。那時他已經很熟悉聖經了，而且有上帝的恩典在他身上。他的口才吸引了聽眾，他使真理顯得清楚有力，使眾人感悟而信服，他的熱忱融化了他們的心。

這時路德還是羅馬教的忠實信徒，而且根本無意改變這個身分。在上帝的安排下，他有機會前往羅馬進行朝聖之旅。他是徒步行路的，沿途寄宿在各地的修道院。在義大利的一個修院裡，他因為親眼看見富裕奢侈的現象而感到驚奇不已。那裡的修士既有豐厚的收入，便住在華麗的宅第裡，每天過著錦衣玉食的生活。路德就在痛苦矛盾的心境之下，拿這種現象和他自己克己艱苦的生活做了對比，於是他心中便感到非常困惑。

最後，那座素有「七丘之城」的羅馬城已遙遙在望，此時，路德深

受感動地俯伏在地喊著說：「神聖的羅馬，我問你安！」⁵他隨即進了城，拜訪了各處的教堂，聆聽了那裡的神父和修士們所講的神蹟奇事，並恪守那應遵行的種種禮節。他到處看見許多令他錯愕且嫌惡的事。他看到在各等級的修士中普遍存在著罪惡。他聽到主教們說猥褻的戲語，又因他們可怕褻瀆的話感到厭惡不已，就連在進行彌撒的時候，他們都講這樣的醜話。當他與修士和平民接觸時，他所遇見的盡是放蕩和淫亂。他無論到何處去，在應當充滿聖潔事物的地方，他遇見的卻是褻慢的事。他後來寫道：「沒有人能想像羅馬城裡罪惡卑鄙情況的萬分之一。若不是親眼所見，就不會有人相信。難怪有人說：『如果真有地獄的話，羅馬必是造在其上的，因各種罪惡都從這個深淵湧出來。』」⁶

在最近頒佈的一項御旨中，教皇許諾凡是雙膝下跪攀登「彼拉多台階」(Pilate's staircase，亦稱「聖階」) 的人，他們的罪都可以赦免。據說，這個台階就是從前救主離開羅馬巡撫審判廳時走過的台階，後來將這階以神奇的方式從耶路撒冷運到羅馬。有一天路德正在虔誠地攀登這個台階時，忽然有一個如雷鳴般的聲音對他說：「義人必因信得生。」(羅1：17) 他立即站了起來，羞愧而惶恐地走了下來。這一節經文在他心裡一直無法抹滅。從那時起，他更清楚地看出靠自己的行為得救是多麼愚妄，並看出自己必須不斷地信靠基督的功勞。對於羅馬教的虛假，路德已經看穿了，而且今後永不會再盲從。當他掉轉腳步離開羅馬時，他的心也永遠離開羅馬了；從那日起，他與羅馬之間的分歧越來越大，直到他與羅馬教會的關係完全斷絕為止。

路德從羅馬回來之後，在威登堡大學得到神學博士的學位。這時的他比之前有更多的自由去專心研究他所愛的聖經。他隆重的起誓，願意終身專門研究並忠實地傳講上帝的話，而不講教皇的言論和教義。他已經不再是一個普通的修士或教授，而是正式被任命為講解聖經的人。他已蒙召作牧人來餵養上帝飢渴慕義的羊群。他堅決聲稱，除了那以聖經權威為基礎的教導之外，其他的言論基督徒應當一概拒絕。這些言論直接打擊教皇至上的基礎，這些話也概括了宗教改革運

動的基本原則。

路德看出高舉人的理論過於聖經是多麼危險。他毫無畏懼地攻擊當時一般學者所倡導否定上帝的空洞神學，他反對以此哲學和神學長期控制並影響人民。他還痛斥這種理論不但無益而且有害，所以他試圖使聽眾的思想脫離當時哲學家和神學家的詭辯，而轉向先知與使徒們陳明的永恆真理。

路德向專心傾聽的群眾所傳達的信息是極為寶貴的，他們從來沒有聽過這樣的教導。這有關救主之愛的大喜信息，這靠祂贖罪之血而賜赦免與平安的應許，使他們心裡充滿喜樂和永生的盼望。在威登堡所燃起的火光必要照到天涯地極，而且要發揚光大，直到末日。

可是光明與黑暗是不能共存的，所以在真理與謬道之間存在著無可避免的衝突。若要支持並保護一方，就必須攻擊並推翻另一方。我們的救主親自說過：「我來並不是叫地上太平，乃是叫地上動刀兵。」(太10：34) 在宗教改革運動開始數年之後，路德說道：「上帝並不是引領著我，乃是推著我猛進，帶著我向前。我不能支配自己。我很想過安舒的日子，但總是被置於擾攘和革命之中。」[7]況且這時他正被催促著去參加又一次的辯論。

當時的羅馬教會把上帝的恩典作為商品出售。兌換銀錢之人的桌子 (參太21：12) 被安置在教會的講台旁邊，空氣中也充滿了作買賣之人的喧囂。羅馬教以將在羅馬興建聖彼得大教堂的名義，藉著教皇的權柄，公開販賣贖罪券籌措資金。他們要拿罪惡的代價來建造一所敬拜上帝的聖殿，用罪孽的工價奠定它的根基！結果這用來增添羅馬輝煌的方法，正好引起了那摧毀她權力和榮譽最為沉重的打擊。這件事激起了教皇最堅決且有力的反對者，結果戰爭爆發了，這場戰爭震動了教皇的寶座，幾乎把他的三重冠冕從頭上震了下來。

奉命到德國來販賣贖罪券的特使名叫特契爾 (Tetzel，又譯帖次勒)。這人犯過滔天的罪行，為社會人士和上帝的律法所不容，但如今他居

然能逃脫應受的刑罰,並受教會重用去推進教皇那唯利是圖的狂妄計畫。他厚顏無恥地說了一些最為明顯的謊言,又講了許多神話奇事來欺騙一般無知、易輕信和迷信的民眾。如果這些人手裡都有聖經,他們就不致於被欺哄了。可見羅馬教不許百姓閱讀聖經,就是為了要把他們控制在教廷的勢力之下,藉此使教會中那些野心勃勃的領袖們獲得更多的權力和財富。[8]

　　每當特契爾到一個城鎮的時候,總是派一個差役走在前面,宣佈說:「上帝和聖父(教皇)的恩典來了!」[9]於是百姓就出來迎接這個褻瀆上帝的騙子,把他當作從天而降的神明一樣看待。可恥的贖罪券交易便在教堂裡展開,特契爾則登上講台,大肆宣傳說贖罪券有神奇的效能,可以預赦購買之人將來所犯的一切罪,而且「連悔改也是不必要的」[10]。再者,他向聽眾保證,贖罪券不但能救活著的人,而且也能救死了的人;正所謂:「錢幣叮噹一聲響,靈魂立即出煉獄!」[11]

　　從前行邪術的西門要向使徒購買行奇事的能力時,彼得回答他說:「你的銀子和你一同滅亡吧!因你想上帝的恩賜是可以用錢買的。」(徒8:20)然而,特契爾所提供的贖罪券卻受千萬人搶購。金子和銀子源源不絕地流入他的錢庫。可以用銀錢購買的救恩,確實比那種必須藉著悔改、信心、拒絕並制勝罪惡而得的救恩更容易獲取呢!(見附錄第7頁「贖罪券」)

　　贖罪券的錯謬教條曾經被羅馬教會一些有學問的敬虔分子所反對,況且有許多人也不相信這種違背理性與啟示的虛謊。雖然當時連作主教的,都不敢對這罪惡的交易提出任何抗議!但總有許多人心中頗為不安,而且其中也有不少人懇切詢問上帝,是否將採取什麼方式來潔淨祂的教會。

　　當時的路德雖仍舊是一個最嚴謹的羅馬教徒,但他卻因賣贖罪券之人褻慢的妄言而震驚不已。他自己教堂裡的許多教徒都買了贖罪券,過了不久,他們便前來向他承認他們的許多罪,並指望能立刻得蒙

赦免;他們沒有藉著痛悔前非、決心改過的方式來懺悔,而是透過購買贖罪券。路德不肯向他們宣佈赦免,卻警告他們,如果他們不真實懺悔,在生活上改過,他們就必死在罪中。於是這些人就帶著極大的困惑回到特契爾那裡向他訴苦說,他們的神父不承認他們的贖罪券,甚至還有一些人大膽地要他當場退錢。特契爾聽了勃然大怒,他破口謾罵,吩咐在各十字路口上點起火,公然宣布他已經「奉了教皇的命令,要將一切膽敢反對最神聖之贖罪券的人活活燒死」。[12]

這時路德挺身而出為真理抗爭。他在講台上發出誠懇嚴肅的警告。他向人說明罪惡的可憎性,並教導他們,人類絕不能靠自己的行為減輕自己的罪愆或逃避其刑罰。罪人唯有向上帝悔改,並篤信基督才能得救。基督的恩典是不能用錢購買的,它乃是白白給人的恩賜。他勸人不要買贖罪券,卻要憑著信心仰望釘十字架的救贖主。他敘述了自己過去的痛苦經驗,說明自己怎樣想靠自卑和苦修來獲得救恩,結果到頭來他還是要藉著不看自己而相信基督,才找到了平安和喜樂。

當特契爾繼續他的買賣和褻瀆的欺騙工作時,路德決定用更有效的方法來對抗這些顯而易見的弊端。不久後,他有了一個機會。威登堡的一個城堡教堂(諸聖堂,俗稱Castle Church)藏有許多「遺物」(譯者按:relics,如十字架上的碎木或古時聖人的骸骨等等),每逢節期時都會陳列出來,凡到該教堂來認罪的人,都可以得到赦免。所以在這些節期舉行期間,前來禮拜的人甚多。這時其中一個最重大的節期——「諸聖節」(the festival of All Saints)即將來臨。路德在前一天跟著湧往該教堂的群眾到達該地,隨即將寫好的一張反對贖罪券的《九十五條論綱》釘在教堂門上;同時聲明,如果有人要來與他辯論,他願意次日在威登堡大學來為此公開辯論。

這些條文引起了普遍的注意。眾人把它看了又看,到處傳講,且議論紛紛。威登堡大學、甚至全城的氣氛因而緊張起來。這些條文說明上帝從來沒有把赦罪或豁免罪刑的權柄交給教皇或任何人。這整個計畫簡直是一齣騙人的滑稽鬧劇,是用來愚弄百姓、勒索錢財的手段,是

撒但用來毀滅一切輕信他謊言之人的巧計。這些條文也說明基督的福音才是教會最貴重的財寶，而且福音所闡明的上帝之恩典，是白白賜給凡藉悔改和信心來尋求的人。

路德公布的條文歡迎眾人來進行討論，可是沒有人膽敢應戰。短短幾天內，他所提出的問題已經傳遍德國，幾個星期後，便傳遍當時的基督教世界了。許多為教會中普遍的罪惡悲憤不已的虔誠羅馬教徒，一讀到路德的論綱就大為歡喜，認明這必是出於上帝的啟示。他們認定這是主已伸出仁慈的手，遏制那從羅馬教廷湧出且日益膨脹的腐化影響。許多王侯和官長都暗自竊喜，因為那張罪狀控訴著那專制獨裁又傲慢的勢力。

但一般喜愛罪惡的迷信群眾，一看到那曾安撫他們恐懼的謬論竟被清除，就甚是恐慌。狡猾的修士們見他們行惡的工作受到攔阻而利益受損，就大為惱怒，並聯合一致來維護自己的虛謊。這位改革家遭到了許多惡毒的控告。有人說他是受情感衝動，操之過急；有人說他是僭越自恃，絕不是受上帝的指示，而是出於驕傲自大，冒然行事。路德回答說：「誰都知道，每逢有人提出一個新的主張，總免不了驕傲自大的嫌疑，被人誣告為挑撥是非之人。……基督和許多殉道者是為什麼而被害的呢？因為世人把他們看作輕視當代哲人的智慧，因為他們提出了一些新的主張而沒有事先向古老的傳統意見請益。」

他又說：「凡我所要做的事絕不會出於人的智慧，而必須出於上帝的旨意。這工作既是上帝的，誰能阻擋它呢？若不然，誰又能推動它呢？不是要聽我的意思，也不是憑他們或我們的意思，乃是憑祢在天上聖父的旨意。」[13]

雖然路德是受上帝聖靈的感動而開啟了他的工作，但他並非沒有經歷艱苦的奮鬥。敵人對他的責罵和誣衊，以及對他人格和動機的惡毒毀謗，如同洪水一般向他襲來，而且也產生了一定的影響力。他起先以為教會和教育界的領導人物必會欣然與他合作，進行改教的工作。

有些身居高位的人當初所鼓勵他的話，帶給了他不少的安慰和希望。那時他已經可以在指望中看到教會走向光明的未來。結果人的鼓勵竟變成責難和指控。教會和政府裡的許多大人物固然承認路德主張的正確性，但他們很快就看出人若接受這些真理，勢必引起很大的變化。若要在民間提倡教育和改革，最終難免會推翻羅馬教廷的權威，並使教會庫房多方面的財源枯竭，如此就要影響到教會領袖們奢侈生活了。再者，如果教導百姓要為自己的思想和行動負責，並且只許仰望基督、靠祂得救，如此就勢必會推翻教皇的寶座，最終破壞他們自己的權威。為此，他們拒絕上帝所要賜給他們的知識，並藉以反對上帝所差派啟示他們的人為由，起來反對基督和真理。

路德看到自己的處境——看到自己獨自一人與世上最強大的勢力相抗衡，就不禁膽顫心驚。有時他會懷疑究竟是否是上帝在引導他，叫他反抗教會的權威。後來他寫道：「我是誰？竟敢反抗這位連地上的君王與庶民都敬畏顫抖的教皇？……沒有人知道我這頭兩年在精神上所受的痛苦，以及所有灰心喪志的經驗。」[14]但上帝沒有讓路德全然絕望。當人的支持落空的時候，他只能仰望上帝，他學會了安穩地依靠那全能者的膀臂。

路德在寫給一位擁護改教運動的人說：「我們不能單靠研究或智力去明白聖經。你的第一個本分乃是先祈禱，求主憑祂的大憐愛使你能真正明白祂的話。除了那啟示這道的主以外，沒有什麼人能解釋這道，正如祂自己所說：『你的兒女都要受耶和華的教訓。』所以你不要想靠自己的努力和理解而有所收穫。要單靠上帝和祂聖靈的感召。這話你儘可相信，因為我是有過這種經驗的。」[15]凡相信上帝已選召他們向這一世代之人去宣講神聖真理的人，可以從這幾句話中得著重要的教訓。這些真理一定會引起撒但的仇恨，以及那些喜愛撒但捏造的虛謊之人的反對。所以在和惡勢力爭戰時，我們需要比人的聰明智慧更大的力量。

當路德的仇敵用風俗、傳統或教皇的言論與權威和他辯論時，他

就單單拿聖經去應付他們。聖經裡有許多他們所無法反駁的論據，於是那些被形式主義和迷信所控制的奴隸們便恨不得要流他的血，正如古時猶太人要流基督的血一樣。羅馬教的狂熱派喊著說：「他是個叛徒。誰若容忍這麼可憎的叛徒多活一小時，誰就是犯了叛逆的罪。我們要立即為他立絞刑架！」[16]但路德沒有就此成為他們狂怒的犧牲品。上帝有一定的工作要交託他去做，所以派天使來保護他。可是有許多從路德那裡領受真光的人，卻成了撒但忿怒的目標，並為真理的緣故勇敢地忍受了酷刑和死亡。

路德的教導在德國普遍地引起了一般有識之人的注意。有亮光從他的講章和著作中照射出來，喚醒並光照了成千的人們。一個活潑的信仰正在代替那長久束縛教會、如行屍走肉般的形式主義。百姓對羅馬教的迷信逐漸失去了信心。偏見的障礙正漸漸被廢去。路德以上帝的聖言來檢驗每一個教義和主張，而它正像一把兩刃的利劍直刺人心。到處都有追求屬靈長進的渴望，各地都能看見對公義前所未有的渴慕。多年以來，人們的眼目都只聚焦在人的禮節和地上的代表，這時卻以悔改和信心轉向基督和祂的犧牲。

這飽受人們重視的亮光使教會當局更加恐慌。有一天路德接到了一個通知，命令他去羅馬為叛教的罪作交代。這個命令使他的朋友們極其害怕，他們深知在那腐化的羅馬城中暗藏著迫害路德的危險，因那城已經喝了耶穌聖徒的血而醉了。於是他們反對路德去羅馬，並要求讓他在德國受審。

這個提議終於獲准了，教皇只好授權給他的特使去審問路德一案。在教皇給他特使的指示中，他說明路德已經被宣判為叛教徒。所以他囑咐特使「務要毫不延遲執行控訴和限制」。如果路德堅持他的主張，而特使又無法逮捕他的話，他便有權「宣佈路德在德國全境失去法律的保護，並將所有與他有聯繫之人予以放逐、咒詛和開除教籍的處分」。[17]教皇又指示他的特使說，為要澈底剷除這瘟疫般的異端，若有官長不肯逮捕路德和他的同黨交給羅馬懲辦，那麼除了皇帝一人之

外，不問其在教會或國家職權等級的高低，一律予以開除教籍的處分。

教皇制度的廬山真面目，於此可見一斑。在全部通令中看不到一點基督化的原則，甚至連一點普世的公理也沒有。這時路德離羅馬甚遠，他還沒有機會可以為自己申辯，然而在他的案情未經審理之前，竟然就已宣布他是一個叛教徒，並在同一天被勸戒、控告、審判、定罪。這一切都是那位自封為「聖父」、在教會與國家都是獨一至上、絕無謬誤的權威所行的事！

正當此時，在路德最需要一位忠實朋友的同情和指導之際，上帝派了墨蘭頓 (Melanchthon) 來到威登堡。這人年紀雖輕，為人卻謙恭有禮；他的判斷力、淵博的學問和動人的口才，加上他人格的純潔和正直，博得了人們的欽佩和景仰。他絕頂聰明、性格溫和，很快就成了福音的熱心門徒，和路德最信任的得力助手。墨蘭頓溫和、審慎和仔細的作風正好輔佐了路德的勇氣和魄力。二人的合作為宗教改革運動增添了不少力量，也給路德很大的鼓勵。

審訊路德的地方定在奧斯堡 (Augsburg)，路德便步行到那裡去。許多人非常為他擔心。有人曾經公然地威脅他，說要在路上謀害他，所以他的朋友就懇勸他不要冒險，他們甚至勸他離開威登堡一段時間，投奔到一些樂意保護他的人那裡去。但他卻不肯離開上帝所派給他的崗位。儘管有大風暴正向他襲來，他必須忠實地繼續維護真理。他對人說：「我是像耶利米一樣『相爭相競的人』；人威脅我的話越多，我就越發喜樂。……他們已經破壞了我的名譽和聲望，現在只剩下我這卑賤的身體！他們儘管把它拿去，他們可以把我的壽命縮短幾小時。但我的靈魂卻是他們拿不走的。凡渴望將基督的道傳給世界的人，必須準備隨時赴死。」[18]

教皇特使得知路德到奧斯堡的消息，甚是得意。這個興風作浪、引起全世界人注意的叛教徒，現今總算落到羅馬的權勢之下了！特使決意這次絕不放過他。這時這位改革家還沒有為自己申請安全通行

證。他的朋友勸他在尚未領到通行證之前，千萬不要去見教皇的特使，然後他們自行為他向皇帝申請。特使打算在可能情況下強迫路德反悔，如果不成功的話，就設法把他送到羅馬，去受胡斯和耶柔米一樣的命運。所以他透過他的代理人設法誘使路德不必領取通行證，只需完全信任特使的慈心。這一點路德並不同意。他必須等到領取了皇帝保證他安全的證件後，才去見教皇的特使。

羅馬教廷的政策是先設法用柔和的手段取信於路德，所以特使和他在會談時，起初表現得非常友善，但他又一面要求路德必須無條件地服從教會的權威，並在任何問題上不加辯論而完全屈服。顯然他並沒有好好調查過這位對手的品格。路德回答說，他尊重教會，並喜愛真理，也願意隨時答覆一切有關他教導的意見，最後再請幾個主要的大學來評判他所講的道。同時路德抗議特使在尚未證明他有錯誤之前就叫他悔改。

特使唯一的答覆乃是：「悔改，悔改！」這位改革家指出，他的立場是以聖經為根據的，所以堅決聲明他不能放棄真理。特使既無法答覆路德的論據，便說出一連串責備、譏諷和諂媚的話，或引證古人的傳說和教父的言論，滔滔不絕地向他襲來，藉以試圖壓制他，不讓他有講話的機會。路德看出這樣繼續下去是枉費光陰的，隨即要求作書面的答覆，特使終於勉強同意了。

後來路德寫信給朋友論到此事說：「這樣我這受壓迫的人可以得到雙重的利益；第一，凡寫下來的話可以拿給別人看，請他們評判；第二，我有更好的機會能使一個驕傲自大、喋喋不休的獨裁者多少心生一點恐懼，即使這種畏懼並非出於良心的譴責，不然他蠻橫無理的話真的要把我給壓倒了。」[19]

在下一場的審訊中，路德對自己的主見作了一個清楚、簡明、有力的解釋，其中引證了許多經文為根據。他宣讀了這一篇文章之後，把它交給特使，而特使輕蔑地把它丟在一邊，說，其中不過是一堆廢話和

無關緊要的引言。這時路德的情緒完全被激發起來，以特使自己的立場——教會的傳統和人的教訓——來對付他，結果把特使駁倒了。

特使既看出路德的論證是無法對抗的，就不再隱忍下去，於是大聲喊著說：「悔改！不然我要把你送到羅馬去，在那裡有法官審問你的案件。我要把你和你的同黨，以及一切支持你的人都開除教籍，趕出教會。」最後他用傲慢和發怒的聲調說：「悔改！否則你就不必再到這裡來！」[20]

路德和旁聽的幾個朋友當即退出會場，藉此表明休想從他們口裡聽到什麼悔改的話。這並非特使想要的結果；他本想使用暴力的手段嚇阻路德，但現在卻只剩他與他的支持者留在會場中，彼此面面相覷，為自己的計謀失策而憤怒。

路德這次的努力並非沒有得到好的結果。當時聚集旁聽的群眾趁機把這兩人做出對照，並對二人所表現的態度，以及他們的能力和所主張的真理，自行做出判別。相形之下，他們顯然不同！改革家那儉樸、謙卑和堅定的態度，顯明他是靠著上帝的力量，並持有真理；而教皇的代表則自視甚高，行事蠻橫無理，卻拿不出一句以聖經為根據的論點來引證，只知道虛張聲勢地說：「悔改！否則我就把你送到羅馬去受處分。」

路德雖然領有安全通行證，但羅馬教廷仍想用陰謀將他逮捕監禁。他的朋友們認為他繼續留在奧斯堡是無益的，所以勸他立即回到威登堡去，而且他所有的動向都必須保密。於是路德在次日尚未破曉之前，就騎馬離開了奧斯堡，只有市長所派的一個嚮導與他同行。於是在危機四伏的緊張局勢之下，他祕密地穿過黑暗而寂靜的街道。此時，那些殘酷且嚴陣以待的敵人正在密謀要消滅他。他能逃出那為他佈下的圈套嗎？那是一個焦急又懇切的禱告時刻。他走到一個小的城門時，就有人為他開門，於是他和嚮導沒有受到一點阻礙就出城了。一到城外這兩個逃亡者便急速上路，這樣，在特使尚未得悉路德離去之前，他就已

擺脫了那些想要害他之人的手。撒但和他的爪牙失敗了；他們自以為逃不出手掌心的人已經離去，好像雀鳥從捕鳥人的羅網裡逃脫。

特使聽見路德已經逃走時大為驚訝和憤怒。他本想在處理這個攪擾教會之叛徒的案件上，藉機表現自己的智慧和決心並得到榮譽，但現在他的希望落空了。於是他寫信給薩克森選侯（Saxony Elector，指享有選舉皇帝之權的諸侯）腓特烈三世（Frederick III）並痛斥路德，並要求他把路德送往羅馬，或把他逐出薩克森領土範圍。

路德則為自己辯護，主張特使或教皇應該根據聖經來指明他的錯誤。他以最嚴肅的方式保證，如果有人能證明他講的道理是與聖經有牴觸的，他一定會把這道理撤回。接著，他因自己配為這神聖的運動受苦而向上帝獻上感恩。

這時選侯雖對改革運動的道理還沒有多少認識，但他對路德坦白有力、清晰明確的言論印象深刻，所以他決定在未能證明路德有錯之前，一定要保護他。於是腓特烈答覆教皇特使的要求說：「馬丁博士既然已在奧斯堡受過你的審訊，你就應當滿意了。我們想不到你在尚未使他承認自己的錯誤之前，就叫他悔改。在我境內的一些博學人士，沒有一位說馬丁的教導是不敬虔、反基督教或來自異端。」同時腓特烈也不肯把路德送到羅馬去或將他逐出他的領土。[21]

選侯看到社會上的風氣敗壞，道德墮落，很需要一番改革。如果眾人能承認並順從上帝的律法，並受純正良心的控制，那麼，當時所用來遏制並刑罰罪惡的那些既複雜又費財的行政措施就不需要了。他又看出路德正在努力要達到這個目的，所以他看到教會裡出現這種良好的影響，反倒為之慶幸。

他看出路德在大學裡擔任教授也是很成功的。自從這位宗教改革家在威登堡的舊式建築的教堂門上，貼出他的《九十五條論綱》以來，不到一年的時間，在「諸聖節」前來朝拜的人大為減少了。因此羅馬教廷在人數和收入方面不免受到相當的損失，但這些損失被另一些人所

彌補了。然而這些來到威登堡的人卻不是為了要朝聖或跪拜那裡的遺物，而是到該地的學府來求學。原來，路德的作品已經在各地引起人們對聖經的興趣，所以許多學生從德國各地，甚至從其他各國蜂擁來到這所大學。這些青年人初次遠遠望見威登堡時，便「舉手讚美上帝，因祂已使光明從這城照耀出來，直到最遙遠的國家，如同古時從錫安城照耀出來一樣」。[22]

這時的路德還沒有完全脫離羅馬教的錯謬，但當他繼續把聖經與教皇的法令和憲章互相參照的時候，他就滿心的驚奇。他寫道：「我讀了教皇的一些法令，……我真不知道教皇究竟是敵基督本身？或是敵基督的使者？因為這些法令完全侮辱了基督，並把祂釘在十字架上了。」[23]雖然如此，路德仍舊擁護羅馬教會，也沒想過要與她脫離關係。

宗教改革家的作品和他的道理已經傳到基督教世界的每一個國家。這工作傳到了瑞士和荷蘭。路德的作品也在法國和西班牙傳開了。在英國，有人把他的教導當作生命之道來領受。這真理在比利時和義大利也傳開了，成千上萬的人從死亡般的痲痹狀態中醒悟過來，接受這活潑信仰的喜樂和指望。

路德對羅馬教廷的批評使教廷越發憤怒，以致路德的一些狂妄仇敵，甚至於羅馬天主教大學裡的教授都聲稱，任何人殺死這叛逆的修士都不能算為有罪。有一天，一個陌生人身上暗藏著手槍前來問這位改革家說，他怎麼敢隻身獨行。路德回答說：「我是在上帝手中的。祂是我的力量和盾牌，人能把我怎麼樣呢？」[24]那陌生人聽到這話，便驚恐萬分，面若死灰，立即逃跑了，好像從天使面前躲去一樣。

羅馬教廷堅決要除滅路德，但上帝作了他的保障。他的道理已在各處傳開——「在農民的茅屋裡，在修道院中，在貴族的堡壘和各地大學裡，以及王的宮廷內。」同時在各處都有位高權重的人士起來支持他。[25]

約在此時，路德讀到胡斯的一些作品，並發現他自己所設法提倡並教導的、關於因信稱義的偉大真理，也是那位波希米亞的改革家所持

守的。於是他驚歎道:「保羅、奧古斯汀 (Augustine) 和我本人在無意之中都成了胡斯一派啊!」他又說:「誰知早在一百年前這真理已經有人傳過了,不幸它竟被人燒毀!上帝將來一定要向世人算這一筆賬啊!」[26]

路德寫了一封信給德國的皇帝和諸侯,為宗教改革運動辯護;信中論到教皇說:「看著這個自命為基督代理人的竟如此鋪張揚厲,甚至其富麗堂皇的場面絕非任何皇帝所能及,著實是一件可怕的事。這樣的人與貧窮的耶穌或謙卑的彼得有任何相似之處嗎?他們竟說教皇是全世界的主!而他所自命代替的基督卻說:『我的國不屬這世界。』難道一個代理人統治的區域可以超出他主人統治的範圍嗎?」[27]

論到大學的問題他寫道:「我深恐各地大學若不殷勤努力解釋聖經,並把它的真理銘刻在青年人的心上,這些機關就要變成地獄的門戶了。我勸眾人不可把自己的孩子送到一個不以聖經為至上的學校。學校裡的人若不是經常研究聖經,那學校終必要漸漸腐化。」[28]

這個勸告很快就傳遍德國,並在眾人身上起了很大的作用。全國都振奮起來,而且成群的人都來擁護宗教改革運動。路德的敵人渴望復仇,故催促教皇採取決定性的措施來對付他。於是就有命令下來要制裁路德的教導。他給路德和他的同伴60天的寬限期,如果他們在期滿之後尚未悔改,則必被開除教籍。

那是宗教改革運動一個可怕的危機。幾百年來,羅馬教開除教籍的處分都會令有權有勢的君王感到恐懼,使得強大的帝國變得黯淡淒涼。凡受到這樣處分的人,普遍會受世人厭惡、躲避,被社會唾棄,被視為毫無法律的保障,被逼迫、殘害,以致消滅。路德對於那將要落在頭上的暴風雨是可以料想得到的;但他一點也沒有動搖,只以基督為他的倚靠和盾牌。他具有殉道者的信心和勇氣,並寫道:「將來要發生什麼事,我不知道,也不必知道。……這次的打擊儘管來吧!我毫不懼怕。若不是天父旨意許可,就是一片葉子也不能落在地上,祂豈不更顧念我們嗎?為『道』殉身真算不得什麼,因為那成了肉身的『道』自己已

經死過了。我們若與祂同死，也必與祂同活；而且我們既經歷了祂所預先經歷的事，祂在那裡，我們也要在那裡，並且要永遠與祂同在。」[29]

及至教皇的敕令交給路德時，他說道：「因為它是不虔敬、悖謬的，所以我鄙視它，我要攻擊它。……它所制裁的乃是基督本身。……我因配為這最神聖的運動受苦而歡喜。現在我的內心因感受到了自由而更加興奮，因為我已確知教皇就是那『敵基督的』，而且教皇的寶座就是撒但的寶座。」[30]

但羅馬教廷的敕令不是沒有效用的；牢獄、酷刑和刀劍，這些都是能強迫人服從的武器，所以許多懦弱迷信之人一聽到教皇的敕令，就震驚不已。雖然眾人普遍地同情路德，但也有許多人覺得為了改革運動而犧牲性命是不值得的。從各方面的跡象來看，這位改革家的運動似乎很快就要結束了。

可是路德依然無所畏懼。羅馬教廷已經把她的咒詛堆在路德頭上；而全世界也都在觀望著，並確信路德必定要被消滅，或被迫讓步。但路德卻以異常的毅力把羅馬的裁決反控到羅馬教廷身上，並公開宣布他脫離羅馬教的決心。路德當著一群學生、教師和許多市民面前，將教皇的敕令、教會的法規和擁戴教皇的著作，一概丟在火裡焚燒。他說：「我的敵人曾焚燒我的書，藉此在一般人民心中破壞真理的聲譽，並傷害他們的心靈；故此我也焚燒他們的書籍。一場正式的戰爭已經開始了。以往我不過是和教皇相爭罷了，現在我是奉上帝的名開始這工作，而這工作的成就不必靠我，卻要藉上帝的大能完成。」[31]

對於那些譏笑他的改教運動勢單力孤的敵人，路德回答說：「誰敢說上帝沒有揀選並呼召我呢？誰敢說他們蔑視我不是蔑視上帝呢？摩西是單獨離開埃及的，以利亞在亞哈作王時也是孤獨一人，以賽亞獨自在耶路撒冷，以西結一人在巴比倫。……上帝從來沒有揀選大祭司或任何身價高貴的人作祂的先知，卻常揀選卑微而被人輕視的人們，還有一次祂揀選了一個牧羊人阿摩司。在每一個時代，聖徒都有責任冒著性命的

危險，去責備一些有名望有勢力的君王、諸侯、祭司和有識之士。……我不說我是一個先知，但我說他們正應當因我只是單獨一個人，而他們卻有許多人而懼怕。因為我確知我有上帝的道，而他們卻沒有。」[32]

雖然如此，路德在最後決定脫離羅馬教會之前，也不是沒有經過一番艱苦的掙扎。約在此時，他寫道：「我每天深深感覺到，要擺脫童年時期所養成的偏見是多麼困難。唉，我雖然有聖經支持著我，但我一想到只有我一個人反抗教皇，並且必須提出充足的理由說明他是敵基督者，我就痛苦萬分啊！我內心的痛苦是多麼劇烈啊！我多次悲憤地拿羅馬教派的人常質問我的話問自己說：『只有你一人是有智慧的嗎？難道別人都錯了嗎？如果最後證明是你錯了，而你竟使這許多人都陷入你的錯誤裡以致永遠滅亡，你又會如何呢？』我就是這樣和撒但爭戰，直到基督用祂絕無錯誤的話堅固了我的信心。」[33]

教皇曾威脅路德說，他若不反悔就要被開除教籍，現在這威脅的話實現了。新的敕令傳來，宣布最後決定將這位改革家逐出羅馬教會，並聲明他是上天所咒詛的，同時把一切接受路德教導的人都列在同樣的咒詛之下。這樣，這場爭戰就正式揭開序幕。

凡受上帝所差派、去傳講適合當代真理的人，都是要遭到反對的。在路德的時代有合乎那個時代的信息，是在那時顯為特別重要的真理；照樣，上帝也有現代真理要傳給現代教會。那位隨己意行萬事的主，樂於把一些人放在不同的境遇之中，並將一些適合於他們生活環境和特殊情形的任務交付他們。如果他們能重視上帝給他們的亮光，就必有更廣大的真理園地啟示給他們。可是今日大多數的人，並不比那些反對路德的羅馬教徒更渴望真理。現今就像古時一樣，人還是比較輕易接受人的理論和傳統而不接受上帝的話。那些宣傳現代真理的人，不要以為自己能比早年的改革家更受世人青睞。真理與謬論，基督與撒但之間的戰爭將要愈演愈烈，直到這世界歷史的末了。

耶穌對祂的門徒說：「你們若屬世界，世界必愛屬自己的；只因你

們不屬世界，乃是我從世界中揀選了你們，所以世界就恨你們。你們要記念我從前對你們所說的話：『僕人不能大於主人。』他們若逼迫了我，也要逼迫你們；若遵守了我的話，也要遵守你們的話。」(約15：19、20)另一方面，我們的主又明說：「人都說你們好的時候，你們就有禍了！因為他們的祖宗待假先知也是這樣。」(路6：26)世界的靈與基督的靈在今日與往時一樣從不相容；同樣，凡宣講上帝純正之道的人，在現今也不會比從前更受歡迎。反對真理的方式或許會改變，而且那敵視真理的仇恨可能不會像從前那麼明顯，但那同樣的仇恨必然是存在的，而且終必顯露出來，直到末日。

註①～②：多貝涅，《十六世紀宗教改革運動史》，第2冊，第2章。
註③：同上，第3章。
註④：同上，第4章。
註⑤～⑥：同上，第6章。
註⑦：同上，第5冊，第2章。
註⑧：參見約翰C. L. 吉塞勒，《教會史綱要》，期刊4，第1篇，第5段。
註⑨～⑩：多貝涅，《十六世紀宗教改革運動史》，第3冊。
註⑪：參見K. R. 哈根巴赫，《宗教改革史》，卷1，第96頁。
註⑫：多貝涅，《十六世紀宗教改革運動史》，第3冊，第4章。
註⑬～⑭：同上，第6章。
註⑮：同上，第7章。
註⑯：同上，第9章。
註⑰：同上，第4冊，第2章。
註⑱：同上，第4章。
註⑲：W. C. 馬丁，《馬丁路德的生活與時代》，第271、272頁。
註⑳：多貝涅，《十六世紀宗教改革運動史》，倫敦版，第4冊，第8章。
註㉑～㉒：同上，第10章。
註㉓：同上，第5冊，第1章。
註㉔～㉕：同上，第6冊，第2章。
註㉖：懷利，《新教史》，第6冊，第1章。
註㉗～㉘：多貝涅，《十六世紀宗教改革運動史》，第6冊，第3章。
註㉙～㉚：同上，倫敦版第3版，瓦爾特出版社，1840，第6冊，第9章。
註㉛～㉜：同上，第10章。
註㉝：馬丁，《馬丁路德的生活與時代》，第372、373頁。

第八章
站在帝國會議前的路德

　　德國新皇查理五世 (Charles V) 一即位，羅馬的使臣便急忙前來道賀，並勸誘皇帝用他的權力來鎮壓改教運動。在另一方面，薩克森選侯向查理五世請求，在尚未審問路德之前，不要採取任何干涉的行動。查理五世在獲得皇位的事上曾欠他人情，所以他為此感到進退兩難。他如果不定路德的死罪，羅馬教徒們絕不會滿意，但選侯曾堅決地聲明：「無論是皇上或是任何人都尚未證明路德的著作已被駁斥。」因此，他請求「德皇必須下詔給予路德博士安全通行證，使他可以站在一個由一群博學、敬虔和公正的法官所組成的審判廳為自己辯護」。[1]

　　查理五世即位不久，便決定在沃木斯 (Worms) 召開全國的會議，此事引起了各派人士的注意。在這次議會上將要討論重大的政治議題，德國的諸侯也將在這個大會上，第一次謁見他們這位青年皇帝。羅馬教和政府的重要人物從全國各地而來。出身貴冑，有權有勢，在世襲權力方面不容侵犯的封建領主們，在地位和權力上滿有優越感的尊貴主教們，彬彬有禮的爵士和他們武裝的侍從，以及遠從國外各地前來的大使──全都聚集在沃木斯。然而在這一次大會上，眾人最感興趣的主題，還是那位薩克森改革家的事。

　　查理五世曾預先指示薩克森的選侯把路德帶到國會來，他也保證他的安全，並應許他可以和那些重要人士就爭議的問題進行自由辯論，路德也願意謁見皇帝。雖然當時他的健康欠佳，但他在信中向選侯

表示:「我現在還在病中。若是我不能以健康的身體到沃木斯去,我也決定請人把我抬去,因為皇帝既已召我,我深信這就是上帝的呼召。倘若他們要用武力對付我,這是很可能的 (因他們此次要我出面絕非是要向我請教);我只有把這件事交託在主的手中。那在古時拯救火窯中三位以色列青年的上帝如今依然活著,並且掌管萬有。如果祂沒有要救我脫險的意思,我的性命也算不得什麼。讓我們只專注於不使福音受到惡人的侮蔑,讓我們為福音流出我們的熱血,以免惡人得勝。因為我們若是懼怕,他們就要得勝。我或生或死,哪一種結果會對眾人的得救產生最大的貢獻則不是我能決定的。⋯⋯你要我做什麼都可以。⋯⋯不過要我逃走或悔改是不可能的。逃避,我不能;悔改,我更不能。」[2]

當路德要來出席會議的消息在沃木斯傳開之時,引起了當地一陣轟動。受命負責處理這個案件的教皇使者亞利安德 (Aleander) 非常震驚忿怒。他看出這事的結果將會對教皇造成極大的不利,因為皇帝若重審他之前所判決的案件,那就是對教皇至上權威的一種蔑視。再者,他擔心路德的口才和有力的辯證,可能使許多諸侯不再支持教皇。因此,他以極其迫切的手段向查理五世抗議,反對路德來到沃木斯。正在此時,教皇開除路德教籍的命令已經公布,再加上這次教皇使者的反對,皇帝終於屈服了。他便寫信給薩克森的選侯說,路德若不悔改,他就必須留在威登堡。

亞利安德對於這次的勝利並不滿足,他使盡所有的權力和伎倆促使大會定路德的罪。於是,他小題大作的極力催促諸侯、教長和其他赴會人士注意這事,並控訴路德犯了「煽動、叛教、不敬虔和褻瀆的罪」。然而,他所表現的這種激烈忿怒的態度,正好清楚地暴露出他是受了某種動機所驅使,所以,一般人對他的評論是:「他的動機並非是由於對宗教的熱忱,而是出於仇恨和報復的心。」[3]議會的大多數人因而更格外同情路德的立場了。

亞利安德加倍努力催促皇帝,要盡力協助執行教皇的命令。但根據德國的律法,這件事若得不到諸侯的同意是不能執行的;結果,皇帝

終於禁不住亞利安德一再的懇求而讓他向議會陳述他的意見。「這是羅馬教廷大使最驕傲的一天。這是一次極大的會議，要在此進行史無前例的偉大工作。亞利安德將要為羅馬教會——眾教會之母和主婦——而辯護。」他要在基督教世界各國的代表面前，為所謂彼得的教權而辯護。「他具有演講的才能，挺身出現於這個偉大的場合上。這也是上帝的旨意，要在羅馬教廷被否定之前，先讓她派出一個最有力的演說家，在這莊嚴的會議上為她辯護。」[4]那些同情改革家的人帶著疑懼的心情，擔心亞利安德的演說會產生影響力。薩克森的選侯沒有出席，但他曾指派他的幾個議員出席，記錄羅馬教皇使者這一次的演說。

亞利安德以他在學識和口才上的全部能力推翻真理。他提出一連串的罪狀，控訴路德乃是教會和國家、死人和活人、修士和平民、議會和平信徒的公敵。他聲稱：「路德一人所傳的謬論足已使十萬個叛教徒被處火刑。」

最後，他竭力對那些接受改革信仰的人進行侮蔑，「這些路德派都是些什麼人？不過是一群傲慢的教書匠、腐化的修道士、放蕩的修士們、無知的律師和墮落的貴族，以及他們所誘惑的平民。我們羅馬教會無論是在人數、才能和權勢方面，都是何等的優越！這個偉大的大會若能一致通過一個法令，就必能使愚昧的人明白真理，鹵莽的人受到警告，動搖的人站穩立場，懦弱的人得到力量。」[5]

歷代提倡真理的人一向是被這種武器所攻擊的；到了今天，人們還是用這同樣的論據，來攻擊那些講解聖經中正直和誠實之教導且反對謬論的人。那些喜愛世俗的宗教人士大聲說：「這些傳新道理的是些什麼人？他們是一小群不學無術的貧民階級。他們還自稱持有真理，是上帝的選民呢！他們是因無知而受騙了。而我的教會無論在人數或勢力方面，都是何等的優越！在我們中間偉大而有學問的人是何等的多！站在我們這一邊的權勢又是何等的大！」這樣的說法在屬世的人聽來是很有說服力的，但在這位改革家的時代並不是這樣。

宗教改革運動並不像許多人所想的那樣隨路德而終止。改教運動會一直持續發展，直到世界歷史的結束。路德固然有一番偉大的工作要做——就是把上帝所賜給他的光反照給別人，然而他並沒有得到要賜給世界的全部真光。從那時直到如今，有新的亮光不斷地照在聖經上，有新的真理不斷地被挖掘出來。

教皇使者的演說給議會留下深刻的印象。當時路德並不在場，所以沒有人能用聖經裡清晰且折服人心的真理去駁倒這個教皇的發言人。當時也沒有人為路德做任何辯護。大會倒有一個普遍的趨勢，不但要定路德的罪，要制裁他所講的教訓，而且若是可能的話，還要根除這個異端。羅馬教廷已經得到一個最有利的機會為自己辯護，她能用來為自己開脫的話都已經說盡了。然而，這個表面上的勝利乃是失敗的徵兆。從真理與謬論的戰事攤開的那一刻起，兩者之間的對比將更加清晰；也就是從那一天起，羅馬教廷就要失去她先前穩固的地位了。

議會中的大多數成員固然都毫不猶豫地準備把路德交給羅馬教廷任意懲處，但也有許多人看出教會內部的腐敗而大大的不以為然，並希望制止教會當局裡的腐化與貪財造成的種種弊端，因為這些弊端曾深深的危害德國人民。教皇使者方才對教皇的「仁政」做了最有利的敘述，就在此時，主的靈感動了議會中的一個成員，將教皇專制的邪惡影響暴露無遺。一位薩克森的公爵喬治 (Duke George) 帶著高尚且堅決的態度在這個貴族所組成的大會上站了起來，他非常正確地逐一列舉了教皇的種種欺詐和令人憎惡的事，以及其悲慘的結果。他最後說道：

「以上所敘述的，只不過是羅馬教廷的許多弊端中、幾件罪惡昭彰的事實。她毫無羞恥地只知道一個目的，就是……錢！錢！錢！……以致連那些本應宣揚真理的人也變得滿口謊言，何況這些行為不僅為教廷當局所默許，而且還予以獎勵——因為他們的謊言說得越誇大，所得的報酬就越豐厚。從這個骯髒的源頭，流出了許許多多污濁的禍水。淫蕩和貪婪雙管齊下。……哀哉，那使許多可憐的生靈陷入永久沉淪的，就是這些神父們的罪行。所以我們非進行一番澈底的改革不可！」[6]

像這樣對羅馬教廷之弊端的有力譴責，就是路德本人親自到場也無以復加，又因這位發言人是改革家路德堅定的敵人，他的話就更具有影響力。

如果大會成員的眼睛能開啟，他們就必看到上帝的使者在他們中間，發出亮光驅散那謬論的黑影，並啟發人的思想與心靈來接受真理。正是真理與智慧之神的大能掌管其中，就連那些反對宗教改革運動的人，都要為那將要完成的偉大工作預備道路。路德雖尚未出席大會，但那比路德更大的主已經向大會發言了。

大會立刻指派了一個委員會，將教廷對德國人民的種種壓迫一一羅列出來，結果有一百零一條呈給皇帝，請求他立即採取措施，糾正這些弊端。這些請願者說：「基督教世界的屬靈元首周圍的種種弊端，造成基督徒的喪亡和搶劫勒索的事是何等可怕！我們有責任防止我們國人的滅亡和恥辱。因此我們謙卑且迫切地求您下令發動一次普遍性的改革運動，並負責推進完成這項工作。」[7]

這時議會要求准許改革家路德出席。雖然亞利安德一再請求、抗議、威脅，皇帝最終還是同意了大會的要求，傳令路德出席會議。隨同詔令發出的還包括一張安全通行證，保證路德可以回到安全的地點。這些都由傳令官送往威登堡，並受命將路德帶到沃木斯來。

路德的朋友們都驚恐倉惶。他們深知羅馬教廷對路德的成見和惡意，所以擔心皇帝所發的通行證不具效力，他們懇請路德不要冒生命的危險。他回答說：「這些羅馬教徒們不要我到沃木斯去，只想將我定罪處死。但這都無關緊要。你們不要為我祈禱，但要為上帝的道祈禱。……基督將要把祂的靈賜給我，去戰勝這些邪道的使者。只要我存活一天，我就要鄙視他們一天，我一定能藉著我的死勝過他們。他們在沃木斯迫不及待的等著要我反悔。那麼我的悔改就是這樣：從前我曾說過教皇是基督的代表，現在我要說他是主的敵人，是魔鬼的使徒。」[8]

路德沒有獨自行走這危險的旅途，除了皇帝的使臣以外，還有他

三位最忠實的朋友決心陪他前往。墨蘭頓也急切地希望與他們同行，他的心和路德的心深相契合，他一心想跟他去，若是有必要的話，他不惜被捕或受死，但是他的請求被拒絕了。萬一路德被害，宗教改革的希望，就必須放在路德的這位年輕同工身上。當路德和墨蘭頓分別時，路德說：「倘若我回不來，我的敵人把我處死的話，你務必要繼續傳道，在真理上站穩。接替我的工作；……只要你的生命得以保存，我的死就算不得什麼。」[9]那些集合前來為路德送行的學生和市民們為此深受感動。一群熱愛福音的人含淚與路德道別。這位改革家和他的同伴們就從威登堡出發了。

在旅途中，他們看出群眾的思緒被不祥的預感所壓迫。他們在幾個經過的市鎮裡並沒有受到什麼款待。當他們在某處過夜時，有一位同情路德的修士為了表示他對路德的擔心，就在他面前舉起一幅已殉難的義大利改革家遺像。第二天，他們聽說路德的著作在沃木斯被禁止了，而羅馬教廷的使者正向大眾宣告皇帝的諭令，號召人民將被禁的著作一律送交官府。這時傳令官很擔心路德前往大會路上的安全，並以為路德的決心可能已經動搖，於是問路德是否還要繼續前進。他回答說：「即使我在每一個城市裡都被禁止，我仍要繼續前進。」[10]

在埃爾福特市 (Erfurt)，路德受到了熱烈歡迎。當他走在街上時，有許多欽佩他的群眾包圍了他，這些街道是他從前常常帶著乞丐的行囊周遊過的。他回到了從前的修道院小室裡，回想自己過去的掙扎和隨之而來的屬靈光照，而今這個光已經照射到德國全境了。這裡有人請他講道。他原本是被禁止講道的，但傳令官卻准許他講道，於是這個曾在該修道院充當苦工的「托缽修士」，現在竟登上了講壇。

他向擁擠的會眾宣講基督的話說：「願你們平安。」他接著說：「哲學家、博士和作家常設法教導人們如何獲得永生，但他們沒有成功。現在我要把這永生之道告訴你們。……上帝已經叫『一人』從死裡復活，就是主耶穌基督，使祂可以勝過死亡，贖盡罪孽，並關閉地獄之門；這就是救恩的大功。……基督已經得勝了！這就是那大喜的信息！我們得

救不是靠著自己的功勞，乃是靠著祂的功勞。……我們的主耶穌基督說：『願你們平安；看我的手！』那就是說，人哪，看，那除去你的罪、救贖你的，並且現在使你有平安的，就是我，也只能是我。這是主說的。」

他繼續說明一個真正的信仰，必須藉著過上一種聖潔的生活表現出來。「上帝既拯救了我們，我們就當謹慎行事，以便上帝能悅納我們的行為。你是富足的嗎？就讓你的財富去賙濟窮人的需要。你是貧窮的嗎？就讓你的服務得蒙富足者的悅納。若是你的勞動僅僅是為了自己，那麼你所獻給上帝的服務就是謊言。」[11]

眾人聽得出神了。有生命之糧賜給這些飢餓的心靈。基督在眾人面前被高舉，超過所有的教皇、教皇的使者、皇帝和君王之上。有關路德自己危險的處境，他始終隻字不提，他不求自己成為別人思慮和同情的對象。他在默想和仰望基督的過程中，就看不見自己了。他把自己隱藏在那髑髏地之「人」的後面，只求彰顯耶穌為罪人的救贖主。

當這位宗教改革家繼續前行時，各地的人都對他表示深切的關懷。到處有熱心的群眾簇擁著他，又有許多親切的聲音警告他注意羅馬教廷的陰謀。他們說：「他們想要把你活活燒死，把你的身體燒成灰燼，像揚·胡斯一樣。」路德回答說：「縱使他們從沃木斯到威登堡沿路都點起火來，甚至火焰沖天，我還是要奉主的名走過這火焰，勇往前進，站在他們面前；我要進入這個猛獸的口中，打斷牠的牙齒，承認主耶穌基督。」[12]

他快到沃木斯的消息引起了很大的騷動。他的朋友為他的安全而焦慮不已，他的敵人也為自己的成敗而擔心。他們盡力設法勸阻他不要進城。在羅馬教徒的慫恿下，他們強迫他往一位善良爵士的城堡裡去避難，據他們說，所有的困難都可以在那裡得到解決。朋友們為要使他恐懼，也竭力強調那些威脅著他的危險。但他們一切的努力都失效了。路德依然毫不動搖，說：「即使沃木斯的魔鬼如屋上的瓦片那麼多，我也必須去。」[13]

他一到沃木斯，就有廣大的群眾齊集在城門口歡迎他，陣容之大，連皇帝入城時也沒有這麼多人聚集接駕。當時的情緒極為高漲；群眾中有人用顫抖且悲哀的聲音唱出一支送葬的哀歌，警告路德那等待著他的是怎樣的噩運。當路德從馬車上下來的時候，他說：「上帝必要作我的保障。」

那些羅馬教徒們原來不相信路德真會冒險來沃木斯，他的到達使他們驚惶失措。皇帝立刻召集議員，商討應該採取什麼對策。有一位主教是個嚴格的羅馬教徒，他說：「我們對於這件事已經考慮很久了。願皇上立即除滅這個人。西吉斯蒙德豈不是把胡斯處了火刑嗎？對一個叛教者我們並沒有義務保障他的安全，或遵守通行證的要求。」皇帝卻說：「不，我們必須遵守我們的諾言。」[14] 於是決定讓這位改革家站上議會受審問。

全城的人都急切地要來看這位大人物，於是一大群訪客很快就擠滿了路德的住所。他最近才生了一場大病，尚未完全康復，又加上整整兩個星期的疲勞旅途，還要準備應付翌日的大事，因此非常需要安靜和休息。然而，因這些人急於求見，所以路德僅僅休息了幾個小時，就被貴族、爵士、修士和公民們熱切地圍繞。其中有許多貴族曾大膽地要求皇帝進行改革宗教弊端的運動，這些人也就是路德所說：「都是被我的福音所釋放的。」[15] 除了他的朋友，就連他的敵人也都要來看看這個無畏的修道士，而他也非常穩重沉著地接待他們，並嚴肅地用智慧的言語回答眾人。他的態度是堅定而勇敢的。他的面容蒼白削瘦，顯出勞苦和疾病的痕跡，卻帶著仁慈和喜樂的表情。他嚴肅且誠懇的話語賦予了他能力，甚至連他的敵人也無法抗拒。仇敵和友人都滿心驚奇。有些人深信有上帝的能力在他身上，另一些人卻說：「他身上有鬼附著。」正如古時法利賽人斥責基督時所說的一樣。

次日，路德被傳喚去出席會議。皇帝派了一位官員要帶他進入大會會場，但他要走到那裡卻不容易，因為每一條路都擠滿了觀眾，熱切地要看這一位敢於抵抗教皇權威的修道士。

　　當他將要到那些審判他的人面前時，一位身經百戰的年老將軍和藹地對他說：「可憐的修士！可憐的修士！你將要經過一次艱苦的爭戰，像這樣的爭戰就連我或別的許多將士們，在最血腥的戰鬥中，也是從來沒有經歷過的。但如果你行的事是正義的，並且確知它是正義的，就儘管奉上帝的名前進，什麼也不要懼怕！上帝絕不會丟棄你。」[16]

　　最後，路德站在帝國會議前。皇帝坐在寶座上，國中的顯赫人物都在他的周圍。路德為捍衛信仰而出席的這場會議因他而變得莊嚴無比。「這一次路德能在大會講話，對教皇而言是一次很大的失敗。教皇早已定了路德的罪，而他現在居然又站在大會的審判台前，就這一件事來說，大會實際上已在教皇的權威之上了。教皇早已對他下了禁令，並且斷絕他一切與社會的聯繫，如今皇帝卻鄭重其事地傳喚他，並且又是被世界上最莊嚴的大會所傳喚。教皇早已禁止他，永遠不許他開口講道，但現在他反而要當著成千上萬、來自基督教世界最遠地區的聽眾開口演說。可見路德的工作已經引發了一場非常偉大的革命。這時羅馬教皇已經開始從他的寶座上倒下，而那造成這種羞辱的，就是這位修道士的言論！」[17]

　　在這個集各方有權有勢之人於一堂的大會面前，這位出身低微的改革家似乎一時因此膽怯而困窘了。有幾個諸侯注意到他的情緒，就靠近他，群眾中有一個人輕輕地對他說：「那殺身體不能殺靈魂的，不要怕他們。」另一位說：「並且你們要為我的緣故，被送到諸侯君王面前，你們父的靈必要將當說的話賜給你們。」就這樣，基督的話從世上的偉人口中轉述，使祂這位面臨試煉的僕人得著力量。

　　路德被帶到直接面向皇帝寶座的位置，此時，這個擠滿了人潮的大會立刻陷入寂靜。隨後皇帝的一位大臣站起來，手指著路德的一堆著作，要他答覆兩個問題：他是否承認這些著作是他寫的，並是否打算撤回他在著作中所發表的意見。他們一一將書名宣讀完畢之後，路德回答說，關於第一個問題，他承認這些著作是他寫的。「至於第二個問題，」他說，「我看這個問題既是有關信仰、靈魂得救和上帝的道——

就是天上地下最偉大、最珍貴的財寶——我若不加以思索而貿然回答，未免鹵莽失當。恐怕我所講的話對於環境的要求，或對於真理的要求，都過猶不及，這樣我就違犯基督所說的：『凡在人面前不認我的，我在我天上的父面前也必不認他。』(太10：33) 因為這個緣故，我膽敢懇求皇上，賜我充足的時間加以思考，使我的答覆不致觸犯上帝的道。」[18]

路德提出的這個請求實是智慧之舉，他這樣做使大會看出他行事不是出於情感的衝動。他向來無畏地表現出大膽與不妥協，而此種令人出乎意外的沉著與自制力，增加了他的力量，使他足以在之後答覆這個問題時，可以慎重而果斷，智慧而嚴謹，以致使他的敵人都感到驚奇失望，更得以藉此斥責他們的傲慢和自大。

第二天，他必須出席陳述他最後的答覆。有那麼一段時間，在他想到那些聯合起來反對真理的勢力時，他的意志不禁消沉，信心也動搖了，他畏懼地顫慄起來，恐懼使他遭到挫折。在他面前的危險極多，他的敵人似乎勝券在握，黑暗的權勢也將佔據優勢。有烏雲籠罩著他，似乎把他和上帝隔開。他渴望得著萬軍之主與他同在的保證。他的心靈在痛苦中仆倒，面伏在地，期期艾艾地傾吐哀傷的懇求，而這種懇求只有上帝能完全了解。

他懇求說：「上帝啊，永在的全能上帝！這個世界是多麼可怕啊！看哪，它張口要來吞吃我，而我的信心在祢裡面又是何等渺小。……我倘若只能依靠這世界上的力量——一切就完了。……我最後的時刻已經來到。我的罪案已經定了。……上帝啊！求祢幫助我勝過這個世界上的一切智慧。求祢成就這事，……唯有祢能成就；……因為這個工作不是我的，乃是祢的。我在這裡不能做什麼。我無法與這些世界上的大人物爭論。……但這個工作是祢的，……而且是正義永恆的工作。主啊，幫助我！誠實永不改變的上帝啊！我不依靠任何人。……凡是出於人的，都是動搖不定的，凡是從人來的幫助注定失敗。……祢已經揀選我進行這工作。……為了祢自己的愛子耶穌基督——我的保障、我的盾牌和我的堡壘的緣故，求祢站在我這一邊。」[19]

　　一位全智的上帝使路德認識到自己的危險，使他不致依靠自己的力量冒然地闖入險境。那令他受挫的恐懼，並不是因畏懼那似乎立刻就要臨到肉體的患難、苦刑或死亡。他乃是感覺到自己的力量不足以應付這個危機。他擔心真理會因他的軟弱遭受到損失。他如此和上帝較力，並非為他自身的安全，而是為了福音的勝利。這種心靈的痛苦和爭戰，正和以色列 (雅各) 夜間獨自在河邊的掙扎相似；然而，他也像以色列一樣，與神較力得了勝。在他極軟弱無力的時候，他的信心緊緊地抓住基督，就是那位大能的拯救者。於是他得到保證，上帝絕不讓他單獨出席大會，如此，他就得到了力量。他心裡又重新得到了平安，並且因蒙上帝的允許得以在一國之君面前高舉上帝的道而感到興奮。

　　路德既能一心依靠上帝，便著手為他前面的爭戰做準備。他謹慎思考應如何答覆，檢查了自己的著作，並從聖經中引證了合適的經文來支持自己的論點。於是他把左手放在展開的一本聖經上，右手向天舉起宣誓：即使要用他的血來印證他的見證，他也要永久堅守福音，坦然承認他的信仰。[20]

　　當他再度被帶進會議時，他臉上沒有一點畏懼和不安的表情。他平靜溫和卻又勇敢高貴地站在世上的偉人當中，成為上帝的見證人。皇帝的大臣現在要他肯定地答覆是否願意撤回他所講的道理。路德用一種緩和而謙卑的聲調做了答覆，既不激昂，又不急躁。他的舉止謙恭有禮，同時也表現出信心和喜樂，使會眾感到驚奇。

　　路德說：「尊貴的皇帝陛下、各位諸侯大人、敬愛的公爵們，我奉昨日的諭令於今日覲見，實為萬幸；我憑著上帝的憐憫，懇求陛下和至尊的諸侯大人，垂聽我為我所堅信、公義且正直的主張提出辯護。如果我在陳詞時因表現出愚昧的行為而有逾矩之處，敬請開恩原諒，因我並非生長在宮廷之中，而是生長在那與世隔絕的修道院內。」[21]

　　他隨即論到問題的本身，說到他所出版的書籍種類各有不同。有些書是論到信心和善行；這些書，即使是他的敵人也都公認是有益無

害的,如果撤回這些道理,就等於推翻眾人所公認的真理。第二類書籍是涉及到一些揭露羅馬教的腐敗和弊端。撤回這些書籍,就等於是助長羅馬教廷的專橫和暴行,並為許多重大的罪惡開了更大的門戶。第三類書籍是攻擊那些祖護現今存在之罪行的個別分子。關於這些,他坦承自己過去太過激烈,他沒有聲稱自己是完全無誤的,但即使是這樣,他也不能撤回這些書籍,如果撤回的話,將會使真理的敵人更加膽大妄為,趁機以更大的殘酷來壓迫上帝的百姓。

他接著又說:「但我不過是一個人,而不是神;所以我要為自己辯護,像基督所做的一樣:『若是我說錯了,你們指出我的錯來。』……我以上帝的慈悲,懇求皇帝陛下和各位諸侯大人們,要根據先知和使徒的著作證明我的錯誤。在我明白地看出我的錯誤之後,我就必立刻撤回每一個錯誤,並願首先把我的書丟在火裡。

「我剛才所說的,表明我對於可能遭受的危險已經加以深思熟慮,但是我並沒有因這些危險而沮喪,反而大大喜樂,因為我看到今天的福音像古代一樣,已經成為磨難和紛爭的起因。這就是上帝之道的特徵與結果。基督說過:『我來並不是叫地上太平,乃是叫地上動刀兵。』上帝的旨意是奇妙可畏的;你們務要謹慎,免得在試圖止息爭端時,反而攻擊了上帝的聖道,以致招來可怕而難以解救的危險、禍患和永久的滅亡。……我可以從上帝的教訓中舉出很多的例子;我可以講到法老、巴比倫王或以色列諸王,當他們試圖向這世上最有智慧之人尋求謀略以鞏固自己的權勢時,他們的努力只不過是加劇自己的滅亡。『上帝發怒,把山翻倒挪移,山並不知覺。』」[22]

路德是用德語講述的,現在他們要他再用拉丁語重講一遍。雖然他這時已經相當疲乏,但他還是答應了,於是他又再次講了相同且清楚有力的證詞。這是出於上帝旨意的安排。許多諸侯的心眼既被謬論和迷信所蒙蔽,故未能在路德第一次演說時體會到他辯證的力量,但第二次的演說就使他們清楚看出他所提的論點。

那些故意閉眼不看真光，並堅絕不受真理感化的人，被路德話語中的能力所激怒了。在他講完之後，議會的代言人便發怒說：「你還沒有答覆我們所發的問題。……你必須做出清楚明確的答覆。……你究竟是撤回還是不撤回？」

這位改革家回答說：「至尊陛下和偉大的諸侯大人，既要我做一個明白、簡單而確切的答覆，我的答覆就是：我不能將我的信仰交給教皇或是議會去審斷，因為很明顯的，他們經常犯錯，且自相矛盾。除非藉著聖經的明證，或清晰的推理使我信服，根據我所引證的經文使我滿意，使我的良心受到聖經的約束，否則我就不能、也不願撤回這些著作，因為一個基督徒違背自己的良心是不妥當的。這就是我的立場，此外我別無主張。唯願上帝幫助我，阿們！」[23]

這個義人就這樣堅立在聖經的穩固根基之上。有天上的光輝照耀在他的臉上。當他在指控謬論的權勢並證明那能戰勝世界的崇高信仰時，他無形中正好向眾人展現了他那偉大純潔的品格和平安喜樂的心靈。

會場頓時鴉雀無聲。在第一次回答時，路德用很低的聲音，帶著一種恭敬、幾乎是順從的態度說話。羅馬教徒以為這種態度是表明他的勇氣已開始消失了，也認為他延期的請求就是他悔改的前奏。查理五世曾一度帶著些許輕蔑的態度，注視著這位修道士消瘦的身體、樸實的服裝和簡單的言詞，然後向人說：「這個人永不會使我變成一個叛教徒。」而今路德有力且清晰的理論，和他所表現的勇敢和毅力，使各派的人都很驚奇，連皇帝自己也驚異地嘆道：「這個修道士說話有膽識，有堅強的勇氣。」德國的許多諸侯很自豪且興奮地注視著這一位他們本國的代表。

羅馬教派已被打敗了，他們的形勢顯得非常不利。他們每次企圖維持自己的權勢時，總沒有運用聖經的真理，而是借助於威脅的手段，這就是羅馬慣用的武器。議會的代言人說：「倘若你不撤回，皇帝和境

內的各邦將要考慮怎樣對付一個頑固不化的叛教徒。」

路德的朋友們起先很愉快地聽著路德勇敢的辯護，現在聽到這些話就害怕了。然而這位博士自己卻沉著地說：「願上帝成為我的幫助，因為我不能撤回什麼。」[24]

他被指示退出會場，讓諸侯聚集商討。他們當時能感覺到重大的危機即將到來，因路德若再持續不肯屈服，很可能就會影響到將來好幾世紀的教會歷史，因此，他們就決定再給他一個撤回的機會。他最後一次被帶到大會上。這個問題又重新向他提出，問他肯不肯放棄他自己的教義。他說：「除了我已經回答的以外，我沒有別的話講。」很明顯的，無論是利誘或是威脅，都不能使他屈服於羅馬的命令。

羅馬教廷的領袖們曾以權勢令君王與貴族恐懼，現在竟被一個卑微的修道士如此藐視，他們就惱羞成怒。他們希望能用苦刑把他折磨至死，使他飽嘗他們的忿怒。路德明知自己處於險境，但他在大會中說話，仍然表現著基督化的莊嚴和沉著。他的話語裡沒有一點驕傲，感情的衝動，或虛偽的作風。他竟忘記了自己和那些包圍著他的大人物，只感覺到自己是站在那遠遠超過皇帝、君王、教皇和主教之上的聖者面前。基督已經藉著路德的見證，用大能和威嚴講話，並讓在場的友人和敵人都肅然起敬，大大驚奇。有上帝的靈臨格在大會之中，感動全國首領們的心，以後有幾位諸侯大膽承認路德的改革運動是正義的。在場也有許多人的心被真理折服，但有一些人受的感動只是暫時的，還有一些人雖然當時沒有發表意見，但經過親自查考聖經之後，後來就成了宗教改革運動無畏的擁護者了。

選侯腓特烈從前就很熱切地期待路德能出席會議，所以現在聽了他的演說就深受感動。他親眼見到路德的勇敢、堅決和沉著，就不勝欣喜而得意，並決心要更努力維護他。他把敵對的雙方比較一下，就看出教皇、君王和主教們的智慧，在真理的能力之下已化為烏有。羅馬教廷已遭遇了一次挫敗，而其影響將要波及各國、各代。

當教皇的使者看到路德的演說所產生的影響時，他就不禁為羅馬教廷的權勢升起一股前所未有的恐懼感，因此他決意要不擇手段除滅這位改革家。他使盡了一切的口才和傑出的外交手腕，向這位年輕的皇帝說明，若他為了支持這個寂寂無名的修道士傳揚的教義，而犧牲羅馬教廷強大的友誼和支持，乃是愚妄而危險的。

他的話終於起了作用。在路德答覆的第二天，查理五世便下旨給議會，宣布決心要執行前任皇帝的政策，維持並保護羅馬教廷。路德既然不肯放棄他錯謬的道理，就須採取最嚴厲的手段來對付他和他所傳的「異端」。「一個被自己的愚蠢所誤導的修道士，居然敢挺身反抗全基督教世界的信仰。我寧願犧牲我的國度、財寶、朋友、身體和血、靈魂和生命，來制止這個邪道。我將下令驅逐這位奧古斯丁派的路德，並禁止他在民間啟動任何擾亂；然後我要把他和他的同黨，視為頑固叛徒予以制裁，頒布禁令，還要盡一切方法把他們消滅。我號召各州代表要在行動上作忠實的基督徒。」[25]雖然如此，皇帝也宣布必須尊重路德的通行證，必須先讓他平安到家，然後再採取措施制裁他。

這時議會的議員提出了兩個相反的意見。教皇的使者和代表們再次要求不須尊重路德的安全保障。他們說：「萊茵河要收納他的骨灰，正如一百年前收納胡斯的骨灰一樣。」[26]然而，德國的許多諸侯雖然自己是羅馬教徒，是路德公開的敵人，卻反對這種公然破壞信譽的舉動，他們認為這種舉動有損國家的顏面。他們指出，在胡斯死後接連發生一些災禍，並聲稱他們再也不敢招惹上帝的怒氣，讓那些可怕的災禍在德國和他們年輕的皇帝身上重演。

查理五世對使者提出的建議回覆道：「尊榮與信譽即使從全地消滅，卻仍應在君王心中存有地位。」[27]仇恨路德的教廷敵人仍以最急迫的手段，一再催促皇帝採取西吉斯蒙德過去對付胡斯的方法來對付路德——把他交給教廷全權處理。但查理五世回想到當日胡斯在大會上指著自己身上的鍊條，提醒西吉斯蒙德皇帝自己發出保護承諾的那一幕情景，就說：「我不願像西吉斯蒙德那樣面紅耳赤。」[28]

然而查理五世故意拒絕路德所陳述的真理。他寫道：「我堅決主張遵循我祖先的楷模。」[29]他已決定不肯違犯舊規，甚至對真理和公義也置之不顧。因為他的祖先都是擁護羅馬教廷的，所以他也要照樣而行，連教廷的殘酷和腐敗他也要祖護。他拿定了主意，凡他祖先未曾接受過的亮光，一概拒絕接受，凡他祖先所未曾履行過的責任，一概拒絕履行。

現代有許多人也同樣對祖傳的習慣和傳統墨守成規。當主賜給他們新的亮光時，他們自己的祖先沒有得到這些亮光，也不曾接受，就一概拒絕。殊不知我們的地位不同於我們祖先的地位，因此，我們的本分和責任也就與他們不同了。我們若依照他們的榜樣來決定自己的本分，而不去為自己查考真理的道，上帝是不會悅納的。我們的責任比我們的祖先更大。他們所接受的光，固然要傳授給我們，也要我們負責遵循，但現在從上帝的道中照在我們身上的新亮光，也是要我們負責遵循的。

基督曾論到那些不信的猶太人說：「我若沒有來教訓他們，他們就沒有罪；但如今他們的罪無可推諉了。」(約15：22) 如今藉著路德，這同一位神聖權能已向德國的皇帝和諸侯說話，而且當亮光從上帝的道中發出時，上帝的靈就最後一次向大會中的許多人發出懇勸。正像一千多年前，彼拉多容許驕傲和虛榮關閉了他的心門，拒絕了世界的救贖主；又像那惶恐的腓力斯吩咐那位真理的使者說「你暫且去吧，等我得便再叫你來」(徒24：25)；又像那驕傲的亞基帕王承認說「你想少微一勸，便叫我作基督徒啊！」(徒26：28)，卻仍拒絕天上來的信息；照樣，查理五世甘心接受世俗的驕傲與智慧的影響，而決心拒絕真理的光。

陰謀殺害路德的謠言廣泛地傳開了，隨之引起全城的騷動。這位改革家所結識的許多朋友，都深知羅馬對那些膽敢揭露她罪行的人所採取的陰險手段，就決心不讓路德在她手裡犧牲。有數百名貴族立誓要保護他。有不少人公然抨擊皇帝給大會的諭旨，認為這是表示他對羅馬教廷統治權力的一種懦弱屈服。在公共場所和私人住宅的門上，

貼了許多標語，有些是攻擊路德的，有些是支持路德的，其中有一個門上寫著智者一句意味深長的話：「邦國啊，你的王若是孩童，……你就有禍了！」(傳10：16) 全國群眾擁護路德的聲浪高漲，使皇帝和議會都深深覺悟到，如果對路德有任何不公正的處置，勢必危害帝國的安全，甚至危及寶座的穩固。

薩克森的腓特烈胸有成竹，故保持緘默，謹慎地隱藏著他對這位改革家的真實心意，同時卻殷切不倦地警惕著，留心注意路德和他敵人的一切行動。但有許多人並沒有企圖隱藏自己對於路德的同情。諸侯、伯爵、男爵，以及社會上和宗教界許多有名望的人物都來拜訪他。改革運動的歷史家斯帕拉丁(Spalatin) 寫道：「這位博士的小房間，容納不下那些前來拜訪的賓客們。」[30]在群眾的眼中他簡直超乎凡人，甚至那些不相信他教訓的人，也不得不欽佩他那種寧願殉身也不願違背良心的正直品格。

另有許多人竭力規勸路德向羅馬教廷妥協。許多貴族和諸侯都向他說明，如果他堅持他的主張而不顧教廷和大會的意見，他很快就會被逐出國境，以後就沒有保障了。對於這種勸告，路德回答說：「傳基督的福音而不得罪人，是不可能的。……既然如此，我為什麼要讓懼怕危險的心，使我和主以及那唯一真理的聖道隔絕呢？不！我寧願犧牲我的身體、熱血和性命。」[31]

後來他們又力勸他服從皇帝的判決，如此，他就可以無所懼怕了。他回答說：「我完全同意讓皇帝、諸侯，甚至最卑微的信徒來檢驗和審判我的著作；但只有一個條件，他們必須以上帝的道為他們的標準。人除了服從上帝的聖道以外，沒有其他更大的義務。我的良心是完全受聖經的約束，所以請你們不要叫我違背良心。」[32]

他又回答另外一位的勸告說：「我同意放棄我的通行證，聽憑皇帝處置我個人的身體和我的性命；至於上帝的道──絕不能！」[33]他表示願意接受大會的裁決，但是唯一的條件就是，大會必須按照聖經來判

決。他又說：「縱使教皇有一百萬個大會來支持他，但在上帝的道和信仰問題上，每一個信徒都能像教皇一樣可自行做判定。」[34]最後他的朋友和敵人都感覺再勸其妥協也是無用。

倘若路德僅僅讓了一步，撒但和他的全軍就必得勝，但由於他堅定不移的忠心，教會終於獲得了釋放，一個新的、更美好的時代已經開啟。這個在自己的宗教信仰上敢作敢為的人，不僅影響了當時代的教會和全世界，也要影響後來的每一個時代。他的堅強和忠心將要激勵每一個遭遇同樣經歷的人，直到末日。上帝的能力和威嚴已經顯現，且遠超過了人的計謀和撒但的大能。

不久，路德就接到皇帝的諭令叫他回去，他知道這命令一下，緊接著他的罪案就要確定了。在他所行的路上佈滿了恐怖的黑雲，但是當他離開沃木斯時，他心裡充滿了喜樂和讚美。他說：「撒但親自在把守著教皇的堡壘，但基督已經把它打破了，所以魔鬼不得不承認基督的能力比他更大。」[35]

路德動身離開後，他唯恐自己的決心被人誤會為反叛，所以就上奏皇帝道：「有鑑察人心的上帝為我作證，除了那使人活著的上帝之道以外，我已準備好隨時要全心盡忠於陛下，無論榮辱或生死，均在所不惜。在今生的一切事情上，這些得失將不會動搖我的忠心，也無關救恩的問題。然而，在有關永恆利益的問題上，上帝的旨意不是要人服從人。這種屬靈的服從才是真實的敬拜，並且這種敬拜只應當歸於創造主。」[36]

在離開沃木斯回程的路途上，路德所受到的歡迎程度比他來的時候更為熱烈。高貴的主教們竟歡迎這位被逐出教的修士，而政府的官長們也招待了這位被皇帝斥責的人。他受邀講道，雖然皇帝已下了禁令，但他仍上了講台。他說：「我從來沒有答應過，將來也永不會答應鎖住上帝的道。」[37]

路德離開沃木斯不久，羅馬教徒就說服了皇帝發出一道制裁路德

的諭令。在這道諭令裡，路德被斥為「撒但的化身，披著一件修道士的外衣」。[38]皇帝下令，一旦路德的通行證期滿，要立即採取措施制止他的活動。所有的人民一律不許包庇、供給他飲食，或在言語行動上公開或私下予以任何協助。同時通令全國就地逮捕路德，送交官府。所有依附他的人，也必須予以監禁和沒收財產的處分。他的著作要全部焚燬，凡膽敢違抗政府法令的人，應治以同等之罪。當時薩克森選侯以及所有與路德友好的諸侯，在路德動身不久後，都紛紛離開沃木斯，因此，皇帝這道命令就在議會中通過了。於是羅馬教徒們都歡呼高興起來，他們認為宗教改革運動是注定要消滅的了。

在這危險的時刻，上帝為祂的僕人預備了一條出路。那不疲倦的眼看顧著路德的行動，祂真誠高貴的心，定意要營救他。顯而易見地，羅馬教廷非要置路德於死地不可，所以若要保護他脫離這獅子的口，就必須把他藏起來。上帝賜智慧給薩克森的腓特烈三世，使他想出一條保全路德性命的妙計。在幾個忠實朋友的協助之下，終於這位選侯的目的達成了，他將路德藏了起來，以致他的朋友和敵人都找不到他。在路德的歸途中，他忽然被人綁架擄去，帶離了他的同伴，很快地穿過森林，被帶到瓦特堡 (Wartburg) 的城堡——一個偏僻的山寨上。他的被擄和藏匿都是在極端祕密的行動中進行的，甚至腓特烈自己也有一段很長的時期不知道路德究竟被帶到什麼地方去。這也不是沒有目的的，因為只要這位選侯不知道路德的下落，他就不可能透露什麼消息。他自己既知路德安全無恙，也就放心了。

春、夏、秋季已過，冬天來臨，路德依然被囚禁著。亞利安德和他的黨羽歡欣雀躍，以為福音的真光將要熄滅了，但相反地，這位改革家卻在那裡從真理的倉庫中，把自己的燈裝滿了油，它的光將更明亮地照射出來。

路德在瓦特堡友善安全的環境中，曾一度因能擺脫戰火和煩擾而欣喜，但他不想長期過著這種安靜和休閒的生活。他慣於過一種活躍和戰鬥的生活，所以對於這長期的退隱實難忍受。在那些孤寂的日子

裡，教會的情況在他眼前發展著，於是他在絕望中喊著說：「哀哉！在這上帝憤怒的末後日子裡，竟沒有一個人像一堵牆一樣站立在主的面前，來拯救以色列民！」[39]接著，他又聯想到自己，他怕有人說他是因懦弱而退出了戰場，於是他就責備自己的懶惰和安逸。其實，在這些日子裡，他每天所做的工已遠超過了一個人平常所能做的。他的筆從未放下。當路德的敵人們正在自欺地說他的口已被封住時，他們便忽然看到明顯的憑據，證明路德仍在繼續活動，這使他們驚慌失措。從他筆鋒之下完成的大批宗教小冊傳遍了德國全境。他也為自己的同胞完成了一項最重要的工作，就是將新約聖經譯成德文。在他那磐石般的「拔摩海島」上，他繼續宣揚福音，並斥責當時代的罪惡和謬道，為期將近一年之久。

上帝使祂的僕人退隱，不僅是為要保護他脫離敵人的忿怒，也不僅是為要給他一段安靜的時間來完成這些重要的工作。還有比這一切更寶貴的收穫；在他避難於山間的孤寂和隱退時，他失去了屬世的支持，並遠離了人間的稱讚，如此，他就蒙拯救脫離了那因成功而常常產生的驕傲和自恃。藉著痛苦和謙卑，他就能再次做好準備，使他在忽然被升高到令人暈眩的高度上時，得以安穩前進。

當人們在真理所帶來的自由中歡呼時，他們往往輕易讚揚那些上帝所用來斬斷謬道和迷信之鎖鍊的僕人。撒但力求使人的思想和感情轉離上帝而注目在人的身上。他引誘他們去尊榮那些不過是作上帝工具的人，而忽視了那掌管著一切時事變化的主。宗教領袖們受到了讚美和敬重，往往就會忘記自己必須依靠上帝，而漸漸走到自恃的地步。結果，他們就想要控制群眾的思想和良心，特別是那些易於依賴他們的指導而不注意上帝話語的人。改革的工作常常因支持者的這種精神而受到阻礙。故此，上帝要保護宗教改革運動脫離這種危險。上帝要這個運動不受到人的影響，而只受到祂的感化。眾人的視線已經轉移到路德身上，以他為真理的解釋者，所以上帝就把他隱藏起來，使眾人的視線可以轉移到真理永恆的作者身上。

註①：多貝涅，《十六世紀宗教改革運動史》，第6冊，第11章。
註②～③：同上，第7冊，第1章。
註④：懷利，《新教史》，第6冊，第4章。
註⑤：多貝涅，《十六世紀宗教改革運動史》，第7冊，第3章。
註⑥～⑦：同上，第7冊，第4章。
註⑧：同上，第7冊，第6章。
註⑨～⑬：同上，第7冊，第7章。
註⑭：同上，第7冊，第8章。
註⑮：馬丁，《馬丁路德的生活與時代》，第393頁。
註⑯～⑰：多貝涅，《十六世紀宗教改革運動史》，第7冊，第8章。
註⑱～㉔：多貝涅，《十六世紀宗教改革運動史》，第7冊，第8章。
註㉕～㉗：同上，第9章。
註㉘：雅克·蘭凡，《大公會議之會議史》卷1，第422頁。
註㉙：同註㉕～㉗。
註㉚：馬丁，《馬丁路德的生活與時代》，第31章，第404頁。
註㉛～㉜：多貝涅，《十六世紀宗教改革運動史》，第7冊，第10章。
註㉞：馬丁，《馬丁路德的生活與時代》，第31章，第410頁。
註㉟～㊱：多貝涅，《十六世紀宗教改革運動史》，第7冊，第11章。
註註㊲：馬丁，《馬丁路德的生活與時代》，第32章，第420頁。
註㊳：多貝涅，《十六世紀宗教改革運動史》，第7冊，第11章。
註㊴：同上，第9冊，第2章。

第九章
瑞士的改革家

在教會改革揀選人才以及建立教會的事上，都能看見上帝神聖的計畫。那來自天上的教師對於這世上大人物所擁有的名聲和財富，以及慣於受人尊捧為領袖的人完全不在意。因為他們驕傲自恃、自誇優越，所以無法同情自己的同胞，而成為這位謙卑的「拿撒勒人」的同工。祂卻要向一些沒有學問、刻苦耐勞的加利利漁夫發出呼召說：「來跟從我，我要叫你們得人如得魚一樣。」(太4：19) 這些門徒是謙卑可教的。他們在當時受虛偽教導的影響越少，基督就越能訓練他們為祂服務。宗教改革時期也是如此。領導宗教改革的都是一些平凡的人們——比一般人少有那因高貴身分而生的驕傲，並少受當時的偏見和神父權術的影響。上帝的計畫是要用卑微的器皿來成就偉大的事業。於是榮耀就不會歸給世人，而只歸給上帝，因為他們立志行事，都是上帝在他們心裡運行，為要成就祂的美意。

當路德在薩克森一個礦工的小屋中出生幾週後，烏利希‧慈運理(Ulric Zwingli，以下各章皆簡稱慈運理) 也在阿爾卑斯山中一個牧人的茅舍中誕生。慈運理兒時的環境和他幼年的訓練，為他將來的使命做了準備。他在那巍峨壯麗、雄偉的自然景色中長大成人，所以他心中很早就感受到上帝的偉大、權能和威嚴。古人在他居住的山間成就的偉大事蹟啟發了他身為青年的雄心壯志。他又在虔誠的祖母膝前，聽著她從教會傳講而蒐集的幾個珍貴的聖經故事。他非常熱切又專注地聆聽眾

先祖先知的偉蹟，還有牧人在巴勒斯坦山地看守羊群時，天使向他們報的喜訊，以及伯利恆的聖嬰，和髑髏地的救主等等故事。

慈運理的父親像路德的父親一樣關心兒子的教育，所以這個孩子從小就離開山中的故鄉出外求學。他的智力發展得很快，沒過多久，要在那裡找到有能力教導他的老師，就成了一個很大的問題。在他十三歲時，他到了瑞士伯恩城 (Bern，又稱佰爾尼) 最著名的一所學校求學，卻在那裡發生了一個足以破壞他一生前途的危險。那裡有一些托缽僧竭力慫恿他進入修道院。當時道明會 (Dominican) 和方濟各會 (Franciscan) 的修士們正競相爭奪群眾的支持。他們企圖利用他富麗的教堂、隆重的儀式、著名的聖物以及能行神蹟的神像來吸引人，以求得到他們的擁護。

伯恩城道明會的修士們看出，他們若能得到這個多才多藝的青年學子，他們就能名利雙收。他既年輕，又有演講、寫作、音樂和詩歌的才華，在吸引民眾參加他們的禮拜及增加教團的收入上，必定比他們一切的炫耀和浮華更有效力。於是他們設法用欺騙和諂媚的手段引誘慈運理進入他們的修道院。從前路德求學時，就曾把自己關在一間修道小室中，如果不是上帝釋放了他，他就必一生湮沒無聞了。上帝沒有讓慈運理遭遇同樣的危險。很幸運地，他父親聽說了修士們的計謀；他並不想讓兒子像他們那樣過著一種閒懶無用的生活。他看出兒子的前途岌岌可危，所以吩咐他立即回家，不許遲延。

慈運理遵從了父親的命令；但這個青年不甘蟄伏於山間的故鄉，不久他就到巴塞爾 (Basel) 繼續他的學業。慈運理在這裡初次聽到上帝白白賜恩給人的福音。那時有一個研究古代方言的教授威丁伯 (Wittemback)，他在研究希臘文和希伯來文時，就注意到了聖經，於是就有從上帝那裡來的光輝照在他門下的學生心中。他宣稱有一個真理比當時學校的學者和哲學家所教導的理論更古老、更有價值；這古代的真理以基督的死為罪人唯一的贖價。這些話在慈運理聽來，乃是黎明之前的第一線曙光。

　　不久，慈運理從巴塞爾被召去從事他一生的工作。他第一個工作的地點就在阿爾卑斯山的教區裡，離他的故鄉並不遠。他的一位同工談到他說：「他既被封為神父，就埋頭尋求神聖的真理，因為他深知一個受託照管基督羊群的人，應當博學多聞。」[1]他越查考聖經，聖經的真理與羅馬教的謬論之間的區別就越發清楚。他認為聖經是上帝的話，是唯一完全且絕無錯誤的標準。他看出必須以聖經的話來解釋聖經。他不敢以解釋聖經的方式來支持一個先入為主的理論或教義，卻以學習聖經中那直率明確的教導為自己的本分。他儘量利用一切有助於他的材料，以便充分、正確地明白聖經中的意義，所以他祈求聖靈的幫助，他說聖靈必向一切真誠祈求的人，啟示聖經的奧祕。

　　慈運理說：「聖經是從上帝來的，並不是從人而來，而且那光照人的上帝必親自使你明白這些聖言是由祂而來。上帝的話……不能失效；它是光明的，它自己教導，揭示自己，用一切救恩光照人心，使人在上帝裡面得到安慰，使人謙卑，以致放棄自己而歸向上帝。」慈運理自己證明了這些話的真理。他後來論到自己這時的經歷說：「當我專心查考聖經時，哲學和神學 (Scholastic，指經院哲學／神學) 時常在心中相爭。最後我得了結論，就對自己說：『你必須把這些放在一邊，單純從上帝自己簡明的話裡學習祂的意思。』於是我開始祈求上帝賜我亮光，以後我對於聖經就比較容易明白了。」[2]

　　慈運理所傳的道不是從路德那裡領受的；他所傳的乃是基督的道。這位瑞士的宗教改革家說：「如果路德傳講基督，那麼他所做的正是我現在所做的。他所引領歸向基督的人數比我所引領的更多，但這不是重點，因為除了基督之外，我必不稱任何別的名，我是基督的精兵，唯有祂是我的元首。我未曾寫過隻言片語給路德，他也沒有寫給我。這是為什麼呢？……這乃是為要顯明上帝的聖靈是一致的，我們二人並沒有互通過什麼消息，然而我們所教導的基督之道卻是相符的。」[3]

　　公元1516年，慈運理受邀成為艾因西德倫 (Einsiedeln) 修道院的神父。他在此地更清楚地看到羅馬教的腐敗情形，同時他在這裡對宗教

改革所發揮的影響，比在阿爾卑斯山間的故鄉所發揮的更遠大。在艾因西德倫，最引人注意的是一尊童女馬利亞的神像，據說它有行神蹟的能力。在修道院的大門上刻了一句：「此地可得完全赦罪之恩。」[4]一年四季裡不乏朝聖者前來參拜童女的神龕，但每逢一年一度最大的節期，前來朝拜的人潮都會從瑞士各地，甚至從法國和德國蜂擁而至。慈運理看到這種現象就極其痛心，他利用一切機會向這些被迷信束縛的人，宣傳那藉福音而得來的自由。

他說：「莫想上帝住在聖殿中的時候比住在別處還多。你無論住在那裡，上帝就在你周圍並聽你的禱告。……那些無益的作為——如長途跋涉的朝聖、捐獻、製作神像、向童女或先聖禱告，能使你獲得上帝的恩典嗎？……我們重複的禱告有什麼益處呢？耀目的斗篷，剃光的頭，飄逸的長袍和繡金的鞋有什麼功效呢？……上帝是鑑察人心的；我們的心離祂太遠了。」他說：「基督曾一次獻在十字架上，成了犧牲品，已經救贖了世世代代相信祂之人的罪。」[5]

這些教導對許多聽眾是難以領受的。他們聽到長途跋涉的朝拜是枉然的，就極其失望。基督白白的赦免他們，這是他們所不能了解的。他們對於羅馬教為他們制定出的那條通到天國的老路甚感滿意。至於尋求其他更美的事物，他們就大感困惑，裹足不前了。在他們看來，把得救的問題交託給神父和教皇，比自己追求心靈的純潔要容易得多。

但是另有一等人，則歡喜領受那宣明罪人能再次靠著基督得蒙救贖的福音。羅馬教所規定的種種儀式，既不能使人的心靈得到平安，他們就因著信，接受了救主的血為他們的挽回祭。這些朝聖的人回去之後，便將自己所領受的寶貴亮光傳給別人。於是真理從這一村傳到另一村，從這一鎮傳到另一鎮，因此去朝拜童女神像的人便大大減少，捐款的數目也降低了，結果慈運理從捐款中所支領的薪水也受到影響。可是這只使他歡喜，因為他看到狂熱和迷信的勢力已經被打破。

教會當局並不是對慈運理所成就的工作視而不見，但他們當時沒

有加以干涉。他們還想靠他幫助他們的工作，所以一直用奉承手段爭取他，而與此同時真理就在民眾心中漸漸得勢了。

慈運理在艾因西德倫的工作使他做好了準備，他不久就進入了更廣大的工作園地。他在艾因西德倫工作了三年之後，就被呼召到蘇黎世 (Zurich) 的一個大教堂去擔任傳道士。蘇黎世是當時瑞士聯邦的一個主要城市，在這裡所發出的影響能擴及遠近各地。然而，那邀請他來蘇黎世的教會神職人員們卻想阻止任何革新，因此就將他的本分訓示他。

他們對他說：「你要盡一切的努力募集教堂的經費，一點也不可疏忽。你要從講臺上和告解室上，勸勉忠心的教友繳付一切當納的什一和捐獻，藉以顯明他們對教會的愛心。你要從病人、從舉行彌撒以及一般神父所主持的儀式上，努力增加收入。」那些向他訓話的人又說：「至於執行聖禮、宣講教義和照顧羊群，固然也是神父的本分，但為這些工作，尤其是宣講教義的工作，你儘可以僱用助手代替你。除了一些大人物所提出的要求之外，你不可為任何人主持聖禮，也不可一視同仁地隨便給人主持聖禮。」[6]

慈運理靜靜地聽了這一番訓話後，他在回答時先針對蒙召擔任這重要職務的光榮表示感激，然後開始說明他所要採取的行動。他說：「基督的生平被埋沒得太久了。我打算宣講整部〈馬太福音〉，……單從聖經深入地尋求本源，以經文與經文互相對照，並恆切禱告，祈求明白聖經的知識。我所獻身從事的工作是以使上帝得榮耀，使祂的獨生子受讚美，使眾人蒙救贖，以及他們在真信仰上得造就為宗旨。」[7]雖然教會當局的神父們並不贊成他的計畫，並勸他放棄，但慈運理堅定不移。他聲稱他其實不是介紹新的方法，而是引用更早期、更純潔的教會所使用的老方法。

這時，他所教導的真理已經引起了很多人的關注，民眾蜂擁而來聽他講道。許多長久未赴會的人也來聽他講道。他開始服務時，以宣講福音書入手，向聽眾宣讀並解釋基督的生平，以及祂的教導和犧牲。他

在這裡也像在艾因西德倫一樣，指出上帝的話乃是唯一絕無錯誤的權威，基督的捨命也是唯一完全的犧牲。他說：「我要領你們歸向基督，基督是真正的救恩之源。」[8]各式各樣的人都聚集在這位神父的周圍，有政治家、學者、工人和平民。他們都抱著極大的興趣聽他講話。他不但宣傳那白白承受的救恩，也毫無畏懼地斥責當時的邪惡和腐敗。許多人從大教堂聽道回來就讚美上帝說：「這個人是一個傳講真理的人。他要作我們的摩西，領我們從這埃及的黑暗中出來。」[9]

起初眾人雖以極大的熱誠接受了慈運理的工作，但過了一時，反對的聲浪就起來了。修士們決意攔阻他的工作，並譴責他的教導。許多人用辱罵和譏誚來攻擊他，還有人用蠻橫和恐嚇的手段對付他，但慈運理耐心忍受這一切的對待，他說：「如果我們想要使惡人歸向耶穌基督，有許多事必須閉眼不看。」[10]

約在此時，有一股新的力量來推進改教工作。巴塞爾有一個支持改教信仰的人，差他一個名叫盧西安(Lucian)的朋友，帶著一些路德的作品來到蘇黎世，他認為推銷這些書籍乃是散播真光有力的方法。他寫信給慈運理說：「請你決定這個人是否具有充足的智慧和技巧；若是有的話，就請你讓他帶著路德的作品，尤其是他為平信徒所寫的主禱文釋義，在瑞士的各城鎮鄉村、挨家挨戶地推銷。越多人知道這些作品，購買的人也必增多。」[11]這樣，真光就照耀到各地了。

正當上帝預備打破無知和迷信的桎梏時，撒但就用他最大的力量要將世人籠罩在黑暗之中，並把鐐銬更加牢固地鎖住他們。當人們從各地起來，將那藉著基督寶血得來的赦免和稱義傳給民眾時，羅馬教則繼續將全副精力放在為整個基督教世界開闢購買贖罪券的市場上。

羅馬教為每一宗罪都定出了相對應的價格，只要能使教會的庫房保持進帳使之充足，人們就可以獲得犯罪的自由。於是，當時就有兩種運動在推行：一種叫人用金銀購買赦罪之恩，另一種則要人靠基督得蒙赦免；一面有羅馬教放任罪惡，並以此為教會經濟的來源，另一面是

宗教改革家譴責罪惡，並指明基督才是挽回祭和拯救者。

在德國，推銷贖罪券的工作是委託給道明會的修士主導，由那惡名昭彰的特契爾負責經營。這種買賣在瑞士則交給方濟各會，由一個義大利的修士桑森 (Samson) 管理。桑森對羅馬教會已經做出了很大的貢獻，他從德國和瑞士積攢了大筆金錢擴充教皇的財庫，如今又遍歷瑞士各地，吸引了許多群眾，一面掠奪窮苦農民的微薄收入，一面勒索富裕人家的豐厚禮物。宗教改革的影響雖然未能完全制止他的買賣，可是他的收入已經因而減少了。桑森進入瑞士不久，就帶著他的贖罪券來到了鄰近的一個城鎮裡，那時慈運理還在艾因西德倫。這位改革家既知桑森的任務，就立刻予以反對。這兩個人雖未見面，但慈運理成功地揭破了那修士的虛偽，使他不得不轉向別處去。

慈運理在蘇黎世熱心傳道，反對販賣贖罪券的商人。當桑森將到蘇黎世時，該城的議會派使者通知他務必越過這城往別處去。他最終用欺詐的手段進了城，可是還沒有賣掉任何一張贖罪券就被遣送走了，他不久也離開了瑞士。

1519年，一場席捲瑞士的瘟疫，稱為「黑死病」，強勢推進了改教的工作。當眾人面臨死亡時，許多人就感到他們最近所購買的贖罪券是多麼空虛無用，於是他們渴望一種更確切的信仰基礎。慈運理在蘇黎世染了瘟疫；他的病勢非常沉重，痊癒的希望甚是渺茫，而且普遍謠傳說他已經死了。在最危急的時候，他自己的希望和勇氣並沒有動搖。他憑著信心仰望髑髏地的十字架，倚靠那全備的挽回祭。當他從「死亡的門」脫險回來時，他便以更大的熱誠傳講福音，而且他的話發出了強大的力量。民眾帶著喜樂的心情歡迎他們所愛的神父，從瀕臨死亡的邊緣又回到他們中間。他們自己也剛照料過患病和垂死的人，所以他們特別感到福音的可貴。

這時慈運理已經更清楚地明白福音的真理，並更充分地體驗到它更新的能力。人類的墮落和救贖的計畫乃是他沉思默想的主題。他說：

「在亞當內，我們都死了，並沉溺在敗壞和被定罪的狀況之中。」[12]、「基督……為我們換來了無窮無盡的救贖。……祂的受苦是……永遠的犧牲，是永遠有效的救治之方；這個犧牲為一切以堅定不移的信心倚靠它的人，滿足了上帝公義的條件。」可是慈運理也清楚地教導，我們不可因為基督的恩典而任意繼續行在罪中。「無論何處，只要有人相信上帝，那裡就有上帝臨格；無論何處，只要有上帝與人同在，就有一種鼓勵人行善的熱誠存在。」[13]

慈運理的講道引起了很大的關注，以致蘇黎世大教堂擠滿了聽眾。他照著聽眾所能領受的程度，逐步將真理向他們闡明。他也非常小心，開始時並沒有將任何足以令人驚異或引起偏見的道理介紹給他們。他的工作是要贏得他們的心，使他們傾向基督的教訓，用基督的愛融化他們，把基督的榜樣擺在他們面前。當他們領受福音的原則時，他們素來的迷信和行為自然就會消除。

改教工作在蘇黎世逐步推進；於是仇敵就警覺起來，要積極的對付它。一年之前，威登堡的一個修道士曾在沃木斯拒絕教皇和皇帝的命令，如今蘇黎世也有同樣抵抗教皇威權的舉動。慈運理多次受到攻擊。在羅馬教的行政區內，一些福音的信徒往往被處以火刑，但他們還不滿足，非要把講異端的教師慈運理置於死地不可。因此康士坦斯的主教派遣三位代表到蘇黎世的議會，控告慈運理教導百姓違犯教會的規則，危害社會的安寧和秩序。主教強調說，如果教會的權威被抹煞，結果必要引起普遍的動亂。慈運理在回答中聲明，他已經在蘇黎世宣傳福音四年之久，而現在「蘇黎世在瑞士聯邦的諸城中是最安寧和平的。基督教豈不是社會安寧的最佳保障嗎」？[14]

代表們勸那些議會成員務要繼續作忠實的羅馬教徒，他們聲稱除了教會之外，別無拯救。慈運理回答說：「你們不要因這些話信心動搖。教會的根基就是那磐石基督，祂曾因彼得忠心承認祂而稱他為磯法。在各國之中，凡是全心相信主耶穌的人都必蒙上帝悅納。這才是真教會，除此以外，無人可以得救。」[15]因有這一次談話的結果，主教所派

的代表當中竟有一位接受了宗教改革的信仰。

蘇黎世的議會拒絕反對慈運理，於是羅馬教準備了新的攻勢。當這位改革家聽到仇敵的計謀時，他說：「讓他們來吧；我懼怕他們，正如垂懸峭壁懼怕腳下沖擊它的怒濤一般。」[16]修士們的努力反而推進了他們想要推翻的工作。真理繼續傳開。因路德失蹤而沮喪的德國信徒，看到福音在瑞士的進步，就重振信心。

當改教運動在蘇黎世穩步前進時，隨之而來的成效就充分體現在制止罪惡，建設秩序，改良治安上。慈運理說：「我們的城內有平安，沒有爭論、沒有偽善、沒有嫉妒、沒有紛爭。除了從主得來之外，還能從哪裡得到這樣的和諧呢？我們的道理使我們滿得和平和敬虔的果實。」[17]

宗教改革運動所得的勝利，反使羅馬教當局更堅決地要推翻它。他們看到在德國用逼迫的手段來鎮壓路德的工作效益既然不大，就決定用改革家自己的武器來應付他們。他們要與慈運理舉行一次辯論，並且事先佈置好一切，不但選擇了辯論的地點，也安排了自己的裁判員，以求穩獲勝利。只要慈運理落到他們手中，他們就絕不讓他再逃脫；只要改革運動的領袖一死，這運動自必瓦解。雖然如此，他們仍小心翼翼地隱瞞這個目的。

辯論會指定在巴登 (Baden) 舉行，但慈運理沒有出席。蘇黎世的議會懷疑教皇的計謀，又鑑於教皇區域內過去對接受福音的人所執行的火刑，就不讓他們的牧者陷於危險之中。若是在蘇黎世，他們可以應付羅馬教派來的一切黨羽，但若是到剛剛流了殉道者之血的巴登去，則必死無疑。於是他們揀選了厄科蘭帕底烏斯 (Oecolampadius) 和哈勒 (Haller) 作宗教改革家的代表，而為羅馬發言的乃是著名的厄克 (John Eck) 博士，還有一大群有學問的博士和主教支持他。

慈運理雖然沒有出席會議，但他的影響力仍然存在。會議的記錄員全都由羅馬教選任，其餘的人則不許做記錄，違者處以死刑。雖然如此，慈運理卻每天收到一份關於在巴登會議發表之言論的詳盡紀錄。有

一個參加辯論的學生，每天晚上都將當天辯論的事記下來，然後再由另外兩名學生負責將這些文字，以及厄科蘭帕底烏斯每天寫的信件，一起送給在蘇黎世的慈運理。這位改革家就把自己的見解和建議連夜寫成回覆書，由學生第二天早晨帶回巴登。為避免城門守衛的盤查，這些送信的人就在頭上頂著滿裝雞鴨的筐子進城，因此便通行無阻。

慈運理就這樣與他狡猾的敵人作戰。當時代的一個觀察家麥寇紐(Myconius)說：「他思考、研究、徹夜無眠，寫出意見書送往巴登去，這工作比他親自在仇敵中辯論更為繁重。」[18]

羅馬教的代表預期必定勝利，因而興高采烈地穿著華服，戴著耀目的裝飾來到巴登。他們吃著最昂貴奢侈的美食好酒，他們因宴樂狂飲而輕忽了教牧的重責大任。然而，改教者的外表正是完全相反的對照，他們的樣子在眾人看來與一群乞丐無異，吃的是粗茶淡飯，所以在餐桌上的時間不多。厄科蘭帕底烏斯的房東在暗地裡觀察他，看到他在房中時常看書或祈禱，就大大驚異，說，這個叛教徒反倒是一個「很敬虔的人」。

在辯論中，「厄克傲慢地登上一個裝飾華麗的講台，而那平凡的厄科蘭帕底烏斯則穿著簡陋的服裝，被迫坐在他對手前面一張粗陋的凳子上。」[19]厄克從始至終聲音宏亮，氣派很大；他的熱情是由「名利雙收」的希望所鼓舞的，因為他為羅馬教的信仰辯護，可以得到一筆相當可觀的收入作為報酬。所以當他找不到更有力量的論據時，他就借助於侮辱和咒罵的手段。

厄科蘭帕底烏斯為人溫和謙虛，這曾使他對參加辯論有些膽怯，所以他開始就做了嚴肅的聲明說：「除了上帝的話以外，我不承認任何其他裁判的標準。」[20]他的態度雖然溫和有禮，卻顯明自己是幹練通達且勇敢的人。當羅馬教的代表照著慣例提出教會的習慣為權威時，這位改教者卻堅持以聖經為根據；說：「在我們瑞士國，『習慣』是不生效力的，除非它合乎我們的憲法；如今涉及的既是信仰問題，那麼聖經就

是我們的憲法。」[21]

雙方的態度在比較之下並非沒有影響力。改教者以謙恭的態度呈現他穩健又清楚的辯論，打動了眾人的心，使他們厭惡厄克以傲慢暴躁的態度所呈現的武斷發言。

辯論持續了十八天之久。結束的時候，羅馬教的代表自鳴得意地宣告自己榮獲勝利。大多數出席的代表偏袒了羅馬教，所以議會宣佈改教者被駁倒了，並宣佈開除他們和他們領袖慈運理的教籍。但這次會議的最後結果，已顯明勝利究竟屬於何方。這一次的辯論大大振奮了改教的工作，不久之後，那兩座重要的城市——伯恩和巴登，都聲明了對宗教改革運動的支持。

註①：懷利，《新教史》，第8冊，第5章。
註②：同上，第6章。
註③：多貝涅，《十六世紀宗教改革運動史》，第8冊，第9章。
註④～⑤：同上，第5章。
註⑥～⑪：同上，第6章。
註⑫：懷利，《新教史》，第8冊，第9章。
註⑬：多貝涅，《十六世紀宗教改革運動史》，第8冊，第9章。
註⑭：懷利，《新教史》，第8冊，第11章。
註⑮：多貝涅，《十六世紀宗教改革運動史》，倫敦版，第8冊，第11章。
註⑯：同註⑭。
註⑰：同上，第15章。
註⑱～㉑：多貝涅，《十六世紀宗教改革運動史》，第11冊，第13章。

第十章

改教運動在德國的進展

　　路德神祕的失蹤在德國全境引起了普遍的震驚。到處都有人詢問他的下落。各地謠言瘋傳，許多人都認為他已經遇害。不僅那些公開支持他的朋友，還有上千萬未公開支持改教運動的人，都為他異常悲傷。許多人起了莊嚴的誓約，決意為他報仇。

　　羅馬教的領袖看到民眾反對他們的情緒達到了空前高漲的程度，就大為恐慌。雖然他們起初以為路德死了而歡欣鼓舞，但不久他們就想躲避民眾的忿怒了。路德在他的仇敵中間時最大膽的行為，還遠不及他失蹤後所浮現的問題來的棘手。那些曾因心懷忿怒企圖殺害這位勇敢的改革者之人，如今在路德成了一個無依無靠的俘虜時，卻恐懼起來了。有一個人說：「我們只有一條自救的道路，那就是點起火炬到世界各處去尋找路德，把他交還給這個呼喚他的德國。」[1]皇帝制裁路德的禁令似乎毫無作用。教皇的使者看到國人對這禁令的重視，遠不如對路德的命運那麼關心，就不禁忿怒如狂。

　　及至消息傳來說，路德雖已被囚，但仍安然無恙，民眾憂懼的心才平靜下來。可是這消息卻進一步使他們對他更加愛戴，眾人以更為熱誠的態度閱讀他的著作。他們欽佩這個敵眾我寡、情勢如此不利之下，卻依然維護上帝聖言的英雄，所以投入改教運動的人越來越多，而改教運動亦逐漸加強，路德所撒的種子這時就在各地發芽生長了。他的失蹤倒實現了他在他們中間時未能成就的工作。這位偉大的領袖既然不在

了，其他的改教者就覺得自己有新的責任。他們以新的信心和熱誠，全力以赴地向前邁進，使這個以崇高之姿展開的工作不至受到阻礙。

但撒但並不懈怠。他這時企圖使用他在每一次改革運動中所用的伎倆——以魚目混珠的手段來欺騙並毀滅世人。正如在第一世紀時基督教教會中曾出現假基督，照樣，在十六世紀時也有假先知興起。

那時有幾個人因宗教界奮興的影響，就幻想自己受了上天特別的啟示，聲稱自己負有上帝的使命來完成路德開啟的改革運動，他們聲稱路德的一點成就是非常微小的。然而實際上他們卻是在摧毀路德所成就的工作。他們拒絕了改革運動基本的大原則——上帝的話乃是信心和行為的全備標準，而竟以自己善變、反覆無常的情緒和感想，來代替那絕無錯誤的嚮導。他們既將那辨別錯誤及謬論的偉大標準丟在一邊，就為撒但打開了門路，使他得以照自己的意思掌控世人的思想。

這些假先知中有一個人聲稱自己受了天使加百列的指示，還有一個與他同工的學生放棄了自己的學業，聲稱上帝已親自賜給他解釋聖經的智慧。有一些較認同狂熱主義的人則與他們聯合一起。這些狂熱分子的行動引起了不少的騷亂。路德的教導曾使各界人士感覺有改正的必要，所以這時不免有一些真心誠意的人，就被這些新興的假先知所傳的謬論所迷惑了。

這些運動的領袖們到了威登堡，就向墨蘭頓和他的同工迫切地陳述他們的主張。他們說：「我們是奉上帝差遣來教導百姓的。我們與主有親密的交往；我們知道將來必要發生什麼事；總而言之，我們是受路德感召的使徒和先知。」[2]

這些改教者大感驚異困惑，因為這是他們從來沒有應付過的局面，他們正不知應採取什麼行動才好。墨蘭頓說：「這些人裡面確有超乎尋常的靈存在；但到底是什麼靈呢？……一方面我們要小心，不可消滅聖靈的感動，但另一方面，我們要謹慎，不要讓撒但的靈引我們誤入歧途。」[3]

這種新教導的效果不久就顯露出來了。他們引領眾人疏忽聖經，甚至把聖經完全丟在一邊。各地學校都陷入混亂的狀態中。學生拒絕一切的約束，放棄學業，退出大學。那些自以為有資格復興並控制改革運動的人，反而只令這工作瀕於敗亡的邊緣。這時羅馬教廷又恢復了自信，慶幸地說：「只要再作一次最後的奮鬥，勝利就是我們的了。」[4]

路德在瓦特堡聽見所發生的事，就極其關心地說：「我常料到撒但一定會帶給我們這種災難的。」[5]他看穿了那些假先知的真面目，並認明那威脅真理之工的危險。過去教皇和皇帝的反對，尚沒有像現在遭受這麼大的困惑和苦惱，而且在一些自稱是改教運動的朋友之中，竟興起了這運動最陰險的敵人。那曾帶給他極大的喜樂和安慰的真理，正被敵人用來挑起紛爭，並製造教會的混亂。

在改革的工作上，路德原是受上帝聖靈的激勵，況且他進展的程度已經超過他自己的理想目標。他原先無意採取那麼堅決的立場，或是進行澈底的改革。他不過是全能之主手中的工具而已，而他也時常為自己工作的效果擔心。有一次他說：「我若知道我的教義會害人，即使只有一人受害，無論他多麼卑微無名——其實這道根本不會害人，因為它就是福音——我寧可死十次也不願傳這道，否則我絕不願撤回。」[6]

這時改革運動的中心——威登堡，也很快地陷入到狂熱和無律法的狀態之下。這種可怕的情形並不是路德教導的結果，但他的仇敵在德國全境都把這罪歸在他頭上。他在心靈悲苦中有時不免捫心自問：「難道改革運動的大工結果就是這樣的嗎？」[7]當他在禱告中與上帝角力時，他心中又充滿了平安。他說：「這工作不是我的，而是祢自己的，祢必不會讓這工作受到迷信或狂熱主義的敗壞。」但他一想到在這樣的一個危機之中，自己卻是長久置身事外，這是他所不能忍受的，所以他決意回到威登堡。

於是他毫不遲疑地踏上這一次危險的行程。此時國家制裁他的命令尚在執行中，他的仇敵可以任意下手殺害他，朋友又不能給予任何

幫助或庇護，帝國政府正在用最嚴酷的手段對待那些依附他的人。然而，他看出福音的工作處於危險之中，就奉主的名毫無畏懼地出去為真理作戰。

路德在一封信中對選侯說明了他離開瓦特堡的目的，之後又說：「殿下要知道，我是在一種比帝王和選侯所能給予的幫助都更加有力的保護之下前往威登堡。我沒有想過要求殿下的支持，更不期望殿下的保護，我自己反要倒過來保護你呢！況且如果我知道殿下能夠或者要護送我時，那麼我就根本不要往威登堡去了，因為這大工絕非刀劍所能推進。聖工必須單靠上帝行事，而不能靠人的支援或幫助。具有最大信心的人，才是最能保護別人的人。」[8]

路德在往威登堡的路上寫了第二封信，說：「我寧願承受殿下的不悅和全世界的憤怒。威登堡的百姓不是我的羊群嗎？上帝豈不是把他們交託給我了嗎？如果必要，我豈不應當為他們的緣故，將自己的性命置之度外嗎？再者，我不願看見德國發生一次可怕的暴動，以致全國招致上帝的刑罰。」[9]

路德以極為謹慎謙卑、卻又果斷堅決的精神，開始了他的工作。他說：「我們必須用上帝的話語，來推翻並破壞那用暴力建立起來的事。我絕不使用武力來反對迷信和不信的人。……我們不可勉強任何人，自由乃是信仰的要素。」[10]

路德回到威登堡和他即將開始講道的消息令全城轟動。民眾四面八方湧來，教堂裡人滿為患。他走上講臺，用充滿智慧和溫柔的言語教導人、勸勉人、責備人。在論到某些人想要用暴力的手段來廢除彌撒制度的問題時，他說：

「彌撒是一件壞事，上帝反對這制度，它也應當被廢除，我唯願全世界都用福音的晚餐來代替彌撒，但誰都不可用武力來使人放棄這制度。我們必須把這事交託給上帝，是祂的道在工作而不是我們。你們或許要問：『為什麼要如此？』因為我的手並沒有掌控人們的內心，好像

窯匠的手握住泥團一樣。我們有宣講的權利，但沒有權力去行動。所以我們就宣講吧！其餘的事有上帝掌管。如果我使用武力的話，能有什麼收穫呢？所得的無非是虛偽、形式主義、仿效他人、人為的條例和假冒為善而已。……結果就沒有真誠、信心或愛心。缺少了這三樣，就缺少了一切，像這樣的結果是不值得我們做出絲毫努力的。……上帝單用祂的話所能成就的，比你我以及全世界聯合起來的力量所能成就的還多。上帝能掌握人心，既得了人心，就是得了一切。」

「我要宣講、討論、寫作，但絕不勉強任何人，因為信仰是一件自動自發的事。請看我過去所做的事。我起來反對教皇、反對贖罪券、反對羅馬教廷，但我從來不用暴力或騷動的手段。我只引述上帝的話；所做的不過是宣講和寫作。而當我睡覺時，……我所宣講的道卻把羅馬教推翻了，任何諸候或皇帝都沒有給過它那麼大的打擊。其實我自己並沒有做什麼，這一切都是上帝的道所成就的。如果我動用了武力，整個德國或許就要血流成河了，其結果是什麼呢？無非是使身體及靈性滅亡和荒廢而已。所以我保持緘默，而讓上帝的道自行傳遍天下。」[11]

路德就這樣一天又一天地向熱切的聽眾講道達一週之久。上帝的話破除了狂熱派引起的蠱惑，福音的大能引領了那些陷於錯謬之中的人，重新回到真理的路上。

路德無意與那些受惡者操弄而造成重大災禍的狂熱分子見面。他深知他們的理解有缺陷，他們的熱忱毫無約束，他們雖然自稱受上天特別的光照，卻不能忍受輕微的反駁，抑或是愛心的責備或勸告。他們僭取至尊的威權，要人人無條件地承認他們的主張。當他們要求會見路德的時候，路德同意與他們會晤，但結果他清楚地揭露了他們的真面目，以致這些騙子當時就離開了威登堡。

狂熱主義一時受到了遏制，但過幾年又爆發了，而且勢力比以前更大，結果更可怕。路德論到這運動的領袖們說：「在他們，聖經乃是死的字句，他們都呼喊『靈！靈！』可是無論如何，我絕不打算隨從他們

的靈所引領的道路。唯願上帝憑著祂的憐憫保守我們脫離那自稱為完
全聖潔的教會。我寧願與平凡、軟弱、患病的人在一起，因為他們能明
白並感覺自己有罪，並為要得到上帝的安慰和扶持，經常從心靈深處
向祂歎息呼求。」[12]

　　狂熱分子中最活躍的湯瑪斯·閔次爾 (Thomas Münzer)，是一個非
常有本領的人，如果加以正當的指導，他原能造福人群，可惜他還沒有
學到真宗教的初步原理。「他有改革世界的願望，但他像一切狂熱分子
一樣，忘記了改革的工作是必須從自己身上開始的。」[13]他有爭奪地位
和勢力的野心，不願位居第二，甚至不肯在路德之下。他聲稱，改革家
用聖經的權威來代替教皇的權威，乃是換湯不換藥。他又聲稱自己受
了上帝的使命來介紹真正的宗教改革。閔次爾說：「縱使他一生沒有見
過聖經，凡具有這靈的人就具有真信仰了。」[14]

　　狂熱派的教師們完全受自己的感動所支配，認為每一個思想和感
觸都是上帝的聲音，結果他們就趨於極端。有些人甚至於把自己的聖
經都焚燒了，說：「字句是叫人死，聖靈是叫人活。」閔次爾的言論吸引
了人們對奇妙事物的慾望，實際上他們卻是把人的感想和見解置於上
帝的聖言之上，乃是為要滿足他們的驕傲。他的道理竟為千萬人所接
受。不久他就反對一切公眾禮拜的秩序，並聲稱人若順從王侯的命令，
就是想要事奉上帝同時又要事奉彼列 (撒但)。

　　民眾的心既已開始擺脫羅馬教皇的軛，也就不願忍受國家權威的
限制。閔次爾既聲稱他革命性的言論是上帝認可的，他們就掙脫一切
的約束，恣意放任自己的偏見和情感。於是可怕的叛亂和紛爭相繼發
生，德國全境竟陷在血泊之中。

　　當路德看到人們把狂熱派的惡果歸罪於改革運動時，他從前在埃
爾福特時，在心靈上所經歷的痛苦，這時又以加倍的力量壓在他心上。
羅馬教派的王侯們聲稱這次的叛亂乃是路德宣揚的道理必然產生的結
果──許多人也贊同他們的說法。這種誣蔑的話雖然毫無根據，卻不能

不使這改革家極其苦惱。他所從事的真理之工竟被列於最惡毒的狂熱派中,而且受到如此奇恥大辱,這似乎是他所不能忍受的。而在另一方面,叛亂的首領們也仇視路德,因為他不但反對他們的道理,還否認他們是受上帝的靈啟示的,更宣稱他們是反抗國家權威的叛徒。他們為了要報復,就誣蔑他是最卑鄙的騙子。路德一時之間似乎招來了王侯和百姓雙方的敵意。

羅馬教徒欣喜若狂,期望不久就能見到改革運動迅速垮台;他們竟把路德最熱切改正的錯謬怪到他的頭上。至於狂熱分子,他們謊稱自己受了不公不義的對待,因此博得許多人的同情站在他們的立場,反倒被人看為殉道者,這種現象原是古今一轍的。於是那曾經千方百計反對改革運動的人,倒被人憐惜,並被褒揚是遭受虐待和壓迫的犧牲者。這是撒但的工作,是最初在天上出現的反叛精神所鼓動的。

撒但經常千方百計欺騙人,引誘他們稱罪為義,稱義為罪。他的工作已經得到何等大的成功啊!上帝忠心的僕人毫無畏懼地為真理辯護,卻受人責難,蒙了羞辱,又是何等常見之事!同時,撒但的爪牙反倒受人讚揚、誇獎,甚至被視為殉道的烈士;而那些對上帝忠誠而應受尊敬和支持的人,卻陷入懷疑與猜忌之下,孤立無援。

偽裝的聖潔,假冒的虔誠,今日仍在行使其欺騙的工作。這種欺騙的工作在各種方式之下,顯出與路德的時代相同的精神,使人轉離聖經,隨從自己的心情和感覺,而不順從上帝的律法。這是撒但最有效的詭計,使純正和真實的道理受到羞辱。

路德曾大而無畏地為福音辯護,抵擋四面八方而來的攻擊。在每一次戰鬥中,他都顯明上帝的話是強而有力的武器。路德曾用這話反對教皇僭取的權威和學者們的理性主義哲學 (rationalistic philosophy),同時又像磐石一樣堅定不移地抵擋那想要與改革運動聯合的狂熱派。

這些敵對分子都是憑自己的私意將聖經棄置一旁,而高舉人的智慧為宗教真理和知識的泉源。理性主義者以理智為神、為宗教信仰的

標準。而羅馬教則聲稱,教皇的主權是從使徒繼承而來的,並且代代相傳,從未間斷,這樣就使自己有充分的機會,在使徒任命的神聖外衣之下,遮掩了各樣的奢侈和腐敗。至於閔次爾及其同伴所自誇的「靈感」,則不過是出於自己的幻想,而其對世人或上帝的權威,卻起了顛覆性的影響。真正的基督教,必以接受聖經為聖靈默示的真理寶庫,為辨別諸靈的標準。

路德從瓦特堡回來之後,就完成了翻譯新約聖經的工作,不久,德國人民就得到他們本國方言的福音了。一切熱愛真理的人都欣喜若狂地接受這個譯本,但那些注重人為傳統和吩咐的人,卻輕蔑地拒絕。

神父們思及現在的一般平民都能與他們討論上帝聖經的訓言,而他們自己的無知勢必被人揭露無遺,他們就不勝驚惶。他們所有世俗理論的武器,根本無力抵擋聖靈的寶劍。羅馬教用盡她所有的權威來阻止聖經普及化,但是諭旨、咒詛令、酷刑,都一概無效。她越是誣蔑、禁止聖經,百姓就越想知道聖經裡究竟講了什麼教訓。凡識字的人都熱心親自研究上帝的話。他們隨身攜帶聖經,讀了又讀,直到能把大部分的經節背誦出來。路德看到民眾那麼喜愛新約聖經,就立刻開始翻譯舊約,每卷翻譯完之後,就立即印行。

路德的作品無論在城市或鄉村中,都一樣受到歡迎。「凡路德和他朋友的寫作,人們都在傳閱。有一些修道士覺悟到修道院的生活是不合理的,所以願意改變自己長期以來的懶惰生活,換成積極主動的態度,可是他們所知甚少而不能宣講上帝的道,就往各省,走遍市鎮鄉村,推銷路德和他朋友所著的書籍。不久,德國到處皆是這些勇敢的售書員了。」[15]

無論貧富智愚,都懷著濃厚的興趣研究這些作品。入夜之後,鄉村學校的教師們則向那些聚集在爐邊的小眾人群高聲誦讀。每一次總有一些人被真理所折服,歡喜快樂地接受上帝的道,這些人就盡一切的力量,轉而將這好消息傳給別人。

　　聖經的話已證實了：「祢的言語一解開就發出亮光，使愚人通達。」(詩119：130) 研究聖經使人的心靈和理智起了極大的變化。羅馬教皇的統治是把鐵軛套在百姓身上，使他們束縛在無知和腐敗之下。他們雖然恪守種種迷信的儀式，但這一切禮節對於他們的心靈和悟性卻沒有什麼作用。路德在宣講中一面清楚地提出上帝聖言的真理，一面將上帝的話放在平民百姓手中，這話本身就喚醒了他們潛在的能力，不但潔淨並提高他們屬靈的品質，他們的智力也得到了新的力量而變得生氣盎然。

　　各層人士都手持聖經，維護宗教改革的道理。羅馬教曾把研究聖經的權利只下放給神父和修道士，這時教皇們就呼籲他們站出來駁斥這新興的教義。可是神父和修道士們既不明白聖經，又不認識上帝的大能，於是竟被那些他們所斥為無學問和異端的人完全駁倒了。有一位羅馬教的作家說：「很不幸地，路德勸服他的追隨者，不要相信除了聖經之外的任何其他權威。」[16]有成群的人常聚集來聆聽那些沒有多少學問之人所維護的真理，也聽他們與一些有學問、有口才的神學家進行討論。當聖言的簡明教訓駁倒了這些權貴們的論據時，他們那種慚愧無知是很明顯的。許多工人、士兵、婦女，甚至小孩子們，還比那些神父和有學問的博士更熟悉聖經的教訓。

　　福音的門徒與迷信教皇之擁護者之間的巨大落差，無論是平民還是學者都看得一清二楚。「擁護教皇的人多數都忽略了語言的研究和文學的修養，……而其對手卻是豁達大度的青年，他們專心研究，查考聖經，並熟悉許多古典名著。這些青年人具有活潑的精神、過人的熱情和勇敢的心志，以致他們所獲得的知識，許久都沒有人能與之相比。……因此，當這些擁護改革運動的青年，在任何場合與羅馬教的學者相遇時，他們都能輕易且有把握地予以反擊，致使這些無知的學者們含糊支吾，在眾人眼前受了應得的輕視。」[17]

　　當羅馬教的神父們見自己的會眾逐漸減少時，他們就請求官府的援助，企圖用盡各樣的力量使他們回來。但是眾人已經在新的教義中找

到那能滿足心靈需要的糧食，他們就轉離了那些多年以來、用無價值的糠糠來餵養他們的人。這些糠糠就是迷信的禮節和人為的傳統。

當真理的教師受到逼迫時，他們聽從了基督的話：「有人在這城裡逼迫你們，就逃到那城裡去」(太10：23)，於是真光就照耀到各方各處。這些逃亡者無論在何處找到一個好客的人家，就住在那裡宣講基督；有時也在教會裡，但若教會拒絕他們，他們就在別人的家裡或在露天場所講道。他們在何處找到聽眾，那裡就是一所奉獻給上帝的聖殿。他們既憑藉極大的努力和信心宣講真理，真理就以不可抗拒的力量傳開了。

教會和官府們想要鎮壓「異端」，但都無用；他們用監禁、酷刑、火柱、刀劍，也是枉然。千萬信徒用自己的血印證了他們的信仰，改教的工作仍然邁步前進。逼迫只會推展真理，撒但雖企圖用狂熱派來混淆真理，結果上帝的工與撒但之工的區別，卻更清楚地顯明出來了。

註①：多貝涅，《十六世紀宗教改革運動史》，第9冊，第1章。
註②～⑦：同上，第7章。
註⑧：同上，第8章。
註⑨：同上，第7章。
註⑩～⑪：同上，第9冊，第8章。
註⑫：同上，第10冊，第10章。
註⑬：同註⑩～⑪。
註⑭：同註⑫。
註⑮～⑰：同上，第9冊，第11章。

第十一章
諸侯的抗議

　　1529年，信從基督的德國諸侯在斯派爾會議 (Diet of Speyer) 所提出的抗議，乃是人們為改教運動所做的最偉大的見證之一。這些屬上帝之人的勇氣、信心、毅力，終於為後代爭取了思想和信仰的自由。他們的抗議使改革的教會得稱為「改正教」(譯者按：英文作「Protestant」)，而它所倡導的原則乃是「改正教的本質」。[1]

　　然而，一個黑暗可怕的日子臨到了宗教改革運動。沃木斯詔書 (Edict of Worms) 雖然宣稱路德違法，並禁止人傳講或相信路德的道理，但宗教在國內仍有一定的寬容程度。上帝曾遏止了反對真理的種種勢力。查理五世 (Charles V) 本來一心想粉碎改教運動，但每當他要舉手攻擊時，就被迫將自己的矛頭轉向他方。一切膽敢反抗羅馬的人，似乎多次面臨不可避免的毀滅境地；但在危急之秋，不是土耳其的軍隊在國境以東的前沿出現，就是法王或教皇自己因嫉妒皇帝日益擴大的威權而與他作戰，於是在列國的紛爭和擾攘之中，改教運動就逐漸壯大並擴展起來了。

　　但這幾個信奉羅馬教的君王終於抑制了他們之間的內鬥，以便組成聯合陣線對付改教運動。1526年召開的斯派爾會議曾規定各邦在宗教事務方面有完全的自由，直到下屆大公會議為止；但查理五世一到那逼他讓步的危機過了之後，就召集了第二次會議，定於1529年在斯派爾開會，目的是要鎮壓異端。如果可能的話，他要用和平的手段勸誘

諸侯與他站在同一陣線對抗改教運動；倘若不成，他就準備採用武力。

羅馬教欣喜極了，因他們在斯派爾人多勢眾，他們便可公然對付改教者和贊助他們的人。那時墨蘭頓說：「我們成了世界的渣滓和垃圾了；但基督必要垂顧祂可憐的百姓，並要保守他們。」[2] 來出席會議的新教諸侯，即使是在自己的住處請人宣講福音，竟然也被禁止。但是斯派爾的居民渴慕上帝的聖言，有好幾千人不顧這個禁令，竟蜂擁到薩克森選侯轄區的會堂裡，去參加那裡舉行的聚會。

這事加速了危機到來。查理五世向議會發佈命令說，准許宗教自由的決議既造成了極大的混亂，就必須明令予以廢除。這種專制獨斷的行為，使信從福音的人極其憤慨且恐慌。有一個人說：「基督又落入了該亞法和彼拉多手中。」隨後羅馬教徒更加暴力了。一個頑固的羅馬教徒說：「信從路德的人遠不如土耳其人！因為土耳其人還遵守齋期，而信從路德的人卻不遵守。如果我們必須在上帝的聖經和教會古老的謬道之間擇其一，我們寧可拒絕上帝的聖經。」墨蘭頓說：「法伯爾 (Faber) 每天在全體議會前，用新的武器來攻擊我們傳福音的人。」[3]

宗教信仰自由既是依法成立的，信從福音的各邦就決定要反抗上述這侵犯他們權利的命令。這時路德仍受沃木斯議會頒佈的禁令限制，所以無法到斯派爾出席會議；但他的地位卻被他的同工和一些諸侯所替補。上帝曾興起這一班人在這危急之秋為祂的聖工辯護。從前保護路德的薩克森選侯——腓特烈三世已逝世，繼承者是他的兄弟約翰公爵 (Duke John，又稱：堅定者約翰)，約翰曾欣然歡迎改教運動，他雖然主張和平，但在一切有關信仰的事上，他卻顯出有極大的毅力和勇氣。

在會議上，神父們要求那些接受改教運動的各邦絕對服從羅馬教的權威。另一方面，改教運動領袖則堅持以前通過的宗教信仰自由。他們不同意讓那些已欣然接受上帝聖言的各邦重新受羅馬教掌控。

最後議會提出一個折衷的方案，就是在改革運動還沒有成立的地方，必須嚴格執行沃木斯詔書通過的禁令；而「在那些已經不遵該禁

令，以及禁令的執行不免引起暴亂的地方，則必須限制他們，不可進行任何新的改革，不可引起辯論，不可反對彌撒禮，不可讓任何羅馬教徒皈依路德教」。⁴這個方案一經會議通過，羅馬教的神父和主教們便非常得意。

如果執行這一道命令，則「改革運動既不能擴展到新的地區，……也不能在這運動已萌芽的地方建立穩固的基礎」。⁵發言的自由必定會遭到禁止，也不許人悔改信奉基督教了。改革運動的支持和贊助者被要求立時服從這些限制和禁令；世界的希望似乎要消滅。「羅馬教會制度的重建……必毫無疑問地使從前的暴政死灰復燃」；而且一有機會，羅馬教就可以使那已被狂熱派和內鬨「嚴重地動搖了的工作，趨於完全的毀滅」。⁶

後來當信從福音的同工聚集商討這問題時，他們只能面面相覷，茫然若失。彼此相問說：「現在我們該怎麼辦呢？」緊要關頭已經臨到世界了。「宗教改革的領袖們會不會屈服，接受這一次的禁令呢？他們在這極嚴重的危機中，若想為自己採取一個錯誤的步驟來辯護，是多麼容易啊！他們可以找出多少似是而非的藉口和冠冕堂皇的理由，為屈服的行動辯解！信奉路德教的諸侯們已經得了他們宗教信仰自由的保證。這同樣的權利也已經給了一切在這次議案通過前、信從宗教改革的人；這還不應當使他們滿意嗎？順從羅馬可以避免多少危難！而反對羅馬又將使他們遭遇何等不可預期的危險和戰爭！而且誰能說將來再沒有良好的機會呢？我們來爭取和平吧！接受羅馬伸出的橄欖枝好醫治德國的創傷吧！改教運動的領袖們大可拿這樣的論調為自己所採取的措施辯護，而這麼做不久必要使他們的事業瓦解。

「幸虧他們審視到了這次協議所根據的原則，並憑著信心來採取行動。那個原則是什麼呢？就是羅馬教有強迫人信仰，並禁止人自由尋求真理之權。但他們自己和信從新教之人，豈不是可以享受信仰自由的嗎？不錯，但這自由乃是這次協議所特別規定的恩惠，而不是一種權利。至於在這協議範圍之外的人，他們都在強權的大原則之下；宗教信

仰自由是沒有任何地位的；羅馬教廷就是萬萬不能錯的仲裁者，是人人所必須服從的。接受這個協議，事實上就是承認宗教自由只能止步於已信奉新教的薩克森區域之內；至於在基督教世界一切其他地區，若自由尋求真理和信奉新教，就要被判為有罪，並要受監禁和火刑的處分。他們能夠同意讓宗教自由只限於局部地區嗎？他們能就此宣稱宗教改革運動已經引領最後一個人悔改嗎？已經征服它最後的一片土地嗎？他們能承認羅馬管轄的地方要永遠受她統治嗎？如果按照這個協議實行，成千上萬的人勢必要在羅馬教的區域內犧牲他們的性命，這些改教領袖們可以宣稱自己對於這些人的性命毋須負責嗎？這無異於要他們在危急之時出賣福音的事業，和基督教世界的自由。」[7]他們寧願「犧牲一切，甚至於犧牲自己的國家、自己的冠冕、自己的性命」。[8]

諸侯說：「我們務要拒絕這道政令，在宗教自由的問題上，不能以多數決來作決定。」代表們聲明：「帝國之得享和平，乃是1526年的詔令所賜；如果廢止它，勢必使德國陷於困境和分裂。會議除了保障信仰自由，以待舉行全體大會之外，無權辦理其他的事。」[9]保障信仰自由乃是國家的本分，在宗教的事上，它的權威只限於此。世界上的每一個政府若想用國家權威來規定或強制宗教的遵守，就是犧牲了許多基督徒英勇奮鬥所爭取的原則。

羅馬教派決意鎮壓這個他們所謂「大膽的頑固分子」。他們開始在支持改教運動的人中間挑撥離間，並恫嚇一切沒有公然支持這運動的人。最後他們召集一切自由城市的代表到會議中來，要他們聲明是否同意會議所提出的條件。這些代表們要求延緩答覆，也未蒙允准。當他們進行表決時，幾乎有半數的代表站在了改革運動這一邊。這些不肯犧牲信仰自由和個人抉擇權的人，明知自己所採取的立場必要受到批評、侮辱和逼迫。有一個代表曾這樣說：「我們若不否認聖經，就要被燒死。」[10]

代表皇帝出席會議的斐迪南王 (Ferdinand) 看出若不能誘導諸侯接受並擁護這道命令，勢必造成嚴重的分裂。他深知採用武力必使這些

人更加堅決，所以他企圖說服他們。他「懇求諸侯接受會議指示的命令，這樣他保證皇帝就必喜悅他們」。但是這些忠心的人承認那比地上君王還高的權威，所以平靜地回答說：「我們一定會在一切足以維護和平與上帝尊榮的事上順服皇帝。」[11]

最後斐迪南在會議中向薩克森選侯和他的朋友宣佈說，這一道命令「就要成為皇帝的諭令」，而「他們唯一的出路就是服從多數」。他說了這話就退出議會，沒有給改教者任何討論或回答的機會。「他們派代表去請王回來，結果也是徒然。」他對他們的諫言只是回答說：「事情已經決定了，只有順從這一條路可走。」[12]

保皇黨的人看出基督教的諸侯必要堅持主張：聖經遠比人的道理和要求擁有更高的權威；他們也知道，無論何處接受了這項原則，在那裡教皇的權威終必被推翻。但是他們像歷來的許多人一樣，只「顧念所見的」，自己欺哄自己說：皇帝和教皇有充分的理由，而改教領袖的主張很薄弱。如果改教領袖們單單信賴人力的援助，他們確實會像羅馬教徒所想像的勢單力孤。他們雖然在人數方面遠比羅馬教為少，但他們卻另有力量。他們「以上帝的聖言對抗會議的陳述，以萬王之王、萬主之主耶穌基督對抗查理皇帝」。[13]

當斐迪南不肯理睬諸侯們出於良心的主張時，他們就決定不管斐迪南在場與否，立時向這全國性的議會提交他們的抗議書。所以他們擬了一篇鄭重的宣言上呈議會；它的主要內容如下：

「我們以此宣言在上帝面前向會議聲明，唯有祂是我們的創造主、保護者、救贖主和拯救者；有一天，祂將成為我們的審判者；我們在萬人萬有之前，為我們自己和我們的國民提出抗議，聲明我們絕不同意、也不能以任何方式，服從會議所提議的政令，去違背上帝，違背祂的聖言，違背我們正義的良心，並妨害我們靈魂的得救。

「我們能承認這政令嗎？當全能的上帝呼召一個人來領受祂的知識時，我們能說這個人不可以領受嗎？除了與上帝聖言相符的道理之

外,沒有其他可靠的道理。……上帝也禁止人傳講任何別的道理。……每句經文必須用其他更清楚的經文來解釋;……在這一本神聖的經書中,凡有關基督徒所必需明白的事都是易於領會的,並足以驅散黑暗。我們決意要靠著上帝的恩典,單單傳講上帝純潔的聖言,就是記在舊約和新約經卷中的教訓,也不加添任何與之相牴觸的話。上帝的聖言是唯一的真理;它是一切道理與生活的可靠準則,它絕不會使我們失望或欺騙我們。凡在這根基上建造的人,必能抵擋一切地獄的權勢,而世人所用來反對它的荒謬言論,必要在上帝面前全然失敗。

「為這個緣故,我們拒絕那加在我們身上的軛。同時我們也深信皇帝陛下必以愛上帝過於愛一切基督徒的態度待我們;我們也聲明,我們必在公正合法的本分範圍之內,向皇帝陛下和在座的諸位貴族議員表示一切的愛戴和順從。」**14**

這一幕在與會之人心中留下了深刻印象。多數議員對於抗議者的大膽不勝驚異。在他們看來,國家的前途將波折不斷、搖擺不定。分裂、紛爭、流血的事,似乎是無可避免了。但是改教領袖們深知自己所行之事是正義的,便倚靠全能者的膀臂,「充滿了勇氣,非常堅定。」

「這個著名的抗議書所包括的原則……構成了基督教的基本要素。這抗議書反對世人在信仰上所犯的兩種弊端:第一是官員的橫加干預;第二是教會當局的專權。基督教反對這些弊端,而將良心的自覺力量置於官府的權勢之上,將上帝聖言的權威置於教會的權威之上。原來它拒絕政府干涉信仰問題,與先知和使徒同說『順從上帝,不順從人,是應當的』;它高舉了耶穌基督的冠冕,在查理五世的冠冕之上。但是它更進一步奠定了一個原則:人的一切教導都不能高過上帝的聖言。」**15**再者,這些抗議者聲明他們有權自由發表自己對真理的信仰。他們不單要相信真理,順從真理,而且也要將上帝的話教導人,並否認神父或官府有權干涉。斯派爾的抗議,乃是反對宗教偏見的一個嚴屬見證,並聲明人人都有依照自己的良心敬拜上帝的權利。

宣言已經寫成。它不但寫在千萬人的記憶中，而且也記在天上的冊子裡，是世人無法抹去的。德國的基督徒都採納了這個抗議聲明作為自己信仰的宣言。各處的人都在這聲明書中看出一個更光明的新紀元。有一個諸侯對斯派爾的抗議說：「全能的上帝既賜給你們恩典，使你們積極且完全無畏地承認了真理，願祂保守你們在基督裡的堅固信心，直到永遠。」**16**

如果改革運動在取得一點成功之後，隨即就緩和下來，以討世人的喜悅，那就是既不忠於上帝，又不忠於自己，而且必定導致自己的敗亡。這些高尚的改教者所有的經驗，足以作為後世的一個教訓。撒但用來反抗上帝和聖經的種種方法始終不變；他今日反對以聖經為人生的指導，正如他在第十六世紀所反對的一樣。今日人們已經遠離了聖經的教訓和典章，所以我們必須恢復基督教改革運動的大原則——單單以聖經為信仰與職責的規範。撒但仍在千方百計地設法破壞宗教信仰的自由。在斯派爾提出抗議之人所拒絕的敵基督勢力，現在正重整旗鼓，想要重新奪回它所失去的優勢。宗教改革運動在那次危機中所表現的堅持上帝聖言的精神，也是今日改革運動的唯一希望。

那時有種種跡象顯明改正教徒確實是處於危險之中；但也有許多跡象說明上帝已伸出祂的聖臂保護忠心的人。約在此時，「墨蘭頓領了他的朋友西門·格里諾 (Simon Grynatus) 急急忙忙地通過斯派爾的街道，向萊茵河走去，並催他趕緊過河。他的朋友對這慌張的情形至為驚異。墨蘭頓說：『剛才有一個態度嚴肅且與我素不相識的老人出現在我面前，對我說，在一分鐘之內，斐迪南必派法警來捉拿格里諾。』」

當天，格里諾聽到羅馬教的宗座神學家——法伯爾的演講，甚感不服，隨後指責他所辯護的是「可憎的謬論」。「當時法伯爾隱忍了自己的憤怒，但立時到斐迪南王那裡領取了逮捕令，要捉拿這個心直口快的海德堡 (Heidelberg) 教授。墨蘭頓深信這是上帝要拯救他的朋友，所以派了一位聖天使預先警告他。」

「他茫然地立在萊茵河畔,等候這一條河流的水拯救格里諾脫離逼迫他之人的手。當墨蘭頓看到他的朋友到了對岸時,便說:『他終於從欲流無辜人之血的爪牙口中被搶救出來了。』當墨蘭頓回家之後,有人告訴他,法警剛才就在他家中尋找格里諾。」[17]

這時,改革運動在地上的偉人眼前將要更進一步地傳開。斐迪南王曾拒絕聽取這些信從福音之諸侯的申訴;如今他們卻蒙允准,被賜予機會在皇帝、教會和國家顯要人物面前,提出他們動機的原委。查理五世為要平息那滋擾他帝國的紛爭,在斯派爾抗議之後的翌年 (1530年),在奧斯堡 (Augsburg) 召開了一次會議,並聲明他要親自主持。新教的改教領袖們也被召出席。

改革運動面臨可怕的危險;但維護這運動的人仍然將他們的事交託給上帝,並立志效忠福音,始終不渝。薩克森選侯 (即「堅定者約翰」) 的謀士們竭力主張他不可出席議會。他們說皇帝要諸侯出席,無非是要引誘他們自投羅網。「一個人置身於強敵的城牆之內,豈不是冒太大的危險嗎?」可是其他的人勇敢地聲稱:「只要諸侯奮不顧身,敢作敢為,上帝的聖工必可保全。」路德說:「上帝是信實的;祂必不丟棄我們。」[18]於是薩克森選侯帶著他的侍從出發到奧斯堡去了。大家都知道那威脅著他的種種危險,許多人面帶愁容,帶著沉重的心情前行。然而路德卻一路陪伴他們,直到科堡 (Coburg),他在路上寫了一首讚美詩,曲名是《我們的上帝是堅固的高臺》(A Mighty Fortress,現代版曲名為《堅固保障》),他沿路唱著這首詩歌,振奮了同行之人消沉的信心。當他們聽到這動人的歌聲時,焦慮的凶兆就消失,沉重的心情也振作了起來。

從事改革運動的諸侯曾決定要根據聖經的憑據,把他們的信仰以系統性的方式寫成一篇宣言,呈交議會,並決定由路德、墨蘭頓和他們的同工起草。這一份信仰宣言後來經改正教徒認可,成為他們的信條;這份重要文件寫成之後,他們就召集一次聚會,大家共同簽署。那的確是一個嚴肅、充滿考驗的時候。改教者們切望自己的事不要與政治問

題混在一起；他們深覺除了上帝的話之外，不該運用其他的勢力。正當信從基督的諸侯們前來、要在信仰宣言上簽署時，墨蘭頓卻攔阻他們說：「發動這些事的應該是神學家和牧師們；讓我們把地上的勢力、權威，留待用在別的事上吧！」薩克森選侯約翰回答說：「你們要把我排除在外嗎？萬萬不可。我已決定做我所該做的事，失去王冠也在所不惜。我願意承認主耶穌。於我而言，選侯的冠冕和職權都不如耶穌基督的十字架那麼可貴！」他說了這話，就把自己的名字簽上了。另有一個王侯也拿起筆說：「如果主耶穌基督的尊榮有所需要，我願意，……把我的財物和性命拋諸腦後。」他接著又說：「我寧可放棄我的臣民和我的國土，寧可空手離去祖國，而不願在這信仰宣言所列舉的信條之外，接受任何其他的教義。」[19]這些屬上帝的人擁有的信心和勇氣，於此可見一斑。

指定謁見皇帝的時候到了。查理五世坐在他的寶座上，周圍坐著選侯和諸侯，於是信奉基督教的改革家蒙召覲見。他們宣讀了他們的信仰宣言。在那莊嚴的集會中，福音的真理清清楚楚地發表出來，羅馬教會的錯謬也被指明。因此，這一日真可謂是「宗教改革運動最偉大的日子，也是基督教和人類史上最光榮的一天」！

自從威登堡的那位修士獨自站在沃木斯全國會議前作證時起，到此時不過數年。如今替代他的，乃是國內最尊貴、最有權勢的王侯。路德被禁止出席奧斯堡會議，但他卻藉著自己的言論和禱告參加會議。他寫道：「我能活到這時，得以目睹基督在如此重要的聚會中，藉由地位顯赫之人的宣言，在眾人面前被高舉，這真使我不勝欣喜！」[20]這樣就應驗了聖經的話說：「我也要在君王面前論說祢的法度……。」（詩119：46）

在保羅的日子，他雖然為福音的緣故被捆鎖，福音也曾這般傳到羅馬城，帶到王侯和貴族面前。這時的情形也是如此，皇帝下令禁止、不准人在講臺上宣揚的福音卻在王宮裡傳講；許多人認為連奴僕也不宜聆聽的福音，卻讓國內的顯要人物和貴族們聽見時感到驚奇。君王

和偉人是聽眾,戴著冠冕的王侯是傳道人,講章是上帝至尊的真理。一位作家說:「自從使徒時代以來,還沒有比這更偉大的工作,也沒有比這更莊重的信仰宣言。」[21]

一個羅馬教的主教聲稱:「路德派的人所說的話都是實在的;我們無法加以否認。」另一個人問羅馬天主教學者厄克說:「你能用正確的理由駁倒選侯和他的同盟所提出的信仰宣言嗎?」他回答說:「用使徒和先知的著作?——不能!但用教父和議會的著作?——可以。」發問的人回應說:「我明白了,照你的說法,路德派的人有聖經作為根據,而我們沒有。」[22]

德國又有一些王侯相信了改正教的信仰。皇帝也親自宣講改正教徒所提出的意見確實是真理。這一份信仰宣言(即《奧斯堡信條》,Augsburg Confession)譯成了許多方言,通行全歐,連後世也有億萬人接受它作為自己的信仰聲明。

上帝忠心的僕人並不是孤獨地作工。當「執政的、掌權的,以及天空屬靈氣的惡魔」聯合起來反對他們時,主沒有丟棄祂的子民。如果他們的眼睛能睜開,他們就要像古時的一位先知一樣,得見上帝與他們同在並幫助他們的顯著憑據。當以利沙的僕人將圍繞並截斷他們逃生之路的敵軍指給他主人看時,先知禱告說:「耶和華啊,求祢開這少年人的眼目,使他能看見。」(王下6:17)他就看見滿山有火車火馬,有天軍駐紮在那裡保護上帝的僕人。眾天使也是這樣護衛著從事宗教改革運動的人。

路德最堅決持守的原則之一,就是不借助屬世的權勢來支持改教運動,也不採取武力手段來維護這運動。國內的王侯宣稱相信福音,固然使他歡喜快樂;但當他們建議成立一軍事防禦聯盟時,他卻聲稱福音的道理應該單單由上帝來保護。……人的干涉越少,上帝的作為就必越發彰顯。人們所設立的政治庇護,在他看來都是無謂的懼怕,和不信靠上帝之罪。[23]

當許多有力的仇敵聯合起來想推翻宗教改革的信仰，且有千萬把利劍正要出鞘來攻擊它時，路德寫道：「撒但發怒了；不敬虔的主教們也在同謀；而我們受到了戰爭的威脅。務要勸勉眾人，憑著信心和祈禱在主的寶座前勇敢呼求，使我們的仇敵被上帝的靈所制伏，而不得不趨向和平。我們最大的需要和主要的努力就是禱告；人人務要知道，他們這時正在刀劍的鋒刃之前，正在撒但的忿怒之下，讓他們禱告吧！」[24]

後來路德論到信奉新教的王侯們考慮成立的聯盟，又聲稱他們在這戰爭中所使用的唯一武器，應當是「聖靈的寶劍」。他寫信給薩克森選侯說：「我們憑著良心不能贊同所建議的聯盟。我們寧可死十次而不願看到我們的福音使人流一滴的血。我們的本分是要像羊羔被牽到宰殺之地。我們必須背負基督的十字架。閣下可以不必懼怕。我們藉禱告所能成就的，要比我們的仇敵用他們的矜誇之辭能成就的還大。只要注意，不讓你的手染上弟兄的血。如果皇帝要我們到他的審判臺前陳述，憑他的審判員處置，我們也準備出席。你不能護衛我們的信仰，各人要為自己的信仰冒自己的危險。」[25]

在偉大的改教運動中，所有撼動世界的力量都源自於祈禱的密室。主的僕人在密室中以聖潔般的冷靜，把他們的腳立在祂應許的磐石上。在奧斯堡的掙扎時期中，路德「每天至少用三個小時禱告，而且這幾個小時，乃是他從最適宜研究的時間內抽出來的」。在他私人的密室中，可以聽見他在上帝面前傾心吐意，「滿有尊榮、敬畏、希望，像人與朋友談話一樣。」他說：「我知道祢是我們的天父，是我們的上帝，我也知道祢必要驅散那些逼迫祢兒女的人；因為祢自己與我們同受危害。這一切的事都是祢的，我們只是因祢的激勵才從事這工。所以，天父啊，求祢保護我們！」

那時，墨蘭頓因憂慮和懼怕的重擔大受打擊，路德寫信給他說：「願恩惠平安在基督裡歸於你——我是說在基督裡，而不是在世界裡。阿們！我非常痛恨那些消耗你精力的過分憂慮。如果我們所行之事不是正義的，那就放棄它好了；如果它真是正義的，那麼我們為什麼要懷

疑那吩咐我們安心睡眠之主的應許呢？⋯⋯對於正義和真理的工作，基督有充足的能力。祂是長遠活著，祂掌管萬有；既然如此，我們還有什麼可懼怕的呢？」[26]

上帝果然垂聽了祂僕人的呼求。祂賜給王侯和宣教士們恩惠和勇氣來維護真理，並抵擋這世界黑暗的統治者。主說：「看哪，我把所揀選、所寶貴的房角石安放在錫安；信靠祂的人必不至於羞愧。」(彼前2：6)新教的改教者們已經在基督身上建造，所以陰間的權柄不能勝過他們。

註①：多貝涅，《十六世紀宗教改革運動史》，第13冊，第6章。
註②～⑥：同上，第5章。
註⑦：懷利，《新教史》，第9冊，第15章。
註⑧～⑩：同註②～⑥。
註⑪～⑮：同註①。
註⑯：多貝涅，第14冊，第2章。
註⑰：同上，第6章。
註⑱～⑳：同上，第7章。
註㉑：同上，第8章。
註㉒～㉓：多貝涅，倫敦版，第10冊，第14章。
註㉔：同上，第14冊，第1章。
註㉕～㉖：同上，第6章。

第十二章

法國的改教運動

在那代表德國宗教改革運動勝利的斯派爾抗議，和《奧斯堡信條》(Augsburg Confession) 之後，隨之而來的就是多年的衝突和黑暗。在支持改教運動的人中間，內部分裂削弱了其力量，在外面又受到強敵攻擊，以致改正教似乎注定要被完全消滅了。千萬人用自己的血印證了他們所信的道。這時，內戰爆發；新教的工作遭到內部其中一個領導人物出賣，以致信從新教的幾個最高貴的王侯落到皇帝的手中，他們竟如俘虜一樣，在各城中輾轉押送。但是，就在皇帝似乎勝券在握的一剎那，他忽然失敗了。他眼見俘虜從自己手中掙脫，結果他不得不准許宗教自由；他曾以消滅新教為自己一生的抱負，寧願犧牲他的國度、財富，甚至自己的性命，來粉碎這個「異端」。如今卻看到自己的軍隊在戰爭中損失殆盡，國庫也日漸枯竭，國內各邦又有叛變的危險，而他所妄想消滅的信仰卻不斷擴張。查理五世終其一生一直與全能者為敵。上帝說「要有光」，而他卻想保留黑暗。他沒有達到目的；他因長久以來的鬥爭精疲力盡，未老先衰，於是他主動退位，在一個修道院裡終老此生。

在瑞士的改教運動也像在德國一樣，面臨了黑暗時期。雖然有許多州接受了改革運動的信仰，但其他地區卻固守著羅馬的教條。他們加諸於那些接受真理之人的逼迫，終於引發了內戰。慈運理和許多與他一同從事改教運動的人，都倒在卡珀爾 (Cappel) 血腥的戰場上。厄科蘭帕迪烏斯受這些可怕的災禍打擊，不久便去世了。羅馬教廷躊躇滿志，在

許多地方似乎要奪回所喪失的一切。但那從亙古立定籌劃的主沒有丟棄祂的工作，也沒有離棄祂的百姓。祂的聖手必為他們施行拯救。祂已經在其他的國家興起工人來推進改革運動。

法國在尚未聽到改革家路德的名字之前，就已出現曙光。首先得見亮光的乃是年邁的勒菲弗 (Lefèvre)，他學識淵博，曾任巴黎大學教授，又是一個真誠熱心的羅馬教徒。他在鑽研古代文學的時候，漸漸注意到聖經，他便指導學生研究聖經。

勒菲弗原是熱誠敬拜古代聖徒的，他有意根據教會的傳說，編寫一部先聖和殉道者的歷史，這工作要花費不少時間和心血；但到他已經有相當成就和進展時，他想或許能在聖經中找到更多有用的資料，於是他本著這個目的開始研究聖經。之後他果然在聖經裡找到有關聖徒的敘述，但這些聖徒與他在羅馬聖人曆中所讀到和描述的聖徒大不相同。於是神聖的亮光忽然普照在他心中。他就大感驚奇而摒棄了自己原本的計畫，專心去研究上帝的話。過了不久，他開始把在聖經中所發現的寶貴真理教導人。

1512年，即在路德、慈運理開始改革工作之前，勒菲弗已經寫道：「上帝因信賜給我們義，使我們得以靠恩典稱義而得永生。」[1]論到救贖的奧祕，他說：「此種變換的偉大確是言語所難以形容的——那無罪的一位被定了罪，而有罪的人倒得了自由；有福的主受了咒詛，該受咒詛的人倒蒙了福氣；生命之君捨棄了生命，必死的人倒得了生命；榮耀的王陷在黑暗之中，無知蒙羞的人倒披上了光榮。」[2]

他一面教導人救贖的功勞乃完全屬於上帝，也一面聲明順從乃是人類的本分。他說：「若你是基督教會的一分子，你就是祂聖體的肢體；若你是祂的肢體，你就滿有上帝的性情。……若世人能領會這種特權，他們的生活該是何等純潔、清高、聖善啊！此世的榮華若與他們內在的榮耀——肉眼所看不到的榮耀——相比，那是何等地微不足道啊！」[3]

在勒菲弗的學生之中，有些人很熱切地聽他的教導，他們在這位

老師去世之後仍繼續宣揚真理。威廉·法勒爾 (William Farel) 就是其中之一。他的父母是虔誠的教徒，他所受的教育使他以絕對的信心接受教會的訓誨，以致他能像使徒保羅一樣說：「按著我們教中最嚴謹的教門作了法利賽人。」(徒26：5) 法勒爾是一個忠實的羅馬教徒，心中火熱，要除滅一切膽敢反對教會的人。他後來提到自己這段時期的人生觀時說：「當我聽到任何人說話反對教皇時，我就咬牙切齒，如同一隻狂怒的豺狼一般。」[4] 他曾不息不倦地敬拜古代聖徒，陪同勒菲弗遍遊巴黎的各教堂，在祭壇前跪拜，獻禮物裝飾神龕。但這些禮節無法使他的心靈得到平安，自知有罪的感覺緊緊地環繞著他，無論他怎樣苦修，也無法擺脫這種感覺。後來他聽到改教領袖的話說：「救贖乃是出於恩典。」、「那一位無罪的被定了罪，罪人倒得蒙赦免。」、「唯有基督的十字架能打開天國的門，關閉地獄的門。」[5] 這些話在他聽來，猶如從天上傳來的聲音一樣。

法勒爾欣然接受了真理。他像保羅一樣悔改之後，便擺脫了傳統的束縛，得到了上帝兒子的自由。「他再沒有殘暴豺狼的嗜殺之心，卻轉變成安靜溫柔、無害的羊羔，他的心已經從教皇那裡收回而獻給耶穌基督了。」[6]

當勒菲弗繼續在學生中傳遞真光的時候，法勒爾則熱心於基督的聖工，正如他從前熱心為教皇做工一樣，他出去公開地宣傳真理。不久，有位教會的顯要人物——莫城教區 (Meaux) 的主教與他攜手同工。同時又有其他才能卓越、學問淵博的教師們參與傳講福音，於是各階層——從工人、農民的家庭直到王宮，都有人信從福音。當時的法國國王法蘭西斯一世 (Francis I) 的姊姊，也接受了宗教改革的信仰。連國王自己和太后也一度表示贊成，所以改教者們懷著極大的希望，預期法國終有信從福音的一日。

但是他們的希望未能實現；反而有試煉和逼迫等待著基督的門徒。雖然如此，上帝憐愛他們，不讓他們預先看到這事。中間還有一段平安的時期，使他們能得到力量，以便應付那將要臨到的風暴，使改革

運動得以迅速進展。莫城的主教在自己的教區中熱心工作，教導他的教牧人員和一般平民。他撤換了無知腐化的神父，儘量任用有學識和敬虔的人。這位主教非常希望他的教徒能為自己而研究聖經，不久他的希望就實現了。勒菲弗已經著手翻譯新約聖經；正當路德的德文聖經在威登堡出版時，法文的新約聖經也在莫城印行了。主教不惜工本，在他的教區中努力推銷，不久莫城的民眾也都得到了聖經。

這些人歡迎上天的信息，正如極度乾渴的行人歡迎活水的泉源一樣。田地間的農夫和工廠裡的工人都藉著談論聖經中的寶貴真理，來使自己每天辛勞的生活感覺愉快。入夜之後，他們不再到酒吧去，而是彼此聚集在家中誦讀聖經，並一同祈禱讚美上帝。不久，這些村鎮有了極大的改變。他們雖是一群平凡、未受教育並辛苦勞動的鄉民，但在他們的生活上可以看出上帝恩典在塑造人、提高人方面的能力。他們所有謙卑、仁愛和聖潔的美德，見證了福音可為一切真誠領受它的人成就何等的大工。

在莫城所發出的真光照耀了遠近各地。悔改的人數天天增加。羅馬教會當局的忿怒雖一時被那輕視修士之狹隘偏見的國王所遏制；但羅馬教會的領袖終於得了勝。於是火刑柱豎起了；莫城的主教在火刑和悔改之間必須擇其一之時，竟揀選了那較輕省的道路；但是領袖雖然跌倒，他的羊群卻仍然堅定不移。許多人在火焰中為真理作了見證。這些平凡的基督徒藉著他們在火刑柱上顯示的勇敢和忠心，向成千上萬在太平時期尚未聽過福音的人，作了美好的見證。

那在痛苦和侮辱之中大膽為基督作見證的，不單是一些卑微和貧窮的人。就是在貴族的宅第中，也有高貴的人們視真理比財富、地位，甚至於性命更為寶貴。在王家貴冑中竟有人表現了比主教更堅定的精神。路易·德·伯爾金 (Louis de Berquin) 出身貴族，是一個勇敢風雅的爵士；他十分好學，舉止大方，品行端正。有一位作家說：「他忠心擁護羅馬教的種種制度，熱心參赴彌撒和宗教聚會；……在他所具有的一切美德之外，他還特別憎恨路德教派。」但後來他像許多人一樣，受上帝

引領去研究聖經，便非常驚異地發現其中「並沒有羅馬教的道理，反而是路德的道理」。[7]從此以後，他就全心獻身從事福音的工作了。

「他是法國貴族中最有學問的人。」他的天資和口才，不屈不撓的勇氣和堅毅果敢的熱誠，以及在宮廷中的影響——因為他受王青睞，使許多人認為他命定要成為他祖國的改革家。作家伯撒說：「法蘭西斯一世若是像薩克森選侯一樣，伯爾金就可以成為第二個路德了。」羅馬教徒說：「他比路德更壞。」[8]法國的羅馬教徒實在懼怕他比懼怕路德更甚。他們把他當作叛教之徒囚在監牢裡，可是王釋放了他。這種相爭持續了多年。法蘭西斯一世總是在羅馬教和改教者之間舉棋不定、反覆無常，他時而容忍，時而遏制修士們的狂怒。伯爾金曾三次被羅馬教廷監禁，但國王欽佩他的天才和他高尚的品德，不肯讓他在修士團體的毒手之下犧牲，故而把他釋放了。

常有人把伯爾金在法國可能的危險警告他，並懇勸他學別人的榜樣，自動流亡在外，以求安全。當時有一個比較溫和但怕事的學者伊拉斯謨 (Erasmus)——這人雖學識淵博，卻未能重視真理過於自己的性命和名譽——寫信給伯爾金說：「你還是要求王派你出使外國吧！到德國去遊歷一番也好。你知道像貝德 (Beda) 和他這樣的人，乃是一頭三頭六臂的猛獸，到處施展他的毒手。你的仇敵名字叫做『群』。即或你們的工作比耶穌基督的更偉大，他們還是不會放過你的，直到他們把你悲慘地消滅了為止。不要太相信國王的保護。無論如何，不要在神學教師面前有損我的聲譽。」[9]

但當危險加深的時候，伯爾金的熱誠反而越發加強。他不但不採納伊拉斯謨趨吉避凶、專顧自己的建議，反而斷然取了更勇敢的步驟。他不但要維護真理，還要攻擊謬論。羅馬教徒想要將「異端」的罪名加在他頭上，他要轉過來將其還給他們。他最強悍的敵人乃是巴黎大學神學院的學者和修士，該神學院乃是法國巴黎最高的宗教權威所在地。伯爾金從這些學者的著作中找出十二項意見，並公開地稱之為「違反聖經的異端」；他請國王作他們辯論的裁判。

　　王甚願把雙方的能力和才智作一次比較，並喜歡藉這個機會，挫挫這些傲慢修士的氣燄，就命令羅馬教徒用聖經來證實自己的主張。他們深知聖經這個武器對他們是沒有多大用處；監禁、酷刑、火柱，是他們更善於運用的武器。這局勢轉變了，他們看出自己將要陷入他們原本希望伯爾金陷入的深坑。於是他們驚慌四顧，想找一條出路。

　　「正在那時，巴黎一個街口的貞女馬利亞神像被人損壞了。」全城大大騷動起來。無數的人擁到那裡，莫不悲憤填膺。王也深為感動。這是修士們正好藉題發揮之時，他們也迅速利用此機會。他們說：「這就是伯爾金所傳之道的結果。一切——宗教、法律，連王位——都要被路德派的陰謀推翻了！」[10]

　　於是伯爾金再度被捕。王自巴黎引退，這樣修士們就可以為所欲為。於是改革家遭到公審，被定了死罪，他們唯恐法蘭西斯一世還要出來救他，所以一宣佈了伯爾金的罪案之後，當天就予以執行。伯爾金在中午被帶到刑場。無數的人聚集來觀看這件大事，許多人看見這次遇害的竟是法國貴族中最優秀、最勇敢的人物之時便不勝驚奇，並且疑懼不安。在這人山人海之中，人們的臉色都因驚異、憤怒、輕侮和恨意而罩上了一層陰沉的暗影；唯獨一人容光煥發。這個殉道者的思想毫不涉及眼前動亂的景象；他只覺有他的主與他同在而已。

　　他所坐的死囚護送車，逼迫他之人的橫眉怒目，以及他所要遭受的可怕死刑——這一切他都毫不在意；那曾死過，現在又活了，直活到永永遠遠，並且拿著死亡和陰間之鑰匙的主，此時正在他的旁邊。伯爾金的臉上煥發著上天的榮光和平安。他穿著華麗的衣服，「絲絨的外套，織錦緞的上衣和金色的襪子。」[11]他將要在萬王之王和全宇宙之前，為他的信仰作見證，所以不應當有悲哀的表情來中傷他的喜樂。

　　當這行列緩緩地在擁擠的街道上經過時，眾人很驚奇地留意到他的表情和態度所顯出的平安和充足的喜樂。他們說：「他像一個人坐在聖殿中，默想聖潔的事。」[12]

伯爾金在受刑之時還想對民眾說幾句話，但修士們深怕他的話產生影響，就開始呼喊喧嚷，兵士也用他們的兵器相擊作聲，他們的喧囂就淹沒了殉道者的聲音。這樣，在1529年，於這座人文薈萃、學問和宗教都具有最高權威的巴黎城，「竟為後來1793年的平民立了一個卑鄙的榜樣，在刑場上扼殺了垂死之人要講的最後一句話。」[13]

伯爾金被絞死之後，他的遺體在火焰中燒盡。他的死訊使法國各地改教運動的友人至感哀慟。但他的榜樣是很有影響力的；其他為真理作見證的人說：「我們也準備愉快地赴死，把我們的眼光集中在將來的生命上。」[14]

在莫城遭受逼迫的時期，傳講改教信仰的教師被剝奪了講道的權利，於是他們就轉向其他的地方去了。過了一些時候，勒菲弗到了德國。法勒爾則回到法國東部他的故鄉去，在他兒時的家鄉傳遞真光。那裡早已聽到莫城所發生之事的消息，因此他以無畏的熱誠教導的真理，贏得了許多聽眾。不久地方當局起來，禁止他宣講，就把他驅逐出城。此後他雖然不能公開作工，但他遍行各地和鄉村，在私人的住宅和偏僻的牧場上教導人，並在他兒時屢次造訪的森林或巖穴中安身。這時，上帝正在預備他應付更大的試煉。他說：「撒但的攔阻、逼迫和暗算，就是別人預先警戒我提防的，真是不少！它們比我自己所能忍受的厲害多了；但上帝是我的父；祂已經而且必要為我預備所需要的力量。」[15]

正如使徒時代一樣，逼迫「更是叫福音興旺」(腓1：12)，從巴黎和莫城被驅逐出來的「那些分散的人往各處去傳道」(徒8：4)，這樣真光就傳到法國許多遙遠的省分了。

上帝還在準備更多的工人來推進祂的聖工。在巴黎的一所學校裡，有一個思考縝密又文靜的青年已顯露出他的智力超群、心思透徹，而且他生活的純潔，正如他心智上的敏銳和宗教上的虔誠一樣顯著。他的天分和好學不倦，不久就使學校因他倍覺光榮，大家都確信約翰‧加爾文 (John Calvin，另譯喀爾文) 定要成為教會最有才能、最具聲望的捍

衛者。但是有一道神聖的光輝，照進了那包圍著加爾文的煩瑣哲學和迷信牆垣。他聽見這新的道理之後，便甚是驚異、憎恨，並確認這些叛教徒遭受火刑是應該的。孰料有一天，他在無意之中與「異端」面對面，而被迫嘗試用羅馬教的神學力量對抗改正教的教導。

加爾文有一個參加改教運動的表兄此時正在巴黎，這兩個表兄弟時常見面，並一起談論那攪擾當時基督教界的問題。新教徒奧力維坦（Olivetan）說：「世界上只有兩種宗教：一種是人發明的，都是叫人靠著遵守禮節和善行來拯救自己；另一種是在聖經裡顯明的宗教，是教導人單單信仰上帝白白賜予的恩典而得救。」

加爾文說：「我不會採信你說的任何新教義；你想我信道這麼多年，難道一直是錯的嗎？」[16]但他心中已經因此起了種種思考，是他不能任意磨滅的。他獨自在房中想著他表兄弟的話。自知有罪的感覺緊逼著他；他看出自己在一位聖潔公義的審判者面前並沒有一位中保。聖徒的代求、自己的善行、教會的禮節，都不足以贖他的罪。他在自己面前除了永遠絕望的黑暗之外，再也看不見別的東西。教會內的學者們想要解除他的悲哀，也是枉然。他嘗試用認罪和苦修的方法，也沒有果效；這一切都不能使他的心靈與上帝和好。

當加爾文正陷入這些徒勞無益的掙扎時，有一天他偶然經過一個廣場，看見那裡正在為一個「叛教徒」執行火刑。他看到那殉道者的臉上所表現的平安，心中甚是驚奇。那人在死亡的慘痛中，受著教會最恐怖的制裁，竟還能表現出信心和勇氣；而這青年學生加爾文雖然嚴謹地順從教會的規條，卻落在失望與黑暗之中；二人的情況相較之下，使他不勝唏噓。他知道這些「叛教徒」的信仰是以聖經為根據的。於是他決意要研究聖經，如果可能，他要發現他們喜樂的祕訣。

他在聖經中找到了基督。他喊著說：「天父啊，祂的犧牲已經平息了祢的怒氣；祂的寶血已經洗淨了我的不潔；祂的十架已經擔負了我的咒詛；祂的捨命已經救贖了我。我們曾經為自己發明了許多無益的

愚妄之事，但祢已經把祢的道放在我面前，如同火炬一樣，而且祢已經感動我的心，使我除了耶穌的功勞之外，能鄙視一切其他的功勞。」[17]

加爾文過去所受的教育乃是為了預備他將來作神父的。他剛滿十二歲時，就已被派任為一個小教會的牧師，那時主教按照教會的規條已為他剃了頭。他固然沒有受過正式任命，也沒有擔任神父的工作，但他卻是神職人員的一分子，有職任的頭銜，並收受相當的酬金。

這時，他感覺自己不能作一個神父，他曾一度去學習法律，可是終於放棄這個目標，而決定終身從事福音的工作。但他不敢作一個公眾的教師。因為他秉性怯懦，認為這種工作責任重大，擔當不起，所以他願意仍舊專心從事研究的工作。雖然如此，朋友們的懇勸終於贏得他的同意。他說：「一個出身這樣低階的人，竟能被抬到那麼崇高的地位，真是奇妙之極。」[18]

加爾文靜靜地開始了他的工作，他的話有如甘露滋潤土地。這時他已離開巴黎，到一個省城去，在瑪格麗特公主 (Princess Margaret) 保護之下工作，公主深愛福音，也因此願意保護福音的信徒。加爾文這時還是一個態度溫和、謙虛自抑的青年。他開始在人們家中工作，向聚集的人誦讀聖經，闡明救恩的真理。那些聽見這信息的人就把這福音傳給別人，不久，這真理的教師就轉向遙遠的城鎮和村莊去了。無論宮室或茅屋，他都進去；他就這樣進行他的工作，奠定了多處教會的根基，後來從這些教會中又出了許多為真理勇敢作見證的人。

過了幾個月，他又到巴黎去。那時，學術界中發生了一次非常大的震盪。古代語文的研究曾使人注意到聖經，而一些內心還沒有受到真理感化的人，倒熱心地討論聖經，甚至於向維護羅馬教的人挑戰。加爾文雖然是當地神學辯論的抗辯家，但他有一種遠比這些惱人哲學家發出的喧嚷更高超的使命。當時人心都已被激動起來，所以那正是向他們闡明真理的機會。當大學的演講廳中充滿了神學辯論的喧囂時，加爾文卻挨家挨戶向人打開聖經，講述基督還有祂被釘十字架的信息。

　　由於上帝的安排，巴黎人再次得著機會接受福音的邀請。勒菲弗和法勒爾所發的呼召雖然都遭到拒絕，但在這個偉大的首都，各界人士還要再聽到福音的信息。法國國王因考慮政治因素，還沒有完全偏袒羅馬教，反對改教運動。而瑪格麗特公主仍抱持新教在法國勝利的希望。她決意要在巴黎宣講改革的信仰。在國王離開首都期間，她命一個新教的宣教士在巴黎的各教堂裡講道。但羅馬教的權貴們禁止這事，於是公主便打開了王宮的門，將宮內的一間房子修作會堂並發出通告，每天將在指定的時間講道，並歡迎各界人士前來參加。於是眾人蜂擁前來。不但會堂，連一切的內室和廳堂都擠滿了人。每天有成千的人——貴族、政治家、律師、商人、工匠——前來赴會。後來王不但沒有禁止這些聚會，反而命令巴黎城的兩個教堂必須開放。該城從未因上帝的話受過那麼大的感動。那時似乎有從天而來的生命之靈吹在眾人身上。節制、純潔、秩序和勤勞一舉代替了從前的醉酒、淫蕩、紛爭和怠惰。

　　但當時羅馬教廷高層仍然動作頻頻。王既不肯出面干涉，勒令其停止講道，他們就轉向一般平民進行煽惑。他們不惜以任何手段，設法引起無知和迷信群眾的懼怕、偏見和狂熱。巴黎人盲目地屈從了羅馬教虛偽的教師，正如古代的耶路撒冷一樣，竟不知道眷顧她的時候，也不知道關係她平安的事。上帝的道在巴黎宣講了足有兩年之久；雖然有許多人接受福音，但大多數人還是拒絕。法蘭西斯一世准許宗教自由不過是為了表示個人的寬宏大量，為要達到個人的目的，所以後來羅馬教又佔了上風。於是教堂再次遭到封閉，火刑柱又豎立起來。

　　這時加爾文仍在巴黎，藉研究、默想和祈禱，準備應付將來的工作，並繼續傳遞真光。雖然如此，當局終於懷疑了他，並決定將他處以火刑。有一天正當加爾文認為自己在退隱中甚為安全，想不到有任何危險時，他的朋友急忙趕到他房中告訴他，法警已經出發，要來逮捕他了。這時大門外正好有人大聲敲門，時機非常緊急。有幾個朋友在大門口拖住法警，別的朋友就幫助加爾文，把他從窗戶縋下去，他就趕緊逃到郊外去。他在一個支持改教運動的工人所提供的小屋中躲避，後來

穿上了這工人的衣服，揹著鋤頭，起身上路。他向南一路前行，直到瑪格麗特公主的轄區內，再度得到她的庇護。[19]

他在這裡停留了幾個月，在有權勢的友人保護之下安全無恙，他像從前一樣專心從事研究的工作。但他一心想使法國受福音的教化，所以他不能長此毫無活動。待這次的風暴平靜之後，他就在普瓦捷（Poitiers）找到一片新的工作園地，那裡有一所大學，該地的人對於新教的道理也表示歡迎。結果各階層的人都欣然聆聽福音。加爾文在那裡沒有公開宣講，只是在該城首長的家中，或在他自己的寓所內，有時候在公園裡，向那些願意聆聽的人打開永生之道。過了一時，聽眾的數目增多了，他們便認為在城外聚會較為安全。於是他們在一處幽深峽谷旁的山洞中，找了一個聚集之所，那裡有大樹和懸崖掩蔽，使這個隱僻之處更為幽靜而穩妥。三五成群的人由不同的路線出城到那裡聚集，他們在這偏僻的地點誦讀並解釋聖經。法國的新教徒在這裡舉行了第一次的聖餐禮。後來有幾個忠心的傳道人從這個小教會被派出去傳道。

隨後，加爾文又再度回到巴黎。直到這時，他仍然不放棄法國終必接受改教運動的希望。但他發現幾乎每個工作的門戶都已關閉。若要傳福音的道理，就等於是逕直向火刑柱走去，於是他決定到德國。他一離開法國，逼迫新教的狂風就乍然而起，如果他那時仍留在巴黎，他勢必在那一次大屠殺中犧牲。

法國的改教者們渴望他們本國能夠與德國和瑞士的同道採取相同的步調，他們決心向羅馬教的迷信作一次勇敢的打擊，來喚醒全國的人。於是在一夜之間，法國各地貼滿了攻擊彌撒祭的宣傳。這個狂熱而錯估形勢的舉動，不但沒有推進工作，反而使全法國從事改教運動的傳道人和支持者遭到毀滅。此舉使羅馬教徒達成夙願，給了他們一個藉口，說「叛教徒」是危害王室並擾亂國家的，故主張把他們全數除滅。

藉著一隻祕密的手——無人知道是一位不智的朋友或是狡猾的仇敵，一張宣傳海報竟張貼在國王私人住所的門上。王一見到便驚恐萬

狀。在這張海報上，歷來受人崇敬的迷信受到了無情的抨擊。而有人竟敢將這些露骨而驚人的宣傳，冒然張貼在宮廷之內，這事使王勃然大怒。他在震驚之餘，一時立在門前，戰慄恐慌，一言不發。隨後他用以下可怕的話語發洩他的忿怒，說：「凡有依附路德教派之嫌疑的，一律予以逮捕。我要把他們完全消滅。」[20]事情就此決定。王已決心要完全站在羅馬教廷這一邊了。

於是當局立刻採取措施，捉拿巴黎城內一切路德教派的人。他們先逮捕了一個貧窮的工匠，他是信服改革信仰的，並曾負責召集信徒到他們祕密聚會的地方；羅馬教廷的使者威脅他，要他領他們到城內每一個新教徒的家中，不然就立時把他燒死。對於這個卑鄙的命令，他起先驚慌退縮，不敢答應，但終於被火刑之下的恐懼所支配並懾服，同意出賣其他的弟兄。皇家的祕密侍衛摩林 (Morin) 同這一個賣友的人緩步行去，經過城內的一切街道，後面跟著一大隊神父、提香爐的人、修道士和士兵。這種外表上的虛張聲勢，說是尊敬「聖體」，為要洗淨新教徒加在彌撒上的侮辱；其實在這外表的炫耀之下，卻隱藏著一個毒計。每當他們來到一個路德教派之人的房子時，那賣友之人不必說話，只要作一個暗號，一行人就停下了；隨即有人進入那家，把全家拉出來捆了；然後這一隊可怕的凶神便繼續前行，去搜索其他為道犧牲之人。他們「沒有越過一戶人家，無論大小，連巴黎大學也沒有放過……摩林使全城都震動起來了。……這真是一個恐怖的統治。」[21]

這些犧牲者是在殘酷的劇痛之下被折磨至死的；為了延長他們的痛苦，當局特別命令將火勢降低。但他們慷慨就義，視死如歸。他們的節操絲毫沒有動搖，他們的平靜也全然不受影響。逼迫他們的人既無法改變他們不屈不撓的意志，就覺得自己失敗了。「刑場分佈在巴黎各處，熾火終日不熄，目的無非是要藉此對『異端』散播恐怖的氣氛。孰料結果還是福音佔了優勢。全巴黎的居民得以看到這新的道理能造就何等的人物。沒有什麼講臺能像殉道者的火葬堆一樣有效。當這些人經過街道往刑場走去時，他們臉上所煥發的安泰喜樂的光彩，他們在

無情的火燄中所顯示的英勇氣概，以及他們對於殘害自己的人所表現的溫柔和饒恕的精神，使不少人的忿怒變為憐惜，仇恨變為仁愛，這些無聲的見證為福音所講的話，實具有不能抵抗的說服力。」[22]

神父們為要使群眾的忿怒達到頂點，竟散播了改正教徒極可怕的罪狀，控告他們圖謀屠殺羅馬教徒，推翻政府，殺害國王。這些罪狀是空穴來風的。然而所預言的災禍有一天要在極其不同的情況下，藉由完全不同的原因，一一應驗。羅馬教徒加在無辜的改正教徒身上的酷刑，已為自己積累了慘重的報應，他們預言即將到來的厄運，在後來的世紀中恰好臨到法國的國王、政府和百姓身上；但是這些慘禍都是由於不信之人和羅馬教徒自己造成的。三百年之後，這些悲慘的災禍之所以臨到法國，不是因為改正教的建立，而是因為改正教受到壓迫。

這時，猜疑、不信和恐怖充滿於社會各階層之間。與此同時，遍及各地的驚恐也顯明路德的教導已深入人心，尤其是那些受過高深教育、擁有權勢且品性高貴的人。許多重要和尊榮的地位無人署理。工匠、印刷工人、學者、大學教授、著作家，甚至於朝臣都不見了。成千上萬的人逃出巴黎，自願離開祖國，流亡在外；許多人藉此第一次聲明了自己支持改正教的信仰。羅馬教看到在自己的陣營之中竟有意想不到的「叛教徒」存在，就大為震驚。他們於是儘量在那些仍在他們掌握之中、較為平凡的對象身上洩忿。監獄大有人滿為患之勢，而巴黎的空氣似乎也被那些因承認福音者而點燃的火堆所往上冒的煙瀰漫了。

法蘭西斯一世曾以十六世紀初文藝復興運動的領導者自豪。他樂於召集各國文人、學者於朝中。他之所以愛好文藝卻輕視修道者的無知與迷信，至少有一部分是源於他過去一度是准許宗教改革自由的。但是這個提倡文藝的人此時因熱衷於消滅「異端」，竟發佈命令禁止法國全境的印刷工作！法蘭西斯一世乃是許多例證之一，說明人在才智方面的修養，並不足以保證他能擺脫宗教的偏見，而不至於逼迫他人。

法國以一場莊嚴而公開的儀式，表明她完全致力於除滅改正教的

工作。神父們聲稱，那在反對彌撒的事上侮辱上天的罪必須用血來償還，並要求國王代表他的百姓公開認可並支持這一可怕的工作。

他們決定在1535年1月21日舉行這個可怕的儀式。神父們已在全國引起迷信的懼怕和頑固的仇恨。巴黎街道上擠滿了從四面八方蜂擁而至的人群。那一天要以偉大而顯赫的遊行開始。「在遊行的路線上，各家都要懸掛黑布以示誌哀，每隔一段就要設置神壇。」每家門前要點上火炬，以尊榮「聖體」。黎明之前，遊行的隊伍在王宮前預備。「前導的是幾個教區的旗幟和十字架；以後是兩人一排手執火炬的市民。」接著便是四個教團的修士，各穿自己特別的制服。其後是搜集來的許多著名的「遺物」，在這些「遺物」之後的是穿著紫色、朱紅色長袍，戴著珠寶裝飾的教牧人員，組成華麗且閃閃發亮的行列。

「巴黎的主教在壯麗的華蓋之下，手拿『聖體』，……四個貴族的首領護送著他。……國王走在『聖體』後面。……法蘭西斯一世沒有戴皇冠，也沒有穿王袍。」他「免冠垂目，手執點著的巨燭」，法國的元首竟「扮成一個懺悔的罪人」。[23]在沿路的每一座神壇之前，都卑躬地下跪，他不是為了自己污穢心靈的罪惡，也不是為了那染紅雙手的無辜人之血，而是為他的百姓膽敢反對彌撒的大罪。在他後面跟著王后和國內的權貴，都是手執點著的火炬，兩人一組地並列前行。

當天的禮節之一，乃是國王親自在主教公館的大廳裡，向國內的達官顯要講話。他愁容滿面地出現在他們面前，以最動人的話語為這臨到他國家的「罪惡、褻瀆、憂傷和羞辱的一天」誌哀。他號召每一個忠順的百姓幫助他，根除那將使全國敗亡、如瘟疫般的「異端」。他說：「諸位，我憑著自己的王位起誓，我若知道我的一個肢體被這可憎的腐爛所玷污或傳染，我就必把它交給你們砍掉。……再者，我若看到我的一個兒女受了玷污，我也必不輕饒他。……我必親自將他交出來，把他獻給上帝為祭。」他說話時，聲淚俱下，全體聚集的人也都哭了，他們異口同聲地說：「或生或死，我們必要堅守羅馬教的信仰。」[24]

　　那拒絕真理之光的國家，已落到了何等的盲目而黑暗的地步！那「救眾人的恩典」已經顯明；但法國在看過它的權能和聖潔，千萬人也已受它神聖榮美所吸引，並在城市鄉村都被它的光輝照耀之後，竟轉離了這救恩，寧可選擇黑暗而棄掉光明。上天賦予他們的恩賜，他們竟拒絕了。他們稱惡為善，稱善為惡，直到他們收穫了故意自欺的悲慘結果。這時他們或許誠心相信自己逼迫上帝的百姓就是事奉上帝，可是他們的誠心並不足以免去他們的罪。那能救他們脫離欺騙，保守他們不致流無辜人之血的真光，他們竟故意拒絕。

　　他們在主教的大教堂裡立下了根除「異端」的誓約；三百年後，這座大教堂就是忘記永生上帝、並設置「理性女神」(Goddess of Reason) 的地方。於是隊伍又排列起來，那些代表法國的人們又出去進行他們起誓要做的工作。「沿途在相隔不遠的地方，已經豎好了火刑柱，預備把一些改正教徒活活燒死；當天已安排就緒，要在國王范臨時，隨時把柴薪點燃，使遊行的人都可以觀看死刑的執行。」[25]這些為基督作見證之人所受的酷刑，實在不忍卒述，但他們全都是堅持到底，毫不動搖。當有人叫他們反悔時，有一個人回答說：「我只相信先知和使徒從前所傳講的，以及一切聖徒所信的道。我堅信上帝的心足以抵擋地獄一切的權勢。」[26]

　　行列一次又一次地在執行酷刑的地方停了下來。最後，眾人回到王宮前的出發點就散去了，王和主教們也都回去，大家無不為這一天的工作表示滿意，並自相慶賀，認為他們當日所開始的工必要貫徹下去，直到「異端」被完全消滅為止。

　　誠然，法國拒絕的和平福音終於完全被滅，其招致的結果是無比可怕的。在1793年1月21日，在法國毫不保留地逼迫改教者的258年之後，另一個遊行的行列，正好以完全不同的目的經過了巴黎的街道。「國王又是其中的主要人物，那時也有騷亂和呼叫；又有殺了再殺的喊聲；也有黑色的刑架；同樣是以可怕的死刑結束那一天的節目。那一天路易十六在禁卒和劊子手之中奮力掙扎，結果被拖到斷頭臺上，強壓

按倒在地，直到大刀落下，他的頭顱滾到臺下為止。」[27]法王還不是唯一的犧牲者；靠近那一帶地方，在恐怖時代血腥的日子裡，竟有2800人死在斷頭臺上。

改革運動已向世人提供一本展開的聖經，顯明上帝律法的條例，並向人們的良心力陳律法的要求。那位具無窮之愛的主已經向人闡明天上的典章和原則。上帝曾說：「所以你們要謹守遵行，這就是你們在萬民眼前的智慧、聰明；他們聽見這一切律例，必說：『這大國的人真是有智慧、有聰明！』」(申4：6)當法國拒絕了上天的恩賜時，她就種下了動亂和敗亡的種子；有因必有果，結局就是法國大革命和恐怖時期的來臨。

在張貼海報引發的逼迫發生之前，勇敢而熱心的法勒爾早已被迫逃到他的故鄉。他逃到瑞士，繼續努力進行慈運理所做的工，結果此舉將當時的逆勢扭轉過來，使改革運動在瑞士佔了上風。法勒爾晚年寄居在瑞士，但他對於法國的改革運動持續發揮強而有力的影響。在他開始流亡的幾年中，特別致力於將福音傳給故鄉的工作。他在靠近故國邊境的地帶，花了不少工夫向鄉親傳道；在那裡，他以不息不倦的警惕，注視著福音所引起的戰爭，並以鼓勵和勸勉的話幫助法國的同道。他得到其他流亡同道的幫助，將德國改革者的著作譯成法文，連同法文聖經一齊大量印發。這些印刷品藉著售書員得以在法國四處推銷。這些書籍以低價供給售書員，使他們可以靠著利潤繼續工作。

法勒爾曾以一個卑微的小學教師身分在瑞士開始他的工作。他找到一個偏僻的教區，在那裡專心教育兒童。除了普通課程之外，又小心翼翼地介紹了聖經的真理，希望能藉著兒童將福音傳給他們的父母。結果真有一些人相信了，但是神父們卻出來攔阻這工作，並鼓動迷信的鄉民起來反對。神父們強調說：「那不可能是基督的福音，因為宣傳的結果不是和平，而是戰爭。」[28]像第一世紀的門徒一樣，有人在這城逼迫他們，他們就逃到另一城去。法勒爾也是從這一鄉到另一鄉，從這一城到另一城，徒步旅行，忍受飢寒和疲勞；無論到哪裡，他都是冒著性命的危險。他在市場裡、教堂內講道，有時也在天主教堂的講壇上。

有時候沒有人來教堂裡聽他講道；有時候他的宣講被喧嘩和譏誚聲打斷；有時他被人粗暴地從講臺上拖了下來。他曾多次遭暴徒襲擊，甚至幾乎被打死。但他仍排除萬難，勇往直前。雖然他屢次遭人拒絕，但卻不屈不撓，再接再厲；終於看到許多原來堅信羅馬教的城鎮，一個接一個地開門歡迎福音。他開始工作的那個小教區，不久也接受了宗教改革的信仰。莫拉特（Morat）和紐沙特爾（Neuchatel）兩區的一些城市也放棄了羅馬教的儀式，並把教堂中的神像撤去了。

　　法勒爾久已盼望在日內瓦樹立新教的旗幟。如果能得到這一座城，它就可以成為法國、瑞士和義大利改革運動的中心。他既懷著這個目的，就繼續工作，直到周圍的許多城鎮和鄉村都建立了教會。隨後他帶著一個同伴到了日內瓦。結果，他在那裡只有兩次講道的機會。該地的神父首先想叫政府當局定他的罪，因未能得逞，他們就召他出席教會的一次會議，同時他們決定自己藏著凶器來殺害他。他們又在會議廳外佈置了一群怒氣洶洶的暴徒，手中拿著棍棒刀劍，準備萬一他在議會內逃脫，則在廳外必可取他的性命。雖然如此，在場的官府和武裝兵士卻搭救了他。次日清早，他和同伴就被領到湖對岸一個安全的地點。這樣就結束了他第一次在日內瓦傳道的工作。

　　第二次的嘗試是藉用一個極其卑微的器皿，就是一個連改教運動的友人都瞧不起，且其貌不揚的青年人。在法勒爾尚且遭到拒絕的地方，像這樣的一個人還能做什麼呢？連最強壯、勇敢的人都不得不逃跑，這個勇氣和經驗匱乏的人，怎能抵擋得住那裡的風暴呢？「萬軍之耶和華說：不是倚靠勢力，不是倚靠才能，乃是倚靠我的靈方能成事。」、「上帝卻揀選了……世上軟弱的，叫那強壯的羞愧。」、「因上帝的愚拙總比人智慧，上帝的軟弱總比人強壯。」（亞4：6；林前1：27，25）

　　這位名叫弗洛蒙特（Froment）的青年開始工作時，是一個小學教師。他在學校裡教導學生真理，學生便在自己家中重述出來。不久，學生的家長們都來聽他解釋聖經，直到他的教室裡坐滿了熱切的聽眾。他又免費分派新約聖經和真理的小冊子，這些印刷品就傳到了那些不

敢公然來聽新道理的人手中。過了一段時間，這位工作者也被迫逃亡，但他所教導的真理已在眾人心中根深蒂固了。改革運動的種子既已撒下，就繼續強大地發展。後來傳道人回來，都是由於他們的努力，改正教的崇拜終於在日內瓦建立起來。

加爾文經過了多次的飄泊和搬遷之後，才到達日內瓦，那時該城已經公然表示支持宗教改革運動。當加爾文往巴塞爾 (Basel) 去，最後一次訪問故鄉時，他發現路上有查理五世的軍隊把守著，所以他不得不繞道日內瓦。

法勒爾認為加爾文這次的造訪乃是上帝的安排。日內瓦雖已接受宗教改革的信仰，但仍有很多的工作急待進行。因人們不是集體入教，乃是一個一個悔改歸向上帝的；重生的工作不是由於會議的命令，而是由於聖靈的能力在人心中運行，啟發人的良知而成功的。日內瓦的居民雖已擺脫了羅馬的權勢，但他們還不易放棄他們在她權下所養成的惡習。要在這裡確立福音純潔的原則，並培訓人以合適的資格去擔當上天呼召他們擔任的職位，實在不是一件輕而易舉的事。

法勒爾確信加爾文可以和他聯合起來共同從事這工作。他奉上帝的名嚴肅地囑咐這個青年傳道人留在該地工作。加爾文聞之大驚，畏縮不前。他秉性溫和，喜愛和平，所以不敢與勇敢、獨立，甚至性格過激的日內瓦人接觸。他身體衰弱，又加上從事研究的習慣，使他很想引退。他深信自己寫作的才幹對改革的事業可能有更大的貢獻，他想找尋一個安靜的讀書之處，在那裡藉著印刷品教導眾人，建立教會。但是法勒爾嚴肅的勸告，如同是從上天來的呼召一樣，使他不敢推辭。似乎是「上帝從天伸出祂的聖手，捉住了他，使他無可抗拒地留在他著急要離開的地方」。[29]

這時，有極大的危險包圍著改正教的工作。教皇的咒詛曾威逼著日內瓦，而且強大的鄰國隨時要來毀滅它。這一個弱小的城市怎能抵擋那時常令君王和皇帝屈服、大有勢力的教廷呢？它怎能抗拒世界強

大之征服者的武力呢？

在整個基督教世界中，改正教受了不可輕視之仇敵的威脅。改教運動的初期勝利已經過去了，羅馬便重整旗鼓，希望徹底消滅這個運動。正當此時，在一切捍衛羅馬教皇的團體中，那最肆意妄為、且勢力強大的耶穌會 (Jesuits) 組織起來了。這一派人割斷了一切今世的親屬利害關係，不講究人在情感上合理正當的要求。他們除了該組織的規定與關係之外，不認任何其他的原則或關係，一心專注於擴張組織的勢力 (見附錄第10頁「耶穌會」)。基督的福音曾使信徒有能力應付危險，忍受苦難，在寒冷、飢餓、辛勞，窮乏之中，不屈不撓，在拷問、監禁、火刑之前，高舉真理的旗幟。為要對抗這種力量，耶穌會在它的會友中灌輸了狂熱般的迷信，使他們也能忍受同樣的危難，用盡欺騙的手段反對真理的能力。沒有什麼重大的罪惡是他們不敢犯的，也沒有什麼卑鄙的欺騙是他們不肯行的，更沒有什麼手段太困難是他們不能用的。他們立誓終身過貧苦卑賤的生活，他們一貫的目的就是獲得財富和權力，藉以推翻改革運動，重建教皇的無上威權。

當他們以耶穌會會友的身分出現時，他們披上了聖潔的外衣，到監獄和醫院訪問，為患病和窮苦的人服務，聲稱自己已經放棄世界，自命為那周流四方行善事的耶穌名下的人。但在無瑕疵的外表之下，往往隱藏著最邪惡、最致命的企圖。耶穌會的基本原則乃是「為達目的，不擇手段」。由於這一條規章，撒謊、盜竊、起假誓、暗殺等罪行，若是為教會的利益，則不但可以被原諒，而且還應當獎勵。耶穌會的人在各種偽裝之下，混入政府的機關中，甚至擢升擔任君王的顧問，左右國家的政務。有時他們成為僕人去偵察主人的行動。他們為諸侯和貴族的子弟創辦大學，為普通的民眾設立學校；信從改正教者父母的兒女，則被引誘去遵守羅馬教的儀式。他們用羅馬教崇拜中一切在外表上的壯觀和表現擾亂人心，刺激並迷惑人的想像力；這樣，父親們辛勞流血換來的自由，就被兒女們背棄了。耶穌會的會友迅速地散佈到全歐，他們無論到哪裡，那裡的羅馬教就復興起來。

為了給耶穌會更大的權力，教皇下令重新設置「宗教裁判所」(見附錄第11頁「宗教裁判所」)。雖然一般人——就連屬於羅馬教國家的人——都對這個機構非常厭惡，但信奉羅馬教的統治者仍舊設立了這個可怕的審判所，那些在光天化日之下不能容忍的酷刑，卻在黑暗的監獄中重新上演。在許多國家中，千千萬萬的社會精英，最純潔、高尚、聰明、受過最高深教育的人士，虔誠獻身的牧師們，勤勞愛國的公民，多才多藝的藝術家，技藝高超的工匠，若不是被殺，就是被迫逃往他鄉。

羅馬教廷為要熄滅改革運動的亮光，從人間消滅聖經，並恢復黑暗時代的無知與迷信，就不惜採用以上的這些手段。但在上帝的賜福，以及祂所興起、為要承繼路德那些尊貴之人的努力下，改正教並沒有就此被推翻。它的力量並不在乎諸侯的支持或武力。而最弱小的國家，最平凡、最沒有力量的邦國倒成了它的堡壘。那與當時最富強的國家——西班牙及其暴虐勢力周旋的，乃是那被困於陰謀毀滅它之強敵間的小日內瓦城，以及北海沙洲上的荷蘭 (現正名為「尼德蘭」，Netherlands)，還有那寒冷荒涼、卻為改革運動贏得多次勝利的瑞典。

加爾文在日內瓦工作幾近三十年之久；他首先在這裡設立了一個固守聖經道德的教會，此後他又在全歐洲推進了改革運動。他作為公眾的領袖並非毫無過失，他所傳的教義也不是完全無誤的。但他在宣揚當時代特別緊要的真理上，在維護改正教的原則來抵抗羅馬教反擊的浪潮上，在改正教會提倡儉樸純潔的生活來代替羅馬教所帶來的驕傲與腐敗上，他的貢獻是不可埋沒的。

從日內瓦，有許多印刷品和傳教士被傳播和派遣出去，宣揚改革的教義。一切受逼迫的地區都仰賴日內瓦為教訓、勸誡和鼓勵的來源。加爾文的城 (日內瓦) 已成了全西歐被追逐之改教者的避難所。幾百年來，為躲避那可怕風暴的流亡之人，都逃到了日內瓦城。飢餓、受傷、被家庭及親屬所遺棄的人，受到熱烈的歡迎和溫暖的照顧；這些人在這裡安家，用他們的技能、學識、敬虔為這城造福。也有許多到此避難的人，後來又回到他們的故鄉去抵抗羅馬的暴政。蘇格蘭的英勇改革

家約翰·諾克斯 (John Knox)、英國的許多清教徒 (Puritans)、荷蘭及西班牙的改正教徒、法國的胡格諾派教徒 (Huguenots)，都曾從日內瓦帶回真理的火炬，去照亮他們故鄉的黑暗。

註①：懷利，《新教史》，第13冊，第1章。
註②～③：多貝涅，倫敦版，第12冊，第2章。
註④～⑤：懷利，第13冊，第2章。
註⑥：多貝涅，第12冊，第3章。
註⑦～⑩：懷利，第13冊，第9章。
註⑪：多貝涅，《加爾文時代的歐洲宗教改革史》第2冊，第16章。
註⑫～⑬：懷利，第13冊，第9章。
註⑭：同註⑪。
註⑮：多貝涅，《十六世紀宗教改革運動史》，第12冊，第9章。
註⑯：懷利，第13冊，第7章。
註⑰：馬丁，卷3，第13章。
註⑱：同註⑫。
註⑲：參閱多貝涅，《加爾文時代的歐洲宗教改革史》，第2冊，第30章。
註⑳～㉑：同上，第4冊，第10章。
註㉒：懷利，第13冊，第20章。
註㉓：同上，第21章。
註㉔：多貝涅，《加爾文時代的歐洲宗教改革史》，第4冊，第12章。
註㉕：懷利，第13冊，第21章。
註㉖：同註㉔。
註㉗：懷利，第13冊，第21章。
註㉘：同上，第14冊，第3章。
註㉙：多貝涅，第9冊，第17章。

第十三章
尼德蘭與斯堪地那維亞

　　教皇的暴政在尼德蘭（即「荷蘭」，2020年起正式改名為「尼德蘭」）很早就引起了堅決的抗議。在路德時代之前的七百年，有兩個主教因事被派到羅馬去，他們既看出教廷的真相，就毫無畏懼地彈劾羅馬教皇說：「上帝已經賜祂的新婦——就是教會，以永不衰殘、永不敗壞的聘禮，為她的家作豐富而永久的準備，並賜給她永遠的冠冕和王權；……你竟像一個賊把這一切的恩惠都搶去了。你自行坐在殿中好像上帝一樣；你不是一個牧者，倒成了羊群裡的一隻豺狼；……你要叫我們相信你是一個至尊的主教，誰知你的行動倒像一個暴君。……你原該作眾僕之僕，正如你所自稱的一樣，誰知你卻想要作萬主之主。……你使上帝的律法受了侮辱。……聖靈原是全地上一切教會的建立者。……我們原是上帝城中的公民，這城達到諸天的一切境界；而聖先知所稱的巴比倫竟以為自己比那城還大，自稱神聖，可上達諸天，並誇張自己的智慧是無窮的；最後，她雖然毫無理由，卻稱自己是從不犯錯，而且永遠不會錯的。」**1**

　　世紀更迭，常有人興起響應上述宣言。那些早期的教師們往來不同的地方，各有其名，但他們都具有瓦勒度派傳教士的特徵，走遍各地，到處傳講福音的知識，直到尼德蘭。他們的道理迅速地傳開了。他們用詩歌的體裁，把瓦勒度派的聖經譯成荷蘭語（Dutch）。他們說：「聖經對人有極大的益處；其中沒有詼諧、妄語、戲言、欺騙，都是真理的言

語；內中固然也有一些難懂之處，但其良善、聖潔的精華和甜美，是很容易發現的。」[2]這是生活在第十二世紀、相信古代信仰之人所寫的話。

這時，羅馬的逼迫開始了；但是在火柱和酷刑之下，信徒仍然不斷地增加；他們竭力主張在宗教問題上，聖經乃是唯一絕無錯誤的權威，並且「不當勉強人信道，而要用講道的方法使人信服」。[3]

路德的教導在尼德蘭找到了一片沃土，並有熱誠忠心的人起來宣傳福音。從荷蘭(Holland)的一個省分中出了一位門諾·西門(Menno Simons)。他受過羅馬天主教的教育，並被封為神父，但他對聖經卻完全不認識，而且拒絕閱讀，唯恐被引誘陷入「異端」。當他有一次對「聖餐變體論」(transubstantiation，指聖餐中的餅和葡萄汁經祝聖後變為耶穌的聖體和寶血)的道理產生懷疑時，他就認為這定是從撒但來的試探，於是他禱告認罪，設法擺脫這思想；但終歸徒然。他混跡於放蕩的場合，想要抑制良心譴責的聲音，也未成功。過了不久，他開始研究新約聖經，結果這本聖經和路德的作品使他接受了改教之人的信仰。不久之後，他在一個鄰近村莊中目睹一個人因重新受洗禮而被斬首。這件事使他著手研究聖經中有關嬰孩受洗的教導。他在聖經中找不到什麼憑據，只看到悔改和信心乃是領受洗禮必需的條件。

門諾退出了羅馬教會並奉獻一生去傳講他所領受的真理。這時，德國和尼德蘭興起了一班狂熱分子，他們宣傳怪誕無稽和煽動的謬論，違反秩序和人道，引起暴動和叛亂。門諾看出這些活動必要造成可怕的結果，就奮勇地反對狂熱派的錯誤教導及其狂妄的陰謀。有許多人雖然一時被這些激進派迷惑，但他們後來放棄了這種有害的謬論；此外還有許多瓦勒度派傳道的果子，就是古代真實基督徒的後裔，散佈各地。門諾就以極高的熱誠在這兩等人中間工作，並得到極大的成功。

他帶著妻子兒女出外旅行，忍受艱難和窮困，時常冒著生命的危險，有25年之久。他旅行尼德蘭和德國北部，多半在較底層階級的人中間工作，但他卻發揮了廣泛的影響。他所受的教育雖然有限，但生來是

一個有口才的人；他為人守正不阿，秉性謙卑，態度溫和，真誠敬虔，在自己的生活上為他所教導的條例作見證，如此就博得了眾人的信任。他的追隨者遭受壓迫，分散各地。他們因被人誤認是激進的蒙斯特一派 (Munsterites，指重洗派激進分子) 而大受傷害。雖然如此，他工作的結果仍使多人悔改信主。

宗教改革的信仰在尼德蘭比起其他地方更為人普遍接受，但同樣的，也沒有多少國家的信徒忍受了比他們更可怕的逼迫。在德國，查理五世雖曾禁止改革運動，並且樂於將一切信從這運動的人都處以火刑；但是那裡的諸侯起來，成為抵禦他暴政的屏障。然而在尼德蘭的情形就不同了，在那裡查理五世的權勢更大，逼迫的命令接二連三頻頻頒佈。閱讀聖經、聽道或講道，甚至於談論這道的人，都要受火刑的處分。私下禱告、唱讚美詩，或是不肯跪拜神像，也有被處死的可能。一個基督徒即使放棄了這些「異端」，仍是要被定罪的，男的被刀劍殺害，女的被活埋。成千上萬的人在查理五世和腓力二世 (Philip II) 的統治之下，就這樣失去性命。

有一次，有一家人被帶到宗教裁判所，他們遭指控犯了不參加彌撒卻從事家庭崇拜的罪。當法官審問他們祕密的行為時，那一家最小的男孩回答說：「我們跪下祈求上帝光照我們的心，赦免我們的罪；我們為皇帝禱告，求上帝使他的國家繁榮，生活愉快；我們為官長禱告，求上帝保護他們。」[4]有幾個審判官深受感動，可是這家人的父親和他的一個兒子仍然被處以火刑。

逼迫者的怒氣越瘋狂，殉道者的信心就越堅固。不但是男子，連柔弱的婦孺和年輕女子，也都表現出誓死不屈的勇敢。「作妻子的常站在丈夫受火刑的柱旁，當丈夫忍受火灼的痛苦時，她們就輕聲說一些安慰的話，或唱幾句讚美詩來鼓舞她們丈夫的心；青年女子在活埋的坑中躺下，彷彿是進入內室安睡一般；或者穿著她們最好的衣服站到絞刑架下，和火刑柱旁，好像是要舉行婚禮一樣。」[5]

正如古時邪教徒想要消滅福音一樣，基督徒的血成了福音的種子。[6]逼迫反倒增加了為真理見證之人的數目。國王因百姓不肯屈服的決心而忿怒如狂，年復一年地竭力執行他那殘酷的工作；但結果都是徒然。最後，在奧蘭治親王威廉三世 (William of Orange) 率領的革命之下，荷蘭得到了敬拜上帝的自由。

在皮埃蒙特的山嶺間，在法蘭西平原與荷蘭的沿海一帶，都有信徒的血跡標誌著福音的進展。但是在北歐的幾個國家裡，福音卻得以平平安安地傳入。威登堡大學的學生於返家之後，曾把宗教改革的信仰帶到斯堪地那維亞諸國。路德著作的印刷品也傳播了真光。於是北歐儉樸勤勞的居民轉離了羅馬教的腐敗、奢侈和迷信，而歡迎聖經中純正、簡明和賜人生命的真理。

有「丹麥改革家」之稱的塔森 (Tausen) 是一個農民之子。他從幼年時就表現出過人的智力；他渴望受教育，但因家境貧寒未能如願，他便進入了修道院。他生活的純潔、工作的殷勤和忠順，在這裡贏得了師長的青睞。經過考試之後，他證明自己是有天賦的，將來對於教會必能有極大的貢獻。院方便決定保送他到德國或尼德蘭的一個大學去受教育。他們讓這個青年學生自己選擇一個學校，只是不准他到威登堡去。這些修道士們說：「教會裡的學子萬不可受異端毒素的危害。」

塔森決定到科倫大學 (Cologne) 去，那時科倫像現在一樣，乃是羅馬教的一個重要據點。他在這裡不久就對經院哲學的玄妙學說感到厭倦。約在同時，他得到了一睹路德作品的機會。他研讀之後至感驚喜，非常希望能到這個改革家的門下親聆教誨。但他若這樣做，就難免冒犯修道院當局，並失去經濟上的供給。可是他終於下定了決心，不久就在威登堡大學報名入學了。

回到丹麥之後，他又往原先的修道院去。那時人們還沒有懷疑他是路德的信徒；他也沒有說出自己的祕密，只是在不引起同伴偏見的情形之下，嘗試引領他們得到更純正的信仰和更聖潔的生活。他經常

打開聖經，解釋其中的真義，最後向他們宣講基督是罪人的義，也是罪人得救的唯一希望。修道院的院長曾對他寄予厚望，要他作一個捍衛羅馬教的勇士。這時聽見他所做的事，就立時把他從自己的修道院趕出去，禁閉在一個小室中，並予以嚴密的監視。

不久，這個修道院裡竟有幾個修士也聲明自己悔改並相信改正教了，這使監視他的新守衛至感驚慌。塔森在他被禁閉的小室中，竟還能把真理的知識傳給他的同伴。如果這些丹麥的教父也善於運用教會對待「異端」的手段，則塔森的聲音必永遠無人聽見；他們沒有把他埋在某處地下監獄的墳墓中，而是把他驅逐出修道院。於是他們再也無力掌控他。這時國王頒佈了一道保護傳講新教之人的命令。塔森便開始講道。各地的教堂開門歡迎他，眾人蜂擁而來聽他講道。同時也有別人傳講上帝的道；已經譯成丹麥語的新約聖經又流通甚廣。羅馬教為要推翻這工作而進行的種種努力，反而使它日益擴張，不久，丹麥國就聲明接受宗教改革的信仰了。

瑞典也是如此，青年學生從威登堡滿飲了生命之泉後，就把這水帶給他們的同胞。瑞典改教運動的兩名領袖——奧拉夫和勞倫提烏斯 (Olaf and Laurentius Petri)，是厄勒布魯一個名叫佩特里的鐵匠之子，他們二人曾在路德和墨蘭頓的門下受教，後來就殷勤地把所學得的真理教導別人。奧拉夫效法大改革家路德，用他的熱情和口才鼓舞眾人；而勞倫提烏斯則像墨蘭頓一樣，具有好學、審慎、沉著的性格。兄弟二人都是熱心虔誠的，在神學研究上也都有很高的造詣，以勇敢不屈的精神推進真理。同時羅馬教的反對也不斷發生。神父們煽動了無知和迷信的民眾。奧拉夫往往被暴徒襲擊，有好幾次都是僥倖逃生。雖然如此，這些改革家卻是受國王支持並保護的。

那時瑞典人民在羅馬教的統治之下一貧如洗，受盡了壓迫。他們沒有聖經；只有一些象徵的記號和禮節所組成的宗教，這宗教不能使內心得到光明，因此他們便逐漸回到他們祖先邪教的迷信和罪惡的生活中去了。那時國內分成若干敵對的黨派，他們之間紛爭不斷，使人

民更加陷於水深火熱之中。於是國王決意要在政治和教會方面進行改革，所以歡迎這些能幹的助手來與羅馬對抗。

奧拉夫在瑞典國王和許多大臣面前，用他傑出的才能與羅馬教的神父們對峙，為宗教改革的信仰辯護。他聲稱，古代教父的著作必須與聖經吻合方可接受；他又說，聖經提供的教義非常清楚簡明，所以人人都能明白。基督曾說：「我的教訓不是我自己的，乃是那差我來者的。」(約7：16) 保羅也曾聲明，若是他傳別的福音，與他所領受的不同，他就當被咒詛 (見加1：8)。奧拉夫說：「既然如此，哪一個人膽敢隨自己的意思頒佈教條，並強制規定這些教條是得救必需的條件呢？」[7]他指明教會的法令若與上帝的誡命相違，是不能成立的，他又維護改正教的大原則——「唯有聖經」，才是信仰和行為的準繩。

這一次的辯論雖然在一個比較偏僻的地方進行，但足以向我們顯明「那組成改革運動大軍的是怎樣的人物。他們並不是沒有知識，固執己見，無理取鬧的爭辯者；與之相去甚遠，他們是鑽研過上帝聖言的人，深知如何運用聖經寶庫中供給他們的武器。在博學多聞方面，他們的確是超越他們所屬的時代。當我們只注意到像威登堡和蘇黎世等有名的文化中心，和像路德、墨蘭頓、慈運理、厄科蘭帕底烏斯等名人時，自然就有人說這些人是改革運動的領袖，理應具有非常的能力和淵博的學問；但他們底下的人卻比不上他們。我們不妨看一看偏僻的瑞典和平凡的奧拉夫和勞倫提烏斯——從教師到門徒們——我們發現的是什麼呢？……他們是學者和神學家；他們精通福音真理的整個系統，他們輕易地就勝過了經院哲學的學者和羅馬權貴們的詭辯。」[8]

由於這一次的辯論，瑞典國王接受了改正教的信仰，不久，全國會議也聲明擁護。奧拉夫已將新約聖經譯成瑞典文，這時他們兄弟二人便遵照國王的意旨從事翻譯整本聖經的工作。這樣，瑞典人就首次藉本國的文字領受上帝的聖言。國會通令全國，傳教士們都應當解釋聖經，各地學校也應當教導兒童讀經。

　　福音的真光穩固且確實地驅散了無知和迷信的黑暗。國家既脫離了羅馬的壓迫，就空前強大。瑞典成了改正教堅固的堡壘之一。一百年之後，在最緊急的危機之下，這個向來弱小的國家，在「三十年戰爭」(the Thirty Year's War) 的可怕戰爭中竟對德國施以援手，而且這是歐洲唯一敢鼎力相助的國家。那時北歐各國幾乎都要重新落入羅馬的暴政之手。幸虧有瑞典的軍隊使德國能轉敗為勝，使改正教徒——加爾文派和路德派的信徒——能爭得自由，並使那些已經接受改革信仰的國家，可以恢復宗教信仰的自由。

註①：杰拉德‧布蘭特 (Gerard Brandt)，《低地國家改教史》卷1，第6頁。
註②：同上，第14頁。
註③：馬丁，《路德的生平和時代》卷2，第87頁。
註④～⑤：懷利，第18冊，第6章。
註⑥：參閱特土良，《護教篇》，第50段。
註⑦～⑧：懷利，第10冊，第4章。

第十四章
後期的英國改革家

正當路德把一本闔著的聖經向德國人民揭開時，丁道爾 (Tyndale) 在上帝聖靈的激勵之下，也在英國做同樣的工。威克里夫的英文聖經是從拉丁文本翻譯過來的，但這拉丁文本卻有許多錯誤。那時聖經都是手抄的，且手抄本聖經的價格非常昂貴；除了少數富戶或貴族，尋常百姓是無力購買的；再加上教會的嚴令禁止，所以聖經的流通並不廣泛。到了1516年，就是路德發表論綱的前一年，伊拉斯謨 (Erasmus) 出版了他的希臘文和拉丁文版新約聖經。這是聖經第一次以原文印行。這本著作改正了過去譯本的許多錯誤，意思也更加清楚。它使許多學者更明白真理的知識，也讓宗教改革的工作得到新的動力。可是一般平民大都還不能親自閱讀上帝的話。所以丁道爾必須出來完成威克里夫的工作，把聖經獻給他的同胞。

丁道爾是一個孜孜不倦的學者，也是一個熱心尋求真理的人；他從伊拉斯謨的希臘文聖經中接受了福音，並毫無畏懼地把自己相信的真理傳給別人，並竭力主張一切道理都應以聖經為準則。羅馬教聲稱是教會把聖經賜給了世人，所以只有教會能解釋聖經；丁道爾反駁這種論調說：「你知道是誰指教老鷹在空中捕食嗎？這同一位上帝也教導祂如飢如渴的子民在祂的聖言中尋找他們的天父。你們非但沒有把聖經賜給我們，反而把聖經埋藏起來，不讓我們閱讀；把那些教導聖經的人燒死的也是你們，倘若可能的話，你們巴不得連聖經也要燒掉！」[1]

　　丁道爾的講道引起了極大的關注；許多人接受了真理。但神父們時常提防著他，待他一離開一個工作據點，他們就設法用威嚇和誣蔑的手段破壞他的工作。他們也時常得逞，丁道爾說：「這怎麼辦呢？我在一個地方撒下了種子，等我一離開，仇敵就來蹂躪。而我卻不能同時在每一個地方。唉！唯願各地的基督徒手中都有他們母語的聖經，他們自己就能抵擋這些詭辯的人了。若沒有聖經，就不能把教友的信心建立在真理的基礎上。」[2]

　　這時，丁道爾心中立定了一個新目標。他說：「以色列人在耶和華殿中吟誦的詩篇乃是用以色列的語言；難道福音不該用英國的語言向我們講話嗎？……教會正在日正當中之時，難道亮光能比黎明破曉之時還少嗎？……基督徒應該用他們的母語誦讀新約聖經。」那時代教會中的學者和教師們對真理的意見不能一致。唯有藉著聖經，才能得到正確的結論。「一個人擁護這位學者，另一個人則擁護那位學者。……這些著作家的意見都是彼此衝突的。我們怎能斷定誰是誰非呢？……有什麼方法呢？……唯有藉著上帝的話。」[3]

　　不久之後，有一個博學的羅馬教學者和丁道爾辯論說：「對我們而言，沒有上帝的律法，倒比沒有教皇的律法還好。」丁道爾回答說：「我反對教皇和他一切的律法；如果上帝讓我活下來，再過幾年，我必要使農村中耕田的小孩比你更明白聖經。」[4]

　　這就堅定了他素來所懷抱的目標，就是將本國語言的新約聖經獻給他的同胞，於是他立時著手進行這工。他因受逼迫便離鄉背井到了倫敦，在那裡繼續工作，一時也沒有受到阻撓。但後來羅馬教徒的凶惡勢力迫使他逃亡。全英國似乎都對他閉門不納，他就決意逃到德國去。他在德國開始印行英文新約聖經。他的工作兩次受到阻攔；但當一個城禁止他工作時，他就到另一個城去。最後他到了沃木斯，就是幾年前路德站在議會審判台前為福音辯護的地方。在這古老的城裡有許多支持改教運動的友人，所以丁道爾在這裡的工作進行的很順利，再沒有遇到什麼攔阻。不久他初版印了三千本聖經，而同年又再版一次。

他以極大的熱情和堅忍繼續工作。雖然英國當局嚴厲地在各港口盤查禁運，但上帝的聖言用各樣的方法祕密運到了倫敦，再從那裡流通全國。羅馬教會企圖消滅真理，終歸徒然。有一次達拉謨 (Durham) 的主教從丁道爾的朋友所開的書店中，把他所有的聖經都買了去，意思是要毀掉這些聖經，極力攔阻聖經的傳遞。但相反地，這一筆購買聖經的款項倒被用來採購紙張原料，以供再印行更好的聖經，若不是這筆經費，他們原本還無力進行再版的工作呢！後來在丁道爾被監禁時，當局要他供出那些曾經以經濟援助他印行聖經之人的名單，作為他重獲自由的條件。他竟回答說達拉謨的主教貢獻最大；因為他付了重價購買大批的庫存書籍，使我們能奮勇地繼續工作。

丁道爾後來因遭人背叛落入他仇敵的手中，他在監獄裡受了好幾個月的痛苦。他終於為道殉身，藉此為自己的信仰作了見證；但他所預備的武器，在往後的世紀中，使許多其他的福音戰士能相繼興起作戰，直至今日。

另一位改革家拉蒂默 (Latimer) 在講道時也主張眾人應當用母語讀聖經。他說聖經的作者「乃是上帝自己」。聖經具有作者的能力和永恆的性質。「任何君王、皇帝、官長和統治者，⋯⋯都有順從⋯⋯祂聖言的本分。」、「我們不可另闢蹊徑，務要順從上帝聖言的引領；我們不可隨從我們⋯⋯的先祖行事，不要問他們做的是什麼，乃是要問他們應該做的是什麼。」[5]

丁道爾忠實的朋友——巴尼斯和弗瑞斯 (Barnes and Frith)，也曾起來維護真理。相繼興起的，還有瑞德利和克蘭麥 (Ridleys and Crammer)。這些英國的改革家都是知名學者，其中多數人曾因熱誠或敬虔而一度為羅馬教會所器重。他們反對羅馬教是因為看出教廷的許多錯誤。他們對巴比倫奧祕熟悉的程度，使他為反對她所作的見證更加有力。

拉蒂默說：「現在我要提出一個奇怪的問題：『誰是全英國最殷勤的主教呢？』⋯⋯我看你們都在注意聽我提出他的名字。⋯⋯我告訴你

們，他就是魔鬼。……魔鬼從不離開他的教區；……你無論什麼時候去看他，他總是在崗位上；……他一直在工作著。……我敢保證你們絕對找不到他在那裡無所事事。……哪裡有魔鬼居留，……那裡就要拋棄書籍，拿出蠟燭；高擱聖經，取出念珠；熄滅福音的光，點起蠟燭的光，即使在晌午也要點燃它；……除掉基督的十字架，高舉煉獄的謬論來勒索金錢；……不給赤身露體的人衣服穿，不幫助貧窮軟弱的人，卻要設置神龕，裝飾木偶石像；除掉上帝的法典，和祂最神聖的言語；高舉人的傳統和律法。……唉，唯願我們的傳道人都能像撒但撒稗子和萋草一樣，殷勤地去撒真理的好種。」[6]

這些改革家維護的偉大原則，也就是瓦勒度派、威克里夫、揚·胡斯、路德、慈運理和他們的同工堅守的同一原則——「以聖經為絕無錯誤的權威，為一切信仰與行為的準繩。」他們否認教皇、議會、教父、君王在宗教的事上有控制人信仰的權柄。聖經乃是這些改革家的根據，他們用聖經的教導來檢驗一切的道理和主張。當這些聖徒在火刑柱上殉道時，這種對上帝和聖經的信仰支持了他們。當火焰快要停止他們的聲音時，拉蒂默對一個與他同時殉道的弟兄說：「放心吧，藉著上帝的恩典，我們今天必在英國點燃光明的火炬，我深信這是永遠不能被人熄滅的。」[7]

在蘇格蘭，科倫巴和他的同工所撒的真理種子始終沒有完全被消滅。縱使在英格蘭的教會屈服於羅馬教數百年之後，蘇格蘭的教會仍保持了他們的自由。雖然如此，到了第十二世紀，羅馬教仍舊在這裡建立起來，其專橫獨斷，並不比她在其他國家的統治稍有遜色。沒有一個地方的黑暗比這裡更為濃厚。但後來終於有一線光明穿透了黑暗，使人對將來生出希望。來自英格蘭的羅拉德派信徒，及他們帶來的聖經和威克里夫的作品，對保留福音知識的工作有很大的貢獻，而且每一個世紀都有為福音作見證並殉道的人。

偉大的改革運動在歐洲大陸開始之後，路德的作品就傳到了蘇格蘭，之後丁道爾的英文新約聖經也傳入該地。這些無聲的使者在教廷

不加注意時,靜靜地跋山涉水,把蘇格蘭幾乎熄滅的真理火炬在各處重新點燃,消除了羅馬教四百年的壓迫加諸在他們身上的毒害。

後來又有殉道者的血使改革運動受到新的鼓舞。羅馬教的領袖忽然驚覺這威脅他們事業的危險,就把蘇格蘭一些最優秀尊貴的兒女,用火刑處死。而他們這樣做卻無異於建立了許多講臺,這些垂死之人身上所發出的見證,使全地的人都聽見了,殉道者的話感動了眾人的心,使他們以不屈不撓的決心,努力掙脫羅馬的枷鎖。

出身貴族、品格高尚的漢密爾頓和威夏特 (Hamilton and Wishart),以及其他許許多多謙卑的信徒,都在火刑柱上犧牲了他們的性命。但是從焚燒威夏特的火中,卻催生了一個火焰都不能燒滅的人,這個人將要在上帝的指導之下敲響蘇格蘭羅馬教的喪鐘。

約翰·諾克斯 (John Knox) 曾離棄了教會的傳統和玄奧學說,而飽嘗上帝聖言的真理;威夏特不屈不撓的教導堅定了他的決心,使他放棄羅馬教,而與那些受逼迫的改正教徒並肩工作。

他的友人竭力勸他擔任傳道的工作,他卻戰兢退縮,不敢負起這樣的責任,直到他經過多日的隱居和痛苦的奮鬥之後,才答應了。但是他一接下了這任務,就以不屈不撓的決心和大無畏的精神勇往直前,始終不渝。這位忠實的改革家毫不畏懼世人。在他周圍猛烈焚燒的殉道者火焰,反而使他越發熱心。當暴君的刀斧放在他頸上恫嚇他時,他毅然堅立,頑強地抵擋多方面的打擊,大力摧毀拜偶像的惡習。

約翰·諾克斯終於被帶到蘇格蘭的瑪麗女王面前;過去雖有許多改正教的領袖一旦站在她面前,原有的熱忱就全然退卻,但諾克斯卻在女王面前為真理作了堅定不移的見證。諾克斯是一個富貴不能淫、威武不能屈的勇士。女王斥責他信奉異端;說他曾教導人接受國家禁止的宗教,這樣就是違犯了上帝吩咐祂百姓順從君王的命令。諾克斯堅決地回答說:

「純正宗教的原動力和權威,不是從世上的君王來的,乃是從永生的上帝而來,所以百姓沒有義務按照他們君王的喜好,來決定自己的宗教信仰。因為君王往往是最不明白上帝純正之宗教的。……如果亞伯拉罕的所有後代子孫都因長久作了法老的百姓,而信了法老的宗教,你想世上存在的將是什麼宗教?或者,使徒時代的人都相信了羅馬皇帝的宗教,那麼地上會有什麼宗教?……所以女王,妳可以看出,上帝雖然命令百姓要順服君王,但他們卻沒有信從君王所信之宗教的義務。」

瑪麗女王說:「你這樣解釋聖經,而他們(羅馬教的教師)卻那樣解釋;我到底應該相信誰?誰可以作裁判呢?」

這位改革家回答說:「你應該相信那在聖經內明白發言的上帝;若是離開了聖經的教訓,那麼你就不要信這個說法,也不要信那個說法。上帝的話本身是很清楚的;如果有一處經文似乎不易明白,那永遠不會自相矛盾的聖靈就必在另一段經文中將它解釋得更清楚,所以除了對於那些頑梗剛愎,自願留在無知之中的人以外,聖經並沒有什麼可懷疑的地方。」[8]

這就是那無畏的改革家不顧性命的危險,在女王面前傳講的真理。他以同樣堅強的勇氣繼續貫徹他的目的,始終不渝地警醒祈禱,為主作戰,直到蘇格蘭掙脫了羅馬教的桎梏。

英格蘭立新教為國教之後,逼迫的事只是減少,並沒有完全停止。國教雖然革除了許多羅馬教的道理,但仍保留了不少儀式。教皇的主權固然被拒絕了,但皇帝竟登上了教會元首的地位。教會的禮節中,仍有許多遠離福音純正和簡樸的地方。他們還沒有明白宗教自由的大原則。信奉新教的統治者雖然很少使用羅馬教慣用的、拿來對付異端的殘酷手段,但人人本該擁有的、自由敬拜上帝的權利,卻沒有得到當局的認可。眾人必須接受國教規定的教義,並遵守設置的敬拜儀式。反對國教的人或多或少地都遭受了逼迫,達數百年之久。

在第十七世紀,有上千位的傳道人被迫離開他們的崗位。百姓則

除了國教規定的聚會之外，仍不得參加任何其他的宗教集會，否則就要科以極重的罰金，或遭到監禁放逐的處分。那些不願停止聚集敬拜上帝的忠心信徒，就被迫在黑暗的小巷，偏僻的閣樓，有時半夜在森林中聚會。這些因遭受逼迫分散的主的兒女，常在林蔭深處，就是在上帝大自然的殿中聚會，傾吐心意，祈禱讚美。他們雖然這樣小心提防，仍有許多人為他們的信仰受苦。監獄人滿為患，家庭離散，許多人被放逐到異鄉。然而上帝與祂的子民同在，逼迫無法消滅他們的見證。許多人因為被逐就飄洋過海到美國去，在那裡奠定了政治和宗教自由的基礎，後來這就成了該國的保障與光榮。

正如使徒的日子一樣，逼迫反而推廣了福音。本仁約翰 (John Bunyan，又譯約翰·班揚) 在擠滿了放蕩罪人和兇惡重犯的污穢監獄之中，卻能呼吸天上的空氣；他在那裡寫了一本奇妙的寓言，就是描述朝聖者從將亡之地到天城的旅程。從裴德福 (Bedford) 監獄所發出的聲音，以生動的感化力向人心說話達二百餘年之久。班揚所著的《天路歷程》 (The Pilgrims Progress) 和《罪魁蒙恩記》(Grace Abounding to the Chief of Sinners) 這兩本書，曾引領了許多人走向生命之路。

巴克斯特 (Baxter)、弗拉維爾 (Flavel)、阿利因 (Alleine)，以及其他有才能、學識，並有豐富基督徒經驗的人也相繼興起，為那「從前一次交付聖徒的真道」勇敢的爭辯。這些人雖然被世上的統治者剝奪公權，失去法律的保障，但他們所成就的工是永遠不能磨滅的。弗拉維爾的《生命之泉》(Fountain of Life) 和《蒙恩之法》(Method of Grace)，曾教導了成千上百的人把自己的生命交託給基督。巴克斯特的《改正的牧師》 (Reformed Pastor)，曾使許多渴望上帝工作復興的人獲益良多，他所著的《聖徒永遠的安息》(Saints' Everlasting Rest)，更使許多人得到那為上帝的子民存留的「安息」。

一百年之後，在屬靈黑暗的日子，懷特腓德 (Whitefield) 和衛斯理兄弟 (John and Charles Wesley，即約翰和查理·衛斯理)，出來為上帝作傳播真光的人。當時英國的人民在國教的管理之下，已經漸漸陷到宗教墮

落的地步，甚至他們的宗教與異教幾乎沒有什麼分別。自然宗教成了神職人員喜愛研究的題目，成了他們神學的主要論述。上流社會的人蔑視敬虔，並自誇高人一等，不受他們所謂「敬虔之狂熱」的影響。至於底層社會的人則大都無知並沉溺於惡習之中，而教會卻已沒有勇氣或信心為真理力挽狂瀾了。

路德清楚教導之因信稱義的偉大道理，這時幾乎已完全被遺忘；羅馬教靠善行得救的原則已取而代之。懷特腓德和衛斯理兄弟原來都是國教的教友，是誠心尋求上帝恩眷的人，他們所受的教導乃是要他們以道德生活和宗教儀式去獲得這樣的福惠。

有一次，當查理·衛斯理患病，預測命不久矣的時候，有人問他：他對於永生的希望寄託在哪裡。他的回答是：「我已經盡我最大的努力事奉上帝。」查理看出那發問的朋友似乎不太滿意他的回答，心中便想道：「什麼？難道我的努力還不足以作為他希望的根據嗎？難道他要剝奪我努力的功勞嗎？我沒有其他可以倚靠的了！」[9]這足以說明那籠罩教會的是何等深沉的黑暗，這黑暗隱蔽了救贖的真理，把基督的榮耀奪去，並使人心轉離了他們唯一救恩的希望——釘十架之救贖主的寶血。

查理和他的同伴看出真宗教是內心的宗教，而且上帝律法的範圍不但涉及人的言語行為，也管束人的心思意念。他們既感覺到內心必須聖潔，像行為必須端正一樣，他們就認真過一種新的生活。他們想用殷勤祈禱的努力來克制本性的邪情惡慾。他們過著克己、慈善、謙卑的生活，並且非常嚴謹地遵守著許多規定，他們認為這樣就可以成就他們最大的願望——得著那能使他們蒙上帝喜悅的聖潔。可是他們並沒有達到所追求的目的。他們企圖使自己脫離罪惡的譴責，或是打破罪惡的權勢，但結果都是徒然。他們這時掙扎的情況，正如路德在埃爾富特 (Erfurt) 修道院小室裡的經驗一樣。使他們心靈受苦的，也就是那使他極度不安的問題：「人在上帝面前怎能成為義呢？」(伯9:2)

那在改正教壇上將熄的上帝真理之火，這時卻要由波希米亞的基

督徒代代相傳的古代火炬重新點燃。在改教運動發起之後，波希米亞的新教受到了羅馬勢力的蹂躪。凡不肯放棄真理的人都不得不逃亡異鄉。其中有一些人逃到德國的薩克森去避難，在那裡保持了古代的信仰。衛斯理和他的同伴所得的真光，就是從這些基督徒的後人 (即摩拉維亞弟兄會) 而來。

約翰和查理·衛斯理兄弟兩人在被立為牧師之後，就奉命往美國宣教。同船的有一班摩拉維亞弟兄會 (Moravians) 的人。這一次海上起了狂風，約翰·衛斯理面臨死亡，自覺沒有與上帝和好的把握。相反地，這些德國人卻表現了他完全沒有經驗過的鎮定和倚靠。

他說：「我久已注意到他們那極其真誠的行為。他們時常為其他旅客進行英國人不屑去做的卑賤服務，證明他們具有真實謙卑的精神；在這些工作上，他們不要、也不肯接受任何報酬，並說這對於他們驕傲的心有益，而且他們慈愛的救主為他們所做的更多！在旅程中，他們每天都表現溫柔的精神，是任何傷害也不能改變的。如果他們被人推倒、被打、或絆倒，他們站起來就走了，口中連一句怨言也沒有。這時又有一個機會可以試驗他們是否能免於懼怕的心，像他們勝過驕傲、惱怒和報復的心一樣。正當他們開會唱詩的時候，海上狂風大作，波浪翻騰，主要的桅杆折斷了，甲板上滿了水，好像是深淵已經吞滅了我們。在英國人中，立時發出了可怕而尖銳的喊叫聲。可是這群德國人卻泰然自若地歌唱。後來我問他們中間的一位說：『那時你不怕嗎？』他回答說：『感謝上帝，我不怕。』我又問他說：『可是你們的婦人孩子也不怕嗎？』他溫和地回答說：『不，我們的婦人孩子不怕死亡。』」[10]

到了美國薩凡納 (Savannah，位於喬治亞州)，約翰·衛斯理與這些摩拉維亞教派的人曾暫時同住，他因他們的基督徒生活深受感動。他們的宗教聚會與英國教會那種沒有生氣的形式主義大不相同，關於這一點，衛斯理寫道：「整個聚會那種極其單純和嚴肅的精神，幾乎使我忘掉了1700年的距離，想像自己是在參加那些不重外表和不拘形式的聚會，乃是製作帳棚的保羅，或是作漁夫的彼得所主持的；然而他們確有

聖靈和能力的明證。」[11]

衛斯理回到英國，在摩拉維亞教派的一個傳教士教導之下，更加清楚地明白了聖經中的信仰。他看出，必須放棄一切倚靠自己行為得救的心理，而完全倚靠那「除去世人罪孽」的「上帝的羔羊」。在倫敦摩拉維亞教會的一次聚會中，有人宣讀路德的一篇講章，敘述上帝的靈在信徒心中所施行的改變。衛斯理聽了，心中就燃起了信心，他說：「我覺得心中火熱，我覺得自己確已完全靠基督得救；上帝也給了我憑據，祂已除去我的罪，並救我脫離罪和死的律。」[12]

衛斯理經過多年疲倦、刻苦的努力——多年的嚴格克己，又受了多年的辱罵和委屈，他一貫以尋求上帝為唯一的目的。如今他已經找到上帝並發現他過去想靠禱告、禁食、施捨、克己而得的恩典，乃是「不用銀錢，不用價值」得來的恩賜。

他一建立了在基督裡的信心，就心中火熱，渴望到各處去傳播上帝白白賜恩的榮耀福音。他說：「我以全世界為我的教區，無論我在世界的那一隅，我認為向一切願意聽講的人宣講救恩的喜信，乃是合宜的，這是我的權利，也是我的義務。」[13]

他繼續過著嚴謹、克己的生活，但不再以此作為信仰的基礎，而是信仰的果效；不再作為成聖的根源，而是成聖的果子。這種恩典必要在順從上顯明出來。衛斯理終身宣揚他所領受的偉大真理——因信基督贖罪的血而稱義，並因聖靈在人心中所運行更新的能力，而使生活結出與基督榜樣相符的果子。

懷特腓德和衛斯理兄弟過去既對自己曾陷入迷失的狀況經受長期和嚴厲的自責，就為自己的工作做了準備；同時為要使他們能像基督的精兵一樣忍受苦難，他們就承受了如火煉般的考驗，在大學裡並在開始宣教時遭人譏誚、侮辱和逼迫。不敬虔的學子們輕蔑地稱他們和一些同情他們的人為「循理派」(Methodist，指紀律嚴格、循規蹈矩之意)，現在這一詞卻成為英美兩國最大的基督教宗派之一的名稱，且倍受尊崇。

他們既是英國國教的教友，就固守她敬拜的儀式，但主已經在聖經中向他們提出一個更高的標準。聖靈督促他們傳講基督並祂釘十字架的福音。有至高者的能力隨著他們。千萬人信服並真心悔改了。這些羊群必須受到保護，脫離殘暴豺狼的傷害。衛斯理本來無意成立一個新的宗派，只是在所謂「循理團契」(the Methodist Connection)的名義之下把信徒組織起來。

這些傳教士在遭遇國教反對一事上，乃是不可思議且難以忍受的；但上帝憑著祂的大智慧執掌萬事，使改革工作從教會內部開始。如果改革工作完全由教會外面而來，它就不能深入最需要的地方。但領導奮興的傳教士既是教會的工作人員，並在教會範圍之內隨時隨地有機會進行工作，真理就能進入那藉其他方法不能接觸的地方。有一部分神職人員在屬靈的麻木狀態中奮興起來，就在他們自己的教區熱心傳道。那些因形式主義而死氣沉沉的教會都變得生氣勃勃了。

在衛斯理的時代，正如教會歷史中各世代一樣，具不同恩賜的人成就了各自不同的工作。他們在教義的認識上雖然見解略有出入，但各人還是受到上帝聖靈的感動，在引人歸向基督的大前提之下聯合一致。懷特腓德和衛斯理兄弟之間在意見上的不同，有一次險些造成分裂；但是他們既在基督的門下學會了溫柔，所以互相忍耐和彼此相愛的心終於使他們言歸於好。正當謬論和罪孽充斥各地，罪人行將敗亡之時，他們哪裡還有工夫彼此爭辯呢？

這些上帝的僕人所走的路乃是一條崎嶇的道路。許多有勢力和學識的人竭力反對他們。過了一時，許多神職人員也對他們顯示堅決的敵意，多處教堂就關起大門，要拒絕這宣傳純潔信仰的人。許多教牧人員在講台上公然排斥他們，結果挑動了社會中黑暗、無知和罪惡的力量。約翰·衛斯理多次因上帝為他施行奇事才倖免於死。有一次當一群暴徒前來攻擊他，他似乎沒有逃生之路時，一位天使以人的樣式來到他旁邊，於是暴徒退卻，上帝的僕人就得以從危險之地平平安安地走出來。

關於上帝拯救他脫離瘋狂暴徒之手的許多經驗，他提到一次經歷說：「當我們循著一條滑溜的小道下山進城時，許多人想要把我推下去；明知我一跌倒，就必永遠起不來了。但我至終沒有失足，連滑一下也沒有，直到我完全脫離了他們的手。……雖然許多人想要拉著我的領子或衣服把我拖倒，但總也沒有抓住；只有一個人抓到我燕尾服後部的半翼，就被他扯掉了；另一半翼的口袋裡有一張鈔票，卻只被他扯掉一半。……一個孔武有力的人在我後邊，用一根橡木棍攻擊我好幾次；他若能用這根棍子打中我後腦，只須一下，他就不必再打了。但每一次他的棍子都偏了過去，我也不知道怎麼會這樣；因為我那時是無法左右閃躲的。……另有一個人從人群中擠了過來，舉起手要打我，可是忽然他的手卻落了下來，只是摸著我的頭，說：「他的頭髮多麼柔軟啊！」……那些最先改變敵意的人都是城中的好漢，每次暴動總是他們領頭的，其中一個人還是鬥熊場中的好手……。

「上帝用了何等溫和的手段預備我們去實行祂的旨意啊！兩年前，有一塊磚頭打中了我的肩頭；過了一年，又有一塊石頭打中了我的鼻梁。上個月，我挨了一拳，今天晚上挨了兩拳，一拳在進村之前，一拳在離村之後；可是我都沒有受傷；因為頭一個人雖然用他的全力搥擊我的胸膛，另一個人打中我的嘴，以致當時鮮血直流，但我卻沒有感到一絲疼痛，好像是他們只用了一根稻草碰了我一下似的。」[14]

早期的循理會教徒——不分平信徒或傳道人——時常遭受國教教友、和因他們歪曲事實而被煽動之暴徒的譏誚與逼迫。他們常被傳喚到法庭受審——當時的法庭徒有其名，實際上根本不按律法行事。他們時常遭受逼迫之人的殘害。暴徒挨家挨戶搗毀傢俱物件，任意搶奪並蠻橫虐待大人和孩童。有幾次他們竟張貼佈告，號召凡願幫助破窗搶劫循理會信徒之住宅的，某日某時在某地集合。這些公開違反國家和上帝律法的行為竟被當局默許，連一句責備的話也沒有。他們居然發動有組織的逼迫，而遭他們逼迫之對象的唯一「錯誤」，就是設法把罪人的腳步從滅亡之路轉向聖潔之道。

　　約翰·衛斯理提到那控告他和他同伴的罪狀時說：「有人說這等人所傳的道理是虛偽、錯誤而狂熱的；又說，這些是新奇的教義，從來沒有人聽過，到了最近才有人傳講；又說他們是教友派(Quakerism，又稱貴格會)、狂熱派、羅馬教徒。這整套荒謬的控告已經證明為毫無根據，我們所傳的道理每一部分都完全顯明為聖經中明白的道理，並且是按著我們教會的解經法來解釋的。所以只要聖經是真的，我們的道理就不可能是虛偽或錯謬的。其他的控告說：『他們的道理太嚴格了；他們把天國的道路弄得太狹窄了。』這的確是基本的原因(而且有段時期幾乎是反對的唯一原因)，它也是一切其他反對真理之種種藉口的真實動機。但是這些信徒是不是把天國的道路弄得比我主和祂使徒所宣講的更為狹窄呢？難道現代信徒的道理會比聖經的道理更為嚴格嗎？你只要思考以下幾節經文就可以明白了：『你要盡心、盡性、盡意愛主——你的上帝。』、『凡人所說的閒話，當審判的日子，必要句句供出來。』、『所以，你們或吃或喝，無論做什麼，都要為榮耀上帝而行。』

　　「如果這一等人所講的道理比這些話更為嚴格，他們就該受譴責；但你的良心知道，事實並非如此。誰能減去一點一劃而不致破壞上帝的話呢？哪一個『上帝奧祕事的管家』能改變這神聖經典的任何一部分，仍算為忠心的執事呢？沒有，他既不能減少什麼；也不能減輕什麼；他必須向眾人宣明，『我不能降低聖經的標準來迎合你的喜好。你必須上來迎合聖經的標準，否則，你必永遠滅亡。』這就是許多人說『這些人沒有人情』的實在原因。他們真是沒有人情嗎？在哪一方面呢？難道他們沒有餵飽飢餓之人，為赤身露體的人披上衣服嗎？『不是的，問題不在這裡；他們在這一方面並無缺點。他們乃是在論斷人的事上沒有半點仁慈之心！他們認為除了那些依從他們道路的人之外，沒有人能得救。』」[15]

　　英國在衛斯理時代之前所顯示的種種靈性衰落的狀況，都是唯信主義者之教導造成的結果。許多人主張基督已經廢棄了道德律法，所以基督徒沒有遵守的責任；一個人只要相信，他就可以脫離「好行為的

奴役」。其他的人雖然承認律法的永久性，卻聲稱傳道人大可不必勸勉人順從律法的條例，因為蒙上帝揀選得救的人，必「由於上帝恩典無可抵拒的動力，自然就有敬虔和道德的行為」。而那些注定永遠滅亡的人，卻「沒有力量順從上帝的律法」。

另有一些人主張「蒙揀選的人不會從恩典上墮落，也不會失去上帝的恩眷」。於是，產生了更可憎的結論：「他們所做的惡事實在不算為罪，也不算為違犯上帝的律法，因此，他們不必承認他們的罪，也不必藉著悔改來除掉罪惡。」所以他們聲稱，如果一個蒙揀選的人犯了一件最卑劣的罪行，「縱然大家認為他是一件嚴重違犯上帝律法的罪，但在上帝眼中卻不算為罪。」、「因為蒙選之人的本質和特性，不可能做出什麼上帝不喜悅或禁止的事。」[16]

這些怪異的道理，與一些著名的教育家和神學家後來的論調，在本質上是相同的；他們認為上帝沒有定下什麼永不改變的律法作為正義的標準，而道德的標準乃是由社會本身來決定，並且是時常變化的。這些思想都是由同一個魔王所灌輸的——從前他在天上無罪的居民之間就已開始了這種工作，意欲摧毀上帝律法合理的約束。

這種「上帝的預旨」(The Divine Decrees) 的教導，認為人的本質非人力所能改變，因此許多人實際上就拒絕了上帝的律法。衛斯理堅決地反對唯信主義者的錯謬，並說明那造成唯信主義的道理乃是與聖經相牴觸的。「上帝救『眾人』的恩典已經顯明出來。」(多2:11)「這是好的，在上帝我們救主面前可蒙悅納。祂願意萬人得救，明白真道。因為只有一位上帝，在上帝和人中間，只有一位中保，乃是降世為人的基督耶穌；祂捨自己作萬人的贖價」(提前2:3-6)，上帝的靈白白地賜下，使每一個人能掌握得救的方法。因此基督乃是「真光，照亮一切生在世上的人」(約1:9)。世人之所以不能得救，乃是因為他們自己故意拒絕生命的恩賜。

有人說，基督的死已經把十誡的律法和儀文律法一同廢去了，衛斯理回答說：「基督並沒有廢去那包括在十條誡命之內、並為眾先知所

力行的道德律法。祂來的目的並不是要廢掉這律法的任何部分。這個律法是永遠不能破壞的，它『堅立如天上確實的見證』……自有世界以來，這律法『不是寫在石版上』，乃是自人類從創造主手中出來時就已寫在他們的心版上。儘管上帝指頭所寫的字因罪而大受毀損，但只要我們有辨別善惡的意識，這些字跡總不能完全磨滅。這律法的每一條都必須在全人類身上、並世世代代發生效力；這不在乎時間、空間，或任何其他能改變的條件，卻以上帝的本質，人類的性質和二者之間不變的關係為基礎。

「『我來不是要廢掉，乃是要成全。』……毫無疑問的，祂這話的意思乃是(前後相符的)——我來是要堅立律法，顯出它的完美，不管世人為它加上多少虛文。我來是要使其中任何隱祕或含糊的地方完全明朗化；我來是要宣明每一條律法真確和完全的意義；顯明每一條誡命的長度、寬度和整體範圍，並顯明它的高度、深度，以及其不可思議的純潔和屬靈的性質。」[17]

衛斯理聲稱律法和福音是完全協調的。「所以在律法和福音之間可以看出一種最密切的關係。一方面，律法經常為福音預備條件，向我們指明福音；另一方面，福音經常引領我們更切實地完成律法。比如，律法要我們愛上帝，愛我們的鄰舍，並要謙卑、溫柔而聖潔。我們覺得自己在這些美德方面極度匱乏；是的，『在人這是不能的』，但我們看出上帝已經應許把這愛賜給我們，使我們可以成為謙卑、溫柔、聖潔；於是我們持定這個福音，持定這些大喜的信息；這一切便要按著我們的信心為我們成全了；而且『律法的義』就藉著在基督耶穌裡的信心『成就在我們……身上』。」

衛斯理說：「基督福音最大的仇敵，就是那些公然無忌地『論斷律法』和『批評律法』的人，他們教訓人不但要破壞(取消、放寬、使之失效)其中的一條，無論是最小的或是最大的，而還要一下子廢除全部律法。……隨著這個強烈欺騙而來的一切狀況中，最令人驚駭的就是那些受其迷惑之人真誠地相信推翻律法才是榮耀基督，破壞祂的教訓才是

207

尊崇祂的使命!是的,他們尊榮祂,正像猶大從前對祂說『請拉比安,就與祂親嘴』一樣。耶穌大可以對他們每個人說『你用親嘴的暗號賣人子嗎?』他們一面談論祂的寶血,一面摘去祂的冠冕,並以推進祂的福音作為藉口來減輕祂律法的要求,這無異是用親嘴的暗號把祂出賣了。人若藉宣講信心而直接或間接地廢棄順從的任何部分,或藉宣講基督而廢除或削弱上帝律法最小的一條,他就不能擺脫這個罪名。」[18]

有一人主張:「傳揚福音就足以達到律法的一切功用。」衛斯理回答說:「這種說法我們絕對否定。傳揚福音並不能達到律法的首要功能,那就是使人知罪,喚醒那些在地獄邊緣沉睡的人。」使徒保羅聲明「律法本是叫人知罪」。「人必須先知道自己的罪,才能真正感覺到自己需要基督贖罪之血。……我們的救主親自說過:『康健的人用不著醫生,有病的人才用得著。』所以你若介紹一位醫生去為健康的、或至少自以為健康的人治病,豈不是很荒謬嗎?你必須先使人知道自己有病,不然,你的好意他們是不會感激的。照樣,你若介紹基督給那些心安理得、從來沒有為罪憂傷的人,也是同樣荒謬。」[19]

這樣,衛斯理宣講上帝恩惠的福音時,也像他的主一樣,設法「使律法為大、為尊」。他忠心地完成了上帝所交付給他的工作,同時,上帝讓他看到的結果是光榮的。當他漫長的八十餘年的一生——遊行佈道的時間達半個世紀以上——結束之時,他的門人竟有五十餘萬之多。至於那些藉著他的工作,從罪惡的敗亡和墮落之中被解救,而過上更高尚、純潔之生活的人,以及那些因他的教導而得到更深刻豐富之經驗的人,其數目之多,若不到得贖之人完全聚集於上帝國度時,是無法知曉的。他的人生給予每個基督徒一個極寶貴的教訓。唯願這位基督僕人的信心、謙卑、不倦的熱誠,自我犧牲和虔誠,能在今日的教會中反映出來!

註①～③：多貝涅，《十六世紀宗教改革運動史》，第18冊，第4章。

註④：安德森 (Anderson)，《英語聖經編年史》，第19頁。

註⑤：拉蒂默 (Hugh Latimer)，《愛德華六世前首次證道》。

註⑥：拉蒂默，〈講章：論耕耘〉，《拉蒂默著作》卷一，第13頁。

註⑦：《拉蒂默作品集》卷一，第8頁。

註⑧：萊恩，《約翰·諾克斯作品集》卷二，第281，284頁。

註⑨：約翰·懷特黑德，《查理·衛斯理生平》，第102頁。

註⑩：約翰·懷特黑德，《約翰·衛斯理生平》卷二，第10頁。

註⑪：同上，第11、12頁。

註⑫：同上，第52頁。

註⑬：同上，第74頁。

註⑭：約翰·衛斯理，《作品集》，卷三，第297、298頁。

註⑮：同上，卷三，152、153頁。

註⑯：麥克林托克與斯特朗，《百科全書》，條目〈反律法主義者〉，1871年版。

註⑰～⑱：《衛斯理講章》第25篇。

註⑲：《衛斯理講章》第35篇。

第十五章
聖經與法國大革命

在十六世紀，宗教改革運動曾將一本敞開的聖經貢獻給世人，這改教運動已經進入了歐洲所有的國家。有些國家欣然歡迎它，並視其為天上來的恩賜。而在其他地區，羅馬教廷則成功地遏制其傳入；聖經知識的亮光，及其造就人的影響力，幾乎完全被阻隔在外。但有一個國家，真光雖已進入，黑暗卻不接受光。幾百年來，真理和謬論相互爭奪主權。最後那惡者得了勝，天上的真理就遭到驅逐。「光來到世間，世人……不愛光，倒愛黑暗，定他們的罪就是在此。」(約3：19) 這一個國家終於自食其果。上帝聖靈的管束已經從那輕視祂恩賜的人身上收回。他們惡貫滿盈；從此全世界都可以看到故意拒絕真光的結果。

反對聖經的爭戰在法國進行了幾百年，終於在大革命時期 (見附錄第11頁「法國大革命的成因」) 達到最高峰。這個可怕的暴動是羅馬禁止聖經的必然結果。這是世人從未見過的最驚人的例證，說明羅馬教施行的政策，以及羅馬教會一千餘年之教導招致的結果。

先知早已預言羅馬教掌權時期對於聖經的壓制；蒙啟示的約翰也曾指明那特別因「大罪人」的統治而臨到法國的可怕結果。

主的使者說：「他們要踐踏聖城四十二個月。我要使我那兩個見證人，穿著毛衣，傳道一千二百六十天。……他們作完見證的時候，那從無底坑裡上來的獸必與他們交戰，並且得勝，把他們殺了。他們的屍首

就倒在大城裡的街上；這城按著靈意叫所多瑪，又叫埃及，就是他們的主釘十字架之處。……住在地上的人就為他們歡喜快樂，互相餽送禮物；因這兩位先知曾叫住在地上的人受痛苦。過了這三天半，有生氣從上帝那裡進入他們裡面，他們就站起來；看見他們的人甚是害怕。」(啟11：2-11)

這裡所提到的時期——「四十二個月」和「一千二百六十天」——是一樣的；同樣是指著基督的教會在羅馬教廷權勢下遭受壓迫的一段時期。教皇掌權的一千二百六十年是從公元538年開始的，所以應在1798年終止 (見附錄二之三)。那一年，有一支法國軍隊進入羅馬城把教皇擄去，他就死在異鄉。不久之後，雖有一個新教皇被推選出來，但從此以後羅馬教廷就一直未能重掌以前擁有的權柄。

教會所遭受的逼迫並沒有一直延續一千二百六十年。上帝因愛憐祂的子民，就減少了他們受火刑試煉的日子。救主在預言「大災難」臨到教會的時候，說：「若不減少那日子，凡有血氣的總沒有一個得救的；只是為選民，那日子必減少了。」(太24：22) 因宗教改革的影響，逼迫在1798年以前就停止了。

至於那兩個見證人，先知進一步說：「他們就是那兩棵橄欖樹，兩個燈臺，立在世界之主面前的。」(啟11：4) 作詩的人說：「祢的話是我腳前的燈，是我路上的光。」(詩119：105) 這兩個見證人代表舊約和新約聖經；兩者對於上帝律法的起源和永久性而言，都是重要的證明，也同是救恩計畫的見證者。舊約中的表號、祭禮和預言都是指明一位要來的救主。新約中的四福音和書信則記載一位已經按著表號和預言指定的方式來到世界的救主。

「那兩個見證人，穿著毛衣，傳道一千二百六十天。」在這一段漫長的時期中，上帝的見證人大都是避世的。羅馬教廷的權勢企圖將真理的道隱藏起來，以傳講虛偽的道理來抵銷聖經的見證 (見附錄第11頁「壓制和銷毀聖經的手段」)。當聖經被宗教和政治的權威禁止，其中的見

證被人曲解，世人和魔鬼千方百計地使世人轉離它，那些大膽宣揚聖經神聖真理的人被追逐、出賣、折磨、監禁，為自己的信仰殉身，或被迫到山間的堡壘和地下的洞穴躲避時，那就是忠心的見證人穿著毛衣傳道的時候。然而在一千二百六十年的全部時期中，他們是一直在作見證的；即使在最黑暗的時候，仍有一班忠心的人愛護上帝的聖言並為祂的尊榮大發熱心。上帝賜智慧、能力和權柄給這些忠心的僕人，使他們在這一段漫長時期中宣揚祂的真理。

「若有人想要殺害他們，就有火從他們口中出來，燒滅仇敵。凡想要害他們的都必這樣被殺。」(啟11：5) 人絕不能踐踏上帝的聖言得以逃脫。這可怕之斥責的意義在〈啟示錄〉末章中說明了：「我向一切聽見這書上預言的作見證，若有人在這預言上加添什麼，上帝必將寫在這書上的災禍加在他身上；這書上的預言，若有人刪去什麼，上帝必從這書上所寫的生命樹和聖城刪去他的分。」(啟22：18、19)

這就是上帝所發的警告，免得人以任何方式改變祂所啟示、吩咐的話。凡藉自己的影響使他人輕視上帝律法的人，這些嚴肅的斥責都適用在他們身上。那些輕率地聲稱順從上帝的律法與否都無關緊要的人，聽到這些警告就應當膽戰心驚。凡高舉自己的意見超過上帝之啟示的人，凡為求迎合自己的方便或符合世人的習俗而改變聖經明確之意義的人，必須擔負可怕的責任。寫在經上的話，就是上帝的律法，將要衡量每一個人的品格，凡經過這準確無誤的試驗而顯出虧欠的人，必被定罪。

「他們作完 (行將作完) 見證的時候。」這兩個見證人穿著毛衣作見證的時期，是在1798年完結。正當他們在避世時期所做的工將結束之時，「那從無底坑裡上來的獸」所代表的權勢必與他們爭戰。幾百年來，那在歐洲各國掌管教會和國家政權的，乃是撒但透過教廷為媒介而控制的。但這裡所出現的政權，乃是撒但權勢的一個新的展現。

羅馬教的政策一向是在自稱尊崇聖經的掩護之下，把聖經保留在

一種多數人不懂的語言之中，這無異是把聖經封鎖起來，使眾人無從獲得。在她的統治之下，這兩個見證人「穿著毛衣」傳道。但另有一個權勢——從無底坑裡上來的獸——將要興起，公然與上帝的聖經爭戰。

那座「大城」，就是兩個見證人被殺——屍首倒在它街上的大城，「按著靈意」叫作埃及。在聖經歷史所記載的一切國度中，埃及是最大膽否認永生上帝之存在並抗拒祂命令的。從來沒有一個帝王比埃及王更狂妄蠻橫地抗拒上天的權威。當摩西奉耶和華的名將信息傳達給法老時，他竟傲慢地回答說：「耶和華是誰，使我聽祂的話，容以色列人去呢？我不認識耶和華，也不容以色列人去！」(出5：2)這就是無神論；這個用埃及所代表的國家必要對於永生上帝的要求發出同樣的否認，也要顯出同樣的不信和公然反對的態度。這「大城」也可「按著靈意」比作所多瑪。所多瑪破壞上帝律法的腐敗行為，特別顯明在淫亂的事上。而這種罪也是那應驗這段經文之國家的顯著特徵之一。

按照先知的話，到了接近1798年的時候，將有來自撒但並與其性質相同的權勢興起與聖經作戰。在那地，上帝兩個見證人的聲音就因此寂靜下來，那裡要出現法老的無神主義和所多瑪的淫亂行為。

這段預言已經在法國歷史上準確而顯著地應驗了。在1793年革命之時，「世人第一次聽到一個國家的議會議員——都生長在文明國家，受過相當的教育，並且手握政權管理歐洲最文明的一個國家——竟異口同聲地否認人能接受的最嚴肅的真理，並全體一致地抗拒對於真神的信仰和敬拜。」[1]「法國乃是世上唯一的國家，曾伸手公然反對創造宇宙的主宰，而且這事有確鑿的歷史，斑斑可考。英國、德國、西班牙和其他國家向來有許多褻瀆上帝和不信之人；但法國在世界歷史上乃是一個特例，由立法的議會頒發命令，宣稱天地間沒有上帝；為這一件事，首都的全體市民以及各處大多數的男女都聚集歡唱跳舞，以示慶祝。」[2]

法國也表現了所多瑪顯著的特性。在革命的時候，一種道德淪

亡、傷風敗俗的情形與昔日所多瑪平原諸城招致毀滅的罪行，如出一轍。有一位歷史學家敘述法國的無神論主義和淫蕩風氣，正如預言所說的一樣：「在頒布這些影響宗教之律法的同時，緊接著就頒布破壞婚姻制度的律法。婚姻原是人類最神聖的制度，世人能恆久尊重這制度，才可使社會鞏固。這時法國竟使它成為一種臨時性的契約。男女可以隨意結合，也可以隨意仳離。……如果魔鬼親自出動要想出一種最有效的方法來破壞家庭生活中一切可敬、優美和恆久的事，而同時又能使這種禍害世世代代延續下去，他們再不能發明一種比貶低婚姻制度更有效的計畫了。……以擅長辭令著名的女伶蘇菲·阿爾努 (Sophie Arnoult) 竟形容婚姻為『姦淫的聖禮』。」[3]

「就是他們的主釘十字架之處。」這一段預言也應驗在法國。沒有什麼地方比這裡更顯著地表現仇恨基督的心態，沒有什麼國家比法國更苦毒殘酷地反對真理。法國加諸於承認福音之人的逼迫，等於是在基督門徒身上把基督釘在十字架上。

聖徒一世紀又一世紀地流了他們的鮮血。當瓦勒度派「為上帝的道和耶穌基督的見證」在皮埃蒙特山谷捨棄他們的性命時，他們的弟兄——法國的阿比爾派也為真理作了同樣的見證。在宗教改革的日子，改教運動的信徒曾死於可怕的酷刑之下。君王與貴族，名門貴婦和嬌弱少女，國內的天之驕子和士紳，都曾以觀看為耶穌殉道之人受盡酷刑而死為賞心樂事。勇敢的胡格諾派教徒曾為人類最神聖的權利鬥爭，並在許多苦鬥的戰場上流出他們的鮮血。改正教徒被視為非法之徒，有人懸賞購買他們的首級，並追捕他們如獵取野獸一般。

「曠野的教會」就是在第十八世紀、倖存之法國古代基督徒的少數後裔，他們隱遁在南部的山間，堅守他們祖先的信仰。當他們夜間冒險到山邊或幽僻的原野聚集禮拜時，就有「龍騎兵」(Dragoons；指法國君主政體用以鎮壓新教徒的兵種) 出來追捕他們，把他們拖去囚船，終身被奴役。最純潔、高尚、睿智的法國人，被捆鎖在強盜和殺人犯之中受可怕的酷刑。[4]與此相較，其他人手無寸鐵、毫無抵禦地跪在地上禱告時就

被槍殺，這待遇還算仁慈些。成千上百年邁的老人，纖弱的婦女和無辜的兒童在他們聚會的地方當場被殺。人若旅行到他們經常聚會的山邊或樹林中，往往可以看到「每隔數步，就有屍體散布在草地上，或者懸掛在樹木上」。他們的國家因刀、斧和火刑而荒廢，「變為廣大淒涼的曠野。」「這種慘劇的演出……並不是在黑暗時期，而是在路易十四的盛世時期。那時科學昌明，文學發達，宮廷和首都的神父都是富有學識，大有口才，並表面上具有溫柔愛心等美德的人。」[5]

但是罪惡的黑暗紀錄中最不堪的一篇，也是有史以來最慘無人道之行徑中最恐怖的事件，就是聖巴多羅買大屠殺 (St. Bartholomew Massacre)。世人迄今憶起那些最卑鄙殘酷之屠殺慘景，仍是不自禁地顫抖。國王受了羅馬教神父和主教的慫恿，竟容許這樣恐怖的行動。在夜靜更深之時，鐘聲大鳴，作為開始大屠殺的信號。正當數以千計的改正教徒在家安睡，信賴他們國王的保護之時，竟沒有得到一點警告，就被拖出去無情地殺害了。

正如古時基督是人眼所看不見的領袖，拯救了祂的子民脫離埃及的奴役，這時撒但也是幕後的領袖，指使著他的爪牙從事殺害無數殉道者的可怕工作。巴黎城內的大屠殺整整延續了七天之久，頭三天的瘋狂屠殺真是慘不忍睹。而且大屠殺還不限於巴黎城內；由於王的特別命令，這次的暴行竟牽連所有的省分和城市，只要有改正教徒在，就可以立即殺害。不拘年齡和性別；無辜的嬰兒，白髮的老人，都不得倖免。貴族和平民，老人和青年，婦女和兒童都被一齊殺死。法國全境的屠殺延續了兩個月之久。幾萬條的寶貴生命就這樣喪失了！

「當這大屠殺的信息傳到羅馬時，神父們無不興高采烈、彼此相慶。洛林 (Lorraine) 的樞機主教賞給送信的人一千塊銀幣；聖安吉羅鳴炮慶祝；各教堂鳴鐘誌喜；夜間焰火照耀如同白日；貴格利十三世領導著一長列的主教和教廷權貴們到聖路易教堂，那裡有洛林的樞機主教吟誦讚美詩歌。……又製發紀念勳章來紀念這次的大屠殺，今日在梵諦岡仍可看到畫家瓦薩里 (Vasari) 的三幅壁畫，分別描繪信奉改正教的

法國將領被殺，國王密謀屠殺的會議和執行大屠殺的種種情形。貴格利送給查理一個黃金玫瑰的紀念章；在大屠殺之後四個月，……他躊躇滿志地聽一個法國神父講論『那興高采烈的一天，當這至聖之父得悉這佳音時，他嚴肅地向上帝和聖路易表示感謝。』」[6]

那慫恿聖巴多羅買大屠殺的同一個魔王也發動了大革命事件。那時法國不信上帝的人宣稱耶穌基督是騙子，並大聲呼喊：「消滅這個壞人！」意思是指基督。大膽的褻慢和可憎的罪惡橫行無阻，最卑劣殘酷的無恥匪徒卻最受尊敬，而在這一切事上，他們乃是向撒但致最高的崇敬；而基督在祂真實、純潔和無私之愛的特性上，卻被釘十字架了。

「那從無底坑裡上來的獸，必與他們交戰，並且得勝，把他們殺了。」在大革命和恐怖時代統治法國的無神論政權，確實是與上帝和祂的聖經作戰，是世人前所未見的。國家的議會決定取消對上帝的敬拜。他們收集聖經，並用各種侮辱的方法在公共場所焚燒。他們又把上帝的律法踐踏在腳下。聖經所倡導的制度都被廢除了。每週休息的日子被取消，代之以每十天休息一天的制度，並且這一天要作為盡情縱慾褻瀆的日子。浸禮和聖餐禮也在被禁之列，並有標語張貼在墳地顯著之處，聲稱死亡乃是永遠的安眠。

他們說敬畏上帝遠非「智慧的開端」，而是愚昧的開端。除了尊崇自由與國家之外，其他的一切宗教敬拜全部遭到禁止。「巴黎城的主教出現在國會面前，表演了一齣最厚顏無恥的戲，這種戲碼是從未在國家代表面前表演過的。……他盛裝出現在國會之前，向他們聲明自己多年所教導的宗教無非是修士法術的愚民政策，是沒有歷史和真理為根據的。他以一種嚴肅和肯定的口氣否認神的存在，他過去曾獻身事奉上帝，而今後則決定要敬拜自由、平等、善良和道德。於是他把主教的衣冠和裝飾放在桌上，然後與國會的主席擁抱。此外，還有幾個背教的神父也照這個主教的榜樣而行了。」[7]

「住在地上的人，就為他們歡喜快樂，互相餽送禮物。因這兩位先

知曾叫住在地上的人受痛苦。」不信上帝的法國已經使上帝兩個見證人指責的聲音止息了。真理之道陳屍於她的街上，而且那些仇恨上帝律法之約束和要求的人也歡天喜地。人們公然反抗天上的君王。他們像古時的罪人一樣喊著說：「上帝怎能曉得？至高者豈有知識呢？」(詩73：11)

有一個新派的神父用人們幾乎不可置信的褻慢、膽大包天地說：「上帝啊，如果祢真存在的話，祢就為祢受干犯的名施行報復吧！我現在公然向祢挑戰！祢仍然保持緘默；祢竟然不敢發出雷聲。從今以後，誰還相信祢存在呢？」[8]這正是古埃及法老之語的回聲：「耶和華是誰，使我聽祂的話？」、「我不認識耶和華！」

「愚頑人心裡說：沒有上帝。」(詩14：1)關於歪曲真理的人，上帝曾說：「他們的愚昧必在眾人面前顯露出來。」(提後3：9)法國摒棄了對永生上帝，就是那「至高至上、永遠長存」之主的敬拜之後，過了不久就墮落到事奉假神的地步；她敬拜一個淫蕩的婦人，稱她為「理性女神」(Goddess of Reason)。而且這是在國家議會之內，由行政和立法的最高權威來執行的！一位歷史學家說：「這瘋狂時期的禮節之一真是極盡愚昧與褻慢之能事。議會的門大開，一個樂隊在前領路，後面隨著市政府的委員排成嚴肅的行列，唱著讚美自由的詩歌，護送著他們今後所要敬拜的對象，就是一個蒙著帕子、扮演他們口中所謂『理性之神』的女子進來。到了指定的席上，她的帕子被隆重地揭開了，她便站在議會主席旁邊；眾人都認出她就是歌劇團中的一個女伶。這個人最適合代表他們所敬拜的『理智』，於是法國全國的議會就公然向她敬拜了。

「這場褻慢和荒誕的鬧劇成了一種風潮；全國各處凡不願在大革命的激進舉動上落後於人的地方，都仿傚了巴黎的樣式來設置理智女神。」[9]

那介紹理性崇拜(the worship of Reason)的發言人曾致辭說：「國會議員們，狂熱已經讓位給理性了。但它朦朧的眼睛還不能忍受這燦爛

的光輝。今天已有無數的人聚集在那偉大的教堂之內，而那教堂也第一次聽到了真理的聲音。在那裡，法國已經舉行了唯一的真崇拜——就是對於自由和理性的崇拜。在那裡，我們已經祝賀我們共和國的強盛。在那裡，我們已經放棄了沒有生氣的偶像，而代之以理性之神，一個有生命的形像，大自然的傑作。」[10]

當這個女神被帶到議會會場時，這位發言人牽著她的手，向國會說：「世人哪，現在你們不必再畏懼那因自己的懼怕而創造出來的上帝，及其所發出的、沒有能力的雷霆了。從今以後，除了理性之外，你們不要承認任何神。我要把理性最高尚、最純潔的神像介紹給你們；如果你們必須有神像的話，不妨單向這樣的一位獻祭吧！……跪倒在威嚴的自由之權威面前吧！大哉，理性之神！」

「女神與主席擁抱之後，就坐在一輛華貴的車子上，在人山人海之中被帶到巴黎聖母院 (the Cathedral of Notre Dame) 內，代替上帝。在那裡，她升上一座高壇，接受一切在場之人的崇拜。」[11]

這事以後不久，接著就是公開焚燒聖經。在一次集會中，有某一「民眾團體」進入市政府的大廳，高呼「理性萬歲！」他們拿著杆子，在杆的上頭有幾本燒了一半的殘書，其中有日禱課、彌撒書和新舊約聖經，主席宣佈說：「它們在大火中贖了它們使人類犯一切愚妄的罪惡。」[12]

羅馬教展開的工作這時就由無神論者接手完成了。羅馬教的政策已經造成社會、政治和宗教三方面的條件，促使法國加速敗亡。許多作家評論大革命的種種恐怖狀態時，都指稱這些極端事件理應由國王和教會負責 (見附錄第12頁「恐怖統治時期」)。嚴格說來，這些事應完全歸咎於教廷。羅馬教廷的政策已經在許多君王的心中灌輸毒素，使他們反對宗教改革運動，並認為這運動乃是王室的仇敵，又是妨害國家和平與統一的主因。用這種方法去煽動法國國王行出最可怕的暴行，和最殘虐的壓迫，乃是羅馬教廷的構想。

　　自由的精神是與聖經相輔並行的。無論何處接受了福音，人心就覺醒。他們開始掙脫那束縛他們的無知、罪惡和迷信的桎梏。他們的思想行動漸漸恢復成理性之人的作風了。帝王看到這種情形，他們就為自己暴政的前途膽戰心驚。

　　羅馬教廷很快就下手煽動他們那出於私心的恐懼心理。1525年，教皇曾對法國國王說：「這種瘋病(指改正教)不但要顛覆並破壞宗教，還要包括一切君權、貴族、法律秩序和階級。」[13]幾年之後，一個羅馬教廷的大使警告法王說：「陛下不要受欺騙了。改正教徒必要推翻一切政治和宗教的秩序。……王位和神壇是同樣受到威脅的。……引進一個新的宗教，勢必也要引進一個新的政府。」[14]同時，神學學者還設法引起民眾的偏見，聲稱基督改正教的道理乃是「誘惑世人傾向新奇和愚昧的事；它要奪取百姓效忠國王的心，並要摧毀教會和國家」。羅馬教廷就這樣使法國反對宗教改革運動。「逼迫的劍最先在法國出鞘，乃是為要高舉王位，保存貴族，維持法律。」[15]

　　當地的執政者完全無法預料到，這足以決定國家命運的政策將帶來怎樣的後果。聖經的教導原是要灌輸公正、節制、真誠、平等和慈愛的原則在人心中，因為這些美德正是國家興盛的基礎。「公義使邦國高舉」、「國位是靠公義堅立」(箴14：34；16：12)；「公義的果效必是平安」，其效果「必是平穩，直到永遠」(賽32：17)。一個順從上帝律法的人，必是最真誠尊敬並順從國家律法的人。一個敬畏上帝的人，也必要尊敬那行使一切公正合法權威的君王。但不幸的是，法國禁止了聖經，逼害了它的信徒。世紀更迭，忠於主義、心地正直的人，和智力敏捷、道德高尚的人，都有勇氣宣告自己的信仰，有信心為真理受苦——幾百年來這樣的人竟被迫服辛勞的奴役，在火刑柱上喪命，或在囚船中勞累至死。還有成千上萬的人流亡在外，以求安全；而且這樣的事在宗教改革運動開始之後，竟延續了250年之久。

　　「在那漫長的時期中，那一代的法國人中幾乎無人不曾目睹過福音的門徒如何在逼迫他們之人的狂怒到來之前四散奔逃，而把他們的

知識、技藝、勤儉和紀律全都一併帶走；況且他們在這幾方面都是非常卓越的，他們也就使得成為避難之地的各國在極大程度上富強起來。他們優異的天分給予這些國家的貢獻，使自己的國家蒙受了相等的虧損。如果被驅逐出去的人都能留在法國；如果在這三百年間，這些流亡者的農業技術能一直留在墾殖她的土地；他們的技藝能不斷改進她的工業；他們所有創造的天分和分析問題的能力能一直發展她的文學，並培育她的科學；如果他們的智慧能一直領導她的議會，他們的勇氣能參加她的戰爭，他們的公正能制定她的法律，而且他們根據聖經的信仰能加強百姓的智力，管理百姓的良心，那麼今日的法國將有何等的光榮啊！她將成為偉大、繁榮而幸福的國家，足為列國的楷模！

「但是一種盲目和固執的偏見竟把每一個宣講道德的教師，提倡紀律的志士，忠誠維護國家的分子都驅逐出去；它令那些願意使國家在地上有『名望和光榮』的人只剩下兩條路可走：火刑和流亡。於是國家到了完全敗亡的地步；再沒有爭取自由的人可以被剝奪，再沒有維持信仰的人可以被拖到火刑場，也沒有愛國的志士可以被放逐了。」[16] 其悲慘的結果就是大革命及其一切恐怖的發展。

「胡格諾派教徒出亡之後，法國普遍地衰落。繁榮的工業城市凋零了，肥沃的農村回復到原始的荒野；一個空前進步的時代，一變而呈現了智力的愚鈍和道德方面的衰退。巴黎城變成一個龐大的救濟院，有人估計在大革命爆發之際，城內足有二十萬名乞丐仰賴皇室的供給度日。而在這衰微的國家中只有耶穌會最為興旺，並以可怕的殘酷手段管理教會、學校、監獄和奴隸。」

福音原可解決法國政治和社會的許多問題，而這些問題曾使修士、君王和立法者都束手無策，最後使國家落到了混亂敗亡的地步。但是百姓在羅馬教的支配之下已經忘了救主自我犧牲和無私之愛的教導。他們已經離棄了克己和為人造福的習慣。富人壓迫窮人，卻無人加以譴責；而窮人一直受奴役以致墮落，也無人予以援助。有財有勢之人的私心變本加厲。幾百年來，貴族的貪得無饜和荒淫無恥，使他們無情

地搜括民脂民膏。富人虐待窮人，窮人仇恨富人。

在許多省分裡，土地都掌握在貴族手中，勞動人民只能作他們的佃農；他們完全處在地主的掌握之中，不得不屈從地主苛刻的要求。供奉教會和國家的重擔多半落在中下階級的身上，他們必須負擔政府和修士們所徵收的重稅。「貴族的意願就是無上的律法，農人和鄉民縱使餓死，這些壓迫他們的人也毫不顧惜。……民眾不得不在每一件事上考慮到地主階級獨享的利益。農民的生活乃是終日不停的勞作，和不得解救的痛苦；如果他們膽敢口出怨言，就要受到蠻橫的羞辱。那時的法庭一貫地偏袒貴族，且公然收受賄賂；因這種普遍的腐化制度，貴族階級的一時高興就可發揮法律的威力。至於達官貴人和修道士階級從平民身上所徵收的苛捐雜稅，沒有一半能繳到國家或主教的財庫，都被浪費在荒淫放縱的事上了。這些使同胞日趨貧困的人，自己卻得以豁免捐稅，而且由於當時法律或習慣的規定，他們還有權擔任國內的許多要職。這些特權階級約有十五萬人，但僅是為要滿足他們的慾望，數以百萬計的人就必須過著沒有希望和墮落腐敗的生活。」(見附錄第13頁「大眾和特權階級」)

宮廷之內驕奢淫佚；政府和人民之間也沒有多少信任存在。政府一切的措施都被人民懷疑為當權者謀取私利的手段。在大革命爆發之前，路易十五已當政五十餘年；就是在那邪惡的時代，他仍是以一個怠惰、揮霍和荒淫的君王著稱。再加上貴族政治的腐敗和殘虐，下層階級的貧困無知，國家經濟困難，人民怨聲載道，人不必有先見之明，都可以看出隨時會有可怕的事變爆發。王對於他的謀士屢次的警告總是回答說：「你們設法在我活著的期間維持現狀吧！到我死後，就聽其自然好了！」他們雖然竭力懇勸他採取必要的改革，結果都是枉然。他明明看出國內的許多弊病，可是既沒有勇氣，又沒有能力應付。那行將臨到法國的厄運，在他懦弱而自私的回答──「在我死後，大禍必臨」這句話中，描述得何等準確！

羅馬教曾一貫地鼓勵君王和統治階級的私心，藉以影響他們把百

姓捆綁在奴役之下,她深知這樣做,就必使國家貧弱,所以故意採用這方法,把統治階級和人民都緊緊地捆鎖在她的奴役之下。藉著深謀遠慮的政策,她看出為了要有效地奴役世人,她必須束縛他們的靈性;她又看出阻止他們掙脫枷鎖的最好方法,就是使他們得不到自由。因此她的政策在道德方面所造成的墮落,其恐怖程度要遠遠大於她給予人肉體方面的痛苦。百姓既得不到聖經、又受了偏執和自私的教育,就為無知和迷信所蒙蔽,沉溺於罪惡之中,這樣他們就完全失去了自治的能力。

但是這一切的結果竟與羅馬教所謀算的大不相同。她的政策非但沒有使眾人盲目地服從她的教條,反而使他們成了無神論者和革命分子。他們鄙視羅馬教,認為那都是修士所做的勾當。他們看出神父們在壓迫他們的事上都是有分的。他們所知道的上帝只有羅馬教的上帝;其教義乃是他們唯一的宗教。他們認為她的貪婪和殘虐乃是聖經所招致的結果,因此他們把這些一概都摒棄了。

羅馬教過去曾誣蔑上帝的品德,並歪曲祂的要求,所以如今人們就連聖經和上帝都拒絕了。羅馬教要人盲目地信服她的教條,而這些是假借聖經的權威為根據的。這種作風所造成的反應使伏爾泰(Voltaire)和他的同夥把聖經完全丟棄,在各處散播無神論的毒素。羅馬教過去曾把人民壓制在她的鐵蹄之下;而今那墮落而凶狠的群眾既能從她的暴政之下翻身,就擺脫了一切的約束。他們因為自己多年受羅馬教那種金玉其外、敗絮其中的欺騙而向她致敬,這時便忿怒如狂,所以他們不管面對的是真理或是謬論,一概都加以拒絕;他們誤認放縱為自由,於是一般情慾的奴隸就在他們想像的自由中歡欣鼓舞。

在大革命爆發初期,由於國王的讓步,准許革命黨人在議會中的席次比貴族和神職人員合起來更多。這樣,多數的表決權就落在他們手中;可是他們還沒有準備好以智慧審慎地使用這個權柄。他們一心要報仇雪恨,便決定改造社會。一群暴民心中含冤懷恨,決意要推翻他們過去難以忍受的痛苦局面,並要向那些他們認為是使他們遭難的

罪魁禍首復仇。這些受過壓迫的人實行了他們在暴政之下所學來的教訓，這時就成了從前壓迫他們之人的壓迫者。

可憐的法國在流血之中收穫了自己所撒的種子。她屈從羅馬教廷的統治權，其所招致的結果是悲慘的。法國受了羅馬教的影響；在宗教改教運動之初所豎立的第一根火刑柱地點，就是大革命時設置第一架斷頭台之處。在十六世紀第一批為改正教信仰而殉道之人被焚燒的地方，也恰好是十八世紀第一批人走上斷頭台的地點。法國既拒絕了那能救治她的福音，她也就此為不信和敗亡敞開了門戶。在上帝律法的約束被人排斥之後，人就發現人為的律法並不足以遏制人性情慾的狂瀾；於是國家在暴亂和無政府的狀態之下大受摧殘。法國對聖經所進行的戰爭開始了一個新紀元，在世界歷史中被稱之為「恐怖統治時期」(Reign of Terror)。平安和幸福就此從人心和家庭中消滅。那時沒有任何人是安全的。今日的勝利者明日就要被懷疑、定罪。暴力和情慾支配了一切，無人敢置一詞。

國王、修士、貴族，都被迫屈服於激怒和瘋狂的群眾暴力之下。群眾渴望復仇的心理在執行了國王的死刑之後，只有更為熾烈；而那些判決國王死刑的人不久也隨著他走上斷頭台了。凡是有反革命嫌疑之人都被殺害。監獄人滿為患，有一度囚犯竟達二十餘萬之多。國內的許多城市也充滿了恐怖的現象。一派革命黨人反對另一派，法國竟成了一個黨爭的大戰場，被他們情慾的狂燄所支配。「巴黎城內暴亂相繼，市民分成無數黨派，似乎除了彼此消滅之外，沒有別的目的。」這時，法國又與歐洲列強進行持久和殲滅性的戰爭，以致國內的禍患更加慘重。「國家瀕於破產，軍隊要求欠餉群起兵變，巴黎人被饑荒所困，各省盜匪群起，大地荒涼，文明幾乎因叛亂和荒淫而消滅了。」

法國人民對於羅馬教過去所殷勤教導他們害人的殘酷手段，已經學得非常熟練。報應的日子終於來到。這時他們下在監獄裡，拖到刑場上的，不再是信從耶穌的新教徒。這些人早已喪亡或被驅逐出境。嚴酷的羅馬這時才感覺到那些被她所訓練、好流血之人的惡毒勢力。「法國

的修士們這麼多年所顯示逼迫人的榜樣，這時就狠狠地反撲報應在他們頭上。斷頭台被神父們的鮮血染紅。從前擠滿了胡格諾派教徒的監獄和囚船，現在卻擠滿了當初逼迫他們的人。羅馬教神父被捆鎖在囚房之內，在囚船之上服苦役，就親身經驗了他們的教會曾隨心所欲加在溫和的『異教徒』身上的一切災禍。」(見附錄第13頁「報應」)

「在那些日子裡，世上最野蠻的法庭執行了最野蠻的法律；人若向鄰居問安，或是向上帝禱告，……就有被處死的危險；間諜遍地窺伺；斷頭台每日早晨開始整天殘酷的工作；監獄擠滿了人，如同裝載奴隸的船艙一樣；血流成渠，流進了賽納河。……當裝滿囚犯的車輪經過巴黎的街道開往刑場時，最高委員會派到外省的官員也在肆意殘殺，其慘狀連首都也前所未見。斷頭台的鍘刀起落得太慢了，不足以應付當時的屠殺。因此或用鎗彈把一長列的囚犯射殺倒地。或把囚船鑿沉，使囚犯溺斃。里昂市 (Lyons) 變成了一座空城。在阿拉斯城 (Arras)，囚犯求速死而不得。在羅亞爾河 (Loire) 上，從蘇麥到海口，成群的烏鴉和梟鳥飽享著沿河流入海的赤裸屍體。那時，就連面對婦女和老人也沒有絲毫憐惜。被那蠻橫政府殺害的青年男女數以百計。嬰孩竟從母親懷裡被搶去，在雅各賓派 (Jacobin) 的激進黨徒的鎗頭上，被互相拋擲為樂。」(見附錄第14頁「恐怖統治時期的暴行」) 在短短的十年中，無數的人喪失了性命。

這一切對於撒但而言正中下懷。這就是他世代以來處心積慮的方向。他的政策是徹頭徹尾的欺騙，不變的目的乃是使災禍和患難臨到世人，毀損並污穢上帝所造的人類，破壞上帝慈愛的旨意，藉此使天庭憂傷。然後他就用欺騙的手段蒙蔽世人的心，叫他們把他所做的事怪罪上帝，好像這一切禍患都是創造主之計謀所造成的。照樣，當那些因撒但的殘酷手段墮落成野獸的人獲得自由時，他便要慫恿他們趨於極端和殘暴。於是一些專制和暴虐的君主便要指控這無羈荒淫的現象都是自由的結果。

當撒但的一副假面具被揭穿之後，他就要裝出另一副，而許多人

仍要熱烈地加以接受，如同接受頭一個假面具一樣。當法國人民發現羅馬教是一種騙術，以致撒但不能再用這種方式來引誘他們違犯上帝的律法時，他便慫恿他們把一切宗教都視為欺騙，把聖經看作神話；而且放棄上帝的律例，這樣，他們就沉溺於無羈的罪孽之中了。

那使法國人民遭受慘禍的大錯，乃是因為他們忽略了以下的偉大真理：「甚願你素來聽從我的命令！你的平安就如河水；你的公義就如海浪。」、「耶和華說：惡人必不得平安！」、「惟有聽從我的，必安然居住，得享安靜，不怕災禍。」(賽48：18，22；箴1：33)

無神論者、非基督教者和離道叛教之人反對並指責上帝的律法；但是他們的影響造成的結果，卻證明人類的幸福與順從上帝的律例是息息相關的。那些不願從上帝的聖經中學得這教訓的人，就要在國家的歷史中親自體會它了。

當撒但利用羅馬教會去引誘人悖逆時，他掩蓋了自己的工作，偽裝了自己的工具，以致其所導致的墮落和災禍沒有顯明為犯法的結果。同時他的權勢被上帝聖靈的作為所抵制，以致他們的企圖沒有完全實現。所以眾人還未能根據因果定律找出他們遭禍的原因。但是在大革命的時候，國家的議會竟公然廢除上帝的律法。所以在隨之而來的恐怖統治時期中，眾人就可以清楚地看出其中的因果關係了。

當法國公開地拒絕上帝、廢棄聖經時，邪惡的人和黑暗之靈就大為欣喜，因為這就遂了他們的夙願——一個脫離了上帝律法約束的國家。「因為斷定罪名不立刻施刑，所以世人滿心作惡。」(傳8：11) 但違犯公義律法無可避免的結果，必是痛苦和敗亡。惡人雖然沒有立時受到刑罰，但他們終必造成自己的厄運。幾百年的背道和罪惡堆積如山，已到該受報應的日子了；當他們惡貫滿盈時，輕慢上帝的人才知道招惹天怒是一件可怕的事，可是為時已晚。那原來攔阻人犯罪，限制撒但殘暴權勢之上帝的聖靈，這時幾乎完全離開了法國，以致那單單歡喜人遭難的撒但得以任意而行。那些從事叛亂的人就不得不自食其果，

直到全地充滿罪惡，其可怕的程度遠非筆墨所能形容。從荒涼的省分和傾覆的城市中傳來可怕的哭聲——極其慘痛的哭喊。法國好像因地震一樣震動起來。宗教、律法、社會秩序、家庭、國家和教會——全都被那一隻反抗上帝律法的凶惡之手掃蕩無遺。智慧人說得不錯：「惡人必因自己的惡跌倒。」、「罪人雖然作惡百次，倒享長久的年日；然而我準知道，敬畏上帝的，就是在祂面前敬畏的人，終久必得福樂。惡人卻不得福樂」，他們「恨惡知識，不喜愛敬畏耶和華」，「所以必吃自結的果子，充滿自設的計謀。」(箴11：5；傳8：12、13；箴1：29，31)

「從無底坑裡上來」的、被那褻瀆上帝政權殺害的兩個見證人，卻不是長久緘默的。「過了這三天半，有生氣從上帝那裡進入他們裡面，他們就站起來；看見他們的人甚是害怕。」(啟11：11) 法國國會通過廢除基督教和聖經的命令是在1793年。三年半之後，同一個國會通過了議案取消以前的禁令，這樣就准許了聖經自由流通。全世界看到拒絕聖經所造成的滔天大罪不禁驚駭萬狀，他們也認識到必須以信仰上帝和聖經為善良和道德的基礎。耶和華說：「你辱罵誰，褻瀆誰？揚起聲來，高舉眼目攻擊誰呢？乃是攻擊以色列的聖者。」、「我要使他們知道，就是這一次使他們知道我的手和我的能力。他們就知道我的名是耶和華了。」(賽37：23；耶16：21)

關於這兩個見證人，先知又說：「兩位先知聽見有大聲音從天上來，對他們說：『上到這裡來。』他們就駕著雲上了天，他們的仇敵也看見了。」(啟11：12) 自從法國向上帝的兩個見證人作戰之後，聖經已經得了空前的尊榮。1804年，「大英聖書公會」(the British and Foreign Bible Society) 成立了。接著有類似的組織和無數分會廣設於歐洲大陸。1816年，「美國聖經公會」(the American Bible Society) 也隨之成立。當大英聖書公會組成時，聖經已用五十種語言印行，現在則已譯成上百種語言和方言了 (見附錄第14頁「聖經的發行」)。

在1792年之前半世紀，教會很少注意國外佈道的工作，也沒有組織什麼新的佈道團體，只有少數教會在異教之地做過宣傳基督教的

努力。但是到了十八世紀末葉，景況大幅改變。世人不滿於理性主義（Rationalism）的影響，看出自己需要上帝的啟示和實踐的宗教。自此以後，國外佈道的工作（⑧附錄第14頁「國外宣教事工」）就有了空前的進展。

印刷術的改良大大加強了聖經的流通。各國之間交通的進步，古老的成見和閉關自守之藩籬被打破，羅馬教皇失去政治的權勢，這些因素都為上帝的話打開了門戶，使之得以進入各國。有好幾年，聖經得以在羅馬城的街道上自由推銷，不受禁止；如今更行銷到地球上一切人跡所至之處了。

無神論者伏爾泰有一次誇口說：「我常聽人說十二個人設立了基督教，我已經聽厭了。我要證明，一個人就足以推翻它。」他死後已歷經幾個世紀，而且後來還有千萬人起來與聖經作戰。但聖經非但沒有被毀滅，反而普遍發行，在伏爾泰的時代只有一百本聖經的地方，現在已經有了一萬、甚至是十萬本。早期的一位宗教改革家論到基督教會這樣說：「聖經是一個鐵砧，已經耗盡了許多錘子。」耶和華說：「凡為攻擊你造成的器械必不利用；凡在審判時興起用舌攻擊你的，你必定他為有罪。」（賽54：17）

「惟有我們上帝的話必永遠立定。」（賽40：8）「祂的訓詞都是確實的，是永永遠遠堅定的，是按誠實正直設立的。」（詩111：7、8）凡建立在人的權威之上的事物，都必傾覆；但那建立在上帝不變之道的磐石上的，必堅立直到永遠。

註①：斯科特，《拿破崙傳》，卷一，17章。

註②：《布萊克伍德雜誌》，1870年11月。

註③：同註①。

註④：懷利，《新教史》，第22冊，第6章。

註⑤：同上，第7章。

註⑥：亨利‧懷特，《聖巴多羅買節大屠殺》第14章，34段。

註⑦：斯科特，《拿破崙傳》卷一，第17章。

註⑧：拉克雷泰爾，《歷史》卷11，第309頁；艾莉森，《歐洲史》卷一，第10章。

註⑨：斯科特，《拿破崙傳》卷一，第17章。

註⑩：梯也爾，《法國大革命史》卷二，第370、371頁。

註⑪：艾莉森，《歐洲史》卷一，第10章。

註⑫：《巴黎期刊》(Journal of Paris) 1973年，第318期；Buchez-Roux《國會史料集》卷30，第200、201頁。

註⑬：費利斯 (G. de Felice)，《法國新教史》卷一，第2章，第8段。

註⑭：多貝涅，《加爾文時代的歐洲宗教改革史》第2冊，第36章。

註⑮：懷利，《新教史》卷13，第4章。

註⑯：同上，第20章。

第十六章
清教徒的移民先祖

　　英國的改革家雖然放棄了羅馬教的教義，但仍保留了羅馬教的許多儀式。這樣，英國的國教雖然拒絕了羅馬的權威和教條，但多少仍保有她的風俗習慣和禮節摻雜在崇拜之中。他們主張這一切與信仰問題無關；聖經固然沒有明文囑咐，這些禮節不是必需的，可是聖經也沒有明文禁止，所以這些事在本質上也不能說是壞的。況且，遵守這些儀式可以減少改正教與羅馬教之間的距離，所以他們竭力主張這樣行，可以使羅馬教徒易於接受改正教的信仰。

　　這些論據在保守派和願意妥協的人看來似乎無可辯駁，但另有一班人的看法卻不是這樣。在他們看來，這些風俗習慣「可以跨過羅馬教和改正教之間的鴻溝」[1]的說法，正是他們反對保留這些風俗的有力理由。他們認為，這些風俗正是他們從前受奴役的標記，他們既得了釋放，就沒有再回到奴役之下的意向。他們認明上帝已在聖經中建立了敬拜祂的規例，人不得隨意增加或刪減。「大叛教」(Great Apostasy) 本來就源自於人想用教會的權威來增補上帝的權威。羅馬教起先是吩咐人遵守上帝沒有禁止的事，最後她卻偏離到禁止人遵守上帝明白吩咐的事。

　　許多人懇切地渴望恢復初代教會純潔簡樸的特徵。他們認為英國國教所設立的許多風俗乃是拜偶像的紀念，他們的良心不能同意自己參加她的崇拜。但教會方面既有國家的權威支持，就不准人對於她的儀式提出異議。國家的律法規定人必須參赴國教的禮節，凡未經許可

的宗教禮拜聚會一律禁止，違者處以監禁、放逐或死刑。

第十七世紀初，那甫登位的英王聲稱他決心要使清教徒 (Puritans，即當時篤信聖經為唯一權威的基督徒)「遵奉國教，不然，……就驅逐出境，或者予以更厲害的處分」。[2]他們被逮捕、遭逼迫、受監禁，看不出將來能有更光明的日子。許多人被迫認清一件事：若要憑著良心事奉上帝，「英國將再也不能作為居住之地。」[3]有一些人最後決定到荷蘭去避難，結果他們依然遭遇了困難、損失和監禁。他們的目的不但無法實現；還被賣到仇敵手中。但他們堅忍不屈，忠貞不渝，終於得到勝利，在荷蘭共和國得到了保護。

他們逃走的時候曾撇下房屋、財產和工作；在異鄉的他們人生地不熟，當地的言語風俗皆不相同，他們不得不從事新的職業以求餬口。一向以耕地為業的中年人，如今必須學習作工匠。但他們欣然努力適應環境，並沒有袖手觀望，怨命自憐。他們雖然時常迫於窮困，但仍為上帝賜給他們的恩典表示感謝，並在不受阻撓的屬靈交通中得到幸福。「他們知道自己是客旅，所以不以那些事為念，只是舉目望天，仰望他們最可愛的家鄉，藉此安慰自己的心靈。」[4]

他們在流亡和艱苦之中，愛心和信心更為堅強。他們篤信主的應許，祂在他們需要的時候也沒有讓他們失望。祂的使者常在他們身旁鼓勵、支持他們。當上帝的聖手似乎指引他們渡海到一個新的地方，去為自己創設國家，並把信仰自由的寶貴產業留給子孫時，他們就在神所預備的道路上勇往直前，毫不退縮。

上帝讓試煉臨到祂的子民，為要預備他們成就祂對於他們慈愛的旨意。教會已經被降為卑，好使她得升為高。上帝已預備為教會顯示祂的大能，使世人再一次看出祂絕不丟棄倚靠祂的人。祂已掌管萬事，使撒但的忿怒和惡人的計謀反成全祂的榮美，並把祂的子民帶到安全之地。逼迫和流亡反而為他們打開了自由的道路。

當清教徒迫不得已脫離英國國教時，他們曾團結一致地嚴肅立約

作上帝自由的子民,「一同行在祂已指示或將要指示他們的一切道路
之上。」[5]這是改革的真精神,也是改正教的重要原則。清教徒是抱著這
樣的目的離開荷蘭,前往新大陸去尋找安身之處的。他們的牧師約翰‧
羅賓遜 (John Robinson) 由於環境的關係未能和他們同去,在向這些流
亡之人告別的時候,他致辭如下:

「弟兄們,我們今日即將分別,唯有上帝知道我是否能再見你們的
面。但無論上帝的旨意如何,我在上帝和祂的聖天使面前囑咐你們,只
要在我跟從基督的事上效學我。如果今後上帝用其他工具向你們顯明
任何真理,你們要隨時接受,如同你們過去接受我所傳給你們的真理
一樣;因為我深信上帝將要使祂的聖言發出更多的真理和亮光。[6]

「至於我,我為目前改正教會的狀況萬分痛心,他們故步自封,不
肯求進。路得派的人不肯相信路得沒有講過的話;……而加爾文派,如
你們所見,他們固守屬上帝的這位偉人留給他們的道理,其實這個人並
沒有看見一切的真理。這是極大的不幸;因為這些領袖雖是照耀當代的
亮光,但他們並沒有參透上帝全部的旨意,如果他們活在今日,他們肯
定會更進一步擁抱亮光,正如他們從前接受亮光時一樣。[7]

「切莫忘記你們教會的誓約,在那誓約中,你們曾經同意行在上帝
已指示或將要指示你們的一切道路之上。要記得你們向上帝並彼此之
間所立的諾言和誓約,就是要接受祂將來在祂的聖經中、向你們所顯
示的一切亮光和真理;但同時我勸你們要謹慎查考你們所接受為真理
的一切新道理,務要用聖經中其他經文來比對衡量,然後才可接受;因
為基督教世界既是新近的、且是從那麼深厚的反基督教黑暗中出來,
所以真理的完全知識是不可能立時照耀的。」[8]

這些清教徒先輩們 (Pilgrims) 因渴望享有信仰自由,所以甘願冒著
飄洋過海的危險,忍受拓荒的艱難,靠著上帝的恩典,在美洲的海岸上
奠定了一個大國的基礎。然而這些人雖是誠實並敬畏上帝的人,他們
那時對於宗教自由的大原則卻還沒有正確的認識。他們付出那麼大的

犧牲所獲得的自由,他們卻尚未準備好讓別人也一樣享有。「就是在第十七世紀最前衛的思想家和道德人士之中,也只有極少數的人正確認識到那偉大的原則,這原則乃是新約的產物,就是承認上帝為人類信仰的唯一嚮導。」[9]上帝把管束信仰和裁決叛教徒的權利交託給教會的這種說法,乃是羅馬教會最為根深蒂固的謬道之一。這些改教者雖然拒絕了羅馬的教條,但他們還沒有完全脫離她偏執的精神。羅馬教長期統治、使之籠罩在整個基督教界的濃重陰影,還沒有完全消散。在麻薩諸塞海灣殖民地的一個著名牧師曾這樣說:「那造成世人反對基督教的原因正是信仰自由,所以刑罰叛教徒是絕對不會帶來害處的。」[10]這些殖民者通過了一條規則,指定唯有基督教徒能參與政治。這就成了另一種變相的國教,人民必須納稅來供養神職人員,官廳也有權柄鎮壓異端。這樣,國家的執政權柄就落在教會手中了。這些辦法不久就造成無可避免的結果,就是逼迫。

在設置第一個殖民地十一年之後,羅傑·威廉斯 (Roger Williams) 來到了新大陸。他像早期的清教徒一樣,是來追求宗教自由的;但他的看法卻與他們不同,他洞悉當時很少人能看見的事:自由乃是人人不可侵犯的權利,不拘他們的信仰為何。羅傑·威廉斯是一個殷勤追求真理的人,他與羅賓遜有相同的見解,就是他們不可能已領受了上帝聖經中的全部真光,威廉斯「是近代基督教界第一人,他主張應將政府建立在宗教信仰自由,和個人意見在法律面前應完全平等之原則上。」[11]他聲稱,地方執法人員的本分是遏制罪惡,但萬不可控制信仰。他說:「群眾或地方執法人員固然可以決定人對於人的本分;但當他們試圖規定人對於上帝的本分時,他們就是超出了範圍,社會也不能安定了;因為很明顯地,若官廳有了這個權柄,他今天訂出一套意見和信條,而明天又可能另訂一套;正如過去英國不同的國王和王后,以及羅馬教不同的教皇和議會所做的一樣,這樣信仰就要成為一團亂麻了!」[12]

當時美洲殖民地的居民都必須參赴當地所設立之教會的聚會,不然就要受到罰款或監禁的處分。「威廉斯極力反對這個法律;他認為英

國法典中最惡的一條就是強制人必須在國教的教會裡作禮拜。他又認為勉強人與信仰不同的人聯合，乃是公開違犯他們天賦的權利；勉強不信教和不願意的人參加公眾禮拜，無異是鼓勵人假冒為善。……他又說：『若非本人同意，任何人都沒有義務參加或以經濟維持宗教禮拜。』反對他的人對於這種主張甚為驚異，說：『難道工人不當得工價嗎？』他回答說：『是當得的，不過只能向雇用他的人領取。』」[13]

眾人敬愛羅傑·威廉斯，認為他是一個忠誠的牧師，也是一個天才卓越，守正不阿，宅心仁厚的君子；但是，他堅決否認國家官員有權干涉教會，和他主張信仰自由，都無法為當局所容忍。他們強調，如果採納這種新的主張，「就必顛覆殖民地政府的基礎。」[14]於是他被判驅逐出殖民地，最後他為了避免被捕，不得已在風雪交加的寒冬逃到野地的森林去。

他說：「我在嚴寒的季節中痛苦地流浪了十四週之久，不知道吃飯和睡覺是什麼滋味。」但「百鳥烏鴉在曠野供養我」，他時常在樹穴中藏身。[15]這樣，他在雪地和杳無人跡的森林中持續他痛苦的逃亡生活，直到他在一個印第安部落中找到避難所，他曾將福音的真理教導他們，並博得他們的信任和愛戴。

經過了幾個月的顛沛流離，他終於到了納拉甘西特灣 (Narragansett Bay) 的海岸，他就在那裡奠定了一個新政府的基礎，就是現代第一個踏踏實實承認信仰自由之權利的政府。羅傑·威廉斯的殖民地其基本原則是：「人人都應當擁有按照自己良心的見解敬拜上帝的自由。」[16]他那小小的一州，即羅得島 (Rhode Island)，成了受壓迫之人的避難所，而且當地的人數持續增多，地方漸漸繁榮起來，直到它的基本原則——政治和宗教的自由——成了美利堅合眾國的基石。

那一紙被美國開創者視為自己民權之保障的寶貴文獻——《美國獨立宣言》聲稱：「我們認為這些真理是不證自明的；人人生而平等；造物主賦予他們一些不可剝奪的權利；其中包括生命權、自由權和追

求幸福的權利。」而且《美國憲法》以最清楚的措辭保證信仰的自由不被侵犯：「在美國出任公職，斷不以宗教試驗為合格的條件，」、「國會不得規定任何有關設立宗教或禁止自由行使宗教權利的律法。」

「制定憲法的人承認一條永恆的原則，就是人和上帝之間的關係高過一切人為的法制，而且人的信仰自由是不可侵犯的。我們不必靠辯證來確定這個真理；我們心中自然就有這樣的覺悟。許多殉道者之所以能反抗人為的律法，而在酷刑和火燄之中忍受一切，就是因為這種覺悟。他們覺得自己對於上帝的本分超越人為的法令，而且別人不得在他們的信仰上行使權力。這乃是一種天賦的原則，是任何力量都不能磨滅的。」[17]

消息傳到了歐洲各國，說海外有一個地方，在那裡的每一個人都得以享受自己努力的果實，並能按照自己良心的決定行事。於是有成千的人蜂擁到新大陸的各海口去。殖民地迅速增加。「麻薩諸塞州特別制定法律，用公家的款項免費接待並支援一切為逃避『戰爭、饑荒或逼迫之人的壓迫』而橫渡大西洋來此的任何國家的基督徒。這樣，逃亡和壓制的人就得以依法成為美洲殖民地的賓客了。」[18]從清教徒的先輩們第一次在普利茅斯（Plymouth）登陸之後，在往後的二十年中，接踵來到新英格蘭安家的人竟達好幾萬人之多！

為要達到他們所追求的目的，「他們只要能過著儉樸辛勞、僅得餬口的生活，就心滿意足了。他們只求從土地中得到自己勞力合理的收穫。那時沒有什麼發財夢在前行的路上引誘他們。……他們滿足於他們社會緩慢而穩定的進展。他們耐心忍受曠野中的種種艱苦，用他們的淚水和額上的汗水澆灌自由的樹苗，直到它在地上根深蒂固。」

他們以聖經為信仰的基礎、智慧的泉源和自由的憲章。他們在家庭、學校和教會中殷勤教導其中的原則，它的果效便在儉樸、知識、純潔和節制上顯明出來了。一個人既使在清教徒的殖民地居留多年，也「看不到一個醉漢，聽不到一句咒罵，遇不到一個乞丐。」[19]這足以證明聖經教導的原則乃是國家強盛的可靠保障。那幾個軟弱無力和孤立相

隔的殖民地漸漸聯合，進而組成了一個統一且強大的國家，世人都以
驚奇的目光注視著這個「沒有教皇的教會，和沒有君王的國家」呈現的
和平與繁榮。

但後來被吸引到美國沿岸的人越來越多，而他們的動機與那些最
初來此的先輩們大不相同。雖然有原始的信仰和純潔仍在發揮著廣泛
陶冶的能力，可是，當那些單求世俗利益的人越來越多時，它的影響力
也就越來越弱了。

早期殖民者只允許教友在政府中有表決和任職的權利，這種規定
造成了最惡劣的結果。這原是用來保持國家純潔的辦法，孰料其結果
卻使教會陷入腐化的狀態。信仰告白既是參政和擔任公職的條件，許
多單為屬世利益所動的人就加入了教會，但他們的內心並沒有改變。
如此，教會之內就增添了許多沒有悔改的人；甚至於在教牧人員之中，
也有一些人不但相信錯謬的道理，就連對於聖靈更新的能力也一無所
知。這樣，教會歷史中自從君士坦丁直到今日屢見不鮮的不良後果又
捲土重來，這種後果是出於人們試圖借助於政府的支持來建立教會，
而憑藉世俗的力量來維持那聲稱「我的國不屬這世界」(約18：36)之主
的福音。教會與政府聯合，表面上可以使世界更接近教會，但實際上卻
是使教會更接近世界了。

羅賓遜和羅傑·威廉斯如此勇敢地提倡的大原則——真理是不斷
前進的，基督徒應當隨時接受上帝聖言中照耀的一切亮光——竟被他
們的後人所忽略了。美國的改正教會——歐洲的教會也是如此——雖然
受了宗教改革運動極大的福惠，卻沒有在改革的道路上勇往直前。雖
然時時有少數忠心的人興起，宣講新的真理，並揭露教會長久保留的
謬道，可是大多數的人都像基督時代的猶太人或路德時代的羅馬教徒
一樣，滿足於他們先輩們所相信的道理，並照他們做人的方法處事為
人。因此宗教又墮落到徒具形式的地步；而且他們仍保留了許多錯誤
和迷信。原來他們若能一直行在上帝聖言的光中，就必放棄這些錯誤
和迷信。於是宗教改革運動所產生的精神漸漸消失，以致這時的改正

教會本身竟也迫切地需要改革，幾乎像在路德的時代羅馬教會需要改革一樣。因為這時教會中也存在著同樣世俗的慾念和屬靈的愚昧，同樣地尊重人的意見，並用人的理論代替上帝聖言的教導。

第十九世紀初聖經廣為發行，因此便有大光照耀在世上，但是真理的知識和信仰的實踐並沒有同步跟進。這時，撒但不能像中古世代一樣使人聽不到上帝的話；因為這時人人都可以得到聖經；所以為要達到他的目的，他就引誘多人輕視聖經。人們既忽略查考聖經，他們也就繼續接受虛偽的解釋，並保持許多沒有聖經根據的道理。

撒但既看出他再不能用逼迫的方法消滅真理，他便又採用了最先引起大背道並成立羅馬教會的妥協辦法。但這時撒但不是引誘基督徒與異教徒聯合，乃是與那些溺愛世俗的人，就是以世俗為偶像的人聯合。這種聯合的後果在今日並不稍減於從前的世代；驕奢淫佚竟在宗教的偽裝之下滋長，於是教會就腐化了。撒但繼續歪曲聖經的道理，於是那敗壞千萬人的傳統就根深蒂固。教會一直高舉並維護這些傳統，而沒有「為從前一次交付聖徒的真道爭辯」。這樣，許多改革家費了那麼多心血、受了那麼多痛苦的真理原則，竟被人輕視了！

註①：馬丁，《路德的生平和時代》卷五，第2頁。
註②：喬治·班克羅夫特，《美國史》卷一，第12章，第6段。
註③：帕爾弗里，《新英格蘭史》，第3章，第43段。
註④：班克羅夫特，《美國史》卷一，第12章，第15段。
註⑤：布朗，《美國人的祖先》，第74頁。
註⑥：馬丁，《路德的生平和時代》卷五，第70頁。
註⑦：尼爾 (D. Neal)，《清教徒的歷史》卷一，第269頁。
註⑧：馬丁，《路德的生平和時代》卷五，第70、71頁。
註⑨：同上，第297頁。
註⑩：同上，第335頁。
註⑪：班克羅夫特，《美國史》卷一，第15章，第16段。
註⑫：馬丁，《路德的生平和時代》卷五，第340頁。
註⑬：班克羅夫特，《美國史》卷一，第15章，第2段。
註⑭：同上，第10段。
註⑮：馬丁，《路德的生平和時代》卷五，第349、350頁。
註⑯：同上，第354頁。
註⑰：《美國國會文件》，序號200，文件271。
註⑱：馬丁，《路德的生平和時代》卷五，第417頁。
註⑲：班克羅夫特，《美國史》卷一，第19章，第25段。

第十七章
黎明的曙光

　　聖經中所啟示最嚴肅、光榮的真理之一，就是基督第二次降臨來完成救贖大工的真理。上帝的子民像旅人一樣，寄居在「死蔭之地」已久。救主顯現的這個應許，將要給予他們一個寶貴而快樂的指望，因為祂就是「復活與生命」，祂要使「逃亡的人回來」。基督第二次降臨的道理乃是全部聖經的中心。自從人類的始祖依依不捨地走出伊甸園以來，凡具有信心的兒女都曾仰望應許的主降臨，來打破那行毀滅者的權勢，並帶他們回到失去的樂園。古代的聖人都曾仰望彌賽亞在榮耀中降臨，實現他們的希望。住過伊甸園之始祖的七世孫以諾，曾在地上與上帝同行三百年之久，他得以遠遠望見拯救者的降臨。他說：「看哪，主帶著祂的千萬聖者降臨，要在眾人身上行審判。」(猶1：14、15) 先祖約伯在痛苦悲慘之夜，以毫不動搖的信心說：「我知道我的救贖主活著，末了必站立在地上。……我必在肉體之外得見上帝。我自己要見祂，親眼要看祂，並不像外人。」(伯19：25-27)

　　基督的復臨將建立公義的政權，這件大事曾感動聖經作者發出最崇高動人的言論。聖經中的詩人和先知曾因聖靈的感化而以絢麗如眾星般的詞句詳述此事。作詩的人曾歌頌以色列大君的權能與威嚴，說：「從全美的錫安中，上帝已經發光了。我們的上帝要求，決不閉口。……祂招呼上天下地，為要審判祂的民。」(詩50：2-4)、「願天歡喜，願地快樂！……都要在耶和華面前歡呼。因為祂來了，祂來要審判

全地。祂要按公義審判世界，按祂的信實審判萬民。」(詩96：11-13)

先知以賽亞說：「死人要復活，屍首要興起。睡在塵埃的啊，要醒起歌唱！因你的甘露好像菜蔬上的甘露，地也要交出死人來。」、「祂已經吞滅死亡直到永遠。主耶和華必擦去各人臉上的眼淚，又除掉普天下祂百姓的羞辱，因為這是耶和華說的。到那日，人必說：『看哪，這是我們的上帝；我們素來等候祂，祂必拯救我們。這是耶和華，我們素來等候祂，我們必因祂的救恩歡喜快樂。』」(賽26：19；25：8、9)

先知哈巴谷在異象中看到主的顯現，說：「上帝從提幔而來；聖者從巴蘭山臨到。祂的榮光遮蔽諸天；頌讚充滿大地。祂的輝煌如同日光」、「祂站立，量了大地，觀看，趕散萬民。永久的山崩裂；長存的嶺塌陷；祂的作為與古時一樣」、「祢乘在馬上，坐在得勝的車上」、「山嶺見祢，無不戰懼；……深淵發聲，洶湧翻騰。因祢的箭射出發光，祢的槍閃出光耀，日月都在本宮停住。」「祢出來要拯救祢的百姓，拯救祢的受膏者。」(哈3：3、4，6，8，10、11，13)。

當救主將與門徒離別的時候，祂安慰他們不要憂愁並應許祂必再來，說：「你們心裡不要憂愁；……在我父的家裡有許多住處。……我去原是為你們預備地方去。我若去為你們預備了地方，就必再來接你們到我那裡去。」(約14：1-3)、「當人子在祂榮耀裡、同著眾天使降臨的時候，要坐在祂榮耀的寶座上。萬民都要聚集在祂面前。」(太25：31、32)

在基督升天時，那留在橄欖山上的兩個天使，向門徒重申主必復臨的應許，說：「這離開你們被接升天的耶穌，你們見祂怎樣往天上去，祂還要怎樣來。」(徒1：11) 使徒保羅在聖靈感動之下作見證說：「主必親自從天降臨，有呼叫的聲音和天使長的聲音，又有上帝的號吹響。」(帖前4：16) 那被放逐在拔摩孤島的先知也說：「看哪，祂駕雲降臨！眾目要看見祂。」(啟1：7)

在「萬物復興的時候，就是上帝從創世以來、藉著聖先知的口所說的」(徒3：21)，這一切榮耀的事都要集中在基督的復臨上。那時，那惡者

長久握在手中的統治權便要被打破了；「世上的國成了我主和主基督的國；祂要作王，直到永永遠遠。」(啟11：15)「耶和華的榮耀必然顯現；凡有血氣的必一同看見」、「主耶和華必……使公義和讚美在萬民中發出。」到了那時祂「必作祂餘剩之民的榮冠華冕」。(賽40：5；61：11；28：5)

到了那時，世人長久盼望的、彌賽亞的太平國度便要在普天之下建立起來。「耶和華已經安慰錫安和錫安一切的荒場，使曠野像伊甸，使沙漠像耶和華的園囿。」、「黎巴嫩的榮耀，並迦密與沙崙的華美，必賜給它。」、「你必不再稱為『撇棄的』；你的地也不再稱為『荒涼的』。你卻要稱為『我所喜悅的』；你的地也必稱為『有夫之婦』。」、「新郎怎樣喜悅新婦，你的上帝也要照樣喜悅你。」(賽51：3；35：2；62：4、5)

主的降臨已經成為祂忠實信徒歷代的指望。救主在橄欖山上臨別之時所許下的、祂必再來的應許，照亮了門徒的前途，使他們心中充滿了喜樂和希望，這種喜樂和希望乃是憂傷不能消滅，磨煉也不能蒙蔽的。在受痛苦與逼迫之際，那「至大的上帝，和我們救主耶穌基督的榮耀顯現」，乃是他們「所盼望的福」。當帖撒羅尼迦的教友把他們親愛之人──這些人曾盼望可以親眼看見主的降臨──埋葬入土的時候，他們的心中充滿了悲哀，但他們的教師保羅卻向他們指出在基督復臨時必有的復活。在那日，凡在基督裡死了的人必要復活，並要和那些活著的人一同被提到空中，與主相遇。他說：「這樣，我們就要和主永遠同在。所以，你們當用這些話彼此勸慰。」(帖前4：17、18)

在那荒蕪、亂石嶙峋的拔摩島上，蒙愛的使徒約翰聽到了這個應許：「是了，我必快來！」他便發出殷切的響應，這也表達了歷代行走天路之教會的心願，他說：「主耶穌啊，我願祢來！」(啟22：20)

從監獄、火刑柱和斷頭台上，就是許多聖徒和殉道者為真理作見證的地方，從古至今，我們都可以聽到他們為自己的信仰和希望所發的宣言。在這些基督徒中曾有一位說，「他們確信基督已經親自復活，並確信在主來時，他們自己也要復活，」因此，「他們輕看死亡，視死

如歸。」[1]他們甘願進入墳墓，好讓自己能「自由地復活」。[2]他們仰望「主帶著祂父的榮耀，駕著天上的雲降臨」，並且「為義人建立天國」。瓦勒度派也曾持守這同一份信仰。[3]威克里夫更是以救贖主的顯現為教會的指望。[4]

路德宣稱：「我自己切實相信，審判大日絕不會遲延到三百年之後。上帝不願，也不能容忍這罪惡的世界長久存留。」、「那偉大的日子正逐漸臨近，到那日，這罪大惡極的國度就要被推翻了。」

墨蘭頓說：「這個衰老的世界現在離它的終局不遠了。」加爾文亦囑咐基督徒：「不要猶豫，乃是熱切渴望基督降臨的日子為萬事之中最可喜的事」、「忠心信徒的全家都要殷勤仰望那日。」他說：「我們必須渴望基督，我們必須追求、思慕祂，直到那大日的黎明；那時，我們的主要全然顯出祂國度的榮耀。」[5]

蘇格蘭的改革家諾克斯曾說：「我們的主耶穌豈不是已經帶著與我們相同的肉身升天了嗎？祂豈不是要再回來嗎？我們知道祂必回來，而且甚快。」那為真理殉身的黎特理 (Ridley) 和拉蒂默曾憑著信心仰望主的降臨。黎特理寫道：「我相信——因此我才說，這世界的終局無疑地已經來臨。但願我們同上帝的僕人約翰一樣，從心裡向我們的救主基督呼籲說：『主耶穌啊，我願祢來！』」[6]

巴克斯特曾說：「主降臨的事對於我乃是最甜蜜最愉快的。」[7]、「信心的工作和聖徒的特性就是愛慕主的顯現，並持守那有福的盼望。」、「在復活的時候，死亡既要成為最後被毀滅的仇敵，那麼，我們作信徒的人該如何渴望並祈求基督的復臨啊！到那時我們就要得到完全和最後的勝利了！」[8]、「一切的信徒應當渴望、希望，並等候那日。他們得贖的一切工作，和他們心靈上的一切願望與努力，在那日都要成全了。」、「主啊，求祢使這有福的日子速速來到！」[9]這就是使徒時代的教會，以及那「曠野的教會」和宗教改革家的指望。

先知的預言不但提到基督降臨的樣式和目的，同時也提供了一些

預兆，叫人得以知道那日子的臨近。耶穌說：「日、月、星辰要顯出異兆」(路21：25)，「日頭要變黑了，月亮也不放光，眾星要從天上墜落，天勢都要震動。那時他們要看見人子有大能力、大榮耀，駕雲降臨。」(可13：24-26)〈啟示錄〉的作者形容主復臨之前的第一個預兆，說：「我又看見地大震動，日頭變黑像毛布，滿月變紅像血。」(啟6：12)

這些預兆在第十九世紀開始之前就已經出現了。這個預言的應驗是在1755年，那時發生了一次空前慘重的地震。雖然這次地震通稱為里斯本地震(the Earthquake of Lisbon)，但它卻擴及歐洲、非洲和美洲的大部分地區。在格陵蘭、西印度、馬德拉群島(Madeira)、挪威與瑞典、英國與愛爾蘭等處，都感受到它的震動。這次地震的範圍不下四百萬英里。非洲所遭遇的震動也差不多像歐洲一樣劇烈。阿爾及爾城(Algiers)大部分被毀；在離摩洛哥不遠的地方，一個人口約八千至一萬人口的村鎮也全部遭到吞沒。西班牙與非洲的沿岸發生巨大的海嘯，淹沒了許多城市，以致釀成了重大浩劫。

這場災禍在葡萄牙與西班牙最為慘重。據說在加的斯(Cádiz)衝上岸來的海浪竟達六十呎之高。許多山嶺，「其中有一些是葡萄牙最大的山，都受了劇烈的震動，似乎連根基都搖動了；還有一些山卻在峰頂上開了口，很希奇地分裂了，然後其破裂部分則滾落到山下的各山谷中。從這些山上還噴出了火燄。」[10]

在里斯本，「從地底下發出了隆隆的聲音，隨即起了強烈的震動，城中大部分的房屋倒塌了。約在六分鐘的過程中，城內死亡的人數已達六萬。海水先是倒退，露出沙灘，然後又湧流回來，超過平常水位五十呎以上。」「在里斯本地震的這場浩劫中，發生了許多超乎尋常的事，其中一件就是有一個耗費巨資、用大理石築成的新碼頭全部塌陷。在未陷之前，曾有一大群人聚集在其上，以求安全，他們以為在那裡不至因倒塌的房屋而受傷；不料，那碼頭和其上的群眾，忽然之間就陷了下去，後來連一具屍首也沒有浮上來。」[11]

大地一震動,「隨即城內每一個教堂和修道院都倒塌了,一切宏偉的公共建築差不多都倒了,城市四分之一的房屋也坍陷了。約在地震兩小時之後,城中數處起火,火勢極為猛烈,焚燒達三天之久,以致全城都變成了廢墟。地震發生的那一天正是一個聖日,當時各教堂和修道院都擠滿了人,所以死裡逃生的極其稀少。」[12]「民眾的恐懼真是無法形容。沒有人哭泣,因為那慘況根本讓人哭不出來。人們只有惶恐若狂地東奔西跑、捶胸擊面,喊叫說:『天啊,救我!世界末日到了!』母親們竟忘記了自己的兒女,只是抱著許多基督釘十字架的神像亂跑。不幸的是,有許多人跑到教堂裡去避難;神父們雖然把『聖體』陳設了出來,也是無濟於事;這些可憐的人雖然抱著聖壇,也是無用;所有的偶像、神父與民眾,都在這一場共同的災難中同歸於盡。」後來根據估計,約有九萬人在這一天喪失了性命。

25年之後,預言中的第二個預兆——日月無光——出現了。這個預兆之所以更使人驚異,乃是因為它應驗的時刻早已有了明確的指示。當救主在橄欖山上與門徒談話時,曾描述教會要經過的長期試煉,就是羅馬教逼迫聖徒的1260年;祂也曾應許要把這苦難的時期減短。說完了這些話之後,又提到在祂降臨之先必有的幾個預兆,並且確定了頭一個預兆出現的時候:「在那些日子,那災難以後,日頭要變黑了,月亮也不放光。」(可13:24)聖徒受逼迫的1260年是在1798年結束的。不過約在25年以前,逼迫就已全部停止。按著基督的預言,在這逼迫停止之後,日頭就要變黑。在1780年5月19日,這個預言果然應驗了。

「在自然界的現象中,最特殊、最不可思議而尚未得到解釋的,⋯⋯就是1780年5月19日的『黑日』了。這一天在新英格蘭一帶(美國東北部),整個天空都籠罩著極為奇特的黑暗。」[13]

麻薩諸塞州一個親眼看到這現象的人,描寫當時的情況說:

「早晨天氣晴朗,日光普照,但不久之後,黑雲蔽日,雲霧越降越低,深而且濃,繼之即有閃電、雷擊、並微雨。及至九時,雲霧變為淡

薄，顯出黃銅的色彩，於是大地的巖石、樹木、房屋、水和人，都因這道奇異非凡的光而變色。數分鐘後，一片濃雲密霧，佈滿全天，僅餘海平面上一隙之光，整個地面已如夏夜九時的黑暗。

「人們心中漸漸充滿了恐懼、焦慮和嚴肅之感。婦女們站在房門口，觀望著黑暗的景色；男人們則停止了田裡的農作回家，木匠放下工具，鐵匠離開熔爐，各行各業工人也都關門閉戶。學校放學了，兒童們都驚惶地返回家中。旅行的人也到最近的農家借宿去了。人人的口中和心裡都在發問：『有什麼事要發生了嗎？』看上去似乎是有一陣暴風襲來，或是萬物的結局已經到了。

「人們點起蠟燭，燒著了壁爐，火光照耀，有如深秋無月之夜。……家禽回窩，牛羊家畜也都回到圍欄，青蛙鳴叫，夜鶯奏曲，蝙蝠飛舞。只有人們知道黑夜並沒有來到。

「撒冷城 (Salem) 教堂的牧師惠特克博士 (Nathanael Whittaker) 召集了聚會，在講道中，他也說這場黑暗乃是超乎自然的。其他許多地方也有聚會。在各地臨時的講道所引用的聖經章節，都指明這場黑暗正是應驗聖經上的預言。……上午十一時之後不久，黑暗最為濃厚。」[14]「在該地各處，這日間可見的黑暗是那麼濃密，以致於若不借用燭火之光，就不能看清鐘點，不能進餐，也不能做家常事務。……

「這場黑暗範圍之大也是非比尋常的；其可見範圍往東可達法爾孚斯 (Falmouth)，往西可達康乃狄克州極遠之處，直達奧爾巴尼城 (Albany)，也有這黑暗。南至海口，北到美國人最遠的居留地，都可看到這同樣的景象。」[15]

這一天異常的黑暗一直延續到黃昏之前，天空才開始局部放晴，太陽微現，但仍有濃黑的雲霧籠罩著。「日落之後，又是濃霧當頭，很快就到了黑夜。」「這一夜非比尋常的黑暗與可怕，不減於當日。雖然那天晚上將近滿月，但若不借用燈火就不能看見什麼東西。而那從鄰居或遠處所發出來的燈火，似乎都被古時埃及人所經歷的黑暗所蒙

蔽,幾乎無法穿透。」[16]有一位看到此情景的人說:「當時我不禁想到,如果宇宙間一切發光體都被不能穿透的陰影蒙蔽,或完全被消滅,其所致的黑暗也不會比這天晚上的黑暗更甚。」[17]當晚九點鐘雖然皓月升空,「但對於這死沉沉的陰影,卻不能消散分毫。」午夜之後,黑暗才消退。而月亮初現時,它的顏色卻是血紅的。

1780年5月19日,在歷史上通稱為「黑日」。自從摩西時代以來,歷史上從未見過像這次一樣濃密、範圍廣大而長久的黑暗,當時親眼目睹的人對於這椿大事所作的描述,不過是聖經中話語的回聲而已,因為在這些事應驗之前的二千五百年,先知約珥就已說過:「日頭要變為黑暗,月亮要變為血,這都在耶和華大而可畏的日子未到以前。」(珥2:31)

基督曾經囑咐祂的門徒要注意祂復臨的預兆,並在見到這些兆頭時應當歡喜。祂說:「一有這些事,你們就當挺身昂首,因為你們得贖的日子近了。」祂又指著那些春天發芽的樹木,對門徒說:「你們看無花果樹和各樣的樹;它發芽的時候,你們一看見,自然曉得夏天近了。這樣,你們看見這些事漸漸地成就,也該曉得上帝的國近了。」(路21:28-31)

但是自從教會失去謙卑與敬虔的精神,變得驕傲而形式化之後,那愛基督的心和盼望祂復臨的信仰也就冷淡了。那些自稱為上帝子民的人既專心追求世俗並尋歡作樂,他們對救主所發有關祂復臨預兆的教導就盲目無知了。基督第二次降臨的道理竟被人忽略,凡與此有關的經文,因被人曲解而模糊不清,以致大都被人輕視而忘卻。這情形在美國的各教會中尤為普遍。社會各階層所有自由安舒的生活,貪圖財利與奢華的慾望,產生了專求致富的心理;他們一心追求名譽和勢力,因為人人似乎都有成功的希望,這一切便使他們的志趣與希望都集中於今生的事物上,並將那大而可畏的日子,就是今生事物盡都要化為烏有的日子,推到遙遠的將來。

當救主向門徒指出祂復臨的預兆時,祂預先提到在祂第二次降臨

之前所必有的背道和每況愈下的情形。那時要像挪亞的日子一樣，人人要忙於世俗之事和宴樂的生活——買賣、栽種、建造、嫁娶——既忘了上帝，也忘了來生。對於一般生存在這時代中的人，基督曾發出勸告說：「你們要謹慎，恐怕因貪食、醉酒，並今生的思慮累住你們的心，那日子就如同網羅忽然臨到你們。」、「你們要時時警醒，常常祈求，使你們能逃避這一切要來的事，得以站立在人子面前。」(路21：34，36)

論到這時代教會的情形，救主也在〈啟示錄〉中說明了：「按名你是活的，其實是死的。」(啟3：1)對於那些不肯從怠惰苟安中警醒振作的人，救主發出嚴重的警告說：「若不警醒，我必臨到你那裡，如同賊一樣。我幾時臨到，你也決不能知道。」(啟3：3)

人們必須覺悟，看出自己的危險；必須警醒預備，以應付救恩結束時期中的重大事件。上帝的先知宣告說：「耶和華的日子大而可畏，誰能當得起呢？」(珥2：11)在主顯現的時候，誰能站在這位「眼目清潔，不看邪僻，不看奸惡」(哈1：13)的主面前呢？將有一等人呼求說：「我的上帝啊，我們……認識祢了。」(何8：2)但他們同時卻違背祂的約，「以別神代替耶和華」(詩16：4)，並在心中隱藏罪惡，喜愛不義的道路；對於這一等人，耶和華的日子乃是「黑暗沒有光明……幽暗毫無光輝……」的(摩5：20)。主耶和華說：「那時，我必用燈巡查耶路撒冷；我必懲罰那些如酒在渣滓上澄清的；他們心裡說：耶和華必不降福，也不降禍。」(番1：12)「我必因邪惡刑罰世界，因罪孽刑罰惡人，使驕傲人的狂妄止息，制服強暴人的狂傲。」(賽13：11)「他們的金銀不能救他們」、「他們的財寶必成為掠物；他們的房屋必變為荒場。」(番1：18，13)

先知耶利米觀望到這個可怕的時辰，便呼喊說：「我心疼痛！……我不能靜默不言，因為我已經聽見角聲和打仗的喊聲。毀壞的信息連絡不絕，因為全地荒廢。」(耶4：19、20)

「那日是忿怒的日子，是急難困苦的日子，是荒廢淒涼的日子，是黑暗幽冥、密雲烏黑的日子，是吹角吶喊的日子」(番1：15、16)、「耶和

華的日子臨到，……使這地荒涼，使其中除滅罪人。」(賽13：9)

　　鑑於那大日所有的情景，聖經用最莊嚴而動人的話語，呼召上帝的子民從屬靈的昏睡中警醒，並要存悔改和謙卑的心去尋求祂的面。「你們要在錫安吹角，在我聖山吹出大聲。國中的居民都要發顫；因為耶和華的日子將到，已經臨近。」「分定禁食的日子，宣告嚴肅會。聚集眾民，使會眾自潔；招聚老者，聚集孩童和吃奶的；使新郎出離洞房，新婦出離內室。事奉耶和華的祭司要在廊子和祭壇中間哭泣。」「雖然如此，你們應當禁食、哭泣、悲哀，一心歸向我。你們要撕裂心腸，不撕裂衣服。歸向耶和華——你們的上帝；因為祂有恩典，有憐憫，不輕易發怒，有豐盛的慈愛。」(珥2：1，15-17，12、13)

　　為要預備一班子民能在上帝的日子站立得住，就勢必得先完成一番偉大的改革工作。上帝見到許多宣稱為祂子民的人並沒有為永生建造品格，因此祂便本著慈悲的心，發出一道警告的信息，要把他們從昏迷中喚醒，預備等候主的降臨。

　　這道警告可從〈啟示錄〉十四章上看見。這裡有一個三重的警告，由三位天使傳揚，緊接著便是人子降臨，「地上的莊稼就被收割了。」第一重警告宣佈審判的時候已經到了。先知見到「有一位天使飛在空中，有永遠的福音要傳給住在地上的人，就是各國、各族、各方、各民。他大聲說：『應當敬畏上帝，將榮耀歸給祂！因祂施行審判的時候已經到了。應當敬拜那創造天地海和眾水泉源的。』」(啟14：6、7)

　　這個信息乃是「永遠的福音」的一部分。傳福音的工作並沒有委託給天使，乃是交託給世人。上帝固然用聖天使來指導這工作，他們在救人的大行動上固然負有責任；但宣傳福音的實際工作，卻是交給基督在地上的僕人去執行的。

　　忠心的人們，也就是那些順從上帝聖靈之指示和聖經教導的人，要將這警告傳給世人。這些人曾經留意「先知更確的預言，如同燈照在暗處。……直等到天發亮，晨星……出現的時候」(彼後1：19)，他們曾

尋求上帝的知識，過於尋求一切隱藏的財寶，並認為「得智慧勝過得銀子，其利益強如精金」（箴3：14），所以主耶和華就將有關天國的大事啟示他們。「耶和華與敬畏祂的人親密；祂必將自己的約指示他們。」（詩25：14）

那些能理解這真理並進行傳揚的人，不是一般博學的神學家。如果那些神學家真是忠心的守望者，殷勤懇切地查考聖經，他們便要知道夜間的更次，並且先知的預言也必把那快來的種種大事向他們顯明。可惜他們沒有達到這一步，所以這警告只好交給一班更卑微的人去傳揚。耶穌曾說：「應當趁著有光行走，免得黑暗臨到你們；」（約12：35）凡是離開上帝所賜的光，或是在可以得到光的時候而不尋求的人，都要被撇棄在黑暗之中。但救主宣稱：「跟從我的，就不在黑暗裡走，必要得著生命的光。」（約8：12）凡是專心一致、努力遵行上帝的旨意、認真順從所賜之光的人，必要得到更大的光亮；對於這一等人，天上必要發出光來，引導他們進入一切真理之中。

在基督第一次降臨的時候，耶路撒冷城中有許多祭司和文士，他們曾受託保管上帝的聖言，大可洞悉時代的種種預兆，並宣揚應許之主的降臨。彌迦的預言已經指出主誕生的地點（見彌5：2）；但以理也曾特別說明主降臨的時期（見但9：25）。上帝曾把這些預言交託給猶太的領袖；如果他們還是不明白，又不向百姓宣告彌賽亞的降生已近在眼前，那就真是無可推諉了！他們的無知乃是由於惡意的疏忽所致。那時候的猶太人一面為許多被殺的先知建造紀念碑，一面卻尊崇地上的偉人——也就是敬服撒但的僕人。他們致力於爭奪人間的地位和權力，甚至於盲目到看不出天上之君樂意賜給他們的神聖光榮。

以色列家的長老對於這個歷史上最重大的事件——上帝之子降世完成救贖的工作——所可能發生的地點、時間和情形，原是應當用深切而恭敬的精神去研究的。眾人也應當警醒等候，以便爭先歡迎這位世界的救贖主。可是你看，那兩個疲憊的旅客，從拿撒勒的山地來到伯利恆，走遍那狹窄的街道，直到該鎮之東的盡頭，也找不到一個安身過夜

之所。沒有人開門接待他們。他們最後找到的安身之處乃是一個圈養牲畜的破舊茅舍，世界的救主便在這裡誕生了。

眾天使已經見過這位上帝聖子在創世之前與上帝同享的榮耀，他們也曾深切注意地展望救主降世的時候，並認明這樁大事要為萬民帶來極大的喜樂。他們奉差遣去把這大喜的信息傳給那些預備領受，也喜歡把這信息轉告萬民的人。基督已經虛己取了人性；祂要獻上己身作為贖罪祭，並擔負人類禍患的無窮重擔；但天使們還是希望這位至高者的兒子在屈辱之中，仍可在世人面前得到與祂品格相稱的尊嚴與榮耀。世界各地的大人物是否會聚集在以色列的首都來歡迎祂的降生呢？眾天使是否要將祂介紹給那些期待的人呢？

有一位天使到地上來，要看看有誰是預備歡迎耶穌的；但他卻看不出世人有什麼迫切等待的舉動。他聽不到什麼讚美和歡呼的聲音慶祝彌賽亞降生之日的臨近。這位天使在這蒙選之城和上帝歷代顯現的殿上徘徊了一時；然而在這樣的場所中，也顯出同樣的冷淡狀態。祭司們正在趾高氣揚，滿心驕傲的於聖殿中獻上有玷污的祭物。法利賽人也正在向民眾高談闊論，或是在街頭作誇大自矜的祈禱。在王宮內，在哲人學者的會所中，在拉比的學校裡，人們對於這使全天庭充滿快樂與讚美的奇妙大事——人類的救贖主要降生在世上，都毫不在意。

沒有什麼現象足以表明人們是在期待著基督，也沒有人準備歡迎這生命之君。這位天使在驚奇之餘想要回到天庭，去報告這令人羞愧的消息，正在此時，他發現了幾個在夜間看守羊群的牧人，他們注視著滿天星斗的穹蒼，思想有關彌賽亞降世的預言，並盼望這世界的救贖主降臨。這裡有一班人是已經預備好，可以接受天上信息的。這位天使便忽然向他們顯現，宣佈這大喜的信息。隨後有天庭的榮耀照射在全平原之上，無數的天使顯現，好像這場歡樂是過於一位天使所能傳揚的，眾天使同聲唱出讚美的詩歌，也就是將來有一天萬國得救的子民所要唱的歌，說：「在至高之處榮耀歸與上帝！在地上平安歸與祂所喜悅的人！」(路2:14)

　　這段伯利恆的奇妙故事，對於我們的教導是何等的大啊！它斥責我們的不信、驕傲和自滿。它警告我們務要警醒，免得我們因有罪的冷淡而看不出現代的兆頭，以致不知道自己蒙眷顧的日子。

　　眾天使不但在猶太的山地上看到了一班卑微的牧羊人守候著彌賽亞的降生；他們也曾在異邦之地找到了一些正在仰望祂的人。這些人乃是博士——他們高貴、富有，還是東方的哲士。這幾位博士是研究自然界的學者，他們已經從上帝的作為中看見了祂。他們研究過希伯來人的聖經，知道「出於雅各」的星必要出現，便切切等待祂的降生，並知道祂不但要成為「以色列的安慰者」同時也是「照亮外邦人的光」，「施行救恩，直到地極。」(路2：25，32；徒13：47) 他們乃是尋求真光的人，所以從上帝寶座那裡就射出光來，照亮他們腳前的路。正當那些受托要保守並解釋真理的耶路撒冷祭司與拉比們被籠罩在黑暗中時，有一顆天庭差來的明星引領這些異邦的客人，來到了新生君王的誕生地點。

　　對於一切「等候祂的人」，基督「將來要……第二次顯現，並與罪無關，乃是為拯救他們」。(來9：28) 基督第二次降臨的信息正如救主降生時的佳音一樣，也沒有交給民間的宗教領袖們。他們既沒有和上帝保持聯絡，又拒絕了從天而來的光亮；所以他們就不能列在使徒保羅所形容的那一等人之中：「弟兄們，你們卻不在黑暗裡，叫那日子臨到你們像賊一樣。你們都是光明之子，都是白晝之子，我們不是屬黑夜的，也不是屬幽暗的。」(帖前5：4、5)

　　錫安城牆上的守望者按理應當最先得到救主降生的佳音，最先高聲傳揚主的臨近，並且最先向民眾發出警告叫他們準備歡迎祂的降臨。但他們卻怡然自得地夢想著平安與穩妥，同時百姓已昏睡在自己的罪惡之中。耶穌看見祂的教會像不結果子的無花果樹一樣，長滿虛偽的葉子，沒有結出寶貴的果子。對於宗教形式，他們以誇耀的方式遵守，但對於真正謙卑、悔改和守信的精神，他們卻是極度缺乏。他們不但沒有顯出聖靈的美德，反而表現出驕傲、形式主義、虛榮、自私和欺壓。一個冷淡倒退的教會對於時代的兆頭，是閉著眼睛視而不見的。上

帝並沒有撇棄他們，也沒有對他們失信；是他們離開了上帝，並使自己與祂的愛隔絕了。他們既拒絕履行上帝的條件，上帝的應許也就不能為他們實現了。

這就是不看重和不善用上帝所賜的亮光與權利的必然結果。教會若不順從上帝的引導，接受每一線亮光，實踐主所啟示的每一個本分，則不免要墮落到徒具形式、毫無活潑敬虔之精神的地步。這種真理已經在教會歷史中多次證實。上帝要求祂的子民務要按所賜的恩典與特權，將信仰與順從實踐出來。順從的條件乃是犧牲，也包含十字架在內；因此許多自稱為基督徒的人就不肯接受從天而來的亮光，並像古時的猶太人一樣，不知道自己蒙眷顧的時候 (見路19：44)。因為他們的驕傲和不信，上帝就越過他們，把自己的真理啟示給那些像伯利恆的牧人和東方的博士一樣，願意順從並領受一切亮光的人。

註①：丹尼爾‧泰勒 (Daniel T. Taylor)，《基督在地上作王》，第33頁。
註②：同上，54頁。
註③：同上，129-132頁。
註④：同上，132-134頁。
註⑤～⑥：同上，158，134頁。
註⑦：同上，151，145頁。
註⑧：《巴克斯特文集》卷17，第555頁。
註⑨：同上，第500頁。
註⑩：同上，第182、183頁。
註⑪～⑫：萊爾 (Sir Charles Lyell)，《地質原理》，第495頁。
註⑬：《美國百科全書》，條目〈里斯本〉。
註⑭：德文斯 (R. M. Devens)，《我們的第一世紀》，第89頁。
註⑮：《埃塞克斯文獻》1899年4月，卷三，第4期，第53、54頁。
註⑯：威廉‧戈登 (William Gordon)，《美國獨立史》卷三，第57頁。
註⑯：托馬斯 (Isaiah Thomas)，《麻薩諸塞探密》卷十，472號，1780年5月25日。
註⑰：坦尼博士信函，1785年12月，見麻薩諸塞州歷史協會文獻收藏，序號1，卷一，97頁。

第十八章
美國的改革家

　　威廉·米勒耳 (**William Miller**，以下各章簡稱「米勒耳」) 是一個行為端正、心地誠實的農夫，他雖然曾一度懷疑聖經是上帝所默示的，卻也是一個真誠追求真理的人，所以上帝特別揀選他領導傳揚基督復臨的工作。他像許多其他的改革家一樣，幼年在貧窮的環境中奮鬥，因此學會了勞動和克己的重要功課。他出身的家庭是以獨立、愛好自由的精神，以及刻苦耐勞、熱愛自己國家為特徵，這些美德在他的品格上也是突出的。他的父親曾在獨立戰爭中擔任軍隊的隊長；他在那艱困時期的掙扎和苦難中所付出的犧牲，使米勒耳的幼年生活非常拮据。

　　米勒耳有堅強的體格，並且在童年就已顯示出過於常人的智力。及至漸長，這些特質就更加明顯。他的心智活潑而健全，也有渴求知識的慾望。雖然沒有獲得大學教育的機會，但他好學的天性和慎思明辨的習慣使他成為一個判斷穩健和見識淵博的人。他德高望重；人人都尊他為一個正直、儉樸和仁厚的君子。由於勤奮努力，他很早就有能力購置一點產業，同時一直保持好學的習慣。他在政府和軍隊所擔任的職務都有良好的成績，所以名利雙收之路於他而言是指日可待的。

　　他的母親是一個非常敬虔的婦人，所以他從小就對宗教認識很深。雖然如此，他在成人之後，常常被自然神論者 (**deist**；主張有上帝，但**不相信祂與人類有來往或影響**) 所圍繞。這些人都是良好的公民，性情高雅仁慈，所以他們在他身上的影響力頗大。這些人都生活在基督教的環

境之中，所以他們的品格多少都受了這環境的陶冶。原來使他們博得人們尊重和信任的美德，本該歸功於聖經；孰料這些美德反被誤用，以致造成了反對聖經的影響。米勒耳既與這些人作伴，也就感染了他們的思想。當時一般人對於聖經的解釋引起了他認為無法解決的難題；同時他那種新的信仰既把聖經完全抹煞，卻又無法提供更好的道理，所以他心中仍然不能滿意。他維持這種自然神論的觀點約有十二年之久。截至他三十四歲時，聖靈感動了他的心，使他覺悟到自己是一個罪人。他在過去的信仰中找不到對於來生指望的保證。他的將來是黑暗而渺茫的。他後來提到這時的感受時就說：

「我一想到滅亡，就不寒而慄，人若真要為自己的行為負責的話，那麼人人都必滅亡了。我頭上的天變為銅，腳下的地變為鐵。永恆——究竟是什麼？死亡——又是為了什麼？我越探究，越得不出其所以然。越思想，越得不到統一的結論。我想不去思考它，卻無法控制自己的思想。我真是狼狽可憐，但又不明白其原因何在。我抱怨訴苦，但又不知道該怨誰恨誰。我知道這其中必定有誤，卻不知道怎樣或到哪裡去找真理。我悲哀，卻沒有希望。」

他陷入這種景況中數月之久。後來他說：「忽然有一個像救主一樣的人物，生動地出現在我心中。我想，或許可能有那良善慈悲的一位，願意親自救贖我們違犯律法的罪，藉以拯救我們脫離罪的刑罰。我立時感覺到這樣的一位必是多麼可愛，並想像自己必要投奔在這一位的懷抱之中而依靠祂的憐愛。但問題又來了；我怎能知道這樣的一位果真存在呢？除了聖經之外，我找不到其他的憑據可以證明這樣的一位救主是存在的，或證明一定有來生……。

「我看到聖經中就有這樣一位我所需要的救主。但我不明白，若這不是上帝默示的書，怎能提出如此完全符合墮落世界所需要的原則呢？結果我不得不承認聖經必是上帝所啟示的。於是聖經成了我的喜樂；我也找到了耶穌為我的良友。祂成了超乎萬人之上的救主；從前我所認為奧祕、矛盾的聖經，如今成了我腳前的燈、路上的光。我的心也

因安定而滿足。我認明主上帝乃是人生苦海中的磐石。這時聖經成了我主要的讀物，我能肯定說，我是以極大的興趣來研究的。我發現了許多珍寶，才知道人所告訴我的還不及其中一半。我納悶自己以前為何看不到其中的華美和榮耀，而加以拒絕。我發現聖經中有我心渴望的一切美物，對於心靈的每一疾病，它都備有救治之方。我對其他讀物完全失了興味，只是專心從上帝那裡尋求智慧。」1

米勒耳公開承認了他先前所輕視的宗教。可是他那些不信的同伴立時提出許多他自己先前常用的論據，來反對聖經神聖的權威。他這時雖然還不能解答；但他推論，聖經既是從上帝而來的啟示，就一定是前後連貫的；再者，聖經既是為教導人而賜的，就一定是人所能明白的。於是他決意親自著手研究，要確定其中每一個表面上的矛盾是否能有解答。

他試圖擺脫一切先入為主的成見，不用任何解釋聖經的書籍，只以串珠註解聖經和經文索引為輔助，將經文互相對照。他以極具規律性並循序漸進的方式研究；從〈創世記〉開始逐節研讀，除非徹底明白每段經文的意義，否則就不往下閱讀。當他發現一段較為隱晦難懂的經文時，他的習慣就是拿每一段與這問題有關的其他經文來對照比較。要讓每個字對於一節經文的主題有其意義，如果他對於該文的見解與每個相關的經文沒有衝突，其中的困難就算解決。這樣，他無論何時遇到一段難以明白的經文，他總可以在聖經其他部分找到解釋。當他懇切地祈求上天的光照研讀聖經時，那先前看似艱澀深奧的經文就都變得豁然開朗。他親身體驗到詩人之話的真理：「祢的言語一解開就發出亮光，使愚人通達。」(詩119：130)

他以深厚的興趣來研究〈但以理書〉和〈啟示錄〉兩部書卷，並套用解釋其他經文的同樣原則，他發現預言的表號是他所能明白的，便大為歡喜。他看出凡是已經應驗的預言都已字字具體實現；而且一切不同的表號、隱喻、譬喻和對比等等，若不能從上下文得到解釋，其所應用的詞語亦可從其他經文得到說明，而且在說明之後，就應根據字

面解釋。他說:「我得出了圓滿的結論:聖經乃是上帝所啟示有系統的真理,它是如此清楚簡明,甚至『行路的人雖愚昧,也不致迷失。』」[2]當他這樣一步一步地探索預言的各大脈絡時,真理的鍊條就環環相扣地向他顯明,作為他努力的報賞。有天上的使者引導他的思想,啟迪他的悟性,使他能明白聖經。

他認為過去預言應驗的方式可以作為一個準則,來推定有關未來的預言將如何應驗,這樣,他就看出當時流傳有關基督屬靈之國的說法——在世界末日之前,這國度將持續一千年——是沒有上帝的話為憑據的。這道理主張在救主親自降臨之前,世上將有一千年公義與和平的日子,這就把上帝大而可畏的日子推到遙遠的將來。這道理雖然悅耳動聽,但與基督和祂使徒的教導是相牴觸的,因為基督曾說,麥子和稗子要一齊生長,直到收割的日子,就是世界的末了(見太13:30;38-41),又說:「作惡的和迷惑人的,必越久越惡」、「末世必有危險的日子來到。」(提後3:13;3:1)黑暗之國必要存在,直到主降臨的日子,那時才被祂口中的氣所滅絕,被祂降臨的榮光所廢(見帖後2:8)。

使徒時代的教會並不相信全世界都要悔改和基督屬靈統治的道理。到了十八世紀初,這種道理才為人普遍接受。但它像其他謬論一樣,產生了不良的影響。它教導人說,主的降臨尚在遙遠的將來,使他們不注意那些指明祂快要復臨的預兆。它使人生出一種沒有確實根據的信心和安全感;結果就使許多人忽略預備迎見主的重要工作。

米勒耳發現聖經中清楚教導基督親自復臨的真理。保羅說:「因為主必親自從天降臨,有呼叫的聲音和天使長的聲音,又有上帝的號吹響。」(帖前4:16)救主說:「他們要看見人子,有能力,有大榮耀,駕著天上的雲降臨。」、「閃電從東邊發出,直照到西邊。人子降臨也要這樣。」(太24:30,27)那時有天上的全軍護送祂。「人子在祂榮耀裡,同著眾天使降臨」(太25:31),「祂要差遣使者,用號筒的大聲,將祂的選民,⋯⋯都招聚了來。」(太24:31)

在祂來的時候，死了的義人必要復活，活著的義人必要改變。保羅說：「我們不是都要睡覺，乃是都要改變，就在一霎時，眨眼之間，號筒末次吹響的時候。因號筒要響，死人要復活成為不朽壞的，我們也要改變。這必朽壞的總要變成不朽壞的，這必死的總要變成不死的。」(林前15：51-53) 在他寫給帖撒羅尼迦人的書信中，他形容主的降臨之後便說：「那在基督裡死了的人必先復活。以後我們這活著還存留的人必和他們一同被提到雲裡，在空中與主相遇。這樣，我們就要和主永遠同在。」(帖前4：16、17)

上帝的子民必須等到基督親自復臨之後，才能被接到祂的國裡。救主說：「當人子在祂榮耀裡、同著眾天使降臨的時候，要坐在祂榮耀的寶座上。萬民都要聚集在祂面前。祂要把他們分別出來，好像牧羊的分別綿羊山羊一般，把綿羊安置在右邊，山羊在左邊。於是王要向那右邊的說：『你們這蒙我父賜福的，可來承受那創世以來為你們所預備的國。』」(太25：31-34) 我們從上述經文中可以看出，當人子來的時候，死了的義人必要復活成為不朽壞的，活著的義人必要改變。由於這種大改變，他們才準備妥當可以承受上帝的國；因為保羅說：「血肉之體不能承受上帝的國，必朽壞的不能承受不朽壞的。」(林前15：50) 人類目前的狀況是必死且必朽壞的；而上帝的國乃是不能朽壞、存到永遠的。所以人類在目前的狀況中不能進入上帝的國。但當耶穌來時，祂先賜給祂子民永生，然後才叫他們承受上帝的國；在這時刻到來之前，他們不過是繼承人而已。

當時一般人所盼望在基督復臨之前將要發生的事，例如普世的和平，上帝的國在地上建立等等，米勒耳根據以上引證和其他經文，清楚地證明這些事是要到基督復臨之後才發生的。再者，一切時間的預兆和世界局勢都與預言形容末日的情形完全符合。單就聖經的研究，他不能不得出以下結論：世界目前的狀態持續存在的預定時期就要結束了！

他說：「還有一個憑據有力地影響了我的思想，就是聖經中的大事年表。我發現過去所應驗的預言常是在指定的時期之內實現的。洪水

時代的一百二十年 (見創6：3)；洪水之前的七天和降雨四十天的預言 (見創7：4)；亞伯拉罕子孫的寄居異地四百年 (見創15：13)；酒政和膳長夢中的三天 (見創40：12-20)；法老夢中的七年 (見創41：28-54)；曠野中飄流的四十年 (見民14：34)；三年半的饑荒 (見王上17：1；見路4：25)；……被擄的七十年 (見耶25：11)；尼布甲尼撒的七期 (見但4：13-16)；以及七個七，六十二個七，和一個七，就是為猶太人定出的七十個七 (見但9：24-27) ——這些年代所限定的大事在其尚未發生之前都不過是幾句預言，而結果都已按照預言的話應驗了。」[3]

所以當米勒耳照他所理解的，在聖經中發現不同的年代和時期都一直延伸到基督復臨的日子時，他就不能不以這些預言為「預先定準的年限」，是上帝已顯示給祂僕人的。摩西說「隱祕的事是屬耶和華——我們上帝的；惟有明顯的事是永遠屬我們和我們子孫的」，主又藉著先知阿摩司說祂「若不將奧祕指示祂的僕人——眾先知，就一無所行」(申29：29；摩3：7)。從此看來，每一個研究上帝聖言的人可以確信：真理的聖經必能清楚地向他指出人類歷史上最驚人的大事。

米勒耳說：「我既然完全相信『聖經都是上帝所默示的，於教訓、督責、使人歸正、教導人學義都是有益的』(提後3：16)，而且是從來沒有出於人意，乃是人被聖靈感動而寫的 (見彼後1：21)，又『是為教訓我們寫的，叫我們因聖經所生的忍耐和安慰可以得著盼望』(羅15：4)，就不能不相信聖經中有關年代的部分，同任何其他部分一樣，都是上帝的聖言，是一樣值得我們去慎重查考的。所以我覺得在竭力明白上帝憑著祂的慈憐所顯示給我們的事上，我是不可以輕忽這些預言時期的。」[4]

預言之中似乎最清楚指明基督復臨之時期的，就是〈但以理書〉8章14節，說：「到二千三百日，聖所就必潔淨。」米勒耳按著以經解經的規則，他知道預言表號中的一天是代表一年 (見民14：34；結4：6)。他看出二千三百日——或二千三百年——的時期，要追溯至專為猶太人得救所分定的時期結束之後，因此這時期不可能是指舊約時代的聖所而言。米勒耳接受了當時普通的看法，認為在新約時代這個地球就是聖

所，所以他認為〈但以理書〉8章14節預言的潔淨聖所，乃是代表基督復臨時期用火潔淨地球的事。所以他的結論是：若能找到二千三百日的正確起點，就能輕而易舉地確定基督復臨的時期。如此就能顯明那偉大結局的定期；那時，目前的局面及「其驕傲和權勢，炫耀和虛榮，罪惡和壓迫，都要結束了」。那時，咒詛必要「從地上除去，死亡必被吞滅，必有賞賜賜給上帝的僕人，先知和聖徒，以及一切敬畏祂名的人，而那些敗壞世界的人必遭敗壞」。[5]

於是米勒耳以更深切的熱誠繼續查考預言，日以繼夜地研究那明顯是非常重要、且值得全神貫注的題目。在〈但以理書〉8章中他找不到二千三百日起點的線索；天使加百列雖然奉命來使但以理明白異象，但結果只給了他一部分的解釋。當那將要臨到教會的可怕逼迫在先知異象中展開時，他的體力就消失了。他再也忍受不住，所以天使暫時離開了他。「但以理昏迷不醒，病了數日，」他說，「我因這異象驚奇，卻無人能明白其中的意思。」(但8：27)

然而上帝已經吩咐祂的使者「要使此人明白這異象」。這個任務是必須完成的。天使遵照這個命令，後來又回到但以理那裡，說：「現在我出來要使你有智慧，有聰明。……所以你要思想明白這以下的事和異象。」(但9：22、23)〈但以理書〉第8章中還有一個要點沒有解釋清楚，那就是有關時間的預言——二千三百日；所以天使在繼續解釋時，就專注於這有關時間的題目上：

「為你本國之民和你聖城，已經定了七十個七。……你當知道，當明白，從出令重新建造耶路撒冷，直到有受膏君的時候，必有七個七和六十二個七。正在艱難的時候，耶路撒冷城連街帶濠都必重新建造。過了六十二個七，那受膏者必被剪除，一無所有；……一七之內，祂必與許多人堅定盟約；一七之半，祂必使祭祀與供獻止息。」(但9：24-27)

天使奉差遣到但以理這裡來是為了一個明確的目的，要向他解釋在〈但以理書〉第8章的異象中他尚未明白的一點，就是有關時間的那

句話——「到二千三百日，聖所就必潔淨」。在天使吩咐但以理「你要思想明白這事，和異象」之後，他的頭一句話就是：「為你本國之民，和你聖城，已經定了七十個七。」這裡譯為「定了」一詞，字面原意是「截出」(Cut off)。那七十個七代表490年，天使說明是特別截出來屬於猶太人的。但這是從哪裡截出來的呢？〈但以理書〉第8章中既然只提到一個二千三百日的時期，所以七十個七必是從這個時期中截出來的；因此七十個七必是二千三百日的一段，而且這兩個時期也必是在同一個時候開始的。天使說明那七十個七是從出令重建耶路撒冷之時算起。所以若能找到這個出令的日子，則二千三百日時期的起點必然就可以確定了。

在〈以斯拉記〉第7章中可以找到這個命令 (見拉7：12-26)；它最完整的形式乃是由波斯的亞達薛西王在公元前457年頒佈的。但是〈以斯拉記〉6章14節提到在耶路撒冷耶和華的殿是遵著「波斯王古列、大利烏、亞達薛西的旨意」而建造的。這三個王——頭一個發起，次者堅定，後者完成這道命令——使其完全符合預言的條件，以便標誌二千三百年的起點。若拿公元前457年，就是那命令已完成之時作為起點，則有關七十個七之預言的每一細項顯然都已經應驗。

「從出令重新建造耶路撒冷，直到有受膏君的時候，必有七個七，和六十二個七」，就是六十九個七或483年。亞達薛西的命令是在公元前457年秋生效的。從這一年算起，過了483年，就到了公元27年 (見附錄第15頁「預言的日期」)。到那時，這段預言就應驗了。「受膏君」是指著「彌賽亞」說的。在公元27年秋，基督受了約翰的洗，並受了聖靈的膏。使徒彼得證明「上帝怎樣以聖靈和能力膏拿撒勒人耶穌」(徒10：38)，救主也曾親自宣布：「主的靈在我身上，因為祂用膏膏我，叫我傳福音給貧窮的人。」(路4：18) 祂在受洗之後，就往加利利去，「宣傳上帝的福音，說：『日期滿了。』」(可1：14、15)

「一七之內，祂必與許多人堅立盟約。」這裡所提到的「一七」就是七十個七之中最後的一個七，也就是特別定給猶太人的最後七年。這

七年從公元27至34年，先是基督本人，後來是藉著祂的門徒，特別向猶太人發出福音的邀請。當使徒帶著天國的佳音出去時，救主指示他們說：「外邦人的路，你們不要走；撒馬利亞人的城，你們不要進；寧可往以色列家迷失的羊那裡去。」（太10：5、6）

「一七之半，祂必使祭祀與供獻止息。」在公元31年，就是在祂受洗三年半之後，我們的主就被釘十字架了。隨著髑髏地所獻上的大犧牲，那四千年來預指上帝羔羊的獻祭制度就停止。表號已化為實體，儀文制度的一切祭祀和供獻就此止息。

這樣我們可以看出七十個七或490年，就是特別留給猶太人的時期，到公元34年就屆滿了。那一年，因為猶太公會的決議，造成司提反的殉道和基督門徒遭受逼迫，猶太國就作了最後的決定要拒絕福音，頑抗到底。於是救恩的信息不再限於選民，而要傳給全世界。門徒因受逼迫不得不逃離耶路撒冷，而「往各處去傳道。腓利下撒瑪利亞城去，宣講基督」（徒8：4、5）。彼得受了上帝的引領，將福音傳給該撒利亞的百夫長，就是敬畏上帝的哥尼流；熱心的保羅既歸向了基督，就奉差遣帶著大喜的信息「遠遠的往外邦人那裡去」（徒22：21）。

到此為止，預言的每一個細項都已顯著地應驗，七十個七的起點毫無疑問就是定在公元前457年，而它的終點則是在公元34年。根據這些已知的事實，就很容易找出二千三百日的終點。七十個七——490日——既是從二千三百日中截出來的，所以二千三百日還剩下1810日。在490日過去之後，還有1810日必須應驗。從公元34年算起，再過1810個年頭，就到了1844年。因此，〈但以理書〉8章14節二千三百日的終點必定就是1844年。按照上帝使者的見證，在這一段漫長的預言時期結束時，「聖所就必潔淨。」這樣，潔淨聖所的時候——當時的人幾乎普遍相信是在基督復臨時發生——就已被明確地指出了。

米勒耳和他的同工起先相信二千三百日要在1844年春季屆滿，然而預言卻是指著那一年的秋季。這一點誤解使那些為主的復臨定出更

早日期的人大失所望且十分困惑。但二千三百日必定在1844年屆滿，以及潔淨聖所預表之大事必定在這一年發生，這兩個事實的所有確鑿論據並沒有因此而受到影響。

米勒耳起初專心研究聖經，為要證明它是上帝所賜之啟示時，他並沒有想到會得出如現在這樣的結論。他幾乎不敢相信自己研究的結果。可是聖經的證據既是那麼清楚而有力，他就不能將其置之腦後。

1818年，在他用了兩年的工夫研究聖經之後，他得出了一個嚴謹而堅定的信念：約在25年之內，基督必要顯現來救贖祂的子民。米勒耳說：「我無需描述我因這可喜的指望心中充滿快樂，或是因希冀與贖民共享喜樂而產生的熱切盼望。這時聖經對於我已是一本新的書。它真成了一席理性的盛筵；過去我在其教導中所看到的隱祕、玄妙或艱澀之處，如今都在它神聖篇幅發出的透徹光芒之下完全消散了；真理顯示的光真是華麗燦爛！我過去在聖經中找出的一切衝突和矛盾都不存在了！雖然其中還有許多我未能完全明瞭的經文，但我蒙昧的心靈已經得到了那麼多的亮光，甚至我在研究聖經時能感到一種快樂，這種快樂是我先前未曾想過可以從聖經的教導中得到的。[6]

「我心中既有這種莊嚴的信念，知道聖經中所預言的重大之事將在那麼短促的時間之內應驗，所以鑑於這已感動我自己內心的憑據，我就不禁想到我對於世人的責任是何等重大。」[7]他自覺有責任將已接受的真光傳給人。他預料自己必要遭遇不敬虔之人的反對，但他也深信，一切基督徒必因有望迎見他們所稱敬愛的救主而大為喜樂。他唯一的顧慮就是怕他們一看到這光榮的拯救那麼快就要實現，就會大喜過望，而在還未充分研究那顯明這真理的經文前，就貿然接受這復臨的道理。因此他仍遲疑著不敢把這道傳給人，唯恐自己或許還有錯誤，因而引領別人走入歧途。於是他再次覆查他所得出之結論的證據，仔細思考心中想到的一切難題。他所能想到的種種非難都在上帝聖言的光照之下消失了，正如霧氣在日光之前消散一樣。他在這工作上費了五年工夫，以後他就完全確信自己的見解真是準確無誤了。

他既相信聖經中清楚教導的事，就更深信自己有責任將這信息傳給人。他說：「當我從事自己的工作時，我耳中不斷聽見這句話：『去告訴世人危險即將臨到！』我也時常想到這節經文：『我對惡人說：「惡人哪，你必要死！」你——以西結若不開口警戒惡人，使他離開所行的道，這惡人必死在罪孽之中，我卻要向你討他喪命的罪。倘若你警戒惡人轉離所行的道，他仍不轉離，他必死在罪孽之中，你卻救自己脫離了罪。』（結33：8、9）我覺得惡人若是受到有效的警告，他們當中必有許多人悔改；倘若他們沒有受到警告，他們喪命的罪或許要在我手中追討。」[8]

這時他開始在有機會時私下向人說明自己對於預言的見解，希望有某一位牧師能感覺到這些預言的重要性，繼而獻身從事宣傳的工作。但是他還是擺脫不了自己有責任傳揚警告的感受。以下的話在他心頭縈繞不已：「去把這信息傳給世人，不然我要向你討他們喪命的罪。」他等待了九年之久，可是這重擔仍壓在他心上，直到1831年他才開始向公眾宣講自己信仰的緣由。

古時以利沙怎樣在耕地趕牛之時蒙召，接受聖職的衣袍，並從事先知的工作；照樣，威廉·米勒耳也蒙召放下他的農事，向眾人闡明上帝國度的奧祕。他戰戰兢兢地開始了他的工作，引領他的聽眾從預言時期逐步明白基督的第二次顯現。當他看到自己的話引起廣泛關注時，他從每一次的努力中不斷地得到更多的力量和勇氣。

米勒耳最先在他弟兄的請求中聽到上帝的呼召，才同意公開宣講自己的見解。這時他年紀已五十歲，又不慣於宣講，自覺不配擔任當前的工作，故心中忐忑不安。但他的工作從起初就特別蒙福，拯救了許多人。他第一次的宣講引起了宗教上的奮興，結果，共計有十三個家庭的成員都悔改了，除了二人之外。他立時被請到別處去宣講，他的工作在每一處幾乎都奮興了上帝的聖工。罪人悔改，基督徒倍受鼓舞，因而起身作出更大的奉獻，連相信自然神論和無神論的人，也因而承認了聖經的真理和基督徒的信仰。聽眾的見證是：「他感動了一群人的心靈，這不是別人的影響所能及的。」[9]他的宣講正足以喚醒眾人去注意宗教

的偉大真理，並遏制當時滋長的物慾和荒淫。

他講道的結果幾乎使每一個城市有幾十個、甚至有時多至幾百人的悔改。在許多地方，幾乎各宗派的改正教會都歡迎他去講道；而且經常是這些團體的牧師主動提出邀請。他一貫的作風是沒有受邀就不到任何地方講道，但不久後他就發現，單憑自己應付不了從各地如雪花般飛來之邀約的一半。許多人雖然不同意他估算的、有關基督復臨的確定時期，但他們還是深信基督必要降臨，而且那日子已經臨近，同時也感覺自己有準備的必要。他的工作在一些大城市產生了顯著的影響力。開酒館的人放棄了他們的事業，並把店鋪改作聚會的場所；賭窟也關門了；無神論者和信奉自然神論或宇宙神論的人，甚至連最放蕩荒淫的人，也悔改歸正了；其中有些人還是已多年沒有進過教會之門的。各宗派都舉辦禱告會，在各處幾乎每小時都有聚會，許多商人在中午聚集唱詩禱告。而且一般的聚會都沒有過激的興奮，幾乎人人心中都有一種莊嚴的感覺。米勒耳的工作像早期的改革家一樣，注重折服人的理性，喚醒人的良心，而不單是要刺激人的情緒。

1833年，米勒耳從浸信會獲得宣教證書，他原是該教會的教友。而他原先信奉的這個宗派的多數牧師也贊同他的工作，這張證書就是他們正式的許可，准他繼續工作。於是他不斷地到各地講道，雖然他本人的工作區域大致在新英格蘭和中部各州。有好幾年工夫他的旅費完全由自己支付，即便是後來他所收受的款項，也不足以償付旅行到受邀之地的費用。這樣，他的公共服務不但沒有使他得到經濟上的利益，反而對他成了一種重大的負擔，因此他的產業在他一生的這個階段中漸漸減少。他是一個大家庭的父親，幸虧他的家人都能勤儉度日，所以他的農場還足以維持他和家人的生活。

1833年，就是在米勒耳開始公開宣講基督復臨兩年之後，救主應許作為祂復臨記號的最後一個預兆出現了。耶穌說：「眾星要從天上墜落。」（太24：29）約翰在異象中看到那宣告上帝大日的景象時，他在〈啟示錄〉中聲稱：「天上的星辰墜落於地，如同無花果樹被大風搖動，落

下未熟的果子一樣。」(啟6:13) 這一段預言在1833年11月13日的大流星雨中,以撼動人心、使人難以忘懷的方式應驗了。那真是一次範圍最廣大、最新奇的流星雨,是歷史上空前絕後的事件;「那時,全美國的穹蒼中星火四射,達好幾個小時之久。自美國立國以來,從來沒有發生過天上的異象,足使一等人看來大為讚賞,而另一等人卻惶恐不已。」「這輝煌而奇異的奇觀,如今仍在許多人心中縈迴不已。……就是雨點也從來沒有比這次落在地上的流星更密;東南西北,全是一樣。總而言之,整個天空似乎都在震動著。……這種異象北美洲全地都可看見,正如西利曼教授 (Benjamin Silliman,美國早期科學教授之一) 在《科學期刊》(全名為《美國科學期刊》American Journal of Science,為美國發行時間最長的科學雜誌) 上所記述的;……從半夜二時直到天亮,天空晴朗,萬里無雲,整個穹蒼不停地發射著燦爛奪目的光芒。[10]

「實在沒有什麼言語足以形容那壯麗的奇觀;……若非親眼目睹這景象,就無法對它的光耀得到充分的概念。似乎天上一切的星都集中在靠近天頂的一點上,然後以極大的速度向地平線上的各方射去,而且數之不盡。──千萬顆流星接連不斷、毫無間斷地迅速射來,似乎是特為這時機而創造的。[11]人也再不能看到什麼景象,更像無花果樹被風搖動落下果子一樣的了。」[12]

1833年11月14日,紐約的《商情報》(The Journal of Commerce) 刊載了一篇文章,論到這次希奇的天象時如此敘述:「我想沒有任何哲學家或學者曾講論或記載過一件大事,像昨天早晨的一樣。唯有一位先知在1800多年之前曾正確地預言過;如果我們認定眾星墜落是指著流星而言,……那麼,這就正好應驗了他的預言,況且只有根據這種解釋,這個預言才能實現。」

這樣,耶穌再來的最後一個兆頭出現了,關於這些預兆,祂曾囑咐祂的門徒,說:「你們看見這一切的事,也該知道人子近了,正在門口了。」(太24:33) 在這些兆頭出現之後,約翰看到那即將隨之而來的大事:天就挪移,好像書卷被捲起來,地大震動,山嶺海島都被挪移離開

本位,使惡人恐懼戰兢;設法逃避人子的面 (見啟6:12-17)。

許多看到眾星墜落的人認為這是將來審判的預示——「大而可畏之日的一個可怕的表號,一個確實的先驅,一個慈憐的兆頭。」[13]這樣,眾人就注意到預言的應驗;許多人就留意復臨的警告了。

在1840年,另有一個顯著應驗的預言同樣引起了普遍的關注。在此前兩年,傳講復臨的一位著名牧師——約西亞·李奇 (Josiah Litch),也發表了對於〈啟示錄〉第9章的解釋,預言鄂圖曼土耳其帝國 (Ottoman Empire) 的敗亡。依照他的計算,這個政權必在「1840年8月間」傾覆;就在這事成就之前幾天,他寫道:「如果第一段150年的時期是在迪珂西斯 (Deacozes) 因土耳其人許可而登位之時屆滿,那麼391年零15天若從以上時期結束時算起,就要在1840年8月11日截止,那時,土耳其帝國在君士坦丁堡 (今伊斯坦堡) 的權勢就要傾覆。我相信事情必然這樣成就。」[14]

正在那指定的時候,土耳其通過她的使節接受了歐洲列強的保護,如此一來,她就投身於基督教國家的控制之下。事情果然正確地應驗了預言所說的話 (見附錄第15頁「鄂圖曼土耳其帝國的滅亡」)。眾人既知道這事,就信服了米勒耳和他的同工對預言解釋之原則的準確性,於是復臨運動得到了一次極大的鼓舞。一些有學問及地位的人遂和米勒耳聯合同工,宣講並出版他的見解,因此從1840年到1844年,他們的工作就迅速地擴展。

威廉·米勒耳具有堅強的智力,受過思想和研究的鍛鍊;此外,他又因與智慧的泉源聯絡而得到天上的智慧。他品性高貴,為一切重視正直和道德之人所景仰和欽佩。他有一顆真誠仁愛的心,又有基督徒的謙卑和自制的能力,所以他總是殷勤有禮地對待各人,願意傾聽別人的意見,衡量他們的論據。他心平氣和地用上帝的話來查驗一切學說和道理;他那正確的理解和透徹的聖經知識,使他能反駁謬論,拆穿虛謊。

　　但他進行的工作也不是沒有遭遇激烈的對抗。正如早期的改革家一樣，他所提出的真理並不被一般宗教教師所贊同。他們既不能用聖經來維持自己的立場，就不得不借助於人的學說和道理，或教父的傳統。但那些傳揚復臨真理的人只承認上帝聖言的見證。「聖經乃是唯一的權威」，這句話是他們的格言。反對他們的人既缺少聖經的根據，就用譏誚和嘲諷的手段來助威。他們不惜用時間、經濟和才能來毀謗米勒耳和他的夥伴，而這些人唯一的罪狀就是他們以喜樂的心仰望救主回來，努力度聖潔的生活，並勸勉別人預備祂的降臨。

　　一般牧師竭力設法使人轉離復臨的題目。他們把有關基督復臨和世界末日之預言的研究當作一種罪惡可恥的事。這樣他們就顛覆了上帝聖言的信仰。他們的教導竟使人成為無神論者，許多人因此就自由自在地隨從自己的情慾行事。然後這些禍害的創始者卻把責任歸在相信基督復臨的人身上。

　　米勒耳雖然經常吸引滿堂有知識而殷切的聽眾，但他的名字除了作為諷刺和毀謗的話柄之外，在一般宗教刊物上很少提起。一般輕浮和褻慢的人因宗教教師們的態度而膽大妄為，竟以侮辱的謾罵和卑鄙而褻瀆的譏諷，極盡誣衊他和他的工作。這個白髮長者曾離開舒適的家庭，用自己的錢旅行各城各鎮，辛勞不倦地把「審判近了」的嚴肅警告傳給世人，竟被人譏誚並斥為狂熱之徒、騙子，或是卑鄙的投機分子。

　　那堆在他頭上的譏誚、誣衊和侮辱引起了許多人的憤慨不平，連社會上的報刊也提出異議。不信宗教的人也說這等人用輕佻褻瀆的話來「談論那麼嚴肅而關係重大的題目」，「非但是戲弄那些宣傳和維護這道理的」，也是在「取笑審判的大日，譏誚上帝，並輕侮祂審判台的威嚴。」[15]

　　禍患的煽動者不但想要抵制復臨信息的影響，也要消滅那傳講這信息的人。米勒耳用聖經的真理切實地打動了聽眾的心，譴責他們的罪惡，阻止他們的自滿，因此他那清晰銳利的話引起了他們的仇視。各

教會的教友對於他的信息表現出的反對聲浪，使一班下流社會的人更加膽大妄為；他的敵人計劃要在他離開會場時殺害他。但有聖天使在會眾之中，有一個天使裝作人的樣子拉著上帝這位僕人的臂膀，領他平平安安地脫離了狂怒的暴徒。他的工作還沒有完成，撒但和他使者的計謀失敗了。

雖然有這一切的反對，人們對於復臨運動的關注卻不斷增長。會眾從幾十、幾百，增加到幾千人！各教會的人數都大大增加，但過了不久，反對真理的精神竟向這些新悔改的人發作，各教會開始對那些擁護米勒耳主張的人予以懲戒。這種行動使米勒耳不得不提出抗議，他寫了一篇文章向各宗派的基督徒致辭，強調若是他的道理是虛謬的，請他們從聖經中指出他的錯誤。

他說：「我們所相信的，有什麼不是上帝的聖經所吩咐我們相信的呢？這聖經你們自己也承認是信仰和行為的唯一準則。我們到底犯了什麼錯，以致讓你們在講台和報刊上發出如此惡毒的譴責？你們究竟有什麼正當理由可以排斥我們(相信復臨的人)於你們的教會和團體之外呢？」、「如果我們有錯，請指出我們錯在哪裡。務要從上帝的聖言中拿出憑據證明我們的錯；我們所受的譏誚已經夠了；譏誚絕不能使我們折服；唯有上帝的話能改變我們的主張。我們的結論是經過深思熟慮，多方禱告，並在聖經中找出憑據之後才得出來的。」[16]

歷代以來，上帝藉祂僕人所傳給世人的警告，一直是這樣被人懷疑不信的。當洪水時代之人的罪孽招致上帝降下洪水時，祂曾先宣明自己的旨意，使他們有機會離棄他們的惡行。祂的警告在他們耳中宣講達120年之久，勸他們悔改，免得上帝顯示祂的忿怒毀滅他們。但是這個信息在他們看來似乎是無稽之談，所以他們不肯相信。他們在罪惡中肆無忌憚，竟敢譏誚上帝的使者挪亞，輕視他的勸告，甚至於誣告他是僭越狂妄之人。他一個人怎敢起來反對地上的一切偉人呢？如果他所傳的信息是確實可靠的，為什麼無一人看出其中的真理而相信呢？一個人的主張竟敢反對千萬人的智慧！他們不肯相信這警告，也不

肯到方舟裡避難。

譏誚的人指出，自然界萬事萬物——四季循環不息，蔚藍天空從未下過雨，碧綠的原野受夜間露水滋潤欣欣向榮，他們說：「他豈不是說比喻的嗎？」他們輕蔑地說傳義道的挪亞是一個狂熱之徒；於是他們比從前更熱衷追求宴樂，更一味放縱罪行。可是他們的不信並不能阻止預言之大事的來臨。上帝長久容忍他們的罪惡，給他們充足的悔改機會；到了指定的時候，祂的刑罰就要臨到一切拒絕祂恩典的人身上。

關於基督的復臨，祂說世上也必有同樣的不信存在。正像挪亞時代的人，「不知不覺洪水來了，把他們全都沖去。人子降臨也要這樣。」(太24：39) 當自命為上帝子民的人和世人聯合，隨波逐流，與他們一同追求上帝禁止的娛樂；當世界的奢華成了教會的奢華；眾人吃喝嫁娶，展望到將來多年的繁榮，那時，像晴天霹靂一般，他們光明的幻夢和迷人的希望都必化為泡影。

上帝古時怎樣差遣祂的僕人警告世人洪水將要來到，照樣，祂也差遣祂所揀選的使者向世人宣告最後審判大日的臨近。挪亞時代的人怎樣譏誚那傳義道之人的預言，照樣，在米勒耳的日子，有許多人——連自稱為上帝子民的人在內，也譏誚祂所傳的警告。

那時的教會為何如此排斥傳講基督復臨的道理呢？主的降臨對於惡人固然是災禍和荒涼，但對於義人卻是充滿著喜樂和希望的。這個偉大的真理乃是歷世歷代上帝忠心之兒女的安慰，為什麼它倒像基督一樣，成了那些自命為祂子民之人「絆腳的石頭，跌人的磐石」呢？我們的主親自應許祂的門徒說：「我若去為你們預備了地方，就必再來接你們到我那裡去」(約14：3)，我們慈悲的救主顧念到祂門徒將來的孤寂和憂鬱，所以差遣天使來安慰、應許他們，祂必親自再來，像祂親自升天一樣。當門徒定睛望天，要見一見他們所愛之主的最後一面時，以下的話引起了他們的注意：「加利利人哪，你們為什麼站著望天呢？這離開你們被接升天的耶穌，你們見祂怎樣往天上去，祂還要怎樣來。」(徒

1：11)門徒心中的希望因天使的信息而重現光明,他們「大大的歡喜,回耶路撒冷去,常在殿裡稱頌上帝」(路24：52、53)。他們的歡喜並不是因為耶穌離開了他們,留下他們去應付世上的磨煉和試探,乃是因為天使的保證,說祂必要再來。

基督再來的信息在今日應當像從前天使向伯利恆牧羊人報基督降生時一樣,成為大喜的佳音。那些真正熱愛救主的人,肯定將快樂歡呼地接受這以上帝的話為根據的信息,就是說他們的希望和永生所寄託的主將要再來,不再像第一次降臨時遭人侮辱、受輕視,甚至被拒絕,乃是在能力和榮耀中降臨,來救贖祂的子民。唯有那些不愛主的人才不願意祂回來;這些教會既因那上天所賜的信息生出憤怒和仇恨,就再沒有什麼比這更確鑿的憑據證明他們已經離開了上帝。

那些接受復臨道理的人,深覺自己有在上帝面前悔改和自卑的必要。許多在基督和世界之間長久遲疑不決的人,就覺得這是應該決定立場的時候了。「永恆的事物在他們像是罕見的真理。天國近了,他們就覺得自己在上帝面前是罪人。」[17]許多基督徒因此覺醒,要活出新的屬靈生命。他們覺得時間短促,要為同胞做的事必須趕快去做。他們看地上的事如同糞土,而永恆及其中永遠的禍福似乎都在他們面前展開了,他們就覺得一切屬世的追求都無足輕重。上帝的靈降在他們身上,使他們有能力向弟兄和罪人發出熱切的懇勸,叫他們預備應付上帝的大日。他們日常的生活也是無聲的見證,對於那些徒具形式而沒有獻身的教友乃是芒刺在背。這些人不願意在追求享樂和圖謀名利的事上受到阻礙。因此他們生出了仇恨的心,去反對復臨信仰和那些宣傳這真理的人。

反對的人既看出預言時期的論據是駁不倒的,就教導人說,預言是封閉著的,企圖藉此阻止人查考這個題目。這樣,改正教會就步了羅馬教的後塵。羅馬教廷不許人看聖經(見附錄第16頁「對聖經的禁止」),改正教會則聲稱聖經中重要的一部分——那特別適用於這時代的真理——是我們所不能明白的。

牧師和信徒都說〈但以理書〉和〈啟示錄〉的預言是人不能了解的奧祕。但基督把先知但以理有關當時的話指示祂的門徒，說：「讀這經的人須要會意。」（太24：15）至於〈啟示錄〉是一個奧祕，是人所不能明白的這個說法，與這卷書開篇的話則是相牴觸的：「耶穌基督的啟示，就是上帝賜給祂，叫祂將必要快成的事指示祂的眾僕人。」、「念這書上預言的和那些聽見又遵守其中所記載的，都是有福的，因為日期近了。」（啟1：1，3）

先知說：「念這書上預言的，……是有福的。」有一些不願意念的人，福氣就不是他們的。「和那些聽見」的——也有一些人不肯聽任何與這預言有關的事，這些人也得不到福氣。「遵守其中所記載的」——許多人不肯留意〈啟示錄〉中的警告和教訓；這一等人也沒有一個能得到這所應許的福。凡譏誚預言的題旨，並嘲諷其中鄭重提出之表號的人，凡不肯改正自己的行為並預備等候人子降臨的人，都必得不到福氣。

鑑於聖靈的見證，世人怎敢說〈啟示錄〉是個奧祕，是人類的悟性所不能領悟的呢？事實上它乃是一個已顯明的奧祕，一本敞開了的書。〈啟示錄〉的研究能使人注意〈但以理書〉的預言，這兩卷書提出的乃是上帝所賜給世人最重要的訓誨，有關世界歷史結束時所要發生的種種大事。

基督曾向約翰展開教會經驗中一些極需關注且深奧動人的景象。他看到上帝子民的立場、危機、爭戰和最後的得救。他記載了那將要收割地上莊稼的最後信息，那莊稼，或是收入天上倉庫的禾捆，或是捆成捆的稗子預備用火焚燒。基督曾把非常重要的題旨，尤其是有關末期教會的事向他顯示，使一切棄假歸真的人都可以得到指示，準備應付那擺在他們面前的危險和爭戰。關於那將要臨到地上的事，沒有人是應該留在黑暗之中的。

既然如此，世人為什麼普遍都不知道聖經中這重要的一部分呢？為什麼一般人不肯探究其中的教導呢？這是黑暗之君深謀遠慮的結

果，要把那能顯明他騙術的一卷書隱蔽起來。正因這緣故，啟示者基督
預見了這一場反對研究〈啟示錄〉的爭戰，所以祂宣佈，凡是讀到、聽
見，並遵守這預言的人是有福的。

註①：布利斯，《威廉・米勒耳傳》，第65-67頁。
註②：同上，第70頁。
註③：同上，第74、75頁。
註④：同上，第75頁。
註⑤：同上，第76頁。
註⑥：同上，第76、77頁。
註⑦：同上，第81頁。
註⑧：同上，第92頁。
註⑨：同上，第138頁。
註⑩：德文斯 (M. Devens)，《美國的發展》或《大國中的大事》，第2章，第1-5頁。
註⑪：里德 (F. Reed)，《基督徒宣傳日報》1833年12月13日。
註⑫～⑬：〈老鄉民〉《波特蘭晚報》，1833年11月26日。
註⑭：約西亞・李奇，《時兆和預言解釋》1840年8月1日。
註⑮：布利斯，《威廉・米勒耳傳》，第183頁。
註⑯：同上，第250頁。
註⑰：同上，第146頁。

第十九章
穿透黑暗的光

　　歷代以來，上帝在世上的工作，在一切偉大的改革和宗教運動上，都呈現出一種顯著的相似之處。上帝對待世人的原則，古今都是一樣的。現在的重要運動有過去的運動作為借鏡，所以古時教會的經驗於現代有非常寶貴的教訓。

　　聖經中最清楚的一項真理指明上帝常藉聖靈特別指示祂在地上的僕人進行救恩工作的大運動。人乃是上帝所用來成就祂恩典和慈愛之旨意的工具。人人都有指定的工作；每一個人都可得到合於當時需要的亮光，足供幫助他負起上帝所交付他的工作。但是人無論多麼蒙上天的尊榮，他終究無法得到有關救贖大計畫的全部知識，甚至也不能完全體會上帝在當代工作中所有的旨意。人無法充分明白上帝交托他們的工作所要達成的目的；他們也不能體會到他們奉祂名所發之信息的全部關係及意義。

　　「你考察就能測透上帝嗎？你豈能盡情測透全能者嗎？」「耶和華說：我的意念非同你們的意念；我的道路非同你們的道路。天怎樣高過地，照樣，我的道路高過你們的道路；我的意念高過你們的意念。」「我是上帝，再沒有能比我的。我從起初指明末後的事，從古時言明未成的事。」(伯11：7；賽55：8、9；46：9、10)

　　連那些特別蒙聖靈光照的先知，也沒能充分明瞭那交托給他們的

啟示之意。這意義乃是要根據上帝子民對其所包含之教訓的需要，進而一代一代地逐步向他們展開的。

彼得提到那藉著福音所顯明的救恩時說：「論到這救恩，那預先說你們要得恩典的眾先知早已詳細的尋求考察，就是考察在他們心裡基督的靈，預先證明基督受苦難，後來得榮耀，是指著什麼時候，並怎樣的時候。他們得了啟示，知道他們所傳講的一切事，不是為自己，乃是為你們。」(彼前1：10-12)

眾先知雖然不能完全明白所啟示給他們的事，但他們熱切尋求，要獲得上帝的美意所顯明的一切亮光。他們「詳細的尋求考察」，「考察在他們心裡基督的靈，……是指著什麼時候，並怎樣的時候。」這對新約時代的上帝子民是何等的教訓啊！何況上帝把這些預言賜給祂的眾僕人原是為現代聖徒的益處！「他們得了啟示，知道他們所傳講的一切事，不是為自己，乃是為你們。」且看上帝的聖先知怎樣「詳細的尋求考察」關於上帝為未來世代的人所賜的啟示，並以他們聖潔的熱忱，和現代信徒對上天恩賜的冷淡和漠視作一對照。這些喜好安逸、貪愛世俗而漠視一切的人，竟不惜聲稱「預言是人所不能明白的」，先知熱愛真理的表現於他們是何等的責備啊！

世人有限的心智固然不足以領會無窮之主的計畫，也不能充分明白祂旨意的成就，但是他們對於上天的信息之所以如此模糊不明，往往也是因為自己的錯誤或疏忽。許多人的思想，連上帝的僕人在內，往往會被人的成見和傳統以及虛偽的教義所蒙蔽，以致他們只能局部地了解上帝在祂聖言中所啟示的大事。基督的門徒就連救主親自與他們同在時也是如此。他們的思想充滿了當時普遍對於彌賽亞的觀念，認為祂要作一個屬世的君王，並要高舉以色列在普世大國的寶座之上，因此他們不能明白祂預言自己要受苦受死的意義。

基督曾親自差遣他們出去宣告此信息：「日期滿了，上帝的國近了。你們當悔改，信福音！」(可1：15) 這個信息是以〈但以理書〉第9章

的預言為根據的。天使所說的六十九個七是要延伸到「有受膏君的時候」，因此門徒抱著遠大的希望和喜樂的理想，指望他們的夫子在耶路撒冷建立彌賽亞的國度，治理全地。

他們宣講了基督所交付他們的信息，但他們自己卻誤解了其中的意義。他們的宣告雖然以〈但以理書〉9章25節為根據，但他們沒有看出同章下一節彌賽亞要被「剪除」的話。從他們有生以來，他們的心始終專注於地上大國的光榮理想上，這就蒙蔽了他們的悟性，以致他們不能明白預言的指示和基督的話語。

他們履行了本分，向猶太國發出慈憐的邀請，然後正當他們期望看到他們的主坐上大衛的寶座時，他們卻看見祂像一個囚犯一樣被捉拿、鞭打、侮辱、定罪，並在髑髏地的十字架上被舉起來。救主睡在墳墓裡的那兩天，門徒的心是何等地失望而痛苦啊！

原來基督已經按照預言指定的時候和方式來到世上。聖經的見證已在祂服務生活中的每一個細節上應驗了。祂已宣講了救恩的信息，而且「祂的話裡有權柄」。聽眾的心感覺到祂的話是從天上來的。上帝的話和祂的靈都證明祂兒子的神聖使命。

門徒在失望之中仍然熱愛他們慈悲的夫子。然而他們的心卻被不安和疑雲所籠罩。他們在悲痛之中，沒有回想基督指著自己將要受苦受死時說過的話。「如果拿撒勒的耶穌真是彌賽亞，他們怎麼會如現在這般陷於憂愁和失望之中呢？」在門徒感覺毫無希望的那些時日——就是救主在被釘之後、復活之前的安息日躺在墳墓裡的那段日子——那使他們在精神上萬分痛苦的，就是這個問題。

雖然有憂愁之夜的黑暗包圍著耶穌的門徒，但他們並沒有被丟棄。先知說：「我雖坐在黑暗裡，耶和華卻作我的光。……祂必領我到光明中；我必得見祂的公義。」、「黑暗也不能遮蔽我，使你不見，黑夜卻如白晝發亮。黑暗和光明，在祢看都是一樣。」上帝曾說：「正直人在黑暗中，有光向他發現」、「我要引瞎子行不認識的道，領他們走不知道

的路；在他們面前使黑暗變為光明，使彎曲變為平直。這些事我都要行，並不離棄他們。」(彌7：8、9；詩139：12；112：4；賽42：16)

門徒奉主的名所傳的信息在各方面都是正確的，而且這信息所指的種種大事正在一一發生。他們的信息是：「日期滿了，上帝的國近了。」在「日期」滿足之際，就是〈但以理書〉第9章的六十二個七延伸至「受膏君」彌賽亞之時，基督在約但河受了約翰的洗之後，曾接受了聖靈的膏立。門徒宣稱已經臨近的「上帝的國」，要因基督的死而建立。這並不是指著地上的國而言，像他們素來所相信的。這國也不是那將來永不朽壞之國，不是那在「國度、權柄和天下諸國的大權，必賜給至高者的聖民」之時所要建立的，「一切掌權的都必事奉祂，順從祂」的永遠的國 (但7：27)。聖經中所用「上帝的國」這個口氣是指著恩惠的國，也是指著榮耀的國說的。保羅在寫給希伯來人的書信中說明了恩惠的國。使徒在指明基督為「體恤我們的軟弱」的慈悲大祭司之後，便說：「所以，我們只管坦然無懼地來到施恩的寶座前，為要得憐恤，蒙恩惠，作隨時的幫助。」(來4：16) 施恩的寶座代表恩惠的國；一個寶座的存在暗示一個國度的存在。基督在祂的許多比喻中，用「天國」兩字來敘述上帝的恩典在人心中動工。

照樣，榮耀的寶座代表榮耀的國度；救主提到這個國度說：「當人子在祂榮耀裡、同著眾天使降臨的時候，要坐在祂榮耀的寶座上。萬民都要聚集在祂面前。」(太25：31、32) 這個國度要等到將來基督復臨的時候才建立。

在人類墮落，並在上帝擬定一個救贖有罪之人類的計畫以後，這恩惠的國就立時建立起來。那時，它存於上帝的旨意之中，並因上帝的應許而成立；人也能因著信成為這個國度的子民。然而直到基督釘死的時候，這國才實際成立。因為在救主開始祂地上的使命之後，祂仍可以選擇因世人的頑梗不化和忘恩負義厭棄他們，而不在髑髏地犧牲。在客西馬尼園中，那災禍的苦杯在祂手中搖搖欲墜。那時，祂完全可以從祂的額上擦去那如大血點的汗珠，任憑犯罪的人類死在他們的罪孽

之中。如果祂這樣做的話，墮落的世人就不能得蒙救贖了。但當救主捨棄了祂的性命，並用祂最後的一口氣呼喊「成了」之時，救贖計畫的成功就已確立。那向伊甸園犯罪的夫婦所發的救恩應許就批准生效了。前此藉著上帝的應許存在的恩惠的國，這時才算正式成立。

這樣，基督的死——在門徒看來使他們的希望歸於幻滅之事——正好使他們的希望永遠立定。這件使他們極為難堪失望之事，正是最可靠的憑據，證明他們的信仰是正確無誤的。那使他們充滿憂愁失望的事，反倒為亞當的每一個兒女打開了希望之門，而且上帝各世代忠心兒女將來的生命和永久的幸福，都以此為中心。

那具有無窮憐愛的旨意正好藉著門徒的失望而實現。他們的心雖然因上帝的恩惠和那「從來沒有像祂這樣說話的」主之教導而感動，但他們對於耶穌的愛心還摻雜著屬世的驕傲和自私的野心，正像金子裡混入了雜質一樣。就是在逾越節的樓房中，當他們的夫子將走入客西馬尼園的陰影時，「門徒起了爭論，他們中間哪一個可算為大。」(路22：24) 他們的心目中充滿了對於寶座、冠冕和榮耀的幻想，殊不知擺在他們面前的，卻是客西馬尼園、審判廳和觸髏地十字架的羞辱與痛苦。那使他們固守當時的虛偽教導，而沒有留意救主所說、闡明祂國度之性質和預指祂受苦受死之吩咐的，乃是他們心中的驕傲，和對於屬世榮譽的渴望。結果這些錯誤使他們受到了考驗，這考驗雖然劇烈卻是必需的；而且上帝容許這考驗臨到他們，正是為了要糾正他們。門徒雖然誤會他們所傳之信息的意義，又沒有看到自己的希望實現，但他們終究還是傳開了上帝給他們的警告，主也必報賞他們的信心並看重他們的順從，還要把復活之主的光榮福音託付他們去傳給各國的人聽。他們之所以經歷那似乎是難以忍受的經驗，正是為要預備他們去擔任這工作。

耶穌復活之後曾在往以馬忤斯去的路上向門徒顯現，並「從摩西和眾先知起，凡經上所指著自己的話都給他們講解明白了」(路24：27)。門徒的心受到鼓舞，信心也油然而生。可見他們在耶穌向他們顯露自

己之前,是已經「重生了,……有活潑的盼望」。祂的旨意是要啟發他們的悟性,並使他們的信仰建立在「更確的預言」上。祂期望真理能在他們心中根深蒂固,不單是因為有祂親口的見證為根據,也是因為儀文律法的表號、影像以及舊約預言中所提供的確鑿憑證。基督的門徒必需有一種出於理智的信心,不單是為他們自己的益處,也是使他們能將認識基督的知識傳給世人。耶穌指示門徒以「摩西和眾先知」為傳授這知識的第一步。這就是復活的救主對舊約聖經的價值和重要性所作的見證。

當門徒再一次看到他們夫子可愛的面容時,他們心中有了多麼大的改變啊!(見路24:32)這次他們以一種比從前更清楚而透徹的眼光遇見了「摩西在律法上所寫的,和眾先知所記的那一位」。他們的疑慮、悲痛、失望一掃而空,變成完全的把握和明朗的信心。難怪他們在主升天之後,「常在殿裡稱頌上帝。」猶太人只知道救主受了可恥的死,故想必能在門徒臉上看到憂傷、狼狽和失望;誰知他們所看到的卻是快樂和得勝的笑容。這些門徒在他們即將進行的事工前,所得到的是何等的預備啊!他們已經歷他們所能體驗的、最嚴謹的試煉,並已看出在人看來完全失敗的時候,上帝的話是如何勝利地成就一切。從此以後,還有什麼能挫磨他們的信心或愛心的火焰呢?他們已經在最難堪的憂傷之中「大得勉勵」,並得到指望「如同靈魂的錨,又堅固又牢靠」(來6:18、19)。他們已經看到上帝的智慧和能力,而且他們已經「深信無論是死,是生,是天使,是掌權的,是有能力的,是現在的事,是將來的事,是高處的,是低處的,是別的受造之物」,都不能叫他們「與上帝的愛隔絕;這愛是在我們的主基督耶穌裡的」。他們說:「然而,靠著愛我們的主,在這一切的事上已經得勝有餘了。」(羅8:38、39,37)「惟有主的道是永存的。」(彼前1:25)「誰能定他們的罪呢?有基督耶穌已經死了,而且從死裡復活,現今在上帝的右邊,也替我們祈求。」(羅8:34)

耶和華說:「我的百姓必永遠不至羞愧。」(珥2:26)、「一宿雖然有哭泣,早晨便必歡呼。」(詩30:5)當主復活的那一天,這些門徒遇見救

主時；當他們傾聽祂的話而心中火熱起來時；當他們看著那曾為他們受傷的頭和手腳時；當耶穌在升天之前領他們到伯大尼去，並舉手為他們祝福，吩咐他們「往普天下去，傳福音給萬民聽」，又說「我就常與你們同在」時 (可16：15；太28：20)；當五旬節那天應許的保惠師降臨，那從上頭來的能力的賜予，使信徒心中感受到他們升天的主與他們同在時；那時，縱然他們未來像主一樣要經過犧牲和殉道之路，他們肯不肯拿祂恩惠福音的工作，和在祂降臨之時要領受之「公義的冠冕」，來換取他們早年作門徒時渴望獲取的、地上寶座的榮耀呢？那能「充充足足的成就一切超過我們所求所想的」主，已經賜給他們那和祂一同受苦的情誼並同享喜樂的交融──關於這份「領許多的兒子進榮耀裡去」的、說不出來的喜樂──保羅說「我們這至暫至輕的苦楚」，若比起那「極重無比永遠的榮耀」，就「不足介意了」。

在基督第一次降臨時，那些宣傳「天國福音」之門徒的經驗，在那些宣傳祂第二次降臨之人的身上又將重新上演。從前門徒怎樣出去宣講「日期滿了，上帝的國近了」，照樣，米勒耳和他的同工也曾宣傳聖經中最長、也是最後的預言時期，說明這時期行將屆滿，審判的時候已近，永遠的國將要來臨。從前門徒所宣傳「日期滿了」的信息，是以〈但以理書〉第9章的「七十個七」為根據的。米勒耳和他的同工所宣揚的、〈但以理書〉8章14節的二千三百日將要期滿的信息，是包括「七十個七」在內的。兩次傳講都是根據同一段預言時期中不同部分的應驗。

威廉·米勒耳和他的同工像早期的門徒一樣，自己沒有充分明白他們所傳之信息的意義。當時教會中長久存在著的錯誤使他們對於預言中重要的一點無法獲得正確的理解。因此，他們雖然宣揚了上帝交托他們傳給世人的信息，但因他們誤會了其中的意義，就遭受到失望的痛苦。

米勒耳在解釋〈但以理書〉8章14節「到二千三百日，聖所就必潔淨」這一段預言時，他既採用了一般人認為的「地球就是聖所」的見解，就相信「潔淨聖所」乃是代表地球將在主來臨時以火潔淨。所以

當他發現二千三百日的結束已肯定地預言了，他就作出結論，以為二千三百日屆滿之時就是基督復臨之日。他的錯誤是由於接受一般人所說何為聖所的見解而來的。

在那作為基督的犧牲和祭司職任之影像的表號制度中，潔淨聖所乃是大祭司在全年的供職之中執行的最後禮節。這是贖罪的最後工作——從以色列中挪去或清除罪惡。這事預表我們的大祭司在天上供職的最後工作，就是移除或塗抹祂子民登載在天上冊子裡的罪惡。這個儀式包括查案的工作，就是一種審判的工作；這天工作一完畢，基督就要帶著能力和大榮耀，駕著天雲降臨，因為祂來的時候，一切的案件都已決定了。耶穌說：「賞罰在我，要照各人所行的報應他。」(啟22：12)〈啟示錄〉14章7節所宣告的第一位天使的信息——「應當敬畏上帝，將榮耀歸給祂；因祂施行審判的時候已經到了」，就是指著在基督復臨之前所施行的審判工作。

那些宣傳這警告的人在合適的時候傳了合適的信息。初期的門徒如何根據〈但以理書〉第9章的預言宣傳「日期滿了，上帝的國近了」，卻沒有在同一章經文中看出彌賽亞受死的預言；照樣，米勒耳和他的同工，根據〈但以理書〉8章14節和〈啟示錄〉14章7節傳揚信息，也沒有看出在主復臨之前，〈啟示錄〉第14章中還有其他必須傳開的信息。早期的門徒怎樣誤會彌賽亞要在「七十個七」的末了建立祂的國，照樣，傳揚復臨信息的人也誤會了二千三百日屆滿之時所要發生的大事。雙方都是因為接受了、更可以說是固守了普遍的錯誤而未能看明真理。但這兩等人都成全了上帝的旨意，傳達了祂所交託他們的信息，他們也都因自己誤解了信息而遭受失望的痛苦。

然而上帝讓審判的警告按照這種方式傳開，正足以成全祂自己慈悲的旨意。那大日近在咫尺，在祂的安排之下，眾人都面臨一個指定時間的考驗，為要顯明他們心中的真意。這個信息的宗旨是要試驗並潔淨教會；要看他們是思念世界，或是思念基督和天國。他們自稱是熱愛救主的；如今他們要以行動證明自己的愛心。他們是否願意放棄世俗

的希望和野心，欣然迎接他們主的復臨？這個信息的宗旨是要使他們能以此辨明自己屬靈的真實狀況；上帝要憑著祂的慈憐用這個信息來喚醒他們，叫他們以悔改自卑的心來尋求他們的主。

他們的失望雖然是他們誤解所傳之信息的結果，但這事也有上帝掌管，使他們得到益處。這是要試驗那些自稱接受警告之人的心。他們在遭受失望的時候，是否會輕易地拋棄自己的經驗並丟棄對於上帝聖言的信任？或是要以祈禱和自卑的精神，設法釐清他們不了解預言意義的原因？有多少人的信仰是出於懼怕的動機，或是出於感情的衝動和刺激？有多少人是不冷不熱，沒有信心？自稱愛慕主顯現的人著實不在少數，但當他們必須忍受世人的譏誚和侮辱，以及遲延和失望的考驗時，他們是否就會拋棄信仰？是否因為沒有立時明白上帝對待他們的方式，就放棄那以聖經最清楚之見證為根據的真理？

在那些以真理的信心，去順從他們所相信為聖經和聖靈之教導的人，這種考驗也必顯明他們的力量。唯有這樣的經驗才能教導他們，使他們警覺到接受人的理論和解釋而不用聖經去解釋聖經，是有危險的。那因錯誤而產生的困惑和憂慮，必按上帝有信心之兒女的需要得到修正。他們必要更細心地去研究聖經的預言。他們必能學習如何更謹慎地考查自己信仰的基礎，並拒絕一切沒有以聖經真理為根據的學說，不管這些學說是多麼普遍地被基督教世界所接受。

這些信徒正像早期的門徒一樣，他們在試煉之中所不能了解的事，後來就都明白了。當他們看明主的旨意時，他們就明白：雖然他們因自己的錯誤而經不起考驗，但是上帝對於他們的慈愛旨意還是按步就班地成全。他們必能從豐富的經驗中，體會到祂是「滿心憐憫，大有慈悲」；而且「凡遵守祂的約和祂法度的人，耶和華都以慈愛誠實待他」。(詩25：10)

第二十章
一場偉大的宗教覺醒

按〈啟示錄〉第14章第一位天使的信息預言,在傳揚基督快要復臨時,必有一番宗教上的奮興。先知看見「一位天使飛在空中,有永遠的福音要傳給住在地上的人,就是各國、各族、各方、各民。他大聲說:『應當敬畏上帝,將榮耀歸給祂!因祂施行審判的時候已經到了。應當敬拜那創造天地海和眾水泉源的』(啟14:6、7)。

傳揚這警告的是一位天使,這一事實透露這個警告意義重大。上帝依其智慧,樂意用天使的純潔、榮耀和能力來代表這警告必成就之工的崇高性質,及其附帶的能力和榮耀。這位天使「飛在空中」,且「大聲」傳揚警告。他的宣傳範圍是一切「住在地上的人,就是各國各族各方各民」。這就說明了這個運動的迅速發展和普世範圍。

這個信息本身說明了該運動當在何時發起。它乃是「永遠福音」的一部分,也宣告了審判時期的開始。固然各世代都曾傳過救恩的信息;但這個信息卻只能是指在末期傳揚之福音的一部分,因為只有在這時才能說審判的時候「已經到了」。預言提供一連串的事件,直到審判時期的開始。〈但以理書〉尤其是如此。至於該書中有關末日的一部分,天使卻吩咐但以理「要隱藏這話,封閉這書,直到末時」。所以根據預言,在尚未進入末時之前,那有關審判的信息就無法被傳揚。但到了末時,先知說:「必有多人來往奔跑(或譯:切心研究),知識就必增長。」(但12:4)

使徒保羅曾經警告當時的教會不要想望基督在那一個時代降臨。他說：「因為那日子以前，必有離道反教的事，並有那大罪人，就是沉淪之子，顯露出來。」(帖後2:3) 由此可知，不到那「離道反教的事」發生，以及「大罪人」長期統治，我們是盼不到主降臨的。這「大罪人」又必稱為「不法的隱意」，「沉淪之子」或「不法的人」，都是指著羅馬教皇說的；據預言的提示，教皇的至高權要維持1260年之久。這段時期的終結在公元1798年。可見基督的降臨絕不能在這一年之前。保羅的警告包括了1798年以前的整個時期。從這一年以後，基督復臨的信息便要傳開。

這個信息在以前的世代中一直沒有傳過。照以上所述，保羅沒有傳過這個信息；他向弟兄們指示說，主降臨的時日還在遙遠的將來。歷代的宗教改革家也沒有傳過這個信息。馬丁·路德曾說，從他那時算起，還要經過三百年左右，才到審判的時候。但在1798年之後，〈但以理書〉被啟封，人們對於預言的知識增長了，許多人便傳開審判已近的嚴肅信息。

像第十六世紀宗教大改革的情形一樣，復臨運動在同一個時期之內，在基督教世界的各國中崛起。在歐洲和美洲，許多大有信心、恆切禱告的人，都被引導去研究聖經的預言。在他們查考這些上帝所默示的經文之後，便發現了明確的憑據，證明萬物的結局已經近了。在世界各地，有許多個別的基督徒團體，單單靠著研究聖經就相信救主的復臨已近。

1821年，在威廉·米勒耳解釋預言並指出審判時期的三年之後，那以「世界傳教士」之名著稱的沃爾夫博士 (Joseph Wolff) 便開始傳揚主快要復臨的信息。沃爾夫原是猶太裔，誕生於德國，他的父親是一個猶太教的拉比。沃爾夫在年輕時就相信基督教的真理。在他童年時，當虔誠的猶太人每日和他父親在家裡聚會，詳述國人的指望和彌賽亞的榮耀降臨，以及以色列國的復興時，他那活潑而好奇的思想就已使他成了一個熱心的旁聽者。有一天，他聽見他們提到拿撒勒耶穌，他便開口問祂是誰。他們回答說，「祂是一個最有才幹的猶太人，但因為祂

冒稱自己是彌賽亞，所以猶太公會就把祂處了死刑。」這位提問的人接著又說：「後來耶路撒冷城為什麼遭了毀滅？而我們為什麼又被擄到異邦呢？」他的父親回答說：「唉！這是因為猶太人殺害先知的緣故！」這男孩的心中立即有了一個想法：「或許這位耶穌也是個先知，是沒有罪的，卻被猶太人殺了。」[1]這種感受是那麼強烈，以致他雖被禁止進入基督教的禮拜堂，他卻常逗留在門外，聆聽裡面所講的道理。

在他只有七歲時，他曾向一個信基督的老年鄰居誇口說起彌賽亞降臨的日子，和以色列人所要得到的勝利。但那老年人慈祥地對他說：「親愛的孩子，我現在告訴你這位真實的彌賽亞是誰：祂就是拿撒勒的耶穌，……你們的先祖曾把祂釘在十字架上，正如殺害了古時的先知一樣。你且回去，讀一讀〈以賽亞書〉第53章，你便不得不信服耶穌基督就是上帝的兒子了。」[2]這話立即折服了這孩子的心。他回家去讀了那一章經文，見到這些話多麼完全地應驗在拿撒勒耶穌的身上，便大為驚奇。那位基督徒所說的話難道是真的嗎？這孩子又去問自己的父親，請他解釋這段預言，但他所得到的卻是一場極嚴厲的緘默，甚至他後來便不敢再提起這個話題了。但這反而加深了他的渴望，使他更想明白基督教的真理。

他在自己的猶太家庭中所尋求的知識被家人刻意地避而不談，使他無從尋找；但到了十一歲時，他便離開父家進入社會去求學，並選擇自己的宗教信仰和終身事業。他曾寄居在親戚家一段時期，但不久便被視為猶太教的叛徒而被驅逐。此後他孤苦伶仃，一文不名，只好到陌生人中間去謀生。他飄流各處，殷勤讀書研究，並以教授希伯來文維生。由於一個天主教教師的感化，他便信奉了羅馬教，並立志向本國同胞傳道。數年之後，他抱持這目標，進入了羅馬的傳信學院(College of the Propaganda，現名為「宗座傳信大學」)求學。在那裡不久，他便因自己那獨立的思想和率直的言語而被視為叛教徒。他公然攻擊教會的惡習和弊端，並堅稱教會需要一番改革。起初他雖得到羅馬教會許多顯要人物的特別青睞，但不久後他卻被遣離羅馬城。在教會監視之下，他飄流

各地，直到他對於自己永遠不會屈服於羅馬教之桎梏的態度十分明確為止。教會便宣稱他頑梗不化，隨即放他出去自由行動。此後，他動身到英國去，信了基督教，並且加入了英國國教。經過兩年的研究之後，他便在1821年開始傳道工作。

當沃爾夫接受基督在第一次降世、作為「多受痛苦，常經憂患」之人的偉大真理時，他也看出預言中一樣清楚地提到基督帶著能力和榮耀的第二次降臨。因此，他一方面領導本國同胞相信拿撒勒的耶穌確為上帝所應許的主，向他們指明祂第一次降臨時，在羞辱之中為人類的罪孽犧牲；同時也教導他們關於基督第二次將作為君王與拯救者降臨的道理。

他說道：「拿撒勒的耶穌是真彌賽亞，祂的手和腳被釘子釘穿，祂像羔羊被牽到宰殺之地，祂多受痛苦，常經憂患。當猶大的主，和立法的權力從祂『兩腳之間』被奪去之後，耶穌便第一次降臨了，將來祂還要第二次駕著天雲降臨，並有天使長的號筒吹響。」[3]、「祂將要站在橄欖山上。那在創造之時曾一度交給亞當、卻又喪失的統治權 (見創1:26; 3:17) 將要歸給耶穌。祂將要作全世界的君王。自創世以來，一切呻吟悲哭之聲將要止息，而頌讚和感謝的歌聲將要洋溢宇宙。……當耶穌在祂父的榮耀裡，同著眾天使降臨的時候，……死了的信徒必先復活 (見帖前4:16; 林前15:23)。這就是我們基督徒所謂第一次復活。此後各種動物的本性都要改變 (見賽11:6-9) 並馴服於耶穌 (見詩篇第8篇)。全宇宙要共慶昇平。」[4]、「主耶和華要再度觀看全地，並說，『看哪，一切都甚好。』」[5]

沃爾夫相信主來的日子甚近，他所講解的預言時期，所推算人類的大終局，和米勒耳所算的時期僅有數年之差。當時有一些人引用聖經「那日子，那時辰，沒有人知道」的話，堅稱世人不能知道主的復臨何時臨近；對於這等人，沃爾夫回答說：「我們的主可曾說過那日子和那時辰是人永遠不得而知的嗎？祂難道沒有賜給我們許多時兆，使我們至少可以知道祂降臨的日子已近，正如人看見無花果樹長出葉子，

便知道夏天已近了嗎？祂既親自勸人不但要讀先知但以理的書，同時也『須要會意』，我們難道永遠不能知道那個時期嗎？況且〈但以理書〉中曾說明，那些話隱藏到末時 (按沃爾夫在世時已是「末時」了) 必有『多人切心研究』(按希伯來原文的意義是「觀察」與「思想」時事)，並且『知識』(認識時事的知識)『就必增長』。再者，我們主的意思並不是說，那時期的臨近絕無人知道，祂乃是說那確切的日子和時辰，是沒有人知道的。祂所說的時兆，足能使我們認識那個時期，以便預備等候祂來，正如挪亞預備方舟一樣。」[6]

關於當時一般人解釋聖經的方法，以及誤解聖經的通病，沃爾夫寫道：「基督教大部分的人士已經全然偏離了聖經中簡明的意義，趨向佛教玄妙的思想體系；他們相信人類來生的幸福就是在空中翱翔，並認為在讀經時一讀到『猶太人』，就應當認為是『外邦人』；一讀到『耶路撒冷』，就應當想到這是指著『教會』而言；並且聖經上所說的『地』意思就是『天』；還有『主的降臨』，意思就是傳道社群的進展；至於『萬民要流歸耶和華殿的山』，其意義是指衛理公會 (當時又稱：美以美會，Methodists) 的盛大聚會。」[7]

從1821年至1845年的24年之間，沃爾夫旅行的範圍甚廣。在非洲，他曾遊歷埃及和衣索比亞；在亞洲，他的足跡曾到過巴勒斯坦、敘利亞、波斯、布哈拉 (Bokhara) 和印度。他也到過美洲，並在路過聖赫勒拿島 (Saint Helena) 時在那裡傳道。1837年8月，他抵達紐約，在該城傳道之後，又到費城 (Philadelphia) 和巴爾的摩 (Baltimore) 傳道，最後他來到首府華盛頓。他說：「前任總統亞當斯 (John Quincy Adams) 向國會眾議院提議之後，全體都同意讓我借用議會大廳，在某個星期六作一次演講。我很是榮幸；出席的人計有全體議員，維吉尼亞州的主教，以及華盛頓各教會的牧師和一些公民。此外，我也很榮幸得蒙新澤西州及賓夕法尼亞州的州政府官員邀請，使我能在他們面前講述我在亞洲所進行的考查，和耶穌基督親自作王的題目。」[8]

沃爾夫博士曾在最原始的國家中旅行，受了許多的苦，遭遇無數

危險，都沒有得到歐洲任何殖民國家的保護。他曾挨打挨餓，被賣為奴，三次被判死刑，被強盜逼迫，並且數次幾乎渴死。有一次，他所有的東西都被洗劫一空，只好光著腳在山嶺間行走數百哩，雙腳因長時間接觸冰冷的地面而凍僵。

有人警告他說，在原始且對外充滿敵意的部落中旅行卻手無寸鐵，必定遭遇危險，他則宣稱自己是有「武裝」的，那武裝就是「祈禱，為基督發熱心，並信任祂的救助」。他又說，「我還備有愛上帝和愛鄰舍的心，並且手中備有聖經。」[9]他無論去往何處，都帶著希伯來文和英文聖經。論到他晚年的旅行，他說：「我……手中的聖經總是敞開的，我覺得我的力量全在這本書裡，並且它的能力必要支持我。」[10]

他這樣堅苦卓絕地操勞了許多年，直到這審判的信息傳遍了世界上大部分人群匯聚的地方。在猶太人、土耳其人、拜火教徒、印度教徒和異國異族的人民之中，他分派了許多譯成他們方言的聖經，並到處宣傳彌賽亞的王權已經臨近。

當他旅行到布哈拉的時候，他找到一群在偏僻地帶獨居的人們，他們也相信主快復臨的道理。他說：「葉門的阿拉伯人有一部書，名叫《西拉》(Seera)，其中提到基督和祂的王國要在榮耀中降臨，他們也期望在1840年將有一些大事發生。」[11]、「在葉門，我曾經與利甲族的後代(見耶35章，Rechab) 相處六日之久。他們不飲酒，不置葡萄園，不種地，只住在帳棚裡，而且記得那位老先祖利甲之子約拿達 (Jonadab)。並發現以色列但支派的子孫也與他們同居，……這兩族人都懷抱著一份希望，就是彌賽亞快要駕著天雲降臨。」[12]

另有一個傳道士發現在韃靼人 (Tatary) 中也有這同樣的信仰。有一個韃靼祭司問他基督要在何時復臨。當這位傳道士聲稱自己不知道的時候，那祭司對於這位自稱是聖經教師之人的蒙昧無知，似乎大吃一驚，隨即敘述了他自己從預言中所得的信仰，說基督大約要在1844年降臨。

　　遠在1826年，英國已經有人開始傳揚基督復臨的信息；但那裡的運動並不像在美國那樣有具體的形式，他們也沒有那麼普遍地教導人關於基督復臨的準確時日，但他們廣泛宣揚基督快要帶著能力和榮耀降臨的偉大真理。這種宣傳並不局限在那些反對英國國教的獨立教派之內。據英國作家莫蘭特‧布羅克(Mourant Brock)的論述，那時約有七百多位英國聖公會(the Church of England)的牧師曾參與傳揚這「天國的福音」。後來那指明耶穌要在1844年降臨的信息也曾傳到英倫三島。在美國出版之復臨運動的書籍和期刊，曾在英國廣為發行，也有改版重印的。在1842年間，那位原籍英國而在美國接受復臨運動信仰的溫特(Robert Winter)也曾回到英國去傳揚復臨的信息。同時有許多人與他合作，把這審判的信息傳遍英國各地。

　　在南美洲的一些尚未開化、由神父管轄的環境中，有一個西班牙籍的耶穌會神父，名叫拉昆薩(Lacunza)，因研究聖經而接受了基督快要再來的真理。他的心受了聖靈的激奮，要傳揚這警告，但又不願受到羅馬教的懲戒，因此他便化名為一個信基督的猶太拉比——「班‧以斯拉」，把自己的心得寫成書並出版。拉昆薩生於第十八世紀，但他的著作卻在1825年才流傳到英國倫敦，並被譯成英文。這著作的發行使那些已被復臨運動喚醒的英國人士興趣更為加深了。

　　在第十八世紀已有本哥爾(Bengel)在德國宣講基督復臨的道理。他原是路德會的一個牧師，是極負盛名的聖經學者和評論家。在他完成學業之後，他便「獻身研究神學；他那穩重而富有宗教意識的心志，因早年所受的教育和鍛鍊而加深加強，就很自然地使他傾向神學了。他像古今其他有思想的青年人一樣，必須與一些有關宗教的疑問和難題奮鬥。他深深感歎地談到『刺傷他那可憐心靈的許多利箭，如何使青年時的他難以承受』」。在他擔任符騰堡教堂的監督時，經常擁護宗教信仰的自由。他「一方面維護教會的權利，一方面卻主張應當容許那些受良心驅使的人得到合理的自由，任憑他們退出國教」。[13]這種政策的良好影響，直到今日依然存留在他的故鄉。

　　某次，在本哥爾研究〈啟示錄〉第21章，要為降臨節中第一個星期日 (Advent Sunday) 準備講章時，基督復臨的真理之光照射在他的心上。〈啟示錄〉書中的預言使他豁然開朗。先知所提的重大事件與極其光榮的情景使他讚賞不已，他只得暫時掩卷，默默沉思。後來當他在台上講道時，這個題目又生動地向他顯出它的能力。從那時起，他便埋頭研究先知的預言，尤其是〈啟示錄〉的預言，並在不久之後他便深信這些預言所指明的基督復臨早已臨近。他所推定的基督復臨之日，與後來米勒耳所定的只有數年之差。

　　本哥爾的著作已經傳播至全基督教界。他對於預言的見解為他故鄉符騰堡省的人普遍接受，並且還傳到德國其他各地。這運動在他死後繼續進行，這樣，在同一個時期內，那在別國引人注意的復臨信息也在德國境內傳開了。除此之外，還有一些德國信徒在早年遷居到俄國去墾殖，因此基督快來的信仰在俄國的德人教會中一直存留到今日。

　　復臨真理的光輝也曾照耀在法國和瑞士。在法勒爾和加爾文宣傳宗教改革真理的日內瓦，有一個名叫高生 (Gaussen) 的人傳揚了基督復臨的信息。他在求學時期就已接觸那從十八世紀末到十九世紀初瀰漫於全歐的唯理主義；所以在他開始傳道時，他對於真實的信仰非但茫然無知，且還持有懷疑論的傾向。在青年時期，他已有志於研究先知預言。在讀了羅林 (Rollin) 的《古代史》(Ancient History) 之後，他便注意到〈但以理書〉第2章的預言。當他參照歷史學家的記載，證實預言已經巧妙而準確地應驗時，他便大受感動。這段預言證明了聖經確是上帝所默示的；這種見證在他晚年遭遇危險之時，仍像錨碇一樣使他信心堅定。他無法滿足於唯理主義的教導，故著手研究聖經，尋求更清明的亮光，過了一些時候，他果然得到了積極且正面的信仰。

　　當他探究預言的時候，他得了基督復臨已近的信仰。這偉大真理的莊嚴性與重要性感動了他的心，他就想要向民眾傳揚；然而一般人的信仰卻都認為〈但以理書〉的預言是神祕而不能明白的，這在他面前就形成了一個重大的阻礙。他最後決定採用昔日法勒爾在日內瓦傳道

的方法：先從一般兒童著手，盼望藉著他們引起家長的興趣。

後來他敘述自己採用這種方法的目的時說：「我盼望大家能明白，我之所以採用這種方法，並非因為講題無關緊要，反之，正因為它有極大的價值，所以我才設法用淺顯易懂的方式向兒童講解。我本來盼望人人都能聽見這道，但我又怕若先傳給成年人，他們或許不要聽。」、「因此我決定先傳給最年幼的人。我先召集兒童來聽講；如果他們的人數增多，能聽得津津有味，並且能領會又能解說我所傳的題目，我便確知，不久必有另一等聽眾，就是一批成年人，他們也會認為他們坐下來研究是值得的了。到了這個階段，我的目的也就達到了。」[14]

他的努力是成功的。當他向兒童傳道的時候，年長的人也來聽了。他教堂中的樓座坐滿了全神貫注的聽眾。在他們中間有一些是上流階級和有學問的人，有一些是從各處來日內瓦遊歷的旅客和外國人，在這種情形之下，這信息便傳遍各地。

由於這次成功的鼓舞，高生便刊印了自己的教材，希望能在說法語之人的教會裡鼓勵人去研究先知的預言。他說：「我將自己對兒童所講的道理刊印成冊，這便是對成年人說：『你們的兒童既能瞭解這預言，你們還有什麼難懂的地方呢？』因為成年人往往藉口說這預言是難懂的，所以就忽略這些預言。」他又說：「我有一個極大的盼望，如果可能的話，我要使我們的羊群愛好這預言的知識。」、「據我看來，再沒有什麼研究較此更能應付時代的需要。」、「我們必須藉著這種預言的知識，預備應付那迫近的大災難，並警醒等候耶穌基督。」

在說法語的傳道人中，高生雖是最著名、也最受人敬愛的，但他在從事傳道服務不久後便被革職了，他的主要罪名就是他本著聖經、而沒有採用教會出版的教理問答 (Catechism)——一本平凡無味，純屬理論而缺乏活潑信仰的手冊——來教導青年人。後來他在一個神學院裡擔任教員，而在星期日繼續講解教義，並向兒童教導聖經。他關於預言的著作，也引起了一般人的注意。這樣，他在大學的講座上，在出版物中，

並在他最喜愛的兒童教師工作上，經過多年就發揮了一種強大的感化力，在呼召許多人研究那指明救主復臨已近之預言上極有果效。

在斯堪地那維亞也有人傳揚救主復臨的信息，並且引起了普遍的注意。許多人從疏忽安逸中被喚醒，承認並丟棄自己的罪惡，奉基督的名祈求赦免。但國教的牧師們卻反對這種運動，並且由於他們的勢力，有幾位傳揚基督復臨的人被下在監裡。可是在許多地方，傳揚主快要復臨的傳道人雖然被禁止發言，但上帝的美意卻用一種神奇的方法，就是藉著小孩子的口，將這信息傳給人。他們既都是尚未成年的兒童，國家的法律就不能禁止他們，所以他們也就不受任何攔阻，可以自由傳講。

這運動大都是在底層社會中傳揚的；在許多勞工的陋室中，人們聚集著傾聽警告。這一班兒童傳道士大半也是窮苦的孩子。其中有些兒童的年齡還不到六歲或八歲；他們的生活固然證明他們是愛主，並竭力順從上帝神聖的要求，但他們在智力與才能方面，卻與普通同年齡的兒童無異。可是當他們站在眾人面前講道的時候，卻顯明他們是受到一種超乎自己才能的力量所激勵。他們的聲調和儀態都改變了，並且以嚴肅的力量發出審判的警告，引用聖經的原句說：「應當敬畏上帝，將榮耀歸給祂；因祂施行審判的時候已經到了。」他們斥責一般人的罪惡，不但定他們不道德和邪惡的罪，同時也責備他們愛戀世俗，冷淡退卻，並警告聽眾務必快快逃避那將要來的忿怒。

眾人聽見了，便大為震驚。上帝感化人心的靈向他們的心講話了。許多人因此以全新的、更深厚的興趣去查考聖經；不節制和不道德的人悔改歸正，還有一些人放棄了不誠實的作風；如此便成就了一番偉大的工作，甚至於國教的牧師們也不得不承認這運動確是出於上帝的聖手。

救主降臨的喜訊必須在斯堪地那維亞半島的各國中傳開，乃是上帝的旨意；當祂僕人的聲音被禁止而沉寂之時，祂就將祂的聖靈降在兒童身上，使這工作得以完成。從前當耶穌靠近耶路撒冷時，有一群歡樂的民眾擁護祂，高呼勝利，揮舞棕樹枝，宣告祂為大衛的子孫，於

是嫉妒猜忌的法利賽人就來請耶穌制止他們；但祂回答說：「這一切都是應驗先知的預言，如果他們默不作聲，石頭便要喊叫起來了。」在民眾進入耶路撒冷城門時，他們因懼於祭司和官長們的威脅，便抑止了自己歡樂的聲音；但那在聖殿院子裡的兒童後來竟不受約束地揮舞棕枝，大聲喊叫說：「和散那歸於大衛的子孫！」那時法利賽人極為不悅，便對救主說：「這些人所說的，祢聽見了嗎？」耶穌回答說：「是的；經上說：『祢從嬰孩和吃奶的口中，完全了讚美』的話，你們沒有念過嗎？」(太21：8-16)在基督第一次降臨時，上帝怎樣使用兒童作工，這時祂照樣用他們去傳揚祂復臨的信息。上帝的話必要應驗，救主降臨的宣告必須傳給各民、各方、各國。

在美國傳揚這警告的有威廉·米勒耳和他的同工。這個國家後來就成了偉大復臨運動的中心。第一位天使信息的預言，在這裡得了最直接的應驗。米勒耳和他同工的著作派送到遠方各處。世界上凡是傳福音之人足跡所到之地，都有基督快要再來的喜信傳開。這永遠福音的信息傳到遠近各地說：「應當敬畏上帝，將榮耀歸給祂；因祂施行審判的時候已經到了。」

那似乎指明基督要在1844年春天復臨的預言見證，深深地影響了眾人的心。這信息一州又一州地傳開，到處引起了普遍的關注。有許多人深信這預言時期的論據是正確的，便放棄了自己的成見，欣然接受真理。有一些傳道人放下了他們宗派的觀點和感情，捨棄了薪俸和母會，來聯合傳揚耶穌復臨的信息。雖然如此，接受這信息的傳道人相較起來仍屬於少數；因此，這工作大半便由許多謙卑的平信徒擔負起來。農夫離開了田園，工匠放下了工具，商人撇棄了買賣，具專業之人犧牲了職位；然而工作人員的數目與所需完成的大工相比，仍然不足以應付。教會的不敬虔，以及世界仍在惡者手下的事實，使那些忠實守望者的心如荷重負；但他們甘心忍受勞苦、窮乏和困難，以便勸人悔改得救。雖然有撒但興風作浪，但工作依然穩步前進，復臨的真理就被成千上萬的人所接受了！

　　這種鑑察心腸肺腑的見證到處可聞，它警告罪人，不論教內教外，都要逃避那將要來的忿怒。像基督的先鋒施洗約翰一樣，這一班傳揚信息的人把斧頭放在樹根上，懇勸眾人結出果子來與悔改的心相稱。他們那動人的勸告，與一般說教所傳的平安穩妥的虛言大不相同；這個信息無論在何處傳揚，總是使人深受感動。藉著聖靈的能力，聖經簡明而直接的見證得以深入人心，使人折服，少有人能全然抗拒。許多有名無實的基督徒從虛偽的安全感中警醒；他們看出自己是冷淡退後、迷戀世俗、沒有信心且驕傲自私的。許多人懷著悔改和謙卑的心來尋求上帝。那長久依戀世俗的感情現在卻專注天上的事了。有上帝的靈降在他們身上，他們便懷著溫柔而順服的心，參加傳揚那信息：「應當敬畏上帝，將榮耀歸給祂；因祂施行審判的時候已經到了。」

　　許多罪人聲淚俱下地問道：「我當怎樣行才可以得救？」那慣於訛詐人的，現在都急於要賠償。凡在基督裡得到平安的人，都渴望見到別人也享受這種福惠。父母的心轉向兒女，兒女的心也轉向父母。傲慢和保守的隔閡被撤除了。大家都衷心地認罪，每個家庭中的人都為自己至親至愛之人的得救問題而作工。人們常常可以聽到極誠懇迫切的代求聲。到處都有人在深刻的憂傷痛悔中祈求上帝。許多人為求自己的罪得蒙赦免，或是為求自己親戚或鄰居的悔改，竟徹夜地熱切祈禱。

　　各種不同階層的人都紛紛來參赴復臨運動的聚會。不分貧富貴賤，無論出於何種原因，許多人都急切地要親耳聆聽復臨的道理。在上帝的僕人講解自己信仰的緣由時，上帝便抑制了反對真理的精神。有時上帝所用的器皿是軟弱的，但祂的靈卻使祂的真理大有能力。在這些聚會中可以感覺到有聖天使蒞臨，每天有許多人加入信徒的行列。當他們重述基督快來的憑據時，廣大的聽眾都屏息靜聽那嚴肅的警告。天與地似乎更接近了。男女老幼都感覺到上帝的能力。人人都在歸途中高聲讚美，使萬籟俱寂的深夜洋溢著喜樂的詩歌。凡是參赴過這些聚會的人沒有一個能忘記那種興味深濃的情景。

　　這確認基督復臨時日的宣告，同時也招惹了各等人的反對，從講

台上的傳道人起，直到最放肆大膽的罪人為止，都紛紛起來反對。這正應驗了預言的話說：「在末世必有好譏誚的人隨從自己的私慾出來譏誚說：『主要降臨的應許在哪裡呢？因為從列祖睡了以來，萬物與起初創造的時候仍是一樣。』」(彼後3:3、4) 許多自以為熱愛救主的人，宣稱他們並不反對基督復臨的道理，只是反對定出一定的時候。但上帝無所不見的慧眼卻能鑑察這些人的心。事實上他們是不願意聽聞基督要復臨憑公義審判世界的道理。他們素來不是忠心的僕人，他們的工作經不起那鑑察人心之上帝的檢驗，所以他們害怕迎見他們的主。如同基督第一次降臨時的猶太人一樣，他們並沒有預備歡迎耶穌。他們非但不聽聖經上的明顯論據，反而譏誚那些等候基督復臨的人。因此撒但和他的使者深為慶幸欣喜，並當著基督和聖天使的面，大肆嘲笑，說那些自稱為上帝子民的人，竟這樣不愛基督，甚至不希望祂顯現。

那些拒絕復臨信仰的人最慣用的論據，就是「沒有人知道那日子和那時辰」。其實，經上的話是這樣說的：「那日子，那時辰，沒有人知道，連天上的使者也不知道，子也不知道，惟獨父知道。」(太24:36) 那些仰望主復臨的人對於這節聖經作了清楚而合理的解釋，並把那些反對之人的誤解作了明白的指示。這幾句話原是耶穌末次離開聖殿後、與門徒在橄欖山上作重要談話之時所說的。先是門徒發問，說：「祢降臨和世界的末了有什麼預兆呢？」隨後耶穌給他們許多預兆，並說：「你們看見這一切的事，也該知道人子近了，正在門口了。」(太24:3、33) 我們不應當拿救主的一句話來破壞另一句話。雖然沒有人能知道祂來的確切日子和時辰，但祂卻教導並要我們知道那時候將在何時臨近。祂又進一步教訓人說，我們若不顧祂的警告，或是忽略不肯注意祂的復臨已近，必有可怕的危險臨到我們，正如挪亞的日子人不知道洪水來到時的情形一樣。在同一章裡，祂又用比喻將忠心和不忠心的僕人作一對照，並說明那心裡以為「我的主人必來得遲」的惡僕必遭遇的厄運；這比喻向我們顯明，基督將怎樣重視且獎賞那些警醒等候並傳講復臨道理的人，而又將怎樣看待那些否定這道理的人。祂說：「所以，你們要警醒，……主人來到，看見他這樣行，那僕人就有福了。」

（太24：42，46）、「若不警醒，我必臨到你那裡，如同賊一樣。我幾時臨到，你也決不能知道。」(啟3：3)

保羅提到主的顯現對於某一等人將是一件出乎意外的事：「主的日子來到，好像夜間的賊一樣。人正說『平安穩妥』的時候，災禍忽然臨到他們，……他們絕不能逃脫。」但他接著又向那些注意救主警告的人說：「弟兄們，你們卻不在黑暗裡，叫那日子臨到你們像賊一樣。你們都是光明之子，都是白晝之子。我們不是屬黑夜的，也不是屬幽暗的。」(帖前5：2-5)

可見聖經並沒有給人藉口，使人可以對基督降臨已近的事抱持無知的態度。但那些想要找藉口來拒絕這真理的人卻掩耳不聽這種解釋；並且「沒有人知道那日子和那時辰」這句話，就被那些大膽的譏誚者，甚至是自稱為基督教牧師的人反覆引用。及至眾人被喚醒並開始查問得救之道時，宗教教師們便置身在眾人與真理之間，用曲解聖經的方法來安撫他們的恐懼。不忠心的守望者加入了大騙子的陣營，在上帝沒有說平安的時候，他們卻喊叫說，「平安了，平安了！」正如基督時代的法利賽人一樣，許多人自己不願意進入天國，還要攔阻別人也不得進去。這些人的血必要歸在他們的頭上。

各教會中最謙卑、獻身的人常是最先接受這信息的。凡自行研究聖經的人必能看出那流行的預言解釋法是不合聖經的；並且凡不受一般神職人員影響力支配的人，和那些自行查考聖經的人，對基督復臨的教義只要與聖經一對照，便可確定它的神聖權威。

許多人被他們不信的弟兄所逼迫。有些人為要保持自己在教會中的地位，便同意不再宣講自己的指望；但有人卻覺得自己若要效忠上帝，就不該將祂所委託他們的真理隱藏起來。有不少人只因為表示自己信仰基督復臨就被革除教籍。先知以下的話對於這些忍受信仰磨煉的人真是極其寶貴的：「你們的弟兄——就是恨惡你們，因我名趕出你們的，曾說：願耶和華得榮耀，使我們得見你們的喜樂；但蒙羞的究竟

是他們！」(賽66：5)

上帝的天使以非常深切的關懷注視著這次警告的結果。當各教會普遍拒絕這信息時，天使便憂憂愁愁地轉身離開了。雖然如此，那時還有許多人尚未因復臨的真理受過考驗。有許多人竟被自己的丈夫、妻子、父母、或兒女所迷惑，以為這種真理乃是異端邪道，甚至於去聽復臨信徒的教導也是罪惡。上帝便命令天使繼續忠心看守這些人；因為還有一道亮光從上帝寶座那裡發出照射在他們身上。

那些已經接受這信息的人心裡懷著說不出的渴望，警醒等候他們救主的降臨。他們盼望與主會面的時辰已迫在眼前。他們懷著恬靜嚴肅的心情等待這個時辰。他們一心與上帝作甜蜜的交通，這種經驗乃是他們在光明的將來所必要享受之平安的預嘗。凡是經驗過這種盼望和信靠的人，沒有一個能忘記那寶貴的等待時期。在那時候的前幾個星期，世俗的業務大半被撇棄在一旁了。那些忠實的信徒非常精確地檢視了自己心中的每一個思想和情緒，好像在病榻上將要闔上雙眼、再不能見到地上的景物一般。當時並沒有人縫製所謂「升天的白衣」[15]（另見附錄第17頁「升天的白衣」），但大家都自覺需要內心的憑據，來證明自己已預備好迎見救主；他們的白衣乃是心靈的純潔——基督贖罪的血把他們品格上的罪污都洗淨了。唯願現代自稱為上帝子民的人也有這種檢視內心的精神，以及懇切堅定的信仰。如果他們能一直在上帝面前謙卑，將自己的祈禱呈上施恩座，他們就必得到更豐富的經驗，遠勝於現在所有的經驗。可是他們祈禱得太少，故而極少真實自覺有罪，並且缺少活潑的信仰，以致許多人仍然欠缺我們救贖主如此充分供給的恩典。

上帝原是要試驗自己的子民。在他們錯估預言時期之時，祂的手掩蓋了這個錯誤。復臨信徒沒有察覺到這個錯誤，而那些反對他們的人當中最有學問的人也沒有察覺到。這些人只說：「你們對於預言時期的推算是正確無誤的。到了時候，將要發生一件大事，但這大事卻不是米勒耳先生所預告的；這大事乃是指著全世界要悔改，而不是指著基督要復臨。」（見附錄第17頁「預言的年代學」）

　　期待的時辰過去了，基督並沒有顯現來拯救祂的子民。凡真心信仰並愛慕救主降臨的人都經歷了一場痛苦的失望。然而上帝的旨意正在實現；祂正在試驗那些自稱等候祂顯現之人的心。其中有許多人的動機無非是懼怕。他們口頭上的信仰並沒有影響他們的內心和生活。在期望的大事落空之後，這些人宣告說，他們並不感到失望，因為他們本來就不相信基督會復臨。他們也是最先向那些陷於憂苦的真誠信徒大肆譏誚的。

　　然而基督和眾天使卻以慈愛和同情的心垂顧那些受了試煉卻依然忠心的失望之人。如果這隔開能看見的與不能看見的幔子能揭開，人們就會見到天使正在接近那些堅信不移的信徒，並掩護他們脫離撒但的毒箭。

註①：《約瑟·沃爾夫傳》卷一，第6頁，1860年版。
註②：同上，第70頁。
註③：沃爾夫，《研究和傳道工作》，第62頁，1835年版。
註④：《約瑟·沃爾夫日誌》，第378、379頁，1839年版。
註⑤：《約瑟·伍爾夫日誌》，第294頁。
註⑥：沃爾夫，《研究和傳道工作》，第404、405頁。
註⑦：《約瑟·沃爾夫日誌》，第26頁。
註⑧：同上，第398、399頁。
註⑨：亞當斯 (Adams)，《在危險中》，第192頁。
註⑩：同上，第201頁。
註⑪：《約瑟·伍爾夫日誌》，第377頁。
註⑫：同上，第89頁。
註⑬：《大英百科全書》第9版，〈本哥爾〉。
註⑭～⑮：高生，《先知但以理》卷二，序言。

第二十一章
被拒絕的警告

　　威廉·米勒耳和他的同工傳揚復臨信息的時候，他們唯一的宗旨乃是要喚醒眾人準備應付審判的大日。他們曾設法使一切信奉基督教的人看見教會的真希望，並看出自己需要一種更深刻的基督徒經驗；他們也曾努力喚醒那些沒有悔改信主的人，使他們看清自己需要立即悔改歸向上帝。「他們沒有試圖使人加入任何宗派。所以他們是在各宗派的範圍裡工作的，他們也沒有干涉這些團體的組織或管理。」

　　米勒耳說：「在我一切的工作中，我從來沒有想要設立與既有的宗派不同的個別組織，或是幫助某一個宗派去損害另一個宗派。我的意思是要幫助一切的宗派。我也認為所有的基督徒一聽到基督快要回來之信息，必定都是歡喜的，而那些與我持有不同見解的人，對於相信這道理的人，總會以愛心相待，所以我未曾想過有分別聚會的必要。我唯一的宗旨乃是要引領人歸向上帝，警告世人關於將來的審判，並勸戒我的同胞務要做好心靈方面的準備，以便安然迎見上帝。那些因我的工作而悔改的人大多參加了現有的基督教會團體。」[1]

　　米勒耳的事工既有利於各教會的發展，就曾一度博得他們的好感。後來一般傳道人和宗教領袖因不肯接受基督復臨的道理，就企圖制止一切有關這方面的活動，他們非但在講台上反對，同時還攔阻教友去參赴傳講復臨信息的聚會，甚至不讓他們在自己教會的見證會上談論自己的指望。因此，凡相信這真理的人便陷入了極大的考驗與困惑之

中。他們熱愛自己的教會，不願退出；但當他們看到自己的教會禁止上帝的聖道，又不准他們去查考預言，他們就感覺自己若要效忠上帝，就不能服從這種限制。他們也不能認同那些想排斥聖靈之見證的人是基督教會——「真理的柱石與根基」——的忠實分子。因此他們認為自己應該脫離這些團體。在1844年夏，退出各教會的人數約有五萬之多。

約在此時，美國各地的教會中呈現出顯著的變化。在過去幾年，各教會中已有一種逐漸增強、去依附世俗的趨勢，和真實屬靈生活的退化；但在1844年有許多現象，說明幾乎各地的教會都出現了一種突然而顯著的退步。雖然當時沒有人能說明這現象的原因，但這現象本身乃是許多人注意並在報章與宣講中加以評論的。

那以編纂聖經註釋聞名的巴恩斯 (Barnes) 是當時費城一間大教會的牧師，他在美國的長老會所召開的一次會議中說，在他「作牧師的二十年中，每次主持聖餐禮時，總有或多或少的人加入教會，但這最近的一次卻沒有一個人加入。現在再沒有人覺悟自己的罪，再沒有人悔改歸主；而在一般已信主的人中，也看不出有什麼靈性上的長進，再沒有人來找他談論自己靈魂得救的問題了。隨著經濟的繁榮，以及貿易與工業呈現的光明遠景，眾人也就更注意世俗之事了。這種現象是普遍存在於各宗派之中的。」[2]

在同年二月，美國歐伯林大學 (Oberlin College) 的芬尼教授 (Finney) 說：「我們常看到一個普遍的事實，就是本國的各基督教會，對於現代的一些道德改革運動所抱持的態度，不是冷淡，就是敵對。固然也有少數例外，但這並不足以影響整體的趨勢。還有另一個肯定的事實，就是各教會中普遍缺乏奮興的精神。現在靈性方面的麻木不仁幾乎遍及各地，而且非常嚴重，這也是全國的宗教出版界所證實的。……各處教會的教友都變成了時尚潮流的崇拜者，常在宴會、跳舞和狂歡的場合中與不敬虔的人同流合污。……但我們無需贅述這不幸的事實。總而言之，這種現象的具體實例鐵證如山，毋須辯駁，說明各教會已普遍而可悲地衰退了。他們已經遠離上帝，而上帝也離棄他們了。」

還有一個作家在《宗教望遠鏡》(Religious Telescope) 這本刊物裡寫道:「我們從來沒有見過像現代這樣普遍的宗教退化。教會真應當覺醒起來,探究這病的癥結所在;因為凡是熱愛錫安的人勢必把這種現象視為一種病態。當我們考慮到罪人真實悔改信主的事是多麼稀少罕見,以及一般罪人空前的頑梗不化,我們就不禁要感歎說:『難道上帝忘記開恩,或是恩典的門已經關閉了嗎?』」

這種情形之所以存在,完全是因為教會本身的緣故。但凡發生在國家、教會或個人身上的屬靈黑暗,絕不是因為上帝任意收回祂恩典的福惠,乃是因為人們疏忽或拒絕了上帝所賜的亮光。在基督的時代,猶太人的歷史在這一點上足以成為佐證。他們因沉溺於世俗而忘了上帝和祂的聖言,所以他們的理性變為黑暗,心思因世俗的影響而被情慾腐蝕。這樣,他們對於彌賽亞的來臨就一無所知,他們便因自己的驕傲與不信而拒絕了救贖主。就是在這種情形之下,上帝仍然沒有讓猶太國完全失去救恩的知識和權利。但是那些拒絕真理的人根本就不重視上天賜的恩惠。他們已經「以暗為光,以光為暗」,直到那在他們裡頭的光變成了黑暗;這黑暗是何等的大啊!

只要人們保持宗教的形式而失去活潑敬虔的精神,就與撒但的計策完全相符。在猶太人拒絕了福音之後,他們依然維持著他們古代的儀式,嚴格地閉關自守,保持著狹隘的民族主義,而同時他們也不能不承認上帝久已不與他們同在了。但以理的預言曾如此確切地指出彌賽亞的來臨,又曾直接地預言了祂的死,以致猶太人不願意讓人研究這預言;最後拉比們還要發誓咒詛一切試圖計算彌賽亞降臨之時期的人。以色列民頑梗不化,經過1800餘年,直到如今,他們對於救恩的邀請一直漠不關心,對於福音的恩賜毫不介意,這一群人對於一切拒絕天賜之亮光的人,成了何等嚴肅而可怕的鑑戒!

有其因必有其果。凡故意昧著良心,並因自己的本分與心願相違就不肯履行的人,終必失去一切分辨真理與謬論的能力。他的悟性必要昏昧不明,良心麻木不仁,心地剛硬不化,靈性遂與上帝隔絕。所以

若有教會拒絕或輕忽上帝的真理，那個教會就必被黑暗所籠罩；她的信心和愛心必要變為冷淡，其內部必發生離間和紛爭的事。教友必要專注世俗，而罪人則越發頑梗不化。

〈啟示錄〉第14章第一位天使的信息宣佈上帝施行審判的時刻，並呼召眾人敬畏並崇拜祂，其目的乃是要使一切自命為上帝子民的人與世界的腐化影響隔絕，並喚醒他們，使他們看出自己沉溺世俗和冷淡退步的狀況。在這個信息中，上帝曾給教會一個警告，如果教會接受的話，這警告就必能改正那使他們與上帝隔絕的弊病。如果他們肯接受上天傳來的信息，在主面前虛心自卑，並誠懇地預備站在祂面前，上帝的聖靈和能力就必顯現在他們中間。教會就必重新呈現使徒時代團結一致、大有信心、和彼此相愛的景象了！從前信徒「都是一心一意的」、「放膽講論上帝的道」；因此，「主將得救的人天天加給他們。」(徒4:32,31;2:47)

如果自稱為上帝子民的人肯接受那從聖經中照耀在他們身上的亮光，他們就必達到基督所祈求的合而為一的地步，也就是使徒保羅所謂「聖靈所賜合而為一的心」。他說：「身體只有一個，聖靈只有一個，正如你們蒙召同有一個指望。一主，一信，一洗。」(弗4:3-5)

這就是那些接受復臨信息的人所經歷的福分。他們是從各宗派裡出來的，但在他們之間的派別隔閡都已消除，互相矛盾的教條也被粉碎，還有那不合乎聖經的、所謂在地上一千年的指望也已被摒棄，有關基督復臨的錯誤看法也獲得了糾正，驕傲和屬世之心都被一掃而光；弟兄得罪弟兄的事亦得到和解；同道之間心心相印、彼此交通，仁愛與喜樂乃是當時的氛圍。這樣的道理在那些少數接受的人身上既然能有這般的影響力，只要眾人都肯接受，它在眾人身上也必產生相同的作用。

可惜一般教會沒有接受這警告。他們的傳道人作為「以色列家守望的人」，本應最先看出耶穌再來的徵兆，卻沒有從先知的見證或時事的兆頭中看明真理。當屬世的希冀和奢望充滿他們的心時，他們愛上

帝和篤信祂聖言的心就漸漸冷淡了;及至基督復臨的道理傳來時,他們反而生出偏見和不信的心理。當時有許多人持反對意見,乃是因為這信息多半是由平信徒傳揚的。像古時一樣,反對的人用以下的問題去對付上帝聖言明白的訓誨:「官長或是法利賽人豈有信祂的呢?」許多人發覺:想要反駁那些以預言時期為基礎的論據是不容易的,因此他們就勸人不要研究預言,並聲稱預言書都是封閉且不可能明白的。許多人堅信自己的牧師,就不肯聽從那警告;另有一些人雖然看見了真理,卻是不敢承認,唯恐被「趕出會堂」。上帝用來試驗並潔淨教會的信息,果然確切地反映出有多少人已經把情感寄託在這世界上面,而沒有寄托在基督身上。那股令他們與世界綁在一起的力量,要比那吸引他們走向天國的力量更強。他們寧願聽從屬世智慧的聲音,而轉離了那能省察人心之真理的信息。

這等人既然拒絕了第一位天使的警告,也就拒絕了上天指定來恢復他們靈性的方法。他們排斥了這唯一能改正那使他們與上帝隔離之弊病的信息,反之以更熱切的心情去追求與世俗為友。這就是1844年各教會中所呈現的世俗化、衰退,和屬靈死亡之可怕現象的原因。

在〈啟示錄〉第14章中,有第二位天使緊隨著第一位天使宣佈說:「叫萬民喝邪淫、大怒之酒的巴比倫大城傾倒了!傾倒了!」(啟14:8)「巴比倫」(Babylon)一詞是從「巴別」(Babel)而來,是「混亂」的意思。聖經用這一詞來代表各種虛假或叛道的宗教。〈啟示錄〉第17章用一個婦人來代表巴比倫,而在聖經中也常用婦人來代表教會:貞潔的婦人代表純潔的教會,淫亂的婦人則代表背道的教會。

聖經中用婚姻的契合來代表基督和祂教會之間神聖不變的關係。救主已經用一個嚴肅的契約使祂的子民與祂聯合,祂應許作他們的上帝,他們也立約願意作祂的子民,完全歸祂所有。祂曾說:「我必聘你永遠歸我為妻,以仁義、公平、慈愛、憐憫聘你歸我」(何2:19);又說:「我作你們的丈夫」(耶3:14);保羅在新約聖經中採用同一表號;他說:「我曾把你們許配一個丈夫,要把你們如同貞潔的童女,獻給基督。」

(林後11：2)

教會讓自己的情感轉離基督，而讓屬世的事物充滿了自己的心，這種不忠於基督的行為，正好比作破壞婚姻契約的罪。所以聖經中就用這個表號來形容以色列偏離耶和華的罪，同時也生動地描述了上帝奇妙的大愛，說：「我……又向你起誓，與你結盟，你就歸於我。這是主耶和華說的。」、「你也極其美貌，發達到王后的尊榮。你美貌的名聲傳在列邦中，你十分美貌，是因我加在你身上的威榮。……只是你仗著自己的美貌，又因你的名聲就行邪淫。」、「以色列家，你們向我行詭詐，真像妻子行詭詐離開她丈夫一樣。這是耶和華說的。」、「你這行淫的妻啊，寧肯接外人，不接丈夫。」(結16：8，13-15；耶3：20；結16：32)

在新約中，也有同樣的話責備那些一面說自己是基督徒，一面追求與世俗為友過於追求上帝喜悅的人。使徒雅各說：「你們這些淫亂的人哪，豈不知與世俗為友就是與上帝為敵嗎？」(雅4：4)

〈啟示錄〉第17章形容那婦人(巴比倫)說：「那女人穿著紫色和朱紅色的衣服，用金子、寶石、珍珠為妝飾；手拿金杯，杯中盛滿了可憎之物，……在她額上有名寫著：『奧祕哉！大巴比倫，作世上的淫婦和一切可憎之物的母。』」先知說：「我又看見那女人喝醉了聖徒的血和為耶穌作見證之人的血。」巴比倫又被稱為「管轄地上眾王的大城」(啟17：4-6，18)。那在中古世紀稱霸於基督教世界，凌駕各國君王之上的，乃是羅馬教廷。以上所述的紫色和朱紅色的衣服，以及黃金、寶石、珍珠等物，逼真地描述那高傲的羅馬教皇所自取高過一切君王的威風和奢華。沒有任何其他的大勢力，能像這個曾經殘酷地逼迫基督門徒的教會如此切實地應驗「喝醉了聖徒的血」這一句話。巴比倫也被指控犯了與「地上眾王」發生不正當關係之罪。從前猶太的教會遠離了耶和華而與邪教徒同盟，因此成了一個淫婦；這時羅馬教會照樣因追求屬世權威的支持而玷污了自己，所以也被控以同樣的罪名。

巴比倫被稱為「淫婦之母」；可見她的「女兒們」就是象徵那些迷戀

其教義和傳統的各教會；這些教會都效法她的榜樣，甘願犧牲真理和
上帝的悅納，以求和世俗發生不正當的關係。〈啟示錄〉第14章宣佈巴
比倫傾倒的信息，必是指著那些曾經純潔、後來卻變為腐敗的宗教團
體。這個信息既是隨著審判的警告而發的，就必然是在末期宣揚的；所
以它不可能單指羅馬教會，因為那個教會已在多年之前就呈現墮落的
狀態。再者，在〈啟示錄〉第18章中，上帝呼召祂的子民從巴比倫出來。
根據這節經文，上帝一定還有許多子民仍在巴比倫之中。試問現今基
督的門徒多半是在哪些宗教團體當中呢？無疑地，他們大多數都是在
一般信奉改正教的教會中。從前這些團體成立之時曾勇敢地為上帝和
真理奮鬥，而且有上帝的恩惠賜給他們。那時連一般不信的人也不得
不承認，福音的原則確實給社會帶來了良好的影響。以色列的一位先
知說：「你美貌的名聲傳在列邦中，你十分美貌，是因我加在你身上的
威榮。」(結16：14) 可是他們卻因那曾經造成以色列敗亡的同一慾望而
跌倒——他們曾想與不敬虔的人結交，並效法他們的行為。「只是你仗
著自己的美貌，又因你的名聲就行邪淫。」(結16：15)

現今有許多改正教會正步上羅馬教的後塵，去與「地上眾王」行
淫。這事應驗在一些與屬世政權勾結的國教，和其他追隨世俗的許多
基督教團體身上。而且「巴比倫」——即「混亂」一詞，正適用於這些團
體；它們都聲稱自己的信仰是以聖經為根據，其中卻又是分門別類，
派別之多，幾乎無法數算，各宗派的信條和理論自相矛盾。

這些曾脫離羅馬教的教會除了與世俗行淫之外，還有另一些特點。

有一本羅馬教的出版物辯論說：「如果說羅馬教會崇敬聖像是有
罪的，那麼，她的女兒——英國國教，也犯了這同樣的罪，因為她奉獻
給馬利亞的教堂比奉獻給基督的還要多出十倍呢！」[3]

何布根斯博士 (Hopkins) 在《論千禧年》一文中說：「莫想敵基督的
精神和行為完全限於羅馬教會。一般改正教會還有相當敵基督的成分
在它們中間，若是說它們要從……腐敗和邪惡的狀態中完全改革，還

有相當長的路要走。」[4]

關於長老會脫離羅馬的問題，葛思里博士 (Guthrie) 寫道：「三百年前，本會曾以一部敞開的聖經為標幟，並以『查考聖經』為口號，走出羅馬的門。」但隨後他又提出了一個意義深長的問題：「但他們是否已經『完全脫離』巴比倫了呢？」[5]

英國著名的佈道家司布真 (Spurgeon) 說：「英國國教似乎是完全被形式主義捆綁了；但一般非國教的教會顯然也被哲學派的無神論所腐蝕。許多我們所景仰的人竟一個個偏離了信仰的基本信條。我確知英國的核心已被可憎的無神論滲透，而這種無神論竟敢登上講台宣稱自己是基督教。」

試問，這個大叛教的原因何在？不妨先問問教會最初是怎樣偏離純正福音的呢？這是源自於效法異教的作為，目的是為了讓異教徒更容易接受基督教。使徒保羅在他的時代就已聲明，「那不法的隱意已經發動」(帖後2:7)，當使徒還在世的時候，教會是比較純潔的。但「在第二世紀末葉，多數的教會呈現了一種新的狀態；早期的純潔不見了，而在年老的門徒死去之後，他們的兒女和新入教的信徒……便出來把教會改造了一番。」[6]為要爭取更多人信教，他們把基督教信仰的崇高標準降低了，結果「一股異教的洪流湧進了教會，並帶來了異教的風俗、習慣和偶像」。[7]在基督教得到了屬世統治者的優待和支持之後，成群的人就前來信奉基督教；許多人雖然在表面上是基督徒，「但在本質上還是異教徒，並且還在暗中敬拜他們的偶像。」[8]

這同樣的過程，在每一個自命為改正教之教會歷史中，豈不是幾乎都不斷在重演嗎？在這些教會的創辦者——就是具有真實改正精神的人去世之後，他們的後代便起來「改裝一番」了。他們一面盲目地拘泥於祖先們的教條，一面卻拒絕一切比祖先所能看到的、更進一步的真理。同時先賢們所留下的謙卑、克己、捨棄世界的榜樣，他們卻遠遠地偏離了。這樣，「早期的純潔不見了」；一股世俗的洪流湧進教會，並

且「帶來異教的風俗、習慣和偶像」。

哀哉，那「與上帝為敵」的迷戀世俗的風氣，目前在自稱是跟隨基督之人中間，是多麼普遍啊！基督教界中一般的教會已經多麼嚴重地偏離了聖經所提出的謙卑、克己、純潔和虔誠的標準啊！關於正當使用金錢的教訓，約翰·衛斯理曾說：「不要僅僅為滿足眼福，或購買奢侈貴重的衣服，或不必要的首飾而浪費這寶貴的恩賜。也不要濫用錢財把自己的房屋裝飾得特別美麗；或購買貴重而不必要的傢俱、圖畫或進行大規模的裝修。……也不要為滿足今生的驕傲，或博得世人的稱讚與景仰而花費金錢。……『你若利己，人必誇獎你。』只要你『穿著紫色袍和細麻布衣服，天天奢華宴樂』，一定有許多人稱讚你高貴的『品味』，並感激你的慷慨和款待。但其實你不必付出那麼貴重的代價換來人的稱讚，寧可以上帝所賜的尊榮為滿足。」[9]可惜在現代許多的教會中，這樣的教導竟被忽略。

社會上最流行的是口頭上的宗教信仰。官員、政客、律師、醫生、商人等往往加入教會，並以此舉博得一般社會人士的尊重和信任，以便促進自己屬世的利益。他們企圖給自己所有不義的行為加上一層基督化的色彩。各宗教團體既然接收了這些受過洗禮卻依然迷戀世俗的教友，並得到他們財富和勢力的支持，便要更進一步地追求與世俗為友，以此博得眾人的贊助。於是裝飾得富麗堂皇的大教堂就在寬廣的馬路上建造起來了。參加禮拜的人穿著華貴而時尚的服裝前來赴會。他們聘請一個有才幹的傳道人，給他優渥的薪水，然後讓他上台自娛娛人。他們的講章絕不會涉及時下流行的罪惡，卻要使一般喜愛潮流的人覺得悅耳。這樣，迎合潮流的罪人就得以錄在教會名冊之上，而他們的罪惡也能隱藏在虛偽的敬虔之下。

一本具領導地位的世俗刊物有次評論到一般基督徒對於世俗的態度時說：「不知不覺地，教會已經依附了時代的潮流，並已使其崇拜的形式適應現代的要求。」、「凡足以增強宗教吸引力的方法和手段，教會都已盡數利用了。」還有一個作者在紐約的《獨立報》(Independent) 中，

對於美以美會(今又稱「衛理公會」)當時的情況作出了以下評論:「那劃分敬虔與不敬虔分子的界線已經模糊不明,況且雙方都在盡力把他們行動與享樂方式的差異完全抹去。」、「現代的宗教既能迎合潮流,結果那些願意享受其利益而不必嚴格遵守其義務的人就大大增多了。」

霍華德·克羅斯比(Howard Crosby) 說:「我們看到基督的教會離開祂的理想那麼遠,不禁深為關懷。古時猶太人怎樣與拜偶像的國家親密來往,結果他們的心便偏離了上帝,……照樣,耶穌今日的教會也是因與不信的人聯合,而把自己神聖的生活方式放棄了,去依從非基督化社會那種表面合理、實則邪惡的習俗;他們提出的理由和得出的結論都是與上帝的啟示相違,並與一切美德的發展直接牴觸的。」[10]

在這種貪愛世俗和追求宴樂的潮流中,刻苦耐勞和為基督犧牲的精神幾乎被完全埋沒了。「參加我們各教會宗教活動的一些人,還記得自己兒時曾受過克己犧牲的教育,以便對基督有所奉獻並盡到服務的責任。」但是,「今日每當教會需要經費的時候,……沒有人會接到關於奉獻的呼召。完全沒有!取而代之的是舉行園遊會,演話劇,辦辯論會,或是辦一場復古主題裝扮的餐敘活動或吃吃喝喝——無論如何,總要想出一些娛樂大家的活動。」

威斯康辛州的州長華施本(Washburn) 在1873年1月9日的新年致辭中聲稱:「我們需要一種律法來取締一切足以養成賭博習慣的場所。這些場所到處皆是。就是教會往往也在無意之中作出魔鬼的工作。摸彩音樂會,投機性的贈品,彩籤、義賣等活動,有時固然以賙濟宗教或慈善事業為目的,但其收入也經常用在比較沒有價值的事上。諸如此類的彩票、獎品等等方法都是在教育人不勞而獲。讓青年人參與這樣的事是最容易使他們受到腐蝕和毒害的。現在既有許多有身分的人士參加這一類的投機事業,同時還要安撫自己的良心說這些錢都是有良好用途的,我們就不難看出為什麼本地的青年時常養成這些投機遊戲所必然養成的不良習慣。」

在現今的基督教界，各教會都被效法世界的精神所侵襲。羅伯·艾特金斯 (Robert Atkins) 某次在倫敦講道時，曾對那普及英國的屬靈退化狀態描繪了一幅黑暗的景象：「真實正直的人在這世上已經銷聲匿跡了，也沒有人把這事放在心上。今日各教會中信奉宗教的人都是迷戀世俗，效法世界，貪圖安逸，並喜愛名聲的。他們受呼召去為基督受苦，但他們連一點凌辱也不肯受。……每一個教堂的大門上彷彿有字刻在上面說：『叛道，叛道，叛道！』如果大家能知道並能體會到這種情形，那麼或許還有希望；唉！可是他們反而大聲自誇，『我是富足，已經發了財，一樣都不缺。』」[11]

巴比倫的大罪乃是她「叫萬民喝邪淫大怒之酒」。這酒象徵她因與世上的強大勢力發生不正當關係而接受的謬論。「與世俗為友」腐蝕了她的信仰，她便散播了許多與聖經相牴觸的假道，因此對全世界發揮了一種腐化的影響。

羅馬教會扣留聖經，不讓人閱讀，同時要眾人都接受她的教導來代替聖經。宗教改革的工作原是要把聖經重新放回眾人手中；可是今日的各教會豈不是在教導人，把信仰建立在他們的教條上，而不是在聖經上嗎？著名的佈道士查爾斯·比徹 (Charles Beecher) 論到一般基督教會時說：「他們忌諱批評教條，正像從前的教父們忌諱批評自己所倡導崇拜聖徒和殉道者的事一樣。……現代的基督教團體已經把自己的手捆綁起來了，甚至一個人不能在他們中間任何一個團體中傳道，除非他同意在聖經之外接受另一本書為標準。……我們真可以說，現在的教條主義已經開始排斥聖經，就像羅馬教過去所做的一樣，不過現在的方法還要微妙一些，這話也絕不是出於幻想而說的。」[12]

當忠誠的教師們向人講解上帝的聖言時，就必有一些學問淵博的人和自作聰明的傳道人出來排斥這種教訓為異端，藉此使許多尋求真理的人偏離正路。若不是全世界已經因巴比倫的「酒」而迷醉不醒，就必有成群的人因信服聖經明白而犀利的真理而悔改。但一般的宗教信仰看上去是那麼混亂而互相矛盾，甚至眾人不知道應該相信哪一些道

理為真理。可見世界頑梗不化的罪是必須由教會負責的。

〈啟示錄〉第14章第二位天使的信息最早是在1844年夏傳開的，而且最適合於當時美國的各教會，因為那裡是審判的警告宣傳最廣、而被人廣為拒絕的地方，又是各教會退化最為迅速的地方。但這第二位天使的信息在1844年還沒有達到全面的應驗。那時各教會固然因拒絕基督復臨的信息，而經歷了一次屬靈方面的墮落；但那一次的墮落還不是完全的。當他們繼續拒絕特別適合當時代的真理時，他們便每況愈下。雖然如此，我們還不能說「巴比倫傾倒了，……列國都因喝了她邪淫大怒的酒傾倒了」。到此為止，她還沒有使列國都如此。效法世界的精神和對於現代考驗性之真理的冷淡態度，固然早已存在於基督教世界各國的改正教教會中，且仍在蔓延；因此這些教會都包括在第二位天使可怕的斥責中。可是叛道之事至此還沒有達到最高峰。

聖經說明在救主復臨之前，撒但要「行各樣的異能、神蹟，和一切虛假的奇事，並且……行各樣出於不義的詭詐」。於是那些「不領受愛真理的心，使他們得救」的人，便要得到「一個生發錯誤的心，叫他們信從虛謊」（帖後2：9-11）。及至各教會發展到這個地步，教會與世俗的聯合在基督教界全面實現之後，巴比倫的傾倒才算完全。這種變化乃是逐步發展的，所以〈啟示錄〉18章4節的全面應驗還尚未來到。

組成巴比倫的各教會雖然因靈性的黑暗而遠離了上帝，但基督的真信徒多半還是在這些團體中。他們當中有許多人尚未看清那特別適合於現代的真理；也有不少人很不滿意現狀，正渴望得到更清楚的亮光。他們妄想在自己所屬的教會中看見基督的形像。當這些團體偏離真理越遠、與世俗越近時，這兩等人之間的區別就要越發明顯，其結果必要造成決裂。時候將到，那些以愛上帝為至上的人不能再與那些「愛宴樂不愛上帝，有敬虔的外貌，卻背了敬虔的實意」的人長久聯合了。

〈啟示錄〉第18章預指將來的教會因拒絕〈啟示錄〉14章6-12節的三重警告，就將完全呈現第二位天使預言的狀況，那時，凡留在巴比倫的

上帝子民要聽見祂的呼召，叫他們與巴比倫斷絕關係。這乃是那將要傳給世界的最後信息；而且這個信息也必完成它的工作。當那些「不信真理、倒喜愛不義的人」(帖後2：12) 大受欺騙而信從虛謊時，真理的亮光卻要照耀一切敞開心門去接受它的人，於是一切仍然在巴比倫的上帝的兒女必要聽從祂的呼召：「我的民哪，你們要從那城出來。」(啟18：4)

註①：布利斯，《威廉·米勒耳傳》，328頁。

註②：《教會日誌》1844年5月23日。

註③：查洛納 (Richard Challoner)，《天主教教義》序言，第21、22頁。

註④：霍普金斯 (Samuel Hopkins)，《霍普金斯文集》卷二，328頁。

註⑤：格思里 (Thomas Guthrie)，《以西結書中的福音》，第237頁。

註⑥：羅賓遜 (Robert Robinson)，《佈道研究》第6章，17段，51頁。

註⑦～⑧：加瓦齊 (Gavazzi)，《加瓦齊講章》，278頁。

註⑨：《衛斯理講道集》第50篇。

註⑩：《健康的基督徒：給教會的呼籲》，第141、142頁。

註⑪：《復臨文庫》編號39。

註⑫：講章《聖經是完美的信條》，1846年2月22日於印地安那州韋恩堡。

第二十二章
預言的應驗

　　1844年春季，就是復臨信徒初次指望救主降臨的時刻過去之後，那些憑著信心仰望祂顯現的人曾一度被困在懷疑和徬徨之中。雖然世人都認為他們完全失敗，且顯然受了欺騙，但上帝的話仍然是他們的安慰之源。許多人繼續研究聖經，重新檢視自己信仰的根據，並仔細鑽研預言，為要得著進一步的亮光。聖經對於他們的見解所提供的佐證是清楚和確鑿的。許多不容誤解的預兆皆證明基督復臨的日子已近。上帝的特別恩賜——罪人的悔改以及基督徒屬靈生命的奮興，皆證明這個信息是來自天上。所以信徒雖然無法解釋自己失望的原因，但他們確信過去的經歷乃是出於上帝的引領。

　　在許多他們所深信、有關基督復臨的預言中，交織著一些特別適合他們處於徬徨和疑慮心境時的教導。這些教導鼓勵他們忍耐等候，並相信那些現在看似黑暗的事，終必有撥雲見日的一天。

　　在這些預言中有〈哈巴谷書〉2章1至4節的教導：「我要站在守望所，立在望樓上觀看，看耶和華對我說什麼話，我可用什麼話向祂訴冤。祂對我說：將這默示明明的寫在版上，使讀的人容易讀。因為這默示有一定的日期，快要應驗，並不虛謊。雖然遲延，還要等候；因為必然臨到，不再遲延。迦勒底人自高自大，心不正直；惟義人因信得生。」

　　早在1842年，這段預言中的指示——「將這默示明明的寫在版上，

使讀的人容易讀」，就曾使查爾斯·費奇(Charles Fitch)設計了一幅預言圖表，來說明〈但以理書〉和〈啟示錄〉的異象。這個圖表的出版被視為是上帝傳給哈巴谷之預言的應驗。可是沒有人注意到這同一段預言也指出，在這異象應驗的過程中，必有一段顯然遲延的時期，也就是一個等待的時刻。但在大失望之後，這段經文就顯得格外重要：「這默示有一定的日期，快要應驗，並不虛謊；雖然遲延，還要等候；因為必然臨到，不再遲延。……義人因信得生。」

那時以西結的一段預言也使信徒得到力量和安慰：「耶和華的話臨到我說：『人子啊，在你們以色列地怎麼有這俗語說「日子遲延，一切異象都落了空」呢？你要告訴他們說：「主耶和華如此說：……日子臨近，一切的異象都必應驗。」……我——耶和華說話，所說的必定成就，不再耽延。』」「以色列家的人說：『他所見的異象是關乎後來許多的日子，所說的預言是指著極遠的時候。』所以你要對他們說：『主耶和華如此說：我的話沒有一句再耽延的，我所說的必定成就。』」(結12：21-25；27、28)

那些等候主的信徒因此就歡喜了。他們相信那從起初看到末後的主曾在古時預先看到他們的失望，而賜給他們這些鼓勵和有希望的勉言。若是沒有這幾段經文來勸勉他們忍耐等候並堅信上帝的話，他們就必在那考驗的時辰失去信心了。

〈馬太福音〉25章裡十個童女的比喻也說明復臨信徒的經驗。在〈馬太福音〉24章，基督答覆門徒有關祂降臨和世界末日之預兆的問題時，祂曾指出從祂第一次降臨到第二次降臨的時期中，世界歷史和教會歷史上的一些主要事件，例如耶路撒冷的毀滅，教會在異教和羅馬教的逼迫之下所經受的大患難，以及日月黑暗，眾星墜落等事。此後，祂便談到祂得國降臨的事，並敘述了那等待祂降臨的兩等僕人的比喻。隨即有第25章開頭的話說：「那時，天國好比十個童女」，這話是為我們指出末期的教會，也就是第24章末了幾節經文所講論的。這個比喻用近東地區的婚禮來說明末期教會的經驗。

「那時，天國好比十個童女拿著燈出去迎接新郎。其中有五個是愚拙的，五個是聰明的。愚拙的拿著燈，卻不預備油；聰明的拿著燈，又預備油在器皿裡。新郎遲延的時候，他們都打盹，睡著了。半夜有人喊著說：『新郎來了，你們出來迎接祂！』」(太25:1-6)

新郎的到來預表第一位天使所宣告的基督復臨。童女出來迎接，代表那因基督復臨的信息而普遍展開的改革運動。這個比喻像第24章裡的比喻一樣，指出了兩等人。他們都帶著燈，就是聖經，並靠燈光出去迎接新郎。但「愚拙的拿著燈，卻不預備油；聰明的拿著燈，又預備油在器皿裡」。這後一等人已經領受了上帝的恩典，就是那使人重生，並光照他們的聖靈的能力，唯獨這靈能使聖經成為腳前的燈和路上的光。他們曾存敬畏上帝的心去查考聖經，為要明白真理；他們也曾懇切追求心靈和生活的純潔。這一等人親自得了實在的經驗，並對上帝和祂的話具有一種信心，這種信心是灰心和遲延不能磨滅的。其餘的人則「拿著燈，卻不預備油」。他們所做的是出於情感的衝動。這嚴肅的信息曾引起他們的恐懼，但他們只以弟兄們的信仰為依靠，並以自己感情上明滅不定的燈火而滿足，既沒有徹底明白真理，心中也沒有聖靈真實的工作。這等人曾滿心盼望立即得著賞賜而出去迎接救主，但他們沒有預備好應付遲延和失望。及至考驗臨到，他們的信心便支持不住，他們的燈火便黯淡無光了。

「新郎遲延的時候，他們都打盹，睡著了。」新郎的遲延代表信徒所指望救主回來的日子過了期，以及隨之而來的失望和顯然的遲延。在這個徬徨的時期中，那些經驗膚淺和不冷不熱的信徒很快就動搖了，他們作基督徒的努力也鬆弛了；但那些把信心建立在親自查考聖經的基礎上的人已經把腳立在磐石上，是失望的浪潮所不能沖毀的。「他們都打盹，睡著了。」一等人因不關心而放棄了信仰，另一等人則耐心等候更清楚的亮光。但在那考驗的黑夜裡，這些人的熱心和虔誠似乎多少也有所減退。那些不冷不熱的信徒無法再依靠弟兄們的信心來支持他們。各人或站立或跌倒，完全在於自己。

約在此時，狂熱的風潮開始發作了。一些曾經表示熱心相信基督復臨的人不再以上帝的聖言為唯一無誤的嚮導，卻聲稱自己受了聖靈的直接引領，結果就完全被自己的想法和幻想所支配。有一些人則表現一種盲目而偏執的熱忱，並且排斥一切不贊同他們的人。他們狂熱的見解和行動，是一般的復臨信徒所不苟同的；但這些狂熱之徒至終使整個真理的偉業受到羞辱。

那時，撒但正在努力用這種方法反對並破壞上帝的工作。眾人已經因復臨的信息大受感動，成千的罪人也已經悔改信主，並有許多忠誠之人獻身宣揚真理，就在那遲延的時候，也是如此。那時邪惡之君眼見自己的許多臣僕離開了他，為要使上帝的聖工蒙受羞辱，他就設法欺哄一些似乎有信仰的人，驅使他們走向極端。於是他的爪牙就準備利用這等人的每一個錯誤，每一次的失敗，和每一件不體面的事，加以誇大的宣傳，使復臨運動的信徒和信仰看為可憎。因此撒但竭力使他所控制的許多人表示相信基督的復臨，而同時還讓他控制他們的心，這等人越多，撒但就越能指出這一等人為全體信徒的代表。

撒但是那「控告弟兄的」，所以他的靈常鼓動人去窺伺並暴露上帝子民的錯誤和缺點，至於他們的善行則一字不提。每逢上帝努力救人時，撒但也必活躍起來。每當上帝的眾子來侍立在耶和華面前時，撒但也必來在其中。在每一次的奮興中，他總要把一些內心不聖潔，思想不穩健的人帶進來。當這些人接受了一些真理的要點並在信徒中得到地位之後，撒但便利用他們傳出一些理論來迷惑一般毫無防備之人。一個人和上帝的兒女來往，甚至進入禮拜堂並參加主的聖餐，並不足以證明他就是一個真基督徒。撒但常愛參加最嚴肅的聚會，露面的方式就是以他所能利用的爪牙當成工具。

邪惡之君必要在上帝的子民向天城邁進的路程上，步步為難他們。在教會的全部歷史中，沒有一次的改革運動不是頂著極重的障礙前進的。在保羅的日子也是這樣。這位使徒無論在什麼地方興起教會，就必有一些自稱是接受這信仰的人帶來一些異端邪說，這些異端如果

被眾信徒接受的話，就必排擠熱愛真理的心。路德也曾因一些狂熱之徒的作風而飽受許多困難和煩惱，這些人說有上帝直接藉著他們說話，所以他們重視自己的感想和意見過於聖經的見證。許多缺少信心和經驗的人反而會感覺十分自滿，他們喜歡「說說聽聽」新奇的事，結果就受了這些新教師的迷惑，並幫助撒但的爪牙去破壞上帝藉路德所建立的聖工。衛斯理兄弟兩人和其他以自己的影響力和信心為世人造福的人，也都曾處處遭遇撒但之詭計所策動的過激、偏執和不聖潔之人發起的各樣狂熱。

米勒耳一點也不贊同那些出於狂熱現象造成的影響。他像路德一樣，聲稱每一個靈必須受上帝聖言的試驗。他說：「魔鬼今日在控制某些人的思想上是非常有力的。而我們又怎能知道他們是出於什麼靈的感動呢？聖經有回答說：『憑著他們的果子，就可以認出他們來。』……世上有許多的靈已經出來了；而且有命令吩咐我們要試驗那些靈。凡不使我們在今生自守、公義、敬虔度日的靈就不是基督的靈。我越來越相信這些狂熱的運動和撒但有很密切的關係。……在我們當中有很多人自命完全聖潔，實際上卻在隨從人的遺傳，況且他們同一些不如此自負的人一樣不明白真理。」[1]「邪惡的靈必使我們遠離真理；而上帝的靈能引領我們明白真理。但你或許要問，一個人可能是錯了，但他總以為自己擁有真理，那該怎麼分辨呢？我們回答說，聖靈和聖經必然是一致的。如果一個人用聖經來審查自己，而發現自己能與全部聖經相符，他就可以確信自己擁有真理；但如果他發現那引領他的靈，與上帝的律法或聖經教訓不符合，他就應當謹慎自己的腳步，唯恐陷入魔鬼的網羅。」[2]「從人們臉上的神色，眼中的淚珠或富有感情的幾句話裡，我所能看出內心虔誠的表現，要比全基督教界所發出的狂呼亂喊更多呢！」[3]

在宗教改革的日子，這運動的敵人曾把狂熱派所造成的禍患都歸咎於那些最反對這種風潮的人。後來那些反對復臨運動的人也用了同樣的手段。他們不只是誣衊並誇大極端主義者和狂熱派的謬論，還散佈許多毫無根據的流言。這些人是被偏見和仇恨所鼓動。他們曾因基

督快要復臨的信息而感到不安。他們唯恐這信息是真的，而又希望它是假的，這就是他們逼迫復臨信徒和復臨信息的真正原因。

有一些狂熱之徒鑽進了復臨信徒的團體，這並不足以證明這運動不是出於上帝，正如保羅和路德時代的教會中雖然發現有騙子和狂熱之徒，也不足以否定他們的工作。只要上帝的百姓從睡夢中警醒，並誠懇地從事悔罪改革的工作；只要他們查考聖經，學習那在耶穌裡的真理；只要他們完全獻身於上帝，他們就必看到許多現象，說明撒但仍是活躍並伺機而動的。他必利用一切迷人的方法來顯揚他的能力，並發動他領域之內全部墮落的使者來幫助他。

造成狂熱和分裂狀態絕不是因為基督復臨的信息廣為傳開。這是在1844年的夏季，正當復臨信徒對自己真實的境遇惶惑不定之時出現的。原來第一位天使的信息和那隨之而來的「半夜的呼聲」，正足以抑制狂熱和分裂的事。因為那些在這兩次重要運動中有分的人是彼此和諧的；他們彼此相愛，並熱愛那位他們所期望看見的耶穌。同一份信仰和同一個指望，已成了他們抵禦撒但的盾牌，並使他們超出一切屬於血氣的影響。

「新郎遲延的時候，他們都打盹，睡著了。半夜有人聲喊著說：『新郎來了，你們出來迎接他！』那些童女就都起來收拾燈。」(太25：5-7)在復臨信徒起先以為二千三百日結束的春季和該年的秋季之間，就是1844年夏季，他們用了聖經的話去傳「新郎來了！」的信息，因為他們查出那二千三百日確實是延伸到秋季的。

發起這次運動的，乃是他們對於那確定二千三百日之起點的新發現，就是說：亞達薛西王重建耶路撒冷的命令是在公元前457年秋季，而不是在他們先前所認為的春季生效的。那麼二千三百年既從457年秋季算起，就必在1844年秋季結束 (見附錄第15頁「預言的日期」)。

還有以舊約聖經的預表為基礎的論據，也確定秋季便是舉行「潔淨聖所」之禮的時候。當信徒注意到那些有關基督第一次降臨的預表

是怎樣應驗的，這個問題就更為明朗化了。

逾越節羔羊的被殺，乃是基督捨命的預表。保羅說：「我們逾越節的羔羊基督已經被殺獻祭了。」(林前5：7)在逾越節期內所獻初熟莊稼的搖捆則預表基督的復活。保羅論到主的復活和祂百姓的復活，說：「初熟的果子是基督；以後，在祂來的時候，是那些屬基督的。」(林前15：23)正像那在收割莊稼之前最先割下來要搖的禾捆一樣，基督乃是將來復活時、被收入上帝倉庫的蒙贖之民初熟的果子。

這些預表不但在事件上，而且也在時間上應驗了。在猶太曆的正月十四，就是一千五百年來，宰殺逾越節羔羊的日子，基督既同門徒吃了逾越節的筵席，就設立了聖餐禮，這個禮節將要記念祂的死，作為「上帝的羔羊，除去世人罪孽的」。在那同一天晚上，祂被惡人捉拿，要把祂釘死在十字架上。祂又作為搖捆所預表的對象在第三天復活了，「成為睡了之人初熟的果子」(林前15：20)，並成為一切復活之義人的典型，他們卑賤的身體將要改變形狀，「和祂自己榮耀的身體相似」(腓3：21)。

照樣，一切有關基督復臨的預表也必按照表號性之禮節所指明的時候應驗。在摩西律法的制度之下，潔淨聖所，或贖罪大日，乃是在猶太曆的七月初十(見利16：29-34)；那時，大祭司既為全以色列行了贖罪之禮，並藉此把他們的罪從聖所裡挪去，就出來為百姓祝福。所以當時的信徒認為我們的大祭司基督也要顯現來毀滅罪惡與罪人，藉以潔淨全地，然後將永生的福分賜給祂的百姓。所以他們認為七月初十的贖罪大日，即潔淨聖所的時候，按公曆是1844年10月22日，也就是救主復臨的時候。這與過去所提的證據符合，說明那二千三百日必要在秋季結束，這種結論顯明是肯定而無可非議的。

在〈馬太福音〉25章的比喻中，緊接著等待和睡著了的時期便是新郎的來臨。這和以上根據預言和預表所提出的論據是完全符合的。這些論據有力地說明了其本身的真實性；於是有成千的信徒宣傳了這

「半夜的呼聲」。

　　這個運動像潮水一樣掃蕩了全地。從這城到那城，從這村到那村，深入最遙遠的地區，直到一切等候基督的上帝子民都被喚醒了。在這個消息傳揚之下，狂熱的現象雲消霧散了。信徒的懷疑和困惑也已解除；他們的心被希望和勇氣所鼓舞。這次工作不像那些出於情感的刺激而不受聖經和聖靈控制的運動那樣有極端的趨勢。它乃像古時以色列人在聽到耶和華的僕人傳來責備信息之後所發起的自卑和轉向耶和華的運動。它呈現了上帝在每一個世代所發動之工作的特點。這特點是較少有狂歡的表現，更多的是深刻自省、悔改認罪和放棄世俗的精神。許多經過內心掙扎之人的抱負是要預備迎見救主。他們恆切祈禱，毫無保留地獻身給上帝。

　　米勒耳形容那時的工作說：「我們當中並沒有人表示極度的歡樂；大家好像是把歡樂的事留到將來，因為將來天地萬物都要一同歡慶，並有說不出的喜樂和盈溢著的榮耀。我們當中也沒有人大聲喊叫，這也留到將來；那時從天上必要發出『呼叫的聲音』。歌唱的人也止息了；他們正等待參加天使的隊伍和天上的歌詠隊呢！……我們當中也沒有爭論的事；眾人都有一樣的心思，一樣的意念。」[4]

　　另有一個參加這運動的人證明說：「這運動到處引起了深刻的反省，使人在上帝和高天之下虛心自卑。它使人的感情不再迷戀於今世的事物，使人互相和睦解怨，彼此認罪，在上帝面前傷心痛哭，向祂懺悔祈禱，為要得蒙赦免與悅納。它使人空前地謙虛與自卑。正像上帝藉約珥吩咐人在祂大而可畏的日子未到之前所要做的，它使人撕裂心腸，不撕裂衣服；藉著禁食、痛哭和悲哀歸向耶和華。正如上帝藉撒迦利亞所說的祂曾將那施恩叫人懇求的靈澆灌祂的兒女；他們也曾仰望他們所扎的並為祂悲哀，……那些等候主復臨的人都曾在祂面前刻苦己心。」[5]

　　自從使徒的日子以來，沒有任何宗教運動能與1844年秋季的運動比擬，其中幾乎不帶有人的缺失和撒但的詭計。即使經過了許多年，凡

參加過那次運動而仍堅立在真理基礎上的人，仍可感受到那次工作的神聖影響，並能證明那真是出於上帝的。

等待新郎的人一聽見「新郎來了，你們出來迎接他」，便「起來收拾燈」。他們以空前熱烈之情研究上帝的聖言。有天使奉命從天上下來喚醒那些已經灰心的人，預備他們去接受這信息。這次的工作沒有依靠人的智慧和學問，卻是依靠上帝的大能。最先聽見且響應上帝呼召的不是最有天才的人，而是最謙卑、忠誠的人。農夫把未收的莊稼留在田裡，工匠撇下他們的工具，都以歡喜的熱淚出去宣揚警告。那些先前領導聖工的人倒是最後參加這次運動的。一般的教會卻閉門拒絕這信息，於是許多接受的人便退出了這些教會。在上帝的領導之下，這個信息同第二位天使的信息聯合，並加強了聖工的力量。

「新郎來了！」的信息雖然有清楚而確切的經文為根據，但它並不是一個足資辯論之題。它帶有一股撼動人心的力量。所以沒有人懷疑，也沒有人質疑。從前在基督勝利地進入耶路撒冷的時候，從各地雲集來過節的人都蜂擁到橄欖山上，於是在他們參加那護送耶穌的行列時，他們也就感染到當時的熱烈情緒，並同聲喊著「奉主名來的是應當稱頌的！」(太21：9)那些擁到復臨運動會場的非信徒——有的是出於好奇，也有的僅僅出於譏刺的動機——也曾同樣地感受到那推動「新郎來了！」之信息的力量。

那時信徒有強大的信心——就是必得大賞賜的信心，使自己的祈禱得蒙應允。恩惠的聖靈像落在乾渴土地上的雨水一樣，降在熱切尋求的人身上。那些期待很快就能迎見救贖主的人感到一種說不出來的莊嚴的喜樂。當祂的恩典豐豐富富地降在那些忠誠相信的人身上時，聖靈感化和勸服的力量就使他們的心融化了。

那些接受這信息的人謹慎而嚴肅地等候他們所指望迎見救主的日子。每天早晨他們感覺自己的第一個本分就是得蒙上帝悅納的憑據。他們的心團結一致，並時常在一起彼此代禱。他們常在幽靜的地方聚

集，與上帝交通，使他們祈禱的聲音從田野間和樹林中升到天上。他們視救主的悅納比他們每日的飲食更為重要；如果有烏雲遮蔽他們的心靈，他們就不能安心，直到它消散為止。當他們感受到赦罪之恩的印證時，他們就渴望看見他們所熱愛的主。

但這次他們又注定要失望了。他們所等候的時期過去了，而他們的救主並沒有顯現。他們曾以毫不動搖的信心指望祂的復臨，所以這時他們的心情正像馬利亞來到救主墳前卻看見空墓之時一樣。那時她哭著說：「有人把我主挪了去，我不知道放在哪裡。」(約20：13)

不相信這信息的世人一度唯恐這信息或許是真的，所以不免被一種敬畏感所約束。在等候的時期過去之後，這種感覺沒有立時消退；起先眾人不敢向失望的人誇勝；但後來眾人既看不到什麼上帝忿怒的徵象，他們就再沒有什麼懼怕，於是照舊辱罵嘲笑。有許多曾經承認相信救主快要復臨的人放棄了信仰。有些一度篤信無疑的人因失望而感覺無臉見人，巴不得能逃出這世界才好！像約拿一樣，他們埋怨上帝，向祂求死。那些曾經把信仰建立在別人的意見而不是在聖經上的人，這時又準備改變看法了。那譏誚的人說服了一些不堅定而怯懦的信徒，於是這些人一同宣稱今後再不可能有什麼值得懼怕或等待的事了。時候既然過去，而主又沒有來，現今的世界可能就一直這樣存留下去好幾千年，也未可知。

那些認真誠心的信徒已經為基督捨棄了一切，並曾感受到祂特別與他們同在。他們也相信自己已經向世界傳了最後的警告，希望很快就被接去與他們神聖的夫子和天使同在，所以他們已經很少和那些沒有接受這信息的人來往。他們曾熱切地祈禱說「主耶穌啊，我願你來，願你快來」，但結果祂沒有來。現在他們必須重新負起每日操勞和困惑的重擔，並忍受那些嘲笑他們之人的譏諷和辱罵，這真是對信心和忍耐最艱苦的考驗！

但這次的失望還遠不如從前基督第一次降臨時祂的門徒所經驗的

失望那麼大。當耶穌勝利地騎驢進入耶路撒冷時，祂的門徒確信祂即將登上大衛的寶座，並拯救以色列脫離那些壓迫他們的人。他們懷著極大的希望和喜悅的期待，爭先向他們的王表示敬意。許多人把自己的衣袍鋪在路上，或拿棕樹枝散鋪在祂腳前，讓祂走在其上。他們在熱烈的狂歡中，共同地喊叫說：「和散那歸於大衛的子孫！」當法利賽人因這種歡樂的表現而受到攪擾並發怒時，他們就請耶穌斥責祂的門徒。耶穌回答說：「我告訴你們，若是他們閉口不說，這些石頭必要呼叫起來。」(路19：40) 預言是必定要應驗的。那些門徒正在實行上帝的旨意，但他們還是注定要痛苦失望的。過不多幾日，他們便親眼看到救主慘痛的死，並把祂放在墳墓裡。他們眾多的期望竟沒有一樣實現，所以他們的希望也就和耶穌一同死了。及至他們的主勝利地從墳墓裡出來時，他們才看出這一切早已在預言中指明了，並明白基督必須受害，從死裡復活 (見徒17：3)。

　　五百年前，主曾藉先知撒迦利亞說：「錫安的民哪，應當大大喜樂；耶路撒冷的民哪，應當歡呼。看哪，你的王來到你這裡！祂是公義的，並且施行拯救，謙謙和和的騎著驢，就是騎著驢的駒子。」(亞9：9) 如果門徒當時知道基督正在走向審判和死亡，他們就不可能應驗這個預言了。

　　同樣，米勒耳和他的同工也應驗了預言，並把聖靈所預言的信息傳給世人；如果他們事先充分明白那預言指明他們先要失望，並在主復臨之前還有另一個信息要傳給各國，他們就不會把頭一個信息傳出去了。可見第一和第二位天使的信息是在預定的時候傳開的，並且成就了上帝所要成就的工作。

　　那時世人一直在觀望著，總想時候一過，而基督沒有顯現，復臨運動的整個系統將要完全瓦解。雖然有許多人因強烈的試探而放棄了信仰，但仍有一些人屹立不搖。復臨運動所結的果子，就是那隨著這運動而發展的虛心自卑、反省己罪、捨棄世俗和改正生活的精神，證明這運動是出於上帝的。他們不敢否認聖靈的大能確已為復臨信息作了見

證，同時他們也查不出自己對於預言時期的算法有什麼錯誤。連他們最有學識的敵人也未能推翻他們解釋預言的方法。因此他們在沒有得到聖經的憑據之前，不能同意放棄他們經過誠懇地祈禱及研經而得出的結論；那時他們的思想曾受聖靈的光照，內心曾因祂活潑的能力而火熱起來；這些結論曾招致許多著名的宗教教師和世上的智者最嚴格的批評和最惡毒的反對，又曾經受許多擁有學問和口才聯合之勢力的攻擊，但始終沒有因大人物的譏諷或小人的辱罵而動搖。

固然，他們所期望的事沒有實現，但這並不足以動搖他們對於聖經的信心。約拿曾在尼尼微的街道上宣傳說，再過40天那城就要傾覆了，後來上帝悅納了尼尼微人的自省，並把他們的寬容時期延長了；雖然如此，約拿的信息仍是出於上帝的，而且尼尼微也照祂的旨意受了試驗。所以復臨信徒相信上帝也是這樣引領他們去傳揚審判的警告。他們說：「這個警告已經試驗了每一個聽見這信息之人的心，使一等人生出喜愛救主復臨的心，而使另一等人憎恨祂的復臨；這種心情無論是顯露的或是隱藏的，總為上帝所鑑察。可見這信息已經劃清一條界線，……使一切願意省察自己內心的人可以知道如果救主來了，他們必要站在那一邊——他們還是要喊著說，『看哪，這是我們的上帝；我們素來等候祂，祂必拯救我們；』或是要『向山和巖石說，倒在我們身上吧，把我們藏起來，躲避坐寶座者的面目，和羔羊的忿怒。』我們確信上帝已經如此試驗了祂的子民，並已考驗他們的信心，要知道他們在考驗之下是否要畏縮，不敢立在祂所要他們佔的地位上；並且是否能放棄這世界，篤信上帝的聖言。」[6]

米勒耳以下的話足以代表那些依然相信自己過去的經驗是出於上帝引領之人所抱持的態度：「如果我能重新做人，而所能看明的真理和過去完全一樣的話，那麼我也只得照我過去所做的去做，才能對得起上帝和人。」「我希望我已藉眾人之血洗淨了我的衣裳，我覺得在我力所能及的範圍內，我已經從一切罪疚的譴責中脫離了。」這個屬上帝的人寫道：「我雖然兩次失望，但我仍不灰心，也不喪志。……我對於基

督復臨的信仰依然是堅強的。我所做的無非是我經過多年的審慎考慮之後，認明是我們所必須盡到的嚴肅義務。如果我錯了，那麼我是錯在愛心的一邊——愛我的同胞，並向上帝盡責。」、「我確知一件事，就是我過去所宣講的，都是我所誠心相信的，而且上帝也曾與我同在。祂的能力已經在我的工作上展現出來，並且這工作有了良好的效果。」、「成千的人，照人的眼光看來，已經因這有關時間的道理而開始研究聖經了；且因信和基督寶血的功勞，就與上帝和好了。」[7]、「我從來沒有設法討驕傲之人的歡喜，或因世人的敵意而恐懼。現今我也不討他們的歡心，或越界去惹他們的仇恨。我永不會因苟全性命而同他們妥協，如果上帝的美意是要我死的話，我希望自己不會退縮。」[8]

上帝沒有丟棄祂的子民；祂的靈仍與那些不肯冒昧否定過去所接受的亮光或轉過來痛斥復臨運動的人同在。在〈希伯來書〉中，有勉勵和忠告的話給那些在這個危機中受考驗而忍耐等候的信徒說：「所以，你們不可丟棄勇敢的心；存這樣的心必得大賞賜。你們必須忍耐，使你們行完了上帝的旨意，就可以得著所應許的。因為還有一點點時候，那要來的就來，並不遲延；只是義人必因信得生。他若退後，我心裡就不喜歡他。我們卻不是退後入沉淪的那等人，乃是有信心以致靈魂得救的人。」(來10：35-39)

這段勉言顯然是上帝對末期的教會所講的，其中指明救主復臨已迫近的話就可以說明這一點：「因為還有一點點時候，那要來的就來，並不遲延」；這話也暗示一種顯然的遲延，說救主似乎要耽擱一時。可見本節經文所陳述的教導特別適合復臨信徒這時的經驗。它所警戒的人有放棄信心的危險。他們已經因順從上帝的靈和聖經的引領而遵行祂的旨意，但他們還不明白祂在他們過去的經驗中有什麼旨意，也看不清自己的前途，因此他們懷疑上帝究竟是不是在引領著他們。這時有句經文就適用了：「義人必因信得生。」當那「半夜的呼聲」之光輝照耀他們的路途，而他們又能看到預言應驗和許多兆頭出現，說明基督的復臨已經近了的時候，他們可以說是憑著眼見而行走。但這時在他們因失

望而悲傷，他們只能藉著相信上帝和祂的聖言而站立得穩。譏誚的人向他們說：「你們是受騙了。放棄信仰吧，承認復臨運動是出於撒但的吧！」但上帝的話卻聲明：「他若退後，我心裡就不喜歡他。」這時若有什麼人放棄信仰或否定推進這運動的聖靈之能，他就是「退後入沉淪」的人了。他們卻因保羅以下的話受了勉勵且堅定不移：「你們不可丟棄勇敢的心」、「你們必須忍耐」、「因為還有一點點時候，那要來的就來，並不遲延。」他們唯一安全的途徑乃是保守他們已經從上帝那裡所領受的光，堅守祂的應許並繼續查考聖經，耐心等候更進一步的亮光。

註①：布利斯，《威廉‧米勒耳傳》，第236、237頁。
註②：《復臨通訊和時兆報導》卷八，第23號，1845年1月15日。
註③：布利斯，《威廉‧米勒耳傳》282頁。
註④：同上，270、271頁。
註⑤：布利斯，《復臨之盾和評論》卷一，271頁，1845年1月。
註⑥：《復臨通訊和時兆報導》卷八，第14號，1844年11月13日。
註⑦：布利斯，《威廉‧米勒耳傳》，第255、256，277，280、281頁。
註⑧：懷特，《威廉‧米勒耳生平》，第315頁。

第二十三章
何謂聖所？

「到二千三百日，聖所就必潔淨。」(但8:14) 這一句話比任何其他經文更可作為復臨運動之信仰的根基和柱石。它對於一切信仰救主快要復臨的人已是耳熟能詳。許多人反覆提及這個預言作為他們信仰的口號。大家都覺得他們最光明、最寶貴的希望，都寄託在這節經文所預言的大事上。他們已指明這一段預言時期要在1844年秋結束。那時，復臨運動的信徒與一般教會抱有相同的見解，以為這個地球或其上的某一部分就是聖所。所以他們認為潔淨聖所就是末後大日用火潔淨全地，並且這件事要在基督復臨的時候實現。因此，他們得出結論說，基督要在1844年復臨。

但這預定的時日過去了，主並沒有降臨。那時的信徒知道上帝的話是不會落空的，所以必是他們對於預言的解釋有了錯誤，但究竟錯在那裡呢？有許多人不肯耐心地探討難題的癥結，索性就否認二千三百日的結束是在1844年。他們這樣做，全是因為基督沒有照著他們所盼望的時期降臨，除此之外，他們說不出什麼其他的理由。他們辯論說，如果這個預言的時期果真在1844年結束，則基督必在那時降臨，潔淨聖所，也就是用火潔淨這地；但現在祂既沒有降臨，可見那日期還沒有結束。

人若同意這個結論，就必須放棄先前對此預言時期的算法。他們先前已經算出二千三百日是始於亞達薛西王所發重建耶路撒冷的命

令，即公元前457年秋。以此為起點，則〈但以理書〉9章25至27節預言的事件皆可完全和諧地應驗。六十九個七，即二千三百年中的頭483年，帶我們來到受膏君彌賽亞的時候。這預言在公元27年、基督受洗被聖靈恩膏之時應驗。在第七十個七當中，彌賽亞必被剪除。果然，於公元31年春，在受洗後三年半，基督被釘死在十字架上。七十個七，就是490年，乃是特別為猶太人定出來的。在這時期結束時，猶太人還是堅決地拒絕基督，迫害祂的門徒，所以門徒便轉而向外邦人傳道，時值公元34年。到了此時，那二千三百年前段的490年時期即到此為止，所餘下的還有1810。公元34年加上1810年，就來到了公元1844年。在這時，照天使所預言的，「聖所就必潔淨」。這預言中的前段各節，都已毫無疑問地按著預定的時期完全應驗了 (見附錄二之三)。

按照這個算法，一切就都清楚而協調了，只是在1844年還沒有看到什麼事發生來應驗「潔淨聖所」這一項預言。現在如果否認1844年是二千三百年的終點，就必使全部問題陷於混亂，也必須否定一些已經確定應驗了的預言所證實的論點。

但上帝在這復臨運動中已經引導了祂的子民；祂的能力和榮耀也已經表現在這運動上，祂必不讓這運動在黑暗與失望之中銷聲匿跡，以致被人辱罵為一種虛偽而狂妄的騷動。祂必不讓自己的聖言陷於可疑與混亂的地步。雖然有許多人放棄了他們先前對於預言時期的算法，並否定了那以這算法為根據的復臨運動，但還有一些人不肯否定自己的信仰與經驗，因為這是有聖經和上帝聖靈的見證為基礎的。他們確信自己在研究預言的時候，所用的乃是正確的解經法，所以他們現在的責任就是要堅守這些既有的真理，並要保持這個方針，繼續研究聖經。他們藉著懇切祈禱檢視了自己的立場，並謹慎研究聖經，要發現自己的錯誤。他們在預言時期的見解上既看不出有什麼錯誤，他們便被聖靈引導，對於聖所的主題進行更詳盡的查考。

在他們查考時，他們發現聖經中並沒有什麼憑據可支持一般人所相信的，認為這個地球就是聖所的說法；反之，他們卻從聖經中找出有

關聖所之主題的圓滿解釋，藉此認識到聖所的性質、地點和禮節；聖經作者的證言是那麼清楚和充分，以致這個主題無可置疑。使徒保羅在〈希伯來書〉中說到：「原來前約有禮拜的條例和屬世界的聖幕。因為有預備的帳幕，頭一層叫作聖所，裡面有燈臺、桌子，和陳設餅。第二幔子後又有一層帳幕，叫作至聖所，有金香爐，有包金的約櫃，櫃裡有盛嗎哪的金罐和亞倫發過芽的杖，並兩塊約版；櫃上面有榮耀基路伯的影罩著施恩座。」(來9:1-5)

保羅在這裡所提到的聖所就是摩西奉上帝的命令所建造的聖幕，作為至聖者在地上的居所。「當為我造聖所，使我可以住在他們中間。」(出25:8) 這是摩西與上帝同在西乃山時所受的指示。那時，以色列人在曠野行進，所以聖所的構造是輕便而易於移動的；雖然如此，它仍是一個十分壯麗的建築物。牆壁是用精金包裹的木板，安插在銀座上；頂用幔子蓋著，幔子的外層，用公羊皮和海狗皮罩著；幔子的內層是精巧刺繡的細麻布。在外院，有獻燔祭的壇；聖幕分為兩層：聖所和至聖所，其中用一幅華麗的幔子隔開；在第一層聖所的入口處，也掛著一個相似的幔子。

在聖所裡，南面有燈台，七盞燈晝夜照亮著聖所；北面有擺著陳設餅的桌子；在聖所與至聖所相隔的幔子前有金香壇，煙雲繚繞，以色列人的祈禱天天升到上帝面前。

在至聖所裡有約櫃，是用貴重的皂莢木製成的，裡外都用精金包裹，其中藏有上帝親手鐫刻十條誡命的兩塊石版。約櫃的蓋子就是施恩座，是精工巧製的，施恩座上有兩個基路伯，一邊一個，都是用純金錘出來的。在這一層至聖所中，上帝常在兩個基路伯之間的榮耀雲彩中顯現。

及至希伯來人在迦南地安居立業之後，所羅門建造的聖殿便取代了聖幕；聖殿乃是固定的建築，規模更大，但仍是按著聖幕的比例而建造的，各種陳設也都相同。這個聖殿除了在但以理的時代一度被破壞

之外，一直都保持著同樣型式，直到主後七十年，才被羅馬軍隊毀壞。

除了這一個聖所，聖經再也沒有提到地上有其他的聖所。這就是保羅提到屬於舊約的聖所。但新約難道就沒有聖所嗎？

那些尋求真理的人再次轉向〈希伯來書〉，便發現保羅的話中暗示了另一個屬於新約的聖所。他說，「原來前約也有禮拜的條例，和屬世界的聖幕。」保羅在這裡既用了「也有」二字，那就暗示他在上文已經提到這個聖所。因此他們便翻閱前一章經文，在開頭的幾節中看到這樣的話：「我們所講的事，其中第一要緊的，就是我們有這樣的大祭司，已經坐在天上至大者寶座的右邊，在聖所，就是真帳幕裡，作執事；這帳幕是主所支的，不是人所支的。」(來8：1、2)

這裡顯明了新約的聖所。舊約的聖所是人所支的，是摩西建造的；但這個聖所卻是主所支的，不是人所支的。在舊約的聖所中有地上的祭司供職；但在這一個聖所中卻有我們的大祭司基督坐在上帝的右邊。一個聖所在地上，另一個聖所則在天上。

再者，摩西所建造的聖所乃是按照原型而製造的。上帝命令他說：「製造帳幕和其中的一切器具都要照我所指示你的樣式。」(出25：9) 祂又叮囑說：「要謹慎做這些物件，都要照著在山上所指示你的樣式。」(出25：40) 保羅也說，那頭一個聖所乃是「作現今的一個表樣」，它是「照著天上樣式做的」，那按律法奉獻禮物的祭司所「供奉的事本是天上事的形狀和影像」，而且「基督並不是進了人手所造的聖所 (這不過是真聖所的影像)，乃是進了天堂，如今為我們顯在上帝面前」(來9：9，23；8：5；9：24)。

這座有耶穌在裡面為我們服務的天上聖所乃是偉大的原型，而摩西所建造的聖所則是一個複製品。上帝曾賜下聖靈給那些建造地上聖所的人。工匠精巧的藝術是上帝智慧的表現。壁板用精金包裹，四面反射七盞金燈台的輝煌光耀。陳設餅的桌子與香壇，也都金光奪目。那蓋在頂上華麗的幔子，繡著天使的形像，藍的、紫的、朱紅色的、五彩斑

爛，更增美麗的景象。在第二層幔子裡面有聖潔的約櫃，在那裡可以見到上帝榮耀的顯現；除了大祭司之外，沒有人進到這裡仍能存活。

這地上聖所無比的輝煌壯麗，向世人反映出天上聖殿的光明燦爛；在那裡，有我們的先鋒基督站在上帝的寶座之前，為我們服務。在這萬王之王的居所裡，「事奉祂的有千千，在祂面前侍立的有萬萬；」（但7：10）在那個聖殿裡充滿著永恆寶座的榮光，還有那群光輝四射的守衛者撒拉弗遮著臉崇拜上帝。人手所造極其富麗堂皇的建築物，實不足反映這殿的偉大和光榮於萬一。雖然如此，那有關天上聖所的重要真理和在那裡所進行的、救贖人類的偉大工作，還是藉著地上的聖所和其中的禮節來闡明的。

從地上的聖所分為兩間內室的事上，可以想見天上聖所的情形。當使徒約翰在異象中得以看到上帝在天上的殿之時，他見到那裡有「七盞火燈在寶座前點著」（啟4：5），他見「有一位天使，拿著金香爐來，站在祭壇旁邊。有許多香賜給他，要和眾聖徒的祈禱一同獻在寶座前的金壇上。」（啟8：3）使徒約翰這次得以看見天上聖所中、第一層聖所中的情景；他看到「七盞火燈」和「金壇」，這就是地上聖所中的金燈臺和香壇所代表的。後來他又看見「上帝天上的殿開了」（啟11：19），顯出第二幅幔子後面的至聖所，那裡有「祂的約櫃」，也就是從前摩西用來存放上帝律法的聖櫃所代表的原型。

這樣，那些研究聖所的人得到了一個無法辯駁的憑據，證明天上是有一個聖所的。摩西建造的地上聖所乃是按著那指示他的模型而造的。保羅也說，那模型就是天上的真聖所。此外，約翰也見證說他曾見過這個天上的聖所。

在上帝的居所，就是天上的聖殿裡，上帝的寶座是以正義與公平為基礎的。在至聖所中有祂的律法，就是公理正義的大憲章，全人類都要按此受審判。在存放法版的約櫃上有施恩座，在施恩座前，基督用祂的寶血為罪人代求。這樣就顯出在人類的救贖計畫中，有公義與慈愛

相輔並濟。這種結合唯有無窮的智慧才能想得出，也只有無窮的能力才能做得到；此舉令天庭全體充滿驚奇與讚美。在地上聖所中的基路伯敬畏的低頭看著施恩座，表明眾天使如何關心細察這救贖的工作。上帝如何稱悔改的罪人為義，並與墮落的人類恢復交通，而同時自己仍不失其為公義；基督如何屈身拯救無數人類脫離毀滅的深淵，把自己無瑕疵的義袍給他們披上，使他們與從未墮落的天使聯合，並永遠存留在上帝面前，——這真是慈悲的奧祕，是眾天使所切望察看的。

撒迦利亞的美妙預言曾論到基督為人類作中保的工作，他說「那名稱為大衛苗裔的」，「祂要建造耶和華的殿，並擔負尊榮，坐在位上掌王權；又必在位上作祭司，使兩職之間籌定和平。」(亞6：12、13)

「祂要建造耶和華的殿」，由於基督的犧牲與代求的工作，祂自己就成為了上帝教會的根基和建造者。使徒保羅指明祂「為房角石，各房靠祂聯絡得合式，漸漸成為主的聖殿。……成為上帝藉著聖靈居住的所在。」(弗2：20-22)

祂要「擔負尊榮。」救贖墮落人類的尊榮是屬於基督的。從世世代代直到永永遠遠，得蒙救贖之人所要唱的歌，就是：「祂愛我們，用自己的血使我們脫離罪惡，……但願榮耀、權能歸給祂，直到永永遠遠。」(啟1：5、6)

祂要「坐在位上掌王權，又必在位上作祭司」，因為榮耀的國度還沒有降臨，所以現今祂還沒有「坐在祂榮耀的寶座上」。到祂作中保的工作結束之後，上帝才「把祂祖大衛的位」，就是一個「沒有窮盡」的國給祂 (路1：32、33)。基督現今在父的寶座上與祂同坐 (見啟3：21)，乃是作祭司。這與永存的自有永有者同坐在寶座上的一位，乃是那「擔當我們的憂患，背負我們的痛苦」的主，「祂也曾凡事受過試探，與我們一樣，只是祂沒有犯罪。」所以祂「能搭救被試探的人」，「若有人犯罪，在父那裡我們有一位中保」(賽53：4；來4：15；2：18；約壹2：1)，祂作中保的工作乃是憑著祂那被釘穿而壓傷的身體，和一個沒有瑕疵的人生。祂受

傷的雙手，被刺的肋旁，被釘的雙腳，都為墮落的人類代求；人類的救贖乃是以如此無窮的代價買來的。

祂要「使兩職之間籌定和平」。天父的愛和聖子的愛同是墮落人類的救恩之源。耶穌在離別之前對門徒說：「我並不對你們說，我要為你們求父。父自己愛你們。」(約16：26、27)上帝「在基督裡，叫世人與自己和好」(林後5：19)，所以祂也在天上聖所的服務中「使兩職之間籌定和平」。「上帝愛世人，甚至將祂的獨生子賜給他們，叫一切信祂的，不致滅亡，反得永生。」(約3：16)

「何謂聖所？」這個問題在聖經中已有明確的解答。聖經中的「聖所」一詞，第一是指著摩西所建造的聖幕，乃是天上事物的樣式；第二是指著天上的「真聖幕」，也就是地上聖所預表的。這預表的崇祀在基督釘死的時候就廢止了。天上的「真聖所」乃是新約的聖所。〈但以理書〉8章14節的預言既然要在這個時代中應驗，可見這裡所提的聖所必定是指新約的聖所。在二千三百日結束的1844年，地上已經有好幾百年沒有聖所了。因此這預言所說「到二千三百日，聖所就必潔淨」，無疑地是指著天上的聖所而言。

但還有一個最重要的問題極待解決，即：「潔淨聖所是什麼意思？」舊約中固然提到潔淨地上聖所的種種禮節，但天上的聖所是否也有什麼必需潔淨的事物呢？〈希伯來書〉第9章清楚地論到潔淨地上和天上聖所的事。「凡物差不多都是用血潔淨的；若不流血，罪就不得赦免了。照著天上的樣式做的物件必須用這些祭物去潔淨；但那天上的本物自然當用更美的祭物去潔淨。」(來9：22、23)那就是基督的寶血。

不論是作為表號的聖所，或者是天上聖所的真體，都是必須用血去潔淨的；前者是用動物的血，後者則用基督的血。保羅提到潔淨必須用血的理由時說：若不流血，罪就不得「赦免」了。罪得赦免或是被塗抹，就是這潔淨工作的目的。但罪究竟怎能與地上或天上的聖所產生連結呢？關於這一點，我們可以從預表性的崇祀上得到解釋，因為地

上祭司「供奉的事本是天上事的形狀和影像」(來8:5)。

地上聖所中的祭祀可分為兩部分：首先是指祭司們每日在聖所中的祭祀；其次是指大祭司每年一度在至聖所中執行贖罪的特別工作，以便潔淨聖所。平時天天有悔改的罪人帶著祭物到聖幕門口，按手在牠頭上，承認自己的罪，如此就在表號中把自己的罪移到無辜犧牲的祭牲身上；然後就把這祭牲宰殺了。使徒保羅說「若不流血」，罪就不得赦免。「因為活物的生命是在血中。」(利17:11) 上帝的律法既被破壞，就規定違犯者必須以命抵罪。那代表罪人受死，並為他擔當罪責之犧牲的血被祭司帶到聖所中，彈在幔前；在幔子背後就是約櫃，櫃中藏有罪人所干犯的律法。這種禮節預表罪藉著血被移到聖所中。有時祭司不把血帶到聖所中，但祭牲的肉必須由祭司吃掉，正如摩西吩咐亞倫的子孫說：「主又給了你們，為要你們擔當會眾的罪孽」(利10:17)，這兩種禮節都是同樣預表罪愆從懺悔者的身上轉移到聖所中。

這種工作日復一日地進行著，一年到頭都是如此。以色列人的罪既是這樣被移到聖所內，因此便需要一種特別的工作來清除這些罪。上帝曾吩咐人要為這兩層聖所各行贖罪之禮。「他因以色列人諸般的污穢、過犯，就是他們一切的罪愆，當這樣在聖所行贖罪之禮，並因會幕在他們污穢之中，也要照樣而行。」祭壇上也必須行贖罪之禮，為要「潔淨了壇，從壇上除掉以色列人諸般的污穢，使壇成聖。」(利16:16，19)

一年一度，在贖罪日，大祭司要進到至聖所，作潔淨聖所的工作。這種工作就把全年的崇祀作一個結束。在這贖罪日，祭司要帶兩隻公山羊到聖幕門口，為牠們拈鬮，「一鬮歸與耶和華，一鬮歸與阿撒瀉勒。」(利16:8) 那歸與耶和華的羊，便要被殺，作為百姓的贖罪祭。大祭司要把牠的血帶到聖所的幔內，彈在施恩座上面和前面。同時這血也要彈在幔子前面的香壇上。

亞倫要「兩手按在羊頭上，承認以色列人諸般的罪孽過犯，就是他們一切的罪愆，把這罪都歸在羊的頭上，藉著所派之人的手，送到曠野

去。要把這羊放在曠野,這羊要擔當他們一切的罪孽,帶到無人之地。」(利16：21、22)這隻歸與阿撒瀉勒的羊不再進到以色列人的帳棚中,至於那帶這隻羊到曠野去的人,在他進營之前必須洗淨身體和衣服。

這個儀式旨在讓以色列人銘記上帝的聖潔和祂對罪惡的憎惡;並要向他們說明:他們若與罪接觸,便不能不沾染污穢。當這贖罪工作正在進行的時候,每一個人要「刻苦己心」,把一切事務放下,無論何工都不可做。以色列全會眾在這一天要在上帝面前嚴肅謙卑、祈禱、禁食,並深刻地省察自己的心。

這表號性的崇祀對於贖罪的重要真理富含教訓。罪人雖然有了一個替身;但犧牲的血並沒有立即把罪債勾消,只是預備方法把罪移到聖所。藉著血的奉獻,罪人承認了律法的權威和自己干犯律法的罪,並表示自己信仰一位未來的救贖主,使自己的罪孽得蒙赦免;雖然如此,罪人還沒有全然脫離律法的制裁。在贖罪日,大祭司既從會眾那裡取了一個祭物,就把這祭物的血帶進至聖所中,彈在那遮蓋律法的施恩座上,藉以滿足律法的要求。然後,他以中保的資格把罪負在自己身上,帶出聖所。隨後他兩手按在那歸與阿撒瀉勒的山羊頭上,把這些罪都認了,這樣就在表號中把罪都轉移到羊身上。然後,這隻羊便擔當罪孽出去,被放逐在曠野,這些罪便永遠與百姓隔絕了。

以上崇祀的禮節是在那按著「天上事的形狀和影像」所造的聖所中舉行的。地上聖所中所行各種表號性的崇祀,在天上的聖所中都要真實執行。我們的救主在升天之後就開始了他作為我們的大祭司的工作。保羅說:「基督並不是進了人手所造的聖所(這不過是真聖所的影像),乃是進了天堂,如今為我們顯在上帝面前。」(來9：24)

在全年之中,祭司都是在第一層的聖所裡,也就是在那分隔聖所與外院的「幔子內」供職,這是代表基督升天之後的職務。地上祭司每天的職務是把贖罪祭物的血,以及那和以色列人的祈禱一同上升的香,奉獻在上帝面前。照樣,基督也在天父面前用自己的血為罪人代

求，同時也把自己公義的馨香與悔改信徒的祈禱一同獻在天父面前。這就是天上第一層聖所裡的工作。

當基督在門徒眼前升天之後，他們的信心就隨著祂進入聖所。他們的盼望都集中於此，正如保羅所說的：「我們有這指望，如同靈魂的錨，又堅固又牢靠，且通入幔內。作先鋒的耶穌，……成了永遠的大祭司」，「並且不用山羊和牛犢的血，乃用自己的血，只一次進入聖所，成了永遠贖罪的事。」(來6：19、20；9：12)

基督曾在第一層聖所中執行這贖罪的工作1800多年。祂的血為悔改的信徒代求，從父那裡領受饒恕和悅納；同時他們的罪還留在記錄冊上。在地上聖所的表號崇祀中，到一年結束時，必有一番贖罪的工作；照樣，在基督為人類所做的救贖工作完成之前，也要行贖罪的工作，從聖所中清除罪跡。這就是在二千三百日結束時開始的工作。那時，按著先知但以理所預言的，我們的大祭司進了至聖所，去執行這嚴肅工作的最後一部分，就是潔淨聖所。

古時的百姓如何憑著信心把罪放在贖罪祭牲上，並在表號上藉著牠的血將罪移到地上的聖所中；照樣，在新約時代，悔改的人必須憑著信心把罪放在基督身上，將罪實際移到天上的聖所中。再者，這潔淨地上聖所表號性的工作必須如何把那污穢聖所的罪除掉才能完成；照樣，那潔淨天上聖所的實際工作也必須把那記錄在聖所裡的罪除掉或是塗抹，然後才能完成。但在完成這事之前，必須有一番審查記錄冊的工作，以便決定誰是因悔罪改過且信仰基督，而有資格得蒙救贖的人。從此看來，潔淨聖所的工作勢必包括一種審查案卷，也就是審判的工作。這種工作必須在基督來救贖祂子民之前完成；因為在祂來的時候，祂是要帶著賞罰，照各人所行的報應他(見啟22：12)。

這樣，那些隨著預言的亮光而研究聖所的人，到此便恍然大悟，知道在二千三百日結束的1844年，基督不是要來到地上，乃是要進入天上的至聖所裡去執行結束贖罪的工作，準備復臨。

　　此外他們也看出，贖罪的祭物預表基督作為犧牲，同時大祭司也是預表基督作中保，歸於阿撒瀉勒的羊則預表罪惡的創始者撒但，凡真實悔改之人的罪，最後都要歸到他的頭上。當大祭司憑著贖罪祭物之血的功勞，把罪從聖所中移出去時，他就將罪卸在阿撒瀉勒之羊的身上。照樣，當基督憑自己血的功勞把祂百姓的罪從天上聖所中移出，來結束祂的服務工作時，祂便要將這罪卸在撒但身上；在執行審判的時候，撒但必承受最後的懲罰。那歸於阿撒瀉勒的羊要被流放至渺無人煙之地，永不再回到以色列的會眾中。照樣，撒但也必從上帝和祂的百姓面前，被永遠驅逐，並在罪惡與犯罪之人所遭受的最後毀滅中永遠消滅。

第二十四章
在至聖所中

　　聖所的主題乃是一把鑰匙，打開了1844年失望的奧祕。它使人看出一個有系統，且彼此關聯、互相符合的真理，顯明上帝的手曾指引這偉大的復臨運動，並且說明上帝子民的地位和工作，以此向他們指出他們當前的本分。從前耶穌的門徒怎樣經過苦悶和失望的悲慘之夜，而後看見主就歡喜，照樣，那些憑著信心仰望祂二次復臨的人這時也就喜樂了。他們曾盼望主在榮耀中顯現，給他的僕人帶來報賞。及至他們的希望變為失望，他們便看不到耶穌，而像馬利亞在墓園中一樣地哭喊說：「有人把我主挪了去，我不知道放在哪裡。」(約20：13) 這時他們在至聖所中又見到了主，這位慈悲的大祭司不久就要作他們的王和拯救者了。從聖所發出來的亮光照明了過去、現今與將來。他們知道上帝已經按祂絕無錯誤的旨意引導了他們。他們雖然像早期的門徒一樣，沒有完全瞭解自己所傳的信息，但這信息在各方面仍是正確的。他們在宣傳這信息中已經實現了上帝的旨意；他們的勞苦在主裡面不是徒然的。他們既「重生了我們，叫我們有活潑的盼望」，就「有說不出來滿有榮耀的大喜樂」。

　　〈但以理書〉8章14節的預言——「到二千三百日，聖所就必潔淨」，以及第一位天使的信息——「應當敬畏上帝，將榮耀歸給祂！因祂施行審判的時候已經到了」(啟14：7)，這兩處經文都是指基督在至聖所中的服務和查案審判的工作，而不是指著基督復臨來救贖祂的子民，並毀

滅惡人。他們對於預言時期的解釋並沒有錯誤，只是錯解了二千三百日結束時所要發生的事。由於這個錯誤，信徒們遭受了一場失望之苦。雖然如此，先知所預言的一切話，以及他們在聖經上所期待的一切，到底還是實現了。正在他們失望憂傷的時候，信息中所預言的事，也就是那必須在主降臨賞賜祂僕人之前所要應驗的事，卻實現了。

基督已經來了，但不是照著他們所希望的來到地上，而是照著表號所預指的來到上帝天上之殿的至聖所中。祂來到亙古常在者面前，正如古時先知但以理所形容的：「我在夜間的異象中觀看，見有一位像人子的，駕著天雲而來」──不是來到地上，而是「被領到亙古常在者面前」(但7：13)。

先知瑪拉基也曾預言祂這次到來的情形，說：「萬軍之耶和華說：『……你們所尋求的主必忽然進入祂的殿；立約的使者，就是你們所仰慕的，快要來到。』」(瑪3：1)主來到祂的殿中是突然出現的，對於祂的子民是出於意料之外的；因為他們並沒有想到祂會在那裡出現。他們乃是盼望祂來到地上，「在火焰中顯現，要報應那不認識上帝和那不聽從我主耶穌福音的人。」(帖後1：7、8)

但是一般信徒還沒有預備好迎見他們的救主。還有一番預備的工作要為他們成就。有亮光要賜給他們，將他們的心思意念指引到上帝在天上的殿；及至他們憑著信心跟從那位在至聖所服務的「大祭司」時，就必有新的本分顯示出來。而且還有一個警告與教導的信息必須傳給教會。

先知曾說：「祂來的日子，誰能當得起呢？祂顯現的時候，誰能立得住呢？因為祂如煉金之人的火，如漂布之人的鹼。祂必坐下如煉淨銀子的，必潔淨利未人，熬煉他們像金銀一樣；他們就憑公義獻供物給耶和華。」(瑪3：2、3)當基督在天上的聖所中停止祂中保工作的時候，那些活在地上的人就要直接立在聖潔的上帝面前，而再沒有中保了。他們的衣袍必須是無玷污的，他們的品性必須是被血彈過而純潔無罪

的。藉著上帝的恩典和他們自己的勤勉努力，他們必須與罪惡搏鬥而得勝。當天上進行查案審判、悔改信徒的罪要從天上聖所被移除之時，上帝在地上的子民之中也要進行一項特別的潔淨和除罪的工作。這項工作在〈啟示錄〉第14章的信息中描述得更為清楚。

當這個工作完成之後，基督的信徒就已準備好等候祂的顯現。「那時，猶大和耶路撒冷所獻的供物必蒙耶和華悅納，彷彿古時之日、上古之年。」(瑪3：4) 到那日，我們的主在降臨時所要領受歸自己的教會，必是一個「榮耀的教會，毫無玷污、皺紋等類的病」(弗5：27)，她也要「向外觀看、如晨光發現、美麗如月亮、皎潔如日頭、威武如展開旌旗軍隊的」(歌6：10)。

先知瑪拉基除了曾預言主來到聖殿的情形之外，也曾提到祂的復臨，就是祂來執行審判的時候，他說：「萬軍之耶和華說：『我必臨近你們，施行審判。我必速速作見證，警戒行邪術的、犯姦淫的、起假誓的、虧負人之工價的、欺壓寡婦孤兒的、屈枉寄居的，和不敬畏我的。』」(瑪3：5) 猶大也曾提到這同一情景，說：「看哪，主帶著祂的千萬聖者降臨，要在眾人身上行審判，證實那一切不敬虔的人所妄行一切不敬虔的事」(猶14、15)，祂的這一次來臨，與祂的「來到祂的殿」，是兩件截然不同的事。

〈但以理書〉8章14節說，我們的大祭司基督來到至聖所，做潔淨聖所的工作，以及〈但以理書〉7章13節提到人子來到亙古常在者面前，還有先知瑪拉基預言主來到祂的殿，這三個經文都是敘述同一件事；並且這件事也就是基督在〈馬太福音〉第25章，十個童女的比喻中所說新郎來娶親的事。

在1844年的夏、秋兩季，「新郎來了」的呼聲發出，聰明的童女和愚拙的童女所代表的兩等人此時便顯明出來了。一等人歡喜仰望主的顯現，他們曾經殷勤預備要迎見祂；另一等人卻出於畏懼的心理，或出於情感的衝動，只滿足於真理的理論，而缺乏上帝的恩典。在比喻中，

新郎來的時候,「那預備好了的,同祂進去坐席。」從這裡就可以看出新郎的來臨,乃是在舉行婚禮之前。這婚禮代表基督承受了祂的國度。這國的首都與代表,乃是聖城新耶路撒冷,也被稱為「新婦,就是羔羊的妻」。天使對約翰說,「你到這裡來,我要將新婦,就是羔羊的妻,指給你看。」先知說,「我被聖靈感動,天使就帶我到一座高大的山,將那由上帝那裡、從天而降的聖城耶路撒冷指示我。」(啟21:9、10) 在這裡很明顯地可以看出,新婦是代表聖城,那去迎接新郎的童女,則代表教會。〈啟示錄〉的預言稱上帝的子民為婚姻筵席上的賓客 (見啟19:9)。他們既是賓客,則自然不能也是新婦。先知但以理宣稱,基督要從天上互古常在者那裡承受「權柄、榮耀、國度」,並要承受這國度的首都新耶路撒冷,因她「預備好了,就如新婦妝飾整齊,等候丈夫」(但7:14;啟21:2)。在祂承受了國度之後,祂要在榮耀中降臨,作萬王之王、萬主之主,來救贖祂的子民,使他們「在天國裡與亞伯拉罕、以撒、雅各一同坐席」(太8:11),共享羔羊的婚筵。

在1844年夏所發出的、「新郎來了」的呼聲,激起了成千成萬的人盼望主立即降臨。到了預定的時候新郎來了,但卻不是按照一般人所盼望的來到這個地上,而是來到天上互古常在者的面前舉行婚禮,接受祂的國度。「那預備好了的,同祂進去坐席,門就關了。」他們並不是親自去參加婚禮,因為那婚禮是在天上舉行的,而他們卻仍在地上。基督的信徒乃是要「等候主人從婚姻的筵席上回來」(路12:36)。然而他們卻要明白祂的工作,並要本著信心跟隨祂進到上帝前。在這種形式之下,他們可以說是去參加那婚禮了。

比喻中說明那些去參加婚禮的人,都是提著燈並在器皿中預備油的。凡擁有聖經真理的知識,有上帝的聖靈和恩惠,又在痛苦試煉的黑夜裡忍耐等候、查考聖經、尋求更清明亮光的人,都認識了有關天上聖所以及救主更換職務的真理,他們本著信心仰望祂在天上的聖所中供職。所以凡憑著聖經的見證接受相同真理的人,又本著信心仰望基督、看祂進到上帝面前執行祂末後的中保工作,並在這工作結束時承受祂

的國度的這一等人，正可以說是去參加婚禮了。

在〈馬太福音〉第22章中，也提到與此相同的婚姻比喻，這裡很清楚地說明，查案審判是在婚禮之前舉行的。在婚禮之前，王進來觀看賓客 (見太22：11)，要看這些人是否都穿著婚姻的禮服，是否具有那在羔羊的血中洗淨潔白、毫無污穢的品格 (見啟7：14)。凡沒有穿這禮服的人必被趕逐出去，但那些在檢查時身穿禮服的人，便要蒙上帝的悅納，並被認為配得享受祂的國度，又要與祂一同坐在祂的寶座上。這種審查品格，並決定誰配進入上帝之國的工作，就是查案審判，也就是天上聖所中最後的工作。

在查案工作結束，歷代自稱為基督信徒者的案件都被檢查審定之後，試驗的時期便要結束，恩典的門也就關閉了。這樣，「那預備好了的，同祂進去坐席，門就關了」，這一句話包括救主的最後一段服務時期，一直到拯救人類的偉大工作完成為止。

我們已經研究過，地上聖所的崇祀乃是天上聖所崇祀的表號。在地上聖所的崇祀中，大祭司在贖罪大日要進到至聖所裡，同時，那第一層聖所中的供奉也停止了。上帝吩咐說：「他進聖所贖罪的時候，會幕裡不可有人，直等到他為自己和本家並以色列全會眾贖了罪出來。」(利16：17) 照樣，當基督進到至聖所欲執行贖罪之工的最後階段時，祂就停止了在第一層聖所中的職務。但在第一層聖所中的職務停止時，同時祂在第二層聖所中的職務便開始了。在表號性的地上聖所崇祀中，大祭司在贖罪日離開聖所時，他便進到上帝面前，為一切真心悔罪改過的以色列人，奉獻贖罪祭牲的血。照樣，基督也只是先完成了中保工作的第一部分，然後再開始第二部分的工作，在天父面前仍然為罪人獻上自己的寶血。

1844年的復臨信徒沒有看明這一番真理。所以在他們所盼望救主復臨的時期過去之後，他們仍相信主的降臨已近；他們以為自己已經面臨到一個重大的轉機，而且基督在上帝面前為人類作中保的工作已

經停止了。據他們看來，聖經教導的是：在主駕著天上的雲降臨之前的一個短暫時期中，人類的恩典時期就必結束。這顯然是聖經的教訓，因為有經文說，到了一個時候，人要尋求、叩門，並在恩典的門前哭號，但門卻不再開了。所以當日的信徒就有了疑問：他們先前所盼望基督降臨的日子，會不會就是這個短暫時期的開始，而後緊接著就是基督復臨呢？他們既已傳揚審判近了的警告，便覺得自己為世人所做的工作已經完成了，他們就不覺得自己還有責任去拯救罪人。同時那些不信上帝的人大膽的褻瀆和譏誚，使他們覺得這又是一個憑據，證明上帝的靈已經從那些拒絕祂恩典的人身上收回了。凡此一切都使他們越發深信，人類的寬容時期已經結束了，正如他們當時所說：「恩典之門已經關閉了。」

但在他們查考聖所題目的時候，他們便得了更清楚的亮光。他們現在看出了自己所相信的：在二千三百日終止的1844年必有重大的轉機，這是正確的。1800年以來，罪人藉以進到上帝面前的那一個盼望與恩典之門，這時雖然已經關閉，但另有一扇門敞開了，而且藉著基督在至聖所中的中保工作，有赦罪的恩典賜給世人。祂已結束了祂職務的一部分，而開始了另一部分。天上的聖所還有一扇「敞開的門」，基督正在那裡為罪人服務。

基督在〈啟示錄〉中對這個時期的教會所說的話，他們到了此時才看出其中的用意：「那聖潔、真實、拿著大衛的鑰匙、開了就沒有人能關、關了就沒有人能開的，說：我知道你的行為，……看哪，我在你面前給你一個敞開的門，是無人能關的。」(啟3：7、8)

在耶穌執行贖罪的偉大工作時，凡本著信心仰望祂進行贖罪工作的人，才能領受祂為他們作中保的幫助；而那些拒絕這使他們明白此種服務工作之亮光的人，卻得不到幫助。那些拒絕基督第一次降臨時所發的亮光，又不肯相信祂是世人之救主的猶太人，絕不能靠祂得蒙救罪。當耶穌升天，帶著自己的血進入天上的聖所，為祂的門徒作中保求福的時候，猶太人卻仍留在黑暗之中，繼續的進行他們那無用的獻

祭與供奉。那屬於表號和影像的崇祀已經停止了。先前可以通到上帝面前的門也已關閉了。猶太人已經拒絕那尋見上帝的唯一方法，不肯藉天上聖所的崇祀去尋求祂；故此他們無法與上帝交通。對於他們，那門是關著的。他們既不承認基督為真正的犧牲和在上帝面前的唯一中保，所以他們便不能得到祂為他們作中保的幫助了。

從前不信之猶太人的景況，正刻畫了那些故意不明白慈悲大祭司之工作的、許多徒具虛名之基督徒所有的輕率和不信的態度。在表號性的崇祀中，當大祭司進到至聖所時，以色列全會眾都要聚集在聖所的附近，以極莊嚴的態度在上帝面前存謙卑的心，以便得蒙赦罪，而不至從民中被剪除。在這實際的贖罪日上，我們豈不更應當明白大祭司的工作，並知道主要我們盡的本分！

人若拒絕上帝慈悲的警告，就不能避免責罰。在挪亞的時代，上天曾發給世人一道警告，他們的得救與否全在乎他們怎樣看待這個警告。他們既然拒絕，上帝的靈就從犯罪作惡的人身上收回；結果，他們便在洪水中滅亡了。在亞伯拉罕的時代，所多瑪城的居民惡貫滿盈，上帝的慈悲就不再懇勸他們了，結果，除了羅得和他的妻子與兩個女兒之外，全城的人都被從天上降下的火所燒滅。基督的時代也是這樣。上帝的聖子向當時不信的猶太人宣告說：「看哪，你們的家成為荒場留給你們。」(太23：38) 這位無窮大能的主展望到末日的情形，論到那些「不領受愛真理的心，使他們得救」的人宣告說：「故此，上帝就給他們一個生發錯誤的心，叫他們信從虛謊，使一切不信真理、倒喜愛不義的人都被定罪。」(帖後2：10-12) 他們既拒絕了上帝的道，上帝便收回自己的聖靈，任憑他們隨從自己所喜愛的欺騙。

但基督現今還在為人類代求，所以祂要賜亮光給那些尋求的人。復臨信徒當初雖然沒有看明這一點，但及至那說明他們真實處境的經文向他們展開之後，他們就明白了。

既然1844年的定期已過，那些堅持復臨信仰的人便面臨一段嚴重

的考驗時期。就他們的真實處境而論，他們唯一的安慰，就是那引導他們的思想轉向天上聖所的亮光。有一些人不再相信自己先前對於預言時期的算法，並把復臨運動所呈現的聖靈大能的感化，歸之於人或撒但的作為。但還有一等人卻堅信他們過去的經驗乃是主所引導的，因此他們便等待、警醒、祈求，要明白上帝的旨意，結果他們看出他們的大祭司已經進入救贖工作的另一階段，他們便憑著信心跟從祂，於是也看明了教會最後的工作。他們已經更清楚地瞭解第一和第二位天使的信息，並且預備好了，可以接受〈啟示錄〉第14章第三位天使的嚴肅警告，並把它傳給世人。

第二十五章
上帝不變的律法

「上帝天上的殿開了，在祂殿中現出祂的約櫃。」(啟11：19) 上帝的約櫃安放在聖所的第二層、也就是至聖所中。在這「本是天上事的形狀和影像」的地上聖所之崇祀中，只有在贖罪大日，才能進入這第二層聖所，執行潔淨聖所之禮。因此，約翰宣佈「上帝天上的殿開了，在祂殿中現出祂的約櫃」，是指著1844年天上的至聖所開啟，基督進到裡面去執行贖罪的最後工作。凡本著信心跟隨他們大祭司進入至聖所的人，便得以看見上帝的約櫃。他們在研究聖所的主題之後，便明白救主的職務有了變更，並且看見祂這時正在上帝的約櫃之前供職，用自己的血為罪人代求。

在地上聖所的約櫃中，藏有兩塊石板，上面刻著上帝的十條誡命。這櫃不過是保藏這兩塊法版的器皿；而且這櫃之所以成為貴重而神聖，乃是因為其中神聖的誡命。當上帝天上的殿開了，祂的約櫃便顯了出來。在天上的至聖所中，藏有上帝的律法——這乃是祂在西乃山上的雷聲之中親口宣佈，並親自用指頭寫在石版上的。

在天上聖所中的上帝律法，乃是偉大的原件。那些刻在石版上，並由摩西記錄在他所著的五經中的律法，乃是真確無誤的副本。凡能明白這一重要真理的人便可以看出上帝律法的神聖性與不變性。他們前所未有地體會到救主話中的能力：「就是到天地都廢去了，律法的一點一畫也不能廢去。」(太5：18)，上帝的律法既是祂旨意的啟示，是祂

品德的寫真,就必「如天上確實的見證」存到永遠。上帝並沒有取消誡命中的任何一條,也沒有廢掉其中的一點一畫。詩人說:「耶和華啊,祢的話安定在天,直到永遠。」、「祂的訓詞都是確實的,是永永遠遠堅定的」(詩119:89;111:7、8)。

正像最初頒佈律法的時候一樣,第四誡仍是十誡的中心:「當記念安息日,守為聖日。六日要勞碌作你一切的工,但第七日是向耶和華——你上帝當守的安息日。這一日你和你的兒女、僕婢、牲畜,並你城裡寄居的客旅,無論何工都不可做;因為六日之內,耶和華造天、地、海,和其中的萬物,第七日便安息,所以耶和華賜福與安息日,定為聖日。」(出20:8-11)

上帝的靈感動了那些研經之人的心。他們深深地覺悟自己過去一直忽視了創造主的安息日,無意中干犯了這條誡命。他們開始查考,為什麼人要遵守七日的第一日來取代上帝所定為聖的日子。他們在聖經中找不出憑據證明第四誡已經廢去,或是安息日已經更改了;當初賜與第七日的福氣,也始終沒有變動。他們素來是誠心追求明白並願實行上帝旨意的;現在他們既看出自己干犯了上帝的律法,便滿心憂傷,並立即開始遵守主的安息日來表明自己是忠於上帝的。

敵人多次努力想要推翻他們的信仰。人人都能看出,如果這地上的聖所真是天上聖所的樣式和模型,那麼地上約櫃中所藏的律法,自然必定也是天上約櫃之律法的真確副本;並且人若接受這有關天上聖所的真理,他也不得不承認上帝律法的要求,以及遵守第四誡安息日的義務。正因為人們反對這種真理,所以他們對於聖經中、有關基督在天上聖所服務之前後一貫的解釋,也就起了劇烈而堅決的反對。人們竟想關閉上帝開啟的門,並打開上帝關了的門。但那位「開了就沒有人能關、關了就沒有人能開」的主卻說:「看哪,我在你面前給你一個敞開的門,是無人能關的。」(啟3:7、8)基督已經開了至聖所的門,也開始在那裡服務,所以有亮光從祂所開的門中照射出來,顯明第四誡仍然列在至聖所的律法之中;凡是上帝所建立的,沒有人能推翻。

　　凡已經接受亮光，明白基督的中保工作和上帝律法之永恆性的人，都發現這些真理正是〈啟示錄〉第14章所顯明的。這一章經文的信息乃是一個三重的警告（見附錄第18頁「三天使的信息」），為要預備地上的居民迎見主的復臨。「祂施行審判的時候已經到了」的宣告，乃是指著基督為拯救人類而做的最後一段工作。這個宣告傳出一個真理，這真理必須一直傳到救主的中保工作結束，和祂復臨接祂的子民去與祂同住的時候。在1844年開始的審判工作必須繼續下去，直到死人和活人的一切案件都決定為止。這樣看來，這審判的工作是要延續到人類的寬容時期結束為止。為幫助人可以在審判之日站立得住，這信息便吩咐：「應當敬畏上帝，將榮耀歸給祂」、「應當敬拜那創造天地海和眾水泉源的。」這裡也提到接受這信息的結果，說：「聖徒的忍耐就在此。他們是守上帝誡命和耶穌真道的。」可見人若要預備應付審判，就必須遵守上帝的律法。這律法將要在審判之日作為衡量世人品格的標準。使徒保羅說：「在上帝藉耶穌基督審判人隱祕事的日子」、「凡在律法以下犯了罪的，也必按律法受審判」、「原來在上帝面前，……乃是行律法的稱義。」(羅2：12-16) 人若守上帝的律法，信心乃是首要的；因為「人非有信，就不能得上帝的喜悅」，並且「凡不出於信心的都是罪」(來11：6；羅14：23)。

　　第一位天使呼召人「應當敬畏上帝，將榮耀歸給祂」，並要敬拜祂為創造天地的主。為了要做到這一點，他們就必須順從祂的律法。智慧人說：「敬畏上帝，謹守祂的誡命，這是人所當盡的本分。」(傳12：13)人若不順從上帝的誡命，他的敬拜就不能蒙上帝的喜悅。「我們遵守上帝的誡命，這就是愛祂了」，「轉耳不聽律法的，他的祈禱也為可憎。」(約壹5：3；箴28：9) 人應當敬拜上帝的理由乃是因為祂是創造主，而且所有的眾生都因祂而存。所以在聖經中，每逢提到上帝要人尊崇敬拜祂為超乎異邦萬神之上的時候，總是引述祂創造的權能為明證。「外邦的神都屬虛無；惟獨耶和華創造諸天。」(詩96：5)「那聖者說：你們將誰比我，叫他與我相等呢？你們向上舉目，看誰創造這萬象」，「創造諸天的耶和華，製造成全大地的上帝，……祂如此說：我是耶和華，再沒有

別神。」(賽40：25、26；45：18)詩人說：「你們當曉得耶和華是上帝！我們是祂造的，也是屬祂的」、「來啊，我們要屈身敬拜，在造我們的耶和華面前跪下。」(詩100：3；95：6)天上許多敬拜上帝的聖潔生靈，也提出他們尊崇祂的理由：「我們的主，我們的上帝，祢是配得榮耀、尊貴、權柄的；因為祢創造了萬物。」(啟4：11)

在〈啟示錄〉第14章，天使呼喚人應當敬拜創造主；這預言提到一群因三重警告的結果而遵守上帝誡命的人。在誡命之中，有一條直接指明上帝為創造主。第四誡說：「第七日是向耶和華——你上帝當守的安息日。……因為六日之內，耶和華造天、地、海，和其中的萬物，第七日便安息，所以耶和華賜福與安息日，定為聖日。」(出20：10、11)論到安息日，主耶和華又說：「這日在我與你們中間為證據，使你們知道我是耶和華——你們的上帝。」(結20：20)祂又提出理由，說：「因為六日之內耶和華造天地，第七日便安息舒暢。」(出31：17)

「安息日之成為創造工作的紀念，其要點乃在乎它時常向人指出應當敬拜上帝的真正理由」，——因為祂是創造主，我們是祂造的。「因此，安息日乃是神聖敬拜的真基礎；它以最動人的方式，發揮這偉大的真理，這是任何其他制度所無法做到。敬拜上帝的真正基礎，不單指在第七日的敬拜，而是指一切的敬拜顯明在創造主與受造之物中間的區別上。這個偉大的事實，永遠不會廢去，也永遠不可忘記。」[1]上帝之所以在伊甸園制定安息日，乃是要把這個真理時常擺在人面前，所以何時我們仍以祂為我們的創造主而敬拜祂，則同時安息日也要繼續存留，作為這個事實的證明和紀念。如果安息日一直被普遍遵守的話，則人類的思想與情感便要一直歸向創造主，以祂為尊崇敬拜的對象，而世上也就不會有拜偶像的人、無神論者或懷疑論者了。遵守安息日乃是一個證據，表明遵守的人是忠於那「創造天、地、海和眾水泉源」的真上帝。因此，在發出那吩咐人敬拜上帝並守祂誡命的信息之後，接著便特別呼召他們要謹守第四條誡命。

在那些守上帝誡命和耶穌真道的人之外，第三位天使又提出了另

一群人作為對照,並發出一個莊嚴可畏的警告,來攻擊他們的異端謬論:「若有人拜獸和獸像,在額上或在手上受了印記,這人也必喝上帝大怒的酒。」(啟14:9、10)我們若要明白這道信息的意義,就必須用一種正確的方法來解釋這些表號。這裡所提到的獸、獸像、印記等,究竟是代表什麼呢?

這預言的表號線索可以在〈啟示錄〉第12章的開篇中找到,就是那在基督降生時要毀滅祂的龍。這龍就是撒但(見啟12:9),他曾鼓動希律王設法害死救主。後來在基督教初期的兩百年中,撒但用來打擊基督和祂子民的就是羅馬帝國,在這個帝國中,異教盛行;所以這龍一方面代表撒但,同時也代表信奉異教的羅馬國。

〈啟示錄〉第13章論到另一個獸,牠的形狀「像豹,……那龍將自己的能力、座位,和大權柄都給了牠」。大多數的改正教都相信這個表號是代表羅馬教皇,因為他是承襲了古羅馬帝國的能力、座位和權柄的。先知提到這個形狀像豹的獸,說:「又賜給牠說誇大褻瀆話的口,……就開口向上帝說褻瀆的話,褻瀆上帝的名並祂的帳幕,以及那些住在天上的。又任憑牠與聖徒爭戰,並且得勝;也把權柄賜給牠,制服各族、各民、各方、各國。」這段預言與〈但以理書〉第7章所記載的小角大致相同,毫無疑問的指向羅馬教皇。

先知也說:「又有權柄賜給牠,可以任意而行四十二個月。」又說:「我看見獸的七頭中,有一個似乎是受了死傷。」後來又說:「擄掠人的必被擄掠;用刀殺人的必被刀殺。」(啟13:1-10)這裡所提到的42個月是與〈但以理書〉第7章的「一載,二載,半載」——即三年半,或一千二百六十日,是同一個預指教皇掌權壓迫上帝子民的時期。我們已經在先前的幾章中提過,這一段時期從公元538年教皇興起的時候開始,直到1798年為止。屆時,教皇被法國軍隊擄去,他的權勢「似乎是受了死傷」,預言的話便應驗了,「擄掠人的必被擄掠。」

在這一個階段裡預言又提出另一個表號。先知說「我又看見另有

一個獸從地中上來，有兩角如同羊羔」(啟13:11)，這個獸的形狀和興起的方式，都說明牠所代表的國家與先前幾個表號所代表的國家不同。歷代以來統治世界的幾個大帝國，先知但以理在四大猛獸的預言中已經提過了；他提到那些國度興起的時候，有「天的四風陡起，颳在大海之上」。(但7:2) 在〈啟示錄〉第17章中有一位天使解釋說「眾水，就是多民、多人、多國、多方」(啟17:15)。「風」代表戰爭的風雲。「天的四風陡起，颳在大海之上」，代表那些國度在戰爭和叛亂的慘狀中興起。

但這個兩角像羊羔的獸，卻是「從地中上來」的。這個國家既不是由於征服別的國家而興起，就必是在未曾有人佔領過的疆土上，漸漸和平地成長起來的。她不可能是在人煙稠密和邦國紛爭頻仍的舊世界——即「多民、多人、多國、多方」的波濤洶湧之海中興起。她必是在新大陸出現的。

在公元1798年，在新大陸上有哪一個強盛偉大，並博得世人注意的國家興起呢？這個表號在此就可以肯定了。有一個國家，而且只有這個國家應驗了預言中所提出的各種特點，那就是美國。許多歷史家和演說家，也常在不知不覺中一再採用了聖經的口吻，幾乎可以說是原文的字眼，來形容美國的興起與成長。聖經中提到這個獸是「從地中上來」。這裡所用的「上來」一詞，據許多的譯經家說：其原文字義乃是「像一棵植物生長出來」。再者，照我們先前所指出的，該國必須是在先前沒有人佔領過的疆土中興起。一位著名作家曾如此形容美國的興起，說「她從荒涼之地神祕地出現」，又說「我國好像一粒無聲無息的種子，生長成為一個大國」。[2] 在1850年，歐洲有一本雜誌曾評論美國為一個偉大的國家，說她「在寂靜之地出現，權力與光榮日見增長」。[3] 愛德華·艾瑞特 (Edward Everett) 曾在一次演說中提到美國的創業先祖們，說「他們豈是僅僅來尋找一片淨土，以便歸隱，不遭人的侵犯，而在遙遠偏僻的地方，生活安全，使這小小的來頓教會可以享受信仰自由的權利嗎？看哪，他們在和平的征服中，竟得了這麼一片大地，……豎起了十字架的旌旗。」[4]

這獸「有兩角如同羊羔」。這如同羊羔的兩角象徵著青春、純潔與柔和；這正是先知看見美國在1798年「上來」時的情形。那些最先逃到美國的基督徒原是要尋找一個避難所，以便脫離君王和神父的逼迫；因此他們便決定在政治自由與宗教自由的基礎上建立一個政府。《美國獨立宣言》便說明了這偉大的真理：「人人生而平等」，並賦有不可侵犯之「生命權、自由權和求幸福的權利」。而且憲法也保障人民有自治的權利，由公眾投票，推選代表來制定並執行律法；同時也承認人民有宗教信仰的自由，容許人人本著良心的指示去敬拜上帝。共和主義與改正教主義成為國家的基本原則；這些原則就成了該國權勢和繁榮的祕訣。凡在基督教界中遭受壓迫和蹂躪的人，無不懷抱著關注與希望的心情來到該地。千萬人飄洋過海至此地，於是美國便興起而躋身地上列強之林了。

但這個「兩角如同羊羔」的獸卻「說話好像龍。牠在頭一個獸面前，施行頭一個獸所有的權柄，並且叫地和住在地上的人拜那死傷醫好的頭一個獸。……就迷惑住在地上的人，說：『要給那受刀傷還活著的獸作個像。』」(啟13：11-14)

表號中有兩角如同羊羔，說話好像龍，表明這個國家在其主張與行動之間存在著驚人的矛盾。一個國家的「說話」就是該國立法與司法當局的行動。藉著這種行動，它就把先前提出作為國家政治基礎的自由與和平的原則推翻了。預言中說到牠「說話好像龍」，並且要「施行頭一個獸所有的權柄」，這明顯預言這個國家將發展一種偏狹和逼迫的傾向，正如那龍與像豹的獸所代表的國家一樣。預言中又提到這兩角如同羊羔的獸，要「叫地和住在地上的人，拜那死傷醫好的頭一個獸」。這說明這個國家當局將要強迫人民遵守某一條法令，這法令就是一種敬拜教皇的行為。

這樣的行為與美國立國的原則，自由公正的制度，及其率直而嚴肅的《獨立宣言》和《美國國家憲法》，都是背道而馳的。美國的創立者曾賢明地設法防止教會利用政治勢力，以及其必然造成的偏見和逼迫

之事，所以在憲法上制定了「國家不得制定有關設立宗教或禁止行使宗教權利的法律」，並且「不得以任何宗教信仰作為美國公務員的必備資格」。由此可見政府當局唯有在公然破壞這些保障人民自由權利的法令之後，才能強迫實行這有關宗教禮節的事。但是主義與行動之間的矛盾，也正是預言表號中所披露的。那說話像龍的也正是那自稱是純潔、溫和與馴良並有兩角如同羊羔的獸。

牠迷惑住在地上的人，說：「他們（原文they）要給那受刀傷還活著的獸作個像。」這話很明白地指出，這個政府的立法權柄是屬於人民的；這一點乃是最顯著的憑據，證明這預言中的國家就是美國。

但是，「獸的像」又是什麼呢？它是如何形成的？這個像是兩角如同羊羔的獸所作的，又是給頭一個獸作的，也是依照獸的樣式而作的。既要知道「獸像」是什麼樣式，又是如何形成的，我們就必須研究這個獸本身——即羅馬教及其特點。

在早期教會因偏離福音純樸的本質並接受異教的儀式和風俗而變得腐敗，又失去上帝的聖靈與能力之後，她為了要操縱人民的良心，便尋求政治權力的支持。結果，便出現了羅馬教的教廷制度，由一個教會來統治國家，並運用這權力來推進自己的目的，尤其是作為制裁「異端」之用。至於美國作「獸像」，也必是先由宗教的勢力來操縱政治權柄，然後教會就要利用政府來遂行她的目的。

何時教會握有政治權力，她就必運用這權力來制裁一切不接受她教義的人。凡步羅馬教後塵而與屬世權力結盟的基督教宗派，都曾表現出相同的傾向，要限制眾人的信仰自由。這從英國國會長期逼迫反對者的歷史就可以看到實例。在第十六和第十七世紀，成千上萬不信從國教的傳道人竟被迫離開自己的教堂，還有許多教友與牧師被判罰款、囚禁、拷問或死刑。

離道反教的事曾經使早期的教會向政府請求援助，這就給羅馬教廷——獸——開了一條進路。正如保羅所說：「必有離道反教的事，並有

那大罪人，就是沉淪之子，顯露出來。」(帖後2:3)照樣，現代教會中離道反教的事也要為獸像預備條件。

聖經中提到在主來之前，宗教界必要呈現衰微的狀態，正像早期的教會一樣。「末世必有危險的日子來到。因為那時，人要專顧自己，貪愛錢財，自誇，狂傲，謗讟，違背父母，忘恩負義，心不聖潔，無親情，不解怨，好說讒言，不能自約，性情兇暴，不愛良善，賣主賣友，任意妄為，自高自大，愛宴樂不愛上帝，有敬虔的外貌，卻背了敬虔的實意。」(提後3:1-5)「聖靈明說，在後來的時候，必有人離棄真道，聽從那引誘人的邪靈和鬼魔的道理。」(提前4:1)撒但要「行各樣的異能、神蹟，和一切虛假的奇事，並且……行各樣出於不義的詭詐」，所以凡「不領受愛真理的心，使他們得救」的人，「上帝就給他們一個生發錯誤的心，叫他們信從虛謊」(帖後2:9-11)，當教會到了這種不敬虔的地步時，早期教會所遭遇的同一結果便要捲土重來。

許多人認為各基督教會中信仰方面的分門別類，乃是一個確定的憑據，證明人無論如何努力，絕不能迫使各教會聯合為一。但是好幾年來，在各教會中有一種強烈而不斷得勢的意見，贊成大家以共同的教義為基礎，聯合一致。為要成就這種聯合，他們只好避免討論一切無法得到各公會全體同意的議題——不論這些議題從聖經觀點上看來是多麼重要。

查爾斯·比徹牧師在1846年的一篇講章中說：「各基督教宗派，不但是在各方面表現著懼怕人的心理，同時也在一種腐化的氛圍中生活、動作、呼吸著。並且時刻引發人們最卑鄙的動機，要他們避諱真理而向離道反教的勢力屈膝，這豈不是與天主教發展的過程一樣嗎？我們豈不是重蹈她的覆轍嗎？我們目前見到的是什麼呢？——又一次的全體會議！一次世界性的大會！福音同盟，和統一的教條！」[5]當這些事臨到，在確保達到完全聯合之下，就必再進一步借助於強權了。

美國一些主要的基督教會何時在所有相同的教義上互相聯合，那

時他們便要鼓動政府執行並支持他們的教規和制度。美國的基督教就此為羅馬教的教廷作了一個像，結果總不免要向一切反對的人施行法律的制裁。

這有兩角的獸「又叫眾人，無論大小、貧富、自主的、為奴的，都在右手上或是在額上受一個印記。除了那受印記、有了獸名或有獸名數目的，都不得做買賣」(啟13:16、17)。第三位天使的警告是：「若有人拜獸和獸像，在額上或在手上受了印記，這人也必喝上帝大怒的酒。」(啟14:9、10) 這信息中所提到的獸，即兩角獸所強迫人敬拜的對象，乃是〈啟示錄〉第13章頭一個像豹的獸，也就是羅馬教廷。「獸像」代表那在各基督教會以政權壓迫眾人遵從他們的教義時必發展之離道反教的機構。至於那「獸的印記」究竟是什麼，我們還必須稍加解釋。

先知警告人不要拜獸和獸像之後，又說：「聖徒的忍耐就在此，他們是守上帝誡命和耶穌真道的。」先知在這裡將守上帝誡命的人與拜獸和獸像並受牠印記的人作一個對照，可見守上帝誡命的人站在一邊，而干犯上帝律法的人則站在對立面，使人人可以看出，拜上帝的人和拜獸的人有什麼區別。

獸的特徵以及獸像的特徵，就是破壞上帝的誡命。先知但以理曾預言到小角 (即羅馬教廷)，說他「必想改變節期和律法」(但7:25)。使徒保羅也稱這同一個權力為高抬自己超過上帝的「大罪人」。這兩段預言是互補的。教廷唯有藉著改變上帝的律法，才能高抬自己超過上帝；凡是明知真相卻又遵守這被更改之律法的人，便是向那更改律法的權勢致敬。這種服從教皇律法的行為，將是對教皇而非對上帝效忠的標誌。

羅馬教廷曾企圖改變上帝的律法。那禁止人拜偶像的第二條誡命已被廢除，第四條誡命也被更改，並吩咐人遵守七日的第一日來代替第七日的安息日。那些羅馬教徒強辯說，第二誡是不需要的，因為已經包括在第一誡之內，所以說他們現在所修訂的律法，正是上帝的本意。可見這一項變更還不能算是先知所預言的改變。先知所預言的，

乃是一種蓄意且經過深思熟慮的改變。先知說他「必想改變節期，和律法」。所以第四條誡命的更改，正好應驗了先知的預言。因為這種改變完全以教會的權威為根據，由此可見教廷的勢力竟公然高抬自己超過上帝。

安息日既然是上帝創造之權能的記號，並說明上帝理應受人的尊崇和敬拜，所以當敬拜上帝的人注意第四誡為特徵的時候，那些拜獸的人也要以破壞創造主的紀念日並高舉羅馬教所定的聖日為特徵。羅馬教最初提出他傲慢的主張乃是在倡導星期日的事上 (**見附錄第19頁「羅馬教皇的至高權力」**)，而且他最初利用政治的權力也是在強迫人遵守星期日為「主日」的事上。其實聖經中之所謂「主日」，是指第七日，而不是第一日。因為基督說：「人子也是安息日的主。」第四誡也聲明「第七日是向耶和華你上帝當守的安息日」。此外，耶和華也曾藉先知以賽亞的口稱安息日為「我的聖日」(**可2：28；賽58：13**)。

常有人主張安息日乃是基督所更改的，其實基督自己的話就足以反證此說。在「福山寶訓」中，主說：「莫想我來要廢掉律法和先知。我來不是要廢掉，乃是要成全。我實在告訴你們，就是到天地都廢去了，律法的一點一畫也不能廢去，都要成全。所以無論何人廢掉這誡命中最小的一條，又教訓人這樣做，他在天國要稱為最小的。但無論何人遵行這誡命，又教訓人遵行，他在天國要稱為大的。」(**太5：17-19**)

事實上，一般的改正教會也公認聖經中沒有什麼更改安息日的根據。在美國福音出版社和美國主日學聯合會所發行的出版品中，也明確地提到這一點。其中有一本承認：「新約聖經中沒有一句話提到『安息日』(**指星期日，七日的第一日**) 的明確命令，也沒有什麼關於遵守該日的規章。」[6]

在另一部著作中說：「直到基督死的時候為止，還沒有什麼更改安息日的事」；並且「按著聖經的記載，使徒們也沒有發過什麼肯定的命令，提到廢棄第七日的安息日，或遵守七日的第一日」。[7]

羅馬教徒承認改變安息日的事是他們的教會所為，並且宣稱各改正教會遵守星期日，正是承認羅馬教的權威。在《羅馬教教義問答》一書中，論到順從第四誡應守的日子說：「在舊律法的時代，星期六是分別為聖的；但教會在耶穌基督的指示和上帝的聖靈引導之下，已經以星期日代替星期六；這樣我們現在便是以星期日為聖，而不以第七日為聖了。所以現在星期日就算是主日了。」

這種更改安息日的事已被視為羅馬教會權力的證據，羅馬教的作家也說：「把安息日改為星期日，這種行動已經得到各改正教會的承認；……他們既遵守星期日，就是承認羅馬教會有權制定節期，並命令人遵守。」[8]這樣看來，安息日的更改豈不應當算為羅馬教會之權柄的證據或印記——「獸的印記」——嗎？

羅馬教會並沒有放棄它僭越至高權力的主張；當世人和各改正教會接受她所創立的「安息日」，而拒絕聖經中的安息日，他們事實上便是承認這種僭越的主張了。固然，他們或許要說這種改變有傳統和教父的著作為根據，但在他們如此說時，卻忽視了那使自己與天主教有所區別的原則——「聖經，唯有聖經，才是改正教會的宗教信仰」。今日的羅馬教徒能看出這些人正是欺哄自己，並故意抹煞事實。羅馬教徒既看到強迫人守星期日的運動博得眾人的贊同，便甚歡喜，並確信此項運動終必使改正教會全數回歸至羅馬教的旗幟之下。

羅馬教徒聲稱：「改正教會之遵守星期日，證明他們是自相矛盾，是向羅馬教會的權威低頭。」[9]改正教會這種強迫人守星期日的運動，乃是一種強迫人敬拜教皇——獸——的運動。凡明知第四誡的命令，卻又故意遵守偽安息日來取代真安息日的人，正是向那制定這偽安息日的權力致敬。各教會既利用政權強迫人遵行宗教的本分，它們便是為「獸」作了一個像；可見在美國所發起強迫人守星期日的運動，也將是一場強迫人拜獸和獸像的運動。

但在以前的各世代中，有許多基督徒遵守星期日，以為這樣行正

是遵守了聖經中的安息日；況且在現今的各教會——包括羅馬教會在
內，也有很多真實的基督徒，誠心相信星期日就是上帝所設立的安息
日。對於這一等人，上帝必悅納他們向祂所表示的誠意和正直。但及至
人要用法律來強迫人守星期日，而世人看明自己對於守真安息日的義
務之後，那時凡干犯上帝的命令而順從一種單憑羅馬教權威制定之條
例的人，就是尊敬教皇過於尊敬上帝了。他是向羅馬教致敬，也是向那
執行教皇所定之法令的權力致敬，他就是拜獸和獸像了。此後，人若拒
絕上帝宣佈為祂權威印記的制度，卻尊敬羅馬教用來標誌其最高權力
的制度，他們就是接受效忠羅馬教的印記，也就是「獸的印記」。只有當
這場爭論明顯地擺在民眾眼前，並要他們在守上帝的誡命與守人的法
令二者擇一之後，那些繼續違背上帝律法的人就要受「獸的印記」了。

在第三位天使的信息中，有一道空前驚人的警告向人發出。這招
致上帝毫無憐憫之忿怒的罪，必是非常嚴重的。關於這椿重大的事，上
帝絕不讓人茫然無知；在上帝降罰之前，那叫人不可犯這罪的警告必
須向世人傳揚，使人人得以明白自己為什麼要受刑罰，並有機會逃脫。
預言中提到第一位天使的信息要向「各國、各族、各方、各民」傳揚。
這第三位天使的警告既是這三重信息中的一部分，其範圍必是普世性
的。預言中提到天使飛在空中，而且是「大聲說」；可見這信息勢必引
起全世界的注意。

爭執的結果必使全基督教界分為兩大陣營：一邊是守上帝誡命和
耶穌真道的，另一邊則是拜獸和獸像並受他印記的。雖然教會與政府
要聯合一致，用權力逼迫「眾人，無論大小、貧富、自主的、為奴的」，
叫他們受「印記」(啟13：16)，但上帝的子民卻不肯接受。拔摩島上的先
知曾看見「那些勝了獸和獸的像並牠名字數目的人，都站在玻璃海上，
拿著上帝的琴，唱上帝僕人摩西的歌和羔羊的歌」(啟15：2、3)。

註①：安德魯斯 (J. N. Andrews)，《安息日的歷史》第27章。

註②：湯森，《新舊大陸之比較》462頁。

註③：《都柏林民族》(The Dublin Nation)。

註④：愛德華‧艾瑞特 (Edward Everett)，1824年12月22日於麻薩諸塞州普里茅斯的演講，第11頁。

註⑤：講章《聖經是完美的信條》，1846年2月22日於印第安納州韋恩堡。

註⑥：埃里奧特 (George Elliott)，《遵守安息日》，第184頁。

註⑦：韋弗爾 (A. E. Waffle)，《主日》，第186-188頁。

註⑧：圖伯韋爾 (Henry Tuberville)，《基督教簡明教義》，第58頁。

註⑨：西格 (Segur)，《論當代的改正教》，第213頁。

第二十六章
改革大工

安息日的復興工作必要在末期完成，先知以賽亞曾經預言說：「耶和華如此說：你們當守公平，行公義；因我的救恩臨近，我的公義將要顯現。謹守安息日而不干犯，禁止己手而不作惡；如此行、如此持守的人便為有福。」、「還有那些與耶和華聯合的外邦人，要事奉祂，要愛耶和華的名，要作祂的僕人，就是凡守安息日而不干犯，又持守祂約的人。我必領他們到我的聖山，使他們在禱告我的殿中喜樂。」(賽56：1、2，6、7)

以上的話正好應用在基督教時代，正如下文所示：「主耶和華，就是招聚以色列被趕散的，說：在這被招聚的人以外，我還要招聚別人歸併他們。」(賽56：8) 這經文預表福音要招聚外邦人的情形；同時宣佈要降福給一切尊敬安息日的人。可見遵守第四條誡命的義務是始終都存在的，從基督的被釘、復活、升天，直到祂的僕人將這大喜的信息傳遍萬國萬民的時候。

耶和華又藉著這同一位先知說：「你要捲起律法書，在我門徒中間封住訓誨。」(賽8：16) 這封住律法的印鑑乃在第四條誡命中。在全部十誡之中，唯有這一條誡命使人看出這一位立法者的名字和頭銜。第四誡稱祂為諸天和全地的創造主，顯出祂理應受人尊榮敬拜、超過一切。除了這一條誡命之外，在十誡中看不出這個律法是由誰的權威所頒佈的。當安息日被教皇的權力更改時，這個律法的印鑑就被挪去。耶穌的

門徒奉命要恢復它，就是高舉第四誡的安息日，並恢復其應有的地位，作為創造主的紀念日和祂權威的記號。

「人當以訓誨和法度為標準」，在這教義與理論龐雜且互相矛盾的時代，上帝的律法乃是一個無誤的標準；一切的見解、教義和理論，都當憑此檢視。先知說：「他們所說的，若不與此相符，必不得見晨光。」（賽8：20）

主又發出命令，說：「你要大聲喊叫，不可止息；揚起聲來，好像吹角。向我百姓說明他們的過犯；向雅各家說明他們的罪惡。」這不是向犯罪作惡的世人，而是向上帝所稱為「我百姓」的人指責他們的過犯。主還說：「他們天天尋求我，樂意明白我的道，好像行義的國民，不離棄他們上帝的典章。」（賽58：1、2），這使人看出，有一等人自以為義，並在表面上顯得非常熱心事奉上帝，但那鑑察人心的主所發嚴肅的責備，卻指明他們犯了踐踏神聖律例的罪。

先知用以下的話指出他們所離棄的典章，說：「你要建立拆毀累代的根基。你必稱為補破口的，和重修路徑與人居住的。你若在安息日掉轉你的腳步，在我聖日不以操作為喜樂，稱安息日為可喜樂的，稱耶和華的聖日為可尊重的；而且尊敬這日，不辦自己的私事，不隨自己的私意，不說自己的私話，你就以耶和華為樂。」（賽58：12-14）這預言也適用於我們這個時代，在羅馬教更改安息日之後，上帝的律法就有了破口。但現在時候已到，那神聖的制度必須恢復，那破口必須加以修補，那已拆毀數代的根基必須建立起來。

安息日是創造主分別為聖的，祂曾在這日安息，並賜福給這日。亞當在未犯罪之前、尚住在神聖的伊甸園中時，就已遵守安息日。甚至在他墮落悔改，被逐出那幸福的樂園之後，他還是遵守聖日的。所有的先祖——從亞伯到義人挪亞，直至亞伯拉罕和雅各——都遵守安息日。當選民在埃及地為奴的時候，許多人在拜偶像的環境中失去了對於上帝律法的認識。及至耶和華拯救以色列人之時，祂在非常莊嚴的場合

向會眾宣佈自己的律法，使他們明白祂的旨意，而永遠敬畏順從祂。

從那時直到今日，認識上帝律法的知識一直保留在地上，並且第四誡的安息日也一直有人遵守。雖然那「大罪人」已把上帝的聖日踐踏在腳下，但就是在他權威極盛的時期，仍有許多忠心的人在祕密的地方守安息聖日。宗教改革以後，在每一世代中，都有人繼續遵守安息日。他們雖然時常受到辱罵及逼迫，仍是不斷地作見證，證明上帝的律法永遠不變，以及人對於記念創造的安息日所有的神聖義務。

這些真理——正如〈啟示錄〉第14章中與「永遠的福音」有關的——在基督復臨時必要把主的教會分別出來。因為聖經中說明，這就是三重信息的結果：「他們是守上帝誡命，和耶穌真道的。」這個信息是主降臨之前的最後一個信息。在宣佈這信息之後，先知緊接著就看到人子在榮耀的雲中降臨，要收割地上的莊稼。

那些領受了有關聖所和上帝律法之永恆真光的人，既看到那向他們敞開之真理的美妙與和諧，便滿心喜樂而驚嘆。他們切望這在他們看為極寶貴的亮光，也可以分賜給一切的基督徒，並且深信他們必要欣然領受。可是有許多自稱信主的人，因為這真理會使他們與世俗為敵，就不歡迎它。順從第四條誡命所需付出的犧牲，使大多數人退卻。

當安息日的誡命被提出時，許多人便站在世俗的立場上辯論，說：「我們向來遵守星期日，我們的祖先也遵守星期日，並且有許多善良而敬虔的人都遵守這一天而安然去世。如果他們是對的，那麼我們也必然是對的。若要遵守這新的安息日，難免使我們和世人不能相容，我們就不能感化他們了。這遵守第七日的一小群人，在一個守星期日的世界中能成就什麼呢？」昔日猶太人也是用同樣的論述，想為自己拒絕基督的行為辯護。他們的列祖在所獻的祭上既蒙了上帝的悅納，如今他們的子孫採取同樣的辦法，又怎會得不到救恩呢？照樣，在路德的時代，天主教徒也辯稱，有許多虔誠的天主教徒是抱持著天主教的信仰而去世，因此這個宗教足能使人得救。這種論調對於宗教信仰與實

踐的提升，乃是嚴重的阻礙。

有許多人堅決說，守星期日幾百年來已經成為教會的固定教義和普遍的習慣。為要反駁這一論點，我們只需說明，安息日及其遵守的歷史乃是更為悠久、普遍的，甚至與這個世界一樣長久，並且受到上帝和眾天使的認可。當上帝安置大地的根基，晨星一同歌唱，神的眾子也都歡呼的時候，安息日的根基就已奠定 (見伯38：6、7；創2：1-3)。可見這個制度理應得到我們的尊敬；它不是由人的權威制定，也不是出於人的傳統，乃是亙古常在者所設立的，並由祂那永不改變的聖言所命定。

當眾人注意到安息日的議題時，一般著名的牧師便顛倒歪曲上帝的話，盡量安撫人的疑問之心。凡沒有自行查考聖經的人，便滿意的接受了這些迎合他們心意的結論。有許多人想藉著爭論、詭辯、教唆之人立下的傳統，以及教會的權威來推翻真理。所以真理的擁護者不得不用聖經來維護第四誡的威信。這些卑微的人以真理的聖經為唯一的武裝來反抗學者和名人的攻擊，使他們既表驚異又感惱怒，發覺自己的巧言詭辯竟無力對抗那些不懂得煩瑣哲學卻精通聖經之人的簡單率直的理論。

許多人既沒有聖經證據的支持，便不依不饒的堅持說：「為什麼一般有聲望的人不明白安息日的問題呢？只有少數人相信你們所信的。要說你們是對的，而世界上所有的飽學之士都錯了，那是不可能的。」他們忘了古時的猶太人也曾用同樣的理論來反對基督和祂的眾使徒。

為要駁倒這一類的辯論，我們只需引用聖經的教導，以及上帝在各時代向祂子民所行的事。上帝透過那些聽從祂的話，並在必要時肯說逆耳的真理，且毫無忌憚地譴責流行罪惡的人來工作。上帝之所以不常揀選有學問和有地位的人去領導宗教改革的運動，乃是因為這等人只相信自己的信條、理論和神學，並且覺得自己無需領受上帝的教導。唯有那些親自與智慧之源有聯絡的人，才能明瞭並解釋聖經。上帝有時呼召一班沒有受過多少學校教育的人去傳揚真理，不是因為他們沒有學

問，而是因為他們能虛心領受上帝的教導。他們乃是基督門下的學生，他們的謙遜與順服使他們偉大。上帝將祂真理的知識交託他們，乃是他們的光榮，世上的名譽和人間的尊榮與此相比，實在是微不足道！

大多數的復臨信徒棄絕了那有關聖所和上帝律法的真理，還有許多人也放棄了他們對於復臨運動的信仰，而接受了既不完備又與復臨運動之預言相牴觸的見解。有些人又陷入迷途，一再為基督復臨制定日期。那照射在聖所議題上的亮光原可向他們顯明，並沒有什麼預言時期是一直延伸到基督復臨之日的；而且基督復臨的準確日期也從未有所啟示。雖然如此，他們卻轉身不顧這亮光，繼續一再制定主復臨的時日，因此總是遭遇失望。

當帖撒羅尼迦教會對於基督復臨的議題有了錯誤的見解時，使徒保羅勸導他們要用上帝的聖經來仔細察驗自己所盼望的事。他向他們提出那有關基督再來之前必要發生之事的預言，並說明他們盼望主在他們的日子降臨，乃是沒有根據的。他警告他們說：「人不拘用什麼法子，你們總不要被他誘惑。」(帖後2：3)如果他們懷有聖經沒有認可的希望，就必導致錯誤的行動；他們所遭受的失望，必使他們受非信徒的嘲笑，令他們趨於冷淡灰心，以致懷疑那作為他們救恩之基礎的真理。使徒寫給帖撒羅尼迦人的忠告，對於所有生在末世的人含有重大的教訓。許多復臨信徒認為除非他們能將復臨的信仰寄託在一個確定的日子上，他們就不能發熱心且殷勤從事預備的工作。但當他們的希望一再受到鼓舞結果卻化為泡影時，他們的信仰就必遭受沉重的打擊，甚至無法再被偉大的預言真理所感動了。

在第一位天使的信息中，傳揚審判的確定日子乃是出於上帝的安排。作為這信息根據的預言時期算法，確定了二千三百日的終點是在1844年秋，這一點是無可辯駁的。後來有人屢次設法找出預言時期新的起訖點，他們必須用不合理的論據來支持這些主張；結果不但使人轉離現代的真理，同時也使一般人輕視一切有關解釋預言的嘗試。他們為基督復臨定出準確日期的次數越多，宣傳的越廣，就越合乎撒但

的目的。及至定出的日期過去之後，撒但便發動眾人去譏誚並輕侮這些倡導的人，這就使1843到1844年間的整個復臨運動受到羞辱。那些堅持這種錯誤的人最後不得不為基督復臨定出一個過於遙遠的日期。如此，他們便在虛偽的安全感中逍遙自在，而且許多人非至後悔莫及的時候，就不會覺悟自己的錯。

古代以色列人的歷史對於復臨信徒的經驗，正是一幅驚人的寫照。上帝曾在復臨運動中引導祂的百姓，正如古時引導以色列民出埃及一樣。復臨信徒在大失望之中所受到的信心考驗，正像希伯來人在紅海邊上所經歷的一樣。他們若能一直信賴那在過去的經驗中引導他們的手，就必能看出上帝的救恩了。如果那些在1844年運動中協力同工的人都接受了第三位天使的信息，並用聖靈的能力去傳揚，那麼上帝就必藉著他們的努力施行大事；全世界就要被大光所照耀，地上的居民早就聽到警告，末日的工作早已完成，基督也就早已復臨救贖祂的子民了！

以色列人在曠野漂流40年之久，原不是上帝的旨意；祂切望引導他們直入迦南，在那裡為他們成就一個聖潔而幸福的國度，但「他們不能進入……是因為不信的緣故」(來3:19)。他們因為退卻和背道，便死在曠野，上帝就興起另一班人進入應許之地。同樣，基督的復臨耽延了這麼長久，以致祂的子民留在罪惡憂患的世界這麼多年，也不是上帝的旨意，而是他們因自己的不信而與上帝隔絕了。當他們不肯做上帝所交給他們的工作時，就有別人興起去傳揚這信息。耶穌憐憫世人，所以遲遲沒有降臨，使罪人有機會可以聽見警告，並在上帝的忿怒發出之前在祂裡面找到避難所。

現今正和先前的時代一樣，傳揚一種指責當代罪惡與過錯的真理，必要惹起人的反對。「凡作惡的便恨光，並不來就光，恐怕他的行為受責備。」(約3:20) 當人們看出他們不能用聖經來維持自己的主張時，許多人便要不擇手段地堅持這主張，並存著惡毒之心，去誣蔑那些為逆耳之真理辯護之人的品格和動機。這種手段於所有時代皆然。以

利亞曾被斥為是使以色列遭災的人,耶利米被控為賣國賊,保羅則被誣蔑為污穢聖殿的。從那時直到如今,凡是效忠真理的人,都被斥為是犯上作亂、宣傳異端或造成分裂之人。許多不肯相信真確預言的人,倒要輕信人們控告那些膽敢指責普遍罪惡之人的話。這種情形將要越演越烈。聖經明明教導我們說,到了某個時期,國家的律法要與上帝的律法相衝突,甚至一切順從上帝全部誡命的人必要被辱罵為作惡的人,並且受到制裁。

有鑑於此,真理使者的責任是什麼呢?他是否認為傳揚真理的唯一結果往往只能引起人們的刻意迴避或抗拒,因此便不去傳揚呢?不是的;現代的真理使者並不比早期的改革家更有保持緘默的藉口,甚至唯恐聖經的訓誨將引起反對就閉口不言。昔日的信徒和殉道者所作的見證原是為後人的益處。他們聖潔堅貞的生活模範流芳百世,要鼓勵現代蒙召為上帝作見證的人。古人所接受的恩惠和真理不單是為他們自己,乃是要使認識上帝的知識得以因他們而普照全地。現今上帝是否也有亮光賜給祂在這一世代的僕人呢?若然,他們也應當讓它照耀全世界。

古時上帝曾向一位奉祂的名說話的人說:「以色列家卻不肯聽從你,因為他們不肯聽從我。」祂又說,無論如何,「他們或聽,或不聽,你只管將我的話告訴他們。」(結3:7;2:7)現今上帝給祂僕人的命令乃是這樣:「你要大聲喊叫,不可止息;提起聲來,好像吹角。向我百姓說明他們的過犯;向雅各家說明他們的罪惡。」(賽58:1)

每一個接受真理之光的人在他的影響範圍之內,正像以色列的先知一樣,都有這同一嚴肅可畏的責任,主耶和華的話臨到他,說:「人子啊,我照樣立你作以色列家守望的人。所以你要聽我口中的話,替我警戒他們。我對惡人說:『惡人哪,你必要死!』你——以西結若不開口警戒惡人,使他離開所行的道,這惡人必死在罪孽之中,我卻要向你討他喪命的罪。倘若你警戒惡人轉離所行的道,他仍不轉離,他必死在罪孽之中,你卻救自己脫離了罪。」(結33:7-9)

　　人接受或宣傳真理所遇到的最大障礙，乃是因為真理本身可能為人帶來麻煩或遭受毀謗。這就是唯一反對真理的真正原因，也是真理的捍衛者所不能否認的；但這卻不足以攔阻那些真心跟從基督的人。他們不等到真理先得了人心之後才肯領受，他們既看出自己的責任，就毅然決然地接受這個十字架，像使徒保羅一樣，認為這乃是「至暫至輕的苦楚，要為我們成就極重無比、永遠的榮耀」(林後4：17)。並像先賢摩西一樣，「看為基督受的凌辱比埃及的財物更寶貴。」(來11：26)

　　不論他們口頭上怎樣說，唯有心裡貪愛世界的人在宗教問題上才會以個人的利益為重，而不能主持正義。我們應當為正義而主持正義，並把一切後果交給上帝。世上過去許多偉大的改革，全仰賴一般有原則、信心和勇敢的人。現代的改革工作也必須由這樣的人去推動。

　　耶和華如此說：「知道公義、將我訓誨存在心中的民，要聽我言！不要怕人的辱罵，也要不因人的毀謗驚惶。因為蛀蟲必咬他們，好像咬衣服；蟲子必咬他們，如同咬羊絨；惟有我的公義永遠長存，我的救恩直到萬代。」(賽51：7、8)

第二十七章
現代的奮興

　　無論何處，只要人忠心傳講上帝的話，就必有效果可證明它是出於神聖的源頭。上帝的靈常隨著祂僕人所傳的信息，因此他們的話裡有權柄。罪人覺得自己的良心甦醒了。那「照亮一切生在世上的人」的光照亮了他們心靈深處的祕密，一切隱藏的事就都顯明。他們心中有了深切的感悟，為罪、為義、為將來的審判，自己責備自己。他們感覺到耶和華的公義，以及自己犯罪和不潔的醜態，在那鑑察人心的主面前暴露出來是何等可怕。他們在劇烈的精神痛苦中不禁呼喊說：「誰能救我脫離這取死的身體呢？」當髑髏地的十字架及其為世人的罪所付上的無限犧牲顯現出來時，他們就看出：除了基督的功勞之外，沒有什麼足以救他們脫離違犯律法的罪；唯有祂的功勞能使人類與上帝和好。他們就憑著信心和謙卑接受了那除去世人罪孽的上帝羔羊。藉著耶穌的寶血，他們「先時所犯的罪」就得蒙赦免了。

　　這些人結出了果子，與悔改的心相稱。他們在相信之後就受了洗，並起來過一種新的生活——在基督耶穌裡作新造的人。不是要效法從前那放縱私慾的樣子，乃是藉著相信上帝的兒子而跟從祂的腳蹤，反映祂的品德，並潔淨自己，像祂潔淨一樣。他們一度憎恨的事，如今卻喜愛；從前所喜愛的事，如今反倒憎恨。驕傲自恃之人心裡變得柔和謙卑；虛榮傲慢的人也變得認真而不張狂了。褻瀆變為恭敬，醉酒變為清醒，放蕩變成純潔；世俗的虛榮和時髦都廢除了。基督徒不追求「外

面的辮頭髮，戴金飾，穿美衣為妝飾，只要以裡面存著長久溫柔、安靜的心為妝飾；這在上帝面前是極寶貴的」(彼前3：3、4)。

屬靈的奮興使人深深地自省自卑。這些奮興的特徵向罪人發出嚴肅懇切的勸導，向基督用寶血所換來的人表示憐愛之情。信徒都為罪人的得救向上帝代求，與祂「角力」。這種奮興的結果使人們不致因克己和犧牲而退避，反因配為基督的緣故受羞辱和試煉而歡喜快樂。人們可以看出那些承認耶穌之名的人生活上的改變。社會因他們的影響而獲益。他們是「同基督收聚的」，並且是「順著聖靈撒種的」，結果必「從聖靈收永生」。

他們實在可以說是「從憂愁中生出懊悔來」。「因為依著上帝的意思憂愁，就生出沒有後悔的懊悔來，以致得救；但世俗的憂愁是叫人死。你看，你們依著上帝的意思憂愁，從此就生出何等的殷勤、自訴、自恨、恐懼、想念、熱心、責罰。在這一切事上，你們都表明自己是潔淨的。」(林後7：9-11)

這就是上帝聖靈工作的結果。悔改若不能使人徹底的改變就不是真正的悔改。如果罪人歸還人的當頭和所搶奪的，承認他的罪，愛上帝和他的同胞，他就確知他已與上帝相和。這就是早年宗教奮興的果效。從這些結果看來，它確是上帝所用來拯救生靈並提拔人類的。

但是近代的宗教奮興與往日隨著上帝僕人之工作的神恩顯示是大不相同的。這些奮興固然也引起普遍的興趣，許多人表示悔改，加入教會；但其結果並沒有使真正的屬靈生活有相對應的長進。一時燃起的火光不久就熄滅了。後來的黑暗反而比先前更為深沉。

現代一般的奮興會時常只能迎合人的幻想，刺激人的感情，並滿足人喜新好奇的心。用這種方法得來的教友無心聆聽聖經的真理，並對先知和使徒的見證沒有多少興趣。宗教的聚會若不帶有什麼動人聽聞的事物，就不足以吸引他們。一種以冷靜的理由發出的信息不能在他們心中起任何作用。聖經中有關他們永恆之利益的簡明警告，也得

不到他們的注意。

對於每一個真正悔改的人而言，凡有關上帝和永恆之事必是他人生的重大主題。但是在今日一般的教會中，哪裡有向上帝獻身的精神呢？教友並沒有放棄他們的驕傲和愛世界的心。他們不比悔改之前更克己，或更願意背起十字架來跟從那心裡柔和謙卑的耶穌。因為許多人徒有宗教之名，而對於宗教的原理一無所知，所以宗教已經成為不信和懷疑之人的笑柄。敬虔的力量幾乎已完全離開了許多教會。郊遊、戲劇、博覽會、亮麗的房舍、個人的展示品，已經驅逐了一切有關上帝的思想。田地、財產和屬世的業務佔據了人的全部思想，至於那有關永恆利益的事，卻難以得到他們偶然的關注。

這些教會的信心和敬虔雖然普遍衰落，但其中仍有基督的忠實信徒。在上帝的刑罰最後臨到地上之前，在主的子民中間必有一番奮興，表現著原來教會的敬虔，是從使徒時代以來所不曾見過的。上帝的聖靈和能力必要傾降在祂兒女的身上。那時，許多人要離開那些貪愛世俗，而不愛上帝、不愛聖經的教會。許多牧師和平信徒必要欣然接受上帝叫人在此時傳揚的偉大真理，以便為主的復臨預備合用的百姓。人類的仇敵必要攔阻這工作；所以在這運動來臨之前，他會提供一種膺品來魚目混珠。在他欺騙勢力能及的教會中，他要發起一種奮興運動，叫人看起來好像是上帝特別的恩賜已經傾注下來了，讓人以為會有對宗教大感興趣的景況出現。許多人要大大慶幸，以為有上帝在為他們施行大事，殊不知這種工作卻是由於另一個靈的運行。撒但要在宗教的偽裝之下，在基督教世界中擴張自己的勢力。

在過去半世紀中所看到的許多宗教奮興運動，或多或少都是出於這種影響，而且它還要出現在將來更廣泛的運動中。這種影響著重於情感方面的刺激，並將真理與假道混合，是很容易領人走入歧途的。雖然如此，任何人都沒有受欺騙的必要。因為在上帝的聖言光照之下，我們不難辨明這些運動的性質。人何時忽略聖經的見證，背棄那些清楚而試驗人心的真理，就是那些叫人克己並放棄世界的真理，我們就可

以確知上帝是絕不會賜福的。根據基督親自所賜的規律:「憑著他們的果子,就可以認出他們來。」(太7:16) 這些運動明顯不是出於上帝聖靈的工作。

上帝已經在聖經的真理中向世人顯示自己;這些真理對於一切接受的人乃是抵擋撒但騙術的保障。今日基督教界中之所以流行著種種罪惡,正是因為人們忽略了這些真理。上帝律法的本質和重要性幾乎已完全被人遺忘。人們在神聖律法的真實性、永久性和遵守之本分上的所有錯誤觀念,造成了種種關於悔改和成聖的謬論,結果降低了教會中敬虔的標準。這就是現代一般的宗教奮興之所以缺乏上帝的聖靈和能力的緣故。

在各宗派中都有以敬虔著稱的人承認這種事實,並且為之表示遺憾。愛德華茲·A.帕克 (Edward A. Park) 教授在論到宗教普遍的危險時巧妙地指出:「現今存著的一種危險,乃是忽略在講台上維護上帝的律法。在過去的日子,講台乃是良心之聲的回音。⋯⋯我們最有名望的傳道人效法夫子的榜樣,在他們的講道上發出非常的威嚴,高舉律法和它的訓詞與警告。他們再三講述兩條大原則:律法是上帝完全美德的寫真,不愛律法的人也不會愛福音,因為律法和福音同是反照上帝真品德的鏡子。這一種危險必使人陷入另一個危險,就是看輕罪的邪惡、罪的程度和罪的污濁。遵守誡命的正當義務,與違背誡命的不法罪惡是成正比的⋯⋯。

「與上述的危險不相上下的危險,就是看輕上帝的公義。近代講台上的趨勢是將上帝的公義與上帝的慈悲分開,並把上帝的慈悲說成一種情感,而沒有看明它是一個原則。近代的新神學把上帝合在一起的公義和慈悲分開了。試問,上帝的律法是良善的或是邪惡的?當然是良善的。律法既是良善的,那麼公義自然也是良善的;因為公義乃是執行律法的意向。人們既慣於看輕上帝的律法和公義,並看輕叛逆的程度和罪惡,就很容易陷入另一個習慣,就是把上帝為罪人所準備的救贖恩典也看輕了。」這樣,福音就在人心中失去它的價值和重要性,不

久他們就幾乎連聖經也置之不理了。

　　許多宗教的教師主張，基督已經藉著祂的死將律法廢去了，此後世人就不必再受其條例的限制。另外也有一些人說，律法是一個難負的軛；他們一面強調律法的捆綁，一面提倡在福音之下所享受的自由。

　　但是眾先知和使徒對於上帝聖律法的見解並非如此。大衛說：「我要自由而行，因我素來考究祢的訓詞。」(詩119：45)使徒雅各在基督死而升天後所寫的書信中，提到十條誡命為「至尊的律法」，是「使人自由之律法」(見雅2：8；1：25)。寫〈啟示錄〉的約翰在耶穌被釘的半世紀之後說：「那些遵守誡命(「洗淨自己衣服」原文為「遵守誡命」)的有福了，可得權柄能到生命樹那裡，也能從門進城。」(啟22：14)

　　有人主張基督藉著自己的死已經廢除天父的律法，但這種說法是毫無根據的。若律法真能改變或廢棄的話，基督就不必捨命來拯救人類脫離罪的刑罰了。基督的死非但沒有廢除律法，反而證明了律法是不變的。上帝的兒子來，是要「使律法為大，為尊」(賽42：21)。祂說：「莫想我來要廢掉律法……就是到天地都廢去了，律法的一點一畫也不能廢去。」(太5：17、18)祂論到自己時也說：「我的上帝啊，我樂意照祢的旨意行；祢的律法在我心裡。」(詩40：8)

　　上帝的律法，就其本質而言，乃是不變的。這律法顯明其創立者的旨意和品德。上帝就是愛，祂的律法也是愛。律法的兩大原則，就是「愛上帝」和「愛人」。「愛就完全了律法。」(羅13：10)上帝的品德是公義誠實，祂律法的性質也是如此。詩人說：「祢的律法盡都真實。」、「祢一切的命令盡都公義。」(詩119：142，172)使徒保羅說：「律法是聖潔的，誡命也是聖潔、公義、良善的。」(羅7：12)這樣的律法既是上帝心意的表現，就必像創立律法的主一樣，是存到永遠的。

　　悔改成聖的工作乃是要使世人與上帝和好，使他們與律法的原則相符。起初，人是照著上帝的形像造的。他是與上帝的性質和律法完全協調的，有公義的原則寫在他心上。但是人類因為犯了罪，就與創造主

隔絕了。他就不再反照上帝的形像。他的心就與上帝律法的原則為敵。「原來體貼肉體的,就是與上帝為仇;因為不服上帝的律法,也是不能服」(羅8:7),但「上帝愛世人,甚至將祂的獨生子賜給他們」,使人類得以與上帝和好。藉著基督的功勞,人就能重新與創造他的主和諧。人的心必須因上帝的恩典而更新,他必須有那從上頭來的新生命。這種改變就是重生,若非如此,耶穌說:人「就不能見上帝的國」。

人與上帝和好的第一步,乃是覺悟自己的罪。「違背律法就是罪」,「律法本是叫人知罪」(約壹3:4;羅3:20)。罪人若要知道自己的罪,他必須以上帝公義的大原則來衡量自己的品格。律法是一面鏡子,顯明一個公義品格的完全,並使罪人看出自己的缺點。

律法顯明人的罪,但沒有為人準備救治之方。它固然應許順從的人可得生命,但它也宣告死亡乃是違犯律法之人所命定的分。唯有基督的福音能救人脫離罪的制裁和污穢。罪人當向上帝悔改他違犯律法的罪,並信靠基督救贖的犧牲;這樣,他先前所犯的罪就得蒙赦免,他就能與上帝的性情有分。他既領受了聖靈的印證得作後嗣,就成了上帝的一名子女,因此他可以呼求:「阿爸,父!」

他是否從此就可以自由違犯上帝的律法了呢?保羅說:「這樣,我們因信廢了律法嗎?斷乎不是!更是堅固律法」、「我們在罪上死了的人豈可仍在罪中活著呢?」約翰說:「我們遵守上帝的誡命,這就是愛祂了,並且祂的誡命不是難守的。」(羅3:31;6:2;約壹5:3)人既重生,他的心就得與上帝和諧,並與祂的律法相符。當罪人心中起了這種變化時,他就已出死入生、出罪入聖,不再違背叛逆,而是服從效忠了。與上帝隔絕的舊生活終止了;彼此和好、充滿信心和愛心的新生活就展開。於是「律法的義」必要「成就在我們這不隨從肉體、只隨從聖靈的人身上」(羅8:4)。我們心中的言語必是:「我何等愛慕祢的律法,終日不住地思想。」(詩119:97)

「耶和華的律法全備,能甦醒人心」(詩19:7),若沒有律法,人對於

上帝的純潔和聖善，以及自己的罪過和污穢，就無法有正確的認識。他們不會真正覺悟自己的罪，也不會覺得自己有悔改的必要。他們既看不出自己喪亡的景況，也沒有看出自己是違犯上帝律法的人，就無法認清自己需要基督贖罪的寶血。他們雖然接受救恩的盼望，但內心並沒有徹底的改變，生活也沒有根本的更新。這樣，表面上悔改的人比比皆是，許多從來沒有真正與基督聯合的人也加入了教會。

那由於輕忽或拒絕上帝律法而產生的、有關成聖的謬論，在今日的宗教運動上影響甚鉅。這些學說在道理上既屬虛偽，在實際效果上又有危害性，它既為多人所贊同，就更能說明為何人人必須清楚了解聖經在這個議題上給予了什麼教導。

真正的成聖乃是聖經的道理。保羅在寫給帖撒羅尼迦教會的書信中這樣說：「上帝的旨意就是要你們成為聖潔」，他又祈禱說：「願賜平安的上帝親自使你們全然成聖！」(帖前4：3；5：23) 聖經清清楚楚地教導我們何謂成聖，以及如何可以達到成聖。救主曾為祂的門徒向上帝禱告說：「求祢用真理使他們成聖；祢的道就是真理。」(約17：17) 保羅教訓信徒要「因著聖靈成為聖潔」(羅15：16)，聖靈的工作是什麼呢？耶穌告訴祂的門徒說：「只等真理的聖靈來了，祂要引導你們明白一切的真理。」(約16：13) 詩人說：「祢的律法盡都真實。」(編註：詩119：142；「真實」在原文即「真理」，the truth) 上帝的話和祂的靈都向世人闡明祂律法中所含公義的大原則。上帝的律法既然是「聖潔、公義、良善的」，且是上帝完美品德的寫真，那麼，那由於順從律法而塑造的品格也必然是聖潔的。基督是這種品格的完全模範。祂說：「我遵守了我父的命令」、「我常做祂所喜悅的事。」(約15：10；8：29) 基督的門徒必須變成祂的樣式——靠著上帝的恩典造就一個符合祂聖潔律法之原則的品格。這就是聖經中所顯示的「成聖」。

這種工作唯有藉著信靠基督，並上帝聖靈住在心中的能力，方能完成。保羅勸勉信徒說：「當恐懼戰兢做成你們得救的工夫。因為你們立志行事都是上帝在你們心裡運行，為要成就祂的美意。」(腓2：12、13)

每一個基督徒不免要感覺到罪惡的慫恿，但他總對罪惡進行持久的戰爭。這就是我們需要基督幫助的地方。人類的軟弱既與上帝的力量聯合，就能憑著信心說：「感謝上帝，使我們藉著我們的主耶穌基督得勝。」(林前15：57)

聖經明明的告訴我們，成聖的工作乃是漸進的。當罪人悔改並藉著贖罪的寶血與上帝和好時，他不過是剛剛開始基督徒的生活。此後他必須「竭力進到完全的地步」，漸漸成長，「滿有基督長成的身量。」使徒保羅說：「我只有一件事，就是忘記背後，努力面前的，向著標竿直跑，要得上帝在基督耶穌裡從上面召我來得的獎賞。」(腓3：13、14)彼得把達到聖經中「成聖」所必經的步驟擺在我們面前：「你們要分外的殷勤；有了信心，又要加上德行；有了德行，又要加上知識；有了知識，又要加上節制；有了節制，又要加上忍耐；有了忍耐，又要加上虔敬；有了虔敬，又要加上愛弟兄的心；有了愛弟兄的心，又要加上愛眾人的心。……你們若行這幾樣，就永不失腳。」(彼後1：5-10)

那些有聖經中所闡明成聖之經驗的人，必能顯出一種謙卑的精神。他們像摩西一樣，已經看見上帝聖潔的威榮，並因自己在無窮之主純潔完全的對照之下而深覺不配。

先知但以理是一個真正成聖的模範。他漫長的一生充滿了他為主所作崇高服務的偉蹟。他是大蒙上天眷愛的一個人(見但10：11)。然而他並沒有以純潔聖善自居，當他在上帝面前為他的同胞禱告時，這位尊貴的先知卻把自己與犯罪的以色列視為一體，說：「我們在祢面前懇求，原不是因自己的義，乃因祢的大憐憫。」他說：「我們犯了罪，作了惡」、「我說話，禱告，承認我的罪和本國之民以色列的罪」，後來當上帝的兒子向他顯現賜給他教訓時，但以理說，我便「面貌失色，毫無氣力」(但9：18，15、20；10：8)。

當約伯聽見耶和華從旋風中所發的聲音時，他說道：「我厭惡自己，在塵土和爐灰中懊悔。」(伯42：6)當以賽亞看見耶和華的榮光，聽

見撒拉弗呼喊「聖哉，聖哉，聖哉，萬軍之耶和華」時，他就說：「禍哉，我滅亡了。」(賽6：3，5)保羅在被提到第三層天上去並聽見人不可說的事之後，他說自己「比眾聖徒中最小的還小」(見林後12：2-4；弗3：8)。那曾仆倒在天使腳前，像死了一樣的，乃是那靠在耶穌胸膛並看到祂榮耀的蒙愛的約翰(見啟1：17)。

凡行在髑髏地十字架陰影之下的人不能有自高的表現，或誇口說自己已經脫離了罪。他們覺悟到：那使上帝的兒子慘痛以致心碎的，乃是他們的罪，這種認識必使他深為自卑。那些在生活中與耶穌最親近的人，最能看清楚血肉之體的脆弱和邪惡，而且他們唯一的希望乃是倚靠那釘死而復活之救主的功勞。

現代在基督教界得勢的「成聖」，帶有一種自高自大和輕看上帝律法的精神，這就證明它是與聖經的宗教毫無相干的。維護這種謬論的人教訓人說，成聖乃是一種立時成功的工作，他們只要有信心，就能達到完全聖潔的地步。他們說：「只要相信，這福氣就是你的。」他們以為既接受這恩典就不需要做進一步的努力了。同時，他們否定上帝律法的權威，力主自己已經擺脫了一切遵守誡命的義務。其實人若與那表現上帝性質和旨意，並顯明什麼是祂所喜悅之事的原則不協調，又怎能成為聖潔而與上帝的旨意和品德相符呢？

世人都想要一種不勞而獲的宗教；不必努力、毋須克己，也不用與世俗愚妄的事斷絕，這就使主張單靠信心的說法成為一種盛行而普遍的道理。但是上帝的聖言是怎樣說的呢？使徒雅各說：「我的弟兄們，若有人說自己有信心，卻沒有行為，有什麼益處呢？這信心能救他嗎？……虛浮的人哪，你願意知道沒有行為的信心是死的嗎？我們的祖宗亞伯拉罕把他兒子以撒獻在壇上，豈不是因行為稱義嗎？可見，信心是與他的行為並行，而且信心因著行為才得成全。……這樣看來，人稱義是因著行為，不是單因著信。」(雅2：14-24)

聖經的見證反對以這種單靠信心卻沒有行為的道理迷惑人。單單

想領受上天的恩典，卻不肯履行蒙恩之要求的心理，絕不是信心，而是僭越自恃的心，因為真正的信心是以聖經的應許和條件為基礎的。

不要自欺，不要相信任何人能故意違犯上帝律法中的一條還能成為聖潔。人何時對於罪明知故犯，就勢必止息聖靈向人心作見證的聲音，並且使自己與上帝隔絕。「違背律法就是罪」，「凡犯罪（違背律法）的，是未曾看見祂，也未曾認識祂。」(約壹3：4，6)約翰在他的書信中雖然如此充分地談論愛心，但他毫不遲疑地揭露了那一班自稱成聖卻違犯上帝律法之人的真面目。「人若說『我認識祂』，卻不遵守祂的誡命，便是說謊話的，真理也不在他心裡了。凡遵守主道的，愛上帝的心在他裡面實在是完全的。」(約壹2：4、5)這可以用來檢視每一個人的信仰告白。我們若不先用上帝在天上地下唯一聖潔的標準來衡量一個人，就不能以任何人為聖潔。如果人察覺不出道德律法的重要，藐視輕忽上帝的訓詞，並破壞這些誡命中最小的一條，又教訓人這樣行，那麼，他們在上天看來將是不足尊重的，而我們也可以知道他們的主張是沒有根據的。

一個說自己沒有罪的人就此證明自己離聖潔很遠。這是因為他對於上帝無限的純潔和聖善，以及自己必須達到怎樣的程度才算是符合上帝的品德，沒有正確的認識。一個人對於耶穌的純潔和崇高美德，以及罪惡的毒害與邪惡若沒有正確的認識，他才會看自己為聖潔。他與基督之間的距離越遠，對於上帝品德和律例的認識就越狹隘，他就要在自己眼中越顯為義。

聖經所提出的成聖，乃包括整個人——靈、魂與身體。保羅曾為帖撒羅尼迦人祈求，願他們的「靈與魂與身子得蒙保守，在我主耶穌基督降臨的時候，完全無可指摘」！(帖前5：23)他又寫信給信徒說：「所以，弟兄們，我以上帝的慈悲勸你們，將身體獻上，當作活祭，是聖潔的，是上帝所喜悅的。」(羅12：1)在古代以色列時，一切奉獻給上帝的祭牲都必須詳細察驗。如果在所帶的祭牲身上發現任何殘缺，就必棄絕不用，因為上帝已經命令，一切祭牲必須是「沒有殘疾」的。所以保羅囑

咐基督徒獻上他們的身體「當作活祭，是聖潔的，是上帝所喜悅的」；為要做到這一點，他們一切的能力都必須儘可能地保持著最健全的狀態。任何足以削弱體力或智力的事，都會降低他為創造主服務的資格。我們若不把最好的獻給上帝，祂豈能悅納呢？基督說：「你要盡心……愛主你的上帝。」凡是真正盡心愛上帝的人必渴望把他們一生最好的服務獻給祂，他們也必不斷地追求，使自己所有的力量都符合那些能增進他們能力去遵行上帝旨意的定律。他們必不會因放縱食慾或情慾，以致減弱或污損他們所獻給天父的祭物。

彼得說：「你們要禁戒肉體的私慾；這私慾是與靈魂爭戰的。」(彼前2：11) 每一種罪性的放任都足以減弱人的能力，麻木他的心智和靈性的理解力，以致上帝的聖言和聖靈只能在他心中留下微薄的印象。保羅寫信給哥林多的人說：「我們……當潔淨自己，除去身體、靈魂一切的污穢，敬畏上帝，得以成聖。」(林後7：1) 他把「節制」列在聖靈的果子——「仁愛、喜樂、和平、忍耐、恩慈、良善、信實、溫柔、節制」——之中(加5：22、23)。

雖然有這許多出於聖靈的勸戒，可是多少自命為基督徒的人，因追求利益或崇拜時尚，就削弱了自己的力量啊！多少人因貪食醉酒和不正當的享樂而敗壞自己那原來照上帝形像而創造的人格啊！同時教會不但沒有加以譴責，反倒時常利用一些足以引起食慾、貪圖得利或愛好宴樂之心的方法來鼓勵這些惡事，以便充實教會的財庫，因為她若想單靠人們愛基督的心來填滿其中是不夠的。如果耶穌進入今日的教會，看到那些以宗教的名義來舉行的宴會和買賣，祂難道不會趕出那些污損教會的人，像祂從前從聖殿裡趕出兌換銀錢的人一樣？

使徒雅各說明，那從上頭來的智慧「先是清潔」的。如果他遇到那些用他們被菸草沾污的口稱呼耶穌尊名之人，他們的呼吸和身體因菸草的臭味而致污濁，而且污染了空氣，使周圍的人不得不吸收其毒素——如果使徒與這種違反福音純潔的行為接觸，他豈不要痛斥它為「屬地的，屬情慾的，屬鬼魔的」嗎？一些被煙癮綑綁的人，竟自稱有

完全成聖的福樂，並談論他們天國的盼望；但上帝的話說明「凡不潔淨的，……總不得進那城」(啟21：27)。

「豈不知你們的身子就是聖靈的殿嗎？這聖靈是從上帝而來，住在你們裡頭的；並且你們不是自己的人，因為你們是重價買來的。所以，要在你們的身子上榮耀上帝。」(林前6：19、20)將自己的身子當作聖靈之殿的人，絕不會成為一個有毒害之習慣的奴隸。他的才能都屬於基督，因為基督是付出了寶血的代價把他買來的。況且他的財產也是屬於主的。他怎能浪費這受託的資本而算為無罪呢？自命為基督徒的人每年花費大量的資財在無益且有害的放縱上，其他的人卻因得不到生命之道而趨於淪亡。上帝在十分之一和供物上被搶奪，而他們在放縱情慾的事上所消耗的金錢，比用在救助貧困之人或支援福音的工作上更多。如果所有自稱跟從基督的人真是成聖的話，則他們的經濟就不致花費在非必要、甚至有害的放縱上，卻要交到主的府庫中，而且基督徒就必立下一個節制、克己和犧牲的榜樣。這樣，他們才能成為世上的光。

世人都沉溺於自私的放縱之中。「肉體的情慾，眼目的情慾，並今生的驕傲」控制了許多人的心。但是基督的門徒有更聖潔的使命。主說：「你們務要從他們中間出來，與他們分別，不要沾不潔淨的物。」在上帝聖言的光照之下，我們可以說，人若不全然棄絕罪惡的追求和世俗的享樂，就不是真正的成聖。

「務要從他們中間出來，與他們分別；不要沾不潔淨的物」，對於那些遵從以上條件的人，上帝的應許乃是：「我就收納你們。我要作你們的父；你們要作我的兒女。這是全能的主說的。」(林後6：17、18)在上帝的事上獲得豐富的經驗，是每一個基督徒的特權和本分。耶穌說：「我是世界的光。跟從我的，就不在黑暗裡走，必要得著生命的光。」(約8：12)「義人的路好像黎明的光，越照越明，直到日午。」(箴4：18)人們每次憑著信心和順從前進一步，他就必更進一步地接近世界的光，在祂「毫無黑暗」。「公義日頭」的赫赫光輝既照耀在上帝的僕人身上，他們就應當反照祂的光輝。正如我們看見行星的光，就知道天上有一

個大光,並知道它們的光是由它的榮耀而來的。照樣,基督徒要向世人顯明,有一位上帝坐在宇宙的寶座上,祂的品德是值得我們頌讚並效法的。祂聖靈的美德和祂品德的純潔與聖善,必要在祂的見證人身上顯明出來。

保羅寫給歌羅西人的書信中曾說明上帝賜給祂兒女的豐富恩典。他說我們「為你們不住地禱告祈求,願你們在一切屬靈的智慧悟性上,滿心知道上帝的旨意;好叫你們行事為人對得起主,凡事蒙祂喜悅,在一切善事上結果子,漸漸地多知道上帝;照祂榮耀的權能,得以在各樣的力上加力,好叫你們凡事歡歡喜喜地忍耐寬容」(西1:9-11)。

他又寫信給以弗所的弟兄,希望他們能明白基督徒崇高的特權。他用意義最廣泛的言辭,把他們作為至高者之兒女可承受的奇妙能力和知識,展開在他們面前。他們可以「藉著祂的靈」,使「心裡的力量剛強起來」,並使「愛心有根有基」,「能以和眾聖徒一同明白基督的愛是何等長闊高深,並知道這愛是過於人所能測度的」,當使徒祈求「叫上帝一切所充滿的,充滿了你們」時,他的禱告就到了人所能獲得之特權的最高峰了(弗3:16-19)。

這裡顯明了在我們履行了天父的條件之後,藉著信靠祂的應許所能擁有的偉大成就。藉著基督的功勞,我們就可以臨近那無限權能者的寶座。因「上帝既不愛惜自己的兒子,為我們眾人捨了,豈不也把萬物和祂一同白白地賜給我們嗎?」(羅8:32)天父賜聖靈給祂的兒子是沒有限量的,所以我們也可以分享它的豐盛。耶穌說:「你們雖然不好,尚且知道拿好東西給兒女;何況天父,豈不更將聖靈給求祂的人嗎?」(路11:13)、「你們若奉我的名求什麼,我必成就。」、「如今你們求,就必得著,叫你們的喜樂可以滿足。」(約14:14;16:24)

基督徒的生活固然要以謙卑為特徵,但他卻不該愁眉苦臉和表現自暴自棄的態度。每一個人都有特權可以過上蒙上帝悅納並賜福的生活。天父的旨意並不是要我們永遠處在罪和黑暗的狀況之下。一個人

若是天天垂頭喪氣，時時刻刻想到自己，這並不是真正謙卑的表現。我們儘可來到耶穌面前，得蒙潔淨，無羞無愧地站在律法面前。「如今，那些在基督耶穌裡的就不定罪了。」(羅8:1)

亞當墮落的兒子得以藉著耶穌而成為「上帝的兒子」。「因那使人成聖的和那些得以成聖的，都是出於一。所以，祂稱他們為弟兄也不以為恥。」(來2:11) 基督徒的生活應當是一種充滿信心、得勝以及在上帝裡面喜樂的生活。「因為凡從上帝生的，就勝過世界；使我們勝了世界的，就是我們的信心。」(約壹5:4) 誠如上帝的僕人尼希米所說：「因靠耶和華而得的喜樂是你們的力量。」(尼8:10) 保羅說：「你們要靠主常常喜樂。我再說，你們要喜樂。」、「要常常喜樂，不住地禱告，凡事謝恩；因為這是上帝在基督耶穌裡向你們所定的旨意。」(腓4:4;帖前5:16-18)

這就是聖經所顯示悔改和成聖的果子；而且正因上帝律法所標榜的公義大原則被基督教界如此漠視，這些果子才如此稀少。往年的奮興所顯示聖靈深刻而實在的工作在今日之所以不常見，其原因就在於此。

我們定睛注視的事物足以改變我們。所以世人既忽略了那彰顯上帝品德之完全和聖潔的神聖律法，而被引去注意人的教訓和理論，又怎能埋怨教會中活潑的敬虔每況愈下呢？耶和華說：「我的百姓……離棄我這活水的泉源，為自己鑿出池子，是破裂不能存水的池子。」(耶2:13)

「不從惡人的計謀，……惟喜愛耶和華的律法，晝夜思想，這人便為有福！他要像一棵樹栽在溪水旁，按時候結果子，葉子也不枯乾。凡他所做的盡都順利。」(詩1:1-3) 唯有把上帝的律法恢復到它應有的地位，才能在那些自命為祂子民的人中恢復原始教會的信心和敬虔。「耶和華如此說：你們當站在路上察看，訪問古道，哪是善道，便行在其間；這樣，你們心裡必得安息。」(耶6:16)

第二十八章
生命冊

先知但以理說：「我觀看，見有寶座設立，上頭坐著亙古常在者。祂的衣服潔白如雪，頭髮如純淨的羊毛。寶座乃火焰，其輪乃烈火。從祂面前有火，像河發出；事奉祂的有千千，在祂面前侍立的有萬萬；祂坐著要行審判，案卷都展開了。」(但7：9、10)

這就是先知在異象中所見的那偉大而嚴肅之日的景象。那時人類的生活與品格都要經過審判全地之主的檢閱，各人要「照自己所行的受審判」。這位「亙古常在者」就是父上帝。詩人說：「諸山未曾生出，地與世界未曾造成，從亙古到永遠，祢是上帝。」(詩90：2) 這位宇宙眾生之源，又是一切律法之本的上帝，將要主持審判。有「千千萬萬」的聖天使要擔任差役和見證人，出席這個偉大的法庭。

「我在夜間的異象中觀看，見有一位像人子的，駕著天雲而來，被領到亙古常在者面前，得了權柄、榮耀、國度，使各方、各國、各族的人都事奉祂。祂的權柄是永遠的，不能廢去；祂的國必不敗壞。」(但7：13、14) 這裡所描寫的基督的降臨，並不是指著祂第二次來到世上；祂乃是來到天上亙古常在者面前，要承受權柄、榮耀、國度；這些都是在祂的中保工作結束之時要賜給祂的。預言中提及在1844年 (二千三百日的終點) 要實現的，乃是祂這次的來臨，而不是祂再次降臨在地上。那時我們的大祭司由眾天使護送著進入至聖所，到了上帝的面前，進行祂為人類所作的最後服務——開始查案審判的工作，為一切顯明配蒙救恩的人贖罪。

在預表的禮節中，唯有那些已到上帝面前認罪悔改，並且藉著贖罪祭牲的血將自己的罪遷進聖所的人，才能參加贖罪日的禮拜。照樣，在最後贖罪和查案審判的大日，也只有那些承認自己是上帝子民之人的案件才被審查。審判惡人乃是一個特殊而分別舉行的工作，要在審判的後期進行。「審判要從上帝的家起首。若是先從我們起首，那不信從上帝福音的人將有何等的結局呢？」(彼前4：17)

在天庭的案卷中，記錄著人的姓名和行為；這些審判的結果是根據案卷來決定的。先知但以理說：「祂坐著要行審判，案卷都展開了。」蒙啟示的約翰也曾形容這一場情景，並補充說：「另有一卷展開，就是生命冊。死了的人都憑著這些案卷所記載的，照他們所行的受審判。」(啟20：12)

凡曾為上帝服務之人的名字都記在生命冊上。耶穌曾吩咐門徒說：「要因你們的名記錄在天上歡喜。」(路10：20) 保羅提到他忠誠的同工，說：「他們的名字都在生命冊上。」(腓4：3) 但以理展望到末日「有大艱難，從有國以來直到此時，沒有這樣的，」並且說，上帝的子民「凡名錄在冊上的，必得拯救」。蒙啟示的約翰也說「只有名字寫在羔羊生命冊上的才得進去」上帝的聖城 (但12：1；啟21：27)。

在上帝的面前還有一本「紀念冊」，其中記載著「敬畏耶和華、思念祂名的人」的善行 (瑪3：16)。他們信心的言語和愛心的行為都被記錄在天上。尼希米在禱告時也提到這事說：「我的上帝啊，求祢因這事記念我，不要塗抹我為上帝的殿與其中的禮節所行的善。」(尼13：14) 義人的每一行為都要留在上帝的紀念冊中，永垂不朽。他們每次拒絕試探，每次戰勝罪惡，以及每次口出慈憐的言語，都要據實記錄下來。此外，每一件犧牲的行為，和為基督而受的每一次苦難和憂愁，也都要被記下來，詩人說：「我幾次流離，祢都記數；求祢把我眼淚裝在祢的皮袋裡。這不都記在祢冊子上嗎？」(詩56：8)

關於人的罪惡，天上也有記錄。「因為人所做的事，連一切隱藏的

事，無論是善是惡，上帝都必審問。」救主說：「凡人所說的閒話，當審判的日子，必要句句供出來；因為要憑你的話定你為義，也要憑你的話定你有罪。」(傳12：14；太12：36、37) 人的祕密心意和動機，都要在這毫無錯誤的記載中顯露出來；因為上帝「要照出暗中的隱情，顯明人心的意念」(林前4：5)。「看哪，這都寫在我面前。我必不靜默，必施行報應，必將你們的罪孽和你們列祖的罪孽，……一同報應……；這是耶和華說的。」(賽65：6、7)

每個人的行為都要經過上帝的檢閱，定為忠心或不忠心。在天庭案卷中，在每個人的名字下面都非常準確地記著每句錯誤的言語，每件自私的行為，每個未盡的本分，以及每種巧妙偽裝的祕密罪惡。人忽略了上天所發的警告或責備，虛度光陰，錯失機會，以及在別人身上所發揮或善或惡的影響及其深遠的結果，這一切都要被記錄的天使記載下來。

上帝的律法是在審判時用來測驗人類的品格與生活之標準的。智慧的人說：「敬畏上帝，謹守祂的誡命，這是人所當盡的本分。因為人所做的事，……上帝都必審問。」(傳12：13、14) 使徒雅各警戒他的弟兄說：「你們既然要按使人自由的律法受審判，就該照這律法說話行事。」(雅2：12)

凡在這次審判中被定為「配得」的人，將要在義人的復活中有分。耶穌說：「惟有算為配得那世界，與從死裡復活的人……他們不能再死，和天使一樣；既是復活的人，就為上帝的兒子。」(路20：35、36) 祂又說「行善的，復活得生」(約5：29)，死了的義人要一直等到這次審判完結，被定為「配得」的人之後，才「復活得生」。因此，當他們的記錄在審判台前被檢閱，他們的案件被決定時，他們本人是不在場的。

在這次審判中，耶穌要作他們的中保，在上帝面前為他們代求。「若有人犯罪，在父那裡我們有一位中保，就是那義者耶穌基督。」(約壹2：1)「因為基督並不是進了人手所造的聖所(這不過是真聖所的影像)，乃

是進了天堂，如今為我們顯在上帝面前。」、「凡靠著祂進到上帝面前的人，祂都能拯救到底；因為祂是長遠活著，替他們祈求。」(來9:24；7:25)

當案卷在審判台前展開時，一切信奉耶穌之人的生活都要在上帝面前被檢視。我們的中保要陳述每一個人的案情，從第一批生在世上的人開始，世世代代，直到現今還活著的人為止。每一個名字都要被提出，每一椿案情都要經過詳盡的審查。有些名字要蒙悅納，有些名字要被棄絕。人若是在案卷上還留有未經悔改未蒙赦免的罪，他們的名字就要從生命冊上塗去，同時他們所留在上帝紀念冊中的善行也要被塗抹。上帝曾曉諭摩西說：「誰得罪我，我就從我的冊上塗抹誰的名。」(出32:33) 先知以西結也說：「義人若轉離義行而作罪孽，……他所行的一切義都不被記念。」(結18:24)

凡過去已經真心悔改，並憑著信心領受基督的血作為自己贖罪犧牲的人，在天上的案卷中已有「赦免」二字寫在他們的名字下面；當他們在基督的義上有分，他們的品格也顯明是與上帝的律法相符時，他們的罪惡就要被塗抹，他們也要被認為是配得永生的人。上帝曾藉著先知以賽亞說：「惟有我為自己的緣故塗抹你的過犯；我也不記念你的罪惡。」(賽43:25) 主耶穌也曾說：「凡得勝的必這樣穿白衣，我也必不從生命冊上塗抹他的名；且要在我父面前，和我父眾使者面前，認他的名。」、「凡在人面前認我的，我在我天上的父面前也必認他；凡在人面前不認我的，我在我天上的父面前也必不認他。」(啟3:5；太10:32、33)

人們在地上法庭判決時所表示的最深切的關注，只能隱約地說明在天上的法庭中所有的情緒。那時，在審判全地的主面前，凡記在生命冊上的名字，要一一被檢查。我們神聖的中保，要為一切因信賴祂的寶血蒙赦免並勝過罪惡的人代求，使他們可以回到伊甸故鄉，並戴上冠冕與祂同作後嗣，承受「從前的權柄」(彌4:8)。撒但曾處心積慮地欺騙並試探人類，想要破壞上帝創造人類的計畫；可是基督現在卻請求上帝實行祂的計畫，好像是人類從來沒有犯過罪一樣。祂不但為自己的子民要求完全的赦免與稱義，同時也要求他們在祂的榮耀裡有分，並

在祂的寶座上與祂同坐。

當耶穌為祂蒙恩的子民代求之時，撒但卻在上帝面前控告他們是犯罪作惡的人。這個大騙子曾經設法使他們懷疑聖經，不信靠上帝，與祂的愛隔絕，並破壞祂的律法。現在他更指出他們生平記錄上品格的缺欠，以及那些有辱救贖主的、不像基督的行為，還有他引誘他們去犯的許多罪——為了這一切，他宣稱他們是他的子民。

耶穌並不否認他們有罪，但祂卻指出他們的懺悔與信心，並為他們祈求赦免，在天父和眾天使面前舉起祂受傷的雙手，說：我按名認識他們，我已將他們銘刻在我的掌上。「上帝所要的祭就是憂傷的靈；上帝啊，憂傷痛悔的心，你必不輕看。」(詩51：17) 祂又向那控告祂子民的說：「撒但哪，耶和華責備你！就是揀選耶路撒冷的耶和華責備你！這不是從火中抽出來的一根柴嗎？」(亞3：2) 基督要將自己的義披在祂忠心的信徒身上，把他奉獻給祂的父，「作個榮耀的教會，毫無玷污、皺紋等類的病。」(弗5：27)

他們的名字要留在生命冊上，聖經上也提到他們說：「他們要穿白衣與我同行，因為他們是配得過的。」(啟3：4) 新約的應許就要這樣完全實現。「我要赦免他們的罪孽，不再記念他們的罪惡。」、「耶和華說：『當那日子、那時候，雖尋以色列的罪孽，一無所有；雖尋猶大的罪惡，也無所見。』」(耶31：34；50：20)、「到那日，耶和華發生的苗必華美尊榮，地的出產必為以色列逃脫的人顯為榮華茂盛。……那時，剩在錫安、留在耶路撒冷的，就是一切住耶路撒冷、在生命冊上記名的，必稱為聖。」(賽4：2-4)

查案審判和塗抹罪惡的工作，是要在主第二次降臨之前完成的。死了的人既是要憑著案卷記載的受審判，所犯的罪就不能在查案審判決定案情之前被塗抹。使徒彼得曾清清楚楚地說明：「你們當悔改歸正，使你們的罪得以塗抹，這樣，那安舒的日子就必從主面前來到。」(徒3：19、20) 在查案審判結束之後，基督就要降臨，按著各人的行為報

應各人。

在預表性的崇祀禮節中，大祭司為以色列人贖罪之後，就出來為會眾祝福。照樣，基督也要在中保工作結束之時顯現，「並與罪無關，乃是為拯救他們。」(來9:28) 將永生之福賞賜給一切等候祂的人。古時祭司怎樣把聖所中的罪帶出來，按手在那歸與阿撒瀉勒的羊頭上；照樣，基督也要把一切的罪，歸在罪惡的發起者和主動者——撒但的身上。那擔負以色列民之罪惡的阿撒瀉勒羊，要被「帶到無人之地」(利16:22)。照樣，撒但也要擔負他引誘上帝子民所犯的一切罪惡，而被拘禁在將來淒涼荒廢、杳無人煙的地球上一千年之久，到了最後，他還要在那毀滅一切惡人的烈火中遭受罪惡充分的刑罰。這樣，在罪惡徹底清除，和一切願意放棄罪惡之人都已得救之後，救贖的大計畫就完成了。

到了預定審判的時候——二千三百日的末了——即公元1844年，查案審判和塗抹罪惡的工作便開始了。凡曾信奉基督聖名的人，都必須經過一次縝密的審查；無論活人死人，「都憑著這些案卷所記載的，照他們行的受審判。」

人沒有悔改、丟棄的一切罪，絕不能蒙赦免，也不能從紀錄冊上塗掉，乃是要留到上帝大而可畏之日來證明罪人的不是。他所犯的罪行，無論是在光天化日，或是在黑夜深更，在那與我們有關係的主面前都是敞開的。上帝的使者看見了每一樁罪惡，並記錄在毫無錯誤的案卷中。或許人可以隱藏、否認、遮掩，甚至對父母、妻子、兒女和同伴瞞天過海，以致除了犯罪者本人之外，沒有人對他罪行有絲毫的懷疑；但這在天庭眾聖者面前卻是昭然若揭的。最濃重的夜色，最詭祕的手段，都不足以掩蓋一個念頭，以瞞過那位永在者。每一筆不誠實的帳目和每一件不公道的行為，上帝都留有準確的記錄。祂是不會被外表的敬虔所欺騙的。祂對於品格的估計絕無錯誤。人們也許會被那內心腐敗的人所欺矇，但上帝卻能看穿一切的偽裝，洞察各人的內心。

這該是何等嚴肅的感想啊！日復一日，光陰一去不回，把當日的記

錄登載在天上的案卷中。一切說過的話和行過的事，已是「駟馬難追」了。天使已把善事和惡事都記錄下來。世上最有勢力的征服者也不能把一天的記錄追回。我們的言語行為，甚至我們最祕密的動機，在決定我們一生終局的禍福上，都有相當的分量。縱使我們已經把它忘記了，但它還是要作見證，定我們為義，或定我們有罪。

藝術家怎樣在畫板上維妙維肖地繪出人的容貌，照樣，天上的案卷也要切實地描寫人的品格。這些記錄都要經過天上生靈的檢查，但一般人對它卻是何等地漠不關心啊！如果這隔開可見的與不可見的幔子被揭開，使人得以看見天使正在把人們的一言一行都記錄下來，並知道一切在審判之日還要顯露出來，那麼我們在每天的生活中，應當何等謹言慎行啊！

在審判之時，也要詳細察看人們是否善用自己的才能。上天所交託給我們的資本，我們是怎樣運用的呢？在主降臨時，祂是否能連本帶利收回自己的銀子呢？我們曾否增進了那委託給我們的體力、心力和腦力來榮耀上帝，造福世人呢？我們的光陰、文筆、口舌、金錢和感化力是怎樣使用的呢？在貧窮困苦的人和孤兒寡婦身上，我們已為基督做了什麼呢？上帝已經委託我們保管祂的聖言，我們是否曾經利用這賜給我們的亮光和真理來使人有得救的智慧呢？單是口頭承認信仰基督是毫無價值的，唯有用行為表現的愛心才算為真實。在上天看來，唯有愛心才能使所有行動顯為可貴。凡是出於愛心的行為，無論在人的衡量中是何等微不足道，都必蒙上帝的悅納與報賞。

人心中所隱藏的私念，在天上的案卷中都要顯露出來。人對於同胞未盡的義務，以及對於救主忽略的責任，都要記錄在案。在這些案卷中，人們將要看出自己是如何經常將那應歸給基督的光陰、心思和精力獻給撒但。眾天使送到天上的紀錄真是可悲。許多身為萬物之靈、自稱為基督門徒的人，竟然專心致志於世俗的財利，或沉溺於地上的享樂。金錢、光陰和精力，大都犧牲在誇耀和縱慾的事上，而甚少用在祈禱、查經、自卑和認罪的事上。

　　撒但發明無數的計謀，要佔據我們的思想，使我們不去思想我們應當最熟悉的工作。這大騙子痛恨那足以使人仰望贖罪羔羊和全能中保的偉大真理。他知道自己的成功全在乎能否引誘人的思想離開基督和祂的真理。

　　凡欲領受那作為中保的救主所賜之幫助的人，不可讓任何事物妨礙他們「敬畏上帝，得以成聖」(林後7：1)。不要把寶貴的光陰耗費在享樂、誇耀或得利的事上，卻要以懇切祈禱的精神研究真理的道。上帝的子民應當清楚地明白聖所和查案審判的題目。人人需要知道他們的大祭司之職分和工作；否則，他們便不能操練那在現今時代最不可缺少的信心，也不能擔任上帝要他們擔任的職分。每個人都有一個或得救或滅亡的靈魂。每個人在上帝的審判台前都有待決的案件。人人將來都必須與偉大的審判之主面對面。既然如此，人們的思想應當時常追想那嚴肅的景象，就是在展開案卷進行審判之時，每一個人必須在末時像但以理一樣，站在自己的位分上。

　　凡已領受這些要道之亮光的人，都當為上帝所交託他們的偉大真理作見證。天上的聖所乃是基督為人類服務的中心。它與地上的每一個生靈都有關係。它顯明了救贖的計畫，使我們可以一直展望到末日，又顯明公義與罪惡之爭的最後勝利。這實在是極其重要的，人人都應當徹底研讀這些極其重要的課題，就能以此回答那些問他們心中盼望之緣由的人。

　　基督在天上聖所為人類代求，這件事與祂釘十字架的功勞，一樣是救恩計畫的要素。祂藉著死開始了祂在復活升天之後所要繼續完成的工作。故我們必須本著信心進到幔內，就是「作先鋒的耶穌」為我們進入的地方(來6：20)。在那裡，有從髑髏地十字架來的亮光照耀著。在那裡，我們可以對救贖的奧祕有更清楚的認識。人類的救贖已由天庭付出無限的代價；其犧牲之重，相當於人對上帝律法所造成的最大破壞。耶穌已經開通了達到天父寶座的道路，藉著祂的中保工作，凡本著信心來到祂面前之人的誠實心願便可呈到上帝的面前。

「遮掩自己罪過的，必不亨通；承認離棄罪過的，必蒙憐恤。」(箴28：13) 如果那些隱藏並辯護自己過失的人，能見到撒但是怎樣因他們而歡喜雀躍，並拿他們的行為來譏諷基督和聖天使，他們就要急忙承認並丟棄自己的罪了。撒但利用人品格中的缺點來管制人的整個思想，同時他也知道只要人保留這些缺點，他就必能成功。因此他現今正在時刻設法用他最狠毒的詭計來迷惑基督的門徒，這些毒計是他們自己所不能勝過的。但耶穌卻用祂受傷的雙手和帶著傷痕的身體為他們代求，並向一切願意跟從祂的人宣佈說：「我的恩典夠你用的」(林後12：9)、「我心裡柔和謙卑，你們當負我的軛，學我的樣式；這樣，你們心裡就必得享安息。因為我的軛是容易的，我的擔子是輕省的。」(太11：29、30) 所以任何人都不要以為自己的缺點是無可救藥的，因為上帝要賜給他信心和恩典，足可使他得勝。

我們現今正處在贖罪的大日中。在古時的預表崇祀中，當大祭司為以色列民進行贖罪的工作時，全體會眾必須刻苦己心，認罪悔改，並在上帝面前自卑，以免自己從民中被剪除。照樣，凡想要在生命冊上保留自己名字的人，也應當趁現今這最後短短的救恩時期，在上帝面前刻苦己心，痛悔己罪並且真實悔改。我們必須深刻而誠實地檢查自己的心。現今許多自命為基督徒的人所表現的輕佻虛浮的精神，必須立刻放棄；罪惡的傾向正逐漸佔上風；凡要勝過這些傾向的人必須經過一番苦鬥。預備得救的工作乃是一種個人的工作。我們的得救，不是成群成批的。某一個人的純潔與熱忱，並不能抵消另一個人品格上的虧欠。天下萬國的人固然都要經過上帝的審判，但祂還是要細察每一個人的案情，其嚴密精細的程度，就猶如世上只有這個人存在一般。每一個人都必須經過考驗，並且找不出任何瑕疵。

那有關贖罪工作結束時的情景，實在是非常嚴肅的；其所有的利害關係，也是非常重大的。現今在天上聖所中，審判的工作正在進行。這工作已經進行多年，再過不久——究竟多久無人知曉——就要審問到現今還活著的人了。在可敬畏的上帝面前，我們的生活要經過檢查。現

今每一個人最重要的事，就是聽從救主的勸告：「你們要謹慎，警醒祈禱，因為你們不曉得那日期幾時來到。」(可13:33)、「若不警醒，我必臨到你那裡，如同賊一樣。我幾時臨到，你也決不能知道。」(啟3:3)

在查案審判結束之時，所有人或生或死的命運都要決定。恩典時期將在主駕雲降臨之前不久結束。在〈啟示錄〉中，基督展望到那個時辰就說：「不義的，叫他仍舊不義；污穢的，叫他仍舊污穢；為義的，叫他仍舊為義；聖潔的，叫他仍舊聖潔。看哪，我必快來！賞罰在我，要照各人所行的報應他。」(啟22:11、12)

在上帝最後宣佈這一句話時，義人和惡人的生活都要保持現狀——人們仍要栽種、建造、吃喝，完全不理會天上聖所宣佈那已到了最後且不能改變的判決。在洪水之前，挪亞進方舟之後，上帝曾把他關在裡面，把不敬虔的人關在外面；此後七天之久，人們不曉得自己的厄運已經注定，仍繼續過著漫不經心、貪愛宴樂的生活，並譏誚那報應臨頭的警告。救主說：「人子降臨也要這樣。」(太24:39) 現今那決定各人命運的最後關頭，以及那向罪人所發恩惠之邀請的最後撤回，將要靜悄悄而出人意料地來到，如同半夜裡的賊一樣。

「所以，你們要警醒；……恐怕祂忽然來到，看見你們睡著了。」(可13:35、36) 凡長久警醒而感到疲倦並轉向世俗之引誘的人，他的處境是非常危險的。正當商家一心圖利、貪愛宴樂之徒恣情縱慾，而時尚女性忙於裝扮之時——可能就在這一剎那，審判全地之主就要宣判說：「你被稱在天平裡，顯出你的虧欠。」(但5:27)

第二十九章

惡的起源

　　罪惡的起源及其存在的理由，在許多人的思想中是個引發諸多疑慮的謎。他們看到罪惡的發展及其造成之禍患與荒涼的可怕後果，便有了質疑：在一位具有無窮智慧、能力和慈愛之主的治理之下，這些事為何會存在呢？這是他們百思不得其解的奧祕。他們在惶惑猶疑之中，便看不到聖經裡明白啟示的、與救恩密切相關的真理。有一些人為要探討罪惡存在的原因，就致力研究上帝從未啟示的事。因此他們的困難得不到解決，於是那些輕易疑惑並吹毛求疵的人，就抓住這一點作為棄絕聖經的藉口。此外，還有一等人因為人的傳統和誤解蒙蔽了聖經中有關上帝的品德，祂政權的性質，和祂應付罪惡的原則等教導，所以他們對於罪惡的大難題就得不到圓滿的解答。

　　我們固然無法解釋罪惡的起源，並以此說明罪惡存在的理由。然而，我們卻能夠對於罪惡的起源，及其最後的處置得到相當程度的理解，以便充分顯明上帝在應付罪惡的一切方法上，都是公義而慈悲的。聖經中的教導再清楚明白不過，說明上帝對於罪惡的產生，是絕無責任的；因為上帝的恩典沒有任意收回，祂的政權也沒有什麼虧欠足以造成叛變發生。罪惡乃是一個侵入宇宙的仇敵，它的出現是毫無理由的。它是神祕而不可思議的；原諒它就等於袒護它。如果能找出一點足以原諒它的理由，或是指出它存在的原因，那麼罪就不成為罪了。我們對於罪惡所下的唯一定義，就是聖經所說：「違背律法就是罪。」它衍生於一個

與偉大之愛的律法背道而馳的原則，而愛就是神聖政權的基礎。

在罪惡侵入之前，全宇宙是和平而喜樂的。萬物都與創造主的旨意完全和諧，他們以愛上帝為至上，並且彼此相愛，不偏不倚。基督是道，是上帝的獨生子，與永生之父合而為一；祂們在本質、品格和意志上都是一致的，祂是全宇宙中唯一能參與上帝一切勸告和旨意的。藉著基督，聖父創造了天上的眾生。「因為萬有都是靠祂造的，無論是天上的，地上的；……或是有位的，主治的，執政的，掌權的；一概都是藉著祂造的」(西1：16)，天庭全體都效忠基督，正如效忠天父一樣。

愛的律法之所以是上帝政權的基礎，也是一切受造之物的福樂，就在於他們完全符合這個偉大的公義原則。上帝所求於祂一切受造之物的，乃是出於愛心的事奉，因為充分認識祂的品德而崇敬祂。上帝不喜悅出於勉強的效忠，所以祂賜給眾生自由的心志，讓他們出於自願事奉祂。可惜有一個天使竟濫用了這個自由。罪惡便從他開始了。他原是上帝最器重的，地位僅次於基督，在天上眾生中是最有權柄和尊榮的。他名叫「路錫甫」(在賽14：12的「明亮之星」，拉丁和英文譯本均為「Lucifer」，意即「明亮之星」)。在他未墮落之前，他是首位遮掩約櫃的基路伯，是聖潔而沒有玷污的。「主耶和華如此說：你無所不備，智慧充足，全然美麗。你曾在伊甸上帝的園中，佩帶各樣寶石，……你是那受膏遮掩約櫃的基路伯；我將你安置在上帝的聖山上；你在發光如火的寶石中間往來。你從受造之日所行的都完全，後來在你中間又察出不義。」(結28：12-15)

路錫甫本來可以一直蒙上帝喜悅，並受眾天軍的敬愛，又可運用他高貴的能力來造福其他天使，並榮耀他的創造主。但先知卻說：「你因美麗心中高傲，又因榮光敗壞智慧」(結28：17)，路錫甫漸漸放縱了自高的心願，「居心自比上帝」，「你心裡曾說：……我要高舉我的寶座在上帝眾星以上；我要坐在聚會的山上，……我要升到高雲之上；我要與至上者同等。」(結28：6；賽14：13-14) 路錫甫不願尊上帝為至上，視祂為所造之物最愛戴最忠順的對象，反而盡力籠絡他們的心來事奉並敬拜

他自己。這個天使的野心竟貪圖全能天父所賜給祂聖子的尊榮，以及基督所獨有的特權。

天庭全體本來是樂於反照創造主的榮耀並宣揚祂的尊名的。當上帝受到崇敬之時，全天庭都是和平而喜樂的。但這時忽然有一個不協之音，破壞了天上的和諧。路錫甫這種事奉且抬高自己的心意，是與創造主的計畫相反的，使那些以上帝的榮耀為至上的眾天使警覺到不祥之兆。天庭議會向路錫甫多次懇勸，上帝的兒子也向他說明創造主的偉大、良善、公正，以及祂律法的神聖性與不變性。天庭的秩序原是上帝親自設定的；路錫甫若偏離這個秩序，就必褻瀆他的創造者，並毀滅自己。然而這出於無窮慈愛和憐憫的警告，結果只有激起他反抗的精神。路錫甫讓妒忌基督的心理得勢，並且愈加頑強。

路錫甫對於自己榮耀的驕傲，助長了貪圖高位的慾望。他不以自己所得的尊榮為上帝的恩賜；他對於創造主竟沒有一點感激之心。他以自己的光榮和高位自豪，妄想與上帝同等。他原來享有眾天軍的愛戴和尊敬。眾天使都樂於奉行他的命令，他也賦有智慧和榮耀，超過一切的天使。但上帝的兒子卻是天庭所公認為君王的，在能力和權柄上，祂原是與天父為一的。在上帝的一切決策中，基督都是有分的，但路錫甫不得像基督一樣參與上帝的一切旨意。因此這位大能的天使便質疑說：「為什麼基督是至上的呢？為什麼要這樣尊重祂過於我路錫甫呢？」

路錫甫離開了他在上帝面前的本位，出去到眾天使中間散播不滿的情緒。他祕密地進行工作，有一個時期還用敬畏上帝的偽裝來掩飾自己的真面目，他盡力要鼓動眾天使對於那管理天上眾生的律法生出不滿之念，並暗示這律法使他們受到一種不必要的約束。他主張：眾天使的本性既是聖潔的，他們就可以順從自己的意志行事。他設法使眾天使同情他，說上帝以最高的尊榮賜給基督，乃是虧待了他。他宣稱自己之所以爭取更大的權柄和尊榮，不是為了要抬高自己，而是為天庭全體居民爭取自由，藉此使他們達到更高的生存地位。

　　上帝本著祂的大憐憫長久容忍了路錫甫。當他初次表現不滿的情緒時，上帝並沒有立即撤除他的高位，就是到他開始在忠心的天使面前陳述他虛偽的主張之後，上帝還是沒有這樣做。祂卻讓路錫甫長久留在天庭。路錫甫一再得蒙赦免的機會，其唯一的條件就是要他悔改順從。只有上帝無窮的慈愛和智慧才能使他悔悟自己的錯誤。天庭中從來不知道什麼叫做不滿。路錫甫自己當初也看不出他將要發展到什麼地步；他不明瞭自己情緒的真相。及至他的不滿之念被證明為毫無理由之後，路錫甫才看出是自己錯了，看出上帝的律例是公正的，並且他應當在天庭全體之前承認這一點。如果他曾這樣行，他就可以挽救自己和許多天使了。這時他還沒有完全放棄效忠上帝的心。雖然他已離開遮掩約櫃的職位，但他如果肯回到上帝面前，承認創造主的智慧，並在上帝的偉大計畫中安分守己，他還是可以恢復原職的。然而他的驕傲卻不容他順服。他固執地維護自己的行徑，堅持自己無需悔改，並悍然投入善惡的大鬥爭之中，反抗他的創造主。

　　從此他那卓越的智力便完全用在欺騙的工作上，為了要博得那些曾經受他指揮之天使的同情。他甚至歪曲了基督警告並勸誡他的話，為要進行自己叛逆的陰謀。對於這些忠誠愛戴他，並與他發生最密切關係的天使，撒但聲稱自己受了不公正的裁判，並聲稱他的地位沒有被重視，他的自由將要受限制了。他起先只是歪曲基督的話，後來索性狡賴強辯，直接撒謊，詭稱上帝的兒子蓄意在天上居民之前侮辱他。他處心積慮地在自己與忠心的天使之間無事生非。凡沒有受他引誘來支持他的天使，他便誣告他們不關心天庭眾生的幸福。他把自己正進行的工作抵賴到那些仍效忠上帝的天使身上。為了要控訴上帝虐待他，他歪曲了創造主的言語和作為。他的手段是用狡猾的論據使眾天使對上帝的旨意發生懷疑。他給每一件簡單的事物加上一層神祕的色彩，並用巧妙的曲解，對於耶和華最明顯的指示提出疑問。他崇高的地位既與上帝的政權關係密切，他的詭辯就格外有力，結果有許多天使受迷惑與他聯合，同謀反叛上天的威權。

　　上帝憑著自己的智慧容忍撒但進行他的工作，直到不滿之情釀成積極的叛亂。撒但的計謀必須任其發展，使宇宙眾生都可以明瞭他這些計謀的性質與趨勢。路錫甫原是受膏的，一向大受尊榮；天上的眾生極其愛戴他，所以他在他們身上的影響力也是強大的。上帝的政權不但包括天庭眾生，也包括祂所創造的諸世界；路錫甫曾推想，只要他能引誘眾天使共謀叛亂，則不難得到諸世界的響應。他已經把自己對問題的看法巧妙地表白出來，同時利用詭辯和欺詐來達到他的目的。他欺騙的能力非常高超；他既披上虛偽的外衣，就取得了優勢，甚至忠誠的眾天使也不能充分辨識他的真面目，更看不出他的工作將要發展到什麼地步。

　　撒但過去一向大受尊敬，他的一切行動又是那麼神祕，要向眾天使揭露他行為的真相很不容易。除非罪惡全然成熟，其惡毒的性質是不會暴露的。在此以前，罪惡在上帝的宇宙中沒有立足之地，所以宇宙中聖潔的眾生不明白罪惡的性質與惡毒。他們看不出廢棄上帝律法之後的可怕結果。起初，撒但還藉口效忠上帝來掩護自己的工作。他宣稱自己是要促進上帝的尊榮，確保政權的安定，並謀求天庭全體的幸福。他一面向他屬下的天使灌輸不滿之念，一面卻又奸猾地顯明自己正在設法消除不滿。在他主張更改上帝政權的律法和秩序之時，他藉口說，這些變更乃是保持天庭和諧所必需的。

　　上帝在應付罪惡時只能採取合乎真理和公義的方法，撒但則能用祂所不能用的諂媚和欺騙的手段。他曾設法竄改上帝的話，在眾天使面前曲解上帝政權的方針，宣稱祂為天上居民定立律法和規條是不合理的，還稱上帝要祂所創造的萬有順從祂，不過是為了要高抬自己。因此，上帝必須在天庭全體和諸世界之前證明祂的政權是公正的，祂的律法是完全的。撒但曾聲稱他是在設法促進全宇宙的幸福，所以這個篡奪者的真面目和他真實的企圖必須為大眾知曉。他必須有充分的時間藉著他邪惡的行為暴露自己的真相。

　　撒但的變節破壞了天庭的安寧，但他竟把責任推到上帝的政權與

律法上。他說一切的禍患都是上帝施政的結果，聲稱自己的目的乃是要改進耶和華的法令。因此，上帝必須讓他顯明他的主張究竟是什麼性質，並讓他顯明他在上帝的律法上所建議的更改將導致什麼後果。他自己的作為必要定他自己的罪。撒但從起初就宣稱自己並沒有反叛。因此上帝必須在全宇宙前撕下這個大騙子的假面具。

即便是在已議決撒但不能再留在天庭之後，那具有無窮智慧的主仍沒有立即毀滅他。因為只有出於愛心的事奉才能蒙上帝悅納；祂所創造的萬有對於祂的效忠，必須以認識祂的公義與慈愛為基礎。天庭全體和諸世界既然還不能充分領會罪惡的性質與結果，這時若毀滅撒但，他們就無法看出上帝的公義與慈悲。如果上帝當即除滅撒但，他們就必存畏懼之心而非敬愛的心來事奉上帝了。同時那大騙子的影響不能完全消滅，叛逆的精神也不會根除淨盡。所以為全宇宙永久的利益起見，上帝必須讓罪惡成熟；撒但必須更充分地發展他的主張，使一切受造之物都能見到撒但控告上帝政權的真相，並使全宇宙對於上帝的公義與慈悲，以及祂律法的永久不變性，不再有任何質疑。

撒但的叛逆要在以後的各世代中，作為全宇宙的教訓，永遠用來說明罪惡的性質及其可怕的後果。撒但的轄制及其發展，以及它對於人類和天使的影響，必要顯明廢除上帝的權威將有怎樣的後果。事實必要證明：上帝的政權和祂律法的存在與祂所創造萬有的幸福是息息相關的。如此，這一次叛逆的企圖將要作為一切聖潔生靈永遠的鑑戒，不讓他們對於罪惡的性質還存有任何幻想，並保守他們不致犯罪，不致受罪的刑罰。

直到這一場爭戰在天上告一段落之後，這個大篡奪者還是強辯自己有理。及至上帝公佈撒但和一切同情他的天使將要被逐出天庭之後，這個叛逆的魁首就大膽表示輕蔑創造主的律法。他再度聲明天使無需受管束，應當有自由隨從自己的心意，而這心意必能永遠引導他們行義。他抨擊上帝的律法乃是一個抑制他們自由的軛，並宣佈他的宗旨是要廢除律法，以便眾天使可以達到更崇高、更光明的生存境地。

撒但和他的全軍異口同聲地把自己叛逆的罪完全歸咎於基督,並聲稱祂若沒有責備他們,他們是絕不會叛變的。他們就是如此存心不忠、頑梗不化、大膽無禮,妄圖推翻上帝的政權,同時還說自己是專制暴力之下的無辜犧牲者;如此,這個大叛徒和他的同黨終於被逐出了天庭。

這在天庭發動叛亂的同一個念頭,現今也在地上鼓動叛亂。撒但從前在天使身上採取什麼手段,今日他在世人身上也故技重施。撒但的意念現今在悖逆之子心中作主。他們像他一樣,設法廢除上帝律法的約束,並應許人可以藉著干犯律法而獲得自由。斥責罪惡的人現今還是會惹起憎恨和反抗的意圖。當上帝的警告感動人心之時,撒但卻叫人自以為義,並設法使別人同情他們的罪行。他們不但不改正自己的錯誤,反而挑唆眾人去反對那斥責罪惡的人,令眾人看他為造成困難的唯一禍根。從義人亞伯的日子起,直到我們現今的時代為止,世人向一切膽敢指責罪惡之人所表現的都是這種態度。

撒但引誘始祖犯罪,也是用誣衊上帝品性的方法,像他過去在天上所做的一樣,他使亞當看上帝為嚴酷專制的暴君。撒但既然使人類墮落了,便宣稱這都是上帝不合理的約束所造成,正如先前造成他的叛變一樣。

那永遠長存的主卻親口宣佈自己的品德,說:「耶和華,是有憐憫有恩典的上帝,不輕易發怒,並有豐盛的慈愛和誠實,為千萬人存留慈愛,赦免罪孽、過犯,和罪惡,萬不以有罪的為無罪。」(出34:6、7)

在驅逐撒但離開天庭的事上,上帝聲明了自己的公義,並維護了祂寶座的聲譽。但及至人類屈服於這叛逆之靈的欺騙而犯了罪之後,上帝竟犧牲了自己的獨生子,來為墮落的人捨命,作為祂慈愛的證據。上帝的品德就在基督為人贖罪的事上顯明出來。十字架的有力論據向全宇宙說明:路錫甫自取犯罪的途徑絕不能歸罪於上帝的政權。

當救主在地上服務時,基督與撒但之間的爭戰揭露了這個大騙子

的真面目。撒但向世界的救贖主進行殘酷無情的打擊，使眾天使和效忠上帝的全宇宙對他再沒有絲毫感情，此外再沒有什麼事足以促成這局面。且看他膽敢叫基督敬拜他，僭妄地把祂帶到高山和殿頂上，存心毒辣地催逼祂從高處跳下，夜以繼日兇狠地到處追逐祂，後來又煽動祭司和民眾拒絕祂的愛，最後喊叫說：「釘祂十字架！釘祂十字架！」——凡此一切，都使全宇宙震驚且憤慨不已。

那鼓動世人拒絕基督的乃是撒但。邪惡之君用盡他一切的力量和詭計要毀滅耶穌，因為他看出救主的慈悲與仁愛，祂的同情與憐憫，都在向世人顯示上帝的品德。撒但對於上帝的兒子所提出的每一項主張都進行抗爭，並利用人作他的爪牙使基督的生活充滿痛苦和憂傷。他所用來阻礙耶穌工作的詭詐與虛偽，和他藉悖逆之子所表現的仇恨，以及他為誣告這一位活出空前良善之生活的主所用的手段，都是出於他那根深蒂固的報復之心。那積在他胸中的嫉妒、怨毒、仇恨、報復之念，像烈火一般，在髑髏地山上全都爆發在上帝兒子的頭上，同時全天庭驚愕萬狀、啞口無言，凝視這一幕慘景。

及至那最偉大的犧牲成功之後，基督便升上天庭；祂拒絕眾天使的敬拜，直等到祂向父請求說：「父啊，我在哪裡，願祢所賜給我的人也同我在那裡。」(約17：24)然後天父從祂的寶座那裡以無法形容的大愛和能力發出回答說：「上帝的使者都要拜祂。」(來1：6)那時那穌身上毫無玷污瑕疵。祂的屈辱結束了，祂的犧牲完成了，有一個超乎萬名之上的名賜給祂。

撒但的罪惡這時便顯明是毫無理由的了。他已顯露出自己的真相，顯明自己是說謊的和殺人的。從他統治世人的手段就可以看出，如果讓他管理天上的居民，他將表現出怎樣的心態。他曾聲稱：誰違犯上帝的律法，誰就可得到自由而超升。但現在所看到的結果，卻是奴役和墮落。

撒但對於上帝品德和政權的誣告，這時才顯出它的實質。他曾指

責說，上帝要受造之物順從祂，目的不過是要高抬自己；他又宣稱，創造主要求萬有捨己為人，而祂自己卻沒有捨己為人。但現在可以看出：為要拯救墮落有罪的人類，宇宙的主宰已經做了愛心所能做到的最大犧牲；因為「上帝在基督裡，叫世人與自己和好」(林後5:19)。此外，還可以看出：路錫甫因貪圖尊榮和高位而打開了罪惡之門，但基督為要除滅罪惡，竟謙卑虛己，順命至死。

上帝已經顯明祂對於叛逆的痛恨。在撒但所受的制裁和人類所蒙的救贖這兩件事上，天庭全體已經看出上帝的公義。路錫甫曾說，如果上帝的律法不能更改，犯罪的刑罰也不能取消，那麼，一切犯罪的人就必永遠不能蒙創造主的喜悅。他又聲稱，犯罪的人類已無救贖之望，所以他們已經成為他合法的俘虜。如今基督的死，乃是為人類所作的辯證，是不能被推翻的。律法的刑罰已經歸在那與上帝同等的基督身上，人類便得到自由可以承受基督的義，並藉著悔改和自卑的生活勝過撒但的權勢，正如上帝的兒子得勝一樣。這樣看來，上帝是公義的，同時祂也可以稱一切信耶穌的人為義。

基督降世受苦受死，不單是為要成全人類的救贖，也是要「使律法為大為尊」。不單是要叫地上的居民心中對於律法存應有的尊重，也是向全宇宙的諸世界顯明上帝的律法是不能改變的。如果律法的要求可以作廢，上帝的兒子就不必來捨身為違犯律法的人贖罪了。基督的死證實律法是不能更改的。聖父與聖子由於無窮之愛的激動為救贖罪人所付的犧牲，向全宇宙證明——除了這救贖計畫之外別無其他證明——公義與慈悲乃是上帝政權和律法的基礎。

在將來最後執行審判時，必要顯明罪惡的存在是毫無理由的。當審判全地的主質問撒但說：「你為什麼反叛我，並擄去我國度的子民呢？」那時罪惡的魁首必無可推諉。只見萬口無聲，全體叛逆的群眾無言可答。

髑髏地的十字架不但宣告了律法是不能更改的，同時也向全宇宙

公佈罪的工價乃是死。在救主臨終喊「成了」的時候，撒但的喪鐘就敲響了。進行已久的大爭戰勝負已決，罪惡最後的根除已成定局。上帝的聖子經過了墳墓之門，「特要藉著死敗壞那掌死權的，就是魔鬼」(來2：14)，路錫甫企圖高抬自己，並說：「我要高舉我的寶座在上帝眾星以上；……我要與至上者同等。」但上帝卻對他說：我要使你「變為地上的爐灰。……不再存留於世，直到永遠」(賽14：13、14；結28：18、19)。「萬軍之耶和華說：『那日臨近，勢如燒著的火爐，凡狂傲的和行惡的必如碎稭，在那日必被燒盡，根本枝條一無存留。』」(瑪4：1)

那時全宇宙就要看出罪惡的本質與後果。如果上帝在起初就消滅罪惡的話，總不免使天使發生恐懼，以致破壞上帝的威信，這時卻能在一切歡喜遵行祂旨意而心中持守祂律法的宇宙眾生面前，證明祂的大愛，並維護祂的威信。罪惡從此永不再出現，正如聖經所說：「災難不再興起。」(鴻1：9)上帝的律法曾被撒但控為奴役人的重軛，到那時卻要被尊為「使人自由的律法」了。一個經過了試煉和考驗的宇宙，將要永遠不再改變效忠創造主的心，因為祂的品德已經在他們面前以無窮的慈愛和無盡的智慧充分顯明了。

第三十章
人類與撒但彼此為仇

「我又要叫你和女人彼此為仇；你的後裔和女人的後裔也彼此為仇。女人的後裔要傷你的頭；你要傷他的腳跟。」(創3：15) 這是上帝在人類墮落之後對撒但所作的判決，它也是一個預言。這預言包括所有的世代，直到世界的末了，並且所預表的大爭戰也涵蓋世上所有的人類。

上帝宣佈說：我要叫你們「彼此為仇」。這種仇恨不是自然產生的。當人違犯了上帝的律法時，人的本性就變成邪惡，他與撒但也變得和諧而不是敵對的。罪人和罪的始作俑者之間並沒有自然的仇恨，二者都是在叛逆之中變為邪惡的。這叛逆者若不能引誘人跟從他，得到人的同情與支持，就絕不罷休。因此墮落的天使與有罪的人類在垂死掙扎中聯合起來了。若不是上帝特地干涉，撒但和人類將要結成反對天庭的大同盟；整個人類家庭非但不會對撒但懷有仇恨，反而要與他聯合反抗上帝了。

撒但引誘人犯罪，正像他從前煽動天使叛亂一樣，是為了要獲得他們的合作來與天庭作戰。撒但和惡天使雖然在別的問題上意見分歧，但對基督的恨惡乃是一致的；他們緊密地聯合起來反對管理宇宙之主的權威。但當撒但聽見上帝宣佈他和女人，以及他的後裔和女人的後裔要彼此為仇時，他就知道他那敗壞人類的企圖必受阻撓，並知道人類終必有方法抵抗他的勢力。

這時撒但對人類的仇恨像火一般熊熊燃燒，因為他們藉著基督成了上帝慈愛和憐憫的對象。他企圖破壞上帝為人類設立的救贖計畫，又藉著毀損並污穢祂所造的人來侮辱祂；他要使天庭憂愁，使全地充滿禍患與荒涼，並且指出這一切邪惡都是上帝造人的結果。

那使人類的心與撒但彼此為仇的，乃是基督的恩典。若沒有這改變人心的恩典和更新的力量，人將繼續成為撒但的俘虜，作他順命的僕人。可是這種新的原動力，會在那本來與罪惡為伍之人的心中引起鬥爭。基督所賜的力量使人有能力抵抗那暴君和篡奪者。人若不喜愛罪惡，反倒憎恨罪惡，或是能抵抗並克服那轄制他內心的邪情惡慾，就此顯明他有完全自上面而來之能力在他心中運行。

基督的靈與撒但的靈二者之間的仇恨，在世人接待耶穌的事上有了最明顯的表現。猶太人拒絕基督的主要原因，不是因為祂沒有屬世的財富、威風或尊榮。他們看出祂具有一種能力，足以彌補這些表面上的缺欠而有餘。但是基督的純正和聖潔引起了不敬虔之人的仇恨。他那克己、無罪和忠誠的生活，對於一班驕傲縱慾的人乃是一種不斷的譴責。這就是他們仇恨上帝兒子的原因。於是撒但和惡天使與惡人聯合起來，他集結了所有叛逆的勢力同謀對付這一位真理的捍衛者。

撒但對基督徒表現的仇恨，也就是他對他們的夫子所懷的仇恨。凡看出罪惡的可憎並靠著上面來的力量抵抗試探的人，必要惹起撒但和他爪牙的忿怒。只要有罪和罪人存在，那對於純潔之真理的仇恨，以及對於維護真理之人的侮辱和逼迫也必存在。基督的門徒和撒但的爪牙是不能相容的。他們對十字架的仇恨不曾停止。「凡立志在基督耶穌裡敬虔度日的也都要受逼迫。」(提後3:12)

撒但的爪牙常在他的指揮之下進行工作，為要建立他的權勢和國度來對抗上帝的政權。他們以此為目的，設法欺騙基督的信徒，引誘他們不再效忠上帝。他們像他們的領袖一樣曲解聖經來達到自己的目的。撒但怎樣侮辱上帝，他的爪牙也怎樣想方設法誹謗上帝的百姓。

那曾置基督於死地的念頭總是鼓動惡人去毀滅跟隨祂的人，這一切都在那頭一句預言中有了暗示：「我要叫你和女人彼此為仇；你的後裔和女人的後裔也彼此為仇。」而且這種情形將要一直存在，直到世界的末了。

撒但匯集他所有的力量，全然投入這一場爭戰中。他為什麼沒有遇到更頑強的抵抗呢？基督的戰士為什麼如此昏迷不醒、漠不關心呢？因為他們與基督真實的連結不夠，並且缺乏聖靈。在他們看來，罪並不像在他們夫子的眼中那麼可憎可厭。他們也沒有像基督一樣抱持堅決的態度來抵擋罪惡。他們沒有認識到罪的極端惡毒和凶險，也沒有看清那黑暗之君的性情和能力。他們對於撒但和他的工作少有仇恨的心，因為他們對他的魔力和奸惡，以及他對於基督和祂的教會進行爭戰的廣大範圍，都一無所知。許多人在這問題上受了欺騙。他們不知道他們的仇敵是一個控制著惡天使思想且大有能力的將領，也不知道他正以深思熟慮的計畫和精巧靈敏的手段向基督作戰，為要攔阻人類得救。在自稱為基督徒的人之間，甚至在傳道人之間，除了在講台上偶而說起之外，很少聽到他們提到撒但。他們對於撒但不斷的活動和成功視若無睹，他們輕忽聖經中有關撒但詭計多端的許多警告；他們似乎根本不理會他的存在。

世人雖然不知道撒但的陰謀，但這時刻伺機而動的仇敵卻在他們的路上追蹤他們。在家庭的日常生活中，在城市的每一條街道上，在各教會裡面，在國家的議會和法庭中，他都是不速之客，要進行迷惑、欺騙、引誘，並到處毀滅男女老幼的靈魂和身體，破壞家庭，散播仇恨、好鬥、糾紛、暴動、謀殺的種子。而基督教界卻認為這些都是上帝所命定的，是必須存在的。

撒但不斷設法拆毀那使上帝的子民與世俗隔開的藩籬，藉以征服他們。古時以色列民曾貿然與外邦人發生上帝所禁止的關係，他們就被引誘而犯罪了。現今的以色列民也是這樣誤入歧途。「此等不信之人被世界的神弄瞎了心眼，不叫基督榮耀福音的光照著他們。基督本是上帝

的像。」(林後4：4) 凡不決心跟從基督的人都是撒但的奴僕。未經重生的心是喜愛罪惡的，並且有保留和原諒罪惡的傾向。重生的心是恨惡而堅決反抗罪惡的。當基督徒與不敬虔或不信主的人結交時，他們就把自己置於試探之中了。撒但不讓人看見他，並用迷惑人的外表，偷偷地蒙蔽人的眼睛。他們看不出自己與這些人為友能受什麼損害；當他們的性情、言語、舉動都因與世俗接近而與之同化時，他們就越來越盲目了。

隨從世俗只會使教會世俗化，絕無法使世界基督化。與罪惡親近，就必使人覺得罪惡不再是那麼可憎。凡故意與撒但的奴僕為友的人，到了一個時候，也就不再懼怕這些奴僕的主人了。當我們為盡本分而像但以理在宮廷中一樣接受試煉時，我們可以確信上帝必要保護我們，但我們若把自己置於試探之中，那麼遲早都是要跌倒的。

眾人所認為不會受撒但控制的人，常是他最能利用的工具。博學多才的人往往受到世人的欽佩和尊敬，好像是這些優點可以彌補他們對上帝缺乏的敬畏之心，或使他們有資格得蒙上帝的喜悅。才幹和學識固然是上帝的恩賜，但它若被用來代替敬虔，不使人親近上帝，反而遠離祂，那麼這些恩賜倒要變成咒詛和陷害人的羅網了。許多人以為那些表面上似乎彬彬有禮，態度也很優雅的人多少是與基督有關係的，殊不知這個錯誤再大也沒有了。固然，每一個基督徒都應當具有這些美德，因為這些美德能發揮有力的影響，為真實的信仰增光；可是這些美德必須專為上帝而用，否則就要淪為邪惡的勢力了。許多深具文化素質、風度翩翩的人固然不至於行出普通人所認為不道德的事，但其實這等人正足以成為撒但手中高明的工具。他們那圓滑欺人的影響和榜樣，使他們成了基督的仇敵，其危險性更甚於沒有受過教育的人。

所羅門藉著懇切的祈禱和依靠上帝，竟得到了那使舉世羨慕而驚奇的智慧。但當他背棄了他能力的泉源而靠自己行事時，他就成了試探的獵物。於是上帝賜給這最具智慧之帝王的非凡才幹，反而使他變成眾人仇敵更有效的工具。

雖然撒但努力使人忽略以下事實，但基督徒卻永不可忘記：「我們並不是與屬血氣的爭戰，乃是與那些執政的、掌權的、管轄這幽暗世界的，以及天空屬靈氣的惡魔爭戰。」(弗6：12)以下的警告之聲從古至今一直是振聾發聵的：「務要謹守，警醒。因為你們的仇敵魔鬼，如同吼叫的獅子，遍地遊行，尋找可吞吃的人。」(彼前5：8)、「要穿戴上帝所賜的全副軍裝，就能抵擋魔鬼的詭計。」(弗6：11)

從亞當的日子直到如今，我們的大仇敵常利用他的能力來進行壓迫和毀滅。他現在正準備著與教會作最後的爭戰。凡想追隨基督腳蹤的人都必與這無情的仇敵作戰。一個基督徒越接近那神聖的模範，他就更準確地使自己成為撒但攻擊的目標。凡積極參加上帝的工作，設法揭露惡者的欺騙，並把基督介紹給人的人，必能與保羅一同作見證說：我們服事主，凡事謙卑，眼中流淚，經歷試煉。

撒但曾用他最兇狠狡猾的試探來攻擊基督，但在每一次衝突中他都被擊退了。那些仗是為我們打的，那些勝利使我們也有了得勝的可能。基督必賜能力給一切尋求能力的人。沒有人能不先經自己的同意而被撒但所勝。這試探者沒有能力去控制人的意志，或強迫人犯罪。他可以使人受苦難，但非經本人同意，他就不能玷污他。他可以使人痛苦，但他不能任意污穢人。基督已經得勝，這個事實應當鼓舞祂的門徒們勇敢地與罪惡和撒但作戰。

第三十一章
邪靈的工作

看得見與看不見之世界的關係，天使的服務，以及邪靈的工作，在聖經中皆有清楚說明，它們也和人類的歷史密不可分。但現今一般人不太相信有邪靈存在，認為那些「奉差遣為那將要承受救恩的人效力」(來1：14) 的聖天使就是死人的靈魂。聖經不但教導我們有關天使和邪靈的存在，同時也提供了確鑿的憑據，證明他們絕不是死人的靈魂。

在上帝創造人類之前，天使就已經存在；因為在上帝立大地的根基時，「晨星一同歌唱；上帝的眾子也都歡呼。」(伯38：7) 在人類墮落之後，有天使奉命把守生命樹的道路，這也是在還未有人類死亡之前的事。再者，天使在本性上乃是超人一等，所以作詩的人說，上帝叫人「比天使微小一點」(詩8：5)。

關於天使的數目、能力和榮耀，以及他們和上帝的政權，並與救贖工作之間的關係，聖經皆已告訴了我們。「耶和華在天上立定寶座；祂的權柄統管萬有。」(詩103：19) 先知又說：「我又看見且聽見，寶座與活物並長老的周圍有許多天使的聲音。」(啟5：11) 他們侍立在萬王之王的面前，作為「大能的天使」，「聽從祂命令、成全祂旨意」(詩103：20)，先知但以理所見到的天使，為數千千萬萬 (見但7：10)。保羅也提到「千萬的天使」(來12：22)。他們作為上帝的差役，「往來奔走，好像電光一閃。」(結1：14) 他們的榮光如此炫目，飛翔如此迅速。從前來到救主墳墓之前的天使「像貌如同閃電，衣服潔白如雪」，使看守墳墓的人「嚇得

渾身亂顫，甚至和死人一樣」(太28：3、4)。當那傲慢的亞述王西拿基立辱罵褻瀆上帝，又以毀滅來威脅以色列的時候，「當夜，耶和華的使者出去，在亞述營中殺了十八萬五千人。」(王下19：35) 這個使者「進入亞述王營中，把所有大能的勇士和官長、將帥盡都滅了。亞述王滿面含羞的回到本國」(代下32：21)。

天使也常奉命將恩惠帶給上帝的兒女。他們曾將賜福的應許帶給亞伯拉罕，曾到所多瑪的城門口去營救義人羅得脫離那城的厄運；他們又在以利亞因又累又餓、將死在曠野之際來幫助他，並以火車火馬圍著以利沙被敵人圍困的小城；當但以理在異教宮廷中尋求上帝的智慧，或被丟在獅子坑裡時，他們也曾來站在他的身旁；彼得注定要死在希律王的牢獄之中時，為他打開鐵門，並為那兩個因在腓立比監獄的使徒行神蹟；當保羅和他的同伴在海上遇見暴風時，他們曾來提供保護，又曾啟發哥尼流的思想去領受福音，並差派彼得將救恩的信息傳給這個陌生的外邦人……聖天使就是這樣，在每一世代為上帝的子民效力。

每一個跟從基督的人都有一位守護天使奉命來幫助他。這些天上的守望者常保護義人脫離惡者的權勢。撒但在以下的話中也承認了此一事實：「約伯敬畏上帝，豈是無故呢？祢豈不是四面圈上籬笆圍護他和他的家，並他一切所有的嗎？」(伯1：9、10) 詩人用以下的話說明上帝用來保護祂子民的方法：「耶和華的使者在敬畏祂的人四圍安營，搭救他們。」(詩34：7) 救主論到那些相信祂的人說：「你們要小心，不可輕看這小子裡的一個；我告訴你們，他們的使者在天上，常見我天父的面。」(太18：10) 奉命為上帝的兒女效力的天使是經常來到祂面前的。

可見上帝的子民雖然常暴露在黑暗之君的欺騙勢力和無休止的毒恨之下，但他們可以確知自己有天使時刻保護著他們。這樣的應許是有其必要的。上帝之所以要賜給祂的兒女恩典和保護，正是因為他們必須應付強大的邪靈——這些邪靈是如此眾多、兇狠、永不停歇，以致沒有人能忽視它們的惡毒和能力還想著能倖免遭害。

　　邪靈起初被造時是沒有罪的，那時的他們和現今充當上帝差役的天使，在本性、能力和榮耀方面都是一樣的。如今他們既因罪而墮落，就團結一致要侮辱上帝並毀滅世人。他們既與撒但聯合，並和他一同被趕出天庭，他們便在以後的各世代中，在抗拒上帝之權威的爭戰上與撒但合作。聖經有許多教訓論到邪靈的同盟和政權——他們不同的屬性，他們的聰明與狡猾，以及他們破壞人間和平與幸福的陰謀。

　　舊約歷史中有幾處曾提及邪靈的存在和他們的工作；但他們以最顯著的方式表現自己能力的時候，乃是當基督在世的日子。那時基督已經降臨來實行救贖計畫，所以撒但便決心要行使自己統治全世界的權利。當時除了巴勒斯坦之外，他已經在世界各處毫不費力地建立了拜偶像的制度。於是基督來到這獨有的、尚未完全依從那試探者統治的地方，將天上的光芒照耀那裡的人。這裡便有兩個敵對勢力互相競爭了。耶穌在那裡伸出慈愛的膀臂，邀請一切願意的人來，在祂裡面得到赦罪與平安。因此黑暗的大軍看明自己並沒有支配全局的權柄，而且明白如果基督的使命成功的話，他們的統治就將結束。於是撒但如同困獸一般，放肆狂怒，並放膽在人的身體和靈魂上逞兇。

　　新約聖經清楚記載鬼附在人身上的事。那些遭受這種殘害的人，不僅是患了自然的病痛。基督很明瞭祂所要對付的是什麼，並且祂也承認有邪靈親自出動並在其中推波助瀾。

　　聖經所記載的、關於基督醫好那兩個在格拉森被鬼附之人的經過，正可有力地說明邪靈的眾多、力量之大和兇惡程度，同時也敘述了基督的能力和慈愛。那兩個可憐瘋狂的人不受任何約束，只知掙扎、吐沫咆哮，使空中充滿他們的喊叫聲，同時他們還損傷自己的身體並危害一切敢接近他們的人。他們那血跡斑斑、傷痕纍纍的身體和失了理智的意識，使黑暗之君甚為得意。附在他們身上的一個鬼說：「我名叫『群』，因為我們多的緣故」(可5:9)；在當時的羅馬軍隊中，一個「軍團」(此處所用的「群」在原文與「軍團」一詞相同)約有三千至六千人之多。撒但的軍隊也是分列成隊的，每一隊的魔鬼數目並不比一般的一個軍團為少。

一經耶穌吩咐，那些邪靈便離開了那兩個被害者，讓他們得以安靜地坐在救主腳前。他們已是被馴服、恢復清醒而溫良的了。同時耶穌准許那些邪靈把一群豬趕到海裡去；在格拉森的居民看來，這個損失卻遠比基督所賜的更為重大，所以他們去求這位神聖的醫師離開他們。這正是撒但所希望的結果。他把他們受損失的責任推到耶穌身上，藉此引起民眾自私的顧慮，不讓他們聽到耶穌的教導。撒但也經常這樣把損失、不幸和受苦的事怪罪基督徒，而不讓這責任落在他和他的爪牙身上。

但結果基督的旨意並沒有受到阻撓。祂讓那些邪靈毀滅那一群豬，藉此責備那為財利而豢養這些不潔淨動物的猶太人。況且如果基督沒有限制那些邪靈的話，他們就會把養豬的人一起捲入海中。他們之所以倖存，完全是因為基督慈愛地使用祂的能力來保護他們。再者，基督准許這事發生，使門徒可以目睹撒但對於人類和獸類能行使的殘酷能力。救主要這些跟從祂的人對自己必須應付的仇敵有所認識，不致被他的詭計迷惑而受他所制。基督也要那一帶的居民看出祂打破撒但之捆鎖，並解開撒但的俘虜。而且耶穌本人雖然離開了那地，但那兩個蒙祂奇蹟般拯救的人卻仍留在那裡，向人宣講恩主的慈愛。

聖經中還記載了一些其他類似的事件。那敘利非尼基族婦人的女兒曾被鬼附身，而耶穌的一句話就把鬼趕走了（見可7：26-30）。還有那「被鬼附著、又瞎又啞的人」（太12：22）和那被啞吧鬼附著的青年，屢次被鬼「把他扔在火裡、水裡，要滅他」（見可9：17-27）。還有那攪擾迦百農會堂安息日聚會的、「被污鬼的精氣附著」的瘋子（見路4：33-36）——這些人都因慈悲救主而得了醫治。基督幾乎每一次都把邪靈當成有思想和意識的對象同他們說話，並吩咐他們從所害的人身上出來，不許再傷害他們。在迦百農會堂敬拜之人看到基督的大能時「都驚訝，彼此對問說：『這是什麼道理呢？因為祂用權柄能力吩咐污鬼，污鬼就出來。』」（路4：36）

一般說來，被鬼附的人是受著劇烈痛苦的；但也有一些例外。為

要得著超自然的能力，有些人甚至歡迎撒但的勢力，這等人自然就不會與邪靈發生什麼矛盾。古時具有占卜之靈的人——行邪術的西門，行法術的以呂馬，和那在腓立比跟隨著保羅和西拉的女子，都是屬於這一等人。

那些抹煞聖經中明確而充分的見證，不肯承認魔鬼及其使者之存在與工作的人，最容易受到邪靈的危害。只要我們不理會他們的詭計，他們就必佔有幾乎無限的優勢；許多人在聽從邪靈的建議時，還以為是在遂行自己的智慧呢！因此，當我們臨近末期，就是撒但用他最大的能力迷惑並毀滅人時，他便要到處散佈那說他根本不存在的主張。他的策略乃是要隱藏自己和自己的工作方式。

那大騙子最怕的就是被我們認出他的詭計，所以為要更加偽裝自己真實的本性和用意，他令人把他形容成一種只引人嘲笑或輕視的怪物。他喜歡讓人把他描繪成一個四不像，或是極為可憎、半人半獸的妖怪。他樂意聽一些自作聰明的人用他的名字作為談笑和諷刺的話柄。

正因撒但已經巧妙地偽裝了自己，所以許多人要問：「這樣的勢力真的存在嗎？」一般宗教界既然普遍接受了一些否認聖經最直接之見證的學說，就足以說明撒但在這方面的成功。而且正因為撒但能輕易控制那些不理會他存在之人的思想，所以聖經才為我們提出如此多的例子來說明撒但惡毒的工作，藉此揭露他潛伏的力量，使我們可以提防他的襲擊。

我們若不能在救贖主的卓越大能裡面找到藏身處和拯救，那麼我們真該因撒但的能力和兇狠而驚慌！我們時常謹慎地用門鎖和鑰匙保守自己的住宅，使自己的生命財產不致受惡人侵犯；卻很少想到那些經常設法陷害我們的邪靈惡魔，何況我們對於他們的侵襲還沒有任何的抵禦方法呢！若邪靈得到許可，他們很能打亂我們的思想、殘害我們的身體，並毀滅我們的生命財產。他們唯一的樂趣就是使人類受痛苦、遭毀滅。可見那些抗拒上帝的旨意，並順從撒但的試探，直到上帝任憑

他們受邪靈控制之人的情況是何等可怕！但那些跟從基督的人既然受祂的看顧，就永保安全了。必有大能的天使奉命下來保護我們。那惡者絕不能衝破上帝在祂子民四圍所設置的保障。

第三十二章
撒但的羅網

　　基督與撒但之間的大爭戰已經進行了幾乎六千年之久，且即將結束；所以那惡者現今要加倍努力擊敗基督為人類所成就的工作，並把人緊緊套在他的羅網之內。他的目的是要將世人籠罩在黑暗且不願悔改的景況之下，直到救主中保的工作完結，罪人再沒有贖罪祭的時候為止。

　　當人們消極的反抗撒但的勢力，且不冷不熱的精神風行於教會和社會之中時，撒但就很放心。因為這樣他就不怕那些受他任意支配的人會離開他。但人的心意何時被喚醒去注意永生的事物，以致發問說：「我當怎樣行才可以得救？」此時，撒但就要出動設法與基督抗衡，並消滅聖靈的感動。

　　聖經中提到有一次，當上帝的眾天使來到祂面前時，撒但也來到他們中間（見伯1：6）；但他並不是來跪拜永生之君，而是來推行他那攻擊義人的毒計。當世人聚集敬拜上帝時，他也必本著同樣的目的參加。雖然人的眼目看不見他，但他卻在全力作工，要管制敬拜之人的心思意念。他像一位精明幹練的將帥，爭先籌定種種計畫。在他看到上帝的僕人查考聖經時，他便注意那要傳給眾人的題目。然後他就要運用自己一切的伎倆和詭詐，來盡力操縱環境，使他所要欺騙的對象得不到那一次講道的幫助。撒但要鼓動那最需要警告的人，使他在工作業務上忙得不能脫身，或是用一些別的方法去阻止他，使他聽不到那一篇

像活的香氣叫他活的道理。

再者，撒但見到上帝的僕人因那籠罩眾人的屬靈黑暗而焦慮；他聽到他們的懇切祈禱，聽到他們祈求上帝的恩典與能力來打破冷淡、大意與怠惰的魔咒。於是撒但便再發熱心去運用自己的手段，引誘人放縱食慾，或其他恣情享樂的事，以便麻木他們的感覺，而聽不到他們最需要明白的事。

撒但深知凡能被他引誘忽略祈禱與查經的人，終必倒在他的勢力之下。因此，他便發明種種足以擄獲人心的方法。有一等人自命敬虔，卻對真理不求甚解，他們所有的宗教無非是在他們所不贊成之人的品格或信仰上吹毛求疵。這種人乃是撒但有力的助手。現今控告弟兄(姐妹)的人為數真是不少；並且當上帝正在作工，而祂的僕人正在忠心事奉祂時，他們常是很活躍的。他們要在那些熱愛並順從真理之人的言語和行動上加以虛偽的色彩。他們要誣蔑那些最懇切熱心、克己的基督僕人，說他們是受騙或欺騙之人。他們的工作就是要歪曲每一樁忠實高貴行為的動機，用冷言冷語譏刺人，並在沒有經驗的人心中灌輸疑慮。他們總要千方百計地使人把純潔與正義的事看為污穢而欺騙人的。

但是任何人都不必受他們的欺騙。我們能輕易地看出他們是誰的子民，是跟隨誰的榜樣，做誰的工作。「憑著他們的果子，就可以認出他們來。」(太7:16)他們的態度和行動與撒但——那惡毒的誹謗者，「控告我們弟兄」的魔鬼相同(啟12:10)。

這大騙子有許多爪牙隨時散佈各種謬誤來陷害世人，他預備許多的異端邪說來迎合他所要毀滅之人的不同愛好和理解力。他的計畫是要引領一些不夠誠心且尚未重生的分子進到教會之中，以便助長懷疑與不信，並阻礙一切渴望上帝聖工發展，而自己亦隨之發展的人。現今有許多非出自真心信仰上帝和聖經的人，只是對於真理的一些原則表示贊同，便被看為基督徒了；這樣，他們就能引入他們的異端邪說作為聖經的道理。

　　撒但最有成效的騙術之一，就是使人以為自己不管相信什麼都是無關緊要的。他知道人因愛慕而接受的真理，足使接受者的心靈成聖；因此，他便不斷地想出虛偽的理論、寓言，就是「別的福音」來代替真理。從創世以來，上帝的僕人一直不斷地與一些假師傅對抗，這些師傅不單是為人陰險，也是傳講那危害人心靈之邪說的人。以利亞、耶利米、保羅都曾毅然決然地反對這些使人背離聖經的人。凡自以為開明，而以正確的宗教信仰為無關緊要的人，乃是那些捍衛聖潔真理之人所不容的。

　　現今在基督教界所見到的各樣含糊而離奇的聖經解說，和許多互相衝突的宗教理論，都是出於我們大仇敵的作為。他盡力要混亂人的思想，使人不能辨識真理。近代基督教各公會中存在著彼此不和，分門別戶的情形，大半是由於曲解聖經所致，因為各人都要支持自己喜愛的理論。許多人不肯虛心地藉仔細查考聖經來明白上帝的旨意，而只想發現一些怪異或新奇的事物。

　　有一些人為要支持異端或非基督教的規例，竟在聖經中斷章取義，甚至連一節完整的經文也要截掉一半來證明自己的主張，殊不知他們所截掉的半句正足以說明與他們的主張相反之意。他們狡猾如蛇，常引用一些互不相關的章節，根據自己出於私意的解說，藉以掩飾自己的不是。有許多人就這樣故意曲解聖經。此外還有一些人具有活潑的想像力，他們按自己的幻想解釋聖經中的比喻和表號，卻毫不注意以經解經的方法，只知拿自己的幻想當作聖經的教導去傳。

　　人在研究聖經之時，若非本著誠懇禱告、虛心受教的精神，則最簡單明瞭的經文也要像最難懂的經文一樣遭人曲解。羅馬教廷的領袖選了幾段最能符合自己宗旨的經文，加以私意曲解，然後向人傳講，同時不讓人有查考聖經並明白其中真理的權利。我們應當把全部聖經源源本本地傳給人。與其把聖經歪曲強解，還不如不解釋為妙。

　　聖經的宗旨原是要作為一切願意明白創造主旨意之人的嚮導。上

帝已將正確的預言賜給人；天使——甚至基督自己——都曾從天上下來，使但以理和約翰知道那即將發生的事。凡是有關我們得救的各項大事，都沒有被隱藏在神祕的奧義之中。上帝對於這些大事的啟示，並沒有用令人費解的方法，使誠心尋找真理的人步入歧途。主耶和華曾藉先知哈巴谷說，「將這默示明明地寫在版上，使讀的人容易讀。」(哈 2：2) 聖經的話對於一切以虔誠之心來研究的人，乃是簡明的。每一個真正誠實的人必能看明真理的亮光。「散佈亮光是為義人」(詩97：11)，教會中的教友若不熱切尋求真理，像尋找隱藏的財寶一樣，則教會絕不能達到聖潔的地步。

人們藉著高唱自由主義，就看不出他們仇敵的種種陰謀，也不理會他一直處處費盡心思要達成自己的目的。他既能以人為的學說來代替聖經，上帝的律法就要被廢棄，各教會也就要處於罪惡的捆綁之下，同時還要以「自由」自豪。

科學的研究對於許多人已經成了一種禍害。上帝固然已經賜下很多亮光，使科學與技術有了驚人的發明，但即使是人間最偉大的思想家，若不在科學的研究上遵循聖經的指引，便要在試圖考察科學與聖經的關係時感到惶惑不解了。

人類對於物質和靈界的知識都是局部而不完全的；因此，有許多人就無法使他們對科學的見解與聖經的啟示相符。許多人接受一些理論和學說作為科學的事實，並想以「似是而非的學問」(提前6：20) 來批判聖經。創造主和祂的工作原是超乎他們所能理解的；他們既不能用自然定律來解釋這些事，便認為聖經中的歷史是不可靠的。這些認定新舊約記載不可靠的人，往往還要進一步懷疑上帝的存在，並把無窮的能力歸功於大自然。他們既割斷了真理的錨碇，結果就只有撞在無神論的礁石上。

許多人就是這樣偏離了真的信仰而受到魔鬼的誘惑。世人竟要比創造主更聰明；人的哲學竟想找出上帝所不曾啟示的奧祕。如果世人

肯尋求並明白上帝對於祂和祂的旨意所作的啟示，他們就必能對於耶和華的榮耀、威嚴和權能得到清楚的認識，以致能夠體會到自己的渺小，並以上帝已啟示給他們和他們子孫的事為滿足。

撒但騙術的傑作之一，就是不斷地使人追根究柢並臆測上帝沒有顯示、且無意讓人明白的事。原先路錫甫就是這樣失去他在天上的地位。他因為上帝旨意的一切祕密沒有向他說明，便大為不滿，因此他也就全然忽視了上帝所分派、與他高位之工作有關的啟示。他在自己屬下的天使中引起了同樣不滿的心態，使他們墮落。現今他設法把這同樣的心態灌注在世人心中，使他們忽視上帝直接的命令。

凡不願意接受聖經簡明犀利之真理的人，必然一心尋找一些足以安撫良心的悅耳教訓。人所傳的道理越不屬靈，越不需要克己自卑，便越能得到眾人的贊同。這些人竟降低自己的智能，去迎合自己的情慾。他們既然過於聰明自負，就不肯存痛悔的心去查考聖經，不肯懇切祈求上帝的指導，他們便沒有什麼抵禦迷惑的保障了。撒但隨時準備要滿足人心的慾望，並提供他的欺騙來代替真理。昔日羅馬教就是這樣得到控制世人思想的能力；現今的基督教會也是因拒絕了那為他們帶來十字架的真理，而重蹈覆轍。凡忽視上帝的聖言，只考慮到自己的方便與利益，以便迎合世俗之要求的人，必被上帝遺棄，任憑他們去接受異端邪教作為宗教的真理。凡故意拒絕真理的人，將要接受種種希奇古怪的謬論。有人或許厭惡某一種騙人的事，同時卻欣然接受另一種騙人的事。使徒保羅說，有一等人「不領受愛真理的心，使他們得救」，「故此，上帝就給他們一個生發錯誤的心，叫他們信從虛謊，使一切不信真理、倒喜愛不義的人都被定罪。」(帖後2:10-12)我們既有這樣的警告在前，就有必要持守自己所接受的道理。

大騙子最有效的一個騙術，就是招魂術迷人的教導和虛假的奇蹟。他裝成一個光明的天使，在人最想不到的地方佈下羅網。只要人專心研究聖經，並懇求上帝使他們明白這經，他們就不致留在黑暗之中而接受虛偽的道理。但人既拒絕真理，就必受騙。

還有一個危險的異端，它否認基督的神性，說基督在降世之前是不存在的。雖然有一大群自稱相信聖經的人接受這種理論，但它卻是與聖經中說明救主與天父之關係，祂的神性，以及祂太初時早已存在等最明白的經文直接相牴觸。人若不是極端強辭奪理地曲解聖經，便無法接受這種謬論。它不僅降低人們對於救贖工作的觀念，同時也要破壞人的信仰，使人不信聖經是出於上帝的啟示。這個結果使這種謬論顯得更為可怕，也使它更難以對付。人既拒絕聖經對於基督的神性所作的見證，與他們爭辯這個問題就是徒然的，因為無論多麼有理有據，都不足以說服他們。「屬血氣的人不領會上帝聖靈的事，反倒以為愚拙，並且不能知道，因為這些事惟有屬靈的人才能看透。」(林前2：14) 無論何人若相信這種異端，就不能對於基督的品德和使命，以及上帝救贖人類的大計畫，有正確的認識。

此外還有一個迅速蔓延又隱含惡意的異端，說撒但並非是一個實際的存在，又說聖經只不過是用這個名稱來代表人的邪情惡慾而已。

現今在一般講台上普遍響應的另一種謬論，是說基督的第二次降臨乃是在每一個人臨死之時，這個教導使人不相信基督要親自駕著天雲降臨。撒但多年以來就是如此說，「看哪，基督在內屋中」(見太24：23-26)，可惜有許多人竟接受了這種欺騙而沉淪了。

屬世的智慧還教導人說，祈禱是不必要的。科學界的人說，禱告不能得到真實的答覆，因為這是與自然律相違的，是一種神蹟，而神蹟是根本不可能存在的。他們說這個宇宙是被一些固定的自然律所支配，連上帝也不能做什麼與這些定律相違背的事。這樣，按著他們的見解，上帝是受祂自己的律法所束縛的；似乎是說上帝律法的運用，足以限制祂的自由權。這種教導與聖經的見證相反。昔日基督與門徒豈不是行過神蹟嗎？這大有慈悲的同一位救主，今日依然活著，祂樂意垂聽人們有信心的祈禱，如同祂從前在人間生活時一樣。自然力是與超自然力合作的。上帝的計畫原來是要我們憑著信心祈禱，祂就必應允；反之，我們若不祈求，祂就不賜給我們了。

在現今的基督教教會中，有無數的異端邪說和離奇的觀念。聖經所建立的標誌，若是被挪走了一個，其必導致的惡果是人無法估算的。這樣做的人永遠不會以拒絕一項真理為滿足。大多數的人必要繼續將真理的原則一項又一項地擱置一旁，直到最後他們完全成為無神論者為止。

現代流行之神學的種種錯誤，已經驅使許多原可相信聖經的人成為懷疑論者。他們既無法接受那些激怒他們的正義、慈悲與仁愛的道理──這些道理又都是聖經的教導，他們就不肯接受聖經為上帝的聖言了。

這正是撒但所要達成的目的。他最大的希望就是要破壞世人對於上帝和聖經的信仰。撒但是一切懷疑者的魁首，他竭力誘惑人來加入他的隊伍。懷疑之風現已甚為得勢。有很多人不敢相信聖經，正像他們不敢相信上帝一樣，因為聖經譴責罪惡。凡不願順從聖經命令的人就竭力要推翻它的權威。他們讀聖經，或是聽台上所講的聖經教訓，只是為要在聖經或講章中吹毛求疵。有不少人成了無神論者，為要替自己疏忽責任的罪辯解或找藉口。還有一些人因傲慢和怠惰的心理而採取了懷疑的立場。他們太貪圖安逸，不肯努力克己去做一些值得尊敬之事，便以批評聖經來表現自己有優越的智慧。其實聖經中有許多教導，不是人類有限且未經神聖之智慧啟迪的心思所能明瞭的，因此他們就有了機會可以進行批評。有許多人以為自己站在不信、懷疑、無神論的一邊，乃是自己的優點；這等人雖然在外表上自作開明，但實際上他們是自負而驕傲的。有許多人只知從聖經中找出一些事物來使別人希奇詫異；還有一些人因喜好爭辯，就假定站在錯誤的一方來批評問題。他們卻不明白自己正是自投撒但的羅網。他們既然公開表示不信，便覺得必須堅持自己的立場。這樣，他們便與不敬虔的人同流合污，並替自己關閉了樂園的門。

上帝已經在聖經中留下充分的憑據，可以證明聖經的神聖性質。凡有關我們得救問題的種種偉大真理，都已在聖經中清楚說明了。主

已應許要賜聖靈給一切誠心祈求的人,各人靠聖靈的幫助,便可以親自明白這些真理。上帝已經賜給人類一個穩固的根基,使人可以在其上建立自己的信仰。

但人有限的智力還是無法充分理解無窮之主的計畫與旨意。我們永不能測透上帝。我們萬不可用僭越的手,去揭開那遮掩上帝威嚴的簾幕。使徒說:「祂的判斷何其難測!祂的蹤跡何其難尋!」(羅11:33)我們最多只能從祂向我們所行的事上瞭解祂的作為和動機,以便體驗到那配合著祂無窮大能之無限仁愛與慈悲。我們的天父本著智慧與公義掌管萬事,所以我們不可急躁不滿,懷疑不信,卻當屈身敬拜而順服祂。凡有關我們利益的事,祂無不盡力地把祂的旨意向我們顯明;至於在這範圍以外的事,我們就當信賴祂全能的手和慈愛的心。

上帝雖已賜人充分的憑證,作為信心的根據,但祂不會為不信之人除去一切懷疑的藉口。人若一心想找出疑惑的託辭,總是可以找到。如果非得等到每一個反對意見都獲得圓滿解決,再無懷疑的餘地之後,才肯接受並順從聖經,這樣的人是永遠不能得見光明的。

不信上帝原是一顆沒有重生而與上帝為敵之心所表現的自然現象。但信心乃是聖靈所感召的,並且人唯有保持信心,信心才能成長。人若非下定決心去努力,信心便不能堅強。不信的心也是在得到鼓勵之後才加強的;因此,人若不注意上帝所賜的、那足以支持他們信心的憑據,反倒讓自己質疑並強辯,他們便要發現自己的懷疑越來越根深蒂固。

那些懷疑上帝的話而不信任祂賜恩應許的人,無異是羞辱了上帝;他們的感化力不是吸引人來歸向基督,反而是驅使別人離開祂。他們是不結果子的樹,枝葉茂密,遮天蔽日,使別的植物在其蔭下因不得陽光而凋落枯萎。這種人一生的工作將要永遠證明他們的不是。他們正在播下懷疑和不信的種子,將來必要得到相應的收穫。

對於那些真心渴望擺脫懷疑心理的人只有一個辦法可循,那就

是：不要對自己不理解的事物提出質疑和強解，卻要留心主已經照射在他們身上的亮光，這樣他們就必得到更大的亮光。他們應當盡自己已明白的每一個本分，然後主就要使他們徹底明白，並盡力做到過去曾懷疑的本分了。

撒但能提供一種與真理極其相似的贗品，來欺騙所有甘心受騙，存心逃避真理，又不肯克己犧牲的人。但一個不惜任何代價而誠心要明白真理的人，撒但是無法把他在留在自己權下的。基督就是真理，也是「真光，照亮一切生在世上的人」（約1：9）。真理的聖靈已經奉差遣來引領人明白一切的真理。上帝的聖子已經本著自己的權威聲明：「你們祈求，就給你們」、「人若立志遵著祂的旨意行，就必曉得這教訓。」（太7：7；約7：17）

一般基督徒對於撒但和他的使者欲陷害他們的奸計只略知一二，但那坐在諸天之上的主卻要掌管一切，使這些毒計反促成祂深遠的旨意。上帝讓自己的子民經受如火如荼的嚴酷試探，並不是因為祂樂於見到他們受苦遭難，乃是因為這種過程是他們必需經歷的，使他們可以得到最後的勝利。祂不能始終以自己的榮耀保護他們免受試探，因為這種考驗的目的正是要預備他們去抵抗罪惡的一切誘惑。

如果上帝的子民肯以順服和懺悔的心承認並離棄自己的罪，本著信心領受主的應許，則不論是惡人或鬼魔，都不能攔阻上帝的工作，或使上帝不與他們同在。每一次的試探，每一個反對的勢力，不論是公開的或是祕密的，他們都能予以有效的抵抗。「萬軍之耶和華說：不是倚靠勢力，不是倚靠才能，乃是倚靠我的靈方能成事。」（亞4：6）

「因為，主的眼看顧義人；主的耳聽他們的祈禱。……你們若是熱心行善，有誰害你們呢？」（彼前3：12、13）在巴蘭因豐厚重賞之應許而動心，想要行邪術攻擊以色列民的時候，便獻祭給耶和華，祈求祂咒詛祂的子民，但上帝的靈卻禁止他所要宣佈的咒詛，並迫使他開口說：「上帝沒有咒詛的，我焉能咒詛？耶和華沒有怒罵的，我焉能怒罵？」、「我

願如義人之死而死；我願如義人之終而終。」及至再度獻祭之後，這位不敬虔的先知又說：「我奉命祝福；上帝也曾賜福，此事我不能翻轉。祂未見雅各中有罪孽，也未見以色列中有奸惡。耶和華他的上帝和他同在；有歡呼王的聲音在他們中間。」、「斷沒有法術可以害雅各，也沒有占卜可以害以色列。現在必有人論及雅各，就是論及以色列說：上帝為他行了何等的大事！」第三次築好祭壇之後，巴蘭盡力設法咒詛以色列，但上帝的靈仍然藉著這位先知不情願的口宣明了上帝選民的昌盛繁榮，並斥責了他們仇敵的愚頑惡毒，說：「凡給你祝福的，願他蒙福；凡咒詛你的，願他受咒詛。」(民23：8，10、20、21，23；24：9)

　　那時以色列人是忠心事奉上帝的；只要他們一直順從祂的律法，則地上或陰間必沒有任何權勢能勝過他們。巴蘭雖被禁止，不得宣佈那攻擊上帝子民的咒詛，但他後來在引誘以色列人犯罪的事上卻成功了。在他們干犯了上帝的誡命之後，他們把自己與上帝隔絕，於是他們就被撇棄在那毀滅者的權勢之下。

　　撒但很明白，即便是住在基督裡面最軟弱的人，也足能勝過黑暗的大軍而有餘；他也知道，若是露出自己的真面目，人們就必抗拒他。因此他設法勾引十字架的戰士離開他們那堅強的堡壘，另一方面埋下伏兵，預備毀滅一切冒險到他陣地上來的人。我們唯有虛心倚靠上帝，並遵守祂的全部誡命，才能得到安全。人若忽略禱告，則沒有一日一時是安全的。我們特別需要求上帝賜智慧，使我們明白祂的話。因為聖經已將試探者的奸計，以及抵擋他的有效方法都指明了。撒但是善於引用聖經的，他常加上自己的解釋，希望藉此使我們跌倒。所以我們應當虛心研究聖經，永不可忘記自己是必須依賴上帝的。我們一方面必須時刻謹防撒但的詭計，另一方面也應當不住地以信心祈禱：「不叫我們遇見試探。」

第三十三章
最初的欺騙

　　在世界歷史的開端，撒但就竭盡所能地欺騙人類。這個曾在天庭發動叛變的撒但切望地上的居民與他聯合，共同敵對上帝的政權。亞當和夏娃曾因順從上帝的律法而過著全然幸福的生活，這個事實乃是一個恆久的憑據，力駁撒但在天上的主張——就是他所說，上帝的律法是壓迫人的，且與被造之物的利益相衝突。此外，當撒但看到上帝為這一對無罪的夫婦所預備的美麗家園時，他便妒火中燒；他定意要使他們墮落，及至他們與上帝隔絕，而落到他的權勢之下，他便可以承受全地為業，並在其上建立自己的國度，與至高者抗衡。

　　如果撒但在伊甸園顯露了自己的真面目，勢必立時被斥退，因為亞當和夏娃早已受了警告，要提防這個危險的仇敵。所以他在暗中進行工作，掩飾了自己的毒計，以便更有效地達到目的。他所利用作為媒介的，乃是當時在外表上極悅人耳目的蛇。他對夏娃說：「上帝豈是真說不許你們吃園中所有樹上的果子嗎？」(創3：1)如果夏娃當時沒有和這試探者交談，她就不至於有什麼危險；但她竟冒險與他周旋，結果便陷入他的圈套，成了他的獵物。今日有許多人也是這樣被魔鬼所勝。他們對於上帝的律法進行懷疑和辯論，不但不順從祂的命令，反倒接受人的理論，而這些理論不過是撒但詭計的偽裝。

　　「女人對蛇說：『園中樹上的果子，我們可以吃，惟有園當中那棵樹上的果子，上帝曾說：「你們不可吃，也不可摸，免得你們死。」』蛇

對女人說:『你們不一定死;因為上帝知道,你們吃的日子眼睛就明亮了,你們便如上帝能知道善惡。』」(創3:2-5)他說他們會像上帝一樣,比先前更有智慧,並且可以度更高尚的生活。夏娃在試探之下屈服了,並且由於她的影響,亞當也跟著犯罪了。他們相信了蛇的話,認為上帝所說的並非真意;他們不信任自己的創造主,以為祂束縛了他們的自由,認為自己可以干犯祂的律法,藉此得到大智慧並得以高升。

但亞當在犯罪之後,對於「你吃的日子必定死」這句話,他發現了什麼意思呢?是否真如撒但所言,使他達到了更高的生活境地?如果真是這樣,那麼犯罪就可大得利益,而撒但也必證明為人類的福星了。然而亞當對於上帝那一句話的體驗卻不是這樣。上帝宣佈說,人類犯罪必須受的刑罰乃是歸回他從之而出的塵土,「你本是塵土,仍要歸於塵土。」(創3:19)撒但所說「你們吃的日子眼睛就明亮了」這句話,只有在這一部分才是對的,在亞當和夏娃違背上帝之後,他們的眼睛果然開了,但所看到的卻是自己的愚昧;他們果然知道了惡事,並嘗到了犯罪的苦果。

在伊甸園當中生長的生命樹,其果子有使人長生不老之效。亞當若順從上帝,便可一直自由享用這棵樹的果子,並活到永遠。但在他犯罪之後,他便與這棵生命樹隔絕,而成為必死之人。那神聖的判語——「你本是塵土,仍要歸於塵土」,說明了生命的全然滅絕。

上帝曾應許人在順從的條件之下,可以長生不老,但人類因犯罪而喪失了這個權利。亞當不能把自己所沒有的傳給子孫;所以上帝若沒有犧牲自己的兒子,使人可以恢復永生,墮落犯罪的人類就毫無指望了。在「死就臨到眾人,因為眾人都犯了罪」的時候,基督「藉著福音,將不能壞的生命彰顯出來」(羅5:12;提後1:10)。唯有藉著基督,我們才能得永生。耶穌說:「信子的人有永生;不信子的人得不著永生。」(約3:36)只要人肯順從這個條件,他們都可以得到這個無上的幸福。「凡恆心行善、尋求榮耀、尊貴和不能朽壞之福的」(羅2:7),都可以得到永生。

只有那大騙子撒但曾應許亞當可以在背逆之中接受永生。蛇在伊甸園中對夏娃說：「你們不一定死」；這一句話乃是第一篇主張靈魂不死的講章。這種說法雖是完全以撒但的權威為根據，但各基督教會的講台上卻也隨聲附和，並且大多數人也像我們的始祖一樣立即加以接受。上帝的判決乃是：「犯罪的，他必死亡。」(結18：20)但人卻把它改成：「犯罪的必不死亡，反要永遠存活。」這不可思議的迷惑竟使人那麼輕易相信撒但的話，而不相信上帝的話，真不禁令人感到驚異萬分。

如果人在犯罪墮落之後仍得自由享用生命樹的果子，他就可以永遠活著，而罪惡也就永遠存在了。但在基路伯和發火焰的劍「把守生命樹的道路」(創3：24)，之後，亞當家庭中的人就沒有一個可以越過這道關口，去摘取生命樹的果子。因此，世上就沒有一個永遠不死的罪人。

但在人類犯罪墮落之後，撒但吩咐他的使者特別努力以靈魂不死的道理教導人。及至他引誘人類相信這個異端之後，他便要進一步使他們相信罪人必永遠活在痛苦之中。這樣，黑暗之君就利用他的爪牙誣蔑上帝是一個喜愛報復的暴君，說祂要把所有祂不喜悅的人投入地獄，使他們永遠受祂的忿怒；並說當他們在永遠的火焰中因極度痛苦掙扎哀哭時，創造主便要坐視不管且得意洋洋。

藉著這個方法，撒但就把自己的特質加在那創造並賜福人類的主身上。撒但的特質就是殘忍暴虐，但上帝卻是愛；凡祂所創造的，盡是純全、聖潔、可愛的，及至那第一個大叛徒把罪惡帶入之後，一切就變了樣。撒但自己才是人類的仇敵；他先引誘人犯罪，隨後又盡他所能的去毀滅那人，及至他確知那人已在掌握之中，他便要因自己所行的毀滅而歡欣鼓舞。若是許可，他恨不得把全人類一網打盡。若不是上帝的權能阻擋他，亞當的子孫便沒有一個能逃出他的魔掌。

今日撒但正在設法征服人類，正如他勝過我們的始祖一樣；他所用的手段就是動搖世人對於創造主的信任，並引誘他們懷疑上帝政權的智慧和祂律法的公正。撒但和他的使者把上帝形容得比他們更壞，

藉以掩護他們自己的惡毒和叛逆。那大騙子盡力把自己極度殘忍的性格加在我們天父的身上，藉以顯明他自己是因為不順服這極不公正的統治者而被逐出天庭的；如此，他表明自己是大受冤屈的。他向世人說明他們若臣服在他的寬大政策之下必能享受自由，並以此與耶和華嚴酷之命令所加在他們身上的束縛作對照，這樣他便成功地引誘許多人不效忠上帝。

有人說，惡人死後要在地獄裡受永遠不滅之硫磺火苦刑；他們犯罪的時間雖然短暫——頂多不過是今世的一生——但將來竟要永永遠遠受苦，像上帝的生命一樣長久；這樣的道理是多麼不符合上帝的愛心與憐憫啊！就連我們的正義感也不能容忍這樣的事吧？然而這種道理現今依然盛行，並且還列在許多教會的信條之中。有一位著名的神學博士說：「惡人在地獄中受刑的情形，將來要永遠增進聖徒的幸福。當他們看到一些與自己性質相同，並生在同一環境之下的人，竟被投在那麼悲慘的苦境中，而自己卻受到特別的優待，這就必使他們感覺自己是多麼幸福了！」還有一位這樣說：「當那責罰的命令永遠執行在上帝忿怒的對象身上時，他們痛苦的煙要在蒙恩子民面前永遠上騰，這些子民不但與受刑之人無分；反而要說，阿們，哈利路亞！主啊，我們讚美祢！」

在聖經何處能找出這樣的教導呢？天上蒙救贖的人難道都要失去惻隱之心，甚至就連普通人的情感都沒有了嗎？難道他們要把自己的天良換成斯多葛派 (Stoic) 的冷淡自恃，或野蠻人的殘忍性情嗎？不；這絕不是聖經的教導。凡懷有以上見解的人縱然學問淵博，心地誠實，但他們還是被撒但的詭辯所欺騙了。撒但引他們去誤解聖經中一些較強烈的措辭，並加以苛刻和惡毒的色彩，其實這全是他自己的特性，絕不能加在我們創造主的身上。「主耶和華說：我指著我的永生起誓，我斷不喜悅惡人死亡，惟喜悅惡人轉離所行的道而活。……你們轉回，轉回吧！離開惡道，何必死亡呢？」(結33:11)

即或我們承認上帝喜歡看到永不止息的苦刑，並以祂所投入永火

中受苦之人所發的呻吟、哀號、和咒詛為樂,這對於上帝能有什麼益處呢?難道這些令人毛骨悚然的聲音落在無窮慈愛之主耳中,能成為悅耳的音樂嗎?有人主張,罪人永遠受苦刑的道理,是要顯明上帝如何憎恨罪惡,如何視罪惡為破壞宇宙安寧與秩序的大患。唉,這又是多麼可憎的褻瀆啊!這像是在說上帝恨惡罪,所以才讓它永遠存在!因為根據這些神學家的教導,這毫無憐憫的恆久刑罰要使那些可憐的受苦者越發瘋狂,以致他們大肆咒罵而褻瀆上帝,如此就使自己的罪行越發嚴重。然而,在無窮的歲月中任憑罪惡不斷增加、永不休止,是不會令上帝的榮耀增添半分的。

「惡人要永遠受苦」,這種異端邪說所釀成的惡果,誠非人的智力所能估計。聖經的宗教信仰原是充滿著仁愛、良善,富有憐憫的,但現在卻被迷信所籠罩,為恐怖所蒙蔽了!我們既認識到撒但加諸在上帝品德上的虛偽色彩,就不難看出為什麼有許多人竟以我們慈悲的創造主為可畏、可怖,甚至於可憎的了!現今在各教會的講台上所宣傳的教導,形成了許多對於上帝極不合理的看法,這些看法已經傳遍全世界,使成千上萬的人變成懷疑派和無神論者。

這永刑的假道理乃是那組成巴比倫、叫萬民喝她邪淫大怒之酒的邪道之一(見啟14:8;17:2)。基督的傳道人竟接受這種異端,並在講台上宣講,著實令人費解!其實,這都是因為他們從羅馬教會承繼了此種異端,正如他們也承繼了虛假的安息日道理一樣。固然,過去有一些偉大而善良的人也曾傳講這異端;但這乃是因為他們在那時對於這個題目還沒有清楚的認識,像我們現今所認識的一樣。他們的責任只是要對得起他們當時代所有的真光,而我們則必須為本時代的亮光負責。如果我們轉離聖經的見證,並因一些前輩的教導而接受謬論,我們就必落在上帝向巴比倫宣佈的刑罰之下;我們就是喝了她那邪淫大怒的酒。

有許多人對於永久受苦的道理起了反感之心,但他們卻矯枉過正地犯了與此完全相反的錯誤。他們看出聖經所表明的上帝是一位仁愛憐憫的神,所以他們不相信祂會把祂所造的人投在永久的地獄中焚

燒。同時他們既相信人的靈魂是永遠不死的，所以他們便作出結論說：「到了最後，全體人類都必得救！」許多人以為聖經上所有嚴厲的話，其目的無非是要恫嚇人去順從而已，而實際上是不會實現的。這樣，罪人就能心安理得的在自私的宴樂中生活，不顧上帝的要求，而還希望最後蒙祂悅納。這種道理妄自揣測上帝的慈悲，忽視祂的公正，不過是為了私慾，使惡人在罪孽中膽大妄為。

為要明白那些相信人人都必得救的人，是如何曲解聖經來支持他們那足以害人的教義，我們只需引述他們自己的言論。有一次一個沒有信仰的青年不幸遭遇意外而死，在舉行喪禮時，有個相信人人都得救的牧師選了一節有關大衛的記載說：「暗嫩死了以後，大衛王得了安慰。」(撒下13：39)

牧師演講說：「常有人問我，許多人在罪惡之中離世，或是在酩酊狀態中死了，或是犯法處刑血濺衣衫而死，或是像這一位青年，從未信仰宗教或享有宗教經歷而死，他們的結局將會是怎樣的呢？我們現在從聖經中可以得到圓滿的回答，解決這個大難題。暗嫩是一個罪大惡極的人，他沒有悔改，他被人灌醉之後就被殺害。大衛是一個上帝的先知；他必定知道暗嫩的來世究竟是吉是凶。他的心境又是如何呢？『暗嫩死了以後，大衛王得了安慰，心裡切切想念押沙龍。』

「我們從這句話中，可以得到什麼結論呢？這裡豈不是說明，在大衛的宗教信仰中並沒有永遠痛苦的道理嗎？這就是我們所想到的；同時我們也可從此發現一個絕對的論據，證實那更愉快、開明、慈善的理論，就是說，全宇宙終必變成純潔而和平的。大衛王見到自己的兒子既已死了，心裡就得了安慰。為什麼呢？原來先知的慧眼能展望到光輝的來生，他見到自己的兒子擺脫了一切的試探，從罪的捆綁中得到釋放，從腐敗中化為純潔，而且經過一番潔淨而成為聖潔之後，得以加入那些死後升天的快樂靈魂之列。他唯一的安慰就是，自己的愛子既離開這個罪惡痛苦的現實世界，就到了那有聖靈偉大之感化力光照他黑暗心靈的地方；在那裡他的思想要汲取上天的智慧，並得永遠之愛的

甜蜜喜樂，經過了這種預備，使他品性聖化之後，他便能在天上的基業中享受安息與交通了。

「以上的思想足以表明我們的信念：天庭的救恩無關乎我們今生能做什麼，心思意念改變與否；現今的信仰如何，或是否相信宗教，那都是沒有關係的。」

這個人自稱是基督的傳道者，竟作了這樣的宣講，就是把蛇在伊甸園中所說的謊言又重述了一遍——「你們不一定死」、「你們吃的日子眼睛就明亮了，你們便如上帝」一樣。他說，最卑賤的罪人——殺人犯、盜賊、姦夫淫婦——在死後仍可預備進入那永遠的福。

這個曲解聖經的人究竟是從哪裡得出這樣的結論呢？原來他是從大衛表示順服天意的話中截出一句來。從這一節經文——「暗嫩死了以後，大衛王得了安慰，心裡切切想念押沙龍」，我們可以看出，他的憂苦傷痛隨著時間而逐漸消逝了，他的思想也從死者身上，轉移到那因自己的罪而倉惶逃命的押沙龍身上了。現在有人竟以這一節經文為憑據，證明亂倫又醉酒的暗嫩在死時便能立即進入極樂世界，在那裡變成聖潔，預備作無罪天使的友伴！這真是何等悅耳的說法，滿足了私慾之心！這是撒但自己的道理，正可達成他的目的。現今世上既有這種教導盛行，則犯罪作惡的事充滿各地，又何足為奇呢？

以上所引假師傅的教導，不過是許多謬論中的一個例子而已。他們從聖經中斷章取義，歪曲強解，有許多地方只要略讀其上下文，便能看出本意正和他們所解釋的意思相反。他們曲解幾段互不相干的經文，就用來證明那沒有聖經為憑據的道理。他們引用上面的一節經文作為憑據，證明醉酒的暗嫩是上了天堂；那不過是一種推想而已，與聖經清楚正面的意義，是直接相反的。因為聖經明說，醉酒的不能承受上帝的國（見林前6：10）。現今許多疑惑、不信的人和懷疑論者，用這種方法把真理變成謊言，並有許多人受了他的詭辯的欺騙，醉生夢死，得過且過。

如果一個人在斷氣之時真能直接升天，那麼我們現在儘可以貪愛死亡過於生命了。有不少人真被這種信仰所迷惑，就結束了自己的性命。每當遇見困難、煩惱、失望的打擊時，人若要割斷自己的命脈，而翱翔於永生的極樂世界，似乎不是一件難事。

上帝在祂的聖經中已經給人明確的憑據，說明祂必刑罰一切干犯祂律法的人。但有一些人以虛言自欺自慰，以為上帝是太慈悲，不會向罪人執行報應的，他們只要一看髑髏地的十字架，便可明白真相了。上帝無瑕無疵之聖子的死，證明「罪的工價乃是死」，每一個干犯上帝律法的人必然受到公正的報應。無罪的基督為人類成了罪，擔當了干犯律法的罪債，被上帝掩面不看，直到祂心碎且生命斷絕。這一切的犧牲原是要使罪人能得救。除此之外，別無方法使世人脫離罪的刑罰。凡拒絕這付上重大代價之贖罪救恩的人，就必須自己擔當罪的刑罰。

據普救論派 (Universalist，即相信所有人最終都得救) 的說法，不敬虔與不悔改的人死後都會升天，像聖潔快樂的天使一樣。我們且看聖經的教導為何。

「我要將生命泉的水白白賜給那口渴的人喝。」(啟21：6) 這個應許只是向那些口渴的人發的。唯有那些覺得自己需要生命之水，並願犧牲一切去尋求的人，才可以得到這種供給。「得勝的，必承受這些為業；我要作他的上帝，他要作我的兒子。」(啟21：7) 在這裡也是附有特別條件的。要承受這些為業，我們必須抵抗並勝過罪惡。

主耶和華藉著先知以賽亞說：「你們要論義人說：他必享福樂，……惡人有禍了！他必遭災難！因為要照自己手所行的受報應。」(賽3：10、11)智慧者說：「罪人雖然作惡百次，倒享長久的年日；然而我準知道，敬畏上帝的，就是在祂面前敬畏的人，終久必得福樂。惡人卻不得福樂」(傳8：12、13)。使徒保羅也證明了罪人是「為自己積蓄忿怒，以致上帝震怒，顯祂公義審判的日子來到。祂必照各人的行為報應各人」，而「將患難、困苦加給一切作惡的人」(羅2：5、6，9)。

「無論是淫亂的，是污穢的，是有貪心的，在基督和上帝的國裡都是無分的。」(弗5:5)「你們要追求與眾人和睦，並要追求聖潔；非聖潔沒有人能見主。」(來12:14)「那些洗淨自己衣服的(英譯本為「遵守誡命的」)有福了！可得權柄能到生命樹那裡，也能從門進城。城外有那些犬類、行邪術的、淫亂的、殺人的、拜偶像的，並一切喜好說謊、編造虛謊的。」(啟22:14、15)

上帝曾向人宣佈祂自己的品德，以及祂對付罪惡的方法說：「耶和華，耶和華，是有憐憫有恩典的上帝，不輕易發怒，並有豐盛的慈愛和誠實，為千萬人存留慈愛，赦免罪孽、過犯，和罪惡，萬不以有罪的為無罪，必追討他的罪。」(出34:6、7)「耶和華……卻要滅絕一切的惡人」、「至於犯法的人，必一同滅絕；惡人終必剪除。」(詩145:20；37:38)上帝將要用祂神聖政權的能力和權威平定叛逆；但這一切施行公正報應的作為，仍完全符合祂那憐憫、忍耐、慈愛的品德。

上帝不強迫任何人的意願，或壓制任何人的判斷力。祂不喜歡人奴隸般的順從。祂切望自己手所造的萬物因祂配得愛戴而愛祂。祂要人憑著理智感佩祂的智慧、公正與慈愛而順從祂。所以凡正確認識到上帝這些品德的人，必要愛祂，他們因讚賞祂的美德而為祂所吸引。

我們救主所教導和親身實踐的慈愛原則，乃是上帝品德和旨意的副本。基督曾說，凡祂所教導的，沒有不是從父那裡領受的。神聖政權的原則是與救主的教導「愛你的仇敵」完全符合的。上帝向惡人執行報應，乃是為了全宇宙的益處，並且對於那些身受刑罰的人也是有益的。在不違背祂政權的律法和祂那公正品德的原則之下，祂是樂意使人得到幸福的。祂在他們周圍佈置許多足以表示祂愛的事物，使他們認識祂的律法，並向他們提供祂的恩典，但他們竟輕視祂的愛，廢棄祂的律法，並拒絕祂的恩典。他們一面不住地接受祂的恩惠，一面卻褻瀆這位厚賜百物的主；他們恨惡上帝，因為他們知道祂厭憎他們的罪。上帝長久忍耐著他們的頑固倔強，但最後的關頭終必來到，他們的命運屆時就要決定了。那時，祂是否要把這些叛徒用鎖鍊綁在自己身邊呢？祂

是否要強迫他們實行祂的旨意呢？

凡已選擇撒但為領袖，並被他的勢力所約束的人，乃是沒有預備好到上帝面前來的。驕傲、虛偽、荒淫、殘忍等罪，已經是他們根深蒂固的性格了。他們怎能進到天國去，與那些他們在世上所輕視憎惡的人永遠同居呢？真理絕不能得到說謊者的喜悅，溫柔必不能滿足驕傲自負的心理，純潔必不為腐敗者所接受，無私之愛絕不為自私自利者所羨慕。對於一班沉溺世俗，追逐私利的人，天庭能有什麼福樂可以供他們享受呢？

難道那些一生反抗上帝的人能立即變化升天，眼見那常存著崇高、聖潔、完美的景象嗎？——那裡人人心中充滿著愛，個個臉上煥發著喜樂的光輝，又有美妙的音樂頌讚上帝和羔羊，坐寶座者的聖顏不斷發出榮光，照在得救者的身上。難道那些滿心恨惡上帝、真理和聖潔的人們，能夠混在天庭群眾之中，並同聲歌唱讚美嗎？他們見到上帝與羔羊的榮耀，能忍受的住嗎？不能；許多年的恩典時期已經賜給他們，使他們可以造就合乎天庭的品格，他們卻一直沒有訓練自己去愛慕純潔，沒有學習天國的語言，此時卻要悔之晚矣。他們那種反抗上帝的人生，使他們不配居住在天上。那裡的純全、聖潔與和平只能使他們坐立不安，極端苦惱；在他們，上帝的榮耀要成為燒盡的烈火。他們要速速逃離那聖潔的地方。他們要歡迎滅亡，以便逃避那為救贖他們而捨命的主。惡人的命運乃是出於他們自己的選擇。他們的遠離天庭乃是出於他們的意願；在上帝一方而言，這也是公正而慈悲的。

像上古滔滔的洪水一樣，那最後大日的烈火要宣佈上帝的審判，說明惡人是無可救藥的了。他們沒有一點要順服上帝權威的意思。他們的意志已經習慣於叛逆，及至生命結束之後，再想把他們的思想倒轉方向已經太遲，他們再不能從犯罪變為順從，從仇恨變為仁愛了。

上帝從前饒恕了兇手該隱的性命，乃是要給世人一個實例，說明容忍罪人活著會產生什麼肆無忌憚的罪惡結果。由於該隱的教訓和榜

樣所發出的影響，讓他的子子孫孫都陷入了罪惡之中，直到「人在地上罪惡很大，終日所思想的盡都是惡」，「世界在上帝面前敗壞，地上滿了強暴。」(創6：5，11)

上帝本著慈悲憐憫的心把挪亞時代的惡人全然除滅了。祂又本著慈悲，毀滅了所多瑪城中腐敗的居民。藉著撒但的欺騙之力，犯罪作惡的人時常博得眾人的同情與稱讚，如此就不斷地引誘別人參與叛逆。在該隱與挪亞的時代，以及亞伯拉罕與羅得的時代都是如此；我們現今的時代也是如此。上帝最後除滅一切拒絕祂恩典的人，也是因為祂憐愛這個宇宙。

「因為罪的工價乃是死；惟有上帝的恩賜，在我們的主基督耶穌裡，乃是永生。」(羅6：23) 義人的基業是生命，惡人的命運乃是死亡。摩西向以色列人說：「看哪，我今日將生與福，死與禍，陳明在你面前。」(申30：15) 這幾節經文中所說的死，並不是指著上帝向亞當所宣佈的死，因為那個死乃是亞當犯罪的刑罰，是一切人類必要經受的。但這裡所說的死，乃是與永生相對的「第二次的死」。

由於亞當犯罪的結果，死亡便臨到全人類了。人人都要進入墳墓，但藉著救恩計畫的安排，人人都要從墳墓中被帶出來。「死人，無論善惡，都要復活。」(徒24：15)「在亞當裡眾人都死了；照樣，在基督裡眾人也都要復活。」(林前15：22) 但這兩等復活的人會有完全不同的區別。「凡在墳墓裡的，都要聽見祂的聲音，就出來；行善的，復活得生；作惡的，復活定罪。」(約5：28、29) 凡被「稱為配得」復活生命的人，「有福了，聖潔了！第二次的死在他們身上沒有權柄。」(啟20：6) 但那些沒有藉著悔改與信心去獲得赦免的人，必要受犯罪的處罰——「罪的工價」。他們受刑罰時間的長短與痛苦的程度各不相同，「都照各人所行的」，但最後的結局都是第二次的死。上帝的公正與慈悲並濟，祂既不可能在罪人還保留罪惡的情形之下賜他永生，便只好剝奪他們因罪而喪失的生存權利，何況他們已經顯明自己不配享有這種權利。有一位受靈感的作者說：「還有片時，惡人要歸於無有；你就是細察他的住處

也要歸於無有。」(詩37：10) 另有一位說，「他們就歸於無有。」(俄16) 他們帶著滿身的惡名，沉淪於沒有希望的永久滅亡之中。

罪惡及其所造成的禍患就此毀滅，永遠結束了。作詩的人說：「祢曾滅絕惡人；祢曾塗抹他們的名，直到永永遠遠。仇敵到了盡頭；他們被毀壞，直到永遠。」(詩9：5、6) 在〈啟示錄〉中，約翰展望到永遠的國度，聽見全宇宙發出宏亮的頌讚歌聲，其中沒有一點不協之音。他聽見天上地下每一個被造之物，都將榮耀歸給上帝 (麔啟5：13)。在那裡並沒有任何喪亡的人在無窮盡的痛苦中翻騰輾轉，咒詛上帝；也沒有什麼悲慘的淪亡者在地獄中發出尖銳的叫苦聲，摻雜在得救者的歌聲中。

「靈魂不死」這個根本的錯誤，乃是以死人有知覺的謬論為基礎；這個道理如同永刑的道理，是與聖經、理性及人性相牴觸的。按著一般人的說法，得救的人在天上，熟知地上的一切情形，尤其知道與自己離別之親友的生活。可是如果死人真知道自己所親愛之人的種種困難，並看到他們犯罪，經受憂患、失望與人生的痛苦，這些死人怎能得到快樂呢？他們既然徘徊於自己地上的親友之間，他們對於天庭的福樂，究竟能享受幾分呢？我們再想一想，不悔改的人在一斷氣之後，如果立即被投進烈火的地獄中，這種信念又是何等的令人反感！相信這種說法的人見到自己的親友在生前沒有預備好，就忽然落入那永遠的禍患與罪惡中，你想他們要陷入何等的悲苦之中啊！有許多人已經被這種可怕的觀念逼到失去理性了。

聖經對於這問題是怎樣說的呢？大衛說明人死後是沒有知覺的。「他的氣一斷，就歸回塵土；他所打算的，當日就消滅了。」(詩146：4) 所羅門也作這同樣的見證說：「活著的人知道必死；死了的人毫無所知」、「他們的愛，他們的恨，他們的嫉妒，早都消滅了。在日光之下所行的一切事上，他們永不再有分了」、「在你所必去的陰間沒有工作，沒有謀算，沒有知識，也沒有智慧。」(傳9：5、6，10)。

在上帝應允希西家王的祈禱，增加他15年的歲數之時，王滿心感

激，作歌頌讚主的大慈悲。在這篇詩歌中，他說明自己如此歡喜快樂的原因：「原來，陰間不能稱謝祢，死亡不能頌揚祢；下坑的人不能盼望祢的誠實。只有活人，活人必稱謝祢，像我今日稱謝祢一樣。」(賽38：18、19)據現在流行的神學說法，死了的義人都在天上，已經進入福地，用不朽的舌頭頌讚上帝；而希西家卻見不到人死後能有這種光榮的景象。他所說的話是與作詩之人的見證完全一致的：「因為，在死地無人記念祢，在陰間有誰稱謝祢？」、「死人不能讚美耶和華；下到寂靜中的也都不能。」(詩6：5；115：17)

在五旬節時彼得提到先祖大衛說：「他死了，也葬埋了，並且他的墳墓直到今日還在我們這裡」、「大衛並沒有升到天上」(徒2：29，34)；大衛仍然留在墓中等待復活之日，這一個事實足以證明義人死後並不是立即升天的。唯有藉著復活，並靠著基督復活的大能，大衛才能在末日坐在上帝的右邊。

使徒保羅說：「因為死人若不復活，基督也就沒有復活了。基督若沒有復活，你們的信便是徒然，你們仍在罪裡。就是在基督裡睡了的人也滅亡了。」(林前15：16-18)如果這四千餘年來，義人都已經在死時立即升天，保羅怎能說，若沒有復活，「在基督裡睡了的人也滅亡了」呢？因為若是那樣，復活就是不必要的了。

殉道者丁道爾論到人死後的景況說：「我公開承認，我不相信他們(指死人)已經是在基督或上帝的聖天使所處的完全榮耀之中。這也不是我信仰中的一條。如果是這樣，那麼我只好說肉體復活的道理是虛空的了。」[1]

人死後立即升天享福的盼望，已經使人大大地忽略了聖經中復活的道理，這是一個無可否認的事實。亞當·克拉克 (Adam Clarke) 博士曾提到這種潮流說：「對於復活的道理，現今的基督徒似乎遠沒有古人那樣關注！為何會這樣呢？原來古時的使徒時刻堅持這種道理，並藉此激勵上帝的信徒要殷勤、順從並喜樂。但今承繼他們的人，竟然鮮少注

意這道理！昔日使徒們怎樣傳，古時的基督徒便怎樣信；照樣，我們現今怎樣傳，我們的聽眾也就怎樣信。在全部福音中，沒有什麼比這個道理更為重要；而現代所傳的道理中，竟沒有什麼比這個道理更為人所輕忽。」[2]

這種情況已經存在多年，以致這復活的光榮真理幾乎全被埋沒，並被基督教界所忽視。一位著名的宗教作家在評註保羅在〈帖撒羅尼迦前書〉第4章13至18節的話時曾說：「為達到實際上的安慰，義人靈魂不死的道理，代替了那尚無定論的基督復臨的道理。在我們死時，主就來接我們了。這就是我們所應當等待並注意的。死了的人已經進入榮耀之中了。他們並不等待號筒吹響，才受審判而享福。」

但當耶穌要與門徒離別時，祂並沒有告訴他們說，他們很快就要到祂那裡去。祂乃是說：「我去原是為你們預備地方去。我若去為你們預備了地方，就必再來接你們到我那裡去」(約14：2、3)。使徒保羅更進一步告訴我們說：「因為主必親自從天降臨，有呼叫的聲音和天使長的聲音，又有上帝的號吹響；那在基督裡死了的人必先復活。以後我們這活著還存留的人必和他們一同被提到雲裡，在空中與主相遇。這樣，我們就要和主永遠同在。」接著他又補充了一句話，說：「所以，你們當用這些話彼此勸慰。」(帖前4：16-18) 這些安慰的話與前文所述、主張人人都能得救的那番話相比，真有天壤之別！這個人安慰受傷的親友，向他們保證說：死了的人無論是多麼罪大惡極，在他斷氣時，卻要與天使為伴。但保羅卻向他的弟兄指明，在主將來降臨的時候，墳墓的枷鎖要被打斷，「那在基督裡死了的人」要復活而得永生。

在任何人得以進入那福樂家鄉之前，他們的案件必須先經過審查，他們的品格與行為也必須先在上帝的台前受檢閱。眾人都要照案卷上所記的受審判，並照自己所行的受報應。這一場審判並不是在人死時舉行的。我們且注意保羅的話，他說：「因為祂已經定了日子，要藉著祂所設立的人按公義審判天下，並且叫祂從死裡復活，給萬人作可信的憑據。」(徒17：31) 使徒保羅在這裡清楚的說明了，上帝在將來已

經定了一個審判天下的日子。

猶大提到這一個時期說：「又有不守本位、離開自己住處的天使，主用鎖鍊把他們永遠拘留在黑暗裡，等候大日的審判。」他又引用以諾說的話說：「看哪，主帶著祂的千萬聖者降臨，要在眾人身上行審判。」(猶6，14、15) 約翰也宣告：「(他) 看見死了的人，無論大小，都站在寶座前。案卷展開了，⋯⋯死了的人都憑著這些案卷所記載的，照他們所行的受審判。」(啟20：12)

但是如果死了的人早已升天享福，或入地獄被火焚燒，那麼又何必要有一場將來的審判呢？聖經的教導對於這些重要的問題並不是曚昧不明或互相矛盾的，它們是一般人可以明白的。但請問，有哪一個思想開通的人，能在現下的神學理論中，看出一點智慧和公理呢？義人如果早已長久住在主的面前，怎麼還需要在末日審判查明案件之後才蒙祂的嘉獎說「好，你這又良善又忠心的僕人，⋯⋯可以進來享受你主人的快樂」呢？(太25：21) 至於那些惡人，難道還要把他們從地獄的苦刑中召出來，以便接受審判全地之主的判決說「你們這被咒詛的人，離開我！進入⋯⋯永火裡去」嗎？(太25：41) 唉，這是何等諷刺！對於上帝的智慧與公義又是何等的誣蔑！

靈魂不死的神學理論乃是羅馬教取自異教迷信並摻入基督教信仰的謬論之一。馬丁路德把它列在「那組成羅馬教皇諭旨糞堆裡的許多荒唐虛談」之中。[3]論到所羅門在〈傳道書〉中所說死人毫無知覺的話，這位宗教改革家評論說：「這又是一個憑據，證明死人是毫無知覺的。他說那裡沒有知識，沒有智慧。所羅門認定死人都是在睡覺，是沒有知覺的。他們躺下，不知時日歲月，及至醒了，只覺得是假寐片時而已。」[4]

聖經中無論何處，都找不出人死時義者得報賞、惡者受刑罰的經文。先祖與先知都沒有留下這一類的保證。基督與使徒們也沒有提出這樣的話。聖經很清楚地教訓人說，死人並非立刻升天，他們乃是像睡覺一樣，一直睡到復活 (見帖前4：14；伯14：10-12)。在「銀鍊折斷，金罐

破裂」之日 (傳12：6)，人的思想就消滅了。凡下到墳墓的，乃是在寂靜之中。日光之下的一切事物，他是毫無所知 (⑧伯14：21)，對於疲勞的義人，這是可幸的安睡，時日或久或暫，在他們只覺得是瞬息之間。他們睡著了，並要被上帝的號筒所喚醒，以便承受光榮的永生。「因號筒要響，死人要復活成為不朽壞的，……這必朽壞的既變成不朽壞的，這必死的既變成不死的，那時經上所記『死被得勝吞滅』的話就應驗了。」(林前15：52-54) 當他們從深沉的睡眠中被喚醒時，他們的思想也必恢復至先前斷氣時停止的一刻。他們最後的感覺是臨死的痛苦；最後的思想是自己正落到墳墓的權勢之下。及至他們從墳墓中出來，他們第一個喜樂的思想，將要流露於那勝利的喊聲：「死啊！你得勝的權勢在哪裡？死啊！你的毒鉤在哪裡？」(林前15：55)

註①：丁道爾 (William Tyndale)，《新約序言》，第349頁，1534年版。
註②：同上，《哥林多前書第15章註釋》第3段。
註③：佩塔維爾 (E. Petave-Olliff)，《永生問題》，255頁，1892年版。
註④：馬丁‧路德，《傳道書註釋》，第152頁，1573年倫敦版。

第三十四章
死人能對我們說話嗎？

　　聖經中所闡明有關聖天使之服務的真理，對於每一個基督徒乃是最能撫慰人心且最寶貴的。但聖經關於這一方面的教導，已被現代流行的神學所蒙蔽和曲解了。靈魂不死的道理最初是從異教哲學中傳來的，之後在離道反教的大黑暗時期竟滲入了基督教的信仰之中，企圖取代聖經明白的教訓，就是「死了的人毫無所知」的真理。故此，雖然聖經已經證明在人尚未死亡之前，天使早已存在，而且他們與人類的歷史已經發生關係，但仍有許多人相信那「奉差遣為那將要承受救恩的人效力」的「服役之靈」，就是死人的靈魂。

　　人死後仍有知覺的說法，尤其是死人的靈魂要回來服務活人的信念，已經為現代的招魂術預備了道路。既說死人可以來到上帝和聖天使面前，並能獲得比生前更為高超的知識，那麼何以他們不能重返人間來開導並指教活人呢？如果照一般神學家的教導來說，死人的靈魂時常徘徊於他們在世的親友之間，那他們為何不與這些親友交通，警告他們避免禍患，或在他們憂傷時安慰他們呢？那些相信人死後仍有知覺的人，怎能拒絕從榮耀之靈傳來的神聖亮光呢？這是一條被他們視為神聖的管道，撒但便用它來達成他的目的。那些在他指揮之下的墮落天使，常偽裝成來自靈界的使者。這邪惡之君自稱能使活人與死人交通，藉以在人的思想上逞其蠱惑的魔力。

　　他有能力使人們已故之親友的面容出現。他的贗造品是無懈可擊

的；音容聲色，維妙維肖。許多人聽見故人在天享福的消息，便大得安慰，於是他們毫不顧及任何危險，去聽從「那引誘人的邪靈，和鬼魔的道理」。

在他們相信死人確能與他們相交之後，撒但便叫自己的使者裝作那些未曾悔改而去世之人的樣貌出現。他們說自己在天上過著幸福的生活，甚至於還得了高尚的地位；這樣，異端便到處傳開了，使人相信義人與惡人之間是沒有區別的。那來自靈界的騙子有時也會發出一些事後顯為正確的訓誡和警告。及至這些邪靈博得了人的信任之後，他們便要傳出一些直接摧毀聖經信仰的謬道。他們表面上表示深切關懷他們世上親友的幸福，但在暗地裡卻傳講最危險的異端。他們所講的話多少含有幾分真理，有時他們也能預言未來的事，這樣，他們的話就能顯為可靠；許多人也就欣然接受他們的教導並篤信不疑，把它看作是聖經最神聖的真理一般。於是上帝的律法被廢棄了，恩典的聖靈被藐視了，而立約的血也被認為是不聖潔的了。這些邪靈否認基督的神性，甚至妄圖將自己與創造主同列。在這種新的偽裝之下，大叛徒撒但就此進行反抗上帝的戰爭；這戰爭最先在天上發動，然後在地上延續了近六千年之久。

許多人想解釋這種招魂術的展現，說它完全是出於巫婆術士們的欺騙和戲法。固然，江湖騙子的法術時常能造出顯靈的幻象，但此外確實也有顯然是超自然的能力出現。那發起現代招魂術的神祕現象，絕不是出於人的騙術或巧計，而是直接來自惡使者的伎倆；他們藉此發動了一種最容易毀滅人心靈的騙術。許多人因為相信招魂術不過是人為的戲法，所以就要陷入魔鬼的羅網中；在他們親眼見到自己不得不承認是超自然之能力的表現時，他們就要受迷惑，因而相信這乃是上帝的大能。

這些人竟忽略聖經中有關撒但和他的使者所行之奇事的教導。古時法老的術士曾靠撒但的幫助仿效上帝的作為。保羅也說明，在基督復臨之前，撒但的能力必要這樣顯現。在主降臨之前，必有「撒但的運

動,行各樣的異能、神蹟,和一切虛假的奇事,並且在那沉淪的人身上行各樣出於不義的詭詐」(帖後2:9、10);使徒約翰曾形容末日所要顯現的神蹟奇事,說:「又行大奇事,甚至在人面前,叫火從天降在地上。牠因賜給牠權柄……能行奇事,就迷惑住在地上的人。」(啟13:13、14)這裡所預言的,不僅是人所行的一些騙術。原來這些迷惑人的奇蹟乃是撒但的爪牙實在有權柄能行的,並不是他們假裝行出來的。

黑暗之君對於欺騙的事已有多年的經驗,故能十分巧妙地把他的騙術配合各等階層和各種環境之人的心理。對於有學問有造詣的人,他強調招魂術優雅和學術的一面,藉此勾引許多人陷入他的羅網。關於招魂術所給予人的智慧,使徒雅各曾形容說:「這樣的智慧不是從上頭來的,乃是屬地的,屬情慾的,屬鬼魔的。」(雅3:15)但這一點那大騙子撒但是要遮掩的,因為他總認為不露真相於自己的目的最有利。那能在試探的曠野中披上天使的榮光,出現在基督面前的撒但,也會用最動人的姿態,裝作光明的天使來到人面前。他提出高尚的題目來迎合人的理智,用奇妙的情景使人欣賞出神,他高談仁愛與慈善,以此挑動人的感情。他刺激人的想像力,使之想入非非,令人因自己的智慧而驕傲,以致心中藐視永生的上帝。這位大有能力的魔鬼既能把世界的救贖主帶到極高的山上,並將地上的萬國和萬國的榮華都擺在祂面前,他也必向世人提供許多試探,來混亂一切未蒙神聖能力保護之人的感官。

撒但現今欺騙人類的方法和他古時在伊甸園欺騙夏娃一樣,利用諂媚的話,設法唆使人追求上帝所禁止的知識,並鼓勵人生出自高自大的野心。他自己曾因這些惡念而墮落,現在又想利用這些來遂行他毀滅世人的目的。他聲稱:「你們便如上帝能知道善惡。」(創3:5)招魂術教導人說:「人類是進步的生物;他一生的命運就是前進,永遠向著上帝前進。」又說:「各人要判斷自己的思想,而不必受別人的判斷。」、「判斷既出於自己,這判斷就必是正確的。……你就是你自己的主。」有一位招魂術的教師在他受「靈感」時,說:「各位同胞,我們大家都是未曾墮落的神人。」還有一位說:「任何公正與完全的人就是基督。」

這樣，撒但使人不以無窮的上帝為敬拜的真對象，不注意祂的公義與完全，也不以祂完全公義的律法為人類應當追求的真標準，而以人自己有罪有錯的本性為敬拜的唯一對象，為審判的唯一法則，品格的唯一標準。這絕不是向上提升，而是向下沉淪。

心理與靈性的一個定律就是：我們經常注意的事物足以使我們改變。人的思想專注於什麼事，就必漸漸適應之，並與所愛、所敬的事物同化。人絕不會超過自己所定的純潔、良善和真理的標準。如果人以自己為最高的模範，他便永不能達到比自己更高的標準，反而要愈降愈低。唯獨上帝的恩典有能力使人高升。人若單靠自己，他的生命一定是向下的。

招魂術要用在有學問和造詣的人身上，必須置於較微妙的偽裝之下，但對於那些放蕩無羈、貪愛宴樂、縱情聲色的人，卻不必如此；因為他們能在招魂術比較粗俗的形式中，找到與自己的性情相投的事。撒但洞悉人性中的每一個弱點，他注意每一個人容易犯的罪，然後盡量佈置一切有利的條件，給人機會去滿足他們邪惡的傾向。他引誘人在一些本身是合法的事上趨於極端，藉此削弱他們的體力、智力和道德力。從古至今，他用放縱情慾的方法，使千萬人歸於毀滅，並使人的天性變為獸性。最後為完成他的工作，他又藉著邪靈說：「真知識能使人超脫一切律法」、「凡存在的，都是正當的」、「上帝絕不會定人的罪」，甚至說：「人所犯的一切罪都是無辜的。」因此，眾人便以自己的慾望為最高的律法，以自由為縱情任性的許可證，並以為人只需要對自己負責。這樣看來，世上充斥著腐敗與墮落，又何足為怪？許多人歡喜接受這些教導，使自己可以自由地依從情感的衝動行事。許多人不肯克己自制，只知隨從情慾的支配，使心智和靈性的能力屈服於獸性的傾向；這樣，撒但便歡欣雀躍地看著成千上萬自稱為基督徒的人陷入他的羅網之中。

但無論何人都無需因招魂術的虛謊主張而受迷惑。上帝已經賜給世人充分的亮光，使他們能發現這種羅網。例如前面所提到的幾點，說

明招魂術理論的基本論調，都是與聖經最明顯的教訓相牴觸的。因為聖經明說，人在死後是毫無所知的，他們的思想也已消滅；在日光之下的一切事，他們都沒有分；他們對於世上最親愛之人的喜樂或憂傷，也是一無所知的。

更進一步來說，這一切與死人靈魂交往的事，都是上帝所明令禁止的。在古猶太國的時候，有一等人正如今日交鬼的人一樣，自稱能與死人來往。但聖經卻說明這些「用迷術的、交鬼的、行巫術的、過陰的」（申18：11）乃是與「鬼魔的靈」相交（參民25：1-3；詩106：28；林前10：20；啟16：14）。與鬼交通的事，是耶和華所憎惡的，並且是以死刑嚴禁的（欽利19：31；20：27）。「邪術」這個名詞現今固然被人輕視，人與邪靈相交的事，也被視為是黑暗時代的神話。然而招魂術在今日所招的信徒，不只幾千幾百，而是百萬之眾；它已經鑽進科學界，侵入了教會，並得了一些國家立法團體的贊助，甚至插足於王室宮廷之內──這種招魂術的大欺騙乃是舊約時代所嚴禁的邪術，現在以新的偽裝出現而已。

基督徒要看清招魂術的真相，只需要一個證據：就是這些靈在義人與惡人之間不作任何區別，並把基督最高貴純潔的使徒與撒但最腐敗的僕人同列。撒但說最卑鄙的人已在天上並且大享尊榮，這無異是向世人說：「不管你們是多麼罪大惡極，不管是否相信上帝和祂的聖經；你們儘可隨心所欲；天國必是你們的家。」這些交鬼的教師們簡直就是說：「『凡行惡的，耶和華眼看為善，並且祂喜悅他們；』或說：『公義的上帝在那裡呢？』」（瑪2：17）但聖經卻說：「禍哉！那些稱惡為善，稱善為惡，以暗為光，以光為暗……的人。」（賽5：20）

這些虛謊的靈雖然裝作使徒，但他們所講的話卻與使徒在世時受聖靈感動而寫的道理相反。他們否認聖經的神聖來源，藉此破壞基督徒希望的根基，並熄滅那照明天路的亮光。撒但正在使世人相信：聖經只是一部小說，或只是一本屬於未開化時代之人的書，而現代人士儘可輕視它，甚至也可以視它為過時的產物而全然丟棄之。他要用招魂術的顯靈法來代替聖經。這是一條完全受他控制的管道；藉此他可

以使世人相信他要他們相信的事。那將要審判他和他黨羽的聖經，他將其置於暗處，因為他不要人注意這經；同時他把世界的救主說成一個平凡人。古時看守耶穌墳墓的羅馬兵丁如何被祭司長老們收買，否認救主復活並散佈虛謊的報告，照樣，現今招魂術的信徒也盡力說，在救主生平的事蹟中，並沒有什麼神祕之處。及至他們設法把耶穌置於度外之後，他們便請世人注意他們自己的奇蹟，並宣稱這些奇蹟都比基督的工作更為偉大。

招魂術現在固然已改頭換面，把那些易引起反感的部分隱蔽起來，並戴上一副基督化的假面具。但若根據它多年藉著講台和刊物對公眾所發表的言論來看，它的真實性質便顯露出來，這些言論是無法否認或隱藏的。

現代招魂術的形式相比從前非但不值得容忍，它的危險性反而更大，因為它更狡猾而陰險。先前，它否認基督與聖經，而現在卻揚言要接受基督與聖經。但它解釋聖經所用的方法卻專迎合未曾重生之人的心理，並使聖經中嚴肅而緊要的真理失去效力。它固然承認愛乃是上帝的主要特性，但它卻把這愛說成是一種懦弱的情感主義，在善與惡之間不作多少區別。至於上帝的公正，和祂對於罪惡的譴責，以及神聖之律法的要求等等，它卻隻字不提。他們教導眾人把十條誡命看作死的條文。他們那種悅耳並迷惑人的謊言使人心奪神移，因而拒絕聖經為信仰的基礎。實際上，基督已被他們拒絕了，正像從前祂被拒絕一樣；但因為撒但已經蒙蔽了眾人的眼目，所以他們覺察不出這種欺騙。

很少有人能正確地認識到招魂術的欺騙能力以及感覺其影響的危險性。許多人為要滿足自己的好奇心，竟不惜貿然嘗試。他們本來對它沒有什麼真實的信任，而且若是想到把自己交給邪靈去支配，不免毛骨悚然。但他們還是大膽踏上了禁地，於是那大有能力的毀滅者便能在他們身上行使他的權力，這原是他們所不願意的。只要他們一次受了引誘，讓他來支配他們的思想，他就要把他們牢牢地纏住。他們想靠自己的力量來掙脫這蠱惑且誘人的束縛是不可能的。只有從上帝而

來、因信心的懇切祈禱而賜的能力，才能拯救這些陷入羅網中的人。

人若縱容自己品格上的惡習，或明知自己的罪而不肯放棄，就是招致撒但的試探。他們使自己與上帝和祂使者的照顧隔絕；及至那惡者施行欺騙時，他們就沒有保障，並且很容易成為獵物。這樣把自己放在撒但勢力之下的人，未曾想到自己將要落到什麼地步。那試探者既毀了他們，便要利用他們作為工具去引誘更多的人趨於滅亡。

先知以賽亞說：「有人對你們說：『當求問那些交鬼的和行巫術的，就是聲音綿蠻，言語微細的。』你們便回答說：『百姓不當求問自己的上帝嗎？豈可為活人求問死人呢？』人當以訓誨和法度為標準；他們所說的，若不與此相符，必不得見晨光。」(賽8：19、20) 聖經已經明白提出人的本性和死後的狀況，如果人們樂意接受這真理，自必看出招魂術的主張和顯靈乃是撒但所施行的「異能神蹟，和一切虛假的奇事」。但許多人不願放棄那迎合情慾之心的自由和自己所愛好的罪惡，故閉眼不看真光，不顧警告，昂然前進，同時撒但就在他們周圍佈下羅網，使他們成為他的獵物。「因他們不領受愛真理的心，使他們得救。故此，上帝就給他們一個生發錯誤的心，叫他們信從虛謊。」(帖後2：10、11)

反對招魂術之教訓的人，不單是在對抗人，也是在對抗撒但和他的使者。他們已經加入了那與空中執政掌權之邪靈鬥爭的行列。若不是天庭使者的權力迫使撒但敗退，他是絕對寸土不讓的。上帝的子民應當像救主一樣，以「經上記著說」這句話去應付他。撒但今日也會引用聖經，像在基督的時代一樣，並且要曲解其中的教訓來加強自己的欺騙。所以凡要在現今危險時代中站立得住的人，必須親自領受聖經的訓誨。

許多人將要遇到邪靈所化裝的親友，並聽他們講述最危險的異端邪說。這些靈體必能觸動我們最深切的情感，並要施行奇蹟來加強他們的騙術。我們必須預備以聖經的真理擊退他們，這真理說明死人毫無所知，並指出這些出現的死人事實上乃是鬼魔。

當前的時辰，正是「普天下人受試煉的時候」(啟3：10)，凡是沒有在聖經上堅立信仰的人將要受迷惑，並且被征服。「撒但行各樣出於不義的詭詐」來取得控制人類的權柄，而且他的欺騙要與日俱增。雖是如此，但也只有在人們自願受他試探時，他才能達到目的。那些懇切尋求真理的知識，並因順從而努力潔淨心靈，準備作戰的人，將要在上帝的真理中找到確切可靠的保障。救主的應許是：「你既遵守我忍耐的道，我必……保守你免去你的試煉。」(啟3：10) 祂情願差遣天庭所有的天使去保護祂的子民，也絕不容一個信賴祂的人被撒但所勝。

先知以賽亞形容惡人將受到的可怕欺騙，使他們竟以為自己不致受上帝的刑罰時如此說：「我們與死亡立約，與陰間結盟；敵軍如水漲漫經過的時候，必不臨到我們；因我們以謊言為避所，在虛假以下藏身。」(賽28：15) 這裡形容的一等人中，有一些是頑固不肯悔改，以罪人不致受罰的話來自欺；並說所有的人類，無論多麼腐敗，都要在天上大享尊榮，變成像上帝的使者一樣。但還有一等人更堅持是與死亡立約，與陰間結盟的，他們竟放棄上天所賜的、那使義人在災難之日作為保障的真理，反而接受了撒但的謊言——招魂術的欺騙——作為避難所。

現代世人的盲目現象已非言語所能形容的了。千萬人拒絕聖經，認為它不值得相信，同時卻又熱切而誠心地接受了撒但的欺騙。懷疑主義者和一般喜好嘲笑並攻擊那些為先知和使徒之信仰爭辯的人，說這些人是有偏見的；他們把聖經中有關基督、救贖計畫，以及那將要臨到拒絕真理之人的報應等嚴肅的訓言作為笑柄。他們表示可憐那些承認上帝的命令並順從祂律法要求的人，認為他們的心思太狹窄、衰弱、迷信。他們似乎很有把握，好像是他們真已和死亡立約，與陰間結盟，似乎他們在自己與上帝的報應之間已築成一道無法越過的屏障。沒有什麼事能使他們恐慌了。他們已經一味地順服那試探者，密切地與他聯合，完全地感染他的精神，以致他們再也沒有能力、也沒有意思要掙脫他的羅網了。

撒但久已為欺騙世人的最後努力作了準備。他在伊甸園中給夏娃

的保證，就是為他將來的工作奠定基礎，說：「你們不一定死」、「你們吃的日子眼睛就明亮了，你們便如上帝能知道善惡。」(創3：4、5) 他一步一步地為他欺騙的傑作——招魂術——預備了道路。現在他還沒有完全實現他的計畫，但到了末日的最後一段時期內，這計畫就必實現。先知預言說：「我又看見三個污穢的靈，好像青蛙，……他們本是鬼魔的靈，施行奇事，出去到普天下眾王那裡，叫他們在上帝全能者的大日聚集爭戰。」(啟16：13、14) 除了那些因信仰聖經而有上帝能力保守的人之外，全世界的人都要悉數陷入這一次的欺騙之中。眾人都在一種致命的安全感中逍遙自在，只有上帝忿怒的爆發才能使他們驚醒過來。

耶和華上帝如此說：「我必以公平為準繩，以公義為線鉈。冰雹必沖去謊言的避所；大水必漫過藏身之處。你們與死亡所立的約必然廢掉，與陰間所結的盟必立不住。敵軍如水漲漫經過的時候，你們必被他踐踏。」(賽28：17、18)

第三十五章
宗教自由受威脅

現今的改正教，對於羅馬天主教教義的態度，比過去要親善得多。在一些天主教會未佔優勢故轉而以遷就手段爭取權威的國家中，有一種普遍的趨勢，就是一般人不重視那使改正教與天主教有所區隔的教義。現在一種盛行的看法是說：「在改正教和天主教的基本信條之間，並不存在我們所想像的、那麼大的差距，只要我們稍微讓步，便可促進雙方的理解。」昔日的改正教徒非常重視那以極貴重的代價換來的宗教自由。他們曾教導自己的兒女厭惡教皇制度，並且主張與教廷妥協就是不忠於上帝。但是今日一般改正教徒所發表的意見，又是何等不同啊！

教皇制度的辯護者聲稱他們的教會是遭人誣蔑；同時改正教界多少也接受了這種說法。許多人主張，若以羅馬教廷在黑暗無知的世紀中所行的、可憎又荒謬的事來批評今日的天主教，是不合理的。他們原諒她過去恐怖和殘忍的手段，認為那些都是當時野蠻落後之社會造成的結果，並聲辯說：現代的文明已經使她改變主張。

說這些話的人，難道忘了這驕傲的權力八百年來自誇、「絕無錯誤」的主張嗎？她非但沒有放棄這個主張，反而在十九世紀用比先前更為肯定的話一再重申。羅馬教廷既說自己是「絕無錯誤，永無錯誤的」[1]，她又怎能否定自己在中古世紀的行動方針呢？

　　羅馬教會永不會放棄她那絕無錯誤的主張。她過去向那些拒絕她教義之人所施行的種種逼迫，現在依然堅持那手段是正當合理的。況且今日如果再有機會的話，她是否還會做出同樣的事呢？是的，只要除去現今世上政府的約束，並恢復羅馬教廷先前的權勢，她的殘暴和逼迫必將迅速重演。

　　一位近代的名作家曾就宗教自由問題論到天主教的態度，以及其所行的政策將如何威脅美國的安全如下：

　　「現今有許多人認為，若對美國的天主教懷有戒心，乃是頑固或幼稚心理的表現。說這話的人看不出天主教的性質與態度對於我們的自由有什麼妨害，也看不出她的發展有什麼不祥的先兆。現在我們不妨將美國政府的基本原則，與羅馬教會的相比一下，便可明白了。

　　「美國的憲法，是保證人民有『宗教自由權』的。再沒有什麼能比這個權利更為寶貴或基本的了。但教皇庇護九世 (Pope Pius IX) 在1854年8月15日向各地天主教會發佈公告說：『那擁護宗教自由權的謬論和狂言，乃是一種最具毒害的錯誤——在一切錯誤之中，這個對於國家是最為可怕的。』這同一位教皇又在1864年12月8日的公告中，咒詛了『那些主張宗教信仰與崇拜自由的人』以及『一切主張教會不可採用武力的人』。

　　「美國的羅馬教雖然語調和婉，卻不能算是內心的改變。她在孤立無助的地方總是雍容寬大的。歐康諾 (O'Connor) 主教說：『我們現在只是容忍宗教自由，何時我們能取消這個自由而不致危害到天主教界，我們就不再容忍它了。』……聖路易市的大主教有一次說：『信奉異端和沒有信仰都是罪惡；所以在信奉天主教的國家，例如義大利和西班牙所有的人都是天主教徒，而在天主教已經成為當地律法首要部分之地，信奉異端和沒有信仰的罪都應受法律制裁，像其他罪惡一樣。』

　　「羅馬教廷的每一位樞機主教、大主教和主教都必須向教皇宣誓效忠，其誓詞如下：『凡背叛教皇及其繼承者的叛教徒和分裂教會者，

我必盡全力逼迫並反對之。』」[2]（見附錄第19頁「約西亞·斯特朗的引文」修正參考資料）

在羅馬天主教中確有真實的基督徒。在該教會中，確有不少人按自己所有的一點真光事奉上帝。他們因為不被允許直接閱讀聖經，所以也就不能辨識真理（1888和1911年版；見附錄第21頁「對聖經的禁止」）。他們從來沒有看到出於心靈和誠實的敬拜與徒具形式的事奉之間有多大的區別。這些人雖然在虛妄且不能使人滿意的信仰中受了教育，上帝依然是憐愛他們的。祂必使光明射透那包圍著他們的濃密黑暗。祂將要向他們顯現那在耶穌裡面的真理，他們中間將來必有許多人立志與主的子民站在同一條陣線上。

但天主教這個制度置於現今並不比往日更能與基督的福音相合。各改正教會正處於極大的黑暗之中，否則她們必能看出這時代的兆頭。天主教會的策略和行動方針是廣泛而遠大的。她正在千方百計地努力擴展自己的勢力，並增強自己的權柄，準備作一番猛烈而堅決的鬥爭，為要重新得到統治世界的權柄，再度施行逼迫，並推翻改正教所有的成就。現今天主教在各方面都有發展。我們且看她在各改正教國家中教堂數目的激增，看她在美國所辦的各大學和神學院的聲譽日隆，並擁有多少信奉改正教的學生。再看英國國教形式主義的發展，以及其教徒脫離母會而重新加入天主教會的普遍現象。這一切都應該喚醒那些重視福音純正原則的人，並令其感到不勝焦慮。

改正教徒已經跟天主教妥協，並且予以贊助；他們所做的種種妥協與讓步，連天主教徒都不禁驚奇和不解。人們閉眼不看天主教會的真實性質，以及她掌權之後所必有的危險。現今的民眾需要被喚醒，以抵制這個對公民和宗教自由而言最危險的敵人。

許多改正教徒以為天主教是沒有吸引力的，以為她的敬拜儀式是一套枯燥而沒有意義的形式。他們這種看法錯了。羅馬天主教固然是以欺騙為基礎，但她並不是愚拙的。天主教會的宗教儀式是最動人的。

她那種華麗的擺設和嚴肅的禮節，足能蠱惑人的視聽，並使理智與良心的聲音靜默。它的外表足以使人賞心悅目。壯麗的教堂、盛大的遊行、黃金的聖臺、珠玉的神龕、精彩的壁畫、細緻的雕刻，都足以喚起人的愛美之心。在那裡，人的聽覺也能入迷，卓絕無比的音樂，宏亮的琴聲和大眾和諧的雄壯歌聲，響徹屋宇，餘音繞樑，使人油然生出肅敬尊崇之感。

其實這種外表上的富麗堂皇和隆重的儀式，對於苦惱罪人的心靈不過是望梅止渴，畫餅充飢而已，反倒是該教會內部腐化的一個象徵。原來基督的真宗教無需這些悅人耳目的外表作為引薦。在十字架所發的光輝之下，真實的基督教顯明其為純潔可愛，甚至任何外表的裝飾都不足以增進其本質的可貴。上帝重視的是聖潔的美，是溫柔恬靜的心靈。

外在的顯赫不一定是純潔高尚之思想的標誌。藝術的高度鑑賞，品味的精緻優雅，往往存在於屬世和情慾之人的思想中。撒但常利用這些事物來引誘並迷惑人，使他們忘記心靈上的需要，以致想不到永久的來生，並轉離那位無窮的幫助者，而專為今世而生活。

一個看重外表的宗教，是每一個未經重生的人所歡喜的。天主教隆重的崇拜儀式，確有一種引誘蠱惑人的力量，許多人因而受了欺騙，把天主教會看為天堂的門戶一般。唯有那些已經穩固地立在真理的基礎上，並且心地已被上帝的靈所重生的人，才能抵擋她的影響。成千上萬未曾真正認識基督的人，將要被引誘去接受這徒有敬虔外貌、卻違背敬虔實意的宗教。這種宗教正是大眾所歡迎的。

羅馬天主教主張自己有赦罪的權柄，這就使她的教徒覺得可以自由犯罪了；他們所行懺悔認罪的儀式——據他們說，若不如此罪就不得赦免——也有縱容罪人作惡的傾向。那跪在一個墮落之人的面前，承認自己心中的祕密思想與意念的人，正是降低了自己的人格，並敗壞了自己靈性上的每一種高尚的天性。一個人向著另一個有錯誤、罪惡並

為酒色所腐化的神父披露自己生平的罪惡,是降低自己人格的標準,結果也使自己受了污穢。因為他既以神父為上帝的代表,他對於上帝的觀念也就降級到與墮落的人類一般。這種降級的、人向人的懺悔認罪,乃是一個隱祕的泉源,湧出許多的罪惡,污穢了全世界,並準備使之臨到最後的毀滅。雖然如此,一般喜愛放縱私慾的人還是寧願向一個凡人認罪,而不願向上帝傾心吐意。人的天性是寧可苦修也不肯放棄罪惡的;用披麻蒙灰、掛鍊苦行的方法去折磨肉體,總比把肉體的情慾釘在十字架上更容易。喜愛世俗的心只要能規避基督的軛,是不辭任何困難的。

天主教和耶穌第一次降臨時的猶太教會有著顯著的相同點。那些猶太人雖然暗中踐踏了上帝律法的每一原則,但在表面上還是嚴格遵守,並且還添加了許多枝節和傳統的規則,使順從律法成了痛苦與煩惱的事。猶太人怎樣在口頭上尊重律法,天主教徒也怎樣主張尊重十字架。他們一面高舉基督受難的象徵物,一面卻在自己的生活上否認了十字架所代表的主。

天主教徒把十字架放在他們教堂的屋頂、講壇和服裝上。到處都可見到十字架的徽章。各處各地,他們在外表上尊重並高舉十字架。但是基督的教導卻被埋沒在許多無意義的傳統、虛偽的解說和嚴格的規條之下。救主指著頑固執迷的猶太人所講的話,更適用於這些天主教的領袖:「他們把難擔的重擔捆起來,擱在人的肩上,但自己一個指頭也不肯動。」(太23:4) 當這些教會的顯貴過著奢華縱慾的生活時,一般真心實意的教徒卻經常陷在恐懼之中,唯恐自己觸犯上帝的忿怒。

敬拜聖像和遺物,向諸聖徒祈禱並尊崇教皇等等,都是撒但的詭計,要引誘人轉離上帝和祂的聖子。為要使人趨於毀滅,他盡力使他們不去關注那唯一能使他們得救的主。他誘惑人去注意其他的對象,以此來代替那曾說「凡勞苦擔重擔的人可以到我這裡來,我就使你們得安息」的主 (太11:28)。

　　撒但處心積慮要扭曲上帝的品性、罪惡的本質和善惡之爭中的真正問題。他的詭辯減輕了人遵守上帝律法的義務，並使人自由犯罪。同時他使人對上帝懷著不正確的觀念，以致他們不以愛心、卻以恐懼和憎恨的心看待上帝。他把自己本性的殘忍歸之於創造主，並摻雜在一些宗教制度中，又用某種敬拜的儀式表現出來。這樣許多人的思想便被蒙蔽，撒但也就利用他們作自己的工具，去與上帝抗戰。撒但利用人對上帝所有不正確的觀念，使信奉邪教的各國以為必須獻上活人為祭才能蒙神明的喜悅，因此在各種拜偶像的形式之下，發生了許多駭人聽聞的殘忍暴行。

　　羅馬天主教既把異教和基督教在形式上混合為一，並像異教一樣誤表上帝的品德，所以她也採用了同樣殘忍可憎的手段。在羅馬教廷掌權的時代，她發明了許多強迫人贊同她教義的酷刑。凡不順服她主張的人要被綁在柱上用火焚燒。那時慘遭屠殺的人數極多，非至審判大日，無人能知其真相。教會中的顯貴們，在他們主人撒但的指使之下，多方研究，發明種種方法，使人受到最劇烈的痛苦，而又不結束他的生命。他們時常重覆施行兇惡的手段，直到受難者無法支持，而歡迎死亡來結束他們的生命。

　　以上是那些與羅馬教廷為敵者的遭遇，但對於一些皈依羅馬教廷的人，她卻另有一套使人傷心的苦行，例如鞭撻、飢餓和虐待身體等等。這些懺悔者為要得蒙上帝的喜悅，竟違反了自然的律法，因而也就干犯了上帝的律法。教會教導他們要割斷上帝所制定的、使人類在地上生活得享幸福與快樂的天倫關係。在教堂的墳地裡埋著千萬的犧牲者，他們在生前曾妄想制服自己的自然情感，以為上帝厭憎他們對於同胞的同情之念，所以他們設法抑制這些感情。

　　如果我們要明白撒但數百年來所表現的暴戾殘虐——不是在沒聽說過上帝的人之中，而是在基督教界的中心及其整個範圍之內，我們只需翻閱天主教的歷史，便可一目了然。罪惡之君利用這個龐大的欺騙機構，遂行自己的目的，使上帝受羞辱，令人類被摧殘。只要他們能

看清他是怎樣善於偽裝自己，又利用教會的領袖去做成他的工作，我們便能更明白他為什麼對於聖經如此憎恨。人若念了聖經，上帝的慈悲與仁愛就必彰顯出來；人也必看出，上帝並沒有把這些重擔放在他們身上。上帝所要的，不過是一顆憂傷痛悔的心和一個謙卑順從的靈。

基督在祂的生活中，從未說過任何叫人把自己禁閉在修道院，以便取得進天國資格的教導。祂從來沒有教導人必須抑制愛心和同情心。救主的心是盈溢著慈愛的。人越接近純全道德的標準，他的感覺便越為靈敏，對於罪的知覺也必越為敏銳，對於受苦的人也必越同情。教皇宣稱自己是基督的代理人，但他的品格能經得起與我們的救主比較嗎？基督可曾因為人沒有以祂為天上的君王而敬拜祂，就把他們投入獄中或放在拷問台上呢？有誰聽過祂向那些不接納祂的人宣判死刑呢？當撒瑪利亞某一個村莊的人輕視祂時，使徒約翰義憤填膺，向主說：「主啊，祢要我們吩咐火從天上降下來燒滅他們，像以利亞所做的嗎？」耶穌憐惜地望著自己的門徒，並斥責他暴躁的念頭，說：「**人子來不是要滅人的性命，是要救人的性命。**」(路9：54，56)基督表現的這種精神，與那自稱是祂代理者所表現的，是何等地不同啊！

今日的羅馬天主教在世人面前擺出一副善良的面目，並用許多推諉之辭遮蓋她那殘忍可怖的歷史。她雖然披上了基督化的外衣，但本質上並沒有改變。羅馬教在過去世代中所具備的每項行動原則今日依然存在。她在最黑暗的世紀所創的教義，今日依然全部保留。人不可自欺。須知現今基督教徒備極推崇的天主教，也就是那在宗教改革時期管轄世界的羅馬教廷；那時曾有許多屬上帝的人冒著性命的危險起來揭露她的罪惡。她現今仍具有像往日凌駕王侯之上的傲慢作風，並同樣宣稱自己享有上帝獨有的特權。她現今的精神，其殘酷和暴虐的程度，比起往日消滅人類自由並殺戮至高者的聖徒之時，可謂毫不遜色。

現代的天主教，正像預言中所形容的，是末時離道反教的運動 (⑯帖後2：3、4)。她改造自己的面目，以便最有利於遂行自己的目的，這原是她策略的一部分；但在這如變色龍般幻惑的外表之下，卻藏著蛇蠍

般永不變質的毒液。她宣告說：「我們對於叛教徒和叛教嫌疑犯不必拘守信義與諾言。」[3]這個勢力就是一千餘年來，用聖徒之血織就歷史的教會，我們難道還能承認她是基督教會的一部分？

現今在信奉改正教的國家中流行著一種意見，說天主教與改正教之間的距離，並不如昔日那麼遠，這種說法倒也不是沒有根據。現今確實有了改變，但這種改變，卻不是在天主教這一方面。現代的天主教確有許多方面是與改正教相同的，因為改正教自從宗教改革運動的日子以來，已經大大退化了。

現今的改正教因為渴望博得世人的歡心，便讓一種虛偽的愛心蒙蔽了自己的眼睛。他們認為不應當看一切的惡事為絕對的惡，結果也免不了看一切的善為未必全然的善。他們不但沒有為那從前一次交付聖徒的真道竭力爭辯，反而為自己過去對天主教沒有愛心的態度謝罪道歉，並請她饒恕他們過去的偏見。

大多數的人，包括那些對天主教沒有好感的人在內，都以為她的權力和影響不會有多大危險。許多人說，中古時代學識與道德方面的黑暗有利於天主教教義、迷信與壓迫的滋長。但現代文化開明、知識普及，宗教自由亦不斷發展云云，不會容許逼迫與殘虐的事再度發生。若有人認為在這文明時代還會重見黑暗世紀的現象，那是要被人嘲笑的。確實，現今是一個在學識、道德和宗教各方面都相對光明的世代。上帝的聖經已經展開了，並有天上的亮光照耀在世上；但也要切記，上帝所賜的亮光越多，那些錯用或拒絕這光的人所面臨的黑暗也就越深。

改正教徒若以祈禱的精神去查考聖經，就可以看清教皇制的真實，並使他們憎惡而遠避之。然而有許多人自以為聰明，甚至覺得自己無需謙卑祈求上帝引導他們明白真理。他們雖然誇自己開明，但實際上，他們對於聖經和上帝的權能都是一無所知。同時他們必須有一種鎮靜自己良心的方法；他們便尋找那最不屬靈和最不需要自卑的道路。他們所要的乃是一種在外表上是記念上帝，實際上卻是忘記上帝

的辦法。天主教正足以適應這一等人的需要。她已經預備好方法可以應付世上的兩等人——幾乎全世界的人都包括在內：一等人是想靠自己的功勞得救，另一等人則是想在自己的罪中得救。她權力的祕訣就在於此。

我們已經看明，知識黑暗的時代是教皇制成功的有利條件。但我們必將看清，知識開通的時代，也有利於她的成功。在以往的時代，人們沒有聖經，沒有真理的知識，他們的眼睛蒙蔽不明，以致千萬人看不見那佈置在自己腳前的羅網，結果遭受了陷害。在現今的時代，人們的眼睛倒被一些人為的推論，就是「似是而非的學問」所惑；他們沒有察覺其中的羅網，所以像眼盲了一樣，輕易陷入其中。上帝的本意是要人把智力視為創造主所給予的一種恩賜，應當用來為真理與公義效勞，但人若存驕傲和野心，並高舉自己的理論過於聖經，那麼他的智力便要比無知更為有害。因此，現代的假科學既摧毀了人們信仰聖經的心，就必成功地使人為接受教皇制鋪路，及其悅人心目的種種形式，正如在黑暗時代，知識的落後曾為她的昌盛預備條件一樣。

現今美國的改正教正在推動國家來支持教會的制度和習俗，這就是步天主教的後塵。但在實際上，其意義還不止於此，因為他們正是為她開闢道路，使她在信奉改正教的美洲得以恢復她在歐洲所失去的優勢。那使這運動具有更重大意義的，就是要強制人遵守星期日的目標；這原是羅馬教廷創立的制度，也是她所認定的權力標記。羅馬教廷的精神就是要迎合世俗的習慣，尊重人為的傳統過於上帝的誡命；這種精神現今正在滲透各改正教的教會，使他們去進行同樣的工作，就是天主教在他們以前所行過的、高舉星期日的工作。

如果讀者要明白在這快要來的大鬥爭中，天主教將要如何運用她勢力的話，只須翻閱歷史記載，查看在以往的各時代中，她為實現這同一目標所使用的種種手段。如果讀者要知道天主教徒與改正教徒聯合之後，將要如何對待那些拒絕他們教義的人，可以看一看天主教過去向安息日和擁護安息日的人所表現的態度。

　　異教的節日之所以能逐漸在基督教世界達到尊貴的地位，乃是由於皇帝的諭旨，宗教的會議，和政府所支持的教會法案。歷史上第一個強迫人遵守星期日法案的，乃是君士坦丁皇帝所制定的法令（西元321年；⑤附錄第3頁「君士坦丁的星期日法令」）。這道法令吩咐城市的居民在「可敬的太陽日」休息，但准許農民繼續他們的農作。這道法令雖然根本上是屬於異教的條例，但卻是由皇帝在名義上信奉了基督教之後執行的。

　　皇帝的諭旨既然不足以代替上帝的權威，就有一個專門討君王歡心、與君士坦丁親近且喜愛奉承他的主教——優西比烏（Eusebius）主張說，基督曾把安息日改為星期日。但他並沒有從聖經中舉出任何一點憑據來證實這個新的教導。況且優西比烏自己還在無意之中承認了這種主張的虛假，並說明了這個改變究竟是誰發動的，他說：「凡是人應在安息日遵守的本分，我們已經移到主日上去了。」[4]這個守星期日的論點雖然毫無根據，但卻能使一般人大膽踐踏主的安息日。凡是喜愛受世人尊敬的，都接受了這通行的節日。

　　及至羅馬教廷的權勢愈形鞏固之後，高舉星期日的工作也就繼續發展下去了。一般信主的農民一度還在星期日不做禮拜的時候從事農作，同時他們也遵守第七日為安息日。但這種情形漸漸又起了變化。到了一個時期，一切擔任聖職的人不得在星期日受理一般有關俗務的糾紛。再過不久，當局頒佈法令，吩咐眾人，不論地位階級如何，都必須在星期日停止普通勞作，凡違犯這命令的，自主的必須付罰款，為奴的必須受鞭打。後來有法令規定：富人必須付出財產的一半作為罰款，如果不從，最後就要被賣為奴。低層階級的人則要被永遠逐出國境。

　　為要強化星期日的法令，他們還捏造了許多神蹟奇事。其中一個傳說論到一個農人在星期日下田耕地。正當他用一個鐵條刮犁頭時，那鐵條就黏在手上了，他只得把它隨身帶著長達兩年之久，「痛苦之至，羞恥非常。」[5]

後來教皇下令吩咐各地的神父應當告誡一切干犯星期日的人，勸他們到禮拜堂去禱告，否則必有嚴重的災禍臨到他們和他們的鄰舍身上。某一次的宗教會議還提出論據說，既然有人因在星期日工作而被閃電擊殺，可見星期日一定就是安息日了。自古以來常有人利用這種論據，連改正教徒也不例外。會議上的主教們強調說：「上帝對於人們忽略這日子的極度不悅，於此可見一斑。」於是他們就發佈通知，督促各地神父、王侯以及一切忠心守道的庶民，「務要盡力恢復這日子應有的尊榮，並為增進基督教的榮譽起見，今後更要虔誠地遵守這日。」[6]

宗教會議的通令既然還不足以達到高舉星期日的目的，教會便要求政府當局頒發命令迫使人民在星期日停工。於是羅馬召開一次會議，將過去一切會議所通過的法案以更有力、嚴肅的措辭重申一遍，然後把這些法案編入教會的法典之中，由各地政府在基督教界全境執行。[7]

雖然如此，他們還是提不出聖經的權威作為守星期日的根據，這使他們不勝煩惱。同時，人們還要提出疑問：他們的宗教教師究竟有沒有權柄廢除耶和華所頒佈的明令——「第七日是向耶和華你上帝當守的安息日」，而去遵守太陽日？所以，為了要彌補聖經中沒有的證據，他們必須想出其他方法。在第十二世紀末，有一個熱心提倡星期日的人去訪問英國各地教會，但他處處遇見忠心為真理作見證的人；他的一切努力顯然無效，於是他暫時離開英國去尋找更好的方法來支持自己的教導。及至回到英國後，他找到了所缺少的憑據，而且他日後的工作也因此有了更好的成績。他帶來的是一個文件，據說是上帝親自發下來的，其中記載著那人所缺少的有關星期日的命令，並附帶著可怕的威脅來恐嚇一切不肯聽從的人。這份珍貴的文件——如同它所支持的機構同樣是贋品——據說是從天上掉下來的，後來在耶路撒冷被人發現，落在各各他山聖西緬的神壇上。其實它的真實來源乃是羅馬教皇的宮廷。因為羅馬教廷向來認為一切旨在增進教會權勢和榮譽的偽造品都是合法的。

那份文件禁止人從星期六下午三點鐘到星期一日出之時工作；據說這禁令還有許多神蹟奇事為證據。說有人因工作超過鐘點，便全身癱瘓了。有一個磨坊的主人試圖在星期日磨包穀，結果發現石磨間流出鮮血，而且發動石磨的水車雖有大量的水力，卻忽然自行停止了。有一個婦人將麵團置入烤爐之後，雖然爐中的火甚為熾烈，但拿出來卻還是一團生麵。另一個婦人曾預備一團麵，準備在星期六下午三時放入烤爐，但她決定把它留到星期一，次日發現這麵已經變成麵包，是由神聖的能力烤熟的。還有一個人，在星期六下午三時烤麵包，次日早上把它擘開時，就發現有血從麵包裡流出來。提倡星期日的人就是用這一類荒誕的迷信和虛言來確立這日子的神聖性質。[8]

在蘇格蘭，也像在英格蘭一樣，人們曾設法把安息日一部分的光陰劃歸星期日，藉以使之更顯神聖。但所規定守為聖日的時間各有出入。蘇格蘭國王所發佈的命令規定「聖日從星期六中午開始」，從這時起，人人都不許從事俗務，直到星期一早晨為止。[9]

羅馬教廷雖然多方努力要確立星期日為聖日，但他們自己還是公認安息日乃是有上帝的權威為根據的，並承認那取代安息日的日子是人所設立的。在第十六世紀，某一次羅馬教廷的會議曾明白宣佈說：「基督徒都應記得，第七日是上帝所定為聖的。它不但為猶太人，也是為一切願意敬拜上帝的人所接受而遵守的；但我們基督徒已經把他們的安息日變更為主日了。」[10]可見這些蓄意破壞上帝律法的人，對於自己所做之事的性質，並不是不自知的。他們是明明故意高抬自己在上帝之上。

羅馬教廷向瓦勒度派 (其中有些是守安息日的) 所施行的、長期且血腥的逼迫，可以有力地說明她對待反對者的策略。那時還有許多人也因忠心遵守第四誡而遭受同樣的苦待。衣索比亞 (Ethiopia) 和阿比西尼亞 (Abyssinia) 的教會史尤其具重大意義。在黑暗時代的朦朧之中，中非洲一帶的基督教會被世人所忽視和遺忘，因此他們幾百年來一直享有自由，可遵從自己的宗教。但到了後來，羅馬教廷既知道有他們存在，便

立刻用奸計欺騙阿比西尼亞的皇帝承認教皇為基督的代理者。隨後他又做出許多的讓步。他發出敕令嚴刑禁止人遵守安息日。[11]但教皇的暴政不久後便成了一個苛刻的重軛，以致阿比西尼亞的人民決定掙脫這軛。經過了慘烈的鬥爭之後，羅馬教徒被逐出國境，阿比西尼亞便恢復了古代的信仰。那裡的教會因他們的自由而歡慶，他們不曾忘記自己從羅馬教廷的欺騙、狂信和暴虐專橫的勢力中所得的教訓。他們滿足於在他們那偏僻的地區，而不求聞達於各基督教國家。

非洲各教會所遵守的安息日就是羅馬教會沒有完全背道之前所遵守的。他們一面順從上帝的誡命遵守第七日，一面依照教會的習慣，在星期日停止工作。及至羅馬教廷獲得了至上權力之後，她便踐踏了上帝的安息日，為要高舉她自己的；非洲的教會既隱藏了近一千年之久，就沒有參與這種背道。但到了他們屈就羅馬教廷的權力之後，他們便被迫摒棄真的安息日，而高舉假的，但後來他們一恢復獨立，就重新遵守第四條誡命了 (見附錄第21頁「衣索比亞教會和安息日」)。

這些歷史記載清楚地顯明羅馬教廷對於真安息日及其擁護者所懷的敵意，以及她為尊榮自己創立的制度而採取的種種手段。聖經告訴我們，當羅馬天主教與基督教徒聯合起來高舉星期日之時，以上的歷史情境必要重演。

〈啟示錄〉第13章預言說，兩角如同羊羔的獸將要「叫地和住在其上的人」，去敬拜羅馬教皇——「形狀像豹」的獸。這兩角如同羊羔的獸也要「迷惑住在地上的人，說，要給那受刀傷還活著的獸作個像」，並且命令「眾人，無論大小貧富，自主的，為奴的」，都要受「獸的印記」(見啟13：11-16)。我們已經證明，這兩角如同羊羔的獸代表美國，並且這段預言將要在美國政府強迫人遵守星期日——羅馬教廷稱其為最高權力之特別標記——的時候完全應驗。但在這敬拜羅馬教皇的事上，美國政府倒也不是獨自進行的。在那些受過羅馬教廷統治的國家中，其勢力至今依然存在。預言也說羅馬教廷的權力必要東山再起。「我看見獸的七頭中，有一個似乎受了死傷，那死傷卻醫好了。全地的人都希奇

跟從那獸。」(啟13：3) 這獸所受的死傷是指1798年羅馬教皇的勢力衰敗而言。先知說，在牠受了死傷之後，「那死傷卻醫好了。全地的人都希奇跟從那獸」，保羅明白地說，這大罪人要存留到主第二次降臨的日子(見帖後2：8)。他要進行欺騙的工作，直到末日。蒙啟示的約翰也預言到羅馬教皇說：「凡住在地上、名字從創世以來沒有記在被殺之羔羊生命冊上的人，都要拜牠。」(啟13：8) 將來不論在舊大陸或新大陸，人們都要在遵守星期日——完全根據羅馬教廷權威創立的制度——這一事上尊崇羅馬教皇。

自十九世紀中葉，在美國研究聖經預言的人已經向世人發出這見證。從今的時事上可以看出以上的預言正在迅速應驗。現今基督教的教師們正在同樣地主張星期日是出於上帝神聖的權威，但他們也同樣拿不出聖經的憑據來，正像那些偽造神蹟奇事來代替上帝命令的羅馬教廷領袖們一樣。他們將要舊話重提，說上帝的刑罰要臨到一切干犯星期日的人；現今已經有人提出這種論調。那強迫人遵守星期日的運動現今正迅速得勢。

羅馬教廷的機詐與奸巧實在驚人。她有先見之明，料事如神。她能靜待時機，因她看出現今的基督教會正是因接受偽安息日而向她致敬，並且正在準備把她從前所用過的手段如法炮製，強迫人守星期日。凡拒絕真理之光的人將求助於這自稱為絕無錯誤的權威來高舉她自己所創立的制度。在這種工作上，我們不難想像她將是何等樂意贊助這些改正教會！有誰能比羅馬教廷的領袖們更有辦法去應付那些不順從羅馬教廷的人呢？

天主教會分佈於全球各地，他們是一個龐大的組織，完全受教皇的控制，並共圖促進教皇的勢力。散居全球各國、千百萬天主教徒都受過效忠教皇的指示。不論他們的國籍和政府如何，他們總要以天主教會的權威為至上。縱然他們向國家宣誓效忠，但在這個誓約之外，他們還立誓順從天主教會，這個誓約將自動抵消一切與教皇勢力相衝突的其他誓約。

　　我們查閱歷史，便可看出羅馬教廷是如何奸巧而懇切地設法干預國政，及至得到立足地之後，他便要遂行自己的策略，甚至摧殘王侯與庶民。1204年，教皇英諾森三世 (Pope Innocent III) 曾勒令亞拉岡王佩德羅二世 (Peter II, king of Arragon) 向他宣誓如下：「我佩德羅，亞拉岡人的王，今承認並承諾永遠效忠我主英諾森教皇和他的繼承者與天主教會，並忠心使我全國順從教皇，努力護衛天主教的信仰，並逼迫異端邪教。」[12]這正與羅馬教皇自取的權力相合，他聲稱「自己有合法的權力，可以廢除君王」，並「能吩咐其臣民解除效忠不義之統治者的義務」。[13]

　　我們還要記著，羅馬教廷向來自誇說她是永不改變的。貴格利七世和英諾森三世的政策直至現今還是羅馬教廷的政策。只要大權在握，她仍必雷厲風行，像在中古世紀時一樣。在高舉星期日的事上，基督教會想要接受天主教會的幫助，但他們對於所行之事的實際性質，卻沒有充分的認識。當他們正在努力達成自己的目的時，羅馬教廷卻在設法重建自己的勢力，並恢復她所失去的至上權威。美國一旦實現政教聯合，也就是說，教會可以運用或操控政府的權力，並用政治法令強迫人遵守宗教禮節；總而言之，何時教會與國家的權力可以管轄人的信仰，那時羅馬教廷在美國的勝利也就確定了。

　　關於這種迫近的危險，聖經已經發出警告；基督徒若忽略不聽，他們就要在難逃羅網、悔之晚矣的時候，才發覺羅馬教廷的真實性質與宗旨。她現今正在暗暗地擴充勢力。她的教義正在立法機關中，各教會內，和世人的心理上發揮作用。她正在為自己建造高大雄偉的教堂，而在這些建築物的隱密處，她過去的殘忍逼迫將要重演。現今她正在靜悄悄而出人不意地增強自己的勢力，及至她採取行動的時候一到，她就要推行自己的策略。目前，她所渴望的是要取得優勢，而這種便利，她已逐漸得到了。我們不久將要看到並感受到羅馬教的企圖何在。凡信仰並順從聖經的人將要因而招致侮辱和逼迫。

註①：莫舍姆 (John L. von Mosheim)，《教會史綱要》卷三，第二世紀，第2部分，第2章，第9段，註釋17。

註②：約西亞‧斯特朗，《我們的世紀》，第5章，第2-4段。

註③：朗方 (Lenfant)，《康斯坦茨會議史》卷1，第516頁。

註④：柯克斯 (Robert Cox)，《安息日的法律和義務》538頁。

註⑤：威斯特 (Francis West)，《論主日的歷史和實踐》174頁。

註⑥：莫勒 (Thomas Morer)，《論主日的名稱，觀念和遵守的六次談話》271頁。

註⑦：海林，《安息日的歷史》卷二，第5章，第7部分。

註⑧：霍夫頓，《編年史》卷二，第528-530頁。

註⑨：莫勒，《論主日的名稱，觀念和遵守的六次談話》，第290、291頁。

註⑩：同上，第281、282頁。

註⑪：格迪斯，《衣索比亞教會史》，第311、312頁。

註⑫：道林 (John Dowling)，《羅馬教的歷史》卷五，第6章，第55段。

註⑬：同註①。

第三十六章
近在眼前的爭鬥

　　自從最初天上的大爭鬥發動以來，撒但的目的就是要推翻上帝的律法。為了要達到這個目的，他才背叛創造主。後來他雖然被逐出天庭，但他還是在地上持續這同樣的爭戰。他自始至終的目的，就是要欺騙世人，引誘他們去干犯上帝的律法。無論是要使人把律法完全作廢，或是要使人棄絕其中的一條訓誡，其結果總是一樣的。因為人若干犯「一條」，就是藐視全部律法；故此他的影響和示範所及，都是在引誘別人犯罪，無形中也就是「犯了眾條」(雅2：10)。

　　撒但為要設法使人藐視上帝的誡命，竟歪曲顛倒聖經的道理，就此在千萬自稱相信聖經之人的信念中置入了許多謬誤。真理與謬道最後的大衝突，無非是那有關上帝律法之長期戰爭的最後一次決戰。現今這一場戰爭正在發動——就是人的律法與耶和華誡命之戰，也就是聖經信仰與神話傳統信仰之爭。

　　那些將聯合起來對付真理與公義的種種勢力，現今正在積極佈署。上帝的聖言，就是那經歷了許多痛苦和流血犧牲而傳給我們的聖經，現在不為一般人所重視。聖經已經是人人都可以得到的一本書，但只有少數人切實地接受它為人生的指南。不信上帝的風氣流行各地，實在驚人，不但在社會上如此，就是在教會裡也是如此。有許多人已經否定了那作為基督教信仰柱石的聖經要道。受聖靈感動而寫作聖經之人所提出的創造天地的重大事實，人類的墮落，罪人得贖和上帝律法

的永存不廢等等真理，實際上已被多數自稱為基督徒的人全部或部分的摒棄了。千千萬萬自誇有智慧並有獨立思想的人，認為篤信聖經乃是弱者的表現；他們以為若能找出聖經的缺點，並用所謂靈意的解釋去抹煞其中最重要的真理，就能證明他們在才能和學識上的卓越。如今有許多傳道人教導眾人，也有許多教授和教師教導他們的學生說，上帝的律法已經被更改或廢除了。至於那些承認律法依然有效並應認真遵守的人，倒被眾人看為是應受嘲笑和蔑視的。

人們棄絕真理，就是棄絕真理的創立者。他們踐踏上帝的律法，也就是否定立法者的威權。把異端邪說當作偶像崇拜，正如製造一個石像木偶一樣容易。撒但歪曲上帝的品德，藉此使人對上帝養成錯誤的觀念。多數人以擁戴一個哲學偶像來代替耶和華；只有少數人才真正敬拜那彰顯在聖經中、在基督裡和在創造之工上的永生上帝。千萬人崇拜自然界，同時卻又否認自然界的上帝。在今日的基督教界中，拜偶像的事仍舊存在，雖然形式上有所不同，而實際上正如古時以色列人在以利亞時代所行的一樣。近代許多稱為智慧人、哲學家、詩人、政治家以及新聞記者所崇拜的神，甚或社交場中的名人，和許多學院、大學，甚至於一些神學院中所拜的神，與從前腓尼基人的太陽神巴力並沒有多大的區別。

現在很流行的一種說法聲稱上帝的律法已不再約束世人了；在基督教界所接受的許多謬論中，沒有什麼比這種說法更大膽打擊上帝的權威，更直接違背理性的要求，或更足以產生毒害的惡果。原來每一個國家都有她的律法，要人民尊重而順從，也沒有任何政府可以沒有律法還能成立。既然如此，天地的創造主怎麼能沒有律法來管理祂所創造的生靈呢？如果一些有名望的牧師公然教訓人說，那治理本國和保障公民權利的律法不是必須遵守的——那些律法是限制人民自由的，因此我們不應遵守。請問，人們能容忍這樣的牧師在台上講道多久呢？藐視國家的律法尚且如此，何況有人踐踏那作為一切政府基礎之上帝的律法，其罪豈不更為嚴重嗎？

即使國家的律法可以作廢，讓人民任意行事，宇宙統治者也絕不廢除祂的律法，而讓世界沒有一個制裁罪人或嘉獎義人的標準。我們可願知道廢除上帝的律法必然招致什麼結果嗎？這種試驗已實施過了。當無神論在法國得勢之後，所呈現出的慘劇是非常可怕的。這就向世人證明，人若廢除上帝加在人身上的約束，就必須接受最殘暴之王的管制。公義的標準一旦被廢棄，就是給魔君開了門路，讓他在世上建立他的權柄。

凡是棄絕神聖誡命的地方，罪就不再是罪惡，而義也不再顯為可羨慕的了。凡不願受上帝管理的人是完全沒有資格來管理自己的。他們那種毒害的教訓，給一些本就不耐約束的兒童和青年灌輸了犯上作亂的精神，結果便造成一個無法無天且放蕩的社會。正當許多人譏誚那些順從上帝誡命的人是迷信的時候，他們自己卻熱切地接受了撒但的迷惑。於是他們就放縱情慾，實行那些曾使外邦人受了審判的罪。

那些教導人輕看上帝誡命的人，乃是在散播悖逆的種子，所以也必收穫悖逆的果子。人只要將上帝的律法給人的約束完全拋開，則人類自己的律法不久也必棄之不顧了。上帝既禁止人做出不誠實的行為，或貪心、說謊、欺騙，人們便認為祂的律法阻礙他們昌盛發達，故此加以踐踏，但廢棄這些誡命的結果卻是他們沒有料到的。倘若律法真無法再約束人的話，人又何必懼怕犯法呢？結果，人的產業便再無保障。人可以用強權奪取鄰舍的財物，而那最強橫的人必然要成為最富足的。生命也不再被人重視。婚姻的誓約也不再作為維護家庭的神聖保障了。不管誰有力量，只要他願意，便可以用強權把人的妻子奪去。十誡中的第五條誡命也要與第四條同被拋棄。兒女們為要達到自己敗壞的心願，也不惜大膽地傷害父母的性命。這個文明的世界就要變成強盜和兇手的淵藪，而和平、安康與喜樂都要從地上消滅了。

那宣稱世人不必順從上帝律法的謬論已經削弱了道德的義務，並且在全世界打開了犯罪作惡的洪流。犯法、放肆和腐敗的事，如同洶湧的潮水向我們湧來。在家庭中，撒但也在運作。即使在一般自稱為基督

徒之人的家庭中，也有他的旗幟飄揚其上；其中有嫉妒、猜忌、偽善、離間、暗鬥、紛爭，辜負聖潔的委託和放縱情慾的事。那本應作為社會生活之基礎的全部宗教原理和教導，已經變成一堆搖搖欲墜即將毀滅的廢物。窮凶惡極的罪犯在被囚入獄時，往往還領受了各地送來的贈品，好像是他們有了值得羨慕的名聲一樣。他們的性格和罪狀被人廣為宣傳。各地報紙還披露他們犯罪作惡的詳細情形，等於教導別人也去欺騙、劫掠、兇殺，於是撒但便因自己毒計的成功而大大歡喜。現今各樣迷戀邪惡，草菅人命，任性縱慾等黑暗的事大幅激增，這應當使一切敬畏上帝的人有所警覺，尋求一種足以阻止罪惡洪流的方法。

法庭腐敗；官員們利祿薰心、貪愛宴樂。不節制的生活麻木了許多人的心志，以致撒但幾乎完全管轄了他們。執法者顛倒是非、貪贓枉法，擅行欺騙。在司法界中，常見酗酒喧飲、放縱情慾、嫉妒紛爭與各種不誠實的行為。「公平轉而退後，公義站在遠處；誠實在街上仆倒，正直也不得進入。」(賽59：14)

古時在羅馬教廷的統治之下，罪惡風行，靈性黑暗，乃是她禁止聖經的必然結果。但在這福音真光普照，宗教自由的時代中，竟然仍有不敬虔的風氣瀰漫遍地，又有那因棄絕上帝的律法而產生的腐敗橫行各處，這到底是什麼原因呢？現在撒但既然不能再用禁閉聖經的方法使世人服在他的統治之下，他便想出另一個方法來達到同一目的。原來破壞人對於聖經的信任，和毀滅聖經一樣，都能達成他的目的。他若能使人相信上帝的律法不再約束人，他就能輕易地領人去干犯律法，正像他們完全不明白律法一樣。況且他今日像古代一樣，利用教會去實行他的計畫。今日的各宗教團體已經不肯聽信聖經明顯提示的、那些不受人歡迎的真理，所以為要推翻這些真理，他們便採用了一些荒謬的解釋和看法，公然散播懷疑的種子。他們固守天主教的異端，相信人的靈魂永遠不死，而且人死後仍然有知覺，這樣就放棄了那足以抵擋招魂術之欺騙的唯一防線。同時那主張惡人永遠受苦的道理已經使許多人不再相信聖經，及至有人傳講第四條誡命的真理，並勸導眾

人加以注意的時候，他們便看出這條誡命吩咐他們遵守第七日的安息日，但一般討人喜歡的教師，既想擺脫他們不願實行的本分，就只得向人宣稱上帝的律法已不再具有約束力。這樣，他們就將律法和安息日一同廢棄了。當復興安息日的工作廣為傳開時，這種反對上帝律法來規避第四誡之要求的運動也要幾乎普及全世界。宗教界的領袖所講的教訓已經為不敬虔的風氣、招魂術，以及對上帝神聖律法的輕蔑開了門戶。現今存在於全基督教界中的罪孽，應當由這些領袖擔負其可怕的責任。

但正是這一等人倒要主張說，世上罪惡之敗壞的迅速蔓延，大半是因為眾人破壞了他們所謂的「基督教的安息日(即星期日)」，所以說，若能屬行遵守星期日的律法，便可大大改善社會的道德。這種主張在美國尤為急切，因為那裡正是真安息日的道理傳得最廣的地方。在這裡，禁酒的工作——就是最特殊而重要的改革運動——往往被人利用而與提倡守星期日的運動並行，那些提倡守星期日的人就此自命為努力促進社會最高福利的人。因此凡不與他們聯合的人，便被斥為禁酒和社會改良運動的敵人。但實際上，一個提倡異端謬道的運動，即使和一個立意良善的工作合在一起，也不足以使那異端謬道更顯為合理。譬如我們可以改裝毒品，把它混入有益身體的食物裡，但這並不能改變它的本質。事實上它倒成了更危險的毒品，因為人們更容易誤食它。撒但的一個巧計就是用份量剛好的真理，摻入假道於其中，使那假道顯為合理可取。提倡守星期日的領袖可能也提倡一些眾人需要的改革，以及與聖經相合的原理。但只要其中仍有一個與上帝律法相違的條例，主的僕人絕不可與他們聯合。因為要他們放棄上帝的誡命而去遵守人的教訓，是無法證明其為正當的。

撒但要利用這兩個大異端——就是「靈魂不死」和「守星期日為聖日」的道理——使世人受他的迷惑。前一個異端是給招魂術鋪路，後一個異端使人產生一種同情天主教的心理。美國的基督教徒將成為最先越過鴻溝與招魂術握手的，他們還要把手伸過深淵，與天主教的教權

勾結；在這三合一的大同盟之下，美國將要步上羅馬教廷的後塵，去摧殘人民信仰自由的權利。

招魂術越是傚效今日有名無實的基督教樣式，就越有力量欺騙並籠絡人心。按著現代招魂術的說法，撒但自己是悔改更新了。他要以光明天使的姿態出現。藉著招魂術為媒介，他將要施行神蹟、醫治疾病，做出許多令人無法否認的異能。這些邪靈將要自稱相信聖經，並表示尊重教會的種種制度；這樣他們的工作便要被眾人接受，被承認為神聖權能的表現。

現今在一般自稱為基督徒的人和不信的人之間，幾乎看不出什麼區別。教友們喜愛世人所喜愛的事，所以隨時可與他們聯合；同時撒但也定意要使他們合為一體，以便把他們全都召集在招魂術的行列中來增強他的勢力。天主教徒素來以神蹟奇事為真教會的可靠憑據，所以也必輕易地受這行奇事之能力的欺騙。至於一般的基督徒，他們既然拋棄了真理的盾牌，就要同受迷惑。天主教徒，一般基督教徒和世俗之徒，都要一同領受這背了實意的敬虔外貌，他們要在這個同盟中看到一個必能叫全世界的人悔改，並引進那仰望已久的千禧年大運動。

藉著招魂術，撒但要以人類施惠者的姿態出現。他要醫治眾人的疾病，並要提供一種全新的、更高尚的宗教制度，但同時他也要進行毀滅的工作。他的試探使無數人趨於敗亡。不節制使人失去理性；於是放縱情慾、彼此爭奪和殺人流血等事便相繼發生了。撒但最喜歡戰爭，因為戰爭能激起人類最惡劣的情緒，然後正當他們沉溺於罪惡與流血之中時，他就要把他們全數推到永久的死亡裡去。撒但的目的是要鼓動列國彼此爭戰；這樣，他就能轉移人的心思，叫他們忽略他們應當從事在上帝的日子可以站立得住的準備。

撒但也會利用天然的災害俘獲許多沒有準備好的生靈。他已經研究過大自然的奧祕，並在上帝許可的範圍之內，竭力控制這些自然的能力。當他得到許可去磨煉約伯時，約伯的牛群、羊群、僕人、房屋和

兒女等,是多麼迅速就消失無蹤;在一剎那間,災難接踵而來。唯有上帝能保護祂所造的萬物,並保佑他們脫離毀壞者的勢力。但基督教界已經表示輕蔑耶和華的律法,所以主必要照著自己所說的話去行——祂要從地上收回祂的福惠,並從那些背叛祂律法、又教導並強迫別人如此行的人身上撤回祂的保護。撒但必要統治所有不受上帝特別護衛的人。他要向某一些人賞恩,使他們興旺,以便推進他的計畫;但他也要使另一班人遭遇患難,同時叫他們相信,那使他們受苦的乃是上帝。

撒但一方面向世人顯出自己是一個大醫師,能醫治他們所有的疾病;另一方面他卻把疾病和災禍降在世上,直到許多人口稠密的大都市荒廢冷落。就是今天,他仍在運作。在海洋與陸地上的許多意外事故和災害中,在大火災中,在劇烈的暴風和可怕的冰雹中,在暴風雨、水災、旋風、浪潮和地震中,在各處地方,在千變萬化的形式之下,撒但正在施展他的能力。成熟的莊稼被他一掃而光,飢荒和艱難接踵而來。他分佈致命有毒的病菌在空氣中,使成千上萬的人遭受瘟疫而死。這些災害將要越久越多,也越發激烈。毀滅要臨到人類和走獸。「地上悲哀衰殘」,「居高位的人也敗落了。地被其上的居民污穢;因為他們犯了律法,廢了律例,背了永約。」(賽24:4、5)

隨後,那大騙子撒但要使人相信,這些災禍都是那些事奉上帝的人所招致的。那真正鼓動上天忿怒的一等人,要把自己所受的一切災難歸咎於那些順從上帝誡命的人,因為他們順從的行為對於犯法作惡的人乃是不斷的責備。有人要宣告說,那些不守星期日的人已經得罪了上帝,所以招致這許多災禍,並且除非人人嚴格執行星期日的律法,這些災禍總不停止。他們還要說,那些宣傳第四條誡命的人破壞了眾人尊重星期日的心,所以他們是擾亂民心的,使眾人不能重得上帝的喜悅和屬世的昌盛。這樣,那在古時控告上帝僕人的話要根據同樣無理的藉口重提出來。「亞哈見了以利亞,便說:『使以色列遭災的就是你嗎?』以利亞說:『使以色列遭災的不是我,乃是你和你父家;因為你們離棄耶和華的誡命,去隨從巴力。』」(王上18:17、18) 當民眾聽見那些誣

告聖徒的話而被激怒時，他們就要步上叛道之以色列人的後塵，用從前對待以利亞的方法來對待上帝的使者。

那藉著招魂術顯出行神蹟之權勢的必要行使他的勢力，去攻擊一切寧願聽從上帝而不聽從人的人。邪靈要傳出信息說，上帝已差他們來說服那些反對星期日的人，叫他們看出自己的錯誤；這些邪靈竭力聲明世人應當遵守國家的律法，如同遵守上帝的律法一樣。他們要因世人的罪大惡極而表示悲憤，並贊成宗教領袖們的見證說，社會道德的墮落是因為眾人褻瀆星期日的緣故。凡不接受這種見證的人必要惹起群眾極端的忿怒。

撒但在這次與上帝的子民進行最後爭鬥中所用的策略，與古時他在天庭發動大爭鬥時所用的手段是一樣的。那時他口頭上說是要鞏固上帝的政權，同時卻暗地裡力圖推翻它，但他還把自己處心積慮進行的破壞工作誣賴到忠心的天使頭上。在羅馬教廷的歷史中，也明白地顯示出這同樣的欺騙手段。他自稱是天庭的代理人，同時卻力圖高舉自己超過上帝，並想更改上帝的律法。在羅馬教廷的統治之下，那些效忠福音的殉道者倒被斥為作惡的，被宣佈為撒但的同盟者；羅馬教廷用盡方法栽贓嫁禍，使他們在民眾、甚至於在他們自己眼中，顯明為窮兇極惡的罪犯。從前如此，現今也必如此。當撒但企圖毀滅那些尊敬上帝律法之人時，他反要使他們被人指控為犯法的，侮辱上帝的，和使災難臨到世界的。

上帝從來不勉強人的意志和良心，但撒但用來控制他所無法誘惑之人的一貫辦法，就是用殘酷手段加以壓迫。他企圖用恫嚇或武力來控制人的良心，叫人崇拜他。為要達到這個目的，他便利用宗教和政治雙方面的權威，鼓動他們故意冒犯上帝的律法，而去執行人為的律法。

一切遵守安息日的人都要被斥為律法和治安的公敵；誣賴他們是破壞社會道德風氣，引起叛亂與敗壞，並招惹上帝的刑罰降在地上的罪魁。他們在信仰方面的堅貞要被人斥為頑固、剛愎和藐視權威。人要

控告他們犯了反抗政府的罪。許多否定上帝律法的傳道人要在講台上宣講說，在上有權柄的，人人應當順服，因為他們是上帝所命定的。在各地的法院和審判廳裡，遵守誡命的人要被誣告並被定罪。惡人要給他們的言語染上虛偽的色彩，給他們的動機加以惡意的歪曲。

當一般的基督教會拒絕了聖經中維護上帝律法的清楚論據之後，他們便要想方設法叫這些他們無法用聖經推翻其信仰的人噤聲。他們雖然閉眼不顧事實，但他們這時正走上一條路，其結果必使他們逼迫那些因信仰的緣故而不肯按照全基督教界所行的去行，又不承認教皇所立之偽安息日的人。

教會和政府中的要員將要聯合一致，用賄賂、勸誘或強迫的手段，使人人都尊崇星期日。他們要用強迫人的法令來彌補星期日所缺少的聖經權威。現今政治方面的腐敗正在破壞人愛護公義和真理的心。所以，就是在這愛好自由的美國，官長和議員為要博得眾人的歡心，便依從群眾的要求，將制定一條強迫人遵守星期日的律法。到了那時，那曾以極重的代價換來的宗教信仰自由便不再為人所尊重了。在這迫近的爭鬥中我們將要看見先知的話字字應驗：「龍向婦人發怒，去與她其餘的兒女爭戰，這兒女就是那守上帝誡命、為耶穌作見證的。」（啟12：17）

第三十七章
聖經：我們的保障

「人當以訓誨和法度為標準；他們所說的，若不與此相符，必不得見晨光。」(賽8：20)上帝的子民應當以聖經作為自己的保障，藉以抵擋假教師的勢力和黑暗之靈的迷惑。撒但務要千方百計地不讓人得到聖經的知識，因為聖經明白的啟示完全揭露了他的欺騙。每當上帝的工作復興時，魔鬼就要加緊佈署；他現今正竭盡全力與基督和祂的信徒作最後的決鬥。最後的大騙局就快要在我們面前展開了。那敵基督者將要在我們眼前施行他奇異的作為。他造的贗品將與真的事物極為相似，以致若非藉用聖經，便無法辨明其真偽。人必須以聖經的訓誨為標準，去試驗每一種學說和每一件奇事。

凡盡力要遵守上帝全部誡命的人，將要受到世人的反對和嘲笑。他們只有靠著上帝，才能站立得住。為要忍受當前的試煉，他們必須明白聖經中所啟示的上帝的旨意；他們必須先對上帝的品德、政權和旨意有正確的認識，並在行為上與之配合一致，然後才能知道如何尊敬祂。唯有那些以聖經的真理來鞏固自己心靈的人，才能在最後的大鬥爭中站立得住。每一個人都要受到這個嚴肅的考驗：我是否要順從上帝而不順從人？做決定的嚴肅時刻即將來到。試問，我們的腳是否立在上帝永不變更之真道的磐石上？我們是否準備在「上帝誡命和耶穌真道」的防線上堅定不移？

救主在被釘十字架之前，曾向門徒說明祂要被人置於死地，並要

從墳墓裡復活；當時有天使把這些話銘刻在他們的心中。但那時門徒正期盼掙脫羅馬帝國的鐵軛，所以他們對於自己寄一切希望的主將受可恥之死的想法難以接受。因此他們把應當牢記的話拋諸腦後；及至考驗來到時，他們都沒有準備。基督的死使他們的希望全歸幻滅，好像基督事先沒有警告過他們一樣。照樣，先知的預言已經把未來的事明明白白地展開在我們面前，正如昔日基督的話向門徒展開一樣。一切有關恩典時期結束的種種大事，以及應付大災難時期的預備工作，主都已向我們清楚地揭示了。但有許多人根本不明白這些重要的真理，好像聖經沒有把它們啟示給人一樣。撒但準備隨時消滅一切足以使人得救智慧的印象，以致大艱難的時期來到之時，他們還沒有作好準備。

上帝所傳給世人的警告既是那麼重要，甚至用飛在空中的聖天使來形容傳揚這警告的工作，因此祂要每一個賦有理智的人注意這個信息。那要臨到拜獸和獸像之人的可怕刑罰 (見啟14：9-11) 應當使人人都殷勤研究預言，為要明白獸的印記是什麼，並知道如何才能避免接受這個印記。可惜大多數的人對於真理置若罔聞，反而向邪說神話靠攏。使徒保羅觀望末日的情形時說：「時候要到，人必厭煩純正的道理」(提後4：3)，那個時候現在已經到了。現今大多數的人不歡迎聖經的真理，因為它干涉到他們愛好罪惡和貪愛世俗的私慾；於是撒但便要將他們所喜愛的欺騙給他們。

但是上帝會有一群在世上維護聖經的子民，並專以聖經為一切教義的標準和一切改革的基礎。學者的見解，科學家的推理，宗教會議的信條或議案，以及多數人的意見，——這一切都不應該作為證據，來確立或反對任何一項宗教的信仰，何況宗派繁多，各派所議定的教義更是五花八門。在接受任何道理或教訓之前，我們應當查問明白，它是否以「耶和華如此說」為根據。

撒但經常設法使人的注意力轉離上帝而去注意人。他叫人仰望主教、牧師和神學教授們作為他們的嚮導，而不願親自查考聖經來明白自己的本分。這樣，撒但就能藉著管理這些領袖的思想，去影響廣大群

眾隨從祂的意旨。

在基督降世傳講生命之道的時候，一般民眾都樂於聽祂講道，就連許多祭司和官長也相信了祂。但祭司中的領袖和國內的首腦人物，卻決意要制裁並棄絕祂的教訓。他們設法尋找祂的把柄，雖然已經計窮力竭，他們自己也感覺到祂的話裡有上帝權能的力量和智慧，但他們依然固執己見，拒絕那證明祂正是彌賽亞之最明顯的憑據，唯恐自己也不得不作祂的門徒。這些反對耶穌的人乃是百姓從幼年就習慣尊敬的，他們的權威是百姓素來絕對服從的。因此百姓彼此相問說：「我們的官長和文士怎麼不信耶穌呢？倘若祂真是基督，這些敬虔的人豈不一定要接納祂嗎？」這些教師們的感化力終於使猶太全國拒絕了他們的救贖主。

那鼓動祭司和官長們的思想，現今還是許多自誇敬虔之人所表現的心態。他們不肯查考聖經中有關現代特別真理的教訓。他們只仗著自己人多、錢多、聲望高，便輕看那些提倡真理的人，認為他們人少、錢少、沒有聲望，而他們的信仰又與群眾脫節。

基督早已看到法利賽人和文士們那種僭越專權的作風，就是到了猶太人分散之後，還是不會消滅的。祂的先見之明早已看清這種高舉人的權柄來轄制良心的作風，必將如何使歷代教會受到異常悲慘的禍害。祂對於文士和法利賽人所發的可怕斥責，和祂警告百姓不要隨從這些盲目的領袖的話，都記在經中作為後世的警戒。

羅馬教廷把解釋聖經的權利保留在神父手中。他們主張只有神父有資格講解聖經，所以不准一般平民閱讀。雖然宗教改革運動已經把聖經提供給眾人，但羅馬教廷所主張的同一原則還是影響了許多基督教徒，使他們不去自行查考聖經。他們所受的教導叫他們根據教會的解釋去相信聖經；所以有千萬人對於聖經中的教導，無論是多麼清楚明顯，只因與自己的信條不合，或與教會素常所守的不同，他們就不敢接受。

聖經雖然充滿了勸人謹防假師傅的警告，許多人還是把自己的靈性完全交給傳道人去看守。今日有成千上萬自稱信道的人對於自己所信的道理提不出任何理由，只說這是他們的宗教領袖教導他們遵守的。他們對於救主的教導毫不注意，但對於傳道人的話卻是誠心信服。難道傳道人是絕無錯誤的嗎？若非上帝的聖經證明他們真是傳講真光的人，我們怎可把自己的靈性隨便交給他們去引領呢？有許多人因為缺少見義勇為的毅力，不敢偏離眾人所循行的老路，因此就跟從了一些有學問之人的腳步；又因為他們懶得自行查考聖經，便被異端的鎖鍊牢牢地捆住了。他們明明看到聖經所啟示、合乎現時代的真理，他們也感受到宣揚這真理所發揮的聖靈之能，然而他們還是聽從自己傳道人反對的意見而轉離了真光。他們的理性和良心雖然認定那道理是真實的，但他們既受了迷惑，就不敢有什麼與自己傳道人意見不同的思想；他們自己的判斷力和永久的命運，都因別人的不信、驕傲和固執而斷送了。

撒但用許多方法藉著人的感化力去捆綁他的俘虜。有許多人因為與一些基督十字架的仇敵發生密切的關係，撒但就藉此籠絡他們。這種關係各有不同——父母、子女、夫妻或周遭之人等等，但其結果都是一樣的。真理的敵人既盡力設法轄制人的信仰，那些受他們影響的人就沒有充分的毅力和獨立的精神，去依照自己所認定的責任行事。

上帝的真理和祂的榮耀是分不開的；我們既有聖經在自己的掌握中，就不能再用錯誤的意見來榮耀上帝了。有許多人說，只要人的生活端正，他的信仰如何是無關緊要的。殊不知人的生活乃是他的信仰所陶冶的。如果光明和真理是我們所能找到的，而我們卻不利用聆聽和研究真理的上好權利，這實際上就是拒絕真理，也就是愛黑暗過於愛光明了。

「有一條路，人以為正，至終成為死亡之路。」(箴16：25)人既有機會可以明白上帝的旨意，就不能以蒙昧無知作為犯罪作惡的藉口。譬如一個人出門旅行，到了一個十字路口，看見那裡有一塊路牌指明每

條道路通往何方。如果他不注意那路牌而走上自以為正確的路上，縱使他是誠心實意，結果總不免發現自己是走錯路了！

　　上帝已經把祂的聖經賜給我們，使我們可以熟悉其中的教導，並親自查明祂對我們的要求是什麼。從前有律法師來問耶穌說：「我該做什麼才可以承受永生？」救主便指著聖經對他說：「律法上寫的是什麼？你念的是怎樣呢？」無論老少，都不得以蒙昧無知為藉口，以求避免干犯上帝律法的刑罰；因為他們手中的聖經已詳細說明上帝律法的原則和要求。他們存心為善，卻是不夠的；單照自己以為是正的，或傳道人所說是正的去行，也是不夠的。這是攸關每個人自己靈性的得救問題，所以人人必須親自去查考聖經。不管他自己的信念是多麼堅強，也不管他如何確信某一個傳道人是明白真理的，這都不能作為他的立足點。他既有一幅指明天國路程的圖，就不該憑空臆測。

　　對每一個有理性的人而言，其首要和最高任務乃是在聖經中查明什麼是真理，然後行在光中，並鼓勵別人去效法他的榜樣。我們應當每天殷勤研究聖經，仔細揣摩其中的每一個思想，以經文對照經文。靠著上帝的幫助，我們必須自己作出結論，因為人人必須在上帝的台前為自己作交代。

　　聖經中最明顯的真理已經被一些有學問的人籠罩在懷疑的黑暗之中了；他們自以為大有智慧，便教訓人說，聖經有一種奧妙而神祕的靈意，是未表明在字面上的。這等人乃是假師傅。耶穌曾論到他們說：「你們……不明白聖經，也不曉得上帝的大能。」（可12：24）聖經中的話，除了一些明顯是採用表號或比喻之外，都應當按照其明白的意思解釋。基督已經應許說：「人若立志遵著祂的旨意行，就必曉得這教訓。」（約7：17）人們若能按照聖經字面上的教導去行，同時也沒有假師傅在旁引誘並混亂他們的思想，那就必能完成一番足以使眾天使歡樂的工作，而現今那些還在謬論之黑暗中流浪的人，也必成千成萬地歸入基督的羊圈了。

我們應當盡一切的智力去研究聖經，並在人的悟性所能及的範圍之內竭力明白上帝深奧的事。同時也不要忘記，我們必須有孩童般的純良和順服的心，這就是學者的真精神。聖經的難題斷不能用解決哲學問題的方法去解釋。我們不應當以自恃的心去研究聖經，如同很多人研究科學的態度一樣，卻當存祈禱和依靠上帝的心，並要誠心願意明白祂的旨意。我們應當存著虛心領教的精神，向那偉大的「自有永有」者求知識。否則，惡使者就要蒙蔽我們的思想，並使我們的心地剛硬，以致不能領受真理的啟迪。

聖經中有許多篇幅是有學識的人認為神祕難解或無關緊要的，但對一般在基督門下受教的人，這些章節卻充滿了安慰和教益。許多神學家之所以不能更明白聖經，其中一個緣故乃是因為他們故意閉眼不看自己所不願實行的真理。人對聖經真理的認識，並不全然關乎智力的運用，最需要的是純正的目的，就是熱切愛慕正義的心。

無論何時研究聖經，都必須先祈禱。只有聖靈能使我們體會到聖經中一些容易明白的教訓是何等重要，並使我們不致曲解聖經中深奧難懂的真理。聖天使的職務乃是要預備我們的心去領會上帝的話，以致我們能欣賞其中的優美，領受其中的警告，並因其中的應許而得到鼓舞和力量。我們應當像詩人一樣祈禱說：「求祢開我的眼睛，使我看出祢律法中的奇妙。」(詩119：18) 信徒之所以往往無力抵抗試探，乃是因為他們忽略了禱告和查經，以致在受試探時，不能立時記起上帝的應許，並以聖經為武器去應付撒但。但天使要在那些願意領受上帝教訓之人的周圍，在最緊要的時候，使他們想起所需要的真理。這樣，當仇敵如同急流的水沖來時，耶和華的靈就必把他驅逐出去 (見賽59：19)。

耶穌應許祂的門徒說：「但保惠師，就是父因我的名所要差來的聖靈，祂要將一切的事指教你們，並且要叫你們想起我對你們所說的一切話。」(約14：26) 但我們必須先將基督的教導藏在心中，以便在危險的時候聖靈可以幫助我們回想起來。大衛說：「我將祢的話藏在心裡，免得我得罪祢。」(詩119：11)

　　凡以自己的永生幸福為寶貴的人，應當謹防懷疑主義的入侵。一切真理的柱石將要受打擊。近代無神論的譏刺、巧辯，以及陰險狡猾而含有毒素的教訓真是無孔不入，使人無法避免其影響。撒但能用各種各樣的試探去配合形形色色的人。他以戲弄和嘲笑來攻擊沒有學識的人，而以科學的反駁和哲學的推理來應付受過教育的人，其結果都是一樣，就是叫人不信或輕看聖經。現在就連一些經驗淺薄的青年人也擅自懷疑基督教的基本原理呢！這等年輕的無神論者雖然見識膚淺，卻也有其影響力。許多人竟因此而被引誘去藐視自己先人們的信仰，並褻瀆恩典的聖靈 (見來10：29)。常見一些前途遠大、足以榮耀上帝並造福同胞的人，後來竟因不信之風變為腐敗。凡信賴人的理智作出的誇大主張，並自以為很會解釋上帝的奧祕，又能不求助上帝的智慧就明白真理的人，都是撒但羅網中的獵物。

　　我們現今正處在世界歷史最嚴肅的時期。地上億萬人的命運行將永遠決定。我們自己來生的幸福，以及別人的得救或滅亡，全在乎我們現在所遵循的途徑。我們需要真理之靈的引導。每一個跟隨基督的人應當懇切求問說：「主啊，祢要我做什麼呢？」我們需要在主面前謙卑、禁食、祈禱，並多多默想祂的話，尤其是關乎審判的每一幕情景。我們現今應當在一切有關上帝的事上尋求深刻而活潑的經驗，不容稍懈。許多極其重大的事件正在我們的周圍發生；我們現今正處在撒但施行魔力蠱惑人心的範圍之內。上帝的守望者啊，不可貪睡！仇敵正在旁邊並伺機而動；何時你鬆懈昏迷，他就要一舉躍出，把你擄去。

　　許多人自欺，不明白自己在上帝面前的真實情況。他們因為自己沒有做過錯事而自命清高，卻沒有想到自己曾疏忽了上帝要他們去行的善事。他們單作上帝園中的樹木是不夠的；他們必須迎合上帝的希望而結出果子來。他們原可以靠上帝的恩典所加給他們的力量去行許多善事，但他們若在這事上疏忽了，上帝就必追討他們的罪。在天上的記錄冊中，他們要被定為白佔地土的。然而就是這等人，也不是完全沒有希望。那位存心忍耐、滿有憐愛的上帝還是勸告那些輕看祂慈悲並

濫用祂恩典的人，說：「你這睡著的人當醒過來，從死裡復活！基督就要光照你了。你們要謹慎行事，……要愛惜光陰，因為現今的世代邪惡。」(弗5：14-16)

及至試煉的時期來到，凡以聖經為自己生活準則的人就必顯露出來。在夏天，常綠樹和一般的樹木之間沒有什麼顯著的區別，但冬季的風霜一到，常綠樹沒有改變，其他的樹木卻是葉落枝枯了。照樣，有名無實的基督徒，現今與真實的基督徒或許難以區分，但他們中間的差別很快就要顯明。何時反對興起，而宗教偏見再度活躍，以致逼迫重新燃起，那心懷二意假冒為善的人就要動搖而放棄信仰。但真實的基督徒卻要站立穩固，堅如磐石，他的信心與希望反要比平安順利的日子更為堅強，更放光明。

詩人說：「因我思想祢的法度。」、「我藉著祢的訓詞得以明白，所以我恨一切的假道。」(詩119：99，104)

「得智慧，得聰明的，這人便為有福。」、「他必像樹栽於水旁，在河邊扎根，炎熱來到，並不懼怕，葉子仍必青翠，在乾旱之年毫無掛慮，而且結果不止。」(箴3：13；耶17：8)

第三十八章

最後的警告

「此後，我看見另有一位有大權柄的天使從天降下，地就因他的榮耀發光。他大聲喊著說：巴比倫大城傾倒了！傾倒了！成了鬼魔的住處和各樣污穢之靈的巢穴，並各樣污穢可憎之雀鳥的巢穴。」、「我又聽見從天上有聲音說：我的民哪，你們要從那城出來，免得與她一同有罪，受她所受的災殃。」(啟18：1、2，4)

這段經文預指一個時期，就是〈啟示錄〉第14章第二位天使(見啟14：8)傳巴比倫傾倒的警告再次被傳揚之時，同時還提述自1844年夏開始傳揚這信息以來，侵入巴比倫各團體中的許多腐敗現象。這裡形容到宗教界的可怕狀況。世人每次拒絕真理，他們的思想就越為黑暗，心地也就越加頑固，直到他們完全大膽不信為止。他們無視上帝發出的警告，並要繼續踐踏十誡中的一條，直到他們被引導去逼迫那些尊重這誡命的人。人輕看基督的真道和祂的子民，就等於否認基督。當一般教會接受招魂術的教導時，那抑制人情慾之心的力量就要撤回，人便要以宗教的外衣掩飾那最卑劣的罪行。人既相信招魂術，這就必為那引誘人的邪靈和鬼魔的道理敞開門戶；這樣，惡使者的勢力就必在各教會中發動了。

在這預言所指的時期中，聖經提到巴比倫的情形說：「她的罪惡滔天；她的不義，上帝已經想起來了。」(啟18：5)她已經惡貫滿盈，所以毀滅快要臨到她了。但上帝還有一班子民在巴比倫城中，所以在祂降罰

之前，這些忠誠分子必須被呼召出來，「免得與她一同有罪，受她所受的災殃。」因此必要發起一個運動，正如這位天使所象徵的，他是從天上來的，以榮光照耀全地，並大聲呼叫，宣佈巴比倫的罪惡。隨著他的信息有呼召發出說：「我的民哪，你們要從那城出來」；這些宣告要與第三位天使的信息聯合起來，成為那要傳給地上居民的最後警告。

全世界所面臨的結局是極其可怕的。地上的掌權者將要聯合一致來反對上帝的誡命，並要下令「叫眾人，無論大小、貧富、自主的、為奴的」(啟13:16) 都要遵守偽安息日來表示尊重教會的傳統。凡不肯順從的人都要受法律的制裁，最後還要宣佈他們是該受死刑的。但在另一方面，上帝的律法卻吩咐人遵守創造主的安息日，並向一切違背的人宣佈上帝的忿怒必要降在他們身上。

在這結局的關鍵如此明白地擺在眾人面前之後，無論何人，若是踐踏上帝的律法去順從人的法令，就是受了獸的印記；因為他既不順從上帝，而又自願順從另一個權勢，所以就是受了效忠於那權勢的記號。從天上來的警告說：「若有人拜獸和獸像，在額上或在手上受了印記，這人也必喝上帝大怒的酒；此酒斟在上帝忿怒的杯中純一不雜。」(啟14:9、10)

但一個人的思想和良心若尚未對這問題的真相和實情有充分的認識，上帝的忿怒是不會臨到他身上的。有許多人一直沒有機會聽到現代的特殊真理。遵守第四誡的本分還沒有向他們顯明真實的意義。那能看透人心並鑑察人一切動機的上帝，不願讓任何一個願意明白真理的人，對於這大鬥爭的結局有所誤解。那叫人遵守上帝律法的命令，絕不會在眾人蒙蔽無知時，就冒然加諸在他們身上。人人都要有充分的亮光，以便作出有意識的決定。

安息日必要作為忠誠的大試驗，因為它是特別引起人爭辯的真理。當這最後的試驗臨到世人的時候，在事奉上帝和不事奉上帝的人之間，就必劃清界限。人若順從政府的法令去守偽安息日而違犯第四

誠，就要證明他乃是忠於那反對上帝的權勢；與此同時，那依照上帝的律法遵守真安息日的人，也就此表明自己是效忠創造主的。在一等人接受那服從地上掌權者的記號而受「獸的印記」時，另一等人則揀選那效忠上帝權威的記號而受了「上帝的印記」。

這時以前，那些宣講第三位天使信息的人，時常被人視為是一班無故驚擾社會的杞人憂天之輩。他們預言說，美國政府將要統治宗教、施行壓迫，又說教會要與政府聯合來逼迫守上帝誡命的人；這些話常被人看為是沒有根據的胡言亂語。曾有人肯定的說，美國永不會改變她歷來所抱持的宗旨——就是作宗教自由的捍衛者。但及至強迫人守星期日的運動廣泛展開時，這久被懷疑且不信的大事就要實現了；到那時，第三位天使的信息必要產生一種空前的效果。

在每一個世代中，上帝都曾差遣祂的僕人在社會上和教會中斥責罪惡。但人們總喜愛聽一些悅耳的話，而不肯接受純正赤誠的真理。許多改革家在開始工作時，曾決定用極審慎的方法去抨擊教會和國家的罪惡。他們盼望能用一種純正之基督徒生活的模範來引導人歸向聖經的真道。但是上帝的靈竟臨到他們如同臨到以利亞一樣，激勵他去指責暴君和逆民的罪。他們不能退縮，不能不傳聖經明言的真理——就是他們本來不願意講的道理。他們乃是情不自禁地去熱心傳揚真理和那臨到眾人頭上的危險。於是上帝所傳給他們的話，他們便毅然決然地說了出來，叫人們不得不聽到警告。

第三位天使的信息也必這樣傳開；及至這個信息以最大的能力傳開時，上帝就要用卑微的器皿為祂作工，祂要引導那些獻身為祂服務之人的意志。這些工人的資格多半出自於聖靈的恩膏，而非學校的訓練。大有信心和恆切禱告的人要受激勵，而以聖潔的熱忱出去宣講上帝所交給他們的信息。巴比倫的罪惡都要暴露出來。那用政治權力來強迫人遵守教規的可怕結果——招魂術的入侵，教皇勢力在暗中迅速增長——這一切事實都要被揭露。因為這些嚴重的警告，眾人就要深受感動。成千上萬從來沒有聽過這道理的人這時就要傾聽了。他們要驚異地聽人

見證說，巴比倫就是那因自己的異端和罪惡，又因拒絕上天所賜的真理而墮落的教會。這些人就要往他們從前的教師那裡切心詢問說：「這些事果真是如此嗎？」那時他們的傳道人就要說出一些虛謊的話，預言悅耳的事來撫慰他們的恐懼，並鎮靜他們那驚醒了的良心。但是既有許多人不滿意這些僅以人的權威為根據的話，並要求一個坦白的「耶和華如此說」的答覆，那班專討人喜歡的傳道人便要像古時的法利賽人一樣，因為有人懷疑他們的權柄，就滿懷憤怒，痛斥這信息是出於撒但的，並要鼓動那喜愛罪惡的群眾起來辱罵逼迫那些傳揚警告的人。

當這鬥爭發展到新的地區，喚起眾人去注意那被人踐踏的上帝律法之時，撒但就要大肆行動。那警告所帶來的能力反倒使那些反對的人震怒如狂。各教會的神職人員必要用近乎超人的力量來阻攔真光，免得它光照他們的羊群。他們要盡一切方法制止人討論這個重大議題。各教會要請求政治權力的協助，而且在這個工作上，天主教徒與改正教徒要聯合起來。當這強迫人守星期日的運動愈演愈烈的時候，國家就要執行律法來逼迫那些遵守上帝誡命的人。人要以罰款和監禁去威脅他們，也有人要用地位和其他的獎勵與利益來誘惑他們，要他們放棄信仰。但他們始終如一的回答乃是「請從聖經中指出我們的錯誤來」——這就是從前馬丁路德在同樣的景況中所說的話。那些被傳喚至法庭的人要為真理作強有力的辯證，並使一些聽眾立志遵守上帝的全部誡命。這樣，亮光就必臨到成千上萬、沒有其他方法得知這些真理的人。

憑著良心順從聖經的人要被斥為叛徒。人們的眼光要被撒但所蒙蔽，作父母的要用嚴酷兇狠的手段來對待信從真理的兒女，男女主人也要壓迫那遵守誡命的僕人。人的感情將變得疏遠冷淡；作兒女的要被父母逐出家庭，斷絕親子關係。保羅的話將要字字應驗：「凡立志在基督耶穌裡敬虔度日的也都要受逼迫。」(提後3：12) 在擁護真理而不肯尊敬星期日的人中，有一些要被投入牢獄，有一些要被放逐，也有一些要受奴隸般的待遇。按著人的智慧看來，這一切情形在現代似乎是不可能發生的，但及至上帝約束人心的靈從人間撤回之後，世人就要受

那恨惡上帝律法的撒但所管轄，那時必有非比尋常的情形出現。世人心中既然喪盡了敬畏和愛慕上帝之念，他們就會變得極度殘忍而無情了。

在這次暴風雨臨近之時，必有許多素來承認相信第三位天使信息、卻未曾藉著順從真理成聖之人要放棄他們的立場，去加入反對真理的隊伍。這等人因久與世界聯合，已感染了它的思想，以致對於一切問題的看法幾乎都和世人完全相同；及至試煉臨到，他們就要隨波逐流揀選那容易走的道路。一些多才多藝、能言善辯的人，一度曾因真理而歡喜，這時卻要用他們的才能去欺騙並誘惑人。他們要成為從前同道弟兄最狠毒的敵人。當遵守安息日的人被帶到公庭上為他們的信仰辯護時，這些背道者要成為撒但最得力的爪牙，去誣蔑、控告他們，並明裡暗裡地鼓動官員去反對他們。

在這種逼迫之中，上帝僕人的信心要受到試煉。他們已經忠心傳揚警告，專一仰望上帝和祂的道。上帝的靈感動了他們的心，激勵他們去作證。他們為聖潔的熱忱所鼓舞，為上帝的能力所驅策，便勇往直前盡自己的本分，而沒有事先冷靜地考慮他們向眾人述說上帝所賜給他們的話將有什麼後果。他們沒有顧及今生的利益，也沒有設法保全自己的名譽或生命。但在反對的暴風雨向他們爆發的時候，其中有些人不免被惶恐所壓倒，並說：「早知說話的結果如此，我們就該守口如瓶了。」他們被許多艱難所圍困。撒但用兇猛的試探向他們進攻。他們進行的工作似乎遠非他們的力量所能勝任。他們受到毀滅的威脅。那曾鼓舞他們的熱忱，這時就冷卻了；然而他們也不能退後。那時，他們將感覺自己完全是軟弱無能的，便要逃到大有權能者那裡去尋求力量。他們記起自己先前所說的話並不是出於自己，而是出於那差派他們去傳警告的主。那把真理放在他們心中的乃是上帝，所以他們不得不傳。

過去各世代中的上帝子民，也曾經歷過這同樣的試煉。威克里夫、胡斯、路德、丁道爾、巴克斯特、衛斯理等人，都曾主張必須用聖經的標準來查驗一切的道理，並宣稱凡聖經否定的，他們都要摒棄。

仇敵對於這些人進行殘酷無情的逼迫，但他們卻沒有因此停止傳講真理。教會歷史中的每一個時代，都有特別符合當時上帝子民需要的真理發展出來。每一個新的真理都是頂著恨惡和反對不斷向前邁進的；凡領受它的亮光而蒙福的人，都曾受過試探和磨煉。每逢危急的時候來到，上帝總有一個特別的真理賜給祂的子民。誰敢不宣講呢？主既吩咐自己的僕人把這恩典的最後邀請傳給全世界。他們若閉口不言，就有禍了。基督的使者，不必考慮事情的後果，他們必須執行自己的任務，把後果留給上帝去處理。

在反對的勢力愈演愈烈的時候，上帝的僕人們又感到困惑了，因為在他們看來，似乎危機是他們造成的；但良心和聖經卻證明他們的行為是對的。所以雖然那試煉有增無減，他們卻能加強力量，可以忍受得住。這場鬥爭越來越緊急、劇烈，但他們的信仰和勇氣卻隨著危機而增長。他們的見證是：「我們不敢妄改上帝的聖經，或劃分祂聖潔的律法；說這一部分重要，那一部分不重要，藉以博取世人的歡心。我們所事奉的主，是能拯救我們的。基督已經勝過世上的權力，難道我們還怕這個已被擊敗的世界嗎？」

各種逼迫都是從一個原則發展出來的；只要撒但存在一天，只要基督教一天不失去它的活力，這個原則也必存在一天。人不能既事奉上帝，又同時招惹黑暗大軍的反對。惡使者必要來攻擊他，因為看到他的感化力把他們的俘虜奪去。世人既因他的榜樣而受到責備，便要與惡使者合作，設法用種種引誘使他遠離上帝。這些方法既不成功，他們就要運用強權來脅迫他的良心。

但只要耶穌還在天上聖所中為人類作中保，世上的統治者和民眾仍要受聖靈的限制。現今聖靈還多少影響著人間的法律；若是沒有這些法律，世界的局勢就要比現今更加惡劣。雖然在官長中有許多是撒但積極的代理人，但在國家領袖之間上帝也有祂的代理人。仇敵撒但時常鼓動自己的僕人發起一些足以使上帝的工作大受攔阻的法令，但一些敬畏上帝的政治家卻也受到聖天使的感化，就用無可辯駁的論據

來反對這一類的提案。這樣，少數幾個人就能擋住強大的罪惡狂瀾。真理之敵的反對勢力必要受到約束，讓第三位天使的信息可以完成它的工作。當這最後的警告被人傳開時，它就必引起現今為上帝所用之領袖們的注意，其中也必有一些人接受這警告，並在大艱難的時期中與上帝的子民站在一起。

那與第三位天使聯合並傳揚其信息的另一位天使，將要用他的榮耀照亮全世界。這預言的範圍普及全球，且具有非比尋常的力量。1840至1844年的復臨運動乃是上帝能力的光榮展現；第一位天信的信息曾傳遍世上所有福音曾觸及的地方，並在一些國家引起了極大的宗教奮興，乃是從第十六世紀宗教改革以來未曾有過的。然而，在傳揚第三位天使最後警告時所發起的偉大運動卻要超過這一切。

這工作將要像五旬節的工作一樣。在開始傳福音的時候，聖靈的「早雨」曾沛然下降，使那寶貴的種子發芽生長；照樣，在福音結束的時候，聖靈的「晚雨」也要降下，使莊稼成熟。「我們務要認識耶和華，竭力追求認識祂。祂出現確如晨光；祂必臨到我們像甘雨，像滋潤田地的春雨。」(何6:3)「錫安的民哪，你們要快樂，為耶和華——你們的上帝歡喜；因祂賜給你們合宜的秋雨，為你們降下甘霖，就是秋雨、春雨，和先前一樣。」(珥2:23)「上帝說，在末後的日子，我要將我的靈澆灌凡有血氣的。」、「到那時候，凡求告主名的，就必得救。」(徒2:17，21)

在福音大工結束時，上帝能力的顯現並不遜於福音開始宣傳的時候。在福音開始、「早雨」沛降時所應驗的預言，還要在福音結束、「晚雨」沛降時再次應驗。這就是使徒彼得所仰望的「安舒的日子」，他說：「所以，你們當悔改歸正，使你們的罪得以塗抹，這樣，那安舒的日子就必從主面前來到；主也必差遣所預定給你們的基督(耶穌)降臨。」(徒3:19、20)

上帝的僕人因獻身歸主而臉上煥發聖潔的光輝，到處奔波，傳揚那從天上來的信息。這警告要藉著成千上萬之人的聲音傳遍全球。信

徒要行神蹟，醫治病人，並有異能奇事隨著他們。同時撒但也要施行虛假的奇事，甚至在人面前，叫火從天降下來 (見啟13：13)。這樣，世上的居民就必須決定自己要站在那一邊了。

　　這信息的傳開，要少靠辯論、多靠上帝的靈，使人心悅誠服。真理的論據早已有人說明，真理的種子亦早已有人撒出；這時就必生長結實。福音工作者所散發的印刷品已經發揮了它們的感化力。雖然當時有許多人受了感動，但因為種種攔阻，未能完全瞭解真理，也沒有順從上帝。到了此時，真理的光輝既深入各處，他們就要清清楚楚地看見真理；於是上帝一切忠誠的兒女就要掙脫那羈絆他們的繩索。家屬的聯繫，教會的關係，到此都不足以挽留他們。他們要看真理比一切更為寶貴。雖然很多勢力將要團結起來反對真理，但還是有一大群人決心要站在上帝這一邊。

第三十九章

大艱難的時期

「那時,保佑你本國之民的天使長米迦勒必站起來,並且有大艱難,從有國以來直到此時,沒有這樣的。你本國的民中,凡名錄在冊上的,必得拯救。」(但12:1)

在第三位天使的信息結束時,便不再有為世上罪人求恩的了。那時,上帝的子民已經完成他們的工作。他們已經領受「晚雨」,「安舒的日子」已經從主面前來到,他們已經為當前的試煉時期作好準備。眾天使在天上來來往往。有一位天使從地上回來,宣告他的工作已經完成,最後的試驗已經臨到世人,而且那些證明自己是忠於上帝誡命的人已經受了「永生上帝的印記」。於是耶穌就停止祂在天上聖所裡的中保工作。祂舉起手來,大聲說:「成了。」當時全體天軍都摘下自己的冠冕,恭敬聆聽主嚴肅的宣告說:「不義的,叫他仍舊不義;污穢的,叫他仍舊污穢;為義的,叫他仍舊為義;聖潔的,叫他仍舊聖潔。」(啟22:11)每一個人的案件都已作了或生或死的決定。基督已經為祂子民做了贖罪的工作,塗抹了他們的罪惡。祂子民的數目已經滿足了;「國度、權柄和天下諸國的大權」,將要賜給那承受救恩的人,同時耶穌也要作萬王之王、萬主之主。

當祂離開聖所的時候,黑暗就要蒙蔽全地的居民。在這可怕的時期,義人必須自己站在聖潔的上帝面前而再沒有一位中保為他們代求。那約束惡人的靈已經收回,撒但就要完全控制那些始終不肯悔改

的人。上帝的忍耐已經到了盡頭。這世界已經拒絕祂的恩典，藐視祂的慈愛，並踐踏祂的律法。惡人已經跨過了他們蒙恩時期的界線；上帝的靈既然遭到他們一味地拒絕，現在就要收回了。他們沒有了上帝恩典的保護，便無法脫離那惡者的手。這時撒但要把世上的居民捲入最後、也是最大的艱難之中。當上帝的使者不再抑制人類情感的狂瀾時，一切足以引起紛亂鬥爭的因素就要發動。全世界要陷入一次巨大的毀滅，比較昔日耶路撒冷的災禍更為可怖。

古時，一個天使擊殺了埃及國一切的長子，使全地充滿了哀哭之聲。在大衛清點民數而得罪上帝時，也只有一位天使來處罰他的罪，使國中遭受悲慘可怕的毀滅。聖天使在上帝命令之下施行的破壞，惡使者在上帝許可之下也必施行。現在已到了劍拔弩張的局面，只待上帝許可，遍地就要遭受毀滅。

那些敬重上帝律法的人已遭到指控是使刑罰臨到世界的人，他們也要被視為是造成一切災害的禍根，就是引起自然界恐怖的災變和人世間流血的慘劇，並使地上充滿禍患的人。最後的警告所發揮的能力已經使惡人惱怒，他們痛恨一切接受這信息的人，而且撒但還要火上加油，使世人仇恨與逼迫的念頭越為熾烈。

當上帝的靈最後離開猶太國的時候，祭司和民眾卻不知道。雖然他們處於撒但的控制之下，並受最殘酷而惡毒的情緒所支配，但他們還自以為是上帝的選民。聖殿裡的禮節照舊奉行，祭牲依然獻在已污穢的祭壇上，祭司們每日按例祈求上帝賜福給那染了上帝愛子之血、同時還在設法殺害祂僕人和使徒的子民。照樣，正當天上聖所宣佈那無法挽回的判決，而這世界的命運已經永遠決定的時候，地上的居民也是不知道的。最終上帝的聖靈收回，但那些人還是照舊舉行宗教禮拜。邪惡之君用以鼓動惡人去完成他毒計的熱忱，看上去倒像是為上帝發熱心呢！

安息日的問題已經成為全基督教界鬥爭的焦點，宗教和政治的權

威已經聯合要強迫人遵守星期日。那時，少數堅絕不肯服從群眾之要求的人，便要普遍地成為憎惡和咒罵的目標。有人要鼓動說，對於少數反對教會制度和國家法令的人不應予以寬容，寧可讓他們受苦，免得全國陷於混亂和無法律的狀態之中。在1800多年前，猶太「治理百姓的」，也曾以同一個論據反對基督。那狡猾的該亞法說：「獨不想一個人替百姓死，免得通國滅亡，就是你們的益處。」(約11：50) 這一個論據要顯為合理，最後便有命令發出，制裁那些尊第四誡之安息日為聖的人，斥責他們為最應受嚴屬處分的人，並指定一個期限，讓眾人在期滿之後，得以自由地把這些人置於死地。舊大陸的羅馬教和新大陸背道的基督教都將採取一致的行動，去對付那些尊重全部神聖誡命的人。

這時，上帝的子民要被捲入困苦和患難之中，就是先知形容「雅各遭難的時候」。「耶和華如此說：我們聽見的聲音，是戰抖懼怕而不平安的聲音。……臉面都變青了呢？哀哉！那日為大，無日可比；這是雅各遭難的時候，但他必被救出來。」(耶30：5-7)

雅各在那慘痛的一夜為脫離以掃的手而「摔跤」祈禱 (見創32：24-30)，這乃是預表上帝的子民在大艱難時期中的經驗。雅各因騙取父親原先打算賜給以掃的福，就因他哥哥兇狠的威嚇而逃命。在流亡他鄉多年之後，他遵照上帝的吩咐帶著妻子兒女、羊群和牛群，起身轉回故土。及至到了本鄉的邊界時，他便滿心恐慌，因為聽說他的哥哥以掃帶著一隊戰士迎面而來，無疑地是要報仇雪恨。雅各這一隊人既無武裝，又無防禦，顯然要淪為暴力與屠殺的可憐犧牲品了。這時，他除了焦慮懼怕之外，還有自責自恨的重擔壓在心上，因為這次的危險乃是他自己的罪所招來的。他唯一的希望乃是上帝的憐憫；他的唯一保障就是禱告。雖然如此，他還是盡自己的力量，去向哥哥認錯求和，以避免眼前的危險。照樣，基督徒也應在艱難的時期臨近時，儘量在眾人面前把真實情況闡明，為要消除偏見，並避免那威脅良心自由的危險。

雅各打發他的家屬前行，使他們看不見他的憂愁之後，他便單獨留在後面向上帝祈求。他承認自己的罪，並感謝上帝所賜給他的恩典，

同時也深自謙卑地申述上帝與他列祖所立的約，和主在伯特利夜間的異象中，以及在他逃亡之地向他所發的應許。他一生的危機關頭已經來到，且形勢千鈞一髮。在黑暗與孤寂之中，他繼續祈禱，在上帝面前自卑。忽然有一隻手按在他的肩頭上，他以為是仇敵來尋索他的命，他就使出全身的力量與這個敵人拼命摔跤。及至天快亮的時候，那個陌生人用他超人的力量觸摸雅各，強壯的他就似乎全身癱瘓了，他便軟弱無力地伏在那神祕的敵人頸項上哭泣。這時他才曉得這同他摔跤的乃是立約的天使。雅各雖然毫無能力，且極其疼痛，但他還是不放棄自己的宗旨。他長久以來因自己的罪而忍受困惑、痛悔和苦惱，現在他必須得到蒙赦免的保證。這位神聖的訪客似乎要離開了，但雅各卻拉著他，求他祝福。天使催著說：「天黎明了，容我去吧。」但這位先祖卻請求說：「你不給我祝福，我就不容你去。」這裡顯示的是何等的信賴、堅毅和恆久的忍耐！倘若這是一種自誇或僭妄的要求，雅各就不免要立刻被除滅，但他所表現的乃是一顆赤子之心：承認自己的軟弱和不配，而依然信賴守約之上帝的恩典。

他「與天使較力，並且得勝」(何12:4)，藉著自卑、痛悔和獻身，這個有罪、犯錯而必死的人竟然勝了天上的主宰。他曾用戰戰兢兢的手緊握上帝的應許，而無窮慈愛的主不能拒絕這個罪人的懇求。為了作為他勝利的證明，並鼓勵別人效法他的榜樣，他就改了名，把那個叫他想起自己罪惡的名字，改為一個紀念他勝利的名字。雅各既勝了上帝，就保證他也必勝過世人。他不再懼怕去面對他哥哥的忿怒，因為上帝已經作了他的保障。

撒但曾在上帝的眾天使面前控告雅各，並因他的罪而聲稱自己有權毀滅他。撒但已經激動以掃前來攻擊他，並且在這位先祖整夜角力時，設法用一種自知有罪的感覺壓迫他，使他灰心，並折斷他那握住上帝的手。雅各被迫瀕臨絕境，但他知道若沒有從天上來的幫助，他就必滅亡。他已經真誠地悔改自己的大罪，並且祈求上帝的憐憫。所以他絕不轉離自己的宗旨，卻緊緊握住天使，並用熱切和慘痛的哭聲呈上他

的懇求，直到他得了勝利為止。

撒但怎樣鼓動以掃來攻擊雅各，照樣，他也要在大艱難的時期鼓動罪人起來毀滅上帝的子民。他從前如何控告雅各，將來也要如何控告主的百姓。他把全人類都看為自己的屬下，只有少數遵守上帝誡命的人拒絕他的威權。如果他能把他們從地上除滅，他的勝利就必完全。他看見有聖天使在保護他們，便推斷他們的罪必是已蒙赦免，但他還不知道他們的案件在天上的聖所裡已經決定了。他清楚地知道自己過去引誘他們犯了什麼罪，這時他把這些罪誇大地陳列在上帝面前，並聲稱這些人應該像他一樣被排除在上帝的恩眷之外。他聲稱上帝若赦免這些人的罪，卻毀滅他和他的使者，是不公平的。他主張這些人是他的俘虜，所以要求把他們交在他手中，任他除滅他們。

在撒但因上帝子民的罪而到祂面前控告他們時，主讓他儘量試煉他們。他們對於上帝的信心、忠心和堅毅都將受到嚴格的考驗。當他們回顧自己的一生時，他們的希望就消沉了，因為在他們的整個生活中簡直看不出什麼良善。他們充分認識自己的軟弱和不配。撒但要恐嚇他們，叫他們想自己是沒有希望的，以為自己污穢的罪跡是永遠不能洗除的。他希望能破壞他們的信仰，叫他們屈從他的試探，並不再效忠上帝。

雖然上帝的子民被那些決心要毀滅他們的仇敵所圍困，但他們所感到的愁苦，不是因怕為真理受逼迫，乃是怕自己還沒有悔改一切的罪，或因自己的某些過失而使救主的應許不能實現在他們身上：「我必在普天下人受試煉的時候，保守你免去你的試煉。」(啟3：10) 他們若能得到赦免的保證，就不怕受苦刑或死亡了，但如果他們不配作祂的子民，並因自己品格上的缺點而喪命，那麼上帝的聖名就必受到羞辱。

他們從各處所聽到的盡是背信的陰謀，所看到的盡是叛逆的積極活動；這使他們從心中發出一種迫切的渴望，希望這種大叛道早日結束，惡人的罪惡立即終止。但當他們祈求上帝制止這叛逆的工作時，

他們也深深自責，因為他們沒有更大的力量去抗拒並阻止這罪惡的洪流。他們覺得如果他們過去用一切的才能來事奉基督，並再接再厲地向前邁進，撒但的勢力就不至於這麼猖獗地攻擊他們。

他們在上帝面前刻苦己心，指出自己過去如何為許多罪惡悔改，並提出救主的應許說：「讓它持住我的能力，使它與我和好，願它與我和好。」(賽27：5) 他們並不因自己的禱告未能立時蒙應允而失去信心。他們雖能感到深切的焦慮、恐懼和窘迫，但他們仍不停止祈禱。他們持住上帝的能力，正如雅各持住天使一樣；他們心聲乃是：「你不給我祝福，我就不容你去。」

雅各過去若沒有為那騙取長子名分的罪悔改，上帝就不會垂聽他的祈禱而慈憐地保全他的性命。照樣，在大艱難的時期中，當上帝的子民因懼怕和痛苦受折磨時，如果他們發現還有未曾承認的罪，他們就必站立不住；他們的信心必因絕望而消滅，就再沒有把握祈求上帝拯救他們了。但事實上他們雖然深覺自己不配，卻沒有發現什麼隱藏的罪。原來他們的罪已經「先到審判案前」被塗抹了，這時他們自己也想不起來了。

撒但引誘許多人相信，上帝必要放過他們在小事上的不忠心，但從主對待雅各的事上，我們可以看出：祂絕不容忍罪惡。凡想原諒或遮蓋自己的罪，並讓它留在天上的案卷中未經承認也未蒙赦免的人，都要被撒但所勝。他們的信仰告白越誇耀，地位越尊貴，他們的罪在上帝看來就越為嚴重，而他們的大仇敵撒但之勝利也就越為肯定了。凡遲遲不為上帝的大日作準備的人，絕不能在大艱難的時期之中，或在該時期之後，再有準備機會了。這一等人的案件都是沒有希望的。

那些不為最後可怕的大鬥爭作準備卻自命為基督徒的，將要在絕望之中用悔恨悲痛的話承認自己的罪，同時惡人要因他們的苦惱而歡喜雀躍。這些人的認罪同以掃和猶大的認罪是一樣的。他們乃是為罪的結果，不是為罪的本身而悔恨。他們沒有感覺真實的痛悔，也沒有憎

恨罪惡。他們之所以承認自己的罪，是因為懼怕刑罰，但他們正像古時的法老一樣，只要刑罰一消除，他們就必轉過來反抗上天。

雅各的歷史也是一個憑據，證明凡受欺騙、遭試探，並陷於罪惡之中的人，只要回頭，真心悔改歸主，上帝絕不丟棄他們。撒但雖然設法除滅這一等人，但上帝卻要差遣天使在艱難中安慰並保護他們。撒但的襲擊固然猛烈而堅決，他的欺騙固然可怕，但耶和華的眼目必眷顧祂的子民，祂的耳朵垂聽他們的呼求。他們的苦難雖然慘重，熊熊的烈火似乎要燒滅他們，但那熬煉他們的主必要把他們從火中取出來，如同火煉的金子一樣。上帝對祂兒女的愛心在試煉最劇烈時，和在順利繁榮之時一樣，是堅強而溫慈的；但將他們置於爐火中乃是必需的，他們那世俗化的成分必須焚燼，使基督的形像可以在他們身上完全反映出來。

我們需要一種能忍受疲勞、遲延和飢餓的信心，來應付那即將臨到我們的、憂患和痛苦的時期；這種信心縱然經受最慘重的試煉，也不至於衰退。上帝給人一個恩典時期，使人人都可以準備應付這未來的考驗。雅各的得勝是因為他有恆心和決心。他的勝利說明了懇切祈禱的力量。凡能像雅各一樣持守上帝的應許，並像他一樣熱切呼求堅持到底的人，必能像他一樣成功。凡不願克己，不願在上帝面前掙扎，不願恆切求主賜福的人，必一無所得。與上帝「角力」，能體會這一句話的人，真是寥寥無幾！有幾個人曾因渴慕上帝而不遺餘力地尋求祂呢？當那說不出來的絕望之感，像浪濤一樣猛然衝擊祈求上帝的人時，又有幾個人能以不屈不撓的信心持住上帝的應許呢？

那些現今很少操練信心的人，將來最容易屈服於撒但誘惑的能力和強迫信仰的法令之下。即或他們經得起這種試煉，在大艱難的時期卻要被捲入更深的憂患和痛苦之中，因為他們沒有養成信賴上帝的習慣。他們現今既忽略信心的操練，就必須在灰心絕望的強大壓力之下從頭學起。

我們現今就應當藉著通曉上帝的應許來認識祂。每一個真誠懇切的祈禱，天使都要記錄下來。我們寧可放棄自私的享樂，也不可忽略與上帝的交往。最貧困的環境和克己的生活，只要得到上帝的喜悅，總比安富尊榮，高朋滿座更有價值。我們必須花時間祈禱。如果我們讓自己的思想專注於屬世的事業上，上帝或許會挪去我們的美宅良田，金銀財寶等偶像，為了讓我們有時間與祂親近。

青年人若能遠離歧途，只行在他們確信上帝能賜福的道路上，他們就不至於受引誘而陷入罪惡之中了。現今那些向世人宣傳最後嚴肅警告的福音使者若不是以冷淡、輕率和懶惰的態度，而能像雅各一樣熱切地憑著信心祈求上帝賜福，他們就必有許多的地方可以說：「我面對面見了上帝，我的性命仍得保全。」（創32：30）天庭也要視他們為「以色列」，有得勝於上帝和世人的能力。

「從有國以來直到此時」所沒有過的大艱難，很快就要在我們面前展開了。所以我們需要一種我們現今還沒有、許多人卻懶於尋求的經驗。世間往往有一些艱難，實際上並不像所預料的那麼嚴重，但這個擺在我們面前的危機卻不是這樣。最生動的言語也不足以形容這一次的大考驗於萬一。在這個時期中，每一個人都必須單獨站立在上帝面前。「雖有挪亞、但以理、約伯在其中，主耶和華說：我指著我的永生起誓，他們連兒帶女都不能救，只能因他們的義救自己的性命。」（結14：20）

現今，在我們的大祭司還在為我們贖罪的時候，我們應當追求在基督裡得以完全。我們的救主就是在一個念頭上，也從來沒有屈服於試探的勢力。撒但在人的心中總能找到立足之地；在那裡總保留一絲罪惡的慾望，使撒但能發揮他試探的力量。但基督論到自己卻說：「這世界的王將到。他在我裡面是毫無所有。」（約14：30）；撒但在上帝兒子裡面找不到一絲可以使他勝過基督的可能性。基督已經遵守天父的誡命，所以在祂裡面沒有罪惡可供撒但利用。這種條件乃是一切要在大艱難的時期中站立得住的人必須具備的。

　　我們必須在今生藉著信賴基督贖罪的寶血與罪惡脫離關係。我們可愛的救主邀請我們與祂聯合，以祂的力量補足我們的軟弱，讓祂的智慧代替我們的愚昧，使祂的功勞遮蓋我們的不配。上帝所引領的道路無異是我們的學校，使我們可以學習耶穌的柔和與謙卑。上帝為我們指明的途徑不是出於我們自己選擇、似乎比較容易且愉快的，而是那符合人生真宗旨的途徑。我們的責任就是與上天的能力合作，這能力要使我們的品格與那神聖的模範相符。沒有人能忽略或延誤這種工作，而不在靈性上受到極可怕的危害。

　　使徒約翰在異象中聽見從天上有大聲音說：「地與海有禍了！因為魔鬼知道自己的時候不多，就氣忿忿的下到你們那裡去了。」(啟12：12) 那使天庭發出這種感嘆的現象是極其可怕的。撒但的時間越短，他的忿怒就越大，所以他欺騙和毀滅的工作要在大艱難的時期中達到頂點。

　　不久天空要出現一種超自然的驚人現象，作為行奇事之魔鬼能力的表徵。惡魔的靈將要出動到「普天下眾王」那裡，誘惑他們，並慫恿他們在反抗天上政權的最後鬥爭中與撒但聯合。因這些惡靈的工作，統治者和一般平民都要受他的欺騙。有人要起來假冒基督，叫人把那應當歸給世界救贖主的尊號和敬拜歸給他們。他們要行醫病的神蹟奇事，並聲稱自己有從天上而來的啟示，與聖經的見證相反。

　　這大騙局中最驚人的一幕乃是撒但親自化裝為基督。教會久已聲稱她仰望救主的復臨，作為她一切希望最後的實現。這時那大騙子撒但便要出現，使人相信基督已經來了。撒但要在許多地方以輝煌和威嚴的姿態出現在人面前，好像先知約翰在〈啟示錄〉中所形容的、上帝兒子的樣式 (見啟1：13-15)。他周圍的榮光是肉眼所從來沒有見過的。於是凱旋吶喊要響徹雲霄，說：「基督已經來了！基督已經來了！」眾人要俯伏在他面前敬拜他；同時他要舉起雙手，為他們祝福，正像基督在世上為門徒祝福一樣。他的聲調優美溫和，他也要用慈祥的口吻，說出一些救主從前發表過的、親切的屬天真理。他先治眾人的疾病，最後便要冒基督的名宣稱自己已經把安息日改為星期日，並命令人人都要守

他所賜福的日子為聖日。他又說,那些堅持遵守第七日為聖的人正是褻瀆了他的聖名,因為他們不聽從他所差派的、帶來亮光與真理給他們的天使。這乃是最強烈而壓倒一切的大欺騙。正如古時撒瑪利亞人受了行邪術的西門的欺騙一樣,許多的人,不分老少,都要信服這些邪術,說:這是「上帝的大能」(徒8:10)。

但上帝的真子民卻不至於受迷惑,因為這個假基督的教導是與聖經不相符的。他乃是為那些拜獸和獸像的人祝福;論到這一等人,聖經有話說:上帝純一不雜的忿怒必要傾倒在他們身上。

再者,上帝也不准撒但偽裝基督復臨的真樣式。救主已警告祂的子民,在這一點上不要受欺騙,並且已清楚地預言自己復臨的景況,說:「因為假基督、假先知將要起來,顯大神蹟、大奇事,倘若能行,連選民也就迷惑了。……若有人對你們說:『看哪,基督在曠野裡』,你們不要出去!或說:『看哪,基督在內屋中』;你們不要信!閃電從東邊發出,直照到西邊。人子降臨也要這樣。」(太24:24-27,31;25:31;啟1:7;帖前4:16、17)這種降臨的樣式是撒但無法假冒的,它將是舉世皆知且被全世界的人親眼看見的。

唯有那些殷勤查考聖經,並「領受愛真理的心」的人,才能得蒙護庇,不被這迷惑全世界的所欺騙。由於聖經的見證,這些人必能看穿欺騙者的偽裝。這試驗的時候將要臨到每一個人。透過試探的篩選作用,真正的基督徒就要顯露出來。今日上帝的子民是否能堅立在聖經上,以致不屈從自己耳聞目睹的事情呢?在這危機之中,祂們能不能固守聖經,以聖經為唯一的根據呢?撒但必要在所有可能的範圍之內阻止他們,不讓他們有所準備好在那日來到時能站立得住。他要佈置環境攔阻他們的進路,用屬世的財富來纏住他們,使他們擔負沉重煩惱的擔子,使他們的心被今生的思慮所累;這樣,那試煉的日子就必像賊一樣來到。

當基督教世界的各國執政者發佈命令制裁守誡命的人,聲明政府

不再保護他們，並將他們交給那些決心消滅他們的人之時，上帝的子民便要從各城鎮各鄉村中，成群結隊地遷居到極荒涼的偏僻之處。許多人要在山寨中找到避難所。像昔日在皮埃蒙特山谷中的瓦勒度派信徒一樣，他們要以地上的高處作他們的居所，並且為這「磐石的堅壘」感謝上帝 (見賽33：16)。但從各國和各階層中必有許多人，不分貧富和種族，都要落到極不公平而殘酷的束縛之下。上帝喜愛的子民必要經過困苦的日子，被鐵鍊捆鎖，因在牢獄之內，被判死刑，有些人要被囚在黑暗而污濁的地窖裡，顯然被丟在那裡餓死。那時沒有人傾聽他們的哀苦呻吟，也沒有人伸手援助他們。

在這考驗的時候，耶和華是否忘記了祂的百姓？當刑罰臨到洪水世代的時候，上帝可曾忘了忠心的挪亞？當天上降火焚燒所多瑪平原諸城時，祂可曾忘了羅得？當約瑟被困在埃及拜偶像的人中時，主忘了他嗎？當耶洗別發誓要使以利亞與巴力諸先知同遭殺戮時，主忘了以利亞嗎？主可曾忘記那在黑暗淒涼泥坑中的耶利米？祂忘了那在烈火窰中的三個志士嗎？祂忘了那在獅子洞中的但以理嗎？

「錫安說：耶和華離棄了我；主忘記了我。婦人焉能忘記她吃奶的嬰孩，不憐恤她所生的兒子？即或有忘記的，我卻不忘記你。看哪，我將你銘刻在我掌上。」(賽49：14-16) 萬軍之耶和華說：「摸你們的就是摸他眼中的瞳人。」(亞2：8)

仇敵雖然把他們投在監牢裡，但監牢的牆卻不能阻隔他們與基督之間的交通。那知道他們每一弱點、熟悉他們每一試煉的主，是超乎一切地上權威的；祂要差遣天使到這些淒涼的牢獄中，將天上的平安與光輝帶給他們。這些監牢將要變成王宮，因為大有信心的人住在其中，陰沉的牆垣將被天上的光輝所照耀，如同保羅和西拉在腓立比的監牢中半夜唱詩祈禱時一樣。

上帝的刑罰要臨到一切想壓迫並消滅祂子民的人。因上帝長久寬容惡人，所以他們就大膽犯罪，他們的報應雖然延遲多時，但至終必然

來到，絲毫不差。「耶和華必興起，像在毗拉心山；祂必發怒，像在基遍谷，好做成祂的工，就是非常的工；成就祂的事，就是奇異的事。」(賽28：21) 在我們慈悲的上帝看來，施行刑罰乃是一樁極不尋常的事。「主耶和華說：我指著我的永生起誓，我斷不喜悅惡人死亡」(結33：11)，耶和華「是有憐憫有恩典的上帝，不輕易發怒，並有豐盛的慈愛和誠實，……赦免罪孽、過犯，和罪惡，萬不以有罪的為無罪」，「耶和華不輕易發怒，大有能力，萬不以有罪的為無罪。」(出34：6、7；鴻1：3) 主將「以威嚴秉持公義」維護祂那被踐踏之律法的權威。從耶和華遲遲不願執行公義報應的這一件事上，我們可以看出那將要臨到世人身上的刑罰必是多麼可怕。上帝容忍已久的百姓，祂不加以打擊，直到他們在祂面前惡貫滿盈，那時他們便要喝那「純一不雜」的忿怒之杯了。

當基督在天上的聖所中停止祂中保的工作時，那宣佈在一切拜獸和獸像、和接受獸印之人身上、純一不雜的忿怒，將要傾出 (見啟14：9、10)。上帝在拯救以色列人出埃及時降給埃及人的災難，和祂子民最後得救之前所要降給世人更可怖、更普遍的刑罰是相似的。蒙啟示的使徒約翰形容這些駭人的懲罰，說：「有惡而且毒的瘡生在那些有獸印記、拜獸像的人身上。……海就變成血，好像死人的血，海中的活物都死了。……江河與眾水的泉源……，水就變成血了。」(啟16：2-4) 這些災害固然極其可怕，但上帝的公義卻藉此完全顯明了。上帝的天使說：「昔在今在的聖者啊，祢這樣判斷是公義的；他們曾流聖徒和先知的血，現在祢給他們血喝；這是他們所該受的。」(啟16：5、6) 他們既然判定上帝的子民受死，所以即或他們沒有親手執行，但實際上他們已經流了聖徒的血。正如基督所說，自從亞伯的時代起，殺害一切聖徒的血，都要歸在基督時代的猶太人身上；這是因為他們具有和屠殺先知者同樣的思想，並打算做出同樣的事。

接著而降的災難，就是有能力加給日頭，「叫日頭能用火烤人。人被大熱所烤。」(啟16：8、9) 先知形容世界在這可怖時期中的景況，說：「田荒涼，地悲哀；因為五穀毀壞，……田野一切的樹木也都枯乾；眾

人的喜樂盡都消滅。」、「穀種在土塊下朽爛；倉也荒涼，……牲畜哀鳴；牛群混亂，因為無草；……溪水乾涸，火也燒滅曠野的草場。」、「主耶和華說：『那日，殿中的詩歌變為哀號；必有許多屍首在各處拋棄，無人作聲。』」(珥1：10-12；17-20；摩8：3)

這些災難並不是普遍的，否則，地上的居民都要全數消滅了。雖然如此，這些災難仍是人類有史以來從未見過的、極悲慘的災難。在恩典時期結束之前，上帝降給人類的一切刑罰，其中都帶有慈悲憐憫的成分。那時有基督的寶血護庇罪人，使他們不致受盡罪惡的刑罰，但在最後的刑罰中，上帝要發出純一不雜的忿怒，其中沒有一點慈悲憐憫的成分。

到那日，必有多人渴望得到他們長久輕視之上帝的憐憫和庇護。「主耶和華說：日子將到，我必命饑荒降在地上。人飢餓非因無餅，乾渴非因無水，乃因不聽耶和華的話。他們必飄流，從這海到那海，從北邊到東邊，往來奔跑，尋求耶和華的話，卻尋不著。」(摩8：11、12)

上帝的子民也不免遭受苦難，但他們雖然常遭逼迫，多經憂患，忍受窮乏，缺乏飲食，卻必不至滅亡。那眷顧以利亞的上帝絕不忽略任何一個克己犧牲的兒女。那曾數過他們頭髮的主必要眷顧他們，而且在飢荒時他們必得飽足。當罪人因飢荒瘟疫而死亡之時，天使要保護義人，並供應他們的需要。主曾應許那「行事公義」的人說：「他的糧必不缺乏；他的水必不斷絕。」、「困苦窮乏人尋求水卻沒有；他們因口渴，舌頭乾燥。我——耶和華必應允他們；我——以色列的上帝必不離棄他們。」(賽33：15、16；41：17)

「雖然無花果樹不發旺，葡萄樹不結果，橄欖樹也不效力，田地不出糧食，圈中絕了羊，棚內也沒有牛；然而，我要因耶和華歡欣，因救我的上帝喜樂。」(哈3：17、18)

「保護你的是耶和華；耶和華在你右邊蔭庇你。白日，太陽必不傷你；夜間，月亮必不害你。耶和華要保護你，免受一切的災害；祂要保

護你的性命。」、「祂必救你脫離捕鳥人的網羅和毒害的瘟疫。祂必用自己的翎毛遮蔽你；你要投靠在祂的翅膀底下；祂的誠實是大小的盾牌。你必不怕黑夜的驚駭，或是白日飛的箭，也不怕黑夜行的瘟疫，或是午間滅人的毒病。雖有千人仆倒在你旁邊，萬人仆倒在你的右邊，這災卻不得臨近你。你惟親眼觀看，見惡人遭報。耶和華是我的避難所；你已將至高者當你的居所，禍患必不臨到你，災害也不挨近你的帳棚。」(詩121：5-7；91：3-10)

照人的眼光看來，上帝的子民不久必要用自己的血來印證他們的見證，如同先前的殉道者一樣。他們自己也開始疑慮，耶和華是否已把他們交在仇敵手中。那真是一個令人極其驚慌苦惱的時候。他們晝夜呼求上帝施行拯救。那時，惡人歡喜雀躍，發出譏誚的喊聲說：「你們的信心現今在那裡呢？你們若真是上帝的子民，祂為何不拯救你們脫離我們的手呢？」但那些等候拯救的人卻要想起耶穌在髑髏地十字架上臨死的時候，大祭司和官長是如何大聲戲弄祂說：「祂救了別人，不能救自己。祂是以色列的王，現在可以從十字架上下來，我們就信祂。」(太27：42)上帝的子民也要像雅各一樣，與上帝摔跤角力。他們的臉上要表露內心的掙扎；各人面若死灰，然而他們仍是不住地懇切祈求。

如果他們能用屬天的眼光來觀察，他們就必看見大有能力的天使成群結隊的在一切遵守基督忍耐之道的人四圍安營。天使懷著同情的憐憫，已經看見他們的苦難，並聽見他們的祈禱。他們正在等候他們的元帥下令去搶救他們脫離危險，但是他們還必須等候片刻。上帝的子民必須喝基督所喝的杯，並受祂所受的洗。這種遲延雖然在他們而言是那麼痛苦難當，卻是上帝對他們的祈求所能作的、最美滿的答覆。當他們竭力信靠等候耶和華的作為時，他們就不得不操練信心、盼望和忍耐；這些都是他們在屬靈經驗上向來所缺少的。雖然如此，但為選民的緣故，這艱難的時期將要縮短。「上帝的選民晝夜呼籲祂，祂縱然為他們忍了多時，……我告訴你們，要快快地給他們伸冤了。」(路18：7、8)末日之來臨要比人們所想望的更快。麥子要被收割成捆，藏入上帝

的倉庫，但稗子卻要像柴薪一樣捆成捆，準備投入毀滅的火中。

守望的天使忠於職責，繼續看守。雖然當局已經發出公告，規定一個期限，要把遵守誡命的人置於死地，但有一些仇敵不等期限來到就要設法害死他們。然而，沒有一個人能越過那駐守在每個忠心信徒身旁的大能守衛者。在有些地方，惡人想要襲擊從那城市和鄉村中逃出的義人，但那舉起來擊殺他們的刀劍忽然折斷並墜落於地，脆弱如草一般。另一些義人則有天使化身為戰士來保護他們。

在各世代中，上帝常差派天使援助並拯救祂的子民。眾天使時常積極參與人間的事務。他們曾穿著發光如同閃電的衣服出現，也曾裝作旅客來到人間。天使曾以人的形像出現在上帝的僕人面前。他們曾裝作疲倦的行人，在炎熱的晌午於橡樹蔭下歇息。他們曾接受人的款待，也曾作迷路旅客的嚮導。他們曾親手點燃祭壇上的火，也曾打開監獄的鐵門釋放上帝的僕人。他們曾披著天上的甲胄，來挪開救主墳墓門口的石頭。

天使時常以人的樣式來參赴義人的聚會，也去訪問惡人的議會，就像從前到所多瑪城去察看他們的行為，以便決定他們是否已經越過上帝寬容的限度。耶和華喜悅憐憫，所以為了少數真心服事主的人，祂就遏制災害，延長多數人的平安。一般的罪人很少會想到自己生命得之倖存，乃是因為他們所樂於譏誚、壓迫的少數忠心信徒。

地上的掌權者雖然並不知情，但在他們的議會中，常有天使向他們發言。人的眼睛曾看見他們的形體；人的耳朵曾聽見他們的勸告；人的口曾反對他們的建議並譏誚他們的規勸；人的手也曾侮辱虐待他們。在議事廳和法庭上，這些天使曾顯明自己是極熟悉人類歷史的；他們也擅長為許多受壓迫的人代求，強過最能幹、最有口才的辯護者。他們曾經破壞許多足以使上帝工作大受阻攔、或使祂子民大受痛苦的陰謀詭計。在多災多難之時，「耶和華的使者在敬畏祂的人四圍安營，搭救他們。」(詩34：7)

上帝的子民懷著熱切的渴望等候他們的王降臨的徵兆。當人們問守望者說：「夜裡如何？」他就毫不躊躇地回答說，「早晨將到，黑夜也來。」(賽21：11、12) 在山頂的雲彩上已經發出微光。不久主的榮耀就要顯現；公義的日頭即將出現。早晨和黑夜都已近在眼前——在義人，這是永恆白晝的開始；在惡人，則是永久黑夜的來臨。

當那些與上帝角力的人在祂面前殷切祈禱時，那阻隔人的目光、使他們看不見屬靈世界的帷幔似乎將要揭開了。諸天放射著永恆白晝的曙光，又有聲音像天使和諧的歌聲，傳到義人耳中說：「務要堅持著你們的忠貞，援助即將來到。」全能的得勝者基督舉起永不衰殘的榮耀冠冕，要賜給祂那些疲乏的戰士；祂從稍微開啟的天門裡發出聲音說：「看哪，我與你們同在。不要懼怕。我熟知你們一切的憂傷；我已經擔當你們的悲苦。你們不是與未經敗仗的敵人爭戰。我已經為你們打過仗了，所以你們要奉我們的名得勝而有餘。」

我們慈愛的救主要在我們最需要的時候來援助我們。那走向天國的路因為有了祂的足跡而成為神聖。一切傷害我們雙腳的荊棘也曾傷害過祂的。我們蒙召去背負的每一個十字架，祂都已在我們前頭背負過了。耶和華讓鬥爭興起，為要預備人心得享平安。大艱難的時期是上帝子民必經的一次可怕的磨難，但那也是每一個忠實信徒應當挺身昂首的時候，並因著信得以看見那應許之虹環繞他們。

「耶和華救贖的民必歸回，歌唱來到錫安；永樂必歸到他們的頭上。他們必得著歡喜快樂；憂愁嘆息盡都逃避。惟有我，是安慰你們的。你是誰，竟怕那必死的人？怕那要變如草的世人？卻忘記……創造你的耶和華？又因欺壓者圖謀毀滅要發的暴怒，整天害怕，其實那欺壓者的暴怒在那裡呢？被擄去的快得釋放，必不死而下坑；他的食物也不致缺乏。我是耶和華——你的上帝——攪動大海，使海中的波浪匉訇——萬軍之耶和華是我的名。我將我的話傳給你，用我的手影遮蔽你。」(賽51：11-16)

「因此，你這困苦卻非因酒而醉的，要聽我言。你的主耶和華——就是為祂百姓辨屈的上帝如此說：看哪，我已將那使人東倒西歪的杯，就是我忿怒的爵，從你手中接過來；你不致再喝。我必將這杯遞在苦待你的人手中；他們曾對你說：你屈身，由我們踐踏過去吧！你便以背為地，好像街市，任人經過。」(賽51：21-23)

上帝的眼目俯視萬代，早已注意到自己的子民在地上掌權者攻擊他們時必經歷的遭遇。他們像被擄的因犯一樣，將要陷於被餓死或受殘暴的恐怖之中。但那位在以色列人面前分開紅海的聖者將要彰顯祂的大能，使他們從苦境轉回。「萬軍之耶和華說：『在我所定的日子，他們必屬我，特特歸我。我必憐恤他們，如同人憐恤服事自己的兒子。』」(瑪3：17) 基督忠心的見證人若在此時捨身流血，那就不能像從前殉道者的血一樣作為福音的種子，為上帝生長莊稼。他們的忠誠再也不能作為一種見證，使別人信服真理，因為那些頑梗剛愎的心已經多次擊退慈愛的浪濤，直到這浪濤不再轉回。倘若義人這時被他們的仇敵擄去，那就要成為黑暗之君的勝利了。詩人說：「我遭遇患難，祂必暗暗的保守我；在祂亭子裡，把我藏在祂帳幕的隱密處。」(詩27：5) 基督已經說過：「我的百姓啊，你們要來進入內室，關上門，隱藏片時，等到忿怒過去。因為耶和華從祂的居所出來，要刑罰地上居民的罪孽。」(賽26：20、21) 凡忍耐等候主復臨，並有名字記錄在生命冊上的人將得著榮耀的拯救。

第四十章
上帝的子民蒙拯救

當人間的法律不再保護那些尊重上帝律法之人時，在各方各處必要發起消滅他們的運動。及至那諭旨中所預定的時辰臨近，眾人將要共謀滅絕他們所恨惡的宗派。他們將要決定在一夜之間發動一次決定性的突襲，使一切反對和責備的聲音全然止息。

那時上帝的子民——有的在牢獄中，有的隱藏在深山叢林和幽密之處——仍然祈求上帝的保護；同時在各地都有武裝的人群，在惡使者的策動之下，正在預備進行殺戮的工作。就在這千鈞一髮之際，以色列的上帝必要出面干涉，來拯救祂的選民。耶和華說：「你們必唱歌，像守聖節的夜間一樣，並且心中喜樂，像人吹笛，上耶和華的山，到以色列的磐石那裡。耶和華必使人聽祂威嚴的聲音，又顯祂降罰的膀臂和祂怒中的忿恨，並吞滅的火燄與霹雷、暴風、冰雹。」(賽30：29、30)

正當成群的惡人狂叫吶喊，譏誚辱罵，氣勢洶洶地向他們的俘虜猛撲的時候，忽然有一陣濃密的、比午夜更深的黑暗籠罩大地。隨後有一道虹放射著那從上帝寶座而來的榮光，拱在天上，似乎是包圍著每一群祈禱的人。那些發怒的群眾忽然呆住，他們的譏誚吶喊聲靜止了，而且忘了自己行兇施暴的目標。他們懷著恐懼知禍的心注視著上帝立約的記號，並急欲逃避其壓倒一切的光輝。

那時上帝的子民要聽見一個清朗而悅耳的聲音說：「舉目觀看」，

他們隨即舉目望天，看見那應許之虹。那遮蓋穹蒼的黑暗怒雲此時裂開了，他們像司提反一樣定睛望天，看見上帝的榮耀和人子坐在祂的寶座上。在祂神聖的身上，他們還能看出祂從前受凌辱的痕跡；從祂口中聽見祂在天父和聖天使面前所提出的請求：「父啊，我在哪裡，願祢所賜給我的人也同我在那裡。」(約17：24) 隨後，他們又聽見音樂般的歡呼聲說：「他們來了！他們來了！他們都是聖潔、無邪惡、無玷污的。他們已經謹守了我忍耐的道；他們必要在眾天使中間行走。」於是，從那些曾經堅持信仰之人灰白而顫動的口中就發出了勝利的吶喊。

上帝顯出權能拯救自己的子民，乃是在半夜之時。那時太陽要出現，全力照耀。許多兆頭和奇事接二連三地迅速顯現。惡人滿心恐懼而驚奇地望著這幕景象，同時義人卻懷著嚴肅的喜樂，目睹自己得救的徵兆。自然界中的一切事物似乎都顛倒了秩序——江河的水停止流動，濃密的烏雲彼此相撞。在那狂怒的諸天之中卻留出一片明亮的空隙，顯出光華燦爛的榮耀；從那裡發出上帝的聲音，如同眾水的聲音說：「成了！」(啟16：17)

那聲音震動了諸天和全地。於是有一陣大地震，「自從地上有人以來，沒有這樣大、這樣厲害的地震。」(啟16：18) 蒼穹開了又關。上帝寶座所發出的榮光閃爍而過。山嶺搖動——像風中的蘆葦，破碎的巖石散佈各處。有大聲音怒號像暴風雨臨到一般。海水匉訇翻騰，颶風長嘯，像鬼魔施行毀滅的聲音。全地此起彼伏，像海洋中的波濤一樣。地面破裂，地的根基似乎都塌陷了。山嶺下沉，有人居住的海島消失不見，那充滿罪惡像所多瑪一樣的海港商埠被忿怒的大水吞沒。「上帝也想起巴比倫大城來，要把那盛自己烈怒的酒杯遞給他。」那時有大冰雹落在人身上，「每一個約重一他連得」(啟16：19、21)，施行毀滅的工作。地上最驕奢的城邑要被降為卑。世上偉人為彰顯自己而斥資興建的輝煌大廈，此時要在他們眼前坍塌毀滅，變為廢墟。監獄的牆垣破裂，使那些因保守自己信仰而被監禁的上帝子民得到釋放。

墳墓要裂開，「睡在塵埃中的，必有多人復醒。其中有得永生的，

有受羞辱永遠被憎惡的。」(但12:2)那時,所有曾經堅守第三位天使信息而死了的人要從墳墓裡出來得著榮耀,並聽見上帝與所有遵守祂律法之人所立的和平之約。「連刺祂的人」(啟1:7),就是那些在基督臨死痛苦之時戲弄且譏誚祂的,同那些窮兇極惡、反對上帝真理和祂子民的人,也要復活;他們要看見主在祂的榮耀中,並看見那些忠心順從之人所要得到的尊榮。

這時密雲仍然遮蔽天空,但太陽卻偶而出現,好像是耶和華施行報應的眼睛。猛烈的閃電從天空發射,像一片火焰包圍著地球。有神祕而恐怖的聲音,駕乎那駭人的雷轟之上,宣告惡人的劫運;所宣告的話並非人人都能聽懂,但那些傳講假道理的教師卻能明白。那在不久之前肆無忌憚,狂傲自誇,而歡喜虐待守上帝誡命者的人,此時卻被恐怖所壓倒,在驚慌之中戰慄不已。他們哭號的聲音高過暴風和雷霆的聲音。這時鬼魔要承認基督的神性,並在祂的權能之前顫抖,同時人也要哀求慈悲憐憫,在極狼狽的恐怖中俯伏在地。

古時的先知在聖潔的異象中看到上帝的日子便說:「你們要哀號,因為耶和華的日子臨近了!這日來到,好像毀滅從全能者來到。」(賽13:6)「你當進入巖穴,藏在土中,躲避耶和華的驚嚇和祂威嚴的榮光。到那日,眼目高傲的必降為卑;性情狂傲的都必屈膝;惟獨耶和華被尊崇。必有萬軍耶和華降罰的一個日子,要臨到驕傲狂妄的;一切自高的都必降為卑。」、「到那日,人必將為拜而造的金偶像、銀偶像拋給田鼠和蝙蝠。到耶和華興起,使地大震動的時候,人好進入磐石洞中和嚴石穴裡,躲避耶和華的驚嚇和祂威嚴的榮光。」(賽2:10-12,20、21)

這時從烏雲的縫隙中透出一顆明星,它的光輝因為四圍的黑暗而增加了四倍。它向那些忠誠守法的人宣示希望與喜樂,但對於干犯上帝律法的人卻顯露出嚴厲與忿怒。凡曾為基督犧牲一切的人,此時要得安全,似乎是藏身在耶和華帳幕的隱密處。他們已經受過試煉,而且在世人和那藐視真理者的面前,已證實自己是忠於那為他們而死的主。那些冒著死亡的威脅而堅守忠貞的人,此時要起一番奇妙的變化。

他們從那些變成鬼魔之人黑暗而可怕的壓制之下忽然被拯救出來。他們的臉色在不久之前是灰敗枯槁的，現在卻煥發著驚奇、信心和愛心。他們要高唱凱旋之歌：「上帝是我們的避難所，是我們的力量，是我們在患難中隨時的幫助。所以，地雖改變，山雖搖動到海心，其中的水雖匉訇翻騰，山雖因海漲而戰抖，我們也不害怕。」(詩46:1-3)

當這些表示聖潔信心的言語上升到上帝面前時，空中的烏雲便向四邊散開，顯出星光燦爛的諸天，具有說不出來的榮耀，與周圍黑暗而忿怒的烏雲形成對比。天國聖城的榮耀從半開的門戶中照射出來。隨後，天上忽然顯出一隻手，拿著合起來的兩塊法版。先知曾說：「諸天必表明祂的公義，因為上帝是施行審判的。」(詩50:6) 那聖潔的律法就是上帝的公義，從前曾在西乃山的雷轟和火焰中被宣佈為人生的指南，這時要顯現在世人眼前作為審判的標準。那一隻手揭開了法版，其中便顯出十條誡命，像是用火焰的筆寫成的。其中的字跡極為清楚，使人人都能閱讀。這時人們的記憶力要豁然甦醒，他們思想中所有迷信和異端的黑暗都要被掃除淨盡；上帝那簡明、廣泛而有權威的十誡，這時就要顯現在地上一切的居民眼前。

此時那些曾踐踏上帝神聖誡命的人心中的恐怖與絕望真是無法形容。上帝曾把祂的律法賜給他們，在他們還有悔改和自新的機會時，他們儘可將自己的品格與律法對照，並看出自己的缺點，然而他們為要博得世人的歡心，卻廢棄了律法的訓詞，還教導他人去干犯。他們曾逼迫上帝的子民褻瀆主的安息日。現在他們所藐視的律法便要定他們的罪。他們清楚地看出自己是無可推諉的。他們已經揀選自己所要事奉和敬拜的。「那時你們必歸回，將善人和惡人，事奉上帝的和不事奉上帝的，分別出來。」(瑪3:18)

敵對上帝律法的人——從牧師起直到他們中間最微小的為止，這時對於真理和義務就有了新的認識。他們看出第四誡的安息日乃是永生上帝的印記，但為時已晚。他們看出偽安息日的真相以及自己所用以建造的沙土根基，也已太遲了。他們發覺自己一直是在與上帝為敵。

宗教界的教師們自稱是引領人進入樂園之門，但實際上卻把他們帶到滅亡之地。我們非要到那最後清算的日子，才知道擔任聖職之人的責任是何等重大，以及他們不忠心的結果是多麼可怕！唯有在永恆的天國中，我們才能正確地估計一個人的沉淪是多麼大的損失。將來凡聽見上帝說「你們這作惡的僕人，離開我去吧」的人，他們的結局是極其悲慘的！

這時人要聽見上帝的聲音從天庭發出，宣告耶穌降臨的日子與時辰，並將永遠的約交給祂的子民。祂說話的聲音傳遍地極，像震動天地的雷轟一樣。上帝的以色列人站在那裡側耳傾聽，定睛望天。他們的臉上煥發著祂的榮耀，那光輝四射，就像古時摩西從西乃山下來時一樣。惡人不敢觀看他們。當上帝向那些因守安息日為聖而尊榮祂的人宣佈降福之時，便有一陣勝利的吶喊發出。

不久之後，在東方出現一小塊黑雲，約有人的半個手掌那麼大。這就是包圍著救主的雲彩，從遠方看上去，似乎是烏黑的。上帝的子民知道這就是人子的兆頭。他們肅靜地舉目注視，那雲彩越臨近地面，便越散發出光輝和榮耀，直到它變成一片大白雲，它底下的榮耀好像烈火，其上則有立約之虹。耶穌駕雲前來，作為一位大能的勝利者。這時祂不再是「常經憂患」的人，不再喝那羞辱和禍患的苦杯，而是天上地下的勝利者，要來審判活人與死人。祂「誠信真實」，「審判，爭戰，都按著公義」，並有「在天上的眾軍」跟隨祂 (啟19：11、14)。有不可勝數的大隊聖天使，歡唱天國的聖歌護送著祂。蒼穹似乎充滿了他們發光的形體，他們的數目有「千千萬萬」之多。人類的筆墨無法描述這情景，屬血氣的人也無法想像那輝煌的場面。「祂的榮光遮蔽諸天；頌讚充滿大地。祂輝煌如同日光。」(哈3：3、4) 當那活動的雲彩接近地面之時，眾目都要看見生命之君。這時，祂聖潔的頭上不再為那荊棘冠冕所污損，卻有榮耀的冠冕戴在祂神聖的額上。祂的容顏煥發出比正午的太陽更眩目、明亮的光彩。「在祂衣服和大腿上有名寫著說：『萬王之王，萬主之主。』」(啟19：16)

在祂面前，眾人的「臉面都變青了」，那永遠絕望的恐怖要籠罩在拒絕上帝恩典之人的身上。「人心消化，雙膝相碰」，「臉都變色。」(耶30：6；鴻2：10) 義人要戰兢說：「誰能站立得住呢？」天使的歌聲止息了，隨即有一刻可怕的沉寂。然後，主耶穌開口說：「我的恩典夠你用的。」於是義人的容貌煥發起來，他們的心中洋溢著喜樂。當天使再臨近地面的時候，他們便以更悠揚嘹亮的聲音重新歌唱。

萬王之王四圍發著烈火駕雲降臨了。天就被捲起來像書卷一樣，地在祂面前顫動，各山嶺海島都被挪移離開本位。「我們的上帝要來，絕不閉口。有烈火在祂面前吞滅；有暴風在祂四圍大颳。他招呼上天下地，為要審判祂的民」(詩50：3、4)。

「地上的君王、臣宰、將軍、富戶、壯士，和一切為奴的、自主的，都藏在山洞和巖石穴裡，向山和巖石說：『倒在我們身上吧！把我們藏起來，躲避坐寶座者的面目和羔羊的忿怒；因為他們忿怒的大日到了，誰能站得住呢？』」(啟6：15-17)

嘻笑和嘲弄之聲止息了；說謊的嘴唇也靜默無言。兵器相接和戰場喊殺的聲音，「戰士在亂殺之間」的喧嚷也都沉寂 (賽9：5)。此時所能聽見的，只有祈禱、哭泣和哀號之聲。在不久之前還在譏誚的人，此時便要呼號：「他們忿怒的大日到了，誰能站得住呢？」惡人寧願被埋在山嶺和巖石之下，而不願與他們藐視且拒絕的主見面。

他們知道那能穿透死人之耳的聲音。他們曾多次聽見這懇切溫柔的聲音呼召他們悔改。他們的朋友、弟兄和救贖主曾多次用這聲音勸他們。那聲音曾長久規勸他們說：「你們轉回，轉回吧！離開惡道，何必死亡呢？」(結33：11) 但此時這聲音在那些拒絕祂恩典的人聽來，只是充滿了譴責與痛斥的意義。他們巴不得這聲音是他們所從未聽過的。耶穌說：「我呼喚，你們不肯聽從；我伸手，無人理會；反輕棄我一切的勸戒，不肯受我的責備。」(箴1：24、25) 那聲音要喚醒他們的記憶，使他們想起他們巴不得能忘掉的事——就是他們藐視的警告，拒絕的請求

和輕看的特權。

在基督受辱時戲弄祂的人也要在那裡。他們要震驚地想起這位受難者的話；那時，大祭司曾起誓吩咐祂說話，祂便嚴肅地宣告說：「後來你們要看見人子坐在那權能者的右邊，駕著天上的雲降臨。」(太26：64) 現今他們果然看見祂在榮耀裡了，而且將來還要看見祂坐在全能者的右邊。

那些嘲笑祂自稱為上帝兒子的人，此時都啞口無言了。那裡有傲慢的希律，他曾譏誚耶穌的尊名，並吩咐輕慢的兵丁將冠冕戴在祂頭上。那裡也有一群人，他們曾用褻瀆的手把紫袍穿在祂身上，把荊棘冠冕戴在祂聖潔的額上，把假的權杖放在祂毫無抵抗的手中，並在祂面前用褻慢的話諷刺祂。那些曾經擊打祂，吐唾沫在生命之君臉上的人，此時就恨不能逃避祂那銳利的目光，並祂壓倒一切的榮耀。那些曾用釘子釘祂手腳的人，和那刺祂肋旁的兵丁，都要看見這些痕跡，而倍感驚慌與悔恨。

祭司與官長們都能極清楚地回憶當年髑髏地的情景。他們要戰慄恐懼地想起自己曾如何以猙獰的笑臉搖頭說：「祂救了別人，不能救自己。祂是以色列的王，現在可以從十字架上下來，我們就信祂。祂倚靠上帝，上帝若喜悅祂，現在可以救祂。」(太27：42、43)

他們清楚地回憶救主的比喻，論到園戶如何拒絕將收成交給主人，且還打傷他的僕人，殺死他的兒子。他們也記起自己所作的判決，說那葡萄園的主人「要下毒手除滅那些惡人」。在這不忠心之園戶的罪惡和刑罰上，祭司和長老們要看出自己的作風和應受的報應。此時他們要發出一陣極度痛苦的呼號。這悲慘絕望的哀聲，要比那從前在耶路撒冷街上所喊叫「釘祂在十字架上！釘祂在十字架上！」的聲音更大，說：「祂是上帝的兒子！祂是真彌賽亞！」他們急欲逃避這萬王之王的面。他們妄想逃到地的深處，就是那因自然的變動而裂開的地面，並藏身其中。

在一切拒絕真理之人的人生過程中，常有良心發現的時候；那時他們回憶一生的偽善，他們的心靈便因悔之晚矣而苦惱。這些感想若與那「驚恐臨到……好像狂風；災難來到，如同暴雨」(箴1：27)之日的痛悔比較起來，又算什麼呢？那些想要除滅基督和祂忠誠之民的人，這時要見到那加諸於對方身上的榮耀。惡人要在恐懼惶惑之中聽見聖徒歡樂的歌聲說：「看哪，這是我們的上帝；我們素來等候祂，祂必拯救我們。」(賽25：9)

在大地震動、閃電雷霆的轟鳴中，上帝兒子的聲音要喚醒睡了的聖徒。祂望著義人的墳墓，然後舉手向天喊道：「醒起，醒起，醒起，你們這睡在塵埃中的要起來！」從天涯到地極，死人要聽見那聲音；凡聽見的都要復活。那時從各國、各族、各方、各民中有人出來，聚成極大的隊伍，他們的腳步聲要響遍全地。他們要從死亡的監牢中出來，身上披著不朽的榮耀，呼喊著說：「死啊！你得勝的權勢在哪裡？死啊！你的毒鉤在哪裡？」(林前15：55)活著的義人和復活的聖徒要同聲發出經久而歡樂的勝利吶喊。

從墳墓中出來之人的身軀正如他們進墳墓時一樣。亞當站在復活的群眾當中，身形高大威嚴，只稍遜於上帝的兒子。他與後世的人形成了鮮明的對比，使人看出人類的身材體格是大大退化了。然而所有復活的人都賦有永遠青春的精力。最初，人是按著上帝的形像造的；不但在品格，同時也在形像和容貌上與上帝相似。後來罪惡幾乎完全毀損了那神聖的形像，但基督的到來恢復所失去的一切。祂要改變我們這污穢卑賤的身體，像祂自己的榮耀身體一樣。這必死、敗壞、醜惡並一度為罪所污穢的身體，要變成完全、美麗和不朽壞的。一切瑕疵與殘缺都已留在墳墓之中。蒙救贖的子民要吃那久已失落之伊甸園生命樹的果子，便「出來跳躍」(瑪4：2)，回復成人類在起初的榮耀中所有的身量。罪的咒詛所留下的殘痕餘跡都要完全消除，基督忠心的子民要在「耶和華我們上帝的榮美之中」顯現，在意識、心靈和身體三方面反照耶和華的完全形像。唉，奇哉救恩！久被人所談論，久為人所敬仰，並

用熱切期盼的心情冥思默想,但始終不為人完全領會。

活著的義人要在「一霎時,眨眼之間」改變。上帝的聲音已使他們得榮耀;現在他們要變為不朽的,且要與復活的聖徒一同被提到空中,與他們的主相遇。天使要將主的選民「從四方,從天這邊,到天那邊,都招聚了來」。天使要將小孩子送到他們慈母的懷抱裡。因死亡而久別的親友要團聚,永不再分離,隨後他們要唱著歡樂的詩歌,一同升到上帝的城裡。

在雲車的兩邊都有翅膀,在車下有活輪;當車上升的時候,車輪要發出喊聲,說「聖哉」,翅膀飛動的時候也要發聲,說「聖哉」,隨行的大隊天使也要喊叫說「聖哉,聖哉,聖哉,全能主上帝」!當車輦向新耶路撒冷上升的時候,得救的子民要歡呼說「哈利路亞」!

在進入上帝的聖城之前,救主要把勝利的徽號賜給跟從祂的人,並將王室的標記授與他們。光明燦爛的行列要在他們的王四圍集成中空的方陣,祂的形像尊嚴高大,超乎眾天使和聖徒之上;祂的臉向他們表示慈祥的愛。那多不勝數的蒙贖群眾目不轉睛地注視著祂,眾目要仰望那從前「面貌比別人憔悴,形容比世人枯槁」者的榮耀。耶穌要親自用右手把冠冕戴在每一個得救的人頭上。每個人都有一頂冠冕,上面刻著自己的「新名」(啟2:17) 和「歸耶和華為聖」的字樣。有勝利者的棕樹枝和光亮的金琴交在每一個人手中。當司令的天使帶頭奏樂時,人人的手便要巧妙地撥動琴弦,發出和諧嘹亮的甜美音樂。各人心中洋溢著莫可言宣的歡樂熱情,一齊揚起感恩的頌讚:「祂愛我們,用自己的血使我們脫離罪惡,又使我們成為國民,作祂父上帝的祭司。但願榮耀、權能歸給祂,直到永永遠遠。」(啟1:5、6)

在得贖的群眾面前有聖城出現。耶穌便打開珍珠的門,讓謹守真理的國民進去。他們在那裡要見到上帝的樂園,就是亞當未曾犯罪時的家鄉。隨後有聲音發出,這聲音比人類耳朵曾經聽過的任何音樂更為甜美,說:「你們的爭鬥終止了」、「你們這蒙父賜福的,可來承受那

創世以來為你們所預備的國。」

救主曾為門徒禱告說：「願祢所賜給我的人，也同我在那裡。」這禱告此時便應驗了。基督要把自己寶血贖回的、「無瑕無疵、歡歡喜喜站在祂榮耀之前」(猶24)的人獻給天父說：「我和祢所賜給我的兒女都在這裡。」、「祢所賜給我的人，我已保全了。」奇哉，救贖之愛！當無窮之父垂看這些蒙贖的子民，並在他們的身上看見自己的形像時——罪的雜音已經消滅，它的咒語已經解除，人類再次與上帝和好，那將是何等快樂的時辰啊！

耶穌用說不出口的愛歡迎祂忠心的子民來「享受他主人的快樂」。救主的快樂是因為祂能在榮耀的國裡見到那些因祂的痛苦和羞辱得救的人。得救的子民也要分享這快樂，因為他們要見到在這些蒙福的人中，有一些是由於他們的禱告、勞苦和仁愛的犧牲而歸向基督的。當他們聚集在那偉大的白色寶座之前，他們要看到自己所引領歸向基督的人，並要發現這些人又帶領別人，而別人又領了更多的人，一齊來到這永久安息的天鄉，在那裡他們摘下冠冕放在耶穌腳前，並永遠頌讚祂，這時他們心中就要盈溢著莫可言喻的喜樂。

當得贖的人受邀進入上帝聖城時，空中便要發出一陣頌讚的歡呼。兩個亞當將要相會。上帝的兒子站在那裡伸手擁抱人類的始祖——亞當；他原是祂所造的，後來犯罪干犯了創造主，他的罪曾使救主的身體受到十字架的釘痕。在亞當看見這殘酷的釘痕時，他不敢投身在主的懷中，只是謙卑抱愧地俯伏在祂腳前，說：「被殺的羔羊是配得權柄的！」救主溫柔地把他扶起來，叫他再看伊甸的家鄉，就是他告別已久的老家。

自從亞當被逐出伊甸之後，他在世上的生活是充滿憂患的。每一片凋殘的樹葉，每一個獻祭的犧牲，以及自然美景中的每一個創痕，人類純潔品性上的每一個污點，都曾使亞當清楚地想起自己的罪來。當他見到地上惡貫滿盈，聽見世人怎樣拒絕他的警告，斥責他為罪惡的

禍首時，他的悔恨悲傷是非比尋常的。他曾謙卑忍受犯罪的刑罰近乎一千年之久。他曾誠懇實在地痛悔己罪，信靠上帝所應許之救主的功勞，並懷著復活的希望而死。現在上帝的兒子已經救贖了人類的失敗和墮落；所以藉著祂贖罪和好的工作，祂已能夠使亞當恢復他起初的治理權。

亞當喜出望外地看到自己從前所喜愛的樹木，這些樹上的果子是他在無罪而快樂的日子中所摘取吃用的。他見到自己親手修理過的葡萄樹，和自己曾愛護的花卉。他充分地體會到當前的真實，也認明這確實是恢復了的伊甸園，並且比他被逐出時更為美麗可愛。救主領他到生命樹前並摘下那榮美的果子讓他嚐。他觀看周圍的情景，只見蒙贖的子子孫孫都站在上帝的樂園中。於是他摘下閃爍的冠冕，放在耶穌腳前，並投身在祂的懷裡，擁抱著救贖主。隨後他彈奏金琴，廣大的穹蒼便響應那凱旋之歌：「被殺而又活的羔羊，是配得榮耀的！」然後，亞當的全家都同聲歌唱，把自己的冠冕放在救主腳前，俯伏崇拜。

眾天使都看見了這次的團聚；在亞當墮落時，他們曾為他痛哭流淚，及至耶穌復活升天，為一切信靠祂名的人敞開墳墓之後，他們便為之歡喜快樂。現今他們既見到救贖之工已經完成，便要同聲頌讚。

在寶座之前的玻璃海彷彿有火花在其中閃爍，因上帝的榮耀而極其輝煌；聚集在其上的群眾，就是那已經「勝了獸和獸的像並牠名字數目的人」(啟15：2)。那從人間贖回來的十四萬四千人，要與羔羊同站在錫安山上；他們手裡「拿著上帝的琴」，隨即有聲音發出，「像眾水的聲音和大雷的聲音，並且我所聽見的好像彈琴的所彈的琴聲。」(啟14：1-5；15：3) 他們要在寶座前唱出「新歌」；這歌除了那十四萬四千人之外，沒有人能學這歌。這是摩西和羔羊的歌，是一首拯救的歌，這乃是他們的經驗之歌——其中所敘述的經驗是他人未曾經歷的。「羔羊無論往那裡去，他們都跟隨他。」這些人是從世界上活著的人中變化升天的，要被算為「初熟的果子，歸與上帝和羔羊」。「這些人是從大患難中出來的」，他們曾經歷過那從有國以來最大的艱難；他們已經忍受了雅

各大患難的困苦；他們曾在上帝傾降最後刑罰和人類沒有中保之時堅定站立。這時他們已經蒙了拯救；是因為「曾用羔羊的血把衣裳洗白淨了」(啟7：14)。「在他們的口中查不出謊言來；他們是沒有瑕疵的」(啟14：5) 站在上帝面前。「所以，他們在上帝寶座前，晝夜在祂殿中事奉祂。坐寶座的要用帳幕護庇他們。」他們已經看見地球被飢荒和瘟疫所蹂躪，太陽發出炙熱灼人，並且他們自己也曾忍受患難和飢渴之苦。但今後「他們不再飢，不再渴；日頭和炎熱必不傷害他們。因為寶座中的羔羊必牧養他們，領他們到生命水的泉源；上帝也必擦去他們一切的眼淚」(啟7：15-17)。

在各世代中，救主的選民都是在試煉的學校中受過教育和訓練的。他們曾在世上行走窄路，也曾在患難的火爐中被煉淨。他們曾為耶穌的緣故忍受反對、惱恨和譭謗。他們曾在鬥爭和痛苦中跟從祂，也曾堅忍克己並經驗痛苦和失望。由於他們自己的痛苦經驗，他們看出了罪的邪惡、權勢和禍害；因此他們真心憎厭罪惡。他們既體會到救主用以消除罪惡的無窮犧牲，他們就自卑虛己，心中充滿感恩和讚美；這種心情不是那些未曾犯罪墮落的生靈所能體會到的。因為他們蒙基督的赦免多，所以他們的愛也多。他們已經與基督一同受苦，所以也配分享祂的榮耀。

上帝的後嗣是從角樓、草舍、地窖、死刑台、荒山、曠野、地洞和海底出來的。他們在世之時，曾飽受窮乏、患難和苦害。千百萬人曾因堅絕不肯順服撒但的欺騙主張，而死於臭名之上。在世人的審判廳中，他們曾被判為最惡劣的罪犯。但現在「上帝是施行審判的」(詩50：6)。世人的判決被祂推翻了。祂又「除掉普天下祂百姓的羞辱」(賽25：8)，「人必稱他們為『聖民』，為『耶和華的贖民』」；上帝要定規「賜華冠與錫安悲哀的人，代替灰塵；喜樂油代替悲哀；讚美衣代替憂傷之靈」(賽62：12；61：3)。他們不再是軟弱、受苦、離散、被壓迫的了。從此以後，他們永遠與上帝同在。他們站在寶座之前，身上披著華麗的衣袍，勝過世上最尊貴之人所穿的。他們頭戴王冠，其榮美過於人間帝王所戴的。

痛苦流淚的日子從此永遠終止。榮耀之君已擦去各人臉上的眼淚；一切憂苦的因素都被消滅了。在棕樹枝條揮舞之下，他們要唱出清亮、甜蜜、和諧的讚美之歌；每個聲音極其雄壯悠揚，響徹穹蒼，「願救恩歸於坐在寶座上我們的上帝，也歸於羔羊！」隨即有天庭全體響應說：「阿們！頌讚、榮耀、智慧、感謝、尊貴、權柄、大力都歸於我們的上帝，直到永永遠遠。」(啟7：10，12)

在今生，我們只能明白這奇妙救恩之道的開端。我們縱然憑著有限的理解力，熱切地思考那集中在十字架上的羞辱與榮耀，生命與死亡，公義與慈憐；但無論如何，我們總不能充分明瞭其全部意義。對於救贖大愛的長闊高深，我們今日只能模糊地看到一點。但即使到了得贖之民能察看如同主察看他們、知道如同主知道他們的時候，這救贖計畫仍然是人無法完全明白的；不過在永恆的歲月中，新的真理要不住地向他們那驚奇而愉快的思想揭示。地上的憂患、痛苦和試探等雖已終止，而且那造成一切的禍根都已清除了，但上帝的子民仍要永遠清楚地明白救恩的代價是何等重大！

在那永恆的歲月中，基督的十字架要作為得贖子民的學問與詩歌。在得了榮耀的基督身上，他們要看出被釘十字架的基督。他們永不忘記那位創造並托住無數世界的主，上帝的愛子，天庭的君王，那發光的撒拉弗樂意尊重的神——曾屈尊虛己來拯救墮落的人類；他們永不忘記祂曾擔負罪的刑罰和羞辱，以致天父掩面不忍看祂，直到這淪亡世界的禍患使祂心碎，並在髑髏地的十字架上壓碎了祂的生命。祂是宇宙諸世界的創造主，是一切命運的支配者，竟願因愛人而撇棄自己的榮耀並親自忍受屈辱，這是要使宇宙眾生永遠感到驚奇而加倍崇敬的。當蒙救的眾民看到自己的救贖主，並看見祂的臉上煥發著天父永遠的榮耀，又目睹祂永遠長存的寶座，並且知道祂的國度是永無窮盡的時候，他們就要唱出歡樂的詩歌，說：「那曾被殺，而藉著祂的寶血救我們歸於上帝的羔羊，是配得榮耀的！」

十字架的奧祕足以解釋一切其他的奧祕。在髑髏地所發出的光輝

中，那曾使我們驚慌畏懼的上帝之品性，就要顯得美麗而慈愛了。同時也使人看出：在上帝的聖潔、公正和權柄之中，都含有憐憫、溫柔和父母般的慈愛。我們一面見到祂寶座的威嚴高大，一面也可看到祂品德的慈悲，便能比過去更清楚地體會到「我們的父」這個親密的名稱有何意義。

到那時我們便要看出：這位具有無窮智慧的主，除了犧牲自己的兒子以外，是沒有別的方法能救我們的。這種犧牲的報酬就是祂能歡喜見到地上住滿了聖潔、快樂和不死的贖民。救主與黑暗權勢爭戰的結果就是蒙救之子民的歡喜，使上帝因而得榮耀，直到永永遠遠。這就說明天父是何等重視人的價值，甚至情願付出這樣的代價，並且基督也要因見到自己所作之重大犧牲產生果效而心滿意足。

第四十一章
全地荒涼

「因她的罪惡滔天；她的不義，上帝已經想起來了。……按她所行的加倍的報應她；用她調酒的杯加倍的調給她喝。她怎樣榮耀自己，怎樣奢華，也當叫她照樣痛苦悲哀，因她心裡說：我坐了皇后的位，並不是寡婦，絕不至於悲哀。所以在一天之內，她的災殃要一齊來到，就是死亡、悲哀、饑荒。她又要被火燒盡了，因為審判她的主上帝大有能力。地上的君王，素來與她行淫、一同奢華的，看見燒她的煙，就必為她哭泣哀號。……說：哀哉！哀哉！巴比倫大城，堅固的城啊，一時之間妳的刑罰就來到了。」(啟18：5-10)

「地上的客商」曾經「因她奢華太過就發了財」。此時也「因怕她的痛苦，就遠遠地站著哭泣悲哀，說：哀哉！哀哉！這大城啊，素常穿著細麻、紫色、朱紅色的衣服，又用金子、寶石，和珍珠為妝飾。一時之間，這麼大的富厚就歸於無有了」(啟18：3，15-17)。

這就是在上帝發怒之日要降在巴比倫身上的刑罰。她的惡貫已經滿盈；她的時候已經到了，遭受毀滅的時機已經成熟。

當上帝的聲音使祂被擄的子民「從苦境轉回」之時，那些在人生的大鬥爭中已經完全失敗的人必要恍然大悟。在恩典時期尚未結束時，他們一直被撒但的欺騙所蒙蔽，以為自己罪惡的行徑是合理的。富足的人以養尊處優自豪，看自己比貧窮的人高出一等；殊不知他們的資

財是由於干犯上帝的律法而得來的。他們沒有使飢餓的人有食物吃，赤身的人有衣服穿，沒有以公義待人，也沒有以慈悲為懷。他們一心高抬自己，為要博得眾人的崇敬。現在上帝已經剝奪那使他們成為尊大的一切，以致他們落在困乏和沒有保障的境地。他們眼看自己一度所重視過於創造主的偶像全遭毀滅，便驚懼萬狀。他們已經為屬世的財富與享樂而出賣了自己的靈魂，卻沒有努力在上帝面前成為富足。結果，他們的人生是失敗的；他們的宴樂變成苦膽，他們的財寶化為朽爛。一生的收穫轉眼成空。富人要因自己壯麗宅第的毀滅和金銀的四散而慟哭。但他們因怕自己將與偶像一同滅亡而抑制了他們的哀號。

那時惡人要滿心悔恨，不是因為自己對神對人沒有盡到義務，乃是因為上帝已經得勝。他們為這場爭戰的結果而悲傷，卻不痛悔自己的罪惡。如果他們還有得勝的希望，他們就必定要作最後的掙扎。

那時世人將眼見自己所嘲笑、侮蔑並蓄意除滅的人安然度過瘟疫、暴風和地震等浩劫，且毫髮無傷。上帝對於干犯祂律法的人降下的乃是滅命的烈火，對於自己的子民，卻是一所安全的帳幕。

那些曾犧牲真理去博得世人歡心的牧師，這時要察覺自己教導的真相和影響。他們要看出當自己站在講台上，行在街道上，並在生活的種種場合中與人接觸的時候，都有一雙無所不見的眼睛在旁鑑察。那令人苟安於虛偽之避難所中的每一個感想，每一節著作，每一句話語和每一件行為，都已成為播撒出去的種子；現今在這些圍繞他們的悲慘喪亡旳人中，他們可以看到自己的收穫了。

主耶和華說：「他們輕輕忽忽地醫治我百姓的損傷，說：平安了！平安了！其實沒有平安。」、「我不使義人傷心，你們卻以謊話使他傷心，又堅固惡人的手，使他不回頭離開惡道得以救活。」(耶8：11；結13：22)

「耶和華說：『那些殘害、趕散我草場之羊的牧人有禍了！……我必討你們這行惡的罪。』」、「牧人哪，你們當哀號，呼喊；群眾的頭目啊，你們要滾在灰中；因為你們被殺戮分散的日子足足來到。……牧人

無路逃跑；群眾的頭目也無法逃脫。」(耶23：1、2；25：34、35)

那時一般傳道人和民眾都要看出自己素來沒有與上帝保持正當的關係。他們要看出自己曾背叛那創立一切公平正義律法的主。他們因廢棄了上帝的典章，便為邪惡、不睦、仇恨、罪孽等敞開了門戶，直到全地成了廣大的戰場和腐敗的淵藪。這就是那些曾拒絕真理並喜愛謬道的人此時所要見到的情景。那些不順從、不忠心的人，對於自己已經喪失的永生，心中感到說不出的渴望。那些曾因自己的能幹和口才受人崇拜的人，這時便要看明此事的真相了。他們要看出自己因犯罪而喪失的究竟是什麼；於是他們俯伏在那些曾被他們輕視嘲笑的忠心聖徒腳前，並承認上帝是愛這些人的。

那時，人們要看出自己受了欺騙。他們群起互相控告，申斥那曾引誘他們進入滅亡之途的人；他們要聯合一致且極其怨恨地責難他們的傳道人。這些不忠心的傳道人曾說了許多甜言蜜語，使聽眾廢棄上帝的律法；他們曾逼迫那些要保守律法之神聖性的人。現今這些傳道人在絕望之中要向世人承認自己所做下的欺騙。那時，群眾要忿怒填胸，喊叫說「我們滅亡了！而你是叫我們遭毀滅的禍首」，於是他們就要攻擊這些虛偽的牧者。那些一度最崇拜他們的人，這時倒要向他們發出最惡毒的咒罵。那曾一度將桂冠加在他們頭上的手，這時要舉起來毀滅他們。那原先要用來殺戮上帝子民的利劍，這時卻要調轉劍鋒，殺害他們的敵人。各處都要興起爭鬥和流血的事。

「必有響聲達到地極，因為耶和華與列國相爭；凡有血氣的，祂必審問；至於惡人，祂必交給刀劍。」(耶25：31) 這大鬥爭已經進行六千年之久；上帝的兒子和天庭的使者曾與那惡者的權勢爭戰，為要警告、開導並拯救人類。現在眾人都已經自行決定；惡人已經誓死與撒但聯合，抗拒上帝。現在時辰已到，上帝要維護祂那被踐踏之律法的權威。此後祂不單要與撒但鬥爭，同時也與世人相爭了。正如經上所說：「耶和華與列國相爭」，「至於惡人，祂必交給刀劍。」

得救的記號已經畫在「那些因城中所行可憎之事嘆息哀哭的人」的額上。這時那滅命的天使便要出發，正如先知以西結在異象中所見的情形，「手拿殺人的兵器」，並奉命「要將年老的、年少的，並處女、嬰孩，和婦女，從聖所起全都殺盡，只是凡有記號的人不要挨近他。」先知說：「於是他們從殿前的長老殺起。」(結9：1-6)這個毀滅的工作要在那些自命為民眾靈性保護者的身上開始。這些虛偽的守望者要先仆倒；那時再沒有人憐惜並饒恕他們。男人、女人、處女和小孩，盡都滅絕了。

「耶和華從祂的居所出來，要刑罰地上居民的罪孽。地也必露出其中的血，不再掩蓋被殺的人。」(賽26：21)「耶和華用災殃攻擊那與耶路撒冷爭戰的列國人，必是這樣；他們兩腳站立的時候，肉必消沒，眼在眶中乾癟，舌在口中潰爛。那日，耶和華必使他們大大擾亂。他們各人彼此揪住，舉手攻擊。」(亞14：12、13)在他們自己暴性衝動的瘋狂殘殺之下，再加上上帝所傾降的、可怕而純一不雜的忿怒，地上的惡人——祭司、官長，不分貧富貴賤，都要倒下。「到那日，從地這邊直到那邊都有耶和華所殺戮的。必無人哀哭，不得收殮，不得葬埋，必在地上成為糞土。」(耶25：33)

在基督降臨的時候，惡人要全數從地面上被除滅，他們要被祂口中的氣所滅絕，並要被祂的榮光所擊殺。基督要帶領祂的子民進入上帝的聖城，於是全地荒涼，無人居住。「看哪，耶和華使地空虛，變為荒涼；又翻轉大地，將居民分散。」、「地必全然空虛，盡都荒涼；因為這話是耶和華說的。」、「地被其上的居民污穢；因為他們犯了律法，廢了律例，背了永約。所以地被咒詛吞滅；住在其上的顯為有罪。地上的居民被火焚燒，剩下的人稀少。」(賽24：1，3，5、6)

全地要呈現一片淒涼荒廢的景象。被地震毀滅的城邑和鄉村，因狂風拔出來的樹木，遭海嘯和地震拋出來的巖石，狼藉四散，同時還有許多寬闊的溝穴，乃是大山被挪離本位時所造成的。

這時發生的事論示著最後一次贖罪日的莊嚴儀式。至聖所中的服事既已完成，以色列人的罪藉贖罪祭牲的血從聖所裡遷移出來之後，他們便將那屬於阿撒瀉勒的公山羊活活地獻在上帝面前；大祭司就要在會眾面前按手在羊頭上，「承認以色列人諸般的罪孽過犯，就是他們一切的罪愆，把這罪都歸在羊的頭上。」(利16：21) 照樣，在天上聖所中贖罪的工作完成之後，上帝子民的罪要當著上帝與眾天使和得救群眾的面前，被放在撒但頭上，並要宣佈一切的罪惡全要歸他負責。古時阿撒瀉勒的山羊如何被帶到杳無人煙之地，照樣，撒但將來也要被放逐到荒涼的地上，就是那無人居住且淒涼荒廢的廣大曠野中。

〈啟示錄〉的作者曾預言到撒但被放逐，以及地球荒涼的慘景；他也說明這個情形要延續一千年之久。在他描述了基督復臨和除滅惡人的情景之後，便接著說：「我又看見一位天使從天降下，手裡拿著無底坑的鑰匙和一條大鍊子。他捉住那龍，就是古蛇，又叫魔鬼，也叫撒但，把牠捆綁一千年，扔在無底坑裡，將無底坑關閉，用印封上，使牠不得再迷惑列國。等到那一千年完了，以後必須暫時釋放牠。」(啟20：1-3)

這裡所說的「無底坑」乃是指著那處於空虛混沌中的地球而言，關於地球「起初」的狀態，聖經說：「地是空虛混沌，淵面黑暗。」(創1：2) 先知的預言告訴我們，這地球將來要恢復先前的荒涼，至少幾乎是如此。先知耶利米曾展望到上帝的大日，說：「我觀看地，不料，地是空虛混沌；我觀看天，天也無光。我觀看大山，不料，盡都震動，小山也都搖來搖去。我觀看，不料，無人；空中的飛鳥也都躲避。我觀看，不料，肥田變為荒地；一切城邑在耶和華面前，因祂的烈怒都被拆毀。」(耶4：23-26)

撒但和他的惡使者便要以此荒涼的地球為家，達一千年之久。他被拘禁在這地上，不能到別的星球去試探並攪擾那些從未墮落的生靈。這就是撒但被捆綁的意思；地上既然沒有留下任何一個人，他也就陷於無用武之地。歷代以來，他們引以為樂的欺騙和破壞，這時就全被禁絕了。

先知以賽亞展望到撒但覆滅之時的情景說：「明亮之星，早晨之子啊，你何竟從天墜落？你這攻敗列國的何竟被砍倒在地上？你心裡曾說：我要升到天上；我要高舉我的寶座在上帝眾星以上；……我要與至高者同等。然而，你必墜落陰間，到坑中極深之處。凡看見你的都要定睛看你，留意看你，說：使大地戰抖，使列國震動，使世界如同荒野，使城邑傾覆，不釋放被擄的人歸家，是這個人嗎？」(賽14：12-17)

六千年之久，撒但的叛逆工作，已「使大地顫抖」，他已「使世界如同荒野，使城邑傾覆」，他又「不釋放被擄的人歸家」。六千年來，他一直將上帝的子民拘押在他的監牢中，恨不能把他們永遠囚禁，但基督已經掙斷他加諸於人類身上的捆綁，使被擄的得釋放。

這時連惡人也已脫離了他的權勢；只有他自己與惡使者留在地上，在那裡覺察罪惡的咒詛所造成的慘況。「列國的君王俱各在自己陰宅(墳墓)的榮耀中安睡。惟獨你被拋棄，不得入你的墳墓，好像可憎的枝子，……你不得與君王同葬；因為你敗壞你的國，殺戮你的民。」(賽14：18-20)

在此一千年間，撒但要在荒涼的地上來回飄蕩，目睹他反抗上帝律法的後果。在這時期中，他所受的痛苦是極為劇烈的。自從他墮落以來，他那種汲汲營營的生活使他一直沒有反省的機會；但現在他的權勢已被剝奪，他就有功夫來反省自己從起初反叛天庭政權以來的行為，並且戰兢恐懼地看見那悲慘可怖的將來，那時他必須為他所犯的一切罪惡受苦，並因自己鼓動別人去犯的罪受刑。

上帝的子民對於撒但被捆綁卻要歡喜快樂。先知說：「當耶和華使你脫離愁苦、煩惱，並人勉強你作的苦工，得享安息的日子，你必題這詩歌論巴比倫王(指撒但)說：欺壓人的何竟息滅？強暴的何竟止息？耶和華折斷了惡人的杖，轄制人的主，就是在忿怒中連連攻擊眾民的，在怒氣中轄制列國，行逼迫無人阻止的。」(賽14：3-6)

在第一次與第二次復活之間的一千年中，要進行審判惡人的工

作。使徒保羅曾指明這場審判乃是基督復臨之後所發生的事。他說：「時候未到，什麼都不要論斷，只等主來，祂要照出暗中的隱情，顯明人心的意念。」(林前4：5) 先知但以理說，當亙古常在者來臨時，祂要「給至高者的聖民伸冤」(但7：22)。這時，義人要作上帝的祭司，並與祂一同作王。約翰在〈啟示錄〉中說：「我又看見幾個寶座，也有坐在上面的，並有審判的權柄賜給他們。」、「他們必作上帝和基督的祭司，並要與基督一同作王一千年。」(啟20：4，6) 保羅所預言的「聖徒要審判世界」(林前6：2)，就是在這個時候。他們要與基督一同審判惡人，把他們的行為與上帝的法典——聖經——互相對照比較，並按各人所行的定案。然後又照惡人的行為決定他們所當受的處分，並在死亡冊中將之記在他們的名字下面。

撒但和惡天使也要受基督和祂子民的審判。保羅說：「豈不知我們要審判天使嗎？」(林前6：3) 猶大也曾說：「又有不守本位、離開自己住處的天使，主用鎖鍊把他們永遠拘留在黑暗裡，等候大日的審判。」(猶6)

及至一千年的末了，便是第二次的復活。那時惡人要從死裡復活，在上帝面前受那「所記錄的審判」。正如蒙啟示的約翰在描寫義人復活之後所說的：「其餘的死人還沒有復活，直等那一千年完了。」(啟20：5) 先知以賽亞也曾提到這些惡人說：「他們必被聚集，像凶犯被聚在牢獄中，並要囚在監牢裡，多日之後便被討罪。」(賽24：22)

第四十二章
善惡之爭終結

在一千年的終點，基督將再度降臨人間。祂要與得贖的群眾一同降臨，並有天使護送他們。當祂在極其顯赫的威嚴中到來時，祂要吩咐一切死了的惡人復活受報應。他們從墳墓裡出來，勢聲浩大，人數多如海沙。他們與那些第一次復活的人相較，其對比是多麼強烈啊！義人復活時是披著永存不朽的青春與美麗，而惡人復活則帶著疾病與死亡的痕跡。

這廣大的群眾都要轉眼注視上帝聖子的榮耀。這些惡人同聲喊叫說：「奉主名來的有福了！」這個呼喊並不是出於敬愛耶穌的心，而是因真理的力量迫使他們不得不說出這話來。惡人從前進入墳墓的時候怎樣，現在從墳墓裡出來仍是一樣。他們依舊仇恨基督並懷有反叛的精神。他們不得再有什麼新的恩典時期可以彌補生前的虧欠了。即或他們有這樣的機會，也是無濟於事。因為他們已經終身犯罪作惡，心地剛硬不化。縱然再一次賜給他們恩典時期，他們還是會像前一次一樣，逃避守上帝誡命的責任，並發動叛逆來反抗祂。

基督要降臨在橄欖山上。祂昔日復活後曾從這個地方升天，並有天使在這裡重申祂復臨的應許。先知也曾預言說：「耶和華──我的上帝必降臨，有一切聖者同來。」、「那日，祂的腳必站在耶路撒冷前面朝東的橄欖山上。這山必從中間分裂，……成為極大的谷。」、「耶和華必作全地的王。那日耶和華必為獨一無二的。」(亞14：5，4，9) 當那光耀奪

目、輝煌無比的新耶路撒冷從天降下，落在這塊已潔淨並預備妥當的地方時，基督便要帶著祂的子民和眾天使進入聖城。

這時撒但便著手預備進行一次最後的大鬥爭，設法爭取優勢。在一千年的時期中，這邪惡君王的權力被剝奪、無法再進行迷惑人的工作時，他是悲慘頹喪的；及至死了的惡人復活之後，他眼見這集結擁護他的人山人海，他的野心便死灰復燃，他決心在這場大鬥爭中頑抗到底。他要招聚一切不能得救的人來到他的旗幟之下，並要利用他們去執行他的計畫。惡人都是撒但的俘虜；他們既已拒絕基督，就接受了叛逆之首的統治。他們隨時願意接受他的建議，執行他的命令。他依然是老奸巨滑，不承認自己是撒但。他宣稱自己是這世界合法的君主，而他的國權曾遭到非法強奪。他對那些受他迷惑的人說自己是他們的救贖主，並堅稱他的能力已經使他們從墳墓裡出來，並且他將要拯救他們脫離最殘酷的暴政。基督既不在他們中間，撒但便施行許多奇蹟來證明自己的說法。他使軟弱的變為剛強，並把自己的精神和能力灌輸給眾人。他倡議要領導他們去進攻聖徒的陣營，佔領上帝的城。他滿面獰笑，洋洋自得，指著那從死裡復活的無數群眾，宣稱有自己作為他們的首領，足能攻陷聖城，並奪回他的寶座和國度。

在這廣大的群眾中，有許多是洪水以前壽命很長的人種；他們身材魁梧，智力卓越，他們曾服從那些墮落天使的管轄，竭盡心機高抬自己；他們曾創作精巧的藝術品，令世人崇拜他們的天才，但同時他們的殘酷和許多邪惡的發明也污穢了全地，並損毀了上帝的形像，以致祂必須將他們從地上除滅。在這次復活的人中還有許多曾經征服列國、百戰百勝的君王和將領；他們都是英勇無比、野心勃勃的戰士，平生聲勢煊赫，所向無敵。他們在死亡之中並沒有經受任何的改變。所以他們死時想的是什麼，從墳墓中出來時想的仍是什麼。那在他們生前策動他們去征服世界的欲望，此時又在他們心中燃起。

撒但先同自己的眾使者密謀，然後再和這些君王、雄主及偉人商議。他們誇耀自己的實力和人數，並宣稱聖城中的隊伍比較弱小，所以

是可以被消滅的。於是他們計劃要奪取新耶路撒冷城的財富和榮美。他們全體立即動員起來準備作戰。精巧的工匠製造各種武器。素負盛名的軍事家把這些好戰的群眾組織成軍隊。

最後進攻的命令終於發出，這數不盡的軍旅便向前邁進。這一支軍隊極其強大，其規模是地上任何征服者從未帶領過的，即使把地上自有戰事以來的歷代武力結合起來，也無法與之比擬。最強大的戰士撒但在前領隊，他的眾使者集合全力，參加這最後的戰役。世上的君王和戰士都在他們的行列之中，其後還有無數的群眾，各隨其指定的軍長前進。在嚴密的組織之下，各級軍旅在崎嶇不平的地面上向上帝的聖城進攻。耶穌要發出命令，新耶路撒冷的各城門便關閉了，於是撒但隊伍前來包圍，準備攻城。

這時，基督又要在祂的敵人眼前出現。遠在聖城的上方有一個高大的寶座，其根基是發亮的精金。上帝的聖子要坐在這個寶座上，祂國度的子民要侍立在祂周圍。基督的權力和威嚴是言語不能形容、筆墨也無法描繪的。有永生之父的榮耀環繞祂的聖子。祂臨格的榮光要充滿上帝的城，並照出城外，使全地都充滿光輝。

最靠近寶座的是那些曾一度熱心為撒但效勞，後來像「從火中抽出來的一根柴」一樣，以深切的熱誠獻身跟從救主的人。其次就是那些曾在虛偽和不信的環境中養成基督化品格的人，也就是那些在基督教界宣告廢棄上帝律法之時仍然尊重祂誡命的人，還有歷代以來為信仰殉道的千萬群眾。此外還有「許多的人，沒有人能數過來，是從各國、各族、各民、各方來的，站在寶座和羔羊面前，身穿白衣，手拿棕樹枝」(啟7：9)，他們的戰爭已經結束並獲得勝利。他們已經跑盡當跑的路並得到獎賞。他們手中的棕樹枝是他們勝利的徽號，白衣則表明基督無瑕疵的公義現今已經是他們的了。

蒙贖的群眾揚聲頌讚，歌聲響徹穹蒼：「願救恩歸於坐在寶座上我們的上帝，也歸與羔羊！」(啟7：10) 天使和撒拉弗也同聲讚美。得救的

群眾既看到撒但的權勢和惡毒，他們就空前地認識到：唯有基督的能力才使他們得了勝利。在這一隊輝煌的群眾中，沒有一個人將救恩的功勞歸於自己，或以為他們是靠自己的能力和善行得勝的。他們自己所行的事、受的苦，他們一字不提；每首詩歌的疊句，每句頌讚的中心都是：「願救恩歸與上帝，也歸與羔羊！」

在天上和地上眾生的大會之前，上帝聖子最後的加冕典禮開始了。於是那承受了最高威嚴和權力的萬王之王便向那些反抗祂政權的叛徒宣告判決，並向一切干犯祂律法並壓迫祂子民的人施行公義。上帝的先知預言說：「我又看見一個白色的大寶座與坐在上面的；從祂面前天地都逃避，再無可見之處了。我又看見死了的人，無論大小，都站在寶座前。案卷展開了，並且另有一卷展開，就是生命冊。死了的人都憑著這些案卷所記載的，照他們所行的受審判。」(啟20:11、12)

當案卷展開，而耶穌的慧眼定睛望著惡人時，他們立刻感悟到自己所犯過的每一件罪惡。他們看出自己曾在何時何地偏離了那純潔神聖的道路，以及驕傲與反叛的精神如何使他們干犯了上帝的律法。他們過去如何因縱慾作惡而助長試探的勢力，如何濫用上帝所賜的福，藐視上帝的使者，並拒絕祂的警告，以及他們剛硬不化的心如何擊敗恩典的浪潮，——這一切都要顯明出來，好像是用火寫成的字一樣。

在寶座之上有十字架出現；於是亞當受試探與墮落的情景，以及救恩的偉大計畫各階段的發展，就像電影一幕幕的放映出來：救主的卑微降生；祂幼年樸素和順服的生活；祂在約但河受洗；祂的禁食和在曠野的試探；祂的公開服務，並向世人所顯示上天最寶貴的福分；祂白日忙於慈悲仁愛的事，祂黑夜在山間寂靜之處警醒禱告；人們所用以報答祂恩德的嫉妒、陰謀、仇恨和惡毒；祂在客西馬尼園中因全世界罪孽的重負而感到慘重奇特的痛苦；祂的被賣和交在兇惡暴徒的手中；那恐怖之夜的種種驚人事件，——這位毫不抵抗的囚犯，被自己心愛的眾門徒所遺棄，在耶路撒冷的街道上被人粗暴的拖來拖去；上帝的聖子被人耀武揚威地帶到亞那面前，祂在大祭司的庭院中，在彼拉多的

公堂上，又在那卑鄙怯懦而且殘酷無道的希律面前受審問，被人嘲笑、侮辱、折磨、判處死刑，——這一切都要生動地放映出來。

此後，在這波動的人山人海之前，出現最後的幾幕景象，——那位忍耐的「受難者」踏上髑髏地的刑場；天庭之君竟被掛在十字架之上；驕傲的祭司和譏誚的暴徒在那裡嘲笑祂臨終的痛苦；那超乎自然的黑暗；那震動的大地，崩裂的巖石，敞開的墳墓，都是世界救贖主犧牲性命之時的顯著事件。

這殘酷的情景要原原本本地出現。撒但、他的使者和他的百姓不能不看這暴露他們罪行的描繪。其中的每一分子都要回想自己在其中所充當的角色。那曾經屠殺伯利恆無辜嬰孩，妄想藉此除滅以色列之君的希律；和卑鄙下賤，心術邪惡，染了施洗約翰之血的希羅底；還有那懦弱無能，隨波逐流的彼拉多；和那些譏誚戲弄救主的兵丁；祭司、官長，以及瘋狂亂喊「祂的血歸到我們，和我們的子孫身上」的群眾，——這些人都看出自己罪惡的嚴重性。他們妄想藏身躲避救主那比日頭遠為輝煌的神聖威嚴；同時，得救的群眾卻要摘下自己的冠冕，置於救主的腳前，喊叫說：「祂為我而死！」

在得贖的群眾之中，有基督的眾使徒，有英勇的保羅，熱心的彼得，蒙愛又愛人的約翰，以及他們許多忠誠的弟兄，還有大群的殉道者和他們站在一起；而在聖城外的則是那些曾經逼迫、囚禁、甚至殺害他們的惡人，並一切污穢可憎之物。其中有那殘忍行惡的暴君尼祿皇帝，他曾逼迫聖徒，並以他們所受的痛苦為快。現在他卻要看見他們得享歡樂與尊榮。他的母親也在那裡。她要親眼看到自己行為的後果，看出她品格的邪惡怎樣遺傳給自己的兒子，她的影響力和行為曾助長她兒子的邪情私慾，以致結出罪惡的果子，使全世界為之戰慄。

在那裡還有羅馬教的神父和主教們，他們曾自命為基督的使者，卻想用拷問台、牢獄和火刑柱等來統治上帝聖民的良心。那裡有傲慢的教皇，他們曾抬舉自己高過上帝，並擅自改變至高者的律法。那些虛

偽的神父終必向上帝交代,這乃是他們巴不得可以逃避的。他們那時才要看出:全能者是嚴格執行自己律法的,而且絕不以有罪的為無罪,可是他們悔之晚矣。他們現在才明白基督是與祂受難之子民同受苦難的;他們這時也感受到主這一句話的力量:「這些事你們既做在我這弟兄中一個最小的身上,就是做在我身上了。」(太25:40)

全體惡人要站在上帝的台前為反叛上天政權的大罪受審。這時沒有人為他們代求,他們是無可推諉的;於是有永死的判決宣佈在他們身上。

現在全體都看明罪的工價不是崇高的自由和永遠的生命,而是奴役、毀滅和死亡。惡人看出自己因叛逆的生活而喪失的究竟是什麼。當初上帝向他們提供那極重無比的榮耀時,他們曾傲慢地拒絕了;而現在看起來,這榮耀是何等地可貴啊!沉淪之子要喊叫說:「這一切都是我本來可以獲得的;而我竟把它置於腦後。唉,這該是多麼奇怪的昏聵啊!我把平安、幸福和榮譽,拿來換取悲慘、恥辱和絕望。」眾人都要看出自己被摒棄於天庭之外,乃是公正合理的處分。因為他們已經在自己的生活上宣稱:「我們不要這耶穌作我們的王。」

惡人著迷地觀看上帝聖子的加冕典禮。他們見到祂手中有神聖律法的法版,就是他們所曾輕視並干犯的律法典章。他們目睹得救群眾驚喜歡騰和敬拜的情形;當歌唱的聲浪洋溢於聖城之外時,那裡群眾異口同聲地感嘆說:「主上帝——全能者啊,祢的作為大哉!奇哉!萬世之王啊,祢的道途義哉!誠哉!」(啟15:3)這時惡人也俯伏在地,敬拜生命之君。

撒但見到了基督的威嚴和光榮,似乎全身癱瘓了。這一度作過遮掩約櫃的,想起自己是從何處墮落的。他曾是一個發光的撒拉弗,「早晨之子」,這時何竟改變,何竟墮落了!他曾榮任天上大議會的一員,如今卻被永遠排斥在外。他現在看到另一位天使侍立在聖父面前,遮掩祂的榮耀。他見到一位魁梧高大、威嚴英武的天使把冠冕戴在基督

的頭上，他也知道這位天使崇高的地位，本來是他所能得的。

他想起自己從前那無罪而純潔的天家，在他埋怨上帝並妒忌基督之前，他本有平安和滿足的喜樂。他的誣告、反叛，和那騙取天使之同情和支援，以及在上帝願意饒恕他時的頑梗不化，使他現在再沒有自新的機會，——這一切都要生動地湧現在他面前。他要回顧自己在人間的工作以及這工作的結果，——人類互相仇視，彼此殘殺；邦國的興亡盛衰，以及一連串的擾攘、紛爭和叛亂。他也想起自己曾如何不斷地努力反對基督的工作，使人類日趨敗壞。他看出自己的惡毒陰謀未能毀滅那些信靠耶穌的人。當撒但看到自己的國度和自己一生勞苦的結果時，他看見的只不過是失敗和消滅。他曾迷惑群眾，使他們相信上帝之城是容易攻陷的；但他明知這是謊言。在大鬥爭的漫長過程中，他已屢戰屢敗，被迫屈服。他對於永在之君的權力和威嚴原是心知肚明的。

這個大叛徒的目的一向是要證明自己有理，而上帝的政權應當為叛亂的事負責。他曾用盡他的卓越智力以求達到這個目的。他曾堅決而有計畫地奮鬥，並獲得了很大的成功，使許多人接受了他這進行已久的大鬥爭。幾千年來，這叛逆的首領一貫地以虛偽冒充真理。現在時候已到，叛逆終必失敗，撒但的劣跡和品性必須完全揭露。在他想要推翻基督的王權，毀滅祂的子民，並佔領上帝聖城的最後企圖上，這個大騙子已經顯出他的廬山真面目了。那些曾與他合作的人眼見他的事業完全失敗，基督的門徒和忠心的天使也都看清了他反叛上帝政權的全部陰謀，他遂成為全宇宙所憎恨的對象。

撒但看出他那出於私心的反叛已經使他不配居留天上。他已經慣於用自己的能力去反抗上帝；所以天庭的純潔、平安與和諧對於他必是極端的痛苦。他對於上帝之慈愛與公義的誣告已經不能成立。他所想要加在上帝身上的罪名，現在完全落在他自己頭上了。到此撒但不得不低頭下拜，承認自己所受的處分是公正合理的。

「主啊，誰敢不敬畏祢，不將榮耀歸與祢的名呢？因為獨有祢是聖

的。萬民都要來在祢面前敬拜，因祢公義的作為已經顯出來了。」(啟
15:4) 在這長久鬥爭中一切有關真理與謬道的問題，現在都已顯明了。
叛逆的終局和廢棄神聖律例的後果，都已在一切受造之物面前赤露敞
開了。撒但統治的結果和上帝政權的對比，已經擺在全宇宙之前。撒但
自己的工作已經定了他的罪。上帝的智慧、公義和良善，現在都全然顯
明了。同時也顯明：在這大鬥爭中，上帝的每一措施，都是以祂子民的
永久利益，和祂的創造之諸世界的利益為前提的。「耶和華啊，祢一切
所造的都要稱謝祢；祢的聖民也要稱頌祢。」(詩145:10) 罪惡的歷史要
永遠作為一個憑據，證明上帝律法的存在是與祂創造之眾生的幸福有
密切關係的。這大鬥爭的全部真相既已大白於全宇宙之前，所以無論
是忠誠或是叛逆之徒，都要同聲讚揚：「萬世之王啊，祢的道途義哉！
誠哉！」

在全宇宙之前，聖父與聖子為人類所作的偉大犧牲已經清楚的顯
明了。現在時候已到，基督要站在祂應有的地位上，並享受尊榮，遠超
過一切執政的、掌權的、有能的、治理的和一切有名的。祂因那擺在祂
前面的喜樂——為要領許多的兒女進榮耀裡去——就輕看羞辱，忍受十
字架的苦難。這苦難與羞辱雖然是大得不堪設想，但是祂的喜樂與榮
耀卻比之更大。祂看到這得救的群眾已經恢復了祂的形像，人人心中
具有上帝的完美印記，人人臉上反照他們君王的威儀。祂在他們身上
看到了自己勞苦的功效，便心滿意足。祂隨即發出聲音，對那聚集的義
人和惡人說：「看哪，這是我的血所贖回來的！我曾為這些人受苦，為
這些人捨命，使他們可以永永遠遠留在我面前。」然後從寶座周圍穿白
衣的群眾中，揚起頌讚的歌聲：「曾被殺的羔羊是配得權柄、豐富、智
慧、能力、尊貴、榮耀、頌讚的。」(啟5:12)

撒但雖然不得不承認上帝的公正，並向基督的至高威權低頭，但
他的品性並沒有改變。叛逆的精神像一股洶湧的洪流再度暴發，他的
心中充滿狂怒，決意在這場大鬥爭中頑抗到底。時候已到，他必須對天
上的君王作最後的掙扎。於是他衝到自己所統治的人中，盡力以自己

的狂怒鼓動他們，激發他們立即作戰。不料，在他所引誘參加叛變的無數群眾中，現在卻沒有一個人再承認他的主權。到此，他的勢力已經消滅了。惡人固然像撒但一樣，仍舊充滿仇恨上帝的心理；但他們看出大勢已去，他們絕不能勝過耶和華了。他們便向撒但和他所用來欺騙眾人的爪牙大發烈怒，並以惡魔般的瘋狂向他們反撲。

主耶和華如此說：「因你居心自比神，我必使外邦人，就是列國中的強暴人臨到你這裡；他們必拔刀砍壞你用智慧得來的美物，褻瀆你的榮光。他們必使你下坑。」、「遮掩約櫃的基路伯啊，我已將你從發光如火的寶石中除滅。……我已將你摔倒在地，使你倒在君王面前，好叫他們目睹眼見。……使你在所有觀看的人眼前變為地上的爐灰。……你令人驚恐，不再存留於世，直到永遠。」(結28:6-8；16-19)

「戰士在亂殺之間所穿戴的盔甲，並那滾在血中的衣服，都必作為可燒的，當作火柴。」、「耶和華向萬國發忿恨，向他們的全軍發烈怒，將他們滅盡，交出他們受殺戮。」、「祂要向惡人密布網羅；有烈火、硫磺、熱風，作他們杯中的分。」(賽9:5；34:2；詩11:6) 從天上上帝那裡有火降下，地也裂開了。藏在地底深處的武器也拿出來了。從每道裂開的深坑中，有滅人的火焰噴出，連巖石也都著了火。「那日臨近，勢如燒著的火爐」，「有形質的都要被烈火銷化，地和其上的物都要燒盡了。」(瑪4:1；彼後3:10) 這時地面看起來像一片熊熊的熔岩，一個廣大而沸騰的火湖，這乃是不敬虔之人遭受報應與沉淪的時候——「因耶和華有報仇之日，為錫安的爭辯有報應之年。」(賽34:8)

惡人要在世上受報應 (見箴11:31)。「萬軍之耶和華說：『那日臨近，勢如燒著的火爐，凡狂傲的和行惡的必如碎稭。』」(瑪4:1) 有些人只在片刻之間便毀滅了，但有些人卻要受苦多日；各人都是「照著他們所行的」受刑罰。義人的罪都已歸到撒但的頭上，所以他不但要為自己的叛逆受刑，也要為他引誘上帝子民去犯的一切罪受刑。他所遭受的刑罰，要比一切受他迷惑之人所遭受的遠為可怕。在那些受他迷惑之人都被滅盡之後，他還要活著受苦。在這一場潔淨地球的火焰之中，惡人終於

都被除滅了，根本枝條一無存留——撒但是根本，跟從他的是枝條。犯法的刑罰已全部執行，公義的要求都已達到，於是天與地要同聲宣揚耶和華的公義。

撒但毀壞的工作就此永遠終止了。六千年來，他任意妄為，使地球充滿禍患，令宇宙憂傷悲痛。一切受造之物一同嘆息勞苦。但從今以後，上帝所造的萬物得以永遠脫離撒但和他的試探了。「現在全地得安息，享平靜；人（義人）皆發聲歡呼。」(賽14：7) 從效忠上帝的整個宇宙，揚起讚美與勝利的吶喊，有「群眾的聲音」好像「眾水的聲音，大雷的聲音」，說：「哈利路亞，全能的主上帝作王了！」(見啟19：6)

當整個地球變成一團烈火時，義人卻安然居住在聖城裡。在頭一次復活有分的，第二次的死在他們身上沒有權柄 (見啟20：6)。上帝對於惡人乃是烈火，但對於祂的子民卻是日頭和盾牌 (見詩84：11)。

「我又看見一個新天新地；因為先前的天地已經過去了。」(啟21：1) 那燒滅惡人的烈火把這個地球煉淨了；咒詛的一切痕跡都消除淨盡，再沒有永遠燒著的地獄使贖民一直看見罪惡的悲慘結局。

但要留作紀念的只有一件事：我們救贖主被釘十字架的傷痕要永遠存在。罪惡殘忍之工作的唯一痕跡乃是救主受傷的頭，刺破的肋旁，被釘的手腳。先知看見基督在祂的榮耀中，說：「從祂手裡射出光線，在其中藏著祂的能力。」(哈3：4) 那被刺的肋旁曾流出寶貴的泉源，使世人與上帝和好；那正是救主的榮耀，那裡「藏著祂的能力」。祂既因救贖的犧牲，「以大能施行拯救」，祂也就以大能向一切輕視上帝恩典的人執行公義的報應。基督受辱的記號正是祂最大的光榮；在永恆的歲月中，祂在髑髏地所受的創傷要彰顯祂的榮耀，宣揚祂的權能。

「你這羊群的高臺、錫安城的山哪，從前的權柄……——必歸於你。」(彌4：8) 時候到了，自從那發火焰的劍把始祖拒於伊甸園門外以來，聖潔的義人所長久渴望的「上帝之民被贖」(弗1：14) 已經到了。這最初賜給人類作為國度，後來被人出賣到撒但手中，而被他長久佔領

的地球，現在已被偉大的救贖計畫贖回。那因罪惡而喪失的一切就此恢復。「製造成全大地的上帝，祂創造堅定大地，並非使地荒涼，是要給人居住。」(賽45：18) 上帝當初創造地球的目的現在已經實現了，這地要作為贖民永遠的家鄉。「義人必承受地土，永居其上。」(詩37：29)

許多人因為要避免把來生的基業看得太具體化，便用「屬靈」的解釋否定了那應當使我們仰望這基業為我們家鄉的真理。但耶穌曾向祂的門徒確切保證說，祂去乃是要在父的家裡為他們預備住處。凡接受聖經教導的人絕不至對天上的住處一無所知。然而，「上帝為愛祂的人所預備的是眼睛未曾看見，耳朵未曾聽見，人心也未曾想到的。」(林前2：9) 義人的獎賞不是人的言語所能形容，只有那些親身經歷並且目睹的人才能知道。上帝樂園的榮美絕非人類有限的智力所能理解。

聖經上稱得救之人的基業為「家鄉」(見來11：14-16)，那裡有天上的好牧人領祂的群羊到活水的泉源。生命樹要每月結果子，其上的葉子要供給萬民使用。湧流不竭的清泉，明淨如同水晶，河邊綠葉成蔭，使那為上帝救贖之民所預備的道路更為清幽。廣大無垠的平原一直伸到榮美的山麓之下，那裡有上帝的聖山，高峰聳立。上帝的子民，就是那些長久飄流的客旅，要在那寧靜的平原上，和生命水的河岸邊，找到他們的家鄉。

「我的百姓必住在平安的居所，安穩的住處，平靜的安歇所。」、「你地上不再聽見強暴的事，境內不再聽見荒涼毀滅的事。你必稱你的牆為『拯救』，稱你的門為『讚美』。」、「他們要建造房屋，自己居住；栽種葡萄園，吃其中的果子。他們建造的，別人不得住；他們栽種的，別人不得吃；……我選民親手勞碌得來的必長久享用。」(賽32：18；60：18；65：21、22)

「曠野和乾旱之地必然歡喜；沙漠也必快樂；又像玫瑰開花」、「松樹長出，代替荊棘；番石榴長出，代替蒺藜。」(賽35：1；55：13)「豺狼必與綿羊羔同居，豹子與山羊羔同臥；……小孩子要牽引牠們。」、「在我

聖山的遍處，這一切都不傷人，不害物。」(賽11：6，9) 這是耶和華說的。

在天國裡痛苦是不能存在的。那裡不再有流淚或送葬的事，不再披麻戴孝。「不再有死亡，也不再有悲哀、哭號……因為以前的事都過去了。」(啟21：4)「城內居民必不說：我病了；其中居住的百姓，罪孽都赦免了。」(賽33：24)

新耶路撒冷是這榮美新世界的都城，在「耶和華的手中要作為華冠，在你上帝的掌上必作為冕旒。」(賽62：3)「城的光輝如同極貴的寶石，好像碧玉，明如水晶。」、「列國要在城的光裡行走；地上的君王必將自己的榮耀歸與那城。」(啟21：11，24) 萬軍之耶和華說：「我必因耶路撒冷歡喜，因我的百姓快樂」(賽65：19)「上帝的帳幕在人間。祂要與人同住，他們要作祂的子民。上帝要親自與他們同在，作他們的上帝。」(啟21：3)

在上帝的城中，「不再有黑夜」；沒有人再需要或希望休息。在奉行上帝旨意並頌揚祂聖名的事上，是不會疲倦的。我們必長久享有早晨清新的精神，是永世無窮的。「他們也不用燈光、日光，因為主上帝要光照他們。」(啟22：5) 太陽要被一種比現今正午的日光更輝煌的光芒所勝，但它並不令人眼花目眩。上帝和羔羊的榮耀使聖城充滿永不熄滅的光榮。那裡永遠是白晝，得贖之民要在沒有太陽的榮光之中行走。

「我未見城內有殿，因主上帝——全能者和羔羊為城的殿。」(啟21：22) 上帝的子民享有特權，得與聖父和聖子直接交通。「我們如今彷彿對著鏡子觀看，模糊不清」(林前13：12)，自然界和主對待世人的作為好像一面鏡子，我們在其中模糊地看到上帝的形像；但將來我們都要面對面與祂相見，當中再沒有隔閡。我們要侍立在上帝面前，瞻仰祂聖顏的光榮。

那時得贖之民要全知道，如同主知道他們一樣。上帝親自培植在人心中的友愛和同情，將要以最切實、甜蜜的方式表現出來。與眾聖者純潔的交通，與快樂的天使和歷代以來用羔羊的血洗淨衣服之許多忠

心聖徒的社交生活，以及那使「天上地上的各家」(弗3:15)團結一致的神聖關係──這一切都要成為得贖之民的幸福。

在那裡，永不衰殘的心智要因思考創造之能的奇妙和救贖之愛的奧祕，而得到無窮的喜樂。再沒有殘忍詭詐的仇敵來引誘人忘記上帝。人的各種才能都要發展，一切力量都要增強。知識的追求不會使腦力疲憊或精神枯竭。在那裡，最偉大的事業必能推進，最崇高的志向必能達成，最雄偉的願望必能實現；但此外還要出現新的高峰需要攀登，新的奇蹟需要讚賞，新的真理需要推究，並有新的目標讓人發揮腦力、心力和體力。

宇宙的全部寶藏都要開啟，以供上帝得贖之民研究。他們不再受必死之身體的捆綁，卻要展開不知疲倦的翅膀，一直飛翔到天外的諸世界──那些世界的居民曾看見這世上人類的禍患並為之憂傷驚懼，也曾因聽到世人得救的喜訊而歡唱。那時地上居民的心中要充滿莫可言宣的快樂，與那些從來沒有犯罪的生靈共享喜樂和智慧。他們要分享知識與聰明的寶藏，就是那世世代代因思考上帝的大工而得的收穫。他們要以清晰的目光觀察被造物的榮美──就是千千萬萬的太陽、星辰和天體，都環繞著上帝的寶座，在指定的軌道上運行。在萬物之上，從最小到最大的，都寫有創造主的尊名，無不顯示祂豐盛的權能。

永恆的歲月要帶來有關上帝和基督更豐盛、更光榮的啟示。知識是如何發展，照樣，愛心、敬虔和幸福也要增進不已。人越認識上帝，就越要欽佩祂的品德。當耶穌向人闡明救恩的豐盛，以及祂與撒但的大鬥爭中所有的驚人成就時，得贖之民便要以更熱切的忠誠事奉祂，並以更熱烈的喜樂彈奏手中的金琴；億萬的聲音要一同歌頌讚美。

「在天上、地下、地底下、滄海裡，和天地間一切所有被造之物，都說：但願頌讚、尊貴、榮耀、權勢都歸給坐寶座的和羔羊，直到永永遠遠！」(啟5:13)

善惡的大鬥爭結束了。罪與罪人也不復存在。全宇宙都是潔淨

的。在廣大宇宙之間，有一個和諧的脈動在跳躍著。從創造萬物的主那裡有生命、光明和喜樂湧流，充滿這浩大無垠的宇宙。從最小的原子到最大的世界，一切有生命和無生命之物，都在他們純潔的榮美和完全的喜樂上，宣揚上帝就是愛。

附 錄 一

下列修訂分別於1956年11月19日，1979年12月6日，以及1993年1月8日，由懷愛倫託管委員會認可並通過。

▪ **第35、63頁 頭銜**——教皇英諾森三世在《教會法大全》中宣稱，羅馬教皇是「地上的代治者，不只是人，而是上帝的代治者」，並在註釋中解釋說這是因為他是基督的代理人，而基督是那位「真正的上帝以及真正的人」。見《教皇貴格利九世的教令》卷1，〈有關主教的轉移〉，標題7，第3章；《教會法大全》(萊比錫2版，1881)，第99行；(巴黎，1612)，第2冊，法令，第205行。法令文件檔由格拉提安收集，約1140年他在博洛尼亞大學任教，作品後來在教皇貴格利九世在1234年發行的版本作了補充並重編。其他教令集在隨後幾年陸續出現，包括15世紀末增加的《編外卷》；這些教令集，連同格拉提安的《格拉提安教令集》，成為《教會法大全》，於1582年出版。教皇庇護十世於1904年授權編纂教會法，由此產生的《教會法法典》於1918年開始生效。

關於「主上帝教皇」的稱謂，見教皇約翰廿二世的《編外卷》，標題14，第4章，關於《聲明》的註釋。在1584年的安特衛普版《編外卷》中，「我們的主上帝教皇」記在第153行。在1612年的巴黎版中，它們記在第140行。在1612年之後出版的幾個版本中，「上帝」一詞被省略了。

▪ **第35頁 無誤論**——有關1870-71年梵蒂岡會議提出關於無誤論的信條，見菲利普·沙夫著《基督教界的信條》，卷2，「梵蒂岡大公會議教

1

條法令」，第234-271頁，其中拉丁文和英文文本皆有引述。有關羅馬天主教觀點的論述，見派翠克·托納著，「無誤論」項目，《天主教百科全書》，卷7，第790頁；詹姆斯·樞機主教吉本斯著，《先賢之信》(巴爾的摩：約翰·墨菲公司，第110版，1917)，第7和11章。有關羅馬天主教對教皇無誤論的反對論述，見約翰·約瑟夫·伊格納茲·馮·多林格 (筆名「Janus」) 著，《教皇與議會》(紐約：斯克里布納之子，1869)；以及W. J. 士巴羅·辛普森著《羅馬天主教對教皇無誤論的反對意見》(倫敦：約翰·莫里，1909)。有關非羅馬的觀點，見喬治·薩蒙著，《教會無誤論》(倫敦：約翰·默里，教育修訂版，1914)。

▪ **第36頁　圖像敬拜**──「敬拜圖像……是基督教的腐敗狀況之一，它悄悄地鑽入教會，幾乎是在不知不覺中潛入。這個腐敗並不像其他異端邪說，一下子就發展起來，因為在這種情況下，它會受到堅決的譴責和責備：然而，它在漂亮的偽裝下開始，慢慢地與之相關的做法接二連三被引入，以致教會深深地沉浸在實際的偶像敬拜中，不僅沒有任何有效的反對，且幾乎沒有任何堅決的反抗；當最後欲努力將其剷除時，就發現這個罪惡已經根深蒂固，無法清除……。它必須追溯到人心的偶像崇拜傾向，以及侍奉受造物多於創造主的傾向……。

「圖像和畫像最初被引入教堂，不是為了敬拜，而是為了代替書籍，為那些不識字的人提供指導，或在人心中激發奉獻的精神。它們在多大程度上達到其目的是值得懷疑的；即使承認有段時期確實有效，但很快就失效了，並且人們發現，圖像和畫像的引進使無知者的思想變得黑暗，而非得到啟迪，它使敬拜者的虔誠度下降，而非提升。因此，即使它們最初的目的是為了把人的思想引向上帝，但結果卻是把人從上帝那裡轉向對受造物的敬拜。」J. 門德漢姆著，《第二次尼西亞公會議：第七次大會》，引言，第3-6頁。

關於西元787年第二次尼西亞公會議的議事程序和議決紀錄，該會議被要求確立對圖像的敬拜，見巴羅尼厄斯，《教會誌》，卷9，第391-407頁 (安特渥普，1612)；J. 門德漢姆著，《第二次尼西亞公會議：第七次

大會》；斯蒂林佛林特，《關於羅馬教會偶像崇拜論述的辯護》(倫敦，1686)；《尼西亞和尼西亞後期教父選集》，第2集，卷14，第521-587頁(紐約，1900)；查理斯·赫菲爾著，《教會會議歷史：原始文獻選集》，第18冊，第1章，332、333節；第2章，第345-352節 (T. 和T. 克拉克教育，1896)，卷5，第260-304，342-372頁。

▪ **第37、453頁　君士坦丁的星期日法令**——君士坦丁皇帝於西元321年3月7日頒布有關勞動休息日的法令，內容如下：

「所有法官、城市居民以及工人都應在這可敬的太陽日休息。然而，鄉下人可以自由地耕種田地，因為常發生的情況是沒有其他日子更適合種植穀物或栽種葡萄。因此，上天賜予的好處就不會在某個重要活動進行的短時間失去。」——約瑟夫·庫倫·艾爾著，《古代教會歷史資料手冊》(紐約：斯克里布納之子，1913)，第二階段，第一時期，第一章，第59節g，第284、285頁。

該法令的拉丁文原文出於《查士丁尼法典》，卷3，標題12，第3條；其拉丁文和英文譯本見菲利普·沙夫著《基督教會史》，卷3，第3期，第7章，第75節，第380頁，註腳1；以及在詹姆斯·赫西著《班普頓講座，星期日》，演講3，第1段，第3版，穆雷印刷，1866年，第58頁。相關討論見沙夫上述著作；阿爾伯特·亨利·紐曼著《教會歷史手冊》(費城：美國浸信會出版協會，1933)，修訂版，卷1，第305-307頁；以及勒羅伊·弗洛姆著《先賢們的先知之信》(華盛頓特區：評閱宣報出版社，1950)，卷1，第376-381頁。

▪ **第38頁　預言的日期**——在解釋預言方面，與時間預言有關的重要原則之一，是「一日頂一年」的原則，根據此項原則，時間預言中的一天算為歷史上的一年。在以色列人進入迦南地之前，十二個探子被派去勘察那地。探子去了四十天回來後，希伯來人因他們的報告心驚膽顫，拒絕上去佔領應許之地。結果耶和華對他們作出懲罰。「按你們窺探那地的四十日，一年頂一日，你們要擔當罪孽四十年。」(民

14：34) 這個對未來時間的相同算法也出現在〈以西結書〉，等待猶大國的是40年的懲罰。主透過先知說：「再者，你滿了這些日子，還要向右側臥，擔當猶大家的罪孽。我給你定規側臥四十日，一日頂一年。」(結4：6) 這個計算原則對於解釋「到二千三百日」(但8：14) 的時間，以及「一載、二載、半載」(但7：25)、「四十二個月」(啟11：2；13：5) 和「一千二百六十天」(啟11：3；12：6) 所預表的時期至關重要。

第39頁　偽造的教令——在目前普遍承認為偽造的教令文件中，《君士坦丁御賜教產諭》和《偽西多爾教令集》是最顯著的。「《君士坦丁御賜教產諭》是自中世紀後期以來的傳統名稱，用於稱呼據說是君士坦丁大帝致教皇西爾維斯特一世的文件，該文件首先出現在一份約第九世紀初的巴黎手稿中 (法典拉特2777)。第十一世紀時它被引用為支持教皇主張的有力論據；但是在第十二世紀之後卻一直飽受爭議。同時，由於它使人們將教皇制度視為原羅馬帝國和中世紀羅馬帝國之間的一個中間階段，從而為中世紀羅馬律法的認可形成連續性的理論基礎，使它因此對世界歷史產生了不小的影響。」——《新沙夫-赫佐格宗教知識百科全書》，卷3，「君士坦丁御賜教產諭」，第484、485頁。

《君士坦丁御賜教產諭》所發展出來的歷史理論，在亨利·E. 樞機主教曼寧的《耶穌基督代牧的世俗權力》(倫敦，1862) 中有充分論述。《君士坦丁御賜教產諭》之爭論是學術性的，直到十五世紀歷史批評興起，才有人提出其偽造的可能性。庫薩的尼古拉是最早得出這個結論的人之一，他認為君士坦丁從未做過任何這樣的捐贈。1450年，義大利的洛倫佐·瓦拉對其偽造性做了精彩的論證；見克里斯多夫·科爾曼的《洛倫佐·瓦拉關於君士坦丁捐贈的論述》(紐約，1927)。然而，在長達超過一個世紀的時期中，對《君士坦丁御賜教產諭》以及「偽教令」的真實信念一直是存在的。例如，馬丁路德起初就接受這些教令，但他很快就對厄克說，「我指責這些教令，」並對斯帕拉丁說，「他 (教皇) 在他的教令中腐蝕並釘死了身為真理的基督。」

一般認為❶《君士坦丁御賜教產諭》是偽造的，❷它是一個人或一個時期的作品，❸偽造者利用了更古老的文件，❹偽造的文件約源於752-778年左右。天主教於1592年巴羅尼厄斯的《教會誌》指出，他們放棄了對該文件真實性的辯護。最佳的參考文本K. 祖厄默著，《魯道夫·范·格奈斯特的慶典》柏林，1888。該翻譯出現在科爾曼的《論文》中，以及歐內斯特·亨德森著，《中世紀歷史文獻選集》(紐約，1892)，第319頁；《書信》(魏瑪編著)，第141，161頁。另見《新沙夫-赫佐格宗教知識百科全書》，卷3，第484頁；F. 格雷戈羅維烏斯著，《中世紀的羅馬》，卷2，第329頁；約翰·約瑟夫·伊格納茲·馮·多林格著，《中世紀教皇的寓言》(倫敦，1871)。

文中提到的「偽造教令」還包括《偽西多爾教令集》，以及其他偽造作品。《偽西多爾教令集》是一些虛構的信件，屬於從早期教皇克萊門特 (西元100年) 至貴格利大帝 (西元600年) 的虛構信件，它被收錄於九世紀，在一個據稱是「西多爾·墨卡托」(Isidore Mercator) 的創作收藏中。《偽西多爾教令集》之名稱自從15世紀批判出現以來一直被使用。

《偽西多爾教令集》將一系列、數部名為Hispana Gallica Augustodunensis的正典作為他的偽造基礎，從而減少被查明的危險，因為正典的合集通常是將新資料加入舊資料來編整的，當偽造的資料與真正的資料結合時就不那麼明顯。《偽西多爾教令集》的偽造性現已無可爭辯地確認；藉著內部的舉證，對原始文本的檢測，使用的方法、以及這些資料在852之前皆不為人知的事實加以佐證。歷史學家們一致認為850年或851年才可能是該文集完成的年代，因為這份文件首次被引用於857年的《奎埃西都督書》(Admonitio)。

這些偽造檔的作者是誰不為人知。它們很可能源於第9世紀在法國蘭斯組織的、作風激進的新教會政黨。人們一致認為，蘭斯的辛格瑪主教在對索瓦松的羅薩德進行判決時使用了這些教令，後者於864年將教令帶到羅馬，並將其提交給教皇尼古拉一世。

對它們的真實性提出質疑的有庫薩的尼古拉 (1401-1464)、查爾斯·杜姆林 (1500-1566) 和喬治·卡桑德 (1513-1566)。1628年，大衛·布隆代爾提出了對其偽造性無可辯駁的證據。

在米涅的《拉丁教士集》中提供了一個早期版本。最古老的最佳手稿見P.欣修斯著，《偽西多爾和錯誤教令的年代》(萊比錫，1863)。參考《新沙夫-赫佐格宗教知識百科全書》(1950年)，卷9，第343-345頁。另見H. H. 米爾曼著，《拉丁基督教》，卷3；約翰·約瑟夫·伊格納茲·馮·多林格著，《教皇和議會》(1869)；以及賴德烈著，《基督教發展史》(1939)，卷3；「偽教令」，《天主教百科全書》，卷5，以及富尼著，《虛假教令之研究》，記載於《教會歷史回顧》(Louvain) 卷7 (1906) 和卷8 (1907)。

▪ **第40頁　希爾德布蘭德教諭** (Hilderbrand，即貴格利七世的原名)──拉丁文原版見巴羅尼厄斯《教會誌》1076，卷17，巴黎，1869，第405，406頁；以及《德國紀念歷史精選》，卷3，第17頁。英文譯本見弗雷德里克·奧格著，《中世紀歷史源書》(紐約，美國圖書公司，1907)，第6章，第45節，第262-264頁；以及奧利弗·撒切爾和愛德格·麥克尼爾著，《中世紀歷史源書》(紐約：斯克里布納之子，1905)，第3節，第65項，第136-139頁。

有關教諭背景的討論，見詹姆斯·布萊斯著，《神聖羅馬帝國》，修訂版，第10章；以及詹姆斯·湯普森和愛德格·約翰遜著，《中世紀歐洲介紹：300-1500》，第377-380頁。

▪ **第41頁　煉獄**──約瑟夫·布魯諾博士如此定義煉獄：「煉獄是今生之後的一種苦難狀態，那些靈魂暫時被拘留，在他們致命的罪孽得到赦免、不再受污辱和罪責，以及應有和永遠的痛苦之後，他們就自今生離開了；但由於這些罪孽，他們仍有一些暫時性的懲罰債務需要償還；正如那些離開世界時只犯了輕罪的靈魂。」──《天主教信仰》(1884年版；紐約大主教的印記)，第196頁。

另見哈根巴赫著，《教義史簡編》(T. 和T. 克拉克版)，卷1，第234-237，

405，408頁；卷2，第135-150，308、309頁；查爾斯·埃利奧特著，《羅馬天主教概述》，第2冊，第12章；《天主教百科全書》，卷12，「煉獄」。

▪ **第42、77、97頁　贖罪券**——有關贖罪券教義的詳細歷史，見曼德爾·克賴頓著，《從大分裂到羅馬淪陷的教皇制度史》(倫敦：朗文，1911)，卷5，第71頁；W. H. 肯特著，「贖罪券」《天主教百科全書》，卷7，第783-789頁；H. C. 莉亞著，《拉丁教會的懺悔和贖罪史》(費城：李氏兄弟，1896)；托馬斯林賽著，《宗教改革史》(紐約：斯克里布納之子，1917)，卷1，第216-227頁；阿爾伯特·亨利紐曼著，《教會歷史手冊》(費城：美國浸信會出版協會，1953)，卷2，第53、54，62頁；利奧波·德蘭克著，莎拉·奧斯汀譯《德國宗教改革史》(第2版，倫敦，1845)，卷1，第331，335-337，343-346頁；普雷瑟維德·史密斯著，《改革的時代》(紐約：亨利霍爾特公司，1920)，第23-25，66頁。

有關宗教改革時期贖罪券教義的實際執行，見H. C. 莉亞博士的一篇論文，「西班牙的贖罪券」，《美國教會史學會論文集》，卷1，第129-171頁。有關這一歷史的間接價值，莉亞博士在開篇時說：「在路德、厄克博士和西爾維斯特普雷里亞斯之間的爭論中，西班牙沒有受到影響，繼續平靜地沿著老路走下去，並為我們提供了無可爭議的官方檔，使我們得以在純粹的歷史中檢視這件事。」

▪ **第42頁　彌撒**——有關特利騰大公會議 (Council of Trent，又稱「天特會議」) 提出關於彌撒的教義，見菲利普·沙夫著，「特利騰大公會議的教規和法令」，《基督教界的信條》，卷2，第126-139頁，其中包含拉丁文和英文文本。另見謝洛德著，《特利騰大公會議的正典和法令》(密蘇里州聖路易士：赫德出版社，1941)。

有關彌撒的討論，見約瑟夫·波爾著，「聖餐」，《天主教百科全書》，卷5，第572頁等；尼古拉斯·吉爾著，《彌撒獻祭：教條、禮儀以及苦行的詮釋》，第12版，(聖路易士，密蘇里州：赫德出版社，1937)；約瑟夫·安德列亞斯·榮格曼著《羅馬的彌撒儀式：起源和發展》，由法蘭西斯·布魯

納譯自德文 **(紐約：本齊格兄弟，1951)**。有關非天主教觀點，見約翰·加爾文著，《基督教要義》，第4冊，第17，18章；愛德華·布維萊·普西，《真實臨格的教義》**(英國牛津：約翰派克，1855)**。

▪ **第47頁　瓦勒度派的安息日**——許多作者皆認為瓦勒度派一般都遵守第七日的安息日。這一概念來自於一些拉丁文資料，其中描述瓦勒度派遵守「Dies Dominicalis」，即主日 **(星期日)**，在這些資料中，透過可追溯到改革時期的儀式，「星期日」一詞被翻譯為「安息日」。

但有歷史證據表明，瓦勒度派中有一些人遵守第七日的安息日。十五世紀中葉，摩拉維亞的一些瓦勒度派信徒被帶到宗教裁判所，其中一份報告宣稱在瓦勒度派中，「確實有不少人與猶太人一起慶祝安息日。」——約翰·約瑟夫·伊格納茨·馮·多林格，《有關中世紀教派歷史的報告》，慕尼黑，1890，第2版，第661頁。毫無疑問，這一資料表明了對第七日安息日的遵守。

▪ **第47頁　瓦勒度派的聖經**——有關近期發現的瓦勒度派手稿，見埃斯波西托著，「關於皮埃蒙特瓦勒度派古代文學的一些手稿」載於《教會史雜誌》季刊 **(魯汶，1951)**，卷46，第130頁等；喬斯特斯著，「瓦勒度派的聖經」，載於《歷史年鑑》，1894；D. 洛奇著，《法國聖經的歷史》**(巴黎，1910)**，第10章。

瓦勒度派「精神領袖」之一珍萊格所著的經典之作——《皮埃蒙特谷福音教會概況》**(萊頓，1669)**，該書寫於大逼迫時期，它包含第一手資料，並附有插圖。

有關瓦勒度派的著作文獻，見A. de斯特凡諾著，《中世紀文明》**(1944)**；以及《中世紀的改革者和異端》**(巴勒莫，1938)**；J. D. 布努斯著，《普拉莫的瓦勒度方言》**(納什維爾，1936)**；以及A. 唐丹著，《宣教弟兄檔案》**(1946)**。

有關瓦勒度派的歷史，近代較為可信的著作有：E. 康巴著，《義大利瓦

勒度派的歷史》(見後來在托雷·佩利斯出版的義大利版，1934)；E. 格布哈特著，《神祕主義者與異教徒》(波士頓，1927)；G. 戈內特著，《中世紀的瓦勒度派主義》(托雷·佩利斯，1942)；和賈拉著，《瓦勒度派和他們的殖民地歷史》(托雷·佩利斯，1935)。

▪ **第56頁　反對瓦勒度派的敕令**——英諾森八世於1487年頒布的教皇敕令中有很大一部分是在反對瓦勒度派 (原件收藏於劍橋大學圖書館)，英文譯本參約翰·道林的《羅馬教史》(1871年版) 第6冊，第5章，第62節。

▪ **第58頁　威克里夫**——歷史學家發現，「威克里夫」這個名字有許多不同的拼寫形式。有關這一方面的充分討論，見達穆斯著，《對約翰·威克里夫的起訴》(紐黑文：耶魯大學出版社，1952)，第7頁。

▪ **第61、63頁　教皇的詔書**——針對威克里夫發布的教皇詔書，原文和譯文見達穆斯著，《對約翰威克里夫的起訴》，第35-49頁；約翰·福克斯著，《教會的行傳與見證》(編註：後稱《殉教者之書》) (倫敦：普拉特·湯森德，1870)，卷3，第4-13頁。

有關發給坎特伯雷大主教，愛德華國王和牛津大學校長的這些詔書摘要，見梅爾·多貝涅著，《16世紀宗教改革史》(倫敦：布萊基父子，1885)，卷4，第7段，第93頁；奧古斯特·尼安德著，《基督教會歷史》(波士頓：克羅克和布魯斯特，1862)，卷5，第146、147頁；喬治·薩金特著，《基督教會歷史》(達拉斯：弗雷德里克出版社，1948)，第323頁；哥特哈德·萊奇勒著，《威克里夫和他的英國先驅們》(倫敦：宗教小冊協會，1878年)，第162-164頁；菲利普·沙夫著，《基督教會歷史》(紐約：斯克里布納之子，1915)，卷5，第2部分，第317頁。

▪ **第77頁　康士坦斯大公會議**——有關康士坦斯大公會議的主要資料來自烏爾里希·馮·里根塔爾的《康士坦斯大公會議記事錄》(奧格斯堡，1483，incun.)。有一份資料根據「奧倫道夫手抄本」(Aulendorf Codex)，進行了最新研究，並收錄於紐約公共圖書館的斯賓塞館藏中，由卡爾庫普出版，烏爾里希·馮·里根塔爾的《康士坦斯大公會議記事》(紐

約，1936)。另見H. 芬克編輯，《康士坦斯會議的文件》(1896)，卷1；赫菲勒著，《大公會議史》(共9卷)，卷6，7；米爾比特著，《有關教宗職及羅馬天主教會史的來源》(1934)；米爾曼著，《拉丁基督教》，卷7，第426-524頁；巴士得著，《教皇的歷史》(共34卷)，卷1，第197頁起。

有關該會議的近代出版品有：K. 策林格著，《康士坦斯會議樞機主教團》(明斯特，1935)；Th. F. 格羅高著，《康士坦斯會議上的調解理論》(華盛頓，1949)；弗雷德里希·克雷姆普爾著，《康士坦斯和巴塞爾會議的文化面向》(明尼阿波利斯：明尼蘇達大學，1954)；約翰·派翠克·麥高恩著，《皮埃爾·戴伊與康士坦斯會議》(華盛頓：天主教大學，1936)。

有關揚·胡斯，見揚·胡斯著，《揚·胡斯信件》(1904)；基茨著，《教皇約翰廿三世與揚·胡斯教師》(倫敦，1910)；沙夫著，《揚·胡斯》(1915)；施瓦茨著，《揚·胡斯》(1915)；馬修·斯賓卡著，《揚·胡斯與捷克的改革》(1941)。

▪ **第183頁　耶穌會**——關於「耶穌會」的起源、原則和宗旨的陳述，正如該教會成員所概述，參閱由約翰·傑拉德編輯、天主教真理協會於1902年在倫敦出版的《關於耶穌會士》。在這本書中寫道：「整個教會組織的主要動力在於完全服從的精神：『讓每一個人，』聖伊格那丟寫道，『說服自己，那些生活在服從之下的人應允許自己完全接受天主通過他們上司所賜下的指揮，把自己視為一個已死的身體，任憑別人自由支配，允許自己被帶到任何地方，以任何方式被對待；像一根老人的手杖，為了將它拿在手裡的人以任何方式進行服務。

「這種絕對的服從因其動機而變得高貴，而且，正如……創始人所言，應該是『迅速、快樂和堅持不懈的；……。順從的修士愉快地完成上級為了普遍利益而交付給他的任務，並確信這樣他才真正符合神的旨意。』」——德庫爾森伯爵夫人著，《關於耶穌會士》，第6頁。

另見杜平著，《教會簡史》第16世紀，第33章 (倫敦，1713，卷4，第132-135頁)；莫希姆著，《教會歷史》，第16世紀，第3節，第1部分，第1章，第

10段 (包括註釋)；「耶穌會」，《大英百科全書》(第9版)；派洛遜著，《耶穌會士的原則，源於他們自己作者的摘錄集》(倫敦，1860；較早的版本出現於1839)；W. C. 卡特賴特著，《耶穌會士：他們的規章和教導》(倫敦，1876)；E. L. 湯頓著，《英格蘭耶穌會士的歷史》，1580-1773 (倫敦，1901)。

另見H. 伯默著，《耶穌會士》(譯自德文，費城，城堡出版社，1928)；E. 戈德因著，《依納爵‧羅耀拉的反宗教改革》(哈勒，1895)；T. 坎貝爾著，《耶穌會士，1534-1921》(紐約，1922)。

▪ **第184頁　宗教裁判所**——羅馬天主教的觀點請參閱約瑟夫‧布洛澤著，「宗教裁判所」，《天主教百科全書》，卷8，第26頁起；另E. 瓦坎達德著，《宗教裁判所：對教會強制權力的批判和歷史研究》(紐約：朗文出版社，1908)。

有關英國國教的觀點，見霍夫曼‧尼克森著，《宗教裁判所：對其建立的政治和軍事研究》。非天主教的觀點請參閱菲利普‧範‧林博奇著，《宗教裁判所的歷史》；亨利‧查爾斯‧李著，《中世紀宗教裁判所的歷史》，共3卷；《西班牙宗教裁判所的歷史》，共4卷，以及《西班牙屬地的宗教裁判所》；H. S. 特伯維爾著，《中世紀的異端和宗教裁判所》(倫敦：C. 洛克伍德二世出版社，1920；中間觀點)。

▪ **第210頁　法國大革命的成因**——有關法國人民拒絕聖經和聖經信仰造成的深遠後果，見H. 馮‧西貝爾著，《法國大革命史》，第5冊，第1章，第3-7段；亨利‧托馬斯‧巴克爾著，《英國文明史》，第8，12，14章 (紐約，1895，卷1，第364-366，369-371，437，540，541，550頁)；《布萊克伍德雜誌》，第34冊，第215期 (1833年11月)，第739頁；J. G. 洛里默著，《法國新教教會史略》，第8章，第6、7段。

▪ **第211頁　壓制和銷毀聖經的手段**——土魯斯 (Toulouse) 會議約在組織十字軍時，對阿爾比派 (又名卡特里派) 作了裁決：「我們禁止一般信徒擁有《新舊約聖經》……。我們嚴厲地禁止他們擁有上述書籍。」、「各區的領主應仔細搜尋住所、小屋和森林中的異教徒，甚至他們在地下

的藏身處也應完全被消滅。」——土魯斯會議，教皇貴格利九世，編年史1229。正典14和2。該會議於聖戰欲鎮壓阿爾比派人時召開。

「這個害蟲聖經的延伸範圍如此之大，以至於有些人自己任命了牧師，甚至有些傳教士歪曲和破壞了福音的真理，為自己的目的製作了新的福音書……(他們知道)一般信徒對聖經的宣講和解釋是絕對被禁止的。」——《宗教裁判所法案》，菲利普‧範‧林博奇著，《宗教裁判所的歷史》，第8章。

1234年的塔拉戈納會議裁定：「任何人不得擁有羅曼語族的《新舊約聖經》，如果有人擁有這些書籍，他必須在本法令頒布後的八天內交給當地主教，以便將其燒毀；無論是神職人員還是一般信徒，都會被視為有重大嫌疑，直到他洗清所有嫌疑為止。」——D. 洛奇著，《法國聖經史》，1910，第14頁。

在1415年的康士坦斯大公會議上，威克里夫在過世後遭坎特伯雷大主教阿倫德爾嚴屬譴責，稱他為「可惡的異端瘟神，用自己的母語發明了一本新的聖經譯本」。

羅馬天主教對聖經的反對一直持續了幾個世紀，特別是在聖經公會成立時，反對的強大力量更甚。1866年12月8日，教皇庇護九世在他一篇名為「何等關心」的通論中，發布了一份提綱，包含了10個標題、羅列了共80條錯誤。在標題四列出：「社會主義、共產主義、祕密社團、聖經公會……。這類害蟲必須用一切可能的手段消滅。」

▪**第218頁　恐怖統治時期**——關於法國大革命史較為可信的簡要介紹，見L. 格舒伊著，《法國大革命》(1932)；G. 勒菲弗爾著，《法國大革命的到來》(普林斯頓，1947)；以及H. 馮‧西貝爾著，《法國大革命史》(1869)，共4卷。

《指導官報》(Moniteur Officiel)是大革命時期的政府公報，亦是主要的資料來源，包含了對議會採取之行動的記述，以及文件的完整文本

等。它已經被重印。另見A. 奧拉德著,《基督教與法國大革命》(倫敦,1927),其記述一直延續到1802年,是一項傑出的研究;W. H. 傑維斯著,《高盧教會與大革命》(倫敦,1882),這是一位聖公會信徒的詳細作品,但顯示出對天主教的偏袒。

有關法國大革命期間法國的政教關係,見亨利·沃爾什著,《1801協約:法國的民族主義研究與教會和國家的關係》(紐約,1933);查理斯·萊德雷著,《革命時期的法國教會》(巴黎,1949)。

有關當代對於大革命之宗教意義的一些研究,可參閱:G. 謝爾·杜·蘇斯索著,《宣言書》(阿維尼翁,1800),作者在其中竭力剖析動亂的原因及其宗教意義等;詹姆斯·比切諾著,《時兆》(倫敦,1794);詹姆斯·溫思羅普著,《有關敵基督的聖經預言及其在歷史進程中的應用》(波士頓,1795);拉斯羅普著,《但以理的末世預言》,(麻州,斯普林菲爾德,1811)。

有關大革命期間的教會,見W. M. 斯隆著,《法國大革命與宗教改革》(1901);P. F. 拉·高斯著,《宗教革命歷史》(巴黎,1909)。

有關大革命與教皇的關係,見G. 布爾金著,《1788-1797年的法國和羅馬》(巴黎,1808),取材自梵蒂岡的祕密檔案;A. 拉特雷耶著,《天主教與革命》(巴黎,1950),其中有關庇護六世和1775-1799年的宗教危機,尤其值得關注。

有關大革命期間的新教徒,見普雷森斯編輯,《恐怖時代的來臨》(辛辛那提,1869)。

▪ **第221頁 大眾和特權階級**——有關法國大革命時期之前法國社會的普遍狀況,見H. 馮霍爾斯特著,《洛威爾演說:論法國大革命》,第1講;另見泰因著,《舊制度》;A. 楊著,《法國遊記》。

▪ **第224頁 報應**——有關法國大革命具報應性質的進一步細節,見托斯·吉爾著,《教皇戲劇》,第10冊;艾德蒙·德·普萊斯森著,《教會與法國大革命》,第3冊,第1章。

▪ **第224頁　恐怖統治時期的暴行**——見M. A. 提也爾著，《法國大革命史》，卷3，第42-44，62-74，106頁 (紐約，1890，F. 肖伯爾譯)；F. A. 米格涅著，《法國大革命的歷史》，第9章，第1段 (博恩，1894)；A. 愛麗森著，《歐洲史》，1789-1815，卷1，第14章 (紐約，1872)，第293-312頁。

▪ **第226頁　聖經的發行**——在1804年，根據當時為英國及海外聖經公會撰寫歷史的作者——威廉·坎頓的說法，「世界上現存的所有聖經，無論是手抄本還是印刷品，算上所有國家的版本，估計不超過四百萬本……這四百萬本聖經所使用的各種語言，包括烏爾菲拉斯的密西-哥德語，和貝德的盎格魯-撒克遜語等已消失的語言，大約有50種。——《何為聖經公會？》修訂版，1904，第23頁。

據美國聖經公會報告，從1816到1955年，已經發行了481,149,365本聖經，此包括全本新舊約或部分書卷。此外，還有600,000,000多本由英國及海外聖經公會所分發的聖經或部分書卷。單單在1955年一年，美國聖經公會在全世界就一共發行了23,819,733本全本聖經或部分書卷。

截至1955年12月，聖經的全本或部分書卷已經以1,092種語言印刷；而且仍不斷地有新的語言譯本增加。

▪ **第227頁　國外宣教事工**——早期基督教會的傳道直到現代才得以重現。到了西元1000年時，它實際上已經消失，取而代之的是十字軍的軍事行動。在宗教改革時代，除了早期的耶穌會士外，幾乎沒有任何外國的傳道工作。虔敬主義的復興產生了一些傳教士。摩拉維亞教會在18世紀的傳道事工非常出色，英國還成立了一些傳道協會，在北美的殖民地展開宣教工作。但外國傳道活動的偉大復興始於1800年左右，即「直到末時」(但12：4)。1792年，浸信會傳道協會成立，該協會派凱里前往印度。1795年，倫敦傳道協會成立，1799年另一個協會成立，並於1812年成為教會傳道協會。此後不久，衛斯理傳道協會成立。至於美國，美國海外傳道委員會於1812年成立，阿多尼拉姆·賈德森在這一年被派往加爾各答；隔年他在緬甸建立了自己的機構。

1814年，美國浸信會傳道聯盟成立。長老會外國傳道委員會則成立於1837年。

「在西元1800年，……絕大多數的基督徒都是在西元1500年之前信主之人的後代……。現在，在十九世紀，基督教進一步擴張。但它不再像前三個世紀那樣，是首次進入多數的大陸或主要國家。這是不可能的，因為在地球上所有較大的陸地上，除了澳大利亞，在多數民族以及所有高度文明的地區，基督教在西元1800年之前就已經傳入了。現在進行的，是在那些已接觸過的地區和民族中，成立新的駐點，從較新的和之前的地區進行了空前的擴展，基督教進入了以前沒有接觸過的大多數國家、島嶼、民族和部落……。

「十九世紀基督教的傳播，主要是由於基督教奮興所產生的新宗教生活的爆發……。在任何其他時代，基督教的奮興從未促成如此多新的運動。它從未對西歐人民產生過如此巨大的影響。正是從這種充沛的活力中，宣教事工的國度誕生了。在十九世紀，傳道事業是如此重要，因它大大增強了基督教的人數和影響力。」——肯尼斯·斯科特·賴德烈著，《基督教發展史》，卷4，「偉大的世紀：西元1800至1914年」（紐約：哈珀兄弟公司，1941），第2-4頁。

▪ **第258、314頁　預言的日期**——根據猶太人的計算，亞達薛西王在位第七年的第五個月是從西元前457年7月23日到8月21日，在以斯拉於該年秋天抵達耶路撒冷後，國王的法令開始生效。關於上述457年的日期就是亞達薛西王在位第七年的確切性，見S. H. 宏恩和L. H. 伍德著，《以斯拉記第七章的年代表》（華盛頓特區：評閱宣報出版社，1953）；E. G. 克雷林著，《布魯克林博物館亞蘭文文件》（紐黑文或倫敦，1953），第191-193頁；《基督復臨安息日會聖經註釋》，卷3，第97-110頁（評閱宣報出版社，1954，1977）。

▪ **第264頁　鄂圖曼（土耳其）帝國的滅亡**——1453年君士坦丁堡淪陷後，穆斯林統治的土耳其對歐洲所造成的影響，與穆罕默德死後一個半

世紀、穆斯林對撒拉遜人之災難性征服對東羅馬帝國的影響一樣嚴重。在整個宗教改革時期，土耳其一直是歐洲基督教世界東方大門的一個威脅；改革家們的著作中充滿了對鄂圖曼帝國權勢的譴責。此後，基督教作家們一直關注土耳其於未來末世事件扮演的角色，預言評論家們在聖經中已預見了土耳其的權勢及其衰落。

對於後一章，在「時、日、月、年」的預言下，作為第六號筒的一部分，約西亞·利奇 (Josiah Litch) 計算了預言的日期，算出土耳其的獨立將終止於1840年8月。利奇的觀點可以在他的著作《西元1843年基督再來的可能性》(1838年6月出版) 中找到全文；《對神職人員的演講》(1840年春天初版；1841年再版，其中包含支持從前對延伸至土耳其帝國滅亡的預言時期計算的準確性)；以及1840年8月1日在《時兆和預言家》中的一篇文章。另見1841年2月1日在《時兆和預言家》中的文章；J. N. 拉夫堡著，《第二次偉大的復臨運動》(1905年版)，第129-132頁。烏利亞·史密斯 (Uriah Smith) 的書《但以理和啟示錄之研究》，1944年修訂版，在第506-517頁中討論了這個預言的預言時間點。

有關鄂圖曼帝國的早期歷史和土耳其政權的衰落，見威廉·米勒耳著，《鄂圖曼帝國及其繼承者，1801-1927》(英國劍橋：大學出版社，1936)；喬治·G. S. L. 埃弗斯利著，《1288年至1914年的土耳其帝國》(倫敦：安文費雪有限公司，第二版，1923)；約瑟夫·馮·哈默-普格斯托爾著，《土耳其帝國》(佩斯：C. A. 哈特勒本，第二版，1834-36)，共4卷；赫伯特·吉本斯著，《土耳其帝國的建立，1300-1403》(牛津：大學出版社，1916)；阿諾德·湯因比和肯尼斯·柯克伍德著，《土耳其》(倫敦，1926)。

▪ **第268頁　對聖經的禁止**──讀者須知這卷書的文本是在梵蒂岡第二次會議之前寫成的，其關於讀經的政策已有些許變動及調整。

幾個世紀以來，羅馬天主教對聖經流通到信徒手中始終持反對態度。例如，見G. P. 費舍爾著，《宗教改革》，第15章，第16段 (1873年版，第530-532頁)；吉本斯主教著，《先賢的信仰》，第8章 (第49版，1897)，

第98-117頁；約翰·道林著，《羅馬天主教教義史》，b. 7，第2章，第14節，b. 9，第3章，第24-27節 (1871版，第491-496，621-625頁)；L. F. 邦格納著，《特倫特議會的歷史》，第101-110頁 (愛丁堡第二版，1853年，D. D.斯科特譯)；G. H. 派特南著《中世紀的書籍和作者》卷1，第2部分，第2章，第49，54-56段。另見《禁書索引》(梵蒂岡出版社，1930)，第9，10頁；蒂莫西·赫利著，《對現今索引立法的註釋》(紐約：本齊格兄弟公司，1908)，第71頁；《利奧十三世大通諭之譯本》(紐約：本齊格兄弟公司，1903)，第413頁。

但近年來這方面發生了極大且積極的轉變；一方面，羅馬天主教批准了幾個在原文基礎上編寫的版本；再者，她透過免費發放和廣設聖經研究機構的方式促進了對聖經的研究。然而，她仍繼續保留根據自身傳統解經的專屬權利，從而為那些與聖經教導不一致的教義辯護。

▪ **第294頁　升天的白衣**——所謂復臨派信徒做了白衣，以便「在空中與主相遇」的說法，是那些欲指責傳講復臨信息之人所編造的。這個故事流傳很廣，以至於許多人都相信，但仔細調查即可證明是空穴來風。多年來，有人懸賞以證明曾經發生過這樣的事例，但從未找到任何證據。沒有一個深愛救主顯現的人會對聖經的教導如此無知，以至於認為他們所製作的白衣在那個場合是必要的。聖徒見到主時唯一需要的衣袍就是基督的公義。見賽61：10；啟19：8。

有關升天身著白衣之傳說的徹底駁斥，見法蘭西斯D. 尼科爾著，《夜半呼聲》(華盛頓特區：評閱宣報出版社，1944)，第25-27章，以及附錄H-J；另見勒羅伊·埃德溫·弗魯姆著，《先賢們的先知之信》(華盛頓特區：評閱宣報出版社，1954)，卷4，第822-826頁。

▪ **第295頁　預言的年代學**——在紐約市大學教授希伯來文和東方文學的教授——喬治·布希博士，在他寫給威廉·米勒耳的信中，就預言年代的計算作出了一些重要的認可；該文發表於1844年3月6日和13日波士頓的《復臨先驅報》以及《時兆報導者》上。布希博士寫道：「據我

所見，你自己或你的朋友在這件事上也不會有異議，你在研究預言的年表方面確實投入了很多時間和心力，並為確定這偉大日期的開始和結束付出了很多努力。如果這些日期實際上是由聖靈在預言書中所啟示，那無疑是為了讓人們可以研究，並且最終可以完全理解這些時期；沒有一個虔誠試圖這樣做的人需要被指控，視其為自以為是的愚蠢行為……。以一天作為一年的換算，我相信你有嚴謹的解經支持，也有(約瑟夫)梅德、艾薩克·牛頓爵士、(托馬斯)牛頓主教、(威廉)科比、(詹姆斯)斯科特、(亞歷山大)基斯等人的支持，他們早就得出了你在這方面的基本結論。他們都同意，但以理和約翰提到的主要時期，實際上就是在這個時代，如果你因為持有與這些知名神學家一樣的觀點而被判定為異端，那將是一個奇怪的邏輯。」、「你在這一領域的研究結果並沒有讓我覺得太過離譜，以至於影響到真理或責任的任何重大利益。據我所知，你的錯誤在於另一個方面，而不是你的年代學。」、「你完全誤解了這些時期結束後將要發生之『事件的性質』。這是你的觀點的主要問題。」另見勒羅伊·埃德溫·弗魯姆著，《先賢們的先知之信》(華盛頓特區：評閱宣報出版社，1950)，卷1，第1，2章。

▪ **第344頁　三天使的信息**——啟14：6、7記載了第一位天使的信息。然後先知繼續說：「又有第二位天使接著說：叫萬民喝邪淫、大怒之酒的巴比倫大城傾倒了！傾倒了！……又有第三位天使接著他們，大聲說。」在這裡，「接著」(followed)一詞的意思是「一起」，「跟著」，以及「和他一起」。見亨利·喬治·利德爾和羅伯特·斯科特著，《希臘文英文詞典》(牛津：克拉倫登出版社，1940)，卷1，第52頁。這一詞也有「伴隨」的意思。見喬治·阿伯特史密斯著，《新約希臘文詞典手冊》(愛丁堡：T. 和T. 克拉克，1950)，第17頁。太5：24中使用的也是同一個詞，「耶穌就和他同去。有許多人『跟隨』擁擠他。」它也用在啟14：4得贖的十四萬四千人身上，說：「羔羊無論往哪裡去，他們都『跟隨』他。」在這兩處經文，很明顯要表達的意思是「一起去」以及「跟隨」。所以在林前10：4中，我們讀到以色列人「所喝的，是出於隨著他們的靈磐石」，「隨著」一詞亦是譯自同一個希臘字，在邊注有「與他們同去」。由此我們

得知，啟14：8、9的意思不僅是第二和第三位天使在時間點上跟隨第一位天使，而是與他一起。這三個信息是一個完整涵蓋了三重層面的信息。他們只是在發出的順序上一分為三。但既然是一起發出，就是不可分割的。

- **第352頁　羅馬教皇的至高權力**——關於羅馬主教取得至高權力的主要情況，見羅伯特·法蘭西斯·樞機主教貝拉明著，《教皇在世俗事務中的權力》(英文譯本收藏於華盛頓特區國會圖書館)；亨利愛德華·曼寧·樞機主教著，《耶穌基督牧者的世俗權力》(倫敦：伯恩斯和蘭伯特，1862年2版)；以及詹姆斯·樞機主教·吉本斯著，《先賢之信》(巴爾的摩：約翰·墨菲公司，110版，1917)，第5，9，10，12章。新教作者的作品見特雷弗·葛凡斯·賈蘭著，《教會與教皇》(倫敦：基督教知識促進會，1944，班普頓講座)；理查·弗雷德里克·利特代爾著，《彼得的主張》(倫敦：基督教知識促進會，1899)。有關彼得之主張的早期資料，參閱詹姆斯·T. 肖特韋爾和路易士·羅普斯·盧米斯著《彼得的看見》(紐約：哥倫比亞大學出版社，1927)。有關偽《君士坦丁御賜教產論》文件，參閱克里斯多夫·科爾曼著，《洛倫佐·瓦拉關於君士坦丁捐贈的論文》(紐約，1914年)，它提供了完整的拉丁文本和翻譯，並對該文件及其主題進行了完整的批判。

- **第446頁　約西亞·斯特朗的引文**——在他的第一版《我們的國家》中，約西亞·斯特朗在沒有獲得主要資料來源的情況下，錯誤地引用了教皇庇護九世的聲明。

第一次引用的正確參考文獻是教皇貴格利十六世於1832年8月15日的通論。以下全文引用了相關段落：

宗教自由

> 「這種可恥的信仰無差別論引發了荒謬和錯誤的主張，該主張聲稱必須為每個人維護宗教自由。它在神聖和民事事務中散播毀滅，儘管有些人以極度的厚顏無恥、一再重述從它那裡獲得了益處。奧古斯丁常說：『但靈魂的死亡比錯誤的自

由更可怕。』當人們在真理的窄路上受到的一切約束被移除時，他們那傾向於邪惡的本性就會把他們推向毀滅。然後，真正的『無底坑』被打開，約翰看到煙從那裡升起，遮住了太陽，蝗蟲從那裡飛出來，破壞了地球。然後是思想的轉變，年輕人的墮落，對神聖事物和神聖律法的蔑視——換句話說，這是一場對國家來說比任何其他疾病都更致命的瘟疫。經驗顯示，甚至從最早的時代開始，以財富、統治和榮耀聞名的城市就因為這種單一的罪惡而滅亡，即過度的意見自由、言論自由的許可和對新事物的渴望。」——克勞迪婭·卡倫著，IHM，《教皇通諭，1740-1878》(密西根州安娜堡：皮耶利安出版社，1990)，1：238。

第二次的引用來自教皇庇護九世的《錯誤提綱》，該提綱源自他於1864年12月8日的通諭。在他所譴責的80項錯誤中包括：

「第24項——教會沒有使用武力的權力，也沒有任何直接或間接的世俗權力——1851年8月22日的致信徒書信。」

「第78項——因此，在一些天主教國家，法律已明智地決定，來此居住的人應享有自己獨特崇拜的公共活動權利。」——《訓諭》，1852年9月27日。

「第79項——此外，每一種崇拜形式的公民自由，以及賦予所有人公開表達任何觀點和思想的充分權利，更容易導致人們的道德和思想墮落，並傳播信仰無差別論的害處，這是錯誤的。」——《訓諭》，1856年12月15日。此文載於安妮·弗里曼特爾編輯，《歷史背景下的教皇通諭》(紐約：G. P. 普特南之子，1956)，第146，152頁。

需要注意的是，斯特朗在最後一段所引用效忠教皇的誓言，是主教的誓言，而不是樞機主教的誓言。

▪ **第446頁　對聖經的禁止**——見附錄第16頁對於「第268頁」的註釋。

▪ **第456頁　衣索比亞**(埃塞俄比亞)**教會和安息日**——直到最近幾年，衣索比亞的科普特教會(Coptic Church)仍然遵守第七日安息日。衣索比亞人在其作為一個基督教民族的歷史中，也是遵守星期日的，即一週的第一天。這些日子是以在教堂裡舉行的特別儀式為特徵。然而，現今衣索比亞對第七日安息日的遵守幾乎已經停止了。關於衣索比亞宗教的見證，見佩羅·戈麥斯·德特謝拉著，《1520年葡萄牙人對衣索比亞帝國(阿比西尼亞)的發現》(英文譯本，倫敦：大英博物館，1938)，第79頁；法蘭西斯科·阿爾瓦雷斯神父著，〈1520至1527年葡萄牙駐阿比西尼亞大使館敘事〉，載於《哈克洛伊特協會記錄》(倫敦，1881)，卷64，第22-49頁；邁克爾·拉塞爾著，《努比亞和阿比西尼亞》(引用1622年在衣索比亞的天主教傳教士洛博神父資料)(紐約：哈珀兄弟，1837)，第226-229頁；賈科莫·巴拉蒂，《阿比西尼亞偏遠國家的後期旅行》(倫敦：本傑明比林斯利，1670)，第134-137頁；喬巴·魯道弗斯著，《衣索比亞新歷史》(倫敦：S. 史密斯，1682)，第234-357頁；塞繆爾·戈巴特著，《在阿比西尼亞居住三年記事》(紐約：1850版)，第55-58，83-98頁。

有關涉及該問題的其他作品，見彼得·海林著，《安息日的歷史》，第2版，1636，卷2，第198-200頁；亞瑟斯坦利著，《講座：有關東方教會的歷史》(紐約：斯克里布納二世，1882)，第1講，第1段；C. F. 雷伊，《葡萄牙人在阿比西尼亞的傳奇故事》(倫敦：F. H. 和G. 威瑟利，1929)，第59，253-297頁。

附 錄 二
㈠英中專有名詞對照表

以下名詞按英文字母A-Z順序排列

英文名詞	中文譯名	首次出現頁數
Abyssinia	阿比西尼亞	455
Adam Clarke	亞當・克拉克	431
Advent Sunday	降臨節第一個星期日	287
Albany	奧爾巴尼城	243
Albigenses	阿爾比派 (又稱卡特里派、阿比爾派)	72
Aleander	亞利安德	112
Algiers	阿爾及爾城	241
Alleine	阿利因	199
Armenians	亞洲的亞美尼亞人	46
Arras	阿拉斯城	224
Augsburg	奧斯堡	102
Augsburg Confession	奧斯堡信條	162
Augustine	奧古斯汀	107
Avon	雅芳河	71
Baden	巴登	140
Baltimore	巴爾的摩	284
Barnes	巴恩斯	297
Barnes and Frith	巴尼斯和弗瑞斯	195
Basel	巴塞爾	133
Baxter	巴克斯特	199

英文名詞	中文譯名	首次出現頁數
Dutch	荷蘭語	186
Earthquake of Lisbon	里斯本地震	241
Edict of Worms	沃木斯詔書	153
Edward III	愛德華三世	63
Edward A. Park	愛德華茲·帕克	367
Edward Everett	愛德華·艾瑞特	347
Einsiedeln	艾因西德倫	134
Erasmus	伊拉斯謨	169
Erfurt	埃爾福特市	116
Ethiopia	衣索比亞	455
Eusebius	優西比烏	453
Faber	法伯爾	154
Falmouth	法爾矛斯	243
Ferdinand	斐迪南	156
Finney	芬尼	297
Flavel	弗拉維爾	199
Francis I	法蘭西斯一世	167
Franciscan	方濟各會	133
Frederick III	腓特烈三世 (又稱：智者腓烈特)	105
Froment	弗洛蒙特	181
Gaussen	高生	287
Goddess of Reason	理性女神	179
Great Apostasy	大叛教	229
Great Reformation	宗教改革	71
Gregory VII	貴格利七世	40
Gregory XI	貴格利十一世	63
Guthrie	葛思里	303
Haller	哈勒	140
Hamilton and Wishart	漢密爾頓和威夏特	197
Heidelberg	海德堡	159
Henry IV	亨利四世	40
Holland	荷蘭	187

英文名詞	中文譯名	首次出現頁數
Saxons	撒克遜人	45
Saxony elector	薩克森選侯	105
Scholastic Philosophy	經院哲學	59
Seera	西拉	285
Severn	塞文河	71
Sigismund	西吉斯蒙德	77
Simon Grynatus	西門‧格里諾	159
Sophie Arnoult	蘇菲‧阿爾努	214
Spalatin	斯帕拉丁	127
Spurgeon	司布真	303
St. Bartholomew Massacre	聖巴多羅買大屠殺	215
Staupitz	斯道皮茨	94
Stoic	斯多葛派	422
Tatary	韃靼人	285
Tausen	塔森	189
Tetzel	特契爾 (另譯帖次勒)	96
the American Bible Society	美國聖經公會	226
the British and Foreign Bible Society	大英聖書公會	226
the Church of England	英國聖公會	286
the City of Pella	佩拉城	19
the Divine Decrees	上帝的預旨	206
the festival of All Saints	諸聖節	98
the Methodist Connection	循理團契	203
the Thirty Year's War	三十年戰爭	192
Thomas Münzer	湯瑪斯‧閔次爾	148
Titus	提多	12
tradition	傳統	34
transubstantiation	聖餐變體論	187
Tyndale	丁道爾	193
Ulric Zwingli	烏利希‧慈運理	132
United Brethren	合一兄弟會	89
Universalist	普救論派	426

附 錄 二

(二)主要人物與事件簡表（第 1 至 21 章）

時序方向　　事件年代　　事件年代範圍　　年代範圍中的其他事件

西元年／紀事

➔ 約64-68
羅馬皇帝尼祿將焚城事件歸咎於基督徒，使基督徒大受逼迫；使徒保羅與彼得亦於他在位時期殉道。

➔ 70
羅馬提多將軍率軍攻入耶路撒冷，屠戮逾四萬猶太人，聖殿被徹底破壞，只遺下哭牆。

➔ 約90-96
羅馬皇帝多米田主政時期因基督徒拒絕向他的塑像焚香跪拜而大興逼迫，約翰於此時期被放逐至拔摩島。

➔ 306-337
羅馬皇帝君士坦丁大帝於在位期間歸信基督教。

➔ 約1177
瓦勒度派崛起，以生活簡樸、效法基督傳福音廣為人知，被當時的羅馬天主教視為異端屢遭迫害，後被新教視為宗教改革的先鋒。

➔ 1073-1076
希爾德布蘭（即貴格利七世）出任教皇，主張教皇為基督在地上的代治者，高於國王及所有人，其後與亨利四世發生權力爭奪。

➔ 538
《查士丁尼法典》確立了教皇的管轄權。

➔ 321
君士坦丁大帝頒佈諭令，將星期日定為勞動休息日（Sunday Law），以太陽神教的聖日作為禮拜日。

➤ **1230年代**
貴格利九世設立宗教裁判所，負責偵察、審判並裁決羅馬天主教判定為異端的人士，並監禁和處死異議份子。

➤ **約1329-1384**
約翰·威克里夫出生，其後任教於牛津大學，在英格蘭開啟宗教改革；他反對教會賣贖罪券，強調聖經權威，將拉丁文本聖經譯為英文，因力抗教皇權受迫害。他死後數十年屍體被掘出焚燒，被譽為「宗教改革的晨星」。

➤ **約1373**
揚·胡斯出生；捷克的改革者、布拉格大學教授，與威克里夫同樣強調聖經權威，反對販賣贖罪券與聖像崇拜。

➤ **1378**
教皇大分裂：分成兩個教皇，然後同時出現三個教皇。

➤ **1414**
康士坦斯大公會議罷黜三位教皇，選出馬丁五世結束教皇權分裂局面，同時譴責胡司並判其死刑。

➤ **1415**
揚·胡斯因康士坦斯大公會議判其為異端，慘遭火刑處死。

➤ **1454**
古騰堡金屬活字印刷技術發明；印刷術使聖經和宗教改革思想書籍得以快速傳遍各地。

➤ **1510-1511**
路德至羅馬朝聖，親睹教廷腐化、神職人員奢侈敗壞，對教會問題有更深切的體認。

➤ **1509**
約翰·加爾文於法國出生；其後成為法國的主要改革者。

➤ **1508**
馬丁路德開始在威登堡大學任教。

➤ **1506**
羅馬聖彼得大教堂開始重建。

➤ **1502**
在薩克森選侯智者腓特烈支持下，威登堡大學成立；隨後在該校任教的馬丁路德與墨蘭頓，皆為德國改教運動重要人物。

➤ **1497**
墨蘭頓出生；其後成為馬丁·路德在改教上最得力的同工。

➤ **約1494**
丁道爾出生；其後成為英國宗教改革的重要推手。

➤ **1484**
烏利希·慈運理於瑞士出生；其後成為瑞士的主要改革者。

➤ **1483**
馬丁·路德出生；其後成為德國宗教改革運動中最重要的推手。

➡ 約1514
約翰‧諾克斯於蘇格蘭出生；其後成為蘇格蘭主要改革者。

➡ 1517
教皇利奧十世授權出售贖罪券資助重建聖彼得大教堂；同年10月31日，路德寫下反對贖罪券的《九十五條論綱》，將其釘在威登堡諸聖堂的大門上，並邀請各界針對贖罪券和教皇權等議題上進行公開辯論；此舉被視為吹響宗教改革的號角。

➡ 1518
墨蘭頓開始在威登堡大學任教。神聖羅馬帝國皇帝欲嚴辦路德，但智者腓特烈拒絕交出路德，後改在奧斯堡舉行私下審訊。

➡ 1519
慈運理在蘇黎世開始推動改革。查理五世被選為神聖羅馬帝國皇帝。

➡ 1521
1521年1月3日教廷將路德逐出教會；同年1月新皇查理五世親自在沃木斯主持會議，3月路德被傳訊；4月17日路德在國會及皇帝面前申辯，宣告信仰立場。之後路德在離開沃木斯時遭假綁架失蹤，實則受智者腓特烈保護藏身於瓦特堡。5月皇帝對路德發出通緝令。

➡ 1529
第二次斯派爾會議不再對路德宗容忍，六位諸侯、十四個城市聯合抗議，因此出現「抗議宗」（Protestant，即「新教」）一詞。

➡ 約1528
2月初瑞士伯恩接納慈運理的改教運動。

➡ 1527
瑞典開始進行改革。

➡ 1526
丁道爾翻譯的英語新約聖經出版。同年6月斯派爾會議取消(推遲)先前沃木斯會議禁令，通過「宗教信仰由統治者決定」的原則。

➡ 1525
智者腓特烈過世，其弟約翰繼任，稱「堅定者約翰」。

➡ 1524
德意志農民戰爭爆發；丁道爾在英格蘭遭迫害，流亡歐洲大陸地區。

➡ 1522
路德翻譯德語新約聖經，一出版即售完；同年路德返回威登堡，連續講道八天以安民心。

→ 1530
福音派路德宗人士由墨蘭頓起草，向皇帝和國會呈上《奧斯堡信條》。

→ 1531
10月11日，慈運理在對抗天主教的卡珀爾戰役中，作為隨軍牧者而陣亡。

→ 1532
8月選侯堅定者約翰去世，其子約翰腓特烈繼任，稱「寬宏者約翰」。

→ 1533
加爾文因迫害逃離巴黎。

→ 1534
路德翻譯之德文新舊約全書出版；英格蘭國會宣布亨利八世為英格蘭教會最高領袖。因海報事件，法蘭西斯一世開始拘捕改教人士。

→ 1536
加爾文在日內瓦境內宣教；丁道爾因私譯聖經的罪名被視為異端並判處死刑，在比利時殉道。

→ 1538
加爾文、法勒爾被逐出日內瓦，轉往史特拉斯堡。

→ 1547
寬宏者約翰喪失選侯身分，仍力挺改教運動。

→ 1611
英王詹姆斯欽定本《聖經》(King James Version) 出版，對之後的英文版聖經影響極大。

→ 1572
8月24日巴黎發生聖巴托羅買大屠殺 (史稱聖巴托羅買之夜)；天主教徒與軍警人員於當日凌晨血洗胡格諾派教徒，死傷人數約在五千至三萬人之間。

→ 1566
尼德蘭因西班牙實施羅馬教廷苛政並宗教裁判所的迫害，爆發「破壞聖像運動」，激進的加爾文派信徒搗毀聖像、聖物，事件促成尼德蘭聯邦團結，開啟爭取荷蘭獨立的八十年戰爭。

→ 1562-1598
法蘭西王國爆發天主教徒與胡格諾派教徒內戰，史稱「胡格諾戰爭」；三十多年共發動八次戰爭，影響十六世紀的法國甚巨。

→ 1558
查理五世去世；英格蘭的瑪麗 (血腥瑪麗) 去世，由伊莉莎白一世繼位，對宗教分歧採兼容政策。

→ 1555
查理五世簽署《奧斯堡和約》，改教運動受合法承認；西班牙腓利二世已實際掌權，查理五世退位。

1620
約一百位清教徒分離教派信徒為逃離宗教迫害，乘坐五月花號至北美大陸，歷經十週的航行抵達麻薩諸塞州，是美國最早的移民代表之一。

1678
英格蘭基督教作家本仁約翰的《天路歷程》出版。

約1730
第一次大覺醒運動（Great Awakening）展開；指美國基督教史上首次出現的復興運動。此運動亦被視為美國的宗教復興，延續新教的宗教改革精神。

1735
約翰·衛斯理與其兄弟查理·衛斯理以傳教士身分前往北美宣教，之後建立了循理會。

1755
11月1日發生里斯本大地震造成極大傷亡，罹難人數約10萬人。大地震後的火災和巨大海嘯幾乎將里斯本摧毀，也重傷葡萄牙的國力。

1776
7月4日，英屬北美十三殖民地宣告自大不列顛王國獨立，並於費城發表《美國獨立宣言》。

1780
5月19日北美州發生黑日天象，黑暗持續約一日一夜。

1844
相信復臨信息之信徒遭遇大失望；其後信徒聚集研經，重新發現聖所的要道。

1833
11月13日美國東部觀測到史上最大的流星雨事件。

1822

美國浸信會威廉·米勒耳計算了2300日預言，開啟復臨運動。

1821-1845
德國「世界傳教士」沃爾夫傳揚主將復臨的信息，足跡遍及美、亞、非三大洲。

1816
美國聖經公會成立。

1804
3月7日英國及海外聖經公會成立。

1795
倫敦傳道會成立，大量印製宣教單張和書籍。

1789-1799
法國大革命爆發，傳統君主制及天主教統治制度被推翻；1792年法蘭西共和國成立，路易十六次年被推上斷頭台，雅各賓派主導之恐怖時期開始，大規模處決王公貴族及羅馬天主教人士。

➡ 約1849

懷雅各發行刊物《現代真理》（The Present Truth）。

➡ 1858

懷愛倫完成並出版《屬靈恩賜》（Spiritual Gifts）全書一共四冊，第一冊名為〈善惡之爭：基督、撒但，與他們的天使〉，即《善惡之爭》最初版本，後歷經三次改編，於1911年成為《歷代之爭》叢書（The Conflict of the Ages Series，俗稱懷氏五大著作）中的第五冊，以《善惡之爭》為書名沿用迄今。

➡ 1860
採用「基督復臨安息日會」成為本會正式名稱。

➡ 1863
基督復臨安息日會全球總會正式成立；開啟「餘民的復臨運動」，並致力傳揚「三天使信息」。

※附註：以上簡表製作除取自本書內容，亦參考其他資料如下：
①羅伯・華爾頓著，潘鳳娟譯，《教會歷史背景與年代圖表》（Chronological and Background Charts of Church History），台北：中華福音神學院，2001。
②劉錦昌著，《十六世紀宗教改革：500週年紀念》，台北：使徒出版，2017。
③時兆編輯部編纂，《復臨運動的故事》，台北：時兆文化，2013。
④維基百科https://zh.wikipedia.org/zh-tw/

附 錄 二

(三) 2 3 0 0 日 預 言 圖 表

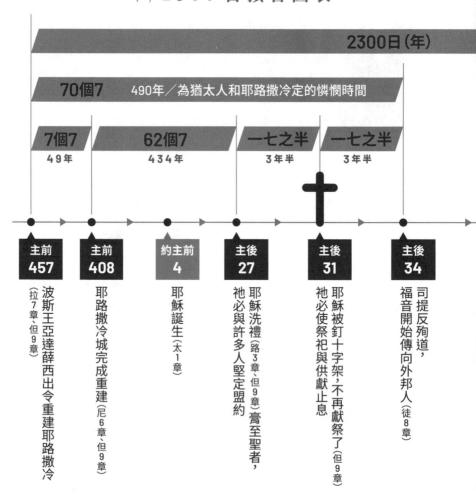

2300日（年）

70個7　490年／為猶太人和耶路撒冷定的憐憫時間

7個7　62個7　一七之半　一七之半
49年　434年　3年半　3年半

主前 457
（拉7章、但9章）
波斯王亞達薛西出令重建耶路撒冷

主前 408
耶路撒冷城完成重建（尼6章、但9章）

約主前 4
耶穌誕生（太1章）

主後 27
耶穌洗禮（路3章、但9章）膏至聖者，祂必與許多人堅定盟約

主後 31
耶穌被釘十字架，不再獻祭了（但9章）祂必使祭祀與供獻止息

主後 34
司提反殉道，福音開始傳向外邦人（徒8章）

圖表參考資料
① 救贖的歷史研究圖表，Everlasting Gospel Publishing Association，1998。
② https://www.bibleprophecytruth.com/prophecy-resources/bible-prophecy-charts
③ https://ssnet.org/lessons/19d/less03m.html

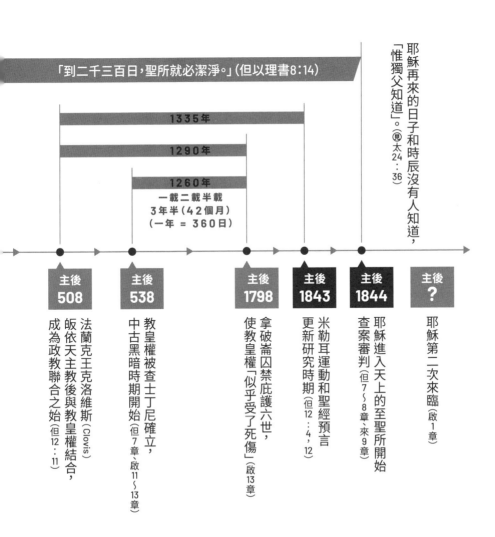

「到二千三百日，聖所就必潔淨。」（但以理書8：14）

1335年

1290年

1260年
一載二載半載
3年半（42個月）
（一年＝360日）

耶穌再來的日子和時辰沒有人知道，「惟獨父知道」。（見太24：36）

主後 508	主後 538	主後 1798	主後 1843	主後 1844	主後 ？
法蘭克王克洛維斯（Clovis）皈依天主教後與教皇權結合，成為政教聯合之始（但12：11）	教皇權被查士丁尼確立，中古黑暗時期開始（但7章、啟11～13章）	拿破崙囚禁庇護六世，使教皇權「似乎受了死傷」（啟13章）	米勒耳運動和聖經預言更新研究時期（但12：4，12）	耶穌進入天上的至聖所開始查案審判（但7～8章、來9章）	耶穌第二次來臨（啟1章）

國家圖書館出版品預行編目資料

善惡之爭/懷愛倫(Ellen G. White)著；時兆編輯部
編譯. -- 初版. -- 臺北市：時兆出版社, 2023.02
面；　公分

譯自：The great controversy

ISBN 978-626-95109-6-2(平裝)

1.CST: 基督徒 2.CST: 信仰 3.CST: 生活指導

244.9　　　　　　　　　　　　111022508

作　者	懷愛倫
編　譯	時兆編輯部

董 事 長	金堯漢
發 行 人	周英弼
出 版 者	時兆出版社
客服專線	0800-777-798
電　話	886-2-27726420
傳　真	886-2-27401448
地　址	台灣台北市105松山區八德路2段410巷5弄1號2樓
網　址	http://www.stpa.org
電　郵	service@stpa.org

責　編	林思慧
文字校對	吳惠蓮、邵信成
審　訂	戴雄漢、吳金財
封面設計	林俊良
美術編輯	邵信成
商業書店	總經銷　聯合發行股份有限公司 TEL：886-2-29178022
基督教書房	TEL：0800-777-798

網路商店	PChome商店街、Pubu電子書城　善惡之爭

I S B N	978-626-95109-6-2
定　價	新台幣350元
出版日期	2023年5月　初版2刷
郵政劃撥	00129942
戶　名	財團法人臺灣基督復臨安息日會

想更進一步了解《善惡之爭》和《聖經》，
請至網址：thegreatcontroversy.org